P9-CKY-106

JORGE H. CUBILLOS
University of Delaware

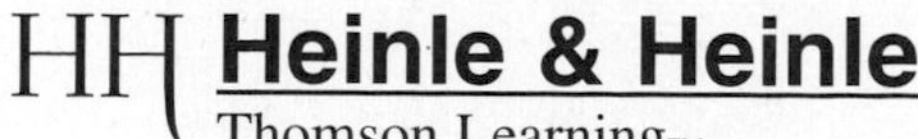

United States • Australia • Canada • Denmark • Japan • Mexico • New Zealand
Philippines • Puerto Rico • Singapore • Spain • United Kingdom

The publication of *Temas* was directed by the Heinle & Heinle College Foreign Language Publishing Team:

Wendy Nelson, Senior Acquisitions Editor
Stephen Frail, Marketing Manager
Esther Marshall, Senior Production & Development Editor Supervisor
Elizabeth St. Jean, Developmental Editor

Also participating in the publication of this program were:

Publisher	**Vincent P. Duggan**
Director of Photography	**Jonathan Stark**
Photo Researchers	**Jeff Freeland, Bénédicte Ferru**
Associate Marketing Manager	**Kristen Murphy-Lojacono**
Manufacturing Supervisor	**Marcia Locke**
Project Coordinator	**Kris Swanson**
Compositor	**Pre-Press Company, Inc.**
Interior Designer	**Ha Nguyen**
Illustrator	**Dave Sullivan**
Cover Designer	**Ha Nguyen**
Book Printer/Binder	**World Color**

Heinle & Heinle Publishers
20 Park Plaza
Boston, MA 02116

web	**www.thomsonrights.com**
fax	1-800-730-2215
phone	1-800-730-2214

UK/EUROPE/MIDDLE EAST:
Thomson Learning
Berkshire House
168–173 High Holborn
London, WCIV 7AA, United Kingdom

LATIN AMERICA:
Thomson Learning
Seneca, 53
Colonia Polanco
11560 México D.F. México

JAPAN:
Thomson Learning
Placeside Building, 5F
1-1-1 Hitotsubashi, Chiyoda-ku
Tokyo 100 0003, Japan

AUSTRALIA/NEW ZEALAND:
Nelson/Thomson Learning
102 Dodds Street
South Melbourne
Victoria 3205 Australia

ASIA (excluding Japan):
Thomson Learning
60 Albert Street #15-01
Albert Complex
Singapore 189969

SPAIN:
Thomson Learning
Calle Magallanes,
28015-Madrid
España

CANADA:
Nelson/Thomson Learning
1120 Birchmount Road
Scarborough, Ontario
Canada MIK 5G4

Library of Congress Cataloging-in-Publication Data

Cubillos, Jorge H.
Temas: Spanish for the global community / Jorge H. Cubillos.
p. cm.
Includes index.
ISBN 0-8384-8226-0 (student edition)—ISBN 0-8384-8217-1 (instructor's annotated edition)
1. Spanish language—Textbooks for foreign speakers—English. I. Title.
F4129.E5 C834 1999
468.2'421—dc21

99-047130

Printed in the United States of America

2 3 4 5 6 7 8 9 03 02 01 00

ISBN: 0-8384-8226-0 (student text)
ISBN: 0-8384-8217-1 (instructor's annotated edition)

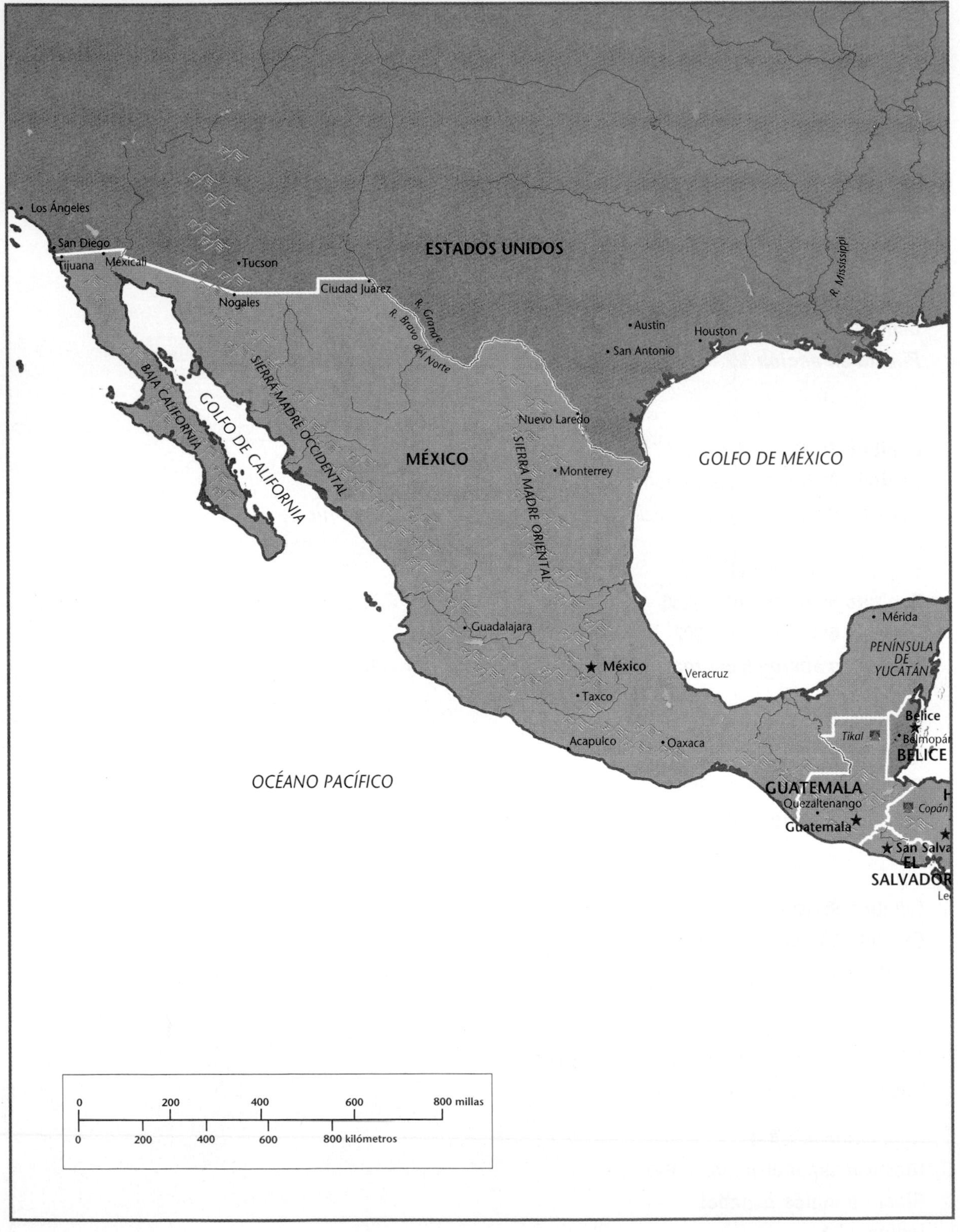
Los Ángeles
San Diego
Tijuana
Mexicali
Tucson
Nogales
Ciudad Juárez
ESTADOS UNIDOS
R. Mississippi
R. Grande
R. Bravo del Norte
Austin
San Antonio
Houston
BAJA CALIFORNIA
GOLFO DE CALIFORNIA
SIERRA MADRE OCCIDENTAL
SIERRA MADRE ORIENTAL
Nuevo Laredo
MÉXICO
Monterrey
GOLFO DE MÉXICO
Mérida
PENÍNSULA DE YUCATÁN
Guadalajara
México
Veracruz
Taxco
Acapulco
Oaxaca
Belice
Tikal
BELICE
OCÉANO PACÍFICO
GUATEMALA
Quezaltenango
Copán
Guatemala
EL SALVADOR
0 200 400 600 800 millas
0 200 400 600 800 kilómetros

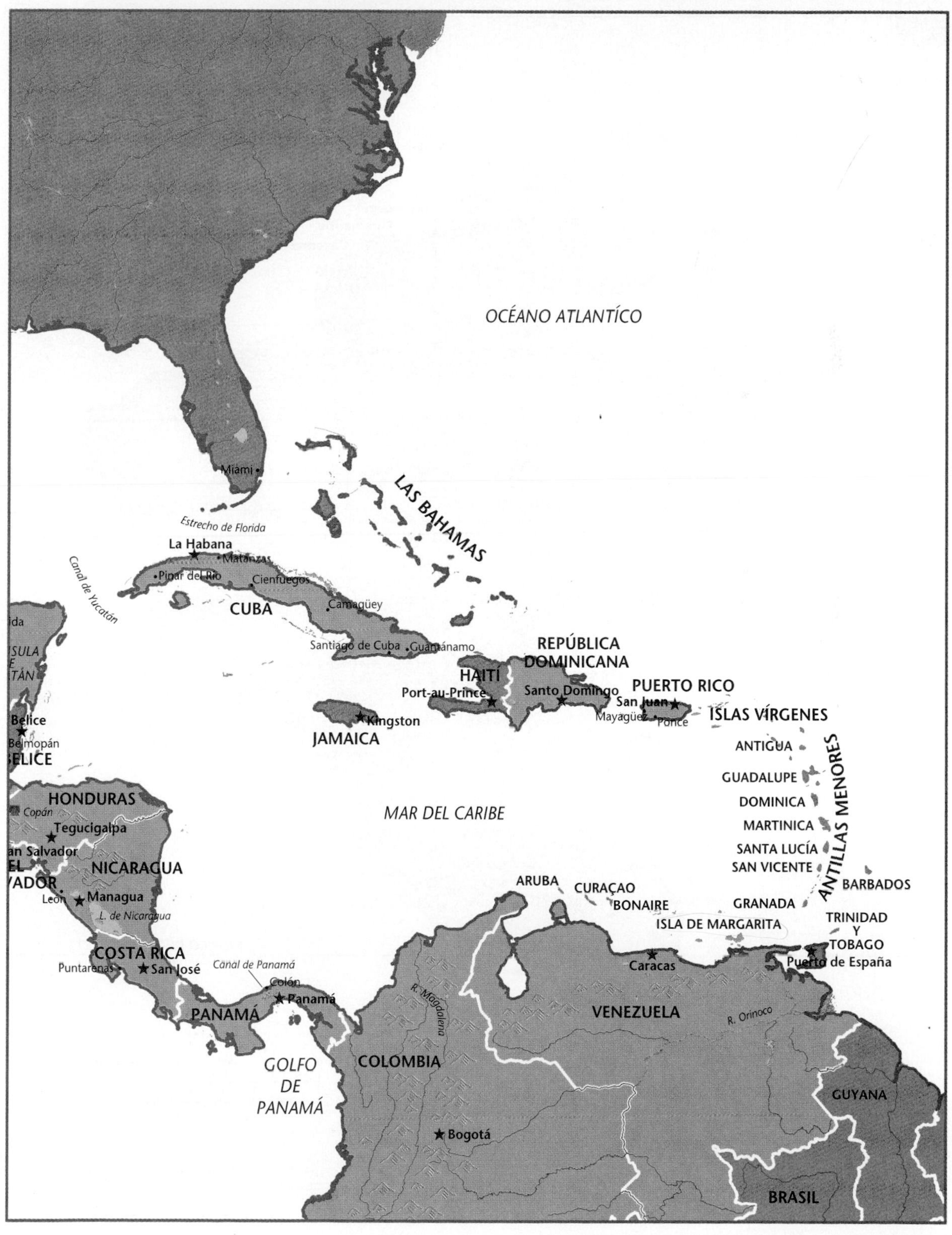
OCÉANO ATLANTÍCO
Miami
LAS BAHAMAS
Estrecho de Florida
La Habana
Matanzas
Canal de Yucatán
Pinar del Río
Cienfuegos
CUBA
Camagüey
Santiago de Cuba
Guantánamo
REPÚBLICA DOMINICANA
HAITÍ
Port-au-Prince
Santo Domingo
PUERTO RICO
San Juan
Mayagüez
Ponce
ISLAS VÍRGENES
Kingston
JAMAICA
Belice
Belmopán
HONDURAS
Copán
Tegucigalpa
San Salvador
NICARAGUA
León
Managua
L. de Nicaragua
COSTA RICA
Puntarenas
San José
Canal de Panamá
Colón
Panamá
PANAMÁ
GOLFO DE PANAMÁ
MAR DEL CARIBE
ANTIGUA
GUADALUPE
DOMINICA
MARTINICA
SANTA LUCÍA
SAN VICENTE
ANTILLAS MENORES
BARBADOS
GRANADA
ARUBA
CURAÇAO
BONAIRE
ISLA DE MARGARITA
TRINIDAD Y TOBAGO
Puerto de España
Caracas
VENEZUELA
R. Orinoco
R. Magdalena
COLOMBIA
Bogotá
GUYANA
BRASIL

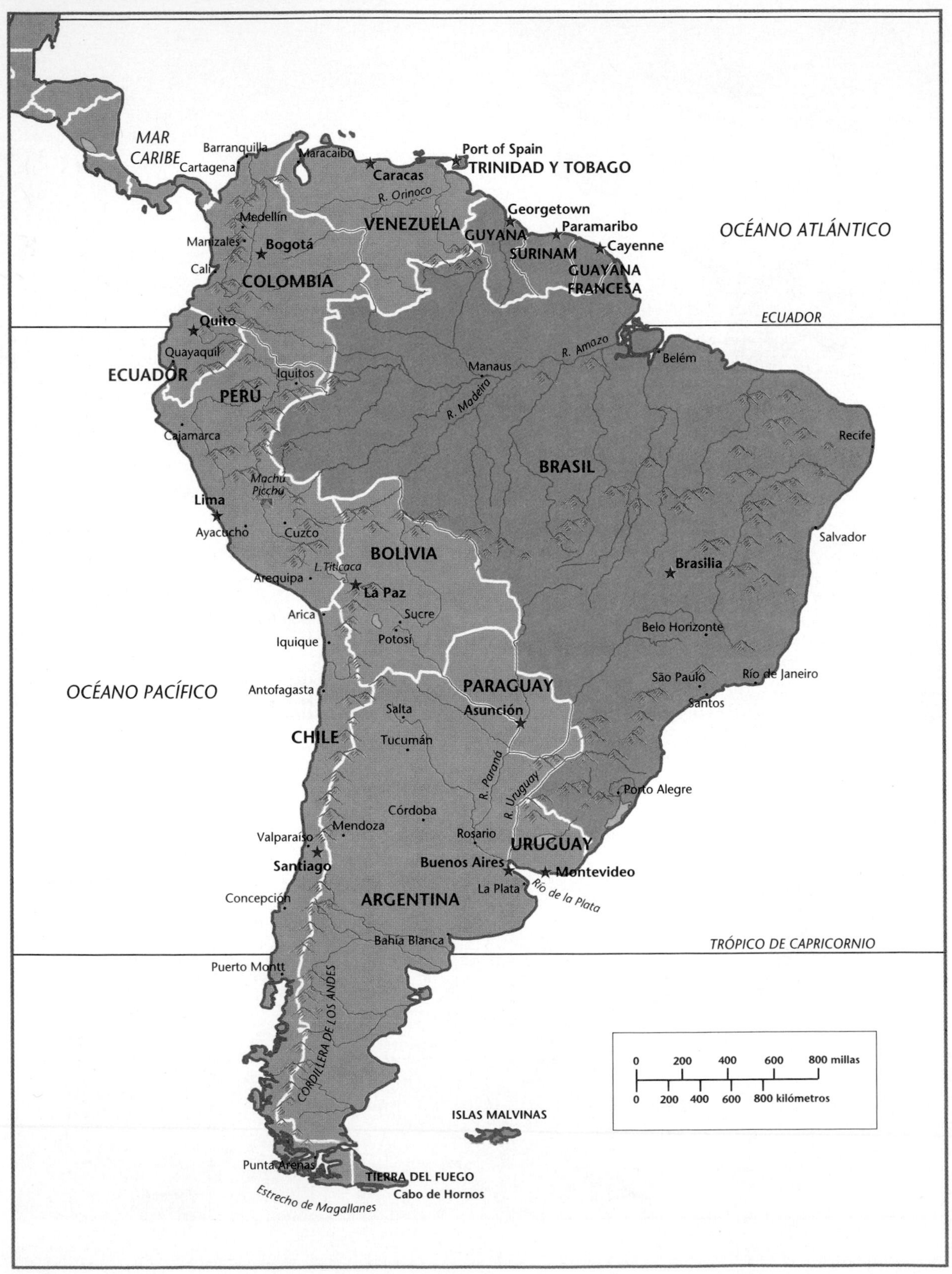

MAR CARIBE
Barranquilla
Cartagena
Maracaibo
Caracas
Port of Spain
TRINIDAD Y TOBAGO
R. Orinoco
Georgetown
Paramaribo
Cayenne
OCÉANO ATLÁNTICO
Medellín
Manizales
Bogotá
Cali
VENEZUELA
GUYANA
SURINAM
GUAYANA FRANCESA
COLOMBIA
ECUADOR
Quito
Quayaquil
ECUADOR
Iquitos
PERÚ
Manaus
R. Amazo
Belém
R. Madeira
Cajamarca
Recife
BRASIL
Machu Picchu
Lima
Ayacucho
Cuzco
Salvador
BOLIVIA
L. Titicaca
Arequipa
La Paz
Brasilia
Arica
Sucre
Potosí
Iquique
Belo Horizonte
OCÉANO PACÍFICO
Antofagasta
PARAGUAY
Asunción
São Paulo
Río de Janeiro
Santos
Salta
CHILE
Tucumán
R. Paraná
R. Uruguay
Porto Alegre
Córdoba
Mendoza
Valparaíso
Rosario
URUGUAY
Santiago
Buenos Aires
Montevideo
Concepción
La Plata
ARGENTINA
Río de la Plata
Bahía Blanca
TRÓPICO DE CAPRICORNIO
Puerto Montt
CORDILLERA DE LOS ANDES
0 200 400 600 800 millas
0 200 400 600 800 kilómetros
ISLAS MALVINAS
Punta Arenas
TIERRA DEL FUEGO
Cabo de Hornos
Estrecho de Magallanes

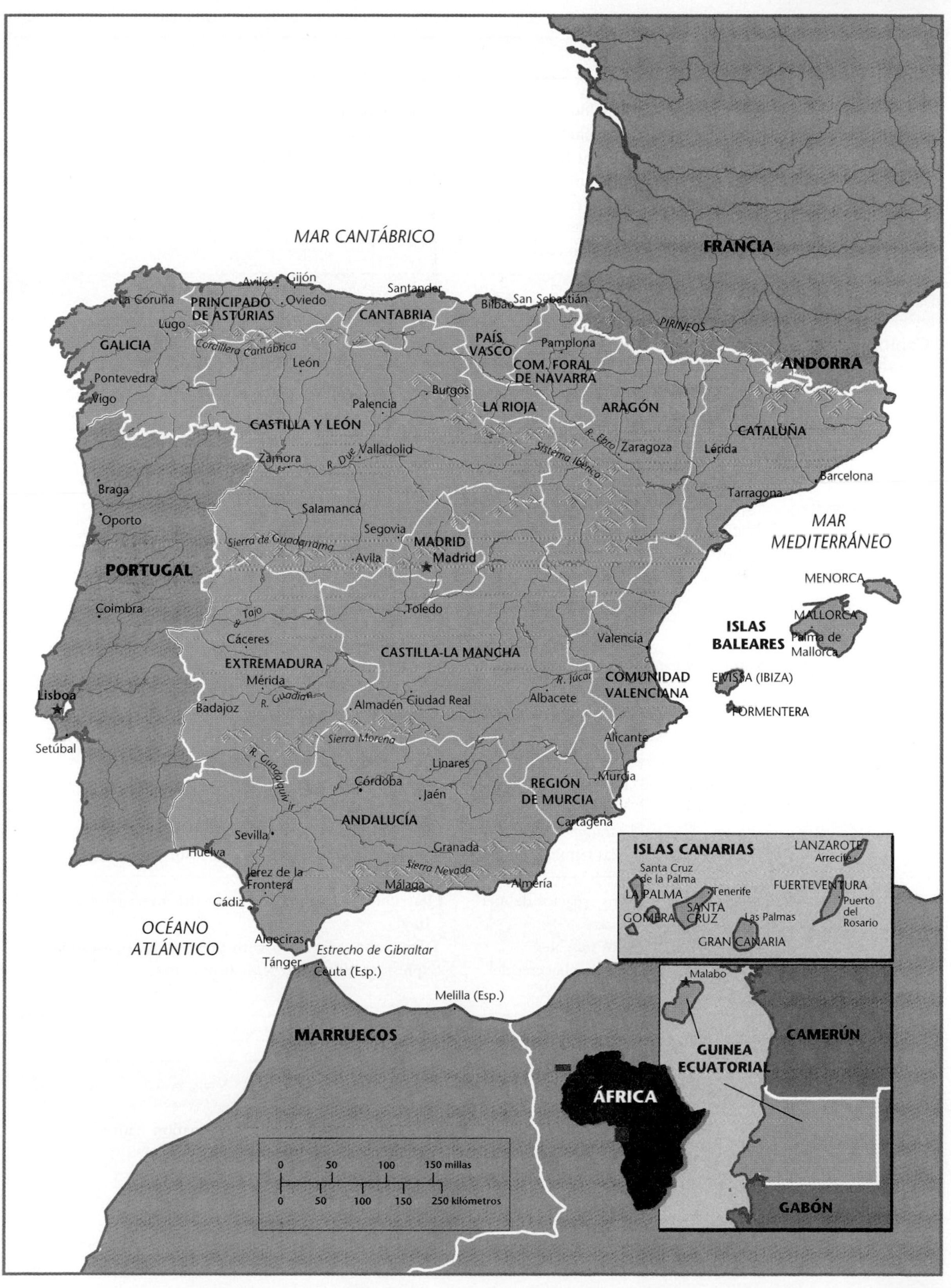

MAR CANTÁBRICO
FRANCIA
ANDORRA
PIRINEOS
PORTUGAL
MAR MEDITERRÁNEO
OCÉANO ATLÁNTICO
MARRUECOS
ÁFRICA
GALICIA
PRINCIPADO DE ASTURIAS
CANTABRIA
PAÍS VASCO
COM. FORAL DE NAVARRA
LA RIOJA
ARAGÓN
CATALUÑA
CASTILLA Y LEÓN
MADRID
CASTILLA-LA MANCHA
EXTREMADURA
COMUNIDAD VALENCIANA
REGIÓN DE MURCIA
ANDALUCÍA
ISLAS BALEARES
MENORCA
MALLORCA
Palma de Mallorca
EIVISSA (IBIZA)
FORMENTERA
La Coruña
Avilés
Gijón
Oviedo
Lugo
Santander
Bilbao
San Sebastián
Pamplona
León
Burgos
Palencia
Pontevedra
Vigo
Valladolid
Zamora
Zaragoza
Lérida
Barcelona
Tarragona
Braga
Oporto
Salamanca
Segovia
Avila
Madrid
Toledo
Coimbra
Cáceres
Mérida
Badajoz
Lisboa
Setúbal
Almadén
Ciudad Real
Albacete
Valencia
Alicante
Murcia
Cartagena
Linares
Córdoba
Jaén
Sevilla
Granada
Huelva
Jerez de la Frontera
Cádiz
Málaga
Almería
Algeciras
Tánger
Ceuta (Esp.)
Melilla (Esp.)
Estrecho de Gibraltar
Cordillera Cantábrica
Sistema Ibérico
Sierra de Guadarrama
Sierra Morena
Sierra Nevada
R. Ebro
R. Duero
R. Tajo
R. Guadiana
R. Júcar
R. Guadalquivir
ISLAS CANARIAS
LANZAROTE
Arrecife
Santa Cruz de la Palma
LA PALMA
Tenerife
FUERTEVENTURA
SANTA CRUZ
GOMERA
Las Palmas
Puerto del Rosario
GRAN CANARIA
Malabo
GUINEA ECUATORIAL
CAMERÚN
GABÓN
0 50 100 150 millas
0 50 100 150 250 kilómetros

	Tema	Vocabulario	Funciones y estructuras
Capítulo preparatorio		El salón de clase Los saludos y las despedidas Los cursos Los días, los meses y las estaciones Los números	Greeting people Personal pronouns Gender, number, and indefinite articles Definite articles
Unidad I: La identidad			
Capítulo 1 Éste soy yo	1: Datos Personales	Los formularios Nacionalidades	Providing personal information with the verb **ser** Describing objects and people with adjectives
	2: Ocupaciones	Profesiones y ocupaciones Los números después de 100	Talking about daily activities with the simple present tense Expressing negation
	3: Intereses personales	Los deportes Otros pasatiempos	Exchanging information with questions Asking questions with interrogative words Talking about what one does or makes with the verb **hacer**
Capítulo 2 En familia	1: Ésta es mi familia	Los miembros de la familia	Describing physical appearance with adjectives and **ser** and **tener** Describing inherent characteristics using **bueno, grande,** and **malo** Expressing possession
	2: La personalidad y los valores	Los rasgos personales Los valores tradicionales de las familias	Talking about location, condition, and emotional states with the verb **estar** Expressions with **tener** Talking about likes and dislikes with the verb **gustar**
	3: Nuestro hogar	Los espacios de una casa Los muebles Los quehaceres del hogar	Describing contents (the use of the invariable form **hay**) Talking about location with prepositions of location Expressing obligation with **tener que**
Puesta en acción 1/2: Hosting a Mexican exchange student			
Unidad II: La vida diaria			
Capítulo 3 ¿Dónde y cuándo?	1: Orientándonos a la ciudad	Lugares de interés Puntos de referencia Los medios de transporte Las indicaciones	Talking about location and destination with the verbs **estar** and **ir** Indicating location with prepositions

Para tu información (cultura)	Lectura y vídeo	Pronunciación	Temas CD-Rom
Formal and informal situations Greeting conventions Titles Educational degrees The Spanish calendar		El alfabeto y las vocales	
Dates Names	Vídeo: Jóvenes hispanos	La consonante **c**	
Popular professions in the Spanish-speaking world	Lectura: Los contrastes de la generación X		
The individual vs. the group in the Spanish-speaking world	Perspectivas: Los pasatiempos de los hispanos Lectura: Mi página personal en la red		Solicitar el puesto de interno
Family terms Mexican "ancestors" Adjectives to describe coloring	Lectura: La familia de José Miguel Vídeo: La familia de Laura		
Matrimony and traditional Mexican values	Literatura: *Como agua para chocolate* (fragmento), Laura Esquivel	La consonante **d**	
The Mexican economy	Perspectivas: Valores en proceso de transición Literatura: *La casa en Mango Street* (fragmento), Sandra Cisneros		En México: Trabajar con la familia Domínguez
San Juan	Vídeo: Un turista en Puerto Rico		

	Tema	Vocabulario	Funciones y estructuras
	2: De compras	Formas de pago Las compras	Telling time with prepositions of time Talking about daily activities with the present tense of regular **yo**- form verbs Talking about frequency with adverbs of frequency
	3: En el hotel	Comodidades y servicios Las reservas	Talking about daily activities with **e** → **i** stem-changing verbs Talking about future plans
Capítulo 4 Preferencias y prioridades	1: El tiempo y la ropa	El estado del tiempo Ropa de diario y accesorios Materiales y diseños	Comparing and contrasting with comparatives
	2: La comida	Las tres comidas diarias Una buena nutrición En la mesa En el restaurante	Comparing and contrasting with superlatives Talking about ongoing actions with the present progressive tense The contrast between the verbs **ser** and **estar**
	3: Las vacaciones	Los preparativos	Talking about seasonal activities with stem-changing verbs Talking about daily activities with reflexive verbs
Puesta en acción 3/4: Organizing a business meeting in Puerto Rico			
Unidad III: Ayer y hoy			
Capítulo 5 Al corriente	1: La actualidad política y económica	La política La actualidad económica	Talking about past activities with the preterite
	2: La actualidad deportiva	Los eventos deportivos	Talking about past activities with stem-changing verbs in the preterite Talking about past activities with irregular verbs in the preterite
	3: La actualidad cultural	Las artes plásticas El teatro y la música	Avoiding repetition with direct object pronouns
Capítulo 6 Recuerdos	1: Ciudades	La vida en la ciudad Problemas urbanos	Expressing negation with negative words Making generalizations with indefinite words Describing the past with the imperfect tense
	2: Naturaleza	La vida en el campo La producción agrícola	Describing the past with irregular verbs in the imperfect tense Expressing knowledge and familiarity with the verbs **saber** and **conocer**

Para tu información (cultura)	Lectura y vídeo	Pronunciación	Temas CD-Rom
Puerto Rican business	Puerto Rico	La consonante **g**	
The Puerto Rican tourist industry Poetic language	Perspectivas: La puntualidad Literatura: «A Puerto Rico», José Gautier Benítez		En Puerto Rico: Preparar un paquete de información turística
Climate variations in the Spanish-speaking world Different temperature scales Clothing, colors, and sizes	Vídeo: De compras	Las consonantes **ll, y, ñ**	
Mealtimes in Spain	Lectura: Las ensaladas		
Lodging in Spain	Perspectivas: Las vacaciones de los españoles Lectura: «De vacaciones» (fragmento), Gomaespuma		En España: Establecer un restaurante
Machu Picchu	Lectura: Las actividades de un presidente Vídeo: Entrevista con una joven peruana		
Soccer in the Spanish-speaking world	Lectura: El turno es de ellas	Las consonantes **r, rr**	
	Perspectivas: ¿Qué estan leyendo los hispanoamericanos? Lectura: Lima en Jazz		En Perú: Crear una revista electrónica
San José	Lectura: Desarrollo urbano Vídeo: Recuerdos de infancia		
Biodiversity of Costa Rica Costa Rican coffee production Legends	Lectura: La leyenda del Zurquí	Las consonantes **h, j**	

	Tema	Vocabulario	Funciones y estructuras
	3: Ecología	La conservacíon del medio ambiente	Indicating location with demonstrative adjectives Talking about the past with verbs that change meaning in the preterite
Puesta en acción 5/6: Creating an electronic newsletter			
Unidad V: Cambios y transiciones			
Capítulo 7 Cambios	1: Mi Cuba querida	Nostalgia	Verbs like **gustar** Making generalizations with the neuter article **lo** and adjectives
	2: Es hora de partir	Preparativos para una mudanza	Expressing purpose or reason with the prepositions **por** and **para** Indirect object pronouns
	3: ¡A establecer un nuevo hogar!	Los bienes raíces Transacciones bancarias	Talking about the past with the preterite and the imperfect Talking about the immediate past with **acabar de** + infinitive
Capítulo 8 A trabajar	1: En busca de trabajo	El mundo del trabajo Las profesiones del futuro	Referring to past events with **hace... que** Referring to past events that continue into the present with the present perfect tense
	2: Mis antecedentes y expectativas laborales	La hoja de vida Cualidades laborales Expectativas laborales	Influencing the behavior of others with formal commands Using pronouns and formal commands
	3: El nuevo empleo	Las tareas de oficina La computadora Las comunicaciones telefónicas	Double object pronouns
Puesta en acción 7/8: Planning an international move			
Unidad V: Interacciones			
Capítulo 9 Acuerdos y desacuerdos	1: Las amistades	Un buen amigo	Giving advice and suggestions with the subjunctive
	2: Relaciones laborales	Los compañeros de trabajo Un buen jefe Conflictos	Expressing emotion and doubt with the subjunctive in nominal clauses
	3: Relaciones de pareja	Amor, noviazgo y matrimonio	Talking about hypothetical situations with the subjunctive in adjective clauses

Para tu información (cultura)	Lectura y vídeo	Pronunciación	Temas CD-Rom
Costa Rica and the ecology	Perspectivas: Los problemas del medio ambiente Lectura: Cooperación verde		En Costa Rica: Crear una página-web
Cuban music in Florida: Gloria Estefan	Vídeo: Mi amiga María Paula	Las consonantes **b, v**	
MIA: The International Airport of Miami	Lectura: Mudanzas Lectura: Dirección: El sur de la Florida		
Diminutives	Perspectivas: Migración interna en los países hispanos Literatura: *Soñar en cubano* (fragmento), Cristina García		En Miami: Crear un folleto
	Lectura: Trabajos vía Internet Vídeo: Trabajadores venezolanos	Las consonantes **s, z** y **c**	
	Lectura: Las entrevistas de trabajo		
Computers in Latin America	Perspectivas: El paro Literatura «Mi amigo», Germán Cuervo		En Venezuela: Crear un folleto
The Spanish cinema	Vídeo: ¿Quieres ir al cine? Lectura opcional: Amor y matrimonio (*Don Quijote,* fragmento, Miguel de Cervantes Saavedra)	Las consonantes **p, t** y **k**	
	Lectura: La timidez Lectura opcional: El amor en la poesía (*La casada infiel,* Federico García Lorca)		
Divorce in Spain Famous Spanish painters	Perspectivas: El matrimonio en la España actual Literatura: *La hija del canibal* (fragmento), Rosa Montero		En España: Trabajar para una agencia de contactos

	Tema	Vocabulario	Funciones y estructuras
Capítulo 10 ¿Qué quieres hacer?	1: ¡A mantenernos en forma!	La buena salud Los problemas médicos	Giving instructions to friends and family using informal commands
	2: La diversión en la selva urbana	Los deportes urbanos La televisión	Expressing purpose, stipulation, or future time frame with the subjunctive in adverbial clauses
	3: Panorama cultural	Las artes plásticas	Talking about the future with the future tense
Puesta en acción 9/10: Designing programs for workers in a corporate setting			
Unidad VI: Expectativas			
Capítulo 11 Mirando hacia el futuro	1: Proyectos personales	Mis aspiraciones	Expressing conjecture or probability with the conditional
	2: Un futuro tecnificado	Las comodidades de la era electrónica	The imperfect subjunctive
	3: Utopías	Un mundo mejor	Referring to nonexistent or hypothetical conditions with the imperfect subjunctive in **si** clauses
Capítulo 12 La herencia hispana	1: Historia de la presencia hispana en los Estados Unidos		Talking about the past with the preterite, imperfect, and present perfect (review)
	2: Abriendo caminos		Giving advice and expressing opinions with the subjunctive (review) Giving orders with formal commands (review)
	3: Desafíos		Indicating probability with the future tense and conditional (review)

Para tu información (cultura)	Lectura y vídeo	Pronunciación	Temas CD-Rom
Pharmacies and drugstores in Spanish-speaking countries Parks and wildlife preserves in Argentina	Vídeo: En el gimnasio Lectura opcional: Prevenir es mejor que curar	Diptongos	
North American influence on language Movie ratings Argentinian cinema Peculiarities of Argentinian Spanish Italian influences in Argentina	Cambios en la televisión argentina Lectura opcional: El deporte ideal		
Contemporary Argentinian artists The tango The mothers of the Plaza de Mayo	Perspectivas: Interés por las actividades culturales Literatura: *El túnel* (fragmento), Ernesto Sábato		En Argentina: Trabajar para una agencia de deportes de alto riesgo
The Chilean "Nueva Canción"	Lectura: Para hacer los sueños realidad Vídeo: Planes y sueños		
New Technology Strength of the Chilean economy	Lectura: El teletrabajo	El encadenamiento de las palabras	
Chilean Nobel Prize winners	Perspectivas: Cambio social Lectura: *El albergue de las mujeres tristes* (fragmento), Marcela Serrano Lectura opcional: «A callarse», Pablo Neruda		Chile: Trabajar para una campaña electoral
	Lectura: Los antecedentes (primera parte) Lectura: Los antecedentes (segunda parte) Vídeo: Latinos en los Estados Unidos	La entonación	
	Lectura: Cristina Saralegui: Confidencias de una rubia Lectura: Bill Richardson: Un hombre de paz		
Spanish slang	Lectura: Una nación con la lengua trabada Perspectivas: La identidad Literatura: «Entró y se sentó», Rosaura Sánchez		Estados Unidos: Preparar una carpeta de información para los internos futuros

To the Student

¡Bienvenidos a ***Temas!*** This textbook is designed to give you the opportunity to discover the Spanish language through **active-learning.** Its basic philosophy is that language acquisition results from participating in **meaningful interactions** with other language learners and/or native speakers. With this program, active learning takes place through classroom and independent learning tasks with the help of multimedia and the Internet.

As you proceed through this course, keep in mind the following principles which have helped many learners achieve foreign language proficiency:

- **Practice.** Seek every opportunity to use the language in and out of the classroom. Take advantage of all the human and technological resources at hand.
- **Be adventurous.** Don't be afraid to take risks. Mistakes are a natural part of the learning process.
- **Be patient.** Learning a language takes time and effort. Don't expect it to happen overnight.
- **Be flexible.** Accept that you won't always understand everything or be able to say exactly what you want to say. There are many ways to get your point across.
- **Discover.** Appreciate the uniqueness of other cultures. Bridge the gap between your culture and others. Consider studying abroad, or maybe interacting with Hispanics in your area.

We hope that these words of advice will help you, and that your experience learning the Spanish language and exploring the diverse cultures of the Spanish-speaking world is an enriching and rewarding one.

Acknowledgments

Writing a textbook is never an individual process, especially in the case of a project of this magnitude. I would like to express my gratitude to Heinle & Heinle Publishers for maintaining its leadership in the development of quality foreign language materials and in particular to Vince Duggan (Publisher and Vice President), and Wendy Nelson (Acquisitions Director) for trusting me with the challenge of this Spanish program. Also, I have acknowledge with many thanks the invaluable contributions of Amy Baron and Elizabeth St. Jean (Developmental editors) whose classroom experience and pedagogical knowledge have been of great value. My gratitude and special thanks for their hard and meticulous work reflected throughout the book go to Esther Marshall, Production and Editorial coordinator, and Kris Swanson, the Project manager. Many thanks to the Production assistants: Tom Pozen, Bénédicte Ferru, Jeff Freeland, Tracy Erb, and to all the freelancers who participated in the production process: Camilla Ayers (proofreader, indexer), Margaret Hines (proofreader), Marisa Garman (proofreader), and Ana Ras (native reader). Thanks go to Glenn Wilson as well for a final editorial look at ***Temas*** in the late stages of production.

I wish to especially thank Jane Harper, Madeleine Lively, and Mary Williams whose creative inspiration and vision of the future of language instruction made this project possible. I would like to acknowledge in particular their original contributions to the development of this book's scope and sequence, their enhancement of the higher-order thinking skill component of the program, and their commitment to bringing the context and language of the workplace to the beginning Spanish curriculum.

I also want to thank my EFL colleagues Gabriela Colina and Adriana Uribe in Cali, Colombia, who generously offered their pedagogical feedback and editorial comments on the second draft of the manuscript. Our discussions and lively editing sessions made the revision process incredibly easier and much more enjoyable.

I must also express my gratitude to all the reviewers and focus groups whose ideas and feedback oriented and shaped the development of this project in many important ways.

Finally, I want to thank my family, my friends and all the people in Latin America and Spain who offered me insights about their countries and their lives. Their contributions gave this textbook its real-life flavor. Thank you for making this possible (you will find your names and your stories throughout the book in examples and activities).

To all, my sincere thanks.

Jorge Cubillos

Temas Reviewers

We are grateful for the comments and suggestions made by our colleagues who reviewed this work during the draft stages:

Will Allen, University of Oklahoma
Bárbara Ávila-Shah, SUNY Buffalo
Linda Jane Barnette, Ball State University
Geoffrey Barrow, Purdue University—Calumet
María Dorantes, University of Michigan
Martin Durrant, Mesa Community College
John Eipper, Wayne State University
Michael Fast, University of Massachusetts
Carmen García Fernández, University of Virginia
Barbara González-Pino, University of Texas—San Antonio
Jacqueline Green, City College of San Francisco
Amy Gregory, California State University—Fresno
Gail Guntermann, Arizona State University
Mary Izibarreau, University of New Mexico—Albuquerque
Juergen Kempff, University of California-Irvine
Luis Latoja, Columbus State Community College
Oswaldo López, Miami-Dade Community College, Wolfson Campus
Elizabeth Martínez-Gibson, College of Charleston
Susan McMillen Villar, University of Minnesota
Susan Navey-Davis, North Carolina State University
Mary O'Day, University of Kansas
Lucía Pacini-Lombardi, University of Illinois—Chicago
Sandra Rosenstiel, University of Dallas
Patricia Scarfone, Orange Coast College
Vanisa Sellers, Ohio University
Jorgelina Serra Solari, New York University of Continuing Education
Charlene Suscavage, University of Southern Maine
Lourdes Torres, University of Kentucky
Paul Toth, University of Pittsburgh
Phyllis VanBuren, St. Cloud State University
Diane Wright, Grand Valley State University

CAPÍTULO PREPARATORIO

¡A empezar!

I. Vocabulario: El salón de clase

Vocabulario útil

Lo que dice el profesor	***What the instructor says***
Abran el libro en la página...	*Open your books to page . . .*
Cierren sus libros	*Close your books.*
Escriban...	*Write . . .*
Lean...	*Read . . .*
Gracias.	*Thank you.*
De nada/A la orden/ No hay de qué.	*You are welcome.*

Lo que dicen los estudiantes	***What the students say***
Más despacio, por favor.	*Slower, please.*
¿Qué significa... ?	*What does . . . mean?*
¿Cómo se dice... ?	*How do you say . . . ?*
Repita, por favor.	*Repeat, please.*
Muchas gracias.	*Many thanks.*
De nada/A la orden/ No hay de qué/ Con gusto.*	*You are welcome.*

Mientras piensas...	***While you think . . .***
Este...	*Umm . . .*
Bueno...	*Well . . .*
A ver...	*Let's see . . .*

Vocabulario personal:

***De otra manera**

These are equivalent expressions used in different parts of the Spanish-speaking world. Expect significant regional variations in the Spanish language, particularly in the area of vocabulary.

Aplicaciones

A. ¿Qué quiere el (la) profesor(a)? ***(What does the instructor want?)*** Match the statements made by the instructor with the following pictures.

B. ¿Qué dices? ***(What do you say?)*** Provide an expression that you can use in each of the following cases.

1. When you do not understand what the instructor is saying.
2. When you do not know the answer to a particular question.
3. When you want your instructor to repeat a key point.
4. When you do not know the meaning of a certain word.
5. When your instructor gives you back a test or a composition.

II. Vocabulario: Los saludos y las despedidas

para tu información

Formal and informal situations call for different types of language. Notice the different expressions and tone of the following dialogues.

—Buenos días, Julio.	*Hello, Julio.*
—Buenos días, Profesor Rodríguez. ¿Cómo está Ud.?	*Hello, Professor Rodríguez. How are you?*
—Muy bien, gracias.	*Very well, thank you.*

—Hola, Pedro.	*Hello, Pedro.*
—Hola, Marta. ¿Cómo te va?	*Hello, Marta. How are you?*
—Bien, ¿y a ti?	*Fine, and you?*
—¡De maravilla!	*Wonderful!*

Sugerencias

The following are other expressions you can use to indicate how you are doing: **más o menos/regular** *(so-so)*, **mal** *(bad)*, **pésimo** *(terrible)*.

—Buenos días, me llamo Julián.	*Hello, my name is Julián.*
—Mucho gusto, Julián. Yo me llamo Alicia.	*Pleased to meet you, Julián. I am Alicia.*
—Encantado.	*My pleasure.*

para tu información

Physical contact is often part of a greeting in Hispanic culture. This contact ranges from a firm handshake among men, to a kiss on the cheek for close friends. Greetings accompanied by kissing are quite common among young men and women (and among women) in both Latin America and Spain.

—Adiós, Sr. Grisales.	*Good-bye, Mr. Grisales.*
—Bueno, hasta luego, Sr. González.	*O.K., see you later, Mr. González.*

Vocabulario útil

Hasta pronto.	*See you soon.*
Hasta la vista.	*See you around.*
Chau.	*Bye.*
Nos vemos el lunes.	*I'll see you on Monday.*

Vocabulario personal:

Aplicaciones

A. Diálogos. Complete the dialogues with appropriate comments and responses.

1.	La Sra. Díaz:	Buenos días, doctor.
	El Dr. Fernández:	Buenos días, Sra. Díaz
	La Sra. Díaz:	Pues no muy bien, doctor. Mire Ud. ...
2.	Juan:	Hola Ana
	Ana:	Hola, Juan, ¿cómo estás?
	Juan:	Muy bien ¿y tu?
3.	Esteban:	Bueno, ¿como está?
	La profesora Ruiz:	Mucho gusto, Esteban. Yo soy la profesora Ruiz.
	Esteban:	______
4.	Julio:	Adiós Elvira
	Elvira:	Adiós, Julio. ¡Nos vemos el viernes!

para tu información

The following are some of the most common titles of respect in Spanish.

Doctor (Dr.)	*Doctor*
Licenciado (Lic.)	*(For various professions)*
Señor (Sr.)	*Sir/Mr.*
Señora (Sra.)	*Madam/Mrs.*
Señorita (Srta.)	*Miss*

Note that these titles are usually followed by the person's last name.

Doctor Jiménez **Sra. Alarcón**
Sr. Gómez

Don and **Doña** are followed by the person's first name.

Don Juan **Doña Bárbara**
Don Gustavo **Doña María**

B. Saluda a tus compañeros. Greet two or three of the people around you in Spanish. Learn their names and later introduce them to the rest of the class.

Sugerencias

When reporting on someone else's name use the expression: **Se llama** Alexander.

Un paso más: *Personal pronouns*

Person	Singular	Plural
first	**yo** *(I)*	**nosotros, nosotras** (*we,* masculine/feminine)
second	**tú** (*you,* informal) **usted** (*you,* singular, formal)	**ustedes** (*you,* plural, formal/informal) **vosotros, vosotras** (*you,* masculine/feminine, informal, Spain)
third	**él** *(he)* **ella** *(she)*	**ellos, ellas** (*they,* masculine/feminine)

As you noticed in the previous section, the distinction between formal and informal ways of addressing a person is at the essence of effective social communication. While in English the level of formality of an exchange finds its expression mainly in the tone and the type of language used, in Spanish this influence extends also to the verb forms and pronouns selected.

The informal personal pronouns in Spanish are **tú** for the singular and **ustedes** (or **vosotros** in Spain) for the plural.

Note that in Spanish there is no equivalent of the English subject pronoun *it*.

Es mi escritorio.	*It is my desk.*
Es una clase difícil.	*It is a difficult class.*

In Spanish there is a gender distinction when it comes to groups made exclusively of women **(nosotras, vosotras, ellas).** The masculine form is used in the case of male only or mixed groups.

Nosotras somos enfermeras.	*We are nurses.*
Ellas son mis hermanas.	*They are my sisters.*
Ellos son mis padres.	*They are my parents.*

Since Spanish verbs have specific conjugations for each person, personal pronouns are often omitted.

Soy estudiante.	*I am a student.*
Trabaja en una oficina.	*He/She works in an office.*
Estudiamos español.	*We study Spanish.*

However, personal pronouns may be included in a sentence for clarification or emphasis.

Yo soy estudiante.	*I (myself) am a student.*
Él trabaja en una oficina.	*He works in an office.*

Aplicaciones

A. ¿De quién habla? Complete the sentences with the appropriate pronoun according to the picture.

1. ________ soy Marta.

2. ________ son mis compañeras.

3. ________ es mi amigo Juan Ortega.

4. ________ somos estudiantes.

B. Completa las frases. Make the following sentences more emphatic by adding the appropriate personal pronoun.

1. ________ *(I)* soy estudiante.
2. ________ (*You,* informal) eres profesora.
3. ________ *(He)* es Juan.
4. ________ *(We)* somos amigos.
5. ________ *(They)* son mis hermanas.

III. Vocabulario: Los cursos

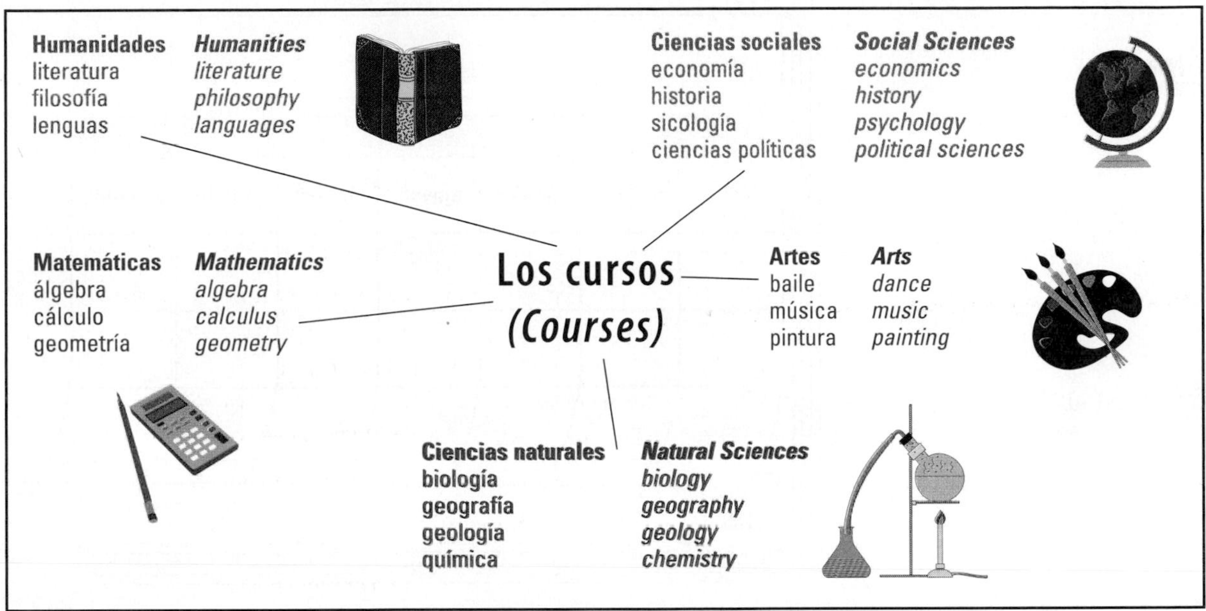

Humanidades Humanities
literatura literature
filosofía philosophy
lenguas languages
Ciencias sociales Social Sciences
economía economics
historia history
sicología psychology
ciencias políticas political sciences
Matemáticas Mathematics
álgebra algebra
cálculo calculus
geometría geometry
Los cursos
(Courses)
Artes Arts
baile dance
música music
pintura painting
Ciencias naturales Natural Sciences
biología biology
geografía geography
geología geology
química chemistry

para tu información

The major and minor system does not exist in Latin America or Spain. Instead, the institutions of higher education there typically offer programs leading to professional degrees instead.

Vocabulario útil

Las especializaciones

administración de empresas	*business administration*
antropología	*anthropology*
comunicaciones	*communications*
derecho	*law*
educación física	*physical education*
informática	*computer science*
ingeniería	*engineering*
medicina	*medicine*
periodismo	*journalism*
quinesiología	*physical therapy*
trabajo social	*social work*
veterinaria	*veterinary*

Vocabulario personal:

Aplicaciones

Su especialidad es... *(His/Her concentration is . . .)* List six people you know and their concentration *(major)*.

IV. Vocabulario: Los días, los meses y las estaciones

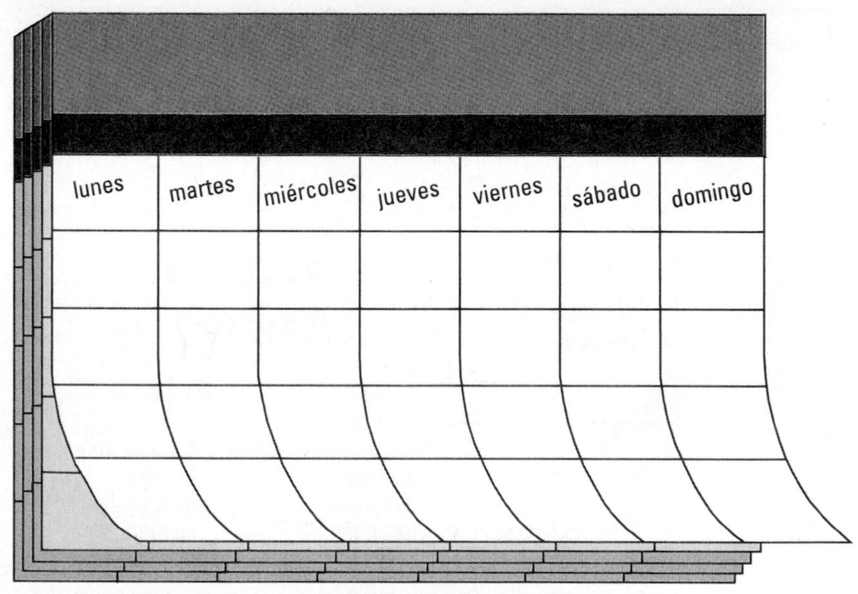

invierno:
diciembre
enero
febrero

primavera:
marzo
abril
mayo

verano:
junio
julio
agosto

otoño:
septiembre
octubre
noviembre

para tu información

Monday is considered the first day of the week and appears as such in all Spanish calendars. Months are not capitalized. Dates are expressed in the following order: day, month, year **(10 de enero de 1999).**

Aplicaciones

A. ¿Comprendiste bien? Look at the following ads and answer the questions about them.

Gran Concierto de La Fania con Celia Cruz. Coliseo Cubierto el Campín: sábado 26 de febrero a las 6 p.m.

Empiezan las clases. Ahorre en las supertiendas
MAKRO: grandes descuentos en artículos escolares. Horario especial: lunes a viernes: 7 A.M. a 10 P.M., sábados: 8 A.M. a 8 P.M.; domingos: 12 a 6 P.M.

Vuele Avianca a los Estados Unidos. Siempre con los mejores horarios. Santa Fe de Bogotá–Miami: vuelos diarios a las 10 A.M. Santa Fé de Bogotá–Nueva York: vuelos diarios a las 4 P.M. Santa Fé de Bogotá–Los Ángeles: vuelos diarios a las 3 P.M.

1. What days of the week is the Makro store open?
2. When does Avianca fly to Miami? to Los Angeles? to New York?
3. When is Celia Cruz's concert?

B. ¿Cuándo es? Indicate in Spanish the date of each of the following events.

1. La Independencia de los Estados Unidos
2. La Navidad *(Christmas)*
3. El Año Nuevo *(New Year)*
4. La Pascua *(Easter)*
5. El Día de Acción de Gracias *(Thanksgiving)*
6. El comienzo *(beginning)* de las clases
7. El día del examen final de la clase de español
8. El fin *(end)* del curso
9. Tu cumpleaños *(birthday)*

C. Horario *(Schedule)* de clases. Interview a classmate and complete his/her class schedule.

Sugerencias

To find out what classes your friend is taking this semester you can ask:
¿Qué clases tomas este semestre (trimestre)?

To reply you may say:
Tomo matemáticas, inglés y español.

	lunes	martes	miércoles	jueves	viernes	sábado	domingo
por la mañana *(morning)*							
por la tarde *(afternoon)*							
por la noche *(evening)*							

V. Guía para la pronunciación: El alfabeto y las vocales

Letra	Nombre	Ejemplos	
A	a	Ana	mamá
B	be	boca	nubia
C	ce che	casa, César Camacho	poco, Alicia
D	de	día	todo
E	e	elefante	media
F	efe	Fernando	elefante
G	ge	Gabriel Gertrudis	elegante elegido
H	hache	Helena	almohada
I	i	infante	estudiante
J	jota	Juan	mejor
K	ka	kiosco	polka
L	ele elle	Lola lluvia	helado caballo
M	eme	mamá	Guatemala
N	ene	nené	Honduras
Ñ	eñe	ñato	mañana
O	o	Oscar	motor
P	pe	Pedro	España
Q	cu	queso	porque
R	ere erre	arpa Rosa	pero perro
S	ese	Sandra	pasado
T	te	televisión	atento
U	u	uva	atuendo
V	ve	Venezuela	Flavio
W	doble v (*or* uve)	Wilson	
X	equis	xilofón	exacto
Y	i griega	Yolanda	mayo
Z	ceta	Zapata	Mazatlán

Las vocales *a, e, i, o, u.* The pronunciation of vowels in Spanish does not vary.

/a/	/e/	/i/	/o/	/u/
casa	**café**	**tiza**	**sofá**	**uso**
mamá	**bebé**	**iglesia**	**bobo**	**útil**
papa	**jefe**	**inglés**	**lobo**	**uno**

In English there is a tendency to diphthongize words ending in vowels such as **o** or **e.** In Spanish those letters retain their original sound (/o/ or /e/).

libro	**por qué**
vivo	**Santa Fe**
amigo	**porque**

VI. Vocabulario: Los números

Tiene dos lápices.

Éstas son mis tres hermanas.

Es un edificio de quince pisos.

cero	0	diez	10
uno	1	once	11
dos	2	doce	12
tres	3	trece	13
cuatro	4	catorce	14
cinco	5	quince	15
seis	6	dieciséis	16
siete	7	diecisiete	17
ocho	8	dieciocho	18
nueve	9	diecinueve	19

veinte	20	treinta	30
veintiuno	21	treinta y uno	31
veintidós	22	treinta y dos	32
veintitrés	23	cuarenta	40
veinticuatro	24	cincuenta	50
veinticinco	25	sesenta	60
veintiséis	26	setenta	70
veintisiete	27	ochenta	80
veintiocho	28	noventa	90
veintinueve	29	cien	100

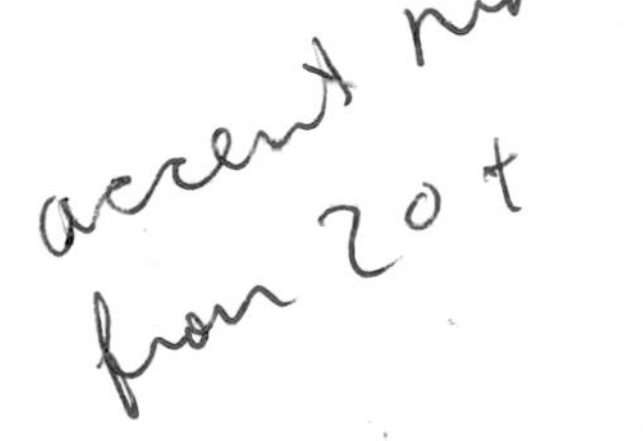

Tengo ochenta dólares.

Hay veinticinco estudiantes.

Contiene cincuenta chocolates.

Aplicaciones

A. Una fiesta. Listen to a phone message someone has left on your answering machine. How many items does he/she want you to bring to the class party? Circle the correct figure in each case.

1. mesas: 2 4 6
2. sillas: 10 20 30
3. pizzas: 5 15 25
4. refrescos *(soft drinks):* 11 21 31
5. platos *(dishes):* 44 74 94
6. servilletas *(napkins):* 50 80 100

B. ¿Cuánto es? In pairs, complete the following calculations and express the results in Spanish.

1. $11 + 6 =$ _____
2. $35 + 9 =$ _____
3. $55 + 23 =$ _____
4. $66 - 34 =$ _____
5. $71 - 17 =$ _____
6. $90 - 82 =$ _____
7. $4 \times 12 =$ _____
8. $3 \times 9 =$ _____
9. $25 \times 3 =$ _____
10. $20 \div 2 =$ _____
11. $72 \div 3 =$ _____
12. $96 \div 6 =$ _____

> **Sugerencias**
> To ask the questions in **Ejercicio B,** use one of the following expressions:
>
> **¿Cuánto es <u>diez</u> *más* <u>cinco</u>? (10 + 5)**
> **¿Cuánto es <u>diez</u> *menos* <u>cinco</u>? (10 – 5)**
> **¿Cuánto es <u>diez</u> *por* <u>cinco</u>? (10 × 5)**
> **¿Cuánto es <u>diez</u> *dividido entre* <u>cinco</u>? (10 ÷ 5)**

VII. Funciones y estructuras: *Gender, number, and definite articles*

Nouns are words that designate objects, animals, or persons such as *rock, cat,* or *mother.* All Spanish nouns have number and gender. Number refers to quantity (singular or plural). Gender indicates whether the word is considered to be masculine or feminine.

	Masculine	Feminine
Singular	**libro**	**profesora**
Plural	**compañeros**	**casas**

A. Número

To form the plural of a noun, simply add **s** to the end of the word. If it ends in a consonant, add **es.**

amigo *(friend)*	**amigo*s***
casa *(house)*	**casa*s***
flor *(flower)*	**flor*es***
corazón *(heart)*	**corazon*es***

To form the plural of words ending in **z,** change the **z** to a **c** and add **-es.**

lu*z* *(light)*	**lu*ces***
vo*z* *(voice)*	**vo*ces***

If the word ends in **s,** then the singular and plural forms are the same.

***el* lunes** *(Monday)*	***los* lunes**
***el* cumpleaños** *(birthday)*	***los* cumpleaños**

B. Género

Nouns ending in **-o** typically are *masculine.*

el hijo *(son)*	**el libro** *(book)*
el caso *(case)*	**el teléfono** *(telephone)*

Most nouns ending in **-a, -dad, -tad, -ión,** and **-sis** are *feminine.*

la vida *(life)*	**la nación** *(nation)*	**la libertad** *(freedom)*
la mamá *(mother)*	**la crisis** *(crisis)*	

The following are notable exceptions.

la mano *(hand)*	**el problema** *(problem)*	**el tema** *(theme)*
el clima *(weather)*	**el sistema** *(system)*	**el análisis** *(analysis)*
el día *(day)*		

To help you identify the gender of all nouns, the vocabulary entries in **Temas** include the words and their corresponding *definite articles* (**el, la, los,** or **las**).

C. Definite articles

	Masculine	Feminine
Singular	***el* libro**	***la* profesora**
Plural	***los* compañeros**	***las* casas**

Definite articles are typically used to refer to nouns in a concrete or specific manner.

El juego comienza a las cinco.	***The*** *game begins at five.*
Quiero **las** zapatillas rojas.	*I want* ***the*** *red sneakers.*

Definite articles also are used to refer to generalizations or categories.

Los abogados ganan mucho dinero.	*Lawyers earn a lot of money.*
El fútbol es un deporte muy popular en esta escuela.	*Soccer is a popular sport in this school.*

Definite articles also accompany titles of respect such as **Dr. (Dra.)** and **Sr. (Sra.).**

¿Vas al cine con **la** Sra. Gómez?	*Do you go to the movies with Mrs. Gómez?*
El Dr. Silva trabaja aquí por la tarde.	*Dr. Silva works here in the afternoon.*

Aplicaciones

A. ¿Cuántos quieren? ***(How many do you want?)*** You and your classmate are in line at a cafeteria in a Spanish-speaking country. How many of the following food items are you going to order?

> **Sugerencias**
> To order food you can use the following expression: **Queremos *dos* refrescos.** *(We want **two** sodas.)*

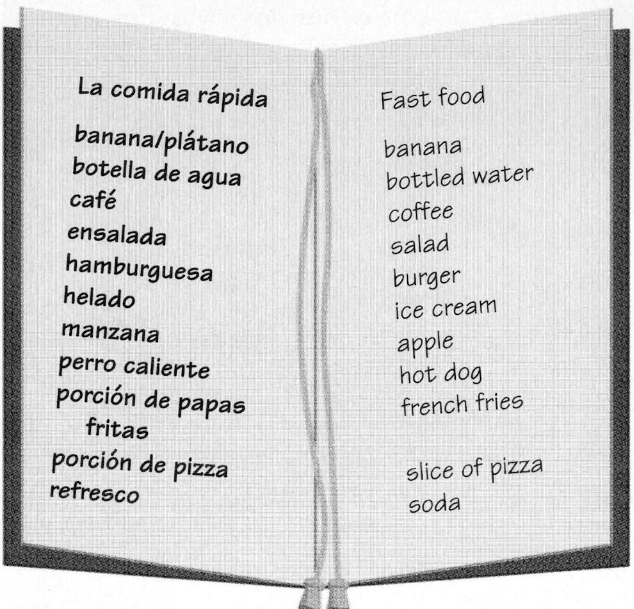

La comida rápida
banana/plátano
botella de agua
café
ensalada
hamburguesa
helado
manzana
perro caliente
porción de papas fritas
porción de pizza
refresco
Fast food
banana
bottled water
coffee
salad
burger
ice cream
apple
hot dog
french fries
slice of pizza
soda

B. ¿Una palabra masculina o femenina? Guess the gender of the following words and supply the corresponding definite article.

1. nacionalidad
2. inscripción
3. dirección
4. abogado
5. enfermera
6. secretaria
7. natación
8. atletismo
9. problema
10. mano

Un paso más: *Indefinite articles*

In Spanish, much like in English, indefinite articles are used when referring to nouns in a general sense.

Tengo **una** raqueta de tenis. — *I have **a** tennis racket.*
Necesito **unos** libros nuevos. — *I need **some** new books.*

Indefinite articles agree in number and gender with the nouns they refer to.

	Masculine	Feminine
Singular	**un**	**una**
Plural	**unos**	**unas**

Aplicaciones

A. ¿Qué hay *(What is there)* en el salón de clases? Complete the following description of your classroom. Add other details if applicable.

En el salón hay *(there are)* _______ ventanas, _______ profesor(a), _______ sillas y _______ pizarra. También hay _______________________________.

B. ¿Qué necesitas? *(What do you need?)* With a partner act out the following mini-conversation.

Estudiante A
While on vacation in a Spanish-speaking country, you have to stop by a convenience store to get a few things. Tell the shopkeeper what you need.

Sugerencias

Greet the clerk and thank him/her after the transaction. Remember that a helpful expression to indicate what you want is: **Quiero unas *camisetas*.** Possible items: **camisetas** *(T-shirts)*, **gafas de sol** *(sunglasses)*, **bronceador** *(tanning lotion)*, **aspirinas** *(aspirin)*, **rollo fotográfico** *(film)*, **tarjetas postales** *(postcards)*.

Estudiante B
You are the shopkeeper at a convenience store in a resort in a Spanish-speaking country. Help this American customer.

Sugerencias

Don't forget to greet the customer and to thank him/her after the transaction in a polite manner. A helpful expression to indicate price is: **Son *veinte* dólares.** Possible items: **camisetas** *(T-shirts)*, **gafas de sol** *(sunglasses)*, **bronceador** *(tanning lotion)*, **aspirinas** *(aspirin)*, **rollo fotográfico** *(film)*, **tarjetas postales** *(postcards)*.

Vocabulario útil

Objetos en el salón de clase	***Classroom objects***
el bolígrafo	*pen*
el borrador	*eraser*
el cuaderno	*notebook*
el cuaderno de ejercicios	*workbook*
el escritorio	*desk*
el/la estudiante	*student*
el lápiz	*pencil*
el libro	*book*
la mesa	*table*
la mochila	*backpack*
la pizarra	*chalkboard*
el profesor	*teacher (male)*
la profesora	*teacher (female)*
la puerta	*door*
la silla	*chair*
la tiza	*chalk*
la ventana	*window*

Lo que dice el profesor	***What the instructor says***
Abran el libro en la página...	*Open your books to page . . .*
Cierren sus libros.	*Close your books.*
Escriban...	*Write . . .*
Lean...	*Read . . .*
Gracias.	*Thank you.*
De nada/A la orden/No hay de qué.	*You are welcome.*

Lo que dicen los estudiantes	***What the students say***
Más despacio, por favor.	*Slower, please.*
¿Qué significa... ?	*What does . . . mean?*
¿Cómo se dice... ?	*How do you say . . . ?*
Repita, por favor.	*Repeat, please.*
Muchas gracias.	*Many thanks.*
De nada/A la orden/No hay de qué/Con gusto.	*You are welcome.*

Mientras piensas...	***While you think . . .***
A ver...	*Let's see . . .*
Bueno...	*Well . . .*
Este...	*Ummm . . .*
Saludos	***Greetings***
Buenos días.	*Hello.*
Me llamo... .	*My name is . . . .*
¿Cómo está Ud.?	*How are you? (formal)*
Bien, ¿y Ud.?	*Fine. And you?*
Muy bien, gracias.	*Very well, thank you.*
Mucho gusto./ Encantado.	*Pleased to meet you.*
Hola.	*Hi.*
¿Cómo te va?	*How are you? (informal)*
Bien, y ¿a ti?	*Fine, and you? (informal)*
De maravilla.	*Great*
Otras expresiones	
Más o menos/Regular.	*So-so.*
Mal.	*Bad.*
Pésimo.	*Terrible.*
Despedidas	***Farewells***
Adiós.	*Good-bye.*
Hasta luego.	*See you later.*
Hasta pronto.	*See you soon.*
Hasta la vista.	*See you around.*
Chau.	*Bye.*
Nos vemos el lunes.	*I'll see you on Monday.*
Títulos	
Doctor/Dr./Dra.	*Doctor*
Licenciado/Lic./Lica.	*(For various professions)*
Señor/Sr.	*Sir/Mr.*
Señora/Sra.	*Madam/Mrs.*
Señorita/Srta.	*Miss*
Humanidades	
literatura	*literature*
filosofía	*philosophy*
lenguas	*languages*
Ciencias sociales	
economía	*economics*
historia	*history*
sicología	*psychology*
ciencias políticas	*political sciences*
Ciencias naturales	
biología	*biology*
geografía	*geography*
geología	*geology*
química	*chemistry*
Artes	
baile	*dance*
música	*music*
pintura	*painting*
Matemáticas	
álgebra	*algebra*
cálculo	*calculus*
geometría	*geometry*
Las especialidades	
la administración de empresas	*business administration*
la antropología	*anthropology*
las comunicaciones	*communications*
el derecho	*law*
la educación física	*physical education*
la informática	*computer science*
la ingeniería	*engineering*
la medicina	*medicine*
el periodismo	*journalism*
la quinesiología	*physical therapy*
el trabajo social	*social work*
la veterinaria	*veterinary*
Los días de la semana	
lunes	*Monday*
martes	*Tuesday*
miércoles	*Wednesday*
jueves	*Thursday*
viernes	*Friday*
sábado	*Saturday*
domingo	*Sunday*
Las partes del día	
por la mañana	*in the morning*
por la tarde	*in the afternoon*
por la noche	*at night*
Las estaciones	***Seasons***
el verano	*summer*
el otoño	*fall*
el invierno	*winter*
la primavera	*spring*
Los meses	***Months***
enero	*January*
febrero	*February*
marzo	*March*
abril	*April*
mayo	*May*
junio	*June*
julio	*July*
agosto	*August*
septiembre	*September*
octubre	*October*
noviembre	*November*
diciembre	*December*

UNIDAD 1

In this unit you will learn how to express basic information about yourself, your family, and people you know such as occupation, personal interests, and family background. In turn, the readings and videos will introduce you to Hispanics, Mexicans in particular, who will share similar information about themselves. You will also learn basic information about the Hispanic world, its geography, and its people. At the end of the unit you will exchange emails with José Francisco Reyes Galindo from Guanajuato, Mexico, who will be an exchange student in your home.

La identidad

Para comenzar

With a classmate, indicate an appropriate caption for each photograph.

- En el mundo hispano confluyen diversas tradiciones culturales.
- La geografía de Latinoamérica es rica y variada.
- Los hispanos son amables y hospitalarios.

Foto 1

Foto 2

Foto 3

Foto 4

Foto 5

Foto 6

In this chapter you will learn. . .

- how to exchange information;
- how to describe people and objects;
- how to talk about professions;
- how to talk about daily activities;
- how to talk about pastimes;
- how to create a personal profile;
- the extent and general characteristics of the Spanish-speaking world;
- about leisure time activities in the Spanish-speaking world.

CAPÍTULO >>> 1

Éste soy yo

	Tema 1 Datos personales	Tema 2 Ocupaciones	Tema 3 Intereses personales
Vocabulario	Los formularios Las nacionalidades	Las profesiones y ocupaciones Los números después de 100	Los deportes Otros pasatiempos
Funciones y estructuras	Providing personal information with the verb **ser** Describing objects and people with adjectives	Talking about daily activities with the simple present tense Expressing negation	Exchanging information with questions Asking questions with interrogative words Talking about what one does or makes with the verb **hacer**
Pronunciación	La consonante **c**		
Lectura		Los contrastes de la Generación X	Los pasatiempos de los hispanos Mi página personal en el Internet
Vídeo	Jóvenes hispanos		

ENFOQUE

Imágenes del mundo hispano

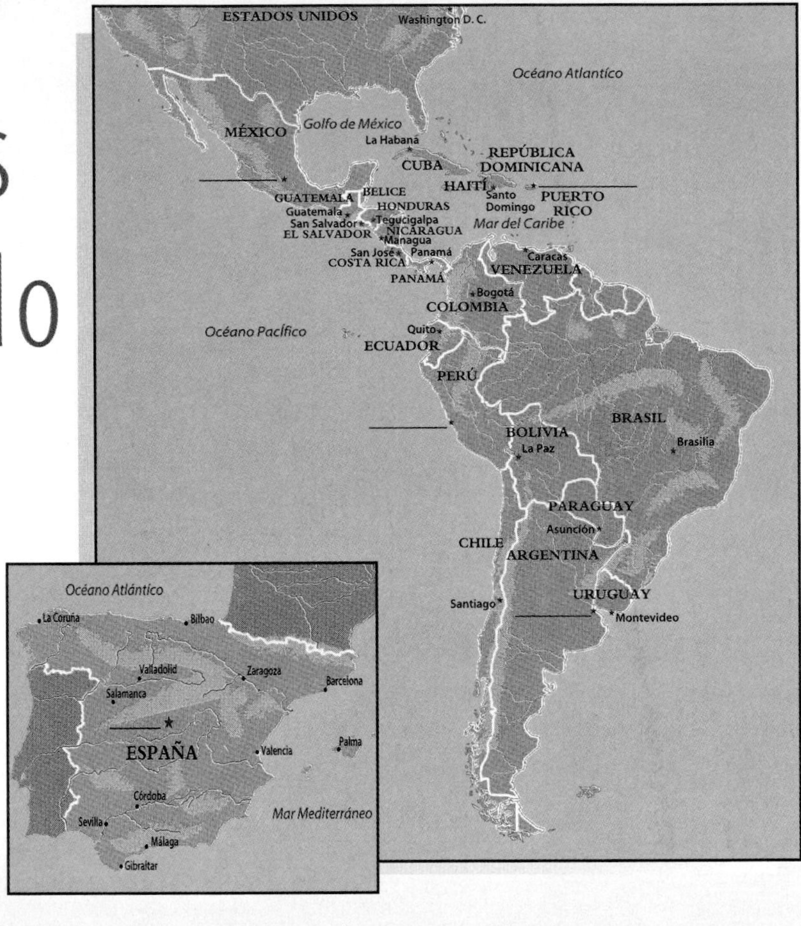

A. En el mapa. →← Get together with two or three other classmates, and complete the blank spaces in the map.

¿Cuál *(What)* es la capital de estos países? (Completen los espacios en blanco en el mapa.)

Options: Madrid, San Juan, Lima, Ciudad de México, Buenos Aires

Estrategia de comprensión: *Listening for Information*
As you watch the video and do the following listening comprehension activity, keep in mind that you are listening for recognition of specific pieces of information about the history and culture of the focus country.

B. En el vídeo. Watch the video and complete the following sentences.

1. Some of the most prominent native groups in Latin America were _____ , _____ , and the _____ . (Bonus question: Where were they located?)
2. The main seats of the Spanish colonial administration in Latin America were _____ , _____ , and _____ . (Bonus question: Why?)

3. Most Latin American countries became independent from Spain by the year _____ . (Bonus question: What happened to Cuba and Puerto Rico?)

4. Match the name of the hero and the country.

a. José María Morelos y Pavón	___ México
b. Simón Bolívar	___ Colombia, Venezuela, Ecuador
c. José de San Martín	___ Perú (2 names)
d. Bernardo O'Higgins	___ Chile (2 names)
	___ Argentina

para tu información

If you want to learn more about pre-Hispanic cultures you may want to check the **Temas** site: **http://temas.heinle.com.**

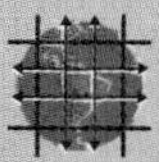

Los orgullos de los hispanoparlantes...

Su rica tradición histórica y cultural

Su futuro

Su gente alegre y amable

Datos personales

I. Vocabulario: Los formularios *(Application forms)*

Estrategia de lectura: *Recognizing Cognates*

There are many words in Spanish that resemble and have the same meaning as English words. They are called *cognates.* Even when you do not know much Spanish, you can rely on cognates to understand the general meaning of a written passage.

Find five cognates in the following application form. What are their English equivalents?

FORMULARIO DE INSCRIPCIÓN

APELLIDOS: Jones NOMBRES: Susan Jane

FECHA DE NACIMIENTO (dd-mm-aa) 23-5-72

SEXO: F PASAPORTE n° 4562339996

DOMICILIO: 10 Savoy Road CIUDAD: Chicago

CÓDIGO POSTAL: 60681 PAÍS: Estados Unidos

TELÉFONO: (312) 555-3251 FAX: (312) 555-3252

Email: sjjones@aol.com

NACIONALIDAD: estadounidense LENGUA MATERNA: inglés

Nivel de conocimiento del español (autoevaluación):

PRINCIPIANTE (INTERMEDIO) AVANZADO SUPERIOR

Desea inscribirse en el/los ciclo/s:

Julio (1–25) Agosto (3–28) (Septiembre (2–27))

Alojamiento:

- DESEA ALOJAMIENTO EN LA RESIDENCIA UNIVERSITARIA
  - en habitación doble en habitación individual
- (DESEA ALOJAMIENTO CON UNA FAMILIA)
- NO DESEA ALOJAMIENTO

para tu información

Dates are indicated in Spanish beginning with the number, followed by the name of the month and ending with the year.

Hoy es el 27 de septiembre de 1999 (27/09/99).
Today is September 27, 1999 (09/27/99).

Note the date begins with the definite article **el** *(the)* and that its components are linked by the preposition **de** *(of)*.

Mi jefe regresa **el** diez **de** octubre.
My boss returns on October 10.

The names of the months are not capitalized in Spanish.

Viajo a España el 2 de agosto.
I will travel to Spain on August 2.

Use the word **primero** to refer to the first day of the month.

Mi cumpleaños es el **primero** de septiembre.
*My birthday is September **first.***

Asimilación

A. Información clave *(Key information).* Answer the following questions.

1. What is the name of the applicant?
2. Where is she from?
3. What is she applying for?
4. When does she plan to begin her course?
5. How proficient is she in Spanish already?
6. What option did she select for lodging?
   a. with a family
   b. at a university dorm
   c. at a hotel
   d. at a youth hostel
7. What do you think the form means by **lengua materna?**
   a. her native language
   b. her mother's maiden name
   c. her mother's full name

Vocabulario útil

el alojamiento	*lodging*
el apellido	*last name*
desde	*since*
el domicilio/ la dirección	*address*
la fecha de nacimiento	*date of birth*
hasta	*until*
la nacionalidad	*nationality*
el nombre	*name*
el teléfono	*phone (number)*

Vocabulario personal:

para tu información

In the Spanish-speaking world your full name often includes a first name **(primer nombre)** and a middle name **(segundo nombre)** followed by the last name of your father **(primer apellido)** and your mother's maiden name **(segundo apellido).**

1. **¿Cuál es tu nombre completo en español?** *(What is your full name in Spanish?)*
2. Ask a classmate about his (her) last name and get the following information. Leave any unknown information blank.

   ¿Cuál es tu nombre completo en español?

Primer nombre	**Primer apellido**
Segundo nombre	**Segundo apellido**

Aplicaciones

B. ¿Qué falta? ***(What is missing?)*** Complete the form by adding the category name for each type of information supplied.

FORMULARIO DE INSCRIPCIÓN

______ Rodríguez	______ Calle #125
SEGUNDO APELLIDO: Gil	CIUDAD: Málaga
PRIMER NOMBRE: Juan	CÓDIGO POSTAL: 13421
______ Guillermo	PAÍS: España
______ (dd-mm-aa) 18-2-70	______ 638-2311
SEXO: M	FAX: 621-8833
PASAPORTE n° FI-1262358	E. MAIL: gil12@espa.com.es
______ español	LENGUA MATERNA: español

Sugerencias
Begin the conversation by saying **¿Qué información necesitamos?** *(What information do we need?)*

Integración

A conversar y a escribir

C. El club de español. →← Imagine that you have been asked to design the application form for the Spanish club in your school. With a partner discuss what information you want the form to request from prospective applicants. Then prepare the form and submit it to your instructor for feedback.

II. Funciones y estructuras: *Providing personal information with the verb **ser***

The verb **ser** *(to be)* is used to talk about *place of origin* and *nationality.*

Ellos **son** mexicanos.
*They **are** Mexican.*

Sí, yo **soy** de Guadalajara.
*Yes, I **am** from Guadalajara.*

Nosotros **somos** estadounidenses.
*We **are** American.*

Yo **soy** de Chicago y mi amiga **es** de Los Ángeles.
*I **am** from Chicago, and my friend **is** from L.A.*

The verb **ser** is also used to talk about *professions* and *occupations.*

You will learn more on professions and occupations in the next **Tema**.

Son deportistas.
*They **are** athletes.*

Somos reporteros.
*We **are** reporters.*

Recuerda

Remember that Spanish speakers differentiate between informal and formal address. When speaking with someone you know in an informal situation, use **tú** and **ustedes (vosotros** in Spain). Use **usted** when using titles **(Sr., Sra., don, doña),** making formal introductions, and engaging in any formal interaction such as writing a business letter.

The following are the forms of the verb **ser** *(to be).*

Personal pronoun*		ser *(to be)*	
yo	*I*	**soy**	*am*
tú	*you* (informal, singular)	**eres**	*are*
él, ella, usted	*he, she, you* (formal, singular)	**es**	*is/are*
nosotros	*we*	**somos**	*are*
vosotros	*you* (informal, plural, Spain)	**sois**	*are*
ellos, ellas, ustedes	*they* (masculine and feminine), *you* (plural, Latin America)	**son**	*are*

* Personal pronouns are used only to emphasize the subject of the verb or to clarify who or what the subject is.

Asimilación

A. Información personal. Indicate the information that applies to you.

___ Soy japonés (japonesa).
___ Soy estadounidense.
___ Soy padre.
___ Soy estudiante.
___ Soy madre.
___ Soy doctor (doctora).
___ Soy profesor (profesora).

B. Ésta es... ***(This is . . .)*** Supply the information you hear about the young woman.

Nombres:
Apellidos: Gómez Fernández
Nacionalidad:
Edad: 24 años
Profesión:

Critical Thinking Skills: Note-taking

As you determine the information you need, you may want to take notes on other information that will help you to confirm your answers.

Aplicaciones

Recuerda

Make sure to conjugate the verb according to the subject involved.

C. Mi clase de español. Provide the following information about your classmates and your Spanish instructor using the verb **ser.**

Modelo: Mi compañero *John es* de *Boston.*

1. Mi profesor(a) _____ de _____ *(place of origin).*
2. Mi compañero(a) _____ de _____ *(place of origin).*
3. Yo _____ _____ *(occupation).*
4. Mis compañeros _____ y _____ *(names)* _____ de _____ *(place of origin).*
5. Mi familia _____ originalmente de _____ *(place of origin).*

D. Haciendo amigos. ***(Making friends.)*** →← Listen to and practice the following conversation. Then personalize it by substituting your own information for the underlined words.

—Hola, me llamo Greg.
—Mucho gusto. Me llamo Sally.
—¿De dónde eres, Sally?
—Soy de Nashville, ¿y tú?
—Soy de Houston.
—Encantada de conocerte.

E. Datos personales. →← Complete the following sentences.

1. Me llamo _____.

2. Soy de _____.
3. _____ estudiante de _____ (especialidad).

Now, practice the conversation.

—Hola, me llamo _____ . Tú, ¿cómo te llamas?
—_____ .
—Soy de _____ , y tú, ¿de dónde eres?
—_____ .
—_____ estudiante de _____ .
—_____ .

Integración

¡A conversar!

F. El nuevo empleado. →← Prepare the following dialogue with a classmate.

The new person at the office	**The veteran**
You were just transferred from the Chicago branch of your company to its headquarters in Chile and this is your first day at the new office. You come across a friendly face. Greet him/her and introduce yourself.	You work in the Chile headquarters of a multinational corporation. There is a new employee who seems to be trying to find his/her way around the office. Introduce yourself and show him/her how friendly everyone is at this company.

¡A escribir!

G. Una bienvenida *(Welcome)*. Complete the following email informing people in your division about the new employee.

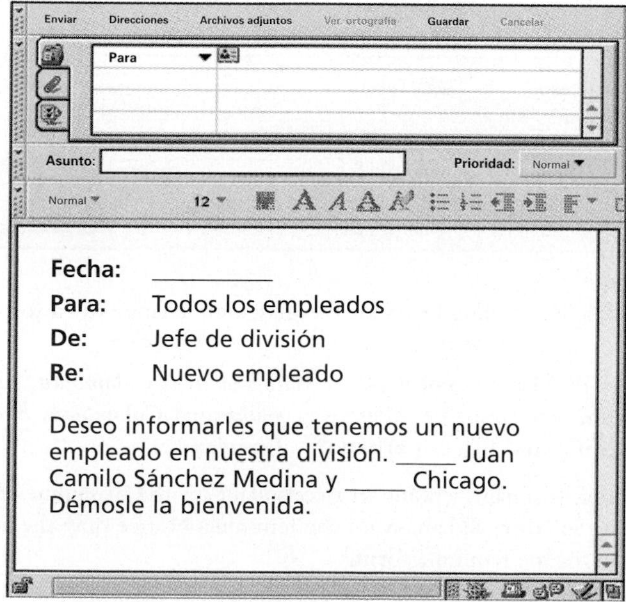
Enviar Direcciones Archivos adjuntos Ver. ortografía Guardar Cancelar

Para

Asunto: Prioridad: Normal

Fecha: _____
Para: Todos los empleados
De: Jefe de división
Re: Nuevo empleado

Deseo informarles que tenemos un nuevo empleado en nuestra división. _____ Juan Camilo Sánchez Medina y _____ Chicago. Démosle la bienvenida.

Atajo

Your ***Atajo*** *Writing Assistant Software* provides helpful ideas and guidelines for your compositions. For this activity, check out the following sections:

Phrases/Functions: Writing a letter (formal)
Vocabulary: Introducing
Grammar: Verb **ser**

III. Guía para la pronunciación

La consonante *c: ce, ci.* The letter **c** followed by the vowels **e** or **i** is pronounced **s** (much like the English *s* in *sack, soft,* or *sink*).

Cecilia **cinturón**

La consonante *c: ca, co, cu.* The letter **c** followed by **a, o,** or **u** is pronounced **k** (like the *c* in the English word *cat* or the *k* in *kite*).

casa **comida** **cuatro**

La consonante *c: ch.* The letter **c** followed by **h** is pronounced **tch** (much like the *ch* in the English words *chat* or *chalk*).

Chalupa **Chévere** **macho**

IV. Funciones y estructuras: *Describing objects and people with adjectives*

Adjectives are words used to describe people and objects. In Spanish, adjectives agree in gender (masculine/feminine) and in number (singular/plural) with the words they describe.

—¿Cómo es **tu casa**?
—Mi casa es **grande.**

—Y, ¿cómo es tu **esposa**?
—Mi esposa es **bonita.**

—Y, ¿cómo son tus **hijos**?
—Mis hijos son **simpáticos.**

Adjective: **americano**	Masculine	Feminine
Singular	**-o** americano	**-a** americana
Plural	**-os** americanos	**-as** americanas

- Spanish adjectives ending in **-o** for the masculine change to **-a** for the feminine.

  El padre de Mario es **colombiano,** pero su madre no es **colombiana.** Ella es **peruana.** — *Mario's father is* ***Colombian,*** *but his mother isn't* ***Colombian.*** *She is* ***Peruvian.***

- Adjectives of nationality ending in a consonant for the masculine and adjectives ending in **-dor,** add an **-a** for the feminine. Notice how the accent is not needed for the feminine form.

  Jean Claude es **francés.** — *Jean Claude is* ***French.***
  Nicole es **francesa** también. — *Nicole is* ***French*** *as well.*

• All other adjectives have the same form in the masculine and the feminine.

La casa es **grande.**	*The house is **big.***
El coche es **grande.**	*The car is **big.***

To form the plural of adjectives ending in a vowel, add an **-s.** In the case of those adjectives ending in consonants, add **-es.**

Sus dos hermanos son **simpáticos.**	*His two brothers are **nice.***
Los padres de Alicia son **jóvenes.**	*Alicia's parents are **young.***

Adjectives are typically placed *after* the nouns they modify.

El Sr. Gómez es un arquitecto **excelente.**	*Mr. Gómez is an **excellent** architect.*
Marta es una artista **talentosa.**	*Marta is a **talented** artist.*

De otra manera

The word **niñera** is commonly used for *nanny.* However, **china** is a nanny in El Salvador, an *orange* in Puerto Rico, and a *girl* in Colombia.

—A. Viscarra, University of Delaware

The following are some adjectives you can use to describe people.

Vocabulario útil

activo	*active*	inteligente	*intelligent, smart*
alegre	*happy*	joven	*young*
amistoso/amigable	*friendly*	mayor	*mature (old)*
bueno	*good*	rico	*rich*
diligente	*diligent*	serio	*serious*
entusiasta	*enthusiastic*	simpático	*nice*
estricto	*strict*	talentoso	*talented*
famoso	*famous*		
fuerte	*strong*	**Vocabulario personal:**	

Asimilación

A. ¿Quién es? ***(Who is it?)*** →← Match the photographs and descriptions. Then, compare your answers with those of your classmates.

a

b

c

d

1. Es jóven y simpática.
2. Es un profesor excelente.
3. Son unas personas alegres.
4. Son unas muchachas talentosas.

B. ¿Cómo son? ***(What are they like?)*** Listen and select the correct choice to complete the sentence.

1. Su perro *(her dog)* es ______ .
   a. joven b. serio c. amistoso

2. Su hermano es _____ .
   a. activo b. alegre c. bueno
3. Su mejor amiga es _____ .
   a. simpática b. alegre c. joven
4. Sus padres son _____ .
   a. simpáticos b. serios c. amistosos
5. Mercedes es _____ .
   a. alegre b. buena c. seria

Aplicaciones

C. Descripciones. →← Provide a logical adjective to complete the following sentences.

1. Mick Jagger es _____ .
2. Arnold Schwarzenegger y Claude Van Damme son _____ .
3. Brad Pitt es _____ .
4. Gloria Estefan y Mariah Carey son _____ .
5. Julio Iglesias es _____ .

D. ¿Cómo eres tú? *(What are you like?)* Write a brief description of yourself.

Modelo: *Yo soy joven, amistoso, sincero y amigable.*

E. ¿Cómo es tu compañero(a)? *(What is your classmate like?)* →← Now, describe a classmate. (When finished, compare your description with the one written by your classmate about himself/herself in the previous activity. Did you guess correctly?)

Modelo: *Yo pienso que* (I think that) *tú eres activo, serio y diligente.*

Un paso más: Nacionalidades—¿De dónde son ustedes?

Vocabulario útil

Nacionalidades

alemán (alemana)	*German*
australiano	*Australian*
chino	*Chinese*
español	*Spanish*
francés (francesa)	*French*
griego	*Greek*
inglés (inglesa)	*English*
irlandés (irlandesa)	*Irish*
italiano	*Italian*
japonés (japonesa)	*Japanese*
polaco	*Polish*
ruso	*Russian*

Latinoamérica

argentino	*Argentinean*
boliviano	*Bolivian*
chileno	*Chilean*
colombiano	*Colombian*
costarricense	*Costa Rican*
cubano	*Cuban*
dominicano	*Dominican*
ecuatoriano	*Ecuadorian*
guatemalteco	*Guatemalan*
hondureño	*Honduran*
mexicano	*Mexican*
panameño	*Panamanian*
paraguayo	*Paraguayan*
peruano	*Peruvian*
puertorriqueño	*Puerto Rican*
salvadoreño	*Salvadorian*
uruguayo	*Uruguayan*
venezolano	*Venezuelan*

Mi familia es de origen...

africano	*African*
americano	*American*
asiático	*Asian*
canadiense	*Canadian*
estadounidense	*United States*
europeo	*European*

Vocabulario personal:

Asimilación

A. ¿Sí o no? →← Indicate whether the following sentences are true **(sí)** or false **(no).** Then compare your answers with a classmate.

¿Sí o no?

1. La familia Kennedy es de origen irlandés.
2. El señor Bill Cosby es de origen francés.
3. El señor Anthony Quinn es de origen mexicano.
4. La señorita Daisy Fuentes es de origen cubano.
5. La señorita Gloria Estefan es de origen africano.

B. ¿De dónde son? ***(Where are they from?)*** The following people are from different Hispanic countries. Determine their nationality based on the information provided.

1. Ana y Marta son de Valparaíso.	a. Es peruano.
2. Miguel es de San Juan.	b. Son chilenas.
3. José y Luis son de Madrid.	c. Es puertorriqueño.
4. Estela es de Tegucigalpa.	d. Son españoles.
5. Fernando es de Lima.	e. Es hondureña.

Aplicaciones

C. Personas famosas. →← Indicate the nationality of each person in Column A.

Columna A	**Columna B**
1. Luciano Pavarotti y Andrea Bocelli	a. es inglesa
2. Antonio Banderas	b. es mexicano
3. Dan Rather	c. son italianos
4. Gloria Estefan y Jon Secada	d. es estadounidense
5. Margaret Thatcher	e. son cubanos
6. Octavio Paz	f. es español

D. Nacionalidades. →← Complete the following sentences with the corresponding nationality.

1. La mamá de Sheila es _____ (Francia).
2. Los abuelos de Frank son _____ (Alemania).
3. Mis ancestros son _____ (Irlanda) e _____ (Italia).
4. La familia de George es de origen _____ (Africa).
5. Yo soy _____ (Honduras).

E. ¿De dónde es tu familia? Prepare a list of the nationalities of your ancestors and present it to the rest of the class.

Modelo: *Mi familia es de origen europeo. La familia de mi padre es de Irlanda y la de mi madre es de Italia.*

Integración

¡A conversar!

Recuerda

Do you remember how to greet people at an informal gathering, how to introduce yourself and others, and how to tell areas of professional preparation? Review those expressions on pages 3–4 of the **Capítulo preparatorio.**

F. Encuentros *(Encounters).* →← You are at a class reunion. Most of your friends have changed a lot, so you need to reacquaint yourself with them. Greet them, introduce yourself if they don't recognize you, and get an update on their activities. Be creative!

> **¿Quién eres tú?** To carry out this activity, you may want to begin by creating the new information about yourself. Use the following form as a guide.
>
> **Nombre:** _____
> **Profesión:** _____ (e.g., medicina)
> **Información personal:** _____

¡A escribir!

G. Boletín informativo *(Newsletter).* The following are segments of an entry for a class newsletter. Unscramble each sentence and then create a coherent paragraph.

1. Gómez Losada / Éste es / Juan Vicente

2. Estela / Se llama
3. Los Gómez / son / simpáticos
4. Él / ingeniero / es
5. peruana / La esposa de Vicente / es
6. es secretaria / bilingüe / Ella

Phrases/Functions: Writing a news item
Vocabulary: Introducing
Grammar: Verb **ser**

H. Más información. Prepare an update for your class newsletter with information about at least three of those former classmates whom you saw at the reunion.

V. Vídeo: Jóvenes hispanos

Preparación

> **Estrategia de comprension:** ***Using Context***
> Normal speech among natives may seem fast and hard to follow at first. To facilitate comprehension it is a good idea to use all the contextual clues available and to fill in the gaps with educated guesses. The more you hear authentic Spanish speech, the more you will get used to its speed and rhythm. Soon your comprehension level will increase.

A. La comunicación no verbal. →← Observe the video images without audio first and try to answer the following questions (in English).

1. Who are these people?
2. What do you think they are talking about? Why?

Now, compare you answers with those of your classmates.

> **Estrategia de comunicación:** ***Anticipating***
> Trying to guess the content of a message based on what we know about its context (who is involved, why, etc.) is a very helpful strategy to deal with authentic native-speaker speech.

B. Expectativas. Now answer the following questions.

1. Which of the following words do you expect to hear in the video?

______ Me llamo...	______ años
______ Soy de...	______ tengo
______ estudiante	

2. Prepare a list of other words that you expect to hear in the video. Then compare your list with that of a classmate.

¿Entendiste bien?

C. ¿Quiénes son? Complete the following chart with information from the video.

Nombre	Edad	Nacionalidad	Profesión
Miguel			
Laura			
Marisol			
Fernando			

Estrategia de comprensión: *Identifying Sounds*
Transcribing the sounds that you hear will help you identify the word(s) involved. If the word is unfamiliar, you will then be able to look it up correctly in your glossary or a dictionary.

D. Enfoque lingüístico. Watch the video again and answer the following questions.

1. In the segment, Miguel says: Estoy estudiando _____ .
2. Laura indicates that . . . Tengo 35 años y estoy _____ .
3. Marisol's major in college is: ciencias _____
4. Fernado works as a: productor _____ de televisión

Estrategia de comprensión: *Guessing*
Although a judicious use of the glossary and dictionary is always helpful, an efficient listener often guesses the meaning of unfamiliar terms based on the information provided by other contextual clues.

5. Based on the context, what do you think that Laura meant when she said **Estoy casada?**

   a. I'm single. b. I'm married. c. I'm pretty.

6. What would be the equivalent of **recinto** in English?

   a. university b. major c. campus

7. When Miguel said: **Soy de Pamplona pero vivo en Madrid,** what do you think he meant by **vivo**?

   a. I visit Madrid. b. I like Madrid. c. I live in Madrid.

E. Enfoque comunitario. →← Imagine that you meet a Spanish-speaking visitor in town. How would you introduce yourself? How would you find out his/her name, age, country of origin, or profession? With a partner create a brief self-introduction and a couple of questions you would ask this new acquaintance.

Vocabulario

Formulario	***Application form***
el alojamiento	*lodging*
el apellido	*last name*
desde	*since*
el domicilio/ la dirección	*address*
la fecha de nacimiento	*date of birth*
hasta	*until*
la nacionalidad	*nationality*
el nombre	*name*
el teléfono	*phone number*

Características	
activo	*active*
alegre	*happy*
amistoso/amigable	*friendly*
bueno	*good*
diligente	*diligent*
entusiasta	*enthusiastic*
estricto	*strict*
fuerte	*strong*
joven	*young*
mayor	*mature (old)*
serio	*serious*
simpático	*nice*
talentoso	*talented*

Nacionalidades	
alemán	*German*
australiano	*Australian*
chino	*Chinese*
español	*Spanish*
francés	*French*
griego	*Greek*
inglés	*English*
irlandés	*Irish*
italiano	*Italian*
japonés	*Japanese*
polaco	*Polish*
ruso	*Russian*

Latinoamérica	
argentino	*Argentinean*
boliviano	*Bolivian*
chileno	*Chilean*
colombiano	*Colombian*
costarricense	*Costa Rican*
cubano	*Cuban*
dominicano	*Dominican*
ecuatoriano	*Ecuadorian*
guatemalteco	*Guatemalan*
hondureño	*Honduran*
mexicano	*Mexican*
panameño	*Panamanian*
paraguayo	*Paraguayan*
peruano	*Peruvian*
puertorriqueño	*Puerto Rican*
salvadoreño	*Salvadorian*
uruguayo	*Uruguayan*
venezolano	*Venezuelan*

Mi familia es de origen...	
africano	*African*
americano	*American*
asiático	*Asian*
canadiense	*Canadian*
estadounidense	*United States*
europeo	*European*

Ocupaciones

I. Funciones y estructuras: *Talking about daily activities with the simple present tense*

Todos los días **estudio...**

...trabajo...

...y **paso** tiempo con mi familia.

The present tense is used to refer to actions that . . .

- are happening at the present time

Leo un libro fascinante.	***I am reading*** *a fascinating book.*

- occur normally

Trabajo de las nueve a las cinco todos los días.	***I work*** *from nine to five every day.*

- will occur in the near future

Viajo a Nueva York la próxima semana.	***I am traveling*** *to New York next week.*

Here are some expressions that will help you indicate the frequency of an action.

casi nunca	*almost never*	siempre	*always*
casi siempre	*almost always*	todos los días	*every day*
nunca	*never*		

Verb conjugations in the present tense fall under one of the following two groups:

- verbs with endings in **-ar (bail*ar*, cant*ar*, habl*ar*,...)**
- verbs with endings in either **-er** or **-ir (beb*er*, com*er*, viv*ir*, escrib*ir*,...)**

Verbs ending in **-ar** are conjugated by dropping the **-ar** ending from the infinitive and replacing it with one of the endings in the chart on the next page.

-ar verbs		
Person	Ending	Example: **hablar** ***(to talk)***
yo	**-o**	**habl*o***
tú	**-as**	**habl*as***
él, ella, usted	**-a**	**habl*a***
nosotros(as)	**-amos**	**habl*amos***
vosotros(as)	**-áis**	**habl*áis***
ellos, ellas, ustedes	**-an**	**habl*an***

Recuerda

Vosotros, the plural form of the second person, is used only in Spain.

* Note that in the third table the only differences between the conjugations of **-er** and **-ir** verbs in the present tense are the **nosotros** and **vosotros** forms.

Here are some common regular **-ar** verbs.

Verbos que terminan en -ar

bailar	*to dance*	hablar	*to speak*
caminar	*to walk*	lavar	*to wash*
cantar	*to sing*	mirar	*to see, to look at, to watch*
cenar	*to have dinner*	practicar	*to practice*
charlar	*to chat*	preparar	*to prepare*
cocinar	*to cook*	tocar	*to touch, to play an instrument*
comprar	*to buy*		
desayunar	*to have breakfast*	tomar	*to take, to drink*
descansar	*to rest*	trabajar	*to work*
enseñar	*to teach*	usar	*to use*
escuchar	*to listen*	viajar	*to travel*
estudiar	*to study*		

Verbs ending in **-er** or **-ir** are conjugated by dropping the **-er/-ir** ending from the infinitive and replacing it with one of the following endings.

-er/-ir verbs			
Person	Ending	Example: **comer** ***(to eat)***	Example: **escribir** ***(to write)***
yo	**-o**	**com*o***	**escrib*o***
tú	**-es**	**com*es***	**escrib*es***
él, ella, usted	**-e**	**com*e***	**escrib*e***
nosotros(as)*	**-emos/-imos***	**com*emos***	**escrib*imos***
vosotros(as)*	**-éis/ís***	**com*éis***	**escrib*ís***
ellos, ellas, ustedes	**-en**	**com*en***	**escrib*en***

Here are some common regular **-er/-ir** verbs.

Verbos que terminan en -er/-ir

aprender	*to learn*	asistira	*to attend*
beber	*to drink*	escribir	*to write*
comer	*to eat*	leer	*to read*
comprender	*to understand*	responder	*to answer*
correr	*to run*	vender	*to sell*
		vivir	*to live*

Notice that before direct objects that are people, it is necessary to insert an **a** (the so-called "personal **a**"). This particle serves only to differentiate persons from objects in Spanish sentences and therefore has no English translation.

Comprendemos **a** la profesora Martínez muy bien.	*We understand Professor Martínez very well.*
Manuel visita **a** sus padres.	*Manuel visits his parents.*

Asimilación

A. La profesora Gómez. Para cada imagen busca la descripción correspondiente.

1. _____

2. _____

3. _____

4. _____

5. _____

a. La profesora Gómez enseña matemáticas.
b. Ella cena con su familia.
c. La profesora corre dos millas *(miles)* todas las mañanas.
d. Ella trabaja en una escuela secundaria.
e. La profesora Gómez y su esposo preparan la comida juntos.

B. ¿Qué hace tu profesor(a) después de *(after)* clase? Escucha e indica las actividades que hace tu profesor(a) después de la clase.

___ Almuerza.	___ Habla con otros profesores.
___ Cena.	___ Habla con los estudiantes.
___ Escribe reportes.	___ Bebe un poco de agua.
___ Lee un libro.	___ Otra actividad: _____

Aplicaciones

C. Las cosas *(things)* que me agradan *(that I like)*. Prepara una lista de tus actividades favoritas. (Usa el infinitivo.)

Modelo: *estudiar, charlar con amigos, comer pizza...*

A continuación, formen grupos de 3 o 4 estudiantes y comparen sus respuestas a las preguntas 1 y 2. ¿Cuáles son las actividades más populares? *(Which are the most popular activities?)* ¿Cuáles las menos *(the least)* populares? Preparen un informe.

1. Las actividades más populares en nuestro grupo son _____ .
2. Las actividades menos populares en nuestro grupo son _____ .

D. ¿Qué hacen Uds. por lo general *(usually)*? →← Completen las frases de manera lógica.

Modelo: *Asistimos a clases y estudiamos* por las mañanas.

Nosotros por lo general...

1. _____ por la mañana.
2. _____ por la tarde.
3. _____ por la noche.

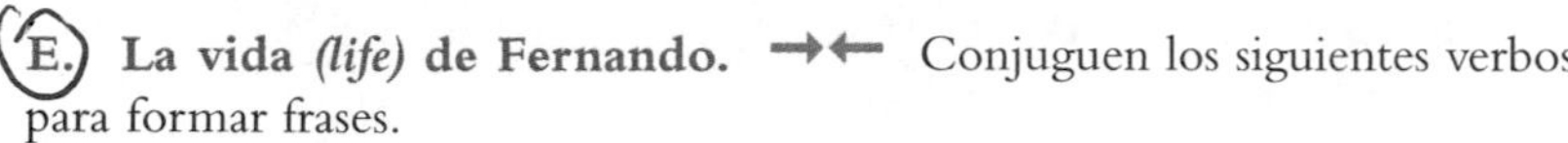

E. La vida *(life)* de Fernando. →← Conjuguen los siguientes verbos para formar frases.

Recuerda

Personal pronouns are used only for emphasis or clarification.

1. (yo) / ser / Fernando
2. (yo) / vivir / en la ciudad de México
3. mi esposa y yo / trabajar/ en una compañía multinacional
4. (yo) / estudiar / negocios / en la universidad
5. mi esposa / tomar / clases de arte
6. en la clase / (nosotros) /escribir / presentar / informes
7. el profesor / enseñar / muy bien

A continuación, combinen las frases anteriores para formar un párrafo coherente.

Sugerencias

Use the following words to connect related sentences: **y** *(and)*, **pero** *(but)*, **también** *(also)*, **tampoco** *(either)*.

Integración

¡A conversar!

F. ¿Cómo es tu estilo de vida *(lifestyle)*? →← Prepare the following dialogue with a partner. When finished, switch roles. Don't forget to look at the list of **Sugerencias** on the next page.

Consumidor(a)	**Investigador(a)**
You are being interviewed by a market research firm about your lifestyle and the types of products or services that you typically use.	You are doing some work for a market researcher. Call people to gather the following information about their lifestyle.

Sugerencias

The following are some of the topics (and verbs) you can use in this interview.

programas de televisión (mirar)
marcas de bebidas *(brands of drinks)* **preferidas (beber)**
tipo de residencia (casa, apartamento, dormitorio, casa de parientes, etc.) **(vivir)**
periódicos o revistas *(newspapers or magazines)* **(leer)**
destinos para las vacaciones (viajar)
restaurantes (cenar)

Atajo

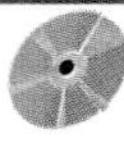

Phrases/Functions: Talking about daily routines
Vocabulary: Leisure; Studies; Working conditions

¡A escribir!

G. El estilo de vida de mi compañero(a). Now prepare a written summary of your partner's answers.

Sugerencias

Remember to use connectors such as **y, pero, también, tampoco.**

II. Vocabulario: Profesiones y ocupaciones

El padre de Marta es **abogado.**
Marta's father is a ***lawyer.***

Su madre es una **artista** muy famosa.
Her mother is a famous ***artist.***

Marta es **estudiante.**
Marta is a ***student.***

Vocabulario útil

el abogado	*attorney*
el actor/la actriz	*actor/actress*
el administrador (gerente)	*manager*
la ama de casa	*housewife*
el arquitecto	*architect*
el cantante	*singer*
el cocinero	*cook*
el enfermero	*nurse*
el ingeniero	*engineer*
el médico	*doctor*
el periodista	*journalist*
el piloto	*pilot*
el policía	*policeman/woman*
el profesor	*instructor*
el programador de computadoras	*computer programmer*
el soldado	*soldier*

Vocabulario personal:

En esa película **actúan** artistas muy reconocidos.	*Many well-known actors **act (take part)** in that movie.*
La enfermera **cuida** a sus pacientes.	*The nurse **takes care of** her patients.*
Mi jefe **maneja** la compañía.	*My boss **manages** the company.*
Los arquitectos Díaz y Jiménez **diseñan** este edificio.	*The architects Díaz and Jiménez **are designing** this building.*

Vocabulario útil

administrar	*to manage, to administer*
cuidar	*to look after/to take care of*
curar	*to heal, to cure*
diseñar	*to design*
informar	*to inform*
investigar	*to research, to investigate*
manejar	*to run, to manage*
organizar	*to organize*
pintar	*to paint*
programar	*to program*
representar	*to represent*

Vocabulario personal:

Asimilación

A. ¿De qué profesión se trata? Indica la profesión para cada descripción correspondiente.

1. Investiga e informa al público.
2. Administra una compañía o un negocio.
3. Cura a las personas enfermas.
4. Diseña casas y edificios.
5. Representa legalmente a las personas.

a. arquitecto
b. abogado
c. médico
d. gerente
e. periodista

B. En la familia del (de la) profesor(a) hay... Escucha la siguiente información y luego indica qué profesiones el (la) profesor(a) menciona. Mira la lista de vocabulario sobre la familia en la página 44 antes de comenzar.

_____ 1. ama de casa
_____ 2. abogado(a)
_____ 3. arquitecto(a)
_____ 4. gerente
_____ 5. enfermero(a)
_____ 6. ingeniero(a)
_____ 7. médico(a)
_____ 8. policía
_____ 9. profesor(a)
_____ 10. otro: ___________

Aplicaciones

C. ¿Quién trabaja aquí *(Who works here)?* Con un(a) compañero(a), mencionen por lo menos uno de los profesionales que normalmente trabaja en cada uno de los siguientes lugares. Hay varias respuestas posibles.

1. una oficina
2. un hospital
3. una universidad
4. una estación de televisión
5. el campo *(the countryside)*

D. Intereses. →← Completen el cuadro y comparen sus respuestas con las de otro(a) compañero(a). ¿Qué intereses tienen en común?

Profesiones que me interesan	Profesiones que no me interesan

E. En una agencia de trabajos temporales ***(temporary agency).*** →← Indica las profesiones que ofrece *(offer)* la agencia en los lugares siguientes *(at the following places).*

1. Restaurante El Pollo Loco
2. Compañía teatral Lope de Vega
3. Aerolíneas del Pacífico
4. Escuela Nacional de Enfermería
5. Discoteca La Noche Caliente

■ Un paso más: Otras ocupaciones

conductor/chofer

criada/empleada doméstica

mesero

obrero

recepcionista

secretario

vendedor

La criada **ayuda** con los quehaceres de la casa.	*The housecleaner* ***helps*** *with the household chores.*
La recepcionista **contesta** al teléfono muy cortésmente.	*The receptionist* ***answers*** *the phone in a very courteous manner.*
El conductor **maneja** su autobús por ocho horas cada día.	*The driver* ***drives*** *his bus for eight hours each day.*

Vocabulario útil

ayudar	*to help*
comprar	*to buy*
contestar	*to answer*
limpiar	*to clean*
manejar	*to drive*
ordenar	*to organize, to order*
tomar	*to take*
vender	*to sell*

Vocabulario personal:

Asimilación

A. Herramientas de trabajo ***(Work tools).*** →← Con un(a) compañero(a), escriban debajo de cada dibujo la ocupación a la cual corresponde.

Opciones: mesero, recepcionista, criada, obrero

1

2

3

4

B. ¿De qué ocupación se trata? ***(What occupation are we talking about)?*** 
Escucha la descripción e indica qué ocupaciones se mencionan.

1. obrero, recepcionista, criada
2. mesero, conductor, obrero
3. secretario, conductor, mesero
4. obrero, vendedor, mesero

Aplicaciones

C. ¿A quién buscas? ***(Whom do you look for?)*** →← Indiquen la ocupación de la persona que les puede ayudar *(that can help you)* en las siguientes situaciones.

1. Necesitan ordenar y limpiar su casa para la visita de unos amigos.
2. No pueden manejar el coche.
3. Están en un restaurante para comer.
4. Necesitan hablar con el presidente de una compañía.
5. Necesitan comprar una computadora nueva.

para tu información

Las profesiones más ***(most)*** **populares en el mundo hispano**

Tradicionalmente, las profesiones más apetecidas *(sought after)* en el mundo hispano son la medicina y el derecho. Sin embargo *(Nevertheless),* en los últimos años *(the last few years)* las carreras tecnológicas (como las de ingeniería civil y de sistemas) y los negocios (especialmente la administración de empresas y las finanzas) han crecido *(have grown)* significativamente en popularidad.

¿Entendiste bien?

- Find as many cognates as you can in this text.
- Are the professions mentioned here also popular in the U.S.?

D. ¿Dónde trabajan y qué hacen? →← Completen el cuadro con la información pertinente.

Ocupación	Lugar de trabajo	Actividades (Mencionen tres.)
Mesero		
Criada		
Receptionista		
Obrero		

Opciones para lugar de trabajo: oficina, restaurante, edificio *(building)*, casa

E. Mi familia. Prepara un informe acerca de las ocupaciones de diferentes personas de tu familia.

Modelo: *Mi padre es vendedor y mi madre es abogada. Mi tío John es abogado y...*

Sugerencias

These are the Spanish words for some family members. (You will study the family in the next chapter.)

padre	*father*	**hermano**	*brother*
madre	*mother*	**hermana**	*sister*
tío	*uncle*	**hijo**	*son*
tía	*aunt*	**hija**	*daughter*
primo(a)	*cousin*		

Integración

¡A conversar!

F. ¡Adivina! *(Guess!)* →← Describe a profession or an occupation to one of your classmates by creating short sentences or by listing words and phrases that could be associated with that profession. Have him/her guess what profession or occupation you are talking about. Use only Spanish.

Modelo: —*Escribe mucho.*
—*¡Periodista!*

—*Pizarra, tiza.*
—*¡Profesor!*

Recuerda

A list of majors can be found in the **Capítulo preparatorio.**

¡A escribir!

G. Oportunidades educativas. →← Imagine that you are helping the admissions office promote your university to high school students in Hispanic countries. Write a list in Spanish of the degree programs offered by your university and the potential careers associated with them.

III. Funciones y estructuras: *Expressing negation*

¿Habla Ud. francés?
No, **no** hablo **ni** leo el francés.

To form a negative statement in Spanish you need to place the word **no** before the conjugated verb.

Yo **no** estudio los sábados por la mañana.	*I do **not** study Saturday mornings.*
Ella **no** es la secretaria del señor Ruiz.	*She is **not** Mr. Ruiz's secretary.*

In addition to **no,** there are other negative words.

nunca	*never*	ni... ni	*neither . . . nor*
nada	*nothing*	tampoco	*neither, either*
nadie	*nobody*		

Nunca estudio por la noche.	*I **never** study at night.*
Nadie es de Yugoslavia en este grupo.	***Nobody** comes from Yugoslavia in this group.*
No está **ni** Alberto, **ni** Juan, **ni** Felipe.	***Neither** Alberto, **nor** Juan, **nor** Felipe is here.*
Ni bailo **ni** canto.	*I **neither** dance **nor** sing.*

Double negatives are frequent and are grammatically correct in Spanish.

El doctor **no** viene **nunca** por la mañana.	*The doctor **never** comes in the morning.*
Últimamente Doña Maruja **no** come **nada.**	*Lately, Doña Maruja **doesn't** eat **anything.***
No tengo **nada** en la mochila **tampoco.**	*I **don't** have **anything** in the backpack **either.***

Notice that if **nunca** (or any other negative word) preceeds the verb, **no** is not necessary.

El doctor **nunca viene** por la mañana.	*The doctor **never comes** in the morning.*
Nadie tiene su cuaderno de ejercicios aquí.	***Nobody has** his/her workbook here.*

Asimilación

A. En busca de... *(In search of . . .).* →← Busca algunos estudiantes de tu clase que realicen *(carry out)* las siguientes actividades. Escribe sus nombres en los espacios para completar cada *(each)* frase. ¡Usa solamente español y no repitas nombres!

Modelo: —*¿Miras televisión?*
—*No, no miro televisión.*
—*¿Cómo te llamas?*
—*Mark.*
—*Gracias, Mark.*

1. _______ no mira televisión.
2. _______ nunca escribe cartas.
3. _______ no habla mucho por teléfono.
4. _______ no come carne.
5. _______ no toma clases de matemáticas este semestre.

B. Más información acerca de tu profesor(a). Completa las oraciones con la información que vas a escuchar a continuación.

1. Mi profesor(a) de español no lee _______.
2. No come _______.
3. No trabaja los _______.
4. No mira _______.

Aplicaciones

C. Sopa de palabras (*Word soup*). →← Con un(a) compañero(a), formen frases negativas lógicas (o cómicas) con las siguientes palabras.

Modelo: *Yo nunca corro. / Yo no corro nunca.*

yo	correr	nunca
nosotros	bailar	en mi casa
él	vivir	con mi mamá
mis compañeros	escribir	los fines de semana
_______	_______	_______

D. ¿Quién es? Responde a las preguntas. Usa las frases negativas según el modelo.

1. Éste es Marcos. _______.
2. Él vive en Mérida, ¿y tú? **No vivo** en Mérida; vivo en _______.
3. Él trabaja para una compañía petrolera, ¿y tú? _______.
4. Él estudia ingeniería, ¿y tú? _______.
5. Él corre por la mañana, ¿y tú? _______.
6. Él habla español, ¿y tú? _______.

E. Entrevista *(Interview).*  Realiza las siguientes preguntas a un(a) compañero(a) y presenta un breve informe de sus respuestas.

- ¿Estudias mucho?
- ¿Para qué clase lees más libros? ¿Para qué clase escribes muchos trabajos?
- ¿Trabajas también? (¿Dónde?)
- ¿Dónde vives?
- ¿Visitas a tu familia con frecuencia?

Integración

¡A conversar!

F. ¡Un(a) millonario(a) nuevo(a)! Prepare the following dialogue with a classmate.

Reportero(a)

You are a reporter interviewing a lottery winner. Ask questions to determine how his/her life has changed.

Sugerencias

Sample question: **Ahora que Ud. es rico(a), ¿cocina en su casa o come en restaurantes elegantes?** *(Now that you are rich, do you cook at home or eat at fancy restaurants?)*

The following are other verbs you can use in this interview: **bailar toda la noche, comprar ropa** *(clothes),* **descansar todo el día, estudiar en la universidad, lavar los platos** *(dishes),* **limpiar la casa, trabajar, viajar al extranjero** *(abroad),* **hablar con personas famosas, mirar la tele todo el día, vivir en una casa más elegante.**

Millonario(a)

You have won the lottery. A reporter wants to know how this good fortune has changed your life. Talk about the things you do (or don't do anymore).

¡A escribir!

G. Aviso clasificado. Imagine that you are looking for a job abroad as an *au pair.* Prepare the text of your ad. Use the following example and the checklist as a guide.

Modelo: ***Au pair.*** *Estudio sicología en la universidad. Hablo inglés, manejo el coche, toco el piano. No limpio ni cocino. Comunicarse con Juliana al 555-9921.*

Atajo

Phrases/Functions: Talking about daily routines
Vocabulary: Leisure; Studies; Working conditions

Include the following in your ad.

- qualifications
- skills (For things you know how to do, use **sé** + infinitive.)
- things you don't want the prospective parents to expect from you (cleaning, washing, cooking, etc.)
- contact information

IV. Vocabulario: Los números después de 100

cien	100	quinientos/as	500	diez mil	10.000
ciento uno/a	101	seiscientos/as	600	diez mil uno/a	10.001
ciento dos	102	setecientos/as	700	diez mil dos	10.002
ciento tres	103	ochocientos/as	800	cien mil	100.000
doscientos/as	200	novecientos/as	900	cien mil uno/a	100.001
doscientos uno/a	201	mil	1.000	cien mil dos	100.002
doscientos dos	202	mil uno/a	1.001	novecientos mil	900.000
doscientos tres	203	mil dos	1.002	novecientos noventa y nueve mil	999.000
trescientos/as	300	dos mil	2.000	un millón	1.000.000
cuatrocientos/as	400	tres mil	3.000	dos millones	2.000.000

The word **cien** is used before nouns.

Solamente tengo **cien** pesos.	*I only have* ***one hundred*** *pesos.*
El informe es de **cien** páginas.	*The report is* ***one hundred*** *pages long.*

Ciento is used to express quantities from 101 to 199. Notice that there is no **y** following the word **ciento.**

Vivo en el número **ciento** quince de la calle Lima.	*I live at* ***115*** *Lima Street.*
El cheque es por **ciento** treinta y ocho dólares.	*The check is for* ***one hundred*** *thirty-eight dollars.*

The ending **-cientos** changes to **-cientas** before feminine nouns.

En total son ocho**cientos** pesos.	*The total is eight **hundred** pesos.*
La secretaria escribe dos**cientas** palabras por minuto.	*The secretary writes two **hundred** words per minute.*

Notice that Spanish uses a period where English uses a comma.

Spanish	English
1.904 100.345	1,904 100,345

When expressing exact quantities, the word **mil** does not have a plural form, but **millón** does **(millones).**

Gana treinta y cinco **mil** dólares al año.	*She makes thirty-five **thousand** dollars a year.*
El presupuesto de la compañía es de ocho **millones** de* dólares.	*The company's budget is eight **million** dollars.*

*Notice that the word **millón(es)** is followed by **de** before nouns.

Asimilación

A. ¿Cuándo ocurrió? *(When did it happen?)* →← Busquen el año de los siguientes eventos históricos.

1. Los ingleses establecen su primera colonia en América (Jamestown).
2. la Declaración de Independencia
3. Lincoln pronuncia el discurso de Gettysburg.
4. Los hermanos Wright vuelan por primera vez.
5. Los autobuses son desegregados en Alabama gracias al boycot organizado por el Martin Luther King, Jr.
6. Los astronautas Armstrong y Aldrin caminan sobre la luna.

a. mil setecientos setenta y seis
b. mil novecientos cincuenta y seis
c. mil novecientos tres
d. mil novecientos sesenta y nueve
e. mil seiscientos siete
f. mil ochocientos sesenta y tres

B. Datos de México. →← Escucha la información e indica cuál es el dato *(data)* correcto. Al terminar, compara tus respuestas con las de otro(a) compañero(a).

1. El territorio de México cubre un área de:
   a. 1.872.550 km^2. b. 1.962.550 km^2. c. 1.972.550 km^2.
2. La extensión total de la frontera mexicano-estadounidense es de:
   a. 3.326 km. b. 3.626 km. c. 6.326 km.
3. El volcán Orizaba tiene:
   a. 7.500 metros. b. 5.700 metros. c. 3.700 metros.

4. El total de la población es:
   a. 98.552.776. b. 98.562.766. c. 98.522.676.
5. El ingreso anual per cápita es de:
   a. US $ 6.780. b. US $ 7.680. c. US $ 7.880.

Aplicaciones

Recuerda

To ask the question use one of the following expressions.

¿Cuánto es *cien más trescientos?* (100 + 300)

¿Cuánto es *trescientos menos cien?* (300 – 100)

¿Cuánto es *trescientos por cien?* (300 x 100)

¿Cuánto es *trescientos dividido por cien?* (300 ÷100)

C. ¿Cuánto es? →← Tomen turnos haciendo y respondiendo a las siguientes preguntas.

1. 100 + 200 =
2. 350 + 500 =
3. 550 + 1 =
4. 1.000 – 1 =
5. 5.000 – 2.000 =
6. 900.000 – 10.000 =
7. 400 × 10 =
8. 30 × 50 =
9. 200 × 200 =
10. 10.000 ÷ 2 =
11. 200.000 ÷ 5 =
12. 700 ÷ 7 =

D. Salarios. →← Indiquen aproximadamente cuánto ganan al año las siguientes personas.

Modelo: un secretario
Un secretario gana aproximadamente treinta mil dólares al año.

1. un mesero
2. un profesor de escuela secundaria
3. un médico
4. un cantante famoso
5. un basquetbolista profesional

E. Investigación. Un amigo quiere estudiar *(wants to study)* en los Estados Unidos. Indica el costo de lo siguiente:

1. el costo de la matrícula *(tuition)* en tu universidad
2. el costo de los libros cada semestre
3. el precio de un coche
4. la renta de un apartmento
5. el costo de la comida *(food)* al mes

Integración

¡A conversar!

F. El costo de vida *(Cost of living).* →← Prepare the following conversation.

Estudiante extranjero(a)

You would like to study in the U.S., but would like more information about costs. Ask your American friend to give you an idea about the prices of basic necessities (room and board, tuition, books, etc.). Also, find out what kind of jobs you could take on to help pay your expenses. (Don't forget to get information about the responsibilities involved.)

Sugerencias

You may use the following questions.

¿Cuánto cuesta la matrícula?	*How much is the tuition?*
¿Qué trabajo me recomiendas?	*What job do you recommend me?*
¿Qué tengo que hacer?	*What do I have to do?*

Estudiante estadounidense

While traveling abroad you have become friends with someone who is interested in studying in the U.S. Answer his/her questions about the cost of living here. Encourage him/her to come by giving him/her ideas of how to finance his/her studies.

Sugerencias

The following sentences can be used in your conversation.

La matrícula cuesta más o menos veinte mil dólares por semestre.	*Tuition costs about twenty thousand dollars per semester.*
Puedes trabajar como mesero.	*You can work as a waiter.*
Tienes que tomar las órdenes de los clientes.	*You have to take the clients' orders.*

V. Lectura: Los contrastes de la Generación X

Antes de leer

In this section you will read two descriptions of members of the so-called "Generation X" in Latin America. Before reading the articles, consider some basic ideas about the topic.

A. Discusión. Answer the following questions.

1. Have you ever heard this concept before? What are the characteristics of this generation?
2. Do you belong to this generation? Explain.

B. Intereses. Indicate all the items that interest you. Then compare your answers with those of other classmates. What items do you agree upon?

1. los deportes
2. la política
3. el dinero
4. la religión
5. los estudios
6. la familia
7. la espiritualidad
8. otro

Recuerda

There are many English and Spanish words that have common roots (usually derived from Latin) and therefore look similar. Those related words are called **cognados** *(cognates)*. Some examples are **generación, religión,** and **política.**

C. **Observa el formato.** Complete the following tasks.

1. **¿Dónde?** *(Where?)* Take a quick look at the articles on the next page. Based on their titles, accompanying pictures and layout, where do you think they came from? Explain your answer.

   a. a book
   b. a newspaper
   c. a magazine
   d. the Internet

2. **Cognados.** Practice recognizing these cognates and use them to get the gist of the following texts. Quickly skim the articles and complete the chart.

Estrategia de lectura: *Skimming*

When you read a text the first time, try to get a quick overview without stopping at any specific word or phrase and by focusing on cognates. You should not try to understand every word. The idea is to simply get the gist of what the article is about. Concentrate on identifying the main ideas of the texts, and answer the general comprehension questions that follow the reading.

	Reading 1: Exitoso	**Reading 2:** Espiritual
Cognates (find at least five examples)		
Based on these cognates, the text is probably about . . .		

3. **Vocabulario nuevo.** The following words will help you understand the readings. Connect the words on the left with the definitions on the right. Pay special attention to cognates and use your dictionary or glossary only if necessary.

Critical Thinking Skills: Researching

Look up the following words in the glossary or a dictionary as needed.

1. la empresa
2. el reto
3. el logro
4. el alma
5. la vida
6. crecer

a. compañía, sociedad de comercio o industria
b. ser más grande
c. existencia
d. espíritu
e. una cosa difícil
f. obtener una cosa que quieres

A leer

Exitoso

Successful

Nombre: Gustavo Alberto Osorio
Edad: 32 años
Ingeniero mecánico, MBA Universidad de San Diego.

Gustavo es el gerente de Shellmar de Colombia, una empresa de **empaques** flexibles perteneciente a su familia. Gustavo es uno de esos miembros de la Generación X que entiende que la preparación y la aplicación de las más avanzadas técnicas de administración se traduce en prosperidad y **empleo.** Por eso a su carrera de ingeniero mecánico **le suma** un máster en administración de empresas de la Universidad de San Diego, California. Como muchos de sus compañeros de generación ve los negocios más allá de los **límites** nacionales, por eso ahora trabaja en alianzas estratégicas con multinacionales **para lograr acuerdos** de transferencia tecnológica que le permitan dominar el **mercado** y competir **tanto** en Colombia como en el exterior.

Este empresario de la Generación X, que practica el motocross y **vuela en cometa**, tiene el reto personal de consolidar su propia imagen más allá de los logros de su padre, Julián Osorio Penagos, presidente del grupo empresarial Principal y considerado como uno de los mejores administradores del país. **Lo que ha alcanzado hasta ahora** hace pensar a muchos que **lo conseguirá.**

packages
employment
he adds
borders
to obtain agreements
market / both
he hang-glides
What he has achieved so far / he will get it (do it)

D. Antes de continuar... →← Form groups of three or four students and discuss the following questions.

1. What can you say about Gustavo based on the reading?
2. Were there any key words that helped you understand the article?

Espiritual

Nombre: María Paula Ruiz
Edad: 24 años
Presentadora de televisión

Los espiritualistas X están marcados por la era de Acuario. Así **explica** ella la actual tendencia hacia lo natural, lo **saludable**, es decir lo opuesto a un mundo que muchos consideran veloz y violento. María Paula piensa que la gente de su edad busca retornar a lo personal y no **masificado,** un estado del alma en el que cada uno debe **encontrarse a sí mismo**. «Si hay algo que caracteriza a la Generación X es la búsqueda del valor individual y la convicción de que cada día la vida da los elementos para **enriquecerla** y crecer espiritualmente».

Todas las mañanas medita y busca **volverse** parte del cosmos. María Paula es el claro ejemplo de esa parte de la Generación X que ha encontrado en el mundo esotérico y en las prácticas orientales un misticismo nuevo y un espacio para liberarse de las tensiones de la **cotidianidad.**

explains / healthy
overcrowded / to find oneself
to enrich it
to become
the everyday

E. Antes de continuar... →← Now, discuss the following questions.

1. What can you say about María Paula based on the reading?
2. Were there any key words that helped you to understand the article?

¿Entendiste bien?

Estrategia de lectura: *Scanning*
Read both texts a second time, and this time look for the specific information required for answering the following questions.

F. ¿Quién es? Indicate if the statement applies to **María Paula** or to **Gustavo.**

1. Le interesa lo natural, lo saludable y lo esotérico.
2. Estudia y se preocupa por las finanzas.
3. Analiza los sucesos económicos internacionales.
4. No le interesa el mundo moderno rápido y agresivo.
5. Practica deportes arriesgados.
6. Le interesa el mundo moderno y la tecnología.
7. Le preocupa el alma y la espiritualidad.

G. ¿Gustavo o María Paula? Imagine that you have the opportunity to meet either Gustavo or María Paula. Which one would you choose? Use the information in the reading to explain your answer.

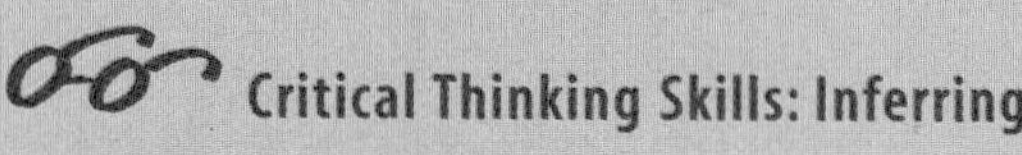

Critical Thinking Skills: Inferring

What can you infer about these people based on these descriptions?

Nombre: _____

Aspectos que me interesan

H. Enfoque lingüístico. According to the context, decide the meaning of the words in boldface.

> **Estrategia de lectura: *Guessing from Context***
> When you come across a word that you do not know, try to guess its meaning based on the meaning of the other words in the sentence. Also consider whether it may be a verb, noun, adverb, etc.

1. «...trabaja en alianzas estratégicas con multinacionales para lograr **acuerdos** de transferencia tecnológica...»
   a. acute
   b. access
   c. agreements
2. «Por eso a su carrera de ingeniero mecánico le **suma** un máster en administración de empresas...»
   a. summary
   b. sums, adds
   c. summit
3. «...lo opuesto a un mundo que muchos consideran **veloz** y violento»
   a. fast
   b. beautiful
   c. fabric
4. «Si hay algo que caracteriza a la Generación X es la **búsqueda** del valor individual...»
   a. search
   b. business
   c. experience

I. Actividad de extensión. Are you more like Gustavo or like María Paula? Use the text as a guide to create your own personal description.

> **Sugerencias**
> - Begin by listing your most important personal data (name, age, major).
> - Mention your areas of interest and some of your daily activities.
> - If you were to describe yourself in two sentences, what would you say?

> **Critical Thinking Skills: Making Associations**
> With whom would you be more likely to identify? How would you modify the description of that person to reflect who *you* are?

Vocabulario útil

Expresiones de frecuencia

casi nunca	*almost never*
casi siempre	*almost always*
nunca	*never*
siempre	*always*
todos los días	*every day*

Conectores

pero	*but*
también	*also*
y	*and*

Palabras negativas

nada	*nothing*
nadie	*nobody*
ni... ni	*neither . . . nor*
nunca	*never*
tampoco	*neither, either*

Verbos que terminan en -ar

bailar	*to dance*
caminar	*to walk*
cantar	*to sing*
cenar	*to have dinner*
cocinar	*to cook*
desayunar	*to have breakfast*
descansar	*to rest*
enseñar	*to teach*
escuchar	*to listen to*
estudiar	*to study*
hablar	*to speak*
mirar	*to see, to look at, to watch*
practicar	*to practice*
preparar	*to prepare*
tocar	*to touch, to play an instrument*
tomar	*to take, to drink*
trabajar	*to work*
usar	*to use*
viajar	*to travel*

Verbos que terminan en -er/-ir

aprender	*to learn*
beber	*to drink*
comer	*to eat*
comprender	*to understand*
correr	*to run*
escribir	*to write*
leer	*to read*
responder	*to answer*
vender	*to sell*
vivir	*to live*

Profesiones

el abogado	*attorney*
el actor/la actriz	*actor/actress*
el administrador/la administradora (el gerente)	*manager*
la ama de casa	*housewife*
el arquitecto	*architect*
el artista	*artist*
el cantante	*singer*
el cocinero	*cook*
el enfermero	*nurse*
el ingeniero	*engineer*
el jefe(a)	*boss*
el médico	*doctor*
el periodista	*journalist*
el piloto	*pilot*
el pintor/la pintora	*painter*
el policía	*policeman/woman*
el profesor/la profesora	*teacher*
el programador/la programadora de computadoras	*computer programmer*
el soldado	*soldier*
el (la) vendedor(a)	*seller*

Verbos

actuar	*to act*
administrar	*to manage, to administer*
ayudar	*to help*
cantar	*to sing*
comprar	*to buy*
contestar	*to answer*
cuidar	*to look after, to take care of*
curar	*to heal*
diseñar	*to design*
informar	*to inform*
investigar	*to research, investigate*
limpiar	*to clean*
manejar	*to drive, to manage*

organizar	*to organize*
pintar	*to paint*
programar	*to program*
representar	*to represent*

Los números después de 100

cien	100
ciento uno/a	101
ciento dos	102
ciento tres	103
doscientos/as	200
doscientos uno/a	201
doscientos dos	202
doscientos tres	203
trescientos/as	300
cuatrocientos/as	400
quinientos/as	500
seiscientos/as	600
setecientos/as	700
ochocientos/as	800
novecientos/as	900
mil	1.000
mil uno/a	1.001
mil dos	1.002
diez mil	10.000
diez mil uno/a	10.001
diez mil dos	10.002
cien mil	100.000
cien mil uno/a	100.001
cien mil dos	100.002
novecientos mil	900.000
novecientos noventa y nueve mil	999.000
un millón	1.000.000
dos millones	2.000.000

Tema 3

Intereses personales

I. Funciones y estructuras: *Exchanging information with questions*

RECEPCIONISTA: ¿Es Ud. la señora Smith?
HUÉSPED: Sí.
RECEPCIONISTA: Tengo este mensaje para Ud.

The most common way of asking a confirmation question in Spanish (one that is to be answered either with yes or no) is simply by raising the intonation at the end of your sentence.

¿La profesora Martínez vive en el centro?	*Does Professor Martínez live downtown?*
No, ella vive en el barrio El Limonar.	*No, she lives in a neighborhood called El Limonar.*

You may also invert the position of the subject and the verb in the sentence to indicate that you are asking a question (a rising intonation is required in this case as well).

¿Estudian ellos en esta universidad?	*Do they go to school at this university?*
No sé. Creo que sí.	*I do not know. I think so.*

Or you can simply add the tag question **¿verdad?**, **¿cierto?**, or **¿no?** at the end of your sentence.

Tú eres María, **¿verdad?**	*You are María, **right?***
Sí, mi nombre es María Cedillo.	*Yes, my name is María Cedillo.*

Asimilación

A. Inmigración. Indica la letra de la respuesta más apropiada a las preguntas del oficial de inmigración.

1. ¿Ud. se llama Helen?	a. No, me llamo Mary.
2. ¿Es canadiense?	b. Sí, en la Universidad de San Diego.
3. ¿Vive Ud. en Los Ángeles?	c. Sí, de Montreal.
4. ¿Trabaja en una universidad?	d. No, en San Diego.

B. ¿Sí o no? Responde a las preguntas que vas a escuchar indicando **sí** o **no**.

¿Sí o no?

1. ... 2 ... 3. ... 4. ... 5. ...

Aplicaciones

C. En el hotel. →← Con un(a) compañero(a) preparen la siguiente situación.

Recepcionista

You are a receptionist at a hotel. There are problems regarding the registration cards of one of your Spanish-speaking guests. Ask him/her the pertinent questions to confirm the accuracy of the information on the card. If there are mistakes, correct them. (The hotel registration card is printed upside down to encourage you to solicit the information verbally rather than by reading the *Huésped* card. Turn your book upside down to use this card as you complete the activity.)

Modelo: *¿Es Ud. Estefanía Rodríguez López? ¿Vive Ud. en...?*

Hotel El Conquistador

Tarjeta de registro

Nombres y apellidos: Estefanía Rodríguez López

Dirección/Domicilio: Av. 57 N° 123 Ciudad México, Juárez

Nacionalidad: Mexicana *Duración de la estadía:* 5 días

Número del documento de identidad: Pasaporte N° 07854

Huésped

You are a Mexican tourist in the U.S. Unfortunately, while filling out your registration card you made a number of mistakes. The hotel clerk is now calling you to straighten things out. Respond to his questions based on the following personal data.

Hotel El Conquistador

Tarjeta de registro

Nombres y apellidos: Estefanía Martínez López

Direccion/Domicilio: Av. 157 N° 123 Ciudad Juárez, México

Nacionalidad: Mexicana *Duración de la estadía:* 3 días

Número del documento de identidad: Pasaporte N° 07584

Atajo

Phrases/Functions: Writing an introduction; Linking ideas; Writing a conclusion
Vocabulary: Pastimes; Studies

D. Mi compañero(a). →← Prepara cinco preguntas para conocer mejor *(to get better acquainted with)* a alguien de tu clase.

Modelo: *¿Vives en la universidad? ¿Estudias ciencias políticas?, etc.*

Sugerencias

Think of questions for different aspects of your classmate's life.

- academic life (other courses, number of credits, etc.)
- work (whether he/she works)
- place of residence (a house, an apartment, the dorms, etc.)
- people he/she lives with (a friend, a spouse, parents, etc.)
- whether he/she is from this state or not
- whether he/she does certain activities (sports, dance, read novels, etc.)

E. Mi compañero(a) (Continuación). Prepara un resumen por escrito de la información personal que recibiste de tu compañero(a).

Un paso más: *Asking questions with interrogative words*

Question words such as *what* and *where* are used to request specific information. The following chart summarizes the Spanish question words and their usage.

Question words	Examples	Variations of usage
¿cuándo? Use **¿cuándo?** if you need to find out *when* an event is taking place.	¿Cuándo viajas? *When do you travel?* Viajo la próxima semana. *I (will) travel next week.*	Note that **a qué hora** is used to inquire about the specific time of an event. ¿A qué hora es tu vuelo? *At what time is your flight?* A las ocho. *At eight o'clock.*
¿quién? Use **¿quién?** when you need to determine *who* is involved.	¿Quién es la profesora? *Who is the instructor?* Soy yo. *It's me.*	When asking about more than one person, **quiénes** is used. ¿Quiénes son esas personas? *Who are those people?* Son mis amigos de Puerto Rico. *They are my friends from Puerto Rico.*
¿dónde? Use **¿dónde?** when you need to investigate the location *(where)* of something.	¿Dónde está la oficina del consejero de estudiantes internacionales? *Where is the office of the international student advisor?* En la oficina 205. *In room 205.*	Note that **¿de dónde?** *(where from)* is used to inquire about place of origin. ¿De dónde eres? *Where are you from?* Soy de México. *I am from Mexico.*
¿por qué? Use **¿por qué?** when you want to find out the reason *why* something is done.	¿Por qué quiere estudiar en México? *Why do you want to study in Mexico?* Porque me gusta mucho su música y su comida. *Because I like Mexican food and music.*	Note that **porque** *(because)* has a similar spelling to **¿por qué?** *(why).*
¿cómo? Use **¿cómo?** *(how)* to inquire about manner or condition.	¿Cómo estás? *How are you?* Muy bien, gracias. *Very well, thank you.*	Note that **¿cómo?** is used to inquire about someone's name. ¿Cómo te llamas? *What is your name?* **¿Cómo?** is also used to ask someone to repeat what he/she said. ¿Cómo? No entiendo. *Excuse me? I don't understand.*
¿cuántos? Use **¿cuántos?** to investigate quantities *(how many).*	¿Cuántos billetes tiene Ud.? *How many tickets do you have?* Tengo cuatro billetes. *I have four tickets.*	The feminine **¿cuántas?** is used when the noun that follows is feminine. ¿Cuántas hermanas tienes? *How many sisters do you have?* ¿Cuántas clases piensa tomar? *How many classes do you plan to take?* **¿Cuántos?** is used in asking someone's age. ¿Cuántos años tienes? *How old are you?*
¿cuánto? The singular form **¿cuánto?** is the equivalent of the English *how much,* and is used with mass nouns (those which cannot be counted).	¿Cuánto tiempo piensa pasar en México? *How much time are you going to spend in Mexico?* Dos meses. *Two months.*	The feminine **¿cuánta?** is used when the noun that follows is feminine. ¿Cuánta azúcar desea con su café? *How much sugar do you want with your coffee?* Una cucharadita solamente, gracias. *Only one teaspoon, thank you.*
¿cuál? Use **¿cuál?** *(which, what)* when selecting an item from a group or when there are options.	¿Cuál es tu actor favorito? *Which (Who) is your favorite actor?*	Note that **cuál** can be used before a verb, before **de** and a noun phrase, but not before a noun. ¿Cuál de las habitaciones quieres? *Which of the lodgings do you want?*
¿qué? Use **¿qué?** *(what)* when asking for an explanation, or a definition.	¿Qué estudia Ud.? *What do you study?* Estudio español. *I study Spanish.* ¿Qué es? *What is it?* Es un tipo de fruta. *It's a type of fruit.*	

Asimilación

A. Inmigración. Para cada pregunta del oficial de inmigración indica la letra de la respuesta.

1. ¿Cómo se llama Ud.?
2. ¿De dónde es?
3. ¿Dónde vive?
4. ¿Cuál es su profesión?
5. ¿Cuántos años tiene?

a. Soy estadounidense.
b. Soy abogado.
c. En la ciudad de Chicago.
d. Treinta y ocho años.
e. Stephen Jones.

B. Información personal. Responde a las preguntas que vas a escuchar.

1. ... 2. ... 3. ... 4. ... 5. ...

Aplicaciones

C. Los chismes *(gossip)* en la oficina. →← Completen las preguntas.

Opciones: qué, cuándo, cómo, por qué, de dónde, quién, cuántos

1. ¿ ______ es esa mujer?
2. ¿ ______ se llama?
3. ¿ ______ hace?
4. ¿ ______ es?
5. ¿ ______ años tiene?

D. Una reunión de ex alumnos. →← Hagan la pregunta adecuada para obtener la siguiente información. Luego practiquen la conversación.

1. Trabajo y estudio.
2. En el hospital central.
3. Es una de mis hermanas.
4. Se llama Luisa.
5. Somos tres hermanas en mi familia.

E. El (La) recién llegado(a) *(The new hire).* →← Organiza la siguiente conversación de una manera lógica. Luego practícala con un(a) compañero(a).

1. ¿Eres nuevo aquí?
2. ¿Cómo te llamas?
3. ¿De dónde eres?
4. ¿Dónde vives?
5. ¿Cuál es tu trabajo?
6. Mucho gusto. Soy Marcela.

a. Soy de Pittsburgh.
b. Soy el secretario del gerente.
c. Juan Pérez.
d. En la calle Main.
e. Sí.
f. Encantado.

Integración

¡A conversar!

F. Preocupaciones. →← Get together with three other classmates and prepare the following conversation.

Los padres preocupados

As responsible parents you are interested in knowing who your children are dating. Today your daughter (son) has brought her (his) new boyfriend (girlfriend). Take turns asking her/him questions about her (his) life (interests, studies/work, family, home, etc.) as you try to get to know her (him).

La (El) novia(o) *(girlfriend/boyfriend)* del hijo (de la hija)

You are meeting the parents of your new boyfriend/girlfriend. Answer their questions about your background. Try to make a good impression.

La hija (El hijo)

You are introducing your new boyfriend/girlfriend to your parents. Try to help him/her make a good impression.

¡A escribir!

G. Entrevista. From time to time during this course you are going to have native speakers visiting your classroom. Prepare a list of questions you would like to ask them to find out more about their backgrounds and about life in their native countries.

Atajo

Phrases/Functions: Writing an introduction; Linking ideas; Writing a conclusion
Vocabulary: Pastimes

Correcciones

Exchange your list of questions with another classmate. Together go over these questions to make sure they are properly constructed. Submit the corrected list to your teacher for additional feedback.

Paso 1: Content. Are there enough questions? Has your classmate covered all the basic personal information areas?
Paso 2: Organization. Are they organized in a logical order? Do they go from more general to more specific information?
Paso 3: Structure. Is the word order correct? Did your classmate use the correct question words?

Critical Thinking Skills: Evaluating

Peer editing involves critically examining another student's work for revision.

II. Vocabulario: Los deportes

Margarita **hace aeróbicos** tres veces por semana.

Lucho y sus amigos **juegan baloncesto** en la cancha de su barrio.

Doña Gabriela lleva a sus hijas a la práctica de **fútbol** los jueves por la tarde.

Esteban **patina sobre el hielo** durante el invierno.

Vocabulario útil

Los deportes	***Sports***
los aeróbicos	*aerobics*
el atletismo	*track and field*
el baloncesto	*basketball*
el béisbol	*baseball*
el esquí	*ski*
el fútbol	*soccer*
el fútbol americano	*football*
la gimnasia	*gymnastics*
el levantamiento de pesas	*weight lifting*
la lucha libre	*wrestling*
la natación	*swimming*
el patinaje (sobre hielo)	*skating (ice skating)*
el tenis	*tennis*
el voleibol	*volleyball*

Verbos	
hacer ejercicio/hacer deporte	*to work out, to exercise*
hacer (aeróbicos/ gimnasia)	*to do aerobics/ gymnastics*
levantar pesas	*to lift weights*
patinar (sobre hielo)	*to skate (ice-skate)*
practicar (baloncesto/ béisbol/fútbol/ voleibol/tenis)	*to play (basketball/ baseball/soccer/ volleyball/tennis)*
practicar (el atletismo/ la natación/ la lucha libre)	*to do track and field/ to swim/ to wrestle*

Vocabulario personal:

Asimilación

A. ¿Se necesita un balón? ***(Do you need a ball?)***  Indiquen si los siguientes deportes requieren el uso de un balón (o pelota) (**sí** o **no**). Al terminar, comparen sus respuestas con las de otros compañeros.

¿Sí o no?

1. baloncesto
2. fútbol
3. natación
4. gimnasia
5. lucha libre
6. esquí
7. voleibol
8. ciclismo
9. patinaje

B. Medallas de oro. ***(Gold medals.)*** Escucha el siguiente reporte deportivo y completa el cuadro con el número de medallas obtenidas por el Equipo Olímpico *(Olympic Team)* de los Estados Unidos.

Estrategia de comprensión: *Listening for Specific Information*
Concentrate on identifying sports and numbers only. Do not let unknown words confuse you.

Deporte	Número de medallas de oro
El atletismo	
La gimnasia	
La lucha libre	
La natación	
El levantamiento de pesas	

Aplicaciones

C. ¿Cuándo se practican estos deportes? →← Completen el cuadro con algunos de los deportes típicos de cada estación en los Estados Unidos.

Primavera *(Spring)*	Verano *(Summer)*	Otoño *(Fall)*	Invierno *(Winter)*

D. Los deportes en la universidad. →← Formen frases coherentes con las siguientes palabras.

Modelo: estudiantes / patinar / en ___________ (nombre del edificio)
Los estudiantes patinan en Williams Hall.

1. en esta universidad / (nosotros) practicar / muchos deportes
2. el fútbol americano/ ser /un deporte muy popular
3. estudiantes / practicar fútbol / en _____ (nombre del edificio)
4. (algunos de mis amigos) practicar / baloncesto / en _____ (nombre del edificio)
5. (mi amigo _____) levantar pesas / en _____ (nombre del edificio)

Recuerda
Don't forget to add definite articles **(el, la, los, las)** and indefinite articles **(un, una, unos, unas)** where appropriate.

Modelo: hacer ejercicio/ gimnasio/todos los días.
*Hago ejercicio en **el** gimnasio todos los días.*

E. ¡A dibujar y a adivinar! ***(Let's draw and guess!)*** →← Seleccionen un deporte y luego dibujen en un papel algo relacionado con ese deporte (una persona que practica el deporte, el equipo necesario, dónde se practica el deporte, etc.). Tu compañero(a) debe adivinar de qué deporte se trata. **¡Ojo!** Sólo tienen 20 segundos.

Un paso más: Otros pasatiempos

Juliana **charla** constantemente **por teléfono** con sus amigas.

David **escucha música** mientras estudia.

Pacho **navega la red** cuando llega de clase todos los días.

Carmen **toca la guitarra** dos horas al día.

Los Merino **ven televisión** juntos por la noche después de cenar.

Vocabulario útil

charlar por teléfono	*to chat on the phone*
escuchar música	*to listen to music*
leer un libro	*to read a book*
mirar/ver televisión	*to watch TV*
navegar la red	*to surf the Net*
pasear	*to take a short trip, to go for a walk*
pasar tiempo libre/ pasar los ratos libres	*to spend free time*
tocar un instrumento	*to play an instrument*

Vocabulario personal:

Asimilación

A. Mis pasatiempos. De la siguiente lista, selecciona las actividades que tú realizas con frecuencia durante tu tiempo libre.

Cuando tengo *(I have)* tiempo libre, casi siempre...

___ charlo por teléfono.
___ escucho música.
___ leo un libro.
___ miro televisión.
___ navego la red.
___ toco un instrumento.
___ paseo.
___ otra actividad (especifícala): _____ .

B. Comparaciones. →← A continuación, compara tus respuestas con las de un(a) compañero(a). ¿Qué tienen en común? ¿Qué diferencias hay entre Uds.? Presenten un informe usando las siguientes frases como guía.

Sugerencias

- To find out what your partner does during the weekend you can say . . .
  ¿Qué haces los fines de semana? — *What do you do during the weekend?*
- You can also state the activity (remember that by raising your intonation at the end you indicate "question" in Spanish).
  ¿Escuchas música los fines de semana? — *Do you listen to music on the weekend?*

Mi compañero(a) y yo _____ (cosas en común). Yo _____ , pero mi compañero(a) _____ .

C. ¿Cómo pasa el (la) profesor(a) su tiempo libre? →← Indica las actividades del profesor (de la profesora) durante su tiempo libre. Al terminar, compara tus respuestas con las de otros compañeros.

___ Charla por teléfono.
___ Escucha música.
___ Lee un libro.
___ Mira televisión.
___ Navega la red.
___ Toca un instrumento.
___ Pasea.

Aplicaciones

D. ¿Cómo pasan sus ratos libres? →← Mencionen por lo menos tres actividades que realizan las siguientes personajes durante sus ratos libres *(free time)*. ¡Usen su imaginación!

1. la Reina de Inglaterra
2. el Papa
3. Fidel Castro
4. Brad Pitt
5. Uma Thurman
6. Bill Gates
7. Steven Spielberg
8. Donald Trump
9. Michael Jordan
10. Tiger Woods

E. En mis ratos libres... →← Completen el párrafo con la forma correcta del verbo en el paréntesis.

Me llamo Rosa. Trabajo en una oficina de abogados y también estudio en la universidad. En mis pocos ratos libres _____ (leer). Casi nunca _____ (mirar televisión). A veces mi esposo y yo _____ (escuchar música) o _____ (pasear). Los fines de semana _____ (charlar) con mis amigas.

F. ¡A dibujar y a adivinar! ***(Let's draw and guess!)*** →← Selecciona un pasatiempo y luego dibuja en un papel algo relacionado con ese pasatiempo (una persona que hace la actividad, el equipo necesario, el lugar donde puede ocurrir la actividad, etc.). Tu compañero(a) debe adivinar de qué deporte se trata. **¡Ojo!** ¡Sólo tienen 20 segundos!

Integración

¡A conversar!

G. Entrevista. →← Talk to your partner about his or her pastimes and write down his or her answers.

- ¿Cuándo tienes tiempo libre? (los fines de semana, por las noches, un día en particular...)
- ¿Practicas algún deporte en tu tiempo libre? ¿Cuál?
- ¿Lees mucho? ¿Quién es tu autor(a) favorito(a)?
- ¿Miras televisión? ¿Qué programas?

Atajo

Phrases/Functions: Writing an introduction; Linking ideas; Writing a conclusion
Vocabulary: Pastimes

¡A escribir!

H. Los pasatiempos de mi compañero(a). Based on the previous conversation, prepare a brief report about your classmate's pastimes.

> **Sugerencias**
> **Paso 1:** Begin your composition by writing the name of the person you interviewed and one statement that describes the person based on how he/she spends his/her free time.
> **Paso 2:** List the main activities he/she does in his/her spare time. Remember to use connectors such as **y** *(and)*, **pero** *(but)*, or **también** *(also)*.
> **Paso 3:** Close your report with an additional summary statement about your classmate or your personal opinion about his/her pastimes. Introduce this statement with one of the following expressions: **en conclusión** *(in conclusion)*, **en resumen** *(in summary)*, **en mi opinión** *(in my opinion)*.

III. Perspectivas: Los pasatiempos de los hispanos

Antes de leer

estar *to be, to spend time*
ir *to go*
salir *to go out, to exit*
hacer *to do, to make*

A. Encuesta ***(Survey)*****.** →← Complete the table with your answers to the survey questions. When finished, calculate the percentage of students who agree on each item.

¿Generalmente, cómo pasas tu tiempo libre?

Actividad	%	Actividad	%
escuchar música		leer libros, revistas	
estar con amigos		no hacer nada especial	
estar con la familia		ocuparse del jardín	
hacer deportes		oír la radio	
hacer trabajos manuales		salir al campo, ir de excursión	
ir a alguna asociación o club		salir con mi novia(o) o alguna chica(o)	
ir a bailar		tocar un instrumento musical	
ir a reuniones políticas		ver deportes	
ir al cine		ver la televisión	
ir al teatro		otras	

A leer

Now observe the answers provided by Spanish people to the same question.

Actividades de ocio *(leisure)* en España

Actividad	%	Actividad	%
estar con la familia	76	salir con mi novia(o) o alguna chica(o)	18
ver la televisión	69	hacer trabajos manuales	18
estar con amigos(as)	54	ir a bailar	17
leer libros, revistas	45	no hacer nada especial	16
oír la radio	43	ir a alguna asociación o club	10
escuchar música	42	ocuparse del jardín	10
salir al campo/ir de excursión	40	ir al teatro	8
ver deportes	33	tocar un instrumento musical	4
hacer deporte	32	ir a reuniones políticas	2
ir al cine	27	otras	8

¿Entendiste bien?

B. Comparaciones. →← Get together with other classmates and answer the following question. Give examples to support your answers.

¿Son similares o diferentes sus pasatiempos a los de los españoles?

Modelo: *Los españoles son similares (o diferentes) porque prefieren… (salir al campo) y los estudiantes aquí prefieren…*

IV. Funciones y estructuras: *Talking about what one does or makes with the verb **hacer***

—¿Qué **hace** tu padre?
—Él es médico.

The verb **hacer** *(to do, to make)* is used to talk about what someone makes, does, or prepares.

Mi esposa **hace** aeróbicos todos los días.	*My wife **does** aerobics every day.*
Mi mamá casi nunca **hace** sopa para la cena.	*My mother hardly ever **prepares** (makes) soup for dinner.*

¿Cuándo **hacemos** el trabajo para la clase de biología? — *When do we* ***do*** *the paper for biology class?*

The verb **hacer** is irregular.

hacer			
yo	**hago**	nosotros(as)	**hacemos**
tú	**haces**	vosotros(as)	**hacéis**
él, ella, usted	**hace**	ellos, ellas, ustedes	**hacen**

Here are some common expressions with **hacer.**

hacer ejercicio	*to work out, to exercise*
hacer una pregunta	*to ask a question*
hacer un viaje	*to take a trip*
hacer una visita	*to pay a visit*
hacer una llamada	*to make a phone call*
hacer una maleta	*to pack a suitcase*

Asimilación

A. Encuesta. →← Indica la(s) respuesta(s) que te corresponde(n). Luego compáralas con las de otros compañeros. ¿Con quién tienes más en común?

1. ¿Qué hace tu padre?
   a. Es ingeniero. c. Es jubilado *(retired)*.
   b. Es vendedor. d. Otra:
2. ¿Qué haces después de la clase de español?
   a. Estudio. c. Almuerzo.
   b. Hablo con mis amigos. d. Otra:
3. ¿Qué haces los fines de semana?
   a. Descanso. c. Trabajo.
   b. Estudio. d. Otra:
4. ¿Qué piensas hacer de cenar esta noche?
   a. pollo c. vegetales
   b. carne d. Otra:

B. ¿Qué hace el (la) profesor(a) después del trabajo? →← Escucha la narración de tu profesor(a) e indica las actividades que realiza después de terminar su día de trabajo. Al terminar, compara tus respuestas con las de un(a) compañero(a).

___ Hace visitas a sus vecinos. ___ Hace llamadas a su familia.
___ Hace la cena. ___ Hace ejercicio.

Aplicaciones

Recuerda
Don't forget to insert the personal **a** in the predicate before people!

C. Actividades diarias. Combina las palabras para formar frases lógicas.

yo	hacer la comida	su familia
mi compañera y yo	hacer llamadas	todos los días
mi mejor amigo	hacer ejercicio	mis hijos
los estudiantes de esta clase	hacer tareas	con frecuencia

D. Encuentra a alguien qué... ***(Find someone who . . .)*** →← Entrevista *(Interview)* a varios compañeros y escribe el nombre de los que correspondan a las siguientes descripciones.

Actividad	Nombre
Hace tareas todos los días.	
Hace visitas a su familia con frecuencia.	
Nunca hace la cena para su familia.	
Hace ejercicio por la noche.	
Hace muchas preguntas.	

E. Preguntas y respuestas. →← Con un(a) compañero(a) tomen turnos haciendo y respondiendo a las siguientes preguntas.

1. ¿Qué haces generalmente por las noches?
2. ¿Qué haces los domingos?
3. ¿Qué haces durante las vacaciones?
4. ¿Qué tipo de comida te gusta hacer?
5. ¿Cuándo haces las tareas?
6. ¿Qué hacen tus hermanos? (¿A qué se dedican?)

Integración

¡A conversar!

F. Generalmente... →← Prepare several questions to learn more about a typical day in the life of one of your classmates. Conduct the interview and take notes of your classmate's answers.

> **Sugerencias**
> - Find out what your classmate does at different times during the day. Be as specific as possible.
> - Use the following question as a model: **¿Qué haces por la mañana?**
> - Other possibilities: **al mediodía** *(at noon)*, **por la tarde, por la noche, en el verano** *(summer)*, **otoño** *(fall)*, **invierno** *(winter)*, **primavera** *(spring)*.

¡A escribir!

G. Un día típico. Write a report about your classmate's daily routine.

Atajo

Phrases/Functions: Writing an introduction; Linking ideas; Writing a conclusion
Vocabulary: Pastimes; Daily activities

para tu información

El individuo y el grupo en el mundo hispano

Mientras *(While)* que en los Estados Unidos el individuo es lo más importante, en el mundo hispano la comunidad tiene precedencia. Los diferentes grupos a que una persona pertenece *(belongs)* (como su familia, su escuela, su empresa [*company*], etc.) determinan en gran medida *(to a large extent)* sus opciones y posibilidades. La solidaridad y la lealtad *(loyalty)* hacia el grupo (principalmente la familia) son dos de los principios fundamentales de la convivencia *(living together)* en el mundo hispano.

¿Entendiste bien?

- Look for all the cognates you can find in this text.
- What are some of the advantages of the community orientation of the Hispanic culture?

V. Lectura: Mi página personal en la red

Antes de leer

A. Para discutir por grupos. →← What information do you expect to find on a personal home page on the World Wide Web? Make a list in Spanish of those items.

Sugerencias
Useful vocabulary: **nombre, información personal, fotografías, conexiones favoritas,** etc.

Estrategia de lectura: *Skimming*
Remember that when you skim a reading the first time, you are looking for cognates and the main ideas of the text.

B. Cognados. Circle the cognates you find on this home page.

C. Vocabulario nuevo. Connect the word with its definition. Use your dictionary if necessary.

1. la derecha	a. historia, antecedentes
2. disfrutar	b. el lado opuesto al del corazón (usualmente las personas escriben con este mano)
3. la izquierda	c. pasar un buen rato, pasarlo bien
4. novia	d. el opuesto de la derecha
5. trayectoria	e. amiga especial con quien se tiene una relación romántica

 **Critical Thinking Skills: Analyzing and Researching**

Use the glossary and cognate recognition to make associations for meaning.

A leer

Mi página en la red

Fabián Pérez León

¡Hola y bienvenido! Mi nombre es Fabián Pérez León. Soy de Medellín, Colombia. A continuación te presento mi **trayectoria** académica y personal, así como algunas de las actividades que **disfruto** hacer. Mi domicilio permanente es Calle 45 #20-31, Barrio Caldas, Medellín, Colombia. ¡Espero que disfrutes con la visita! ¡Gracias!

overview
I enjoy

Datos personales Éste soy yo. Tengo veintitrés años y vivo en Medellín. Aquí están fotos de mi familia y de Nubia, mi novia.

Trayectoria académica y laboral Soy ingeniero de sistemas y trabajo para IBM en esta ciudad.

Pasatiempos Me interesa todo lo referente a **equipo** y programas de PCs. 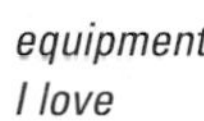 También practico el levantamiento de pesas y desde luego el fútbol. En el cine **me encanta** la trilogía de «Star Wars» y las películas de Steven Spielberg, Arnold Schwarzenegger y Sylvester Stallone. **En cuanto** a la música me gusta especialmente la música romántica. Para leer siempre busco revistas sobre deportes y ciencia y también me gustan algunas novelas literarias. ¿Escribir? En ocasiones. Mis animales favoritos son los leones, los tigres y las **águilas**.

equipment
I love
With regard to
eagles

¿Entendiste bien?

Estrategia de lectura: *Scanning*

Remember that during the second reading, you are looking for specific information and comprehension of details. Also try to guess the meaning of words based on their context.

D. ¿Qué dice? *(What does it say?)* Answer the following questions in Spanish about this home page.

1. ¿De dónde es Fabián?
2. ¿Cuál es su profesión?
3 ¿Dónde trabaja?

Atajo

Phrases/Functions: Introducing; Talking about daily routines
Vocabulary: Studies; Working conditions

4. ¿Qué hace en su tiempo libre? Indica todos los pasatiempos correctos:

___ charla por teléfono	___ navega la red
___ escucha música	___ toca un instrumento
___ lee libros	___ pasea
___ mira televisión	___ otra(s): _____

E. Para discutir por grupos. →← What information is missing in this home page? Prepare a list with your ideas, and share it with the rest of the class.

Critical Thinking Skills: Evaluating and Prioritizing

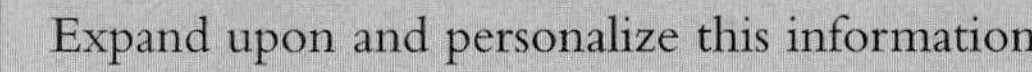

Expand upon and personalize this information.

F. Actividad de extensión. Prepare your own home page in Spanish for the web.

Critical Thinking Skills: Creating and Imagining

Imagine how you would like to represent yourself on a web page. Start by writing information that characterizes you.

Temas CD-ROM

The following is an introduction to the simulated internships that you will do through the **Temas CD-ROM.** Each chapter presents a scenario in the context of an internship with real-life tasks. These tasks are specifically designed to reinforce and practice the structures and vocabulary of the chapter while reinforcing your listening, writing, and speaking skills.

Con el **Temas CD-ROM,** tienes la oportunidad de vivir y trabajar como interno en los países hispanos. El **Temas CD-ROM** ofrece una variedad de trabajos en distintos países. En Perú, escribes para un «zine». En Chile, ayudas a un político con su campaña. En Venezuela, buscas trabajos para la gente y en Argentina trabajas para una compañía de guías aventureros. Mientras trabajas como interno, practicas el español y aprendes más sobre la cultura hispana. Es una oportunidad extraordinaria que puede ayudarte *(can help you)* con tu futura profesión.

Vocabulario útil

Preguntas	***Questions***
¿cómo?	*how?, what?, excuse me?*
¿cuál?/¿cuáles?	*which?*
¿cuándo?	*when?*
¿cuánto?	*how much?*
¿cuántos?	*how many?*
¿dónde?	*where?*
¿por qué?	*why?*
¿qué?	*what?*
¿quién?/¿quiénes?	*who?*

Los deportes	***Sports***
los aeróbicos	*aerobics*
el atletismo	*track and field*
el baloncesto	*basketball*
el béisbol	*baseball*
el esquí	*ski*
el fútbol	*soccer*
el fútbol americano	*football*
la gimnasia	*gymnastics*
el levantamiento de pesas	*weight lifting*
la lucha libre	*wrestling*
la natación	*swimming*
el patinaje (sobre hielo)	*skating (ice skating)*
el tenis	*tennis*
el voleibol	*volleyball*

Verbos	
hacer ejercicio/hacer deporte	*to work out, to exercise*
hacer aeróbicos/gimnasia	*to do aerobics/gymnastics*
levantar pesas	*to lift weights*
patinar (sobre hielo)	*to skate (ice-skate)*
practicar baloncesto/béisbol/fútbol/voleibol/tenis	*to play basketball/baseball/soccer/volleyball/tennis*
practicar el atletismo/la natación/la lucha libre	*to do track and field/to swim/to wrestle*

Otros pasatiempos	
charlar por teléfono	*to chat on the phone*
escuchar música	*to listen to music*
leer un libro	*to read a book*
mirar/ver televisión	*to watch TV*
navegar la red	*to surf the net*
pasear	*to take a short trip, to go for a walk*
pasar tiempo libre/pasar los ratos libres	*to spend free time*
tocar un instrumento	*to play an instrument*

Verbos irregulares	
estar	*to be, to spend time*
hacer	*to do, to make*
ir	*to go*
salir	*to go out, to exit*

Expresiones	
hacer ejercicio	*to work out, to exercise*
hacer una llamada	*to make a phone call*
hacer una maleta	*to pack a suitcase*
hacer una pregunta	*to ask a question*
hacer un viaje	*to take a trip*
hacer una visita	*to pay a visit*

Para comenzar

- ¿Quiénes son? *(Who are these people?)*
- ¿Dónde están? *(Where are they?)*
- ¿Qué hacen? *(What are they doing?)*

Foto 1

Foto 2

Foto 3

Foto 4

In this chapter you will learn. . .

- how to talk about your family;
- how to describe people;
- how to describe state or condition;
- how to talk about your home;
- how to express possession;
- how to share likes and dislikes;
- how to express obligation;
- how to deal with unfamiliar vocabulary in written and oral contexts;
- about Hispanic family values.

CAPÍTULO >>> 2

En familia

	Tema 1 Ésta es mi familia	Tema 2 La personalidad y los valores	Tema 3 Nuestro hogar
Vocabulario	Los miembros de la familia	Los rasgos personales Los valores tradicionales de las familias	Los espacios de una casa Los muebles Los quehaceres del hogar
Funciones y estructuras	Describing physical appearance with adjectives and **ser** and **tener** Describing inherent characteristics using **bueno, grande,** and **malo** Expressing possession	Talking about location, condition, and emotional states with the verb **estar** Expressions with **tener** Talking about likes and dislikes with the verb **gustar**	Describing contents (the use of the invariable form **hay**) Talking about location with prepositions of place Expressing obligation with **tener que**
Pronunciación		La consonante **d**	
Lectura	La familia de José Miguel	*Como agua para chocolate* (fragmento)	Perspectivas: Valores en proceso de transición *La casa en Mango Street* (fragmento)
Vídeo	La familia de Laura		

ENFOQUE

México

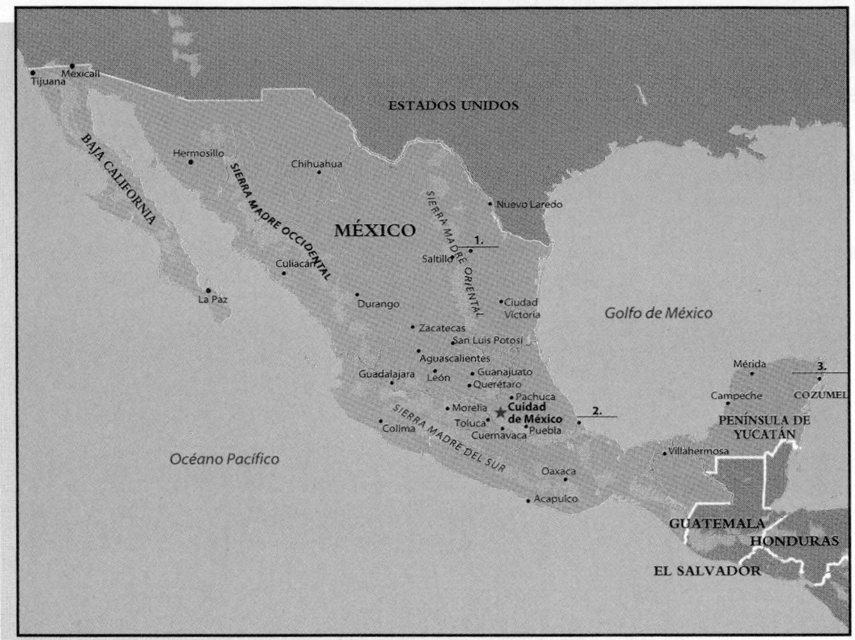

A. En el mapa. Watch the video and then write in front of each item its corresponding number on the map.

_____ Monterrey _____ Cancún _____ Veracruz

B. En el vídeo. Complete the chart with information from the video.

Capital:	
Población ***(population):***	97.563.374
Ingreso per cápita ***(GDP per capita income):***	US $ 8.100
Moneda ***(currency):***	
Principales productos de exportación ***(main exports):***	

C. La historia de México. Put the following events described in the video in the correct order.

_____ la expedición de Hernán Cortés (la Conquista)
_____ el período Olmeca
_____ el grito de Hidalgo (la Independencia)
_____ la revolución mexicana
_____ la fundación de Tenochtitlán (el período azteca)
_____ la guerra con los Estados Unidos

para tu información

Para aprender *(to learn)* más acerca de México, visita el siguiente sitio-web: **http://temas.heinle.com.**

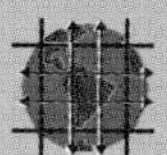

Los orgullos de México...

Sus tradiciones

Las culturas indígenas mexicanas alcanzaron *(achieved)* un gran desarrollo en las matemáticas, la astronomía, la medicina, la arquitectura y el arte.

«El poeta no es nunca idéntico a la persona que escribe: al escribir, se escribe, se inventa». *(The poet is never identical to the person who writes: by writing, the poet writes, invents himself/herself.)* —Octavio Paz.

Su prosperidad económica

La economía de México y la de los Estados Unidos están muy unidas.

Su gente

Octavio Paz

México es la cuna *(cradle, birthplace)* de importantes pensadores y literatos como Sor Juana Inés de la Cruz, Juan Rulfo, Mariano Azuela, Carlos Fuentes y Octavio Paz, Premio Nobel de Literatura 1990.

Ésta es mi familia

I. Vocabulario: Los miembros de la familia

La **abuela** de Pedro se llama Berta. Tiene 63 años y es ama de casa.

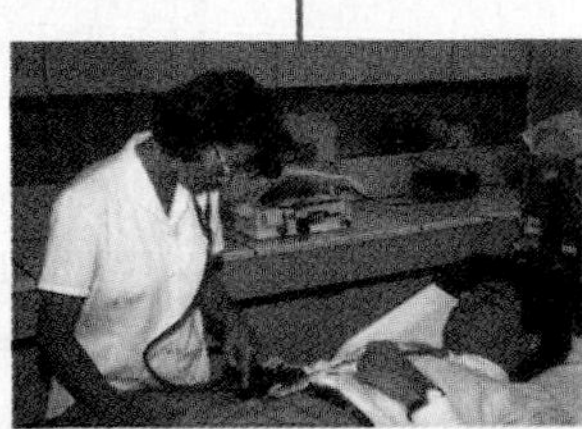

La **madre** de Pedro se llama Marta. Tiene 41 años y es enfermera.

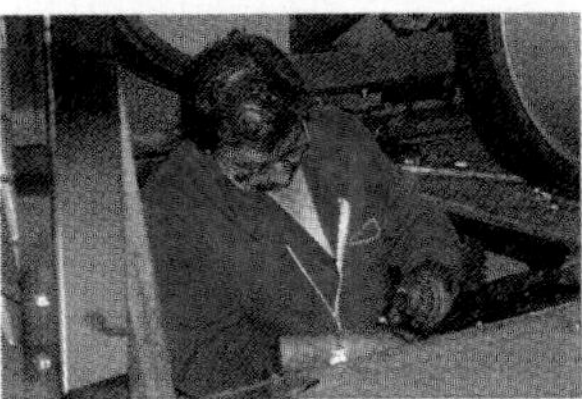

El **padre** de Pedro se llama Juan. Tiene 46 años y es electricista.

El **hermano mayor** de Pedro se llama Esteban. Tiene 26 años y es psicólogo.

Pedro

Pedro tiene 18 años y es estudiante.

La **hermana** de Pedro se llama Gabriela. Tiene 15 años y es estudiante.

Vocabulario útil

el (la) abuelo(a)	*grandfather/grandmother*
el (la) esposo(a)	*husband/wife*
el (la) hermano(a) (mayor/menor)	*brother/sister (older/younger)*
el (la) hijo(a) (mayor/menor)	*son/daughter (older/younger)*
la madre/mamá	*mother*
el (la) nieto(a)	*grandson/granddaughter*
el padre/papá	*father*

Vocabulario personal:

Asimilación

A. ¿Cierto o falso? →← Indica si las frases son ciertas o falsas según el gráfico anterior. Al terminar, compara tus respuestas con las de otro(a) compañero(a).

¿Cierto o falso?

1. Pedro tiene dos hermanas.
2. La madre de Pedro se llama Matilde.
3. El esposo de Marta es electricista.
4. La nieta de Berta se llama Gabriela.
5. La abuela de Pedro es dentista.
6. La hija de Marta se llama Gabriela.

B. La familia del profesor Vargas. Escucha la descripción de la familia del profesor Vargas. Luego, copia el siguiente árbol genealógico *(family tree)* y complétalo con **los nombres** de sus familiares.

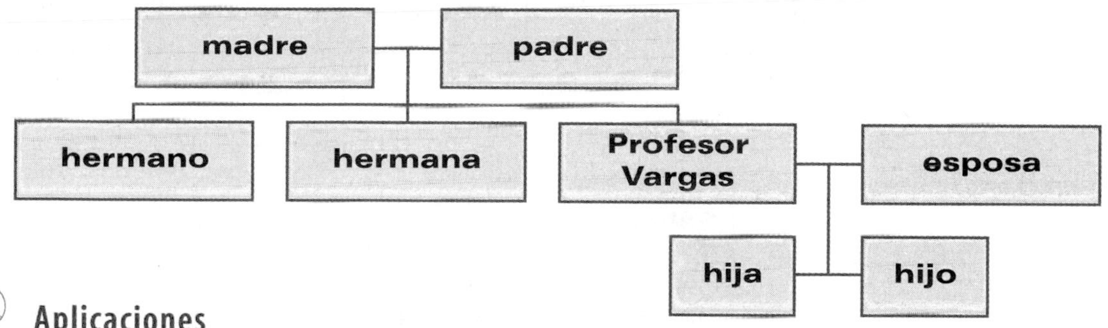

Aplicaciones

C. Información personal. Completa las frases con el nombre y la ocupación de los familiares *(family members)* indicados.

Modelo: Mi padre *se llama Thomas y es abogado.*

> **Sugerencias**
>
> A negative statement such as **No tengo hermanas** *(I don't have any sisters)* can be used to indicate your lack of family members under a given category.
>
> If a family member has already passed away, you may indicate so by saying **falleció** *(passed away).*

1. Mi madre _____ .
2. Mi padre _____ .
3. Mi hermano(a) mayor _____ .
4. Mi hermano(a) menor _____ .
5. Mi abuelo(a) _____ .

D. La familia de Raúl. Completa el párrafo con la palabra más apropiada según el contexto.

Opciones: hermano, esposa, hijo menor, hijo mayor, madre

Raúl es mexicano y vive en Veracruz. Su _____ se llama Alicia y trabaja en el puerto. Esteban es su _____ y está en sexto grado *(sixth grade).* Gonzalo es su _____ y va al jardín de infantes *(kindergarten).* Raúl tiene solamente un _____ que es ingeniero y vive en la capital. Doña Teresa, la _____ , es ama de casa y vive con su hijo en Veracruz.

E. Entrevista. →← Hazle preguntas a tu compañero(a) y elabora *(draw)* su árbol genealógico.

Modelo: *¿Cómo se llama tu padre? ¿Cuántos hermanos tienes?* etc.

Un paso más: Otros miembros de la familia

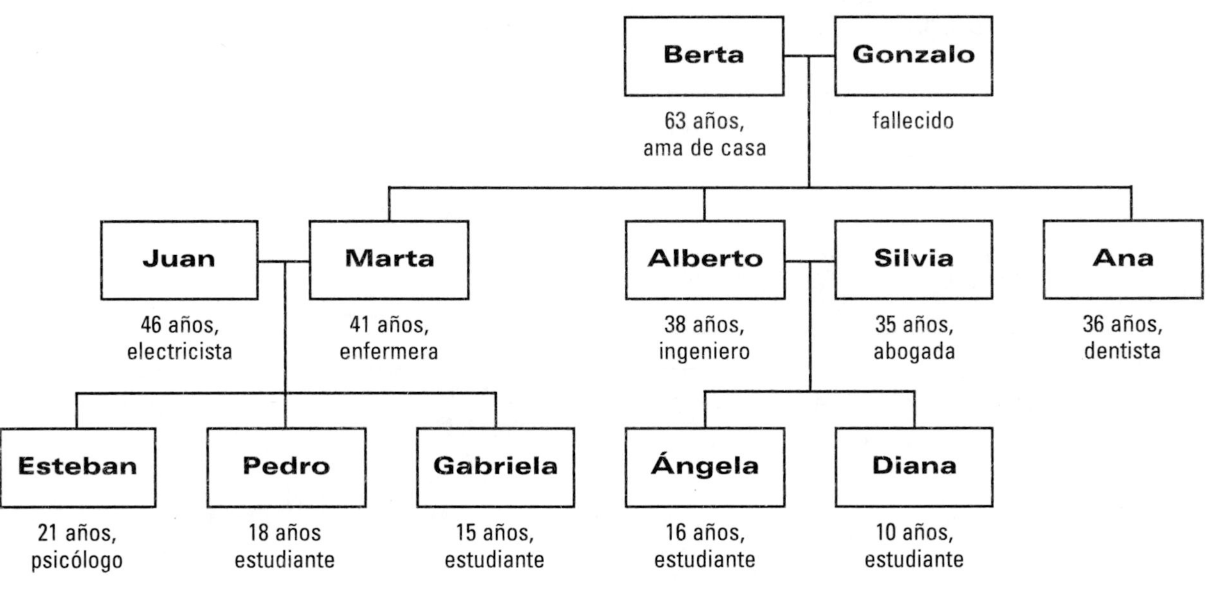

Vocabulario útil

el (la) cuñado(a)	*brother-/sister-in-law*
el (la) hermanastro(a)	*stepbrother/stepsister*
la madrastra	*stepmother*
la nuera	*daughter-in-law*
el padrastro	*stepfather*
el (la) pariente	*relative*
el (la) primo(a)	*cousin*
el (la) prometido(a)	*fiancé/fiancée*
el (la) sobrino(a)	*nephew/niece*
el (la) suegro(a)	*father-/mother-in-law*
el (la) tío(a)	*uncle/aunt*
el yerno	*son-in-law*

Vocabulario personal:

para tu información

- Notice that **parientes** *(relatives)* is a false cognate. The Spanish word for parents is **padres.** Similarly, **parentesco** means *relationship.*
- Masculine plural terms (**padres, abuelos,** etc.) are often used in Spanish to refer to entire categories. For instance, the word **tíos** can be used to designate either *uncles* or both *uncles and aunts;* the word **sobrinos** can refer to *nephews* or to both *nephews and nieces,* etc.

Asimilación

A. ¿Cierto o falso? →← Indiquen si las siguientes frases son ciertas o falsas según el diagrama en la página 82.

¿Cierto o falso?

1. Pedro tiene dos primas.
2. La tía de Pedro se llama Ángela.
3. La esposa del tío de Pedro es abogada.
4. Pedro es sobrino de Alberto.
5. Alberto y Ángela son cuñados.
6. Doña Berta es la suegra de Juan.

Recuerda

Don and **doña** are titles of respect often used when referring to older people.

B. ¿Cuál es la foto? Escucha la descripción y escoge la foto correspondiente. 

Foto 1

Foto 2

Foto 3

Aplicaciones

C. ¿Quién es? →← Completen las frases según el diagrama de la familia de Pedro en la página 82.

1. Diana es la _____ de Pedro.
2. Silvia es la _____ de Ana.
3. Gonzalo es el _____ de Juan.
4. Pedro es el _____ de Alberto.
5. Juan es el _____ de Berta.

D. ¿Sabes...? *(Do you know?)* →← Tomen turnos *(take turns)* haciendo y contestando las siguientes preguntas.

1. ¿Cómo se llama la cuñada de Ana?
2. ¿Quiénes son los abuelos de Pedro?
3. ¿Qué hacen las tías de Gabriela?
4. ¿Cuántos sobrinos tiene Ana?
5. ¿Cuántos años tiene la mamá de Ana?
6. ¿Qué hace la esposa de Alberto?

E. El resto de tu familia. →← Entrevista a tu compañero(a) una vez más para completar su árbol genealógico. Al terminar presenta tu diagrama al resto de la clase.

Modelo: *¿Cuántos primos tienes? ¿Cómo se llaman? ¿Tienes cuñados?*

Recuerda

Remember to use question words such as: **qué** *(what)*, **cómo** *(how)*, **cuánto/s** *(how much/how many)*, **cuándo** *(when)*, **dónde** *(where)*.

- ¿**Cómo** se llama tu madre?
- ¿**Cuál** es la profesión de tu padre?
- ¿**Cuántos** años tiene tu padre?

Integración

¡A conversar!

F. **Entrevista *(Interview)*.** →← Prepare the following dialogue with a classmate.

> **Estudiante A**
>
> Imagine that you have decided to host a Mexican exchange student in your home. He/She is calling you from his/her home in Puebla. Find out as much information as possible about his/her family. Be prepared as well to answer questions about your family.

> **Estudiante B**
>
> You are a student from Puebla, Mexico, who is planning to participate in an exchange program in the U.S. Your host family is on the phone and they would like to have more information about you and your family. Be prepared to answer their questions (and ask some questions of your own!).

Atajo

Phrases/Functions: Describing people
Vocabulary: Family members
Grammar: Verbs: **ser;** Verbs: **tener**

¡A escribir!

G. **Mi familia.** Prepare a description of your family (include pictures, if possible). Be sure to provide information about the age, profession, and place of residence of your closest relatives. Keep in mind that you will be exchanging compositions with other class members.

> **Estrategia de escritura: *Using the Computer***
> You will be revising and expanding upon this family description in the following sections of **Temas.** It would be a good idea to save your composition on a computer diskette to facilitate the editing of your work.

II. Lectura: La familia de José Miguel

A leer

Bienvenido a mi familia

La foto muestra a mi familia. De izquierda a derecha Uds. pueden ver a mi hermana Luisa Fernanda que estudia en el Liceo Camilo Daza y cursa el sexto año de bachillerato. Después estoy yo, José Miguel, mi mamá Angélica (lo más lindo del mundo), mi papá Miguel Hernando, que es ingeniero electrónico, y finalmente mi hermana mayor Teresa que es enfermera. Yo tengo veinte años y estudio arquitectura en la Universidad Javeriana.

¿Entendiste bien?

1. ¿Cuántas personas hay en la familia?
2. ¿Cuántos hermanos tiene este joven?
3. ¿Cuál es la profesión de su padre?
4. ¿Cuál es la profesión de su hermana?
5. ¿Esta familia es similar o diferente a tu familia? Explica tu respuesta.

para tu información

Los ancestros del pueblo mexicano

En México **encontramos** *(we find)* las primeras y más **desarrolladas** *(developed)* civilizaciones de América. Observa el siguiente **resumen** *(summary)* de los principales grupos que habitaron el territorio mexicano **a través de** *(throughout)* su historia anterior a la **llegada** *(arrival)* de los conquistadores españoles.

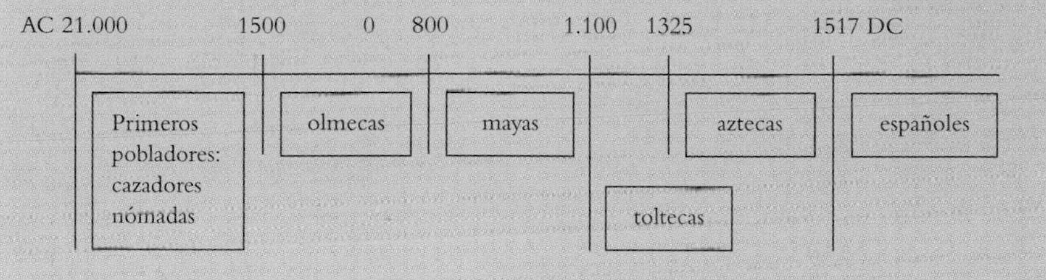

III. Funciones y estructuras: *Describing physical appearance with adjectives and ser and tener*

Mi tío Felipe es **gordo,** pero mi primo José es **delgado.**

Mi prima Ana es **alta,** pero mi prima Rosa es **baja.**

Mi cuñada Beatriz es **rubia,** pero mi cuñada Ligia tiene el pelo **negro.**

Two very useful verbs for describing people are the verb **ser** *(to be)* and the verb **tener** *(to have).*

Mi hermana **tiene** pelo largo.	*My sister **has** long hair.*
El padre de Juanita **es** alto.	*Juanita's father **is** tall.*
Esperanza **es** bonita.	*Esperanza **is** pretty.*

The verb **tener** is used to indicate possession.

Tengo dos hermanos.	***I have** two brothers.*
Mi hermana Silvia **tiene** pelo negro.	*My sister Silvia **has** black hair.*

Tener, like **ser,** is an irregular verb.

yo **tengo**	nosotros **tenemos**
tú **tienes**	vosotros **tenéis**
él/ella/Ud. **tiene**	ellos/ellas/Uds. **tienen**

Tener is also used to talk about age.

Tengo veinte años. — ***I am** twenty years old.*
Mi hermana **tiene** cuarenta años. — *My sister **is** forty years old.*

The verb **ser** is often associated with defining personal traits such as . . .

- body type
  Mi esposa **es** delgada *(thin).*
- height
  Mi padre **es** alto *(tall).*
- personality
  Mi madre **es** muy simpática *(nice).*
- profession
  Mi hermano **es** ingeniero.
- nationality
  Mi abuela **es** venezolana.

To ask what someone or something is like, you say **¿Cómo es (son)?**

¿**Cómo es** tu hermana? — ***What is** your sister **like?***
Ella es bonita y simpática. — *She is pretty and nice.*

¿**Cómo son** tus padres? — ***What are** your parents **like?***
Son muy simpáticos. — *They are very nice.*

In the first chapter you were introduced to adjectives of nationality and adjective agreement. Like nationalities, all adjectives in Spanish must agree in number and gender with the noun (object, person or notion) being described.

Mi hermana es **alta,** pero mis hermanos son **bajos.** *(My sister is **tall,** but my brothers are **short.**)*

Mi pelo es **corto,** pero el pelo de mi hermana es **largo.** *(My hair is **short,** but my sister's hair is **long.**)*

De otra manera

In Colombia, a blond person **(rubio)** is called **mono**.

—Ana María Viscarra, University of Delaware

Vocabulario útil

Ser	
alto	*tall*
gordo	*fat*
bonito	*pretty, beautiful*
largo	*long*
grande (*m., f.*)	*big*
viejo/anciano	*old*
Tener	
pelo blanco	*gray hair*
pelo castaño	*brown hair*
pelo negro	*black hair*
pelo rojo	*red hair*
pelo rubio	*blond hair*
Ser	
bajo	*short (height)*
delgado/flaco	*thin*
feo	*ugly*
corto	*short (length)*
pequeño	*small*
joven (*m., f.*)	*young*

Vocabulario personal:

para tu información

- **Moreno** is an adjective that describes skin, not hair color.
- To say that someone is a brunette, you have to say: **Tiene el pelo castaño.**
- To describe a beautiful woman, use the words **bonita, bella,** or **hermosa.** To describe a handsome man, use the words **apuesto, guapo,** or **atractivo** instead.

Asimilación

A. ¿Están de acuerdo? ***(Do you agree?)*** →← Observa el dibujo y determina si las siguientes frases son ciertas o falsas. Al terminar, compara tus respuestas con las de un(a) vecino(a). ¿Están de acuerdo?

1. Es una familia grande.
2. La madre es rubia.
3. Los hijos son gordos.
4. La hija es bonita.
5. El padre es bajo.

B. ¿Cómo son? Escucha la descripción de la familia del (de la) profesor(a). Luego indica si las frases son ciertas o falsas.

1. Sus padres viven en la Florida.
2. Su madre es alta.
3. Su padre es rubio.
4. Tiene dos hermanos.
5. Su hermano se llama Ricardo.

Aplicaciones

C. La familia de Arturo. →← Observen la foto y completen la descripción de esta familia con la forma adecuada del verbo **ser** o **tener.**

Su familia es _____ (grande, pequeña, mediana). Como ven, su esposa es _____ (bonita, fea). _____ (Es, Tiene) tres hijos. El menor es _____ (bajo, alto), la del medio es _____ (gorda, flaca) y la mayor es muy _____ (hermosa, rubia), como su mamá. Es una familia muy unida.

D. ¿Cómo son mis vecinos *(neighbors)*? →← Formen frases con los siguientes elementos, según el modelo.

Modelo: Estefanía / delgado
Estefanía es delgada.

Recuerda

Don't forget to make the necessary gender and number adjustments!

1. La señora Díaz / alto
2. Don Paco / gordo
3. Las niñas Martínez / joven
4. Estela / rubio
5. Daniel y Lucía / delgado
6. El doctor Serrano / guapo
7. Tú / pelo corto
8. Mi esposo y yo / pelo blanco
9. Los hijos de doña Josefa / bajo
10. Mis primas / bonito

E. Entrevista. →← Tomen turnos haciendo y respondiendo a las siguientes preguntas. Al terminar, preparen una breve descripción de la familia de su compañero(a).

1. ¿Cómo se llama tu mamá? (¿Cómo es ella?)
2. ¿Cómo se llama tu papá? (¿Cómo es él?)
3. ¿Cuántos hijos hermanos tienes? (¿Cómo son?, ¿Estudian o trabajan?)
4. ¿Cuántas abuelas tienes? (¿Cómo son?, ¿Las visitas con frecuencia?)
5. ¿Tienes tíos? (¿Cuántos?, ¿Cómo son?)

Modelo: *La familia de (nombre de tu compañero[a])*

Su papá se llama… , tiene… años y es… (descripción). Su mamá se llama… , tiene… años y es… . (No)Tiene… hermanos (se llaman… y son… [descripción]).

Un paso más: *Describing inherent characteristics using bueno, grande, and malo*

Recuerda

If an adjective of nationality ends in a consonant, add **-a** to make it feminine. All other adjectives ending in a consonant do not change for gender.

El chico es francés.
The boy is French.

La chica es francesa.
The girl is French.

El chico es joven.
The boy is young.

La chica es joven.
The girl is young.

El **nuevo** profesor es muy estricto. — *The **new** teacher is very strict.*

Note that when the adjective is viewed as an inherent characteristic of the noun, or when it expresses an opinion or value judgment, it can be placed before the noun.

Sus pinturas son de **extraordinaria** calidad. — *His paintings are of **extraordinary** quality.*

Adjectives such as **bueno, grande,** and **malo** require a shortened form (**buen, gran,** and **mal** respectively) when placed *before* a singular masculine noun.

Don Julián es un **buen** médico. — *Don Julián is a **good** doctor.*
El Sr. Domínguez es un **gran** administrador.* — *Mr. Domínguez is a **great** manager.*

* Note the meaning of **grande** *(big)* changes to *great* when placed before a noun.

Asimilación

A. Opiniones. →← Completa las frases con tus opiniones personales. Luego, compara tus respuestas con las de otros compañeros. ¿En qué están de acuerdo?

Modelo: *Todos estamos de acuerdo en que **Gino's** es un gran restaurante.*

1. _____ es un gran restaurante.
2. _____ es un buen curso.
3. _____ es un mal actor.
4. _____ es un buen supermercado.
5. _____ es un gran libro.

B. Talentos. Escucha las descripciones y completa las frases.

Opciones: su tío, su primo, su hermano mayor, su abuelo

1. _____ es un gran abogado.
2. _____ es un buen cocinero.
3. _____ es un buen carpintero.
4. _____ es un gran médico.

Aplicaciones

C. ¿Quién es? →← Completen las descripciones usando los adjetivos **buen, mal** o **gran** según el modelo.

Modelo: Sammy Sosa / beisbolista *(baseball player)*
Sammy Sosa es un gran beisbolista.

1. Michael Jordan / basquetbolista
2. Stephen King / escritor
3. Bill Gates / hombre de negocios *(business man)*
4. Bruce Willis / actor
5. Peter Jennings / presentador de televisión

D. Un artista. →← Completen el párrafo con la frase apropiada.

Opciones: mal deportista, gran cantante, gran amigo, excelente artista

Yo quiero mucho a mi hermano Luis Enrique. Él estudia teatro en la universidad y todos pensamos que es un _____ . Luis tiene una increíble capacidad para la música: sus profesores dicen que es un _____ . Desafortunadamente no es muy bueno para el futbol. De hecho *(In fact)* creo que es un _____ . Sin embargo, para mí Luis Enrique es ante todo *(first and foremost)* un _____ . Siempre puedo hablar con él y siempre me comprende.

E. Háblame de tu familia. →← Tomen turnos haciendo y respondiendo las siguientes preguntas acerca de sus respectivas familias. Al terminar, preparen un resumen de las respuestas del (de la) compañero(a).

1. ¿Quién es un gran cocinero en tu familia?
2. ¿Quién es un gran cantante *(singer)?*
3. ¿Quién es un buen deportista?
4. ¿Quién es un mal artista?
5. ¿Quién es un buen lector?

Integración

¡A conversar!

F. En el hotel. Complete the following dialogue according to the information below.

El (La) amigo(a)

You are waiting for your American friends the Smiths in the lobby of their Mexico City hotel. Unfortunately, there are two families in this hotel with the same last name. Describe the different family members to the receptionist so he/she can help you get in touch with them.

(The picture of your friends is at the *right* below.)

El (La) recepcionista

You are a receptionist at a hotel in Mexico City. Someone is looking for the Smith family. From his/her description, determine if they have checked in already (and what room they are in).

Sugerencias

Help your friend with his/her description by asking questions such as: **¿Cómo es el padre?, ¿La madre es alta o baja?, ¿Cuántos hijos tienen?,** etc.

Habitación 511

Habitación 401

Atajo

Phrases/Functions: Describing people
Vocabulary: Family members
Grammar: Verbs: **ser;** Verbs: **tener**

¡A escribir!

G. Más información, por favor (para la casa). Expand the family description that you wrote in the previous section. This time, include information about the physical appearance of your relatives.

IV. Funciones y estructuras: *Expressing possession*

Éstas son **mis** hermanas.	*These are **my** sisters.*
La pequeña es **mi** hermana Luisa Fernanda que estudia en el Liceo Camilo Daza.	*The little one is **my** sister Luisa Fernanda who studies at Camilo Daza School.*
La otra es **mi** hermana mayor Teresa que es abogada.	*The other one is **my** older sister Teresa who is a lawyer.*

The following adjectives are used in order to express possession.

mi, mis	*my*
tu, tus	*your (informal)*
su, sus	*his/her/your*
nuestro, nuestra nuestros, nuestras*	*our*
vuestro, vuestra vuestros, vuestras*	*your (informal pl. in Spain)*
su, sus	*their, your (pl.)*

* Notice that the masculine and feminine forms of possessive adjectives are the same, except for **nuestro** and **vuestro.**

Since these are adjectives, they must agree in gender and number with the noun described (not with the owner).

mi herman**o** *(**my** brother)*
mis padre**s** *(**my** parents)*

nuestr**os** abuel**os** *(**our** grandparents)*
nuestr**as** tí**as** *(**our** aunts)*

m**i** herman**a** *(**my** sister)*
m**is** prim**as** *(**my** cousins)*

While in English an apostrophe is used after a person's name to indicate ownership (Mark's sister, Ed's car, etc.), in Spanish, the preposition **de** is used instead according to the following word order.

Noun  **de**  *Owner*

Éste es el coche **de** mi mamá.	*This is my mother**'s** car.*
Ése es el hijo **de** mi hermana.	*That is my sister**'s** son.*
Ella es la sobrina **de** la profesora Lara.	*She is Professor Lara**'s** niece.*
Ése es el hermano **del*** señor Gómez.	*That is Mr. Gómez**'s** brother.*

* Notice that when the preposition **de** is followed by the definite article **el** the two words are contracted to **del.**

Asimilación

A. ¿Cierto o falso? →← Indica si las frases describen tu situación personal. Al terminar, compara tus respuestas con las de un(a) compañero(a). ¿Tienen mucho en común?

¿Cierto o falso?

1. Mis clases no son muy dificiles este semestre.
2. Mi casa está cerca de la universidad.
3. Mi coche es pequeño.
4. Mis vecinos son simpáticos.
5. Muchos de mis amigos estudian matemáticas.

B. Conversación. →← Apareen *(Match up)* las preguntas y las respuestas. Al terminar, practiquen la conversación.

1. ¿Cómo se llama tu hermano?	a. No, él tiene un apartamento en el centro.
2. Es muy guapo.	b. Se llama Luis.
3. ¿Tiene una novia *(girlfriend)* en este momento?	c. Mi amiga Chris está saliendo *(is going out)* con él, pero no creo que sea muy serio.
4. ¿Vive en tu casa?	d. Sí. Todas mis amigas quieren conocerlo *(want to meet him)*.
5. ¿Tienes su teléfono?	e. Claro. Es 345-5435.

Aplicaciones

C. Parientes. →← Escojan la opción más apropiada según la perspectiva de la persona en el dibujo.

1. Maritza es _____ esposa.
   a. nuestra b. sus c. mi

3. Juan Pablo y Marcela son _____ hijos.
   a. su b. mis c. nuestro

2. Doña Josefina es _____ madre.
   a. mi b. nuestra c. sus

4. ¿Es _____ familia?
   a. nuestras b. sus c. tu

Recuerda
Careful with agreement!

D. ¿Cómo es la familia de Carlota? →← Combinen los elementos para formar frases según el modelo.

Modelo: hermana menor / flaco
Su hermana menor es flaca.

1. hermano mayor / gordo

2. primas / alta

3. padres / joven

4. abuelo/ cómico

5. cuñada / serio

E. Comparaciones. →← Entrevista a tu compañero(a) y determina si su familia es similar a tu familia. Prepara un reporte según el modelo.

Modelo: *¿Cómo es tu hermano mayor? ¿Cómo son tus primas?,* etc.

Reporte: *El hermano mayor de (Miguel) es cómico, pero mi hermano es serio... .*

Integración

¡A conversar y a escribir!

F. **Relaciones familiares *(family relationships).*** →← Find out who in the class has family members of various nationalities. Start by saying **¿De dónde es tu familia?** Then, make a list of your own and your classmates' family members and be prepared to report your findings to the class.

Modelo: *Mis abuelos son irlandeses, pero los abuelos de John son de Canadá. La madre de Sue es de Colombia y su padre es estadounidense.*

V. Vídeo: La familia de Laura

Preparación

> **Estrategia de comprension: *Using Contextual Clues***
> Normal speech among natives may seem fast and hard to follow at first. To facilitate comprehension it is a good idea to use all the contextual clues available and to fill in the gaps with educated guesses. The more your hear authentic Spanish speech, the more you will get used to its speed and rhythm. Soon your comprehension level will increase.

A. La comunicación no verbal. Observe the images without audio first and try to answer the following questions.

1. Where does the action take place?
2. Who are these people?
3. What do you think she is talking about?

B. Expectativas. Answer the following questions about the video.

> **Estrategia de comprensión: *Anticipating***
> Trying to guess the content of a message based on what we know about its context (who is involved, why, etc.) is a very helpful strategy to deal with authentic native-speaker speech.

1. Which of the following words do you expect to hear in the video?

   _____ esposo   _____ tareas   _____ libros
   _____ años   _____ padres

2. Prepare a list of other words that you expect to hear in the segment. Then compare them with those of the other groups.

¿Entendiste bien?

C. La familia de Laura. Watch the video and complete the following chart with the information that Laura gives. (Not all the categories have information.)

Personaje	Nombre	Edad	Profesión
protagonista	Laura		
el esposo de Laura			
el hijo de Laura			
la hija de Laura			

D. ¿Dónde viven? Watch the video again and answer the questions.

1. ¿Dónde viven Laura y su familia?
2. ¿Dónde viven los padres de Laura?
3. ¿Dónde viven los suegros de Laura?
4. Ubica en el mapa de la página 78 las ciudades donde viven Laura y sus familiares.

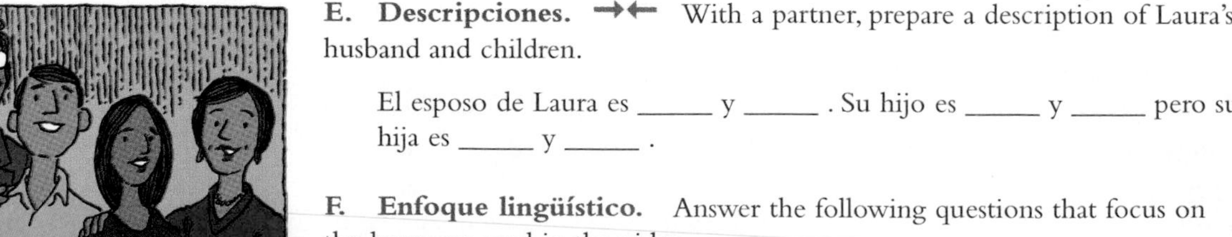

E. Descripciones. →← With a partner, prepare a description of Laura's husband and children.

El esposo de Laura es _____ y _____ . Su hijo es _____ y _____ pero su hija es _____ y _____ .

F. Enfoque lingüístico. Answer the following questions that focus on the language used in the video.

1. What expressions does Laura use to introduce the different members of her family?
2. Why do the kids complain after their mother's introduction?

G. Enfoque comunitario. Get in touch with the office of international students and find out if they have conversation partner programs. Interview one of their Hispanic students about his/her family and prepare a brief summary in Spanish about your findings. If possible, invite him/her to visit your class.

Vocabulario útil

La familia

el (la) abuelo(a)	*grandfather/grandmother*
el (la) cuñado(a)	*brother-/sister-in-law*
el (la) esposo(a)	*husband/wife*
el (la) hermanastro(a)	*stepbrother/stepsister*
el (la) hermano(a) (mayor/menor)	*older/younger brother (sister)*
el (la) hijo(a) (mayor/menor)	*older/younger son (daughter)*
la madrastra	*stepmother*
la madre/mamá	*mother*
el (la) nieto(a)	*grandson/granddaughter*
la nuera	*daughter-in-law*
el padrastro	*stepfather*
el padre/papá	*father*
el (la) pariente	*relative*
el (la) primo(a)	*cousin*
el (la) prometido(a)	*fiancé/fiancée*
el (la) sobrino(a)	*nephew/niece*
el (la) suegro(a)	*father-/mother-in-law*
el (la) tío(a)	*uncle/aunt*
el yerno	*son-in-law*

Descripciones

alto	*tall*
bajo	*short (height)*
bonito	*pretty, beautiful*
corto	*short (length)*
delgado/flaco	*thin*
feo	*ugly*
gordo	*fat*
grande	*big*
joven	*young*
largo	*long*
pequeño	*small*
viejo	*old*
el pelo blanco	*gray hair*
el pelo castaño	*brown hair*
el pelo negro	*black hair*
el pelo rojo	*red hair*
el pelo rubio	*blond hair*
buen(o)	*good*
mal(o)	*bad*
gran	*great*
grande	*big*

Tema 2

La personalidad y los valores

I. Vocabulario: Los rasgos personales

Mi hermana Mercedes es **simpática.**

Mi abuelo Juan es **cómico.**

Mi hermano Joaquín es un poco *(somewhat)* **serio.**

Vocabulario útil

alegre	*cheerful*
amable	*kind*
antipático	*unfriendly*
bueno	*good*
cómico/gracioso/ de buen humor	*funny*
diligente/trabajador	*diligent/hardworking*
egoísta	*selfish*
extrovertido	*extroverted*
generoso	*generous*
grosero	*rude*
honrado	*honest*
inteligente/listo	*intelligent/smart*
malo	*bad, mean*
melancólico	*melancholic*
perezoso	*lazy*
responsable	*responsible*
serio	*serious*
simpático	*nice*
sincero	*sincere*
talentoso	*talented*
tímido	*shy*
tonto/estúpido	*foolish/stupid*
voluble	*fickle*

Vocabulario personal:

Asimilación

A. ¿Quién es? Indica el número de la frase que describe cada dibujo *(each drawing)*.

a. Elsa

b. Marcela

c. Isabel

d. Laura

1. _____ es amable.
2. _____ es alegre.
3. _____ es inteligente.
4. _____ es un poco melancólica.

B. Tu familia. →← Completa las oraciones con el nombre de la persona de tu familia que corresponda a la descripción. Luego compara tus respuestas con las de otro(a) compañero(a). ¿Tienen algo en común?

Recuerda

Most adjective endings indicate the gender of the person being described.

1. Mi _____ es cómico.
2. Mi _____ no es muy seria.
3. Mi _____ es un poco perezoso.
4. Mi _____ es muy inteligente.
5. Mi _____ es amable.

Aplicaciones

C. ¿Cómo son? →← Expresa tu opinión según las opciones. Luego compara tus respuestas con las de un(a) compañero(a). ¿Están de acuerdo? *(Do you agree?)*

1. Sean Connery es...
   a. simpático.
   b. guapo.
   c. talentoso.
   d. otra descripción:
2. El señor Dennis Rodman es...
   a. alegre.
   b. serio.
   c. honrado.
   d. otra descripción:
3. La señorita Gloria Estefan es...
   a. amigable.
   b. seria.
   c. cómica.
   d. otra descripción:
4. El presidente de los Estados Unidos es...
   a. simpático.
   b. amigable.
   c. cómico.
   d. otra descripción:
5. Tu personaje favorito _____ es...
   a. inteligente.
   b. leal.
   c. sincero.
   d. otra descripción:

D. Opuestos. →← Completen la descripción de los miembros de la familia Jiménez.

Los Jiménez son muy diferentes entre sí *(among themselves)*. El señor Jiménez es 1. _____ . Por el contrario, la señora Jiménez es alegre y extrovertida. Guillermo, el mayor es 2. _____ , pero su hermanito Pedro es perezoso. Las niñas también son distintas: Cristina es graciosa y generosa en cambio *(however)* Marcela es 3. _____ y 4. _____ . A pesar de sus diferencias, todos se llevan bien.

E. El perfil *(profile)* de una familia. →← Tomen turnos haciendo y respondiendo a las preguntas. Al terminar, presenten un informe al resto de la clase.

1. ¿Cómo son tus profesores favoritos?
2. ¿Cómo son tus hermanos?
3. ¿Tienes novio(a) o esposo(a)? ¿Cómo es?
4. ¿Tienes hijos? ¿Cómo son?
5. Y tú, ¿cómo eres?

Un paso más: Los valores tradicionales de las familias

Vocabulario útil

la alegría	*happiness*	la educación	*education*
el amor	*love*	la religión	*religion*
el apoyo mutuo	*mutual help, support*	el respeto	*respect*
la comunicación	*communication*	el trabajo	*work*
la cooperación	*cooperation*		

Vocabulario personal:

Asimilación

A. ¿Qué hacen estas familias? →← Identifiquen una actividad asociada con los siguientes valores familiares.

1. La comunicación:
   a. miran la televisión b. hablan mucho c. estudian todos los días
2. La cooperación:
   a. limpian la casa b. practican deportes c. charlan bastante
3. La educación:
   a. leen libros b. van al parque c. hacen sus maletas
4. La religión
   a. practican deportes b. tienen fiestas c. asisten a la iglesia

B. La familia del (de la) profesor(a). Escucha la descripción de varios de los familiares de tu profesor(a) y completa el cuadro. Si no hay información escribe **No sé** *(I don't know).*

Familiar	Personalidad
padre	
hermana	
sobrino	
hija	
esposo(a)	

C. Los valores de su familia. →← Ahora, identifica los valores de la familia de tu profesor(a). Al terminar compara tus respuestas con las de un(a) compañero(a).

___ el amor
___ la cooperación
___ el trabajo
___ la educación
___ el apoyo mutuo
___ la alegría
___ la religión
___ el respeto
___ la comunicación
___ otro:

Aplicaciones

D. Los valores de mi familia. Prepara una lista de los valores de tu familia.

E. ¿Qué tienen en común? →← Comparte *(Share)* con un(a) compañero(a) tu lista y determina los valores que son comunes a las dos familias.

Modelo: *Tenemos* ***mucho/poco/nada*** *en común. Para las dos familias es importante... .*

Integración

¡A conversar!

F. Estudiante modelo. →← Prepare the following conversation with a classmate.

> **El trabajo ideal**
>
> Discuss what you think the characteristics and values of the ideal workplace are. Start with **En el trabajo ideal, son importantes... .** Ask your partner if he/she agrees **(¿Estás de acuerdo?).**

> **La familia ideal**
>
> Your classmate tells you what he/she thinks the characteristics and values of the ideal workplace are. You decide to compare the ideal workplace with the ideal family. Respond by telling what you think the characteristics of an ideal family are. Start with **En la familia ideal, son importantes... .** Ask your partner if he/she agrees **(¿Estás de acuerdo?).**

¡A escribir!

G. La personalidad de los diferentes miembros de mi familia. Expand the family description that you began writing in **Tema 1.** This time, add information about the personality of your family members.

H. Nuestros valores. Complete your composition by providing information about the values that are important to your family.

> **Atajo**
>
> 
>
> **Phrases/Functions:** Describing people
> **Vocabulary:** Family members
> **Grammar:** Verbs: **ser;** Verbs: **tener**

II. Funciones y estructuras: *Talking about location, condition, and emotional states with the verb estar*

Hoy se casa mi hermano. **Estamos** en la iglesia en este momento. Mi madre **está** feliz, pero mi hermano **está** nervioso.

The verb **estar** *(to be)* is used to indicate location.

Estamos en la iglesia en este momento.	***We are*** *at church right now.*
Desafortunadamente, mis primos **no están** aquí.	*Unfortunately, my cousins* ***are not*** *here.*

Estar is also used to describe conditions or emotional states.

Mi madre **está** feliz, pero mi hermano **está** nervioso.	*My mother* ***is*** *happy, but my brother* ***is*** *nervous.*

In the present tense, the **yo** form of **estar** is irregular.

estar	
yo **estoy**	nosotros **estamos**
tú **estás**	vosotros **estáis**
él, ella, Ud. **está**	ellos, ellas, Uds. **están**

The following are common adjectives used with **estar.**

aburrido	*bored*	feliz/alegre/contento	*happy*
cansado	*tired*	listo	*ready*
deprimido	*depressed*	nervioso	*nervous*
enfermo	*sick*	triste	*sad*
enojado	*angry*		

Notice that **listo** does not mean *smart* in this context. The word **listo** means *ready* when used with the verb **estar.**

You can indicate the degree of intensity of one of these states or conditions by adding the words **muy** or **un poco** after **estar.**

Yo estoy **muy** aburrido.	*I am* ***very*** *bored.*
Mi esposa está **un poco** enojada.	*My wife is* ***a little*** *angry.*
Ella está **muy** enferma.*	*She is* ***very*** *sick.*
Nosotros estamos **muy** felices.*	*We are* ***very*** *happy.*

*Notice that these adjectives agree in gender and number with the person described.

Asimilación

A. ¿Dónde está mi hijo? El hijo de la Sra. González vive con su familia en los Estados Unidos y trabaja para una compañía internacional. Identifica las fotos que el hijo le manda *(sends her).*

a.

b.

c.

d.

e.

1. Juan está en el parque con mi nieto.
2. Juan está en su casa.
3. Juan y su esposa están en una fiesta.
4. Juan y su compañero están en la oficina.
5. Juan está en su coche nuevo.

B. Asociaciones. ¿Qué adjetivos asocias con los siguientes elementos?

1. una fiesta	a. listo
2. un proyecto difícil	b. feliz
3. correr un maratón	c. nervioso
4. las vacaciones	d. cansado
5. un hijo irresponsable	e. enojado

Aplicaciones

C. Una conversación telefónica. →← Organicen y practiquen la siguiente conversación.

_1_ Hola, ¿cómo estás?
___ ¿Está enfermo?
___ Bueno, dile que estoy listo para salir.
___ No. Está en el hospital.
___ De acuerdo. Hasta luego.
___ Bien, ¿está tu hermano?
___ Muy bien, gracias, ¿y tú?
___ No, él está visitando a una amiga allí.

D. Reacciones. →← Indica el estado de ánimo *(emotional state)* de las siguientes personas en las siguientes situaciones. Al terminar compara tus respuestas con las de otro(a) compañero(a).

Modelo: Si *(If)* tengo una discusión con un amigo, entonces *(then) estoy muy triste.*

1. Si recibo malas notas *(bad grades)* en mis clases, entonces _____ .
2. Si te dan buenas noticias *(news),* entonces (tú) _____ .
3. Si los estudiantes tienen mucho trabajo, entonces _____ .
4. Si no tenemos nada que hacer, entonces _____ .
5. Si tengo un examen, entonces _____ .

E. Un día en la vida de Francisco. →← Describan los siguientes dibujos. Indiquen dónde está Francisco y cuál es su estado de ánimo (cómo está).

Modelo: *Francisco está _____ (donde) y está _____ (adjetivo).*

Un paso más: *Expressions with tener*

Mamá, ¡tengo hambre!

Julia tiene sueño.

The verb **tener** *(to have)* is used to refer to certain states or conditions.

tener calor	*to be hot*	tener prisa	*to be in a hurry*
tener frío	*to be cold*	tener sed	*to be thirsty*
tener hambre	*to be hungry*	tener sueño	*to be sleepy*
tener miedo	*to be afraid*		

Recuerda

The verb **tener** has an irregular present-tense conjugation:

yo **tengo**
tú **tienes**
él, ella, Ud. **tiene**
nosotros(as) **tenemos**
vosotros(as) **tenéis**
ellos, ellas, Uds. **tienen**

You can indicate the degree of intensity of one of these states or conditions by adding the words **mucho/mucha** *(much)* or **un poco de/algo de** *(a little bit of/some)* after **tener.**

Note that **mucha** goes with **hambre, sed,** and **prisa** because they are feminine nouns.

Tengo **algo de sueño.** Necesito tomar una siesta.	*I am **somewhat** sleepy. I need to take a nap.*
¿Quieres comer ahora? Tengo **mucha hambre.**	*Do you want to eat now? I am **very hungry.***
Pásame un suéter. Tengo **mucho frío.**	*Pass me a sweater. I am **very cold.***
Compro un refresco porque tengo **mucha sed.**	*I'm going to buy a soda because I am **very thirsty.***

Asimilación

A. ¿Cómo se siente Ana hoy? *(How does Anna feel today?)* →←
Seleccionen la frase que describa mejor la condición de Ana en cada dibujo:

1.

2.

3.

4.

a. Es tarde y Ana tiene un poco de sueño.
b. Hace calor y Ana tiene mucha sed.
c. Ana tiene hambre; son las dos de la tarde.
d. Ana tiene frío; no lleva chaqueta.

B. Reacciones normales (en grupos). →← Indica si las siguientes condiciones son normales en las siguientes circunstancias. Luego compara tus respuestas con las de otros compañeros. ¿Están todos de acuerdo?

Normal	Anormal	Depende	Situaciones
___	___	___	Tengo frío después *(after)* de hacer ejercicio *(working out)*.
___	___	___	Tengo hambre antes *(before)* de cenar.
___	___	___	Tengo prisa antes de un examen.

Normal	Anormal	Depende	Situaciones
___	___	___	Tengo calor cuando la temperatura es 90°F.
___	___	___	Tengo algo de sueño por la tarde.

Aplicaciones

C. Consecuencias. →← Completa las frases de manera lógica usando expresiones con el verbo **tener.** Al terminar, compara tus respuestas con las de otro(a) compañero(a).

Modelo: Si no tengo tiempo para almorzar, entonces *tengo mucha hambre.*

1. Si camino por el desierto, entonces _____ .
2. Si estoy muy cansado(a), entonces _____ .
3. Si hago el ejercicio aeróbico, entonces _____ .
4. Si tengo una reunión importante en cinco minutos, entonces _____ .
5. Si la temperatura es muy alta, entonces _____ .
6. Si no tengo un suéter en el invierno, entonces _____ .

D. Vamos a almorzar. ***(Let's have lunch.)*** →← Completen y practiquen la siguiente conversación.

Opciones: tengo algo de frío, tengo mucha sed, tengo un poco de sueño, tienes hambre, tienes prisa

A: ¿ _____ ?
C: Sí... ¿por qué no almorzamos algo?
A: ¿Qué quieres? *(What do you want?)*
B: Yo _____ , entonces quisiera *(I would like)* una sopa bien caliente.
A: Bueno, para mí una hamburguesa y una Coca-Cola bien grande porque _____ .
A: ¿ _____ ?
B: Sí. Mi clase es en 15 minutos.
A: Bueno, entonces no perdamos *(let's not waste)* tiempo.
B: ¿Qué planes tienes para esta tarde?
A: _____ . Necesito tomar una siesta.
B: ¿Una siesta? ¡Vaya! *(Gosh!)* ¡Qué suerte tienes! *(You are lucky!)* Yo tengo clases toda la tarde.

 Integración

¡A escribir y conversar!

E. ¿Cómo estás hoy? →← Take a look at one of your classmates and try to guess how he/she feels today. (Is he/she happy, sad, nervous, hungry, sleepy, etc.?) Write a brief summary of your conclusions and discuss them with him/her. Did you guess correctly?

Modelo: *Creo que hoy estás... y un poco... . También creo que tienes... .*

III. Guía para la pronunciación

La consonante *d*. The intervocalic **d** has a pronunciation similar to the English *th*.

todo **cada** **amada**

The stop **d** is pronounced much like the English *d*.

doctor **día** **lindo**

IV. Funciones y estructuras: *Talking about likes and dislikes with the verb gustar*

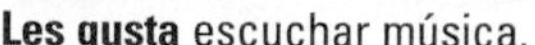

Les gusta escuchar música.

Le gusta leer en el jardín.

The verb **gustar** *(to be pleasing to, to like)* is used to express preferences.

Me gusta escuchar música. *Listening to music is pleasing to me. / I like to listen to music.*

Gustar works in Spanish very much like the verb *to please* in English. In the sentence **Me gusta escuchar música, música** is the subject of the sentence and **me** is the indirect object (or the recipient of the action).

The following structure is required when using the verb **gustar** to express preferences.

Indirect object pronoun	Third-person form of **gustar**	Object(s)
me *(to me)* **te** *(to you)* **le** *(to him, to her, to you)*	**gusta**	**el libro** **ver televisión** (object is an action or is singular)
nos *(to us)* **os** *(to you)* **les** *(to them, to you)*	**gustan**	**los parques** (object is plural)

The indirect object may be further specified for emphasis or clarity, but it must be introduced with the preposition **a.**

A mi esposo le gusta trabajar en el jardín.	*Working in the garden is pleasing to my husband.*
A mis hijas les gusta jugar baloncesto.	*Playing basketball is pleasing to my daughters.*

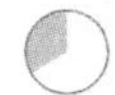

Asimilación

A. Pasatiempos. Completa las frases de acuerdo a los dibujos.

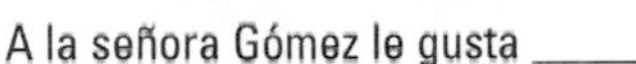

A la señora Gómez le gusta _____ .

A Juan no le gusta _____ .

A nosotros nos gusta _____ .

A ellos les gusta _____ .

A mí no me gusta _____ .

B. Preferencias. Escucha a tu profesor(a) y completa el cuadro con las actividades que le gustan y las que no le gustan. 

Le gusta.	**No le gusta.**

Aplicaciones

C. Gustos diferentes. Un padre habla de *(about)* sus dos hijas. Completa la descripción con el pronombre *(pronoun)* correcto.

Mis dos hijas son bien diferentes... A Marta _____ gusta estudiar y leer. Susana en cambio prefiere las actividades sociales y _____ gusta muchísimo hablar por teléfono. Sin embargo las dos tienen algo en común: a Marta y a Susana _____ gusta la música. Las dos están en el coro del colegio. A mi esposa y a mí _____ gusta mucho oírlas cantar.

D. Los ratos libres de las personas de nuestro vecindario *(neighborhood).* Completa la narración con los verbos apropiados según el contexto.

Los Vargas

Los Orozco

Los Ramírez

Los Gómez

Es sábado y cada persona de nuestro vecindario tiene una manera diferente de pasar su día libre. A los Vargas les gusta _____ , mientras que José y Carla Orozco prefieren _____ . A los Ramírez les gusta _____ , pero a los Gómez les gusta _____ . A veces nos reunimos en la tarde para charlar o celebrar alguna ocasión especial. A pesar de nuestras diferencias, todos nos llevamos bien *(we get along well).*

E. ¿Qué te gusta hacer? →← Completa las frases de manera lógica. Al terminar compara tus respuestas con las de otros compañeros. ¿Quiénes tienen más en común?

Modelo: Cuando tengo sed *me gusta beber agua mineral.*

1. Cuando tengo hambre _____ .
2. Cuando tengo frío _____ .
3. Cuando estoy aburrido(a) _____ .
4. Cuando estoy triste _____ ..
5. Cuando estoy alegre _____ .
6. Cuando estoy nervioso(a) _____ .
7. Cuando tengo prisa _____ .
8. Cuando estoy enfermo(a) _____ .
9. Cuando tengo calor _____ .
10. Cuando estoy enojado(a) _____ .

Integración

¡A conversar!

F. Compañeros de cuarto *(Roommates).* →← With a classmate prepare and present the following conversation.

Estudiante A: Necesito una habitación.	**Estudiante B: Necesito un(a) compañero(a) de cuarto.**
Imagine that you are looking for a place to stay. Someone is renting a room for a reasonable price. Talk to him/her and determine if you both are compatible (if you have similar habits, likes, and dislikes, etc.).	Imagine that you are looking for a compatible roommate (someone with similar habits, likes, and dislikes). Interview this candidate and decide if he/she is suitable.

Sugerencias

The following are common discussion topics: **la música, las fiestas, los amigos.** Refer to **Capítulo 1, Tema 3,** pages 64 and 66, for more ideas.

¡A escribir!

G. En mi opinión... Imagine that you are Student B in **Ejercico F.** Write an email to a friend about Student A and tell why you do or don't like this candidate.

Atajo

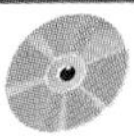

Phrases/Functions: Describing people; Stating preference; Writing a letter (informal)
Vocabulary: House; Leisure; Personality
Grammar: Verbs: **ser;** Verbs: **tener**

Estrategia de escritura: *Organizing*

Antes de escribir

Paso 1: Decide if you want this person to be your roommate.
Paso 2: Make a list of the positive (or negative) aspects about this candidate in order to justify your decision.

A escribir

Paso 1: Create an introduction for your letter explaining that there is **(hay)** a potential roommate with whom you would want **(quisiera)** to live. Explain the reasons why.
Paso 2: Give a proper closing to your letter.
Paso 3: Give cohesion to your text by using connectors such as: **en cambio** *(instead),* **también** *(also),* **pero** *(but),* **mientras que** *(while, whereas),* **tampoco** *(neither).*

para tu información

El matrimonio es una institución muy importante en México. Como lo indican las siguientes cifras *(figures),* se trata de una tradición que se mantiene muy fuerte *(strong)* en las puertas del siglo XXI.

Número de matrimonios (1990)	875.765
Porcentaje de divorcios	2.5%
Edad promedio al momento del matrimonio	
Hombres:	26
Mujeres:	24
Tasa de fertilidad	2.7 niños/mujer
Porcentaje de hogares familiares	95%

¿Entendiste bien?

A. ¿Cierto o falso?

El matrimonio es importante para los mexicanos.
Muchos niños mexicanos viven solamente *(only)* con su padre o su madre.
Las parejas mexicanas normalmente tienen 4 hijos o más.
El divorcio es común en México.

B. Para discutir (en grupos de 3 o 4 estudiantes). →← In English, compare marriage in Mexico with marriage in the United States. Are there any differences? Why do you think that is the case?

Option: To have this conversation in Spanish, start by saying: **Las opiniones sobre el matrimonio en México y los Estados Unidos son (similares/diferentes) debido a** *(due to)*...

Sugerencias

You may explain the similarities or differences between the U.S. and Mexico by citing:

- social factors **(factores sociales; la importancia de las tradiciones,** etc.)
- historic factors **(factores históricos; la colonización española,** etc.)
- economic factors **(factores económicos; muchas madres no trabajan fuera de casa,** etc.)
- religious factors **(factores religiosos; la importancia de la religión católica,** etc.)

V. Literatura: *Como agua para chocolate*

Antes de leer

A. Discusión. →← Answer the following questions.

1. How do you feel about traditions?
2. Do you think they are beneficial or stifling?
3. What traditions are there in your family?
4. Make a list of popular wedding traditions in the U.S.

Estrategia de lectura: *Skimming*

You do not have to understand every word in the reading passage. Concentrate on identifying the gist of the story and cognates in order to be able to do the prereading activities.

B. Observa el formato. Take a look at the format of this text. What kind of reading do you think it is? (Explain your answer.)

- a newspaper article
- a recipe
- a dialogue
- a poem

C. ¿Quiénes participan? How many people participate in this conversation? How do you know?

D. Cognados. →← As you learned in **Capítulo 1**, you can take advantage of the common roots of many Spanish and English words to get the gist of authentic texts (even literature!). With a partner make a list of all the cognates you can find in the reading. Based on your findings, what do you expect this dialogue to be about?

E. Vocabulario nuevo. The following words are important in understanding the text. Try to match the two columns. (Use a dictionary as neccessary.)

1. pedir la mano	a. una tradición
2. cuidar	b. una reacción negativa
3. protestar	c. dar protección
4. una costumbre	d. el paso anterior al matrimonio

A leer

Estrategia de lectura: *Scanning*

You do not have to understand every word of the reading. During the second reading, continue to concentrate on identifying the main points of the story and answer the comprehension questions that follow.

Como agua para chocolate (fragmento)

Laura Esquivel

Nació en la Ciudad de México y estudió en la escuela Normal de Maestros. Su esposo es el director de cine Alfonso Arau. Laura trabajó como profesora por ocho años y **luego empezó** a escribir y **dirigir obras** de teatro para niños. Sus obras presentan las tradiciones culturales mexicanas desde una perspectiva femenina. Su **exitosa** novela, ***Como agua para chocolate*** fue publicada en 1989 y **llevada** al cine en 1993. Su segunda novela *(La ley del amor)* es una historia de **amor** cósmico que combina el texto de la historia con un CD de música italiana y mexicana.

She was born / *then she began* / *to direct works* / *successful* / Like Water for Chocolate / *brought* / *love*

Una de esas tardes, antes de que Mamá Elena dijera que ya se podían **levantar** de la mesa, Tita, que entonces contaba con quince años, le anunció con **voz temblorosa** que Pedro Muzquiz quería **venir** a hablar con ella...

to stand up / *shaky voice* / *to come*

—¿Y de qué me tiene que venir a hablar ese señor?

—Yo no sé.

—Pues **más vale la pena que** le informes que si es para pedir tu mano, **no lo haga.** Perdería su tiempo y me haría **perder** el mío. Sabes muy bien que por ser la más chica de las mujeres a ti te corresponde cuidarme hasta el día de mi muerte. ¡Por hoy **hemos terminado** con esto!

you'd better / *don't do it* / *to lose, waste* / *we have finished*

—Pero es que yo opino que...

—¡Tú no opinas nada y **se acabó**! **Nunca,** por generaciones, **nadie** en mi familia ha protestado ante esta costumbre y no va a ser una de mis hijas quien lo haga.

it's over, that's it / *Never* / *nobody*

¿Entendiste bien?

F. ¿Cierto o falso?

1. La madre de Tita es muy flexible.
2. Tita tiene 18 años.
3. Mamá Elena está feliz por el matrimonio de su hija Tita.
4. La tradición indica que Tita debe cuidar de su madre.
5. Tita intenta protestar en contra de las tradiciones de su familia.

G. Enfoque lingüístico. Identify in the text words that fall into the following categories.

Nombres *(Nouns)*	Adjetivos	Verbos

 **Critical Thinking Skills: Evaluating**

Use the information you gleaned from the reading to explore the issues presented in the questions below.

H. Explicación.

1. Why can't Tita marry Pedro?
2. What options does Tita have?

I. Actividad de extensión. →← Describe the main characters in this selection. Talk about their personalities and, if you can see part of the movie, describe their physical appearances as well.

 **Critical Thinking Skills: Creating and Imagining**

Use your imagination and visual cues from the movie segment to expand upon the information that you gleaned from the reading.

1. Mamá Elena
2. Tita
3. Pedro

Vocabulario

Rasgos personales	***Personal traits***
amable	*kind*
antipático	*unfriendly*
cómico/gracioso/ de buen humor	*funny*
egoísta	*selfish*
extrovertido	*extroverted*
generoso	*generous*
grosero	*rude*
honrado	*honest*
inteligente/listo	*intelligent/smart*
malo	*bad, mean*
melancólico	*melancholic*
perezoso	*lazy*
responsable	*responsible*
sincero	*sincere*
tímido	*shy*
tonto/estúpido	*foolish/stupid*
trabajador	*diligent, hardworking*
voluble	*fickle*

Los valores	***Values***
la alegría	*happiness*
el amor	*love*
el apoyo mutuo	*mutual help, support*
la comunicación	*communication*
la cooperación	*cooperation*
la educación	*education*
la religión	*religion*
el respeto	*respect*
el trabajo	*work*

¿Cómo estás?	***How are you?***
aburrido	*bored*
cansado	*tired*
deprimido	*depressed*
enfermo	*sick*
enojado	*angry*
feliz/contento	*happy*
listo	*ready*
nervioso	*nervous*
triste	*sad*

Adverbios	***Adverbs***
muy	*very*
un poco	*a little*

Expresiones con *tener*

tener calor	*to be hot*
tener frío	*to be cold*
tener hambre	*to be hungry*
tener miedo	*to be afraid*
tener prisa	*to be in a hurry*
tener sed	*to be thirsty*
tener sueño	*to be sleepy*

Más conectores

en cambio	*instead*
mientras que	*while, whereas*

Nuestro hogar *(Our home)*

I. Vocabulario: Los espacios de una casa *(house)*

Asimilación

A. ¿Qué casa les conviene? →← Lee los anuncios y selecciona la mejor opción para cada familia. Compara luego tus respuestas con las de otro(a) compañero(a). ¿Están de acuerdo?

CASAS EN VENTA

1. **ABASTOS** TRES RECAMARAS 2 BAÑOS FACILIDADES 349,000.00 TEL. 684 5889
2. **BOSQUES** LOMAS, EXCELENTE 3 RECAMARAS, OPCION 4, ALBERCA, SALON JUEGOS, 1,900,000.00 DOLARES, OTRA EN LOMAS 1,600,000.00 DOLARES TEL. 905 412 6818 Y 359 1333 CLAVE 19024
3. **BOULEVARES** SATELITE, IMPECABLE 3 RECAMARAS, 2 1/2 BAÑOS, COCINA CAOBA, $ 775,000.00 TEL. 644 9055
4. **CASA** EN PREVENTA EN TEPEPAN, XOCHIMILCO EN LA CALLE DE ALDAMA, TEL. 555 2231 Y 523 0582
5. **RESIDENCIA** EN ZONA SUR, LAS AGUILAS, TORRENTES 127, ACABADOS DE LUJO, TODOS LOS SERVICIOS, CON PUERTA AUTOMATICA, COCINA EQUIPADA, ESTACIONAMIENTO PARA TRES AUTOS, TEL. 601 0494
6. **AGUILAS** AXOMIATLA, PRECIOSA RESIDENCIA, VIGILANCIA, VISTA PANORAMICA, $ 2,200.00 TEL. 635 1952
7. **BOSQUES** LOMAS "LISTA PARA HABITARSE" TRES RECAMARAS, ESTUDIO, 4 BAÑOS, $ 2,850,000.00 TEL. 540 3501 "DATO"
8. **INSURGENTES** SUR, EN LA MEJOR ZONA, 54 METROS INF. 564 1763, RECIEN REMODELADO.
9. **CHALCO** AMPLIA CASA, 80 M2, 2 RECAMARAS, VIGILANCIA, ESTACIONAMIENTO, DOY AMPLIAS FACILIDADES, SIN INTERESES. TEL. 611 9329 Y 592 4159

1. Marcela tiene muchos amigos y necesita espacio para sus fiestas. Busca la casa más grande posible. Debe considerar el anuncio número _____ .
2. El señor Gómez, su esposa y su hijo Fernando trabajan fuera de casa y tienen tres coches. Deben considerar el anuncio número _____ .
3. A doña Mercedes le gusta mucho cocinar para su familia. Ella recibe solamente una pensión y necesita comprar una casa económica. Debe considerar el anuncio número _____ .

B. ¿Dónde vivo? →← Escucha la descripción e identifica la residencia correspondiente (A o B). Al terminar, compara tu respuesta con la de un vecino.

Esta persona vive en la residencia ___ .

Residencia A

Residencia B

Aplicaciones

C. ¿Qué parte es? →← Tomen turnos describiendo y adivinando los nombres de los diferentes espacios de una casa. **¡Ojo!** ¡Tienen sólo dos oportunidades!

Modelo:
A: Es el lugar *(place)* donde come la familia.
B: ¿La cocina?
A: No exactamente. La familia come, pero **no** prepara la comida allí *(there)*.
B: Entonces *(Then, what about)*, ¿el comedor?
A: ¡Exactamente!

Sugerencias

The following are some of the verbs you can use in this activity: **cocinar** *(to cook)*, **conversar, estudiar, descansar, guardar** *(to keep, put away)* **el auto, comer, escuchar música, ver televisión, hablar por teléfono.**

D. La casa de mi hermana. Completa la siguiente descripción de una casa.

Opciones: sótano, piso, recámara, garajes, sala, baños, cocina

¡La casa de mi hermana está padrísima! Es de estilo colonial, de dos pisos, con dos _____ y un jardín espectacular. En la planta baja encuentras *(you find)* la _____ , la sala y el comedor. En el segundo _____ hay *(there are)* tres recámaras y dos _____ . La _____ principal es grande y tiene una vista *(view)* excelente. Abajo *(Below)* está el _____ que es inmenso y tiene acceso independiente.

E. ¿Cómo es tu casa? →← Averigua *(Find out)* cómo es la casa (o el apartamento) de tu compañero(a). Al terminar, presenta un pequeño informe al resto de la clase.

Sugerencias

Use questions such as: **¿Cuántos pisos tiene?, ¿Cuántas habitaciones tiene?, ¿Tiene garaje?,** etc.

De otra manera

Padrísimo(a) is a colloquial term used in Mexico to describe something exceptionally nice or convenient (much like the word *cool* in American English). In other countries, you can expect to find different words to refer to the same concept, for instance: **chévere** in Venezuela and Colombia, **macanudo** in Argentina, and **guay** in Spain.

Un paso más: Los muebles

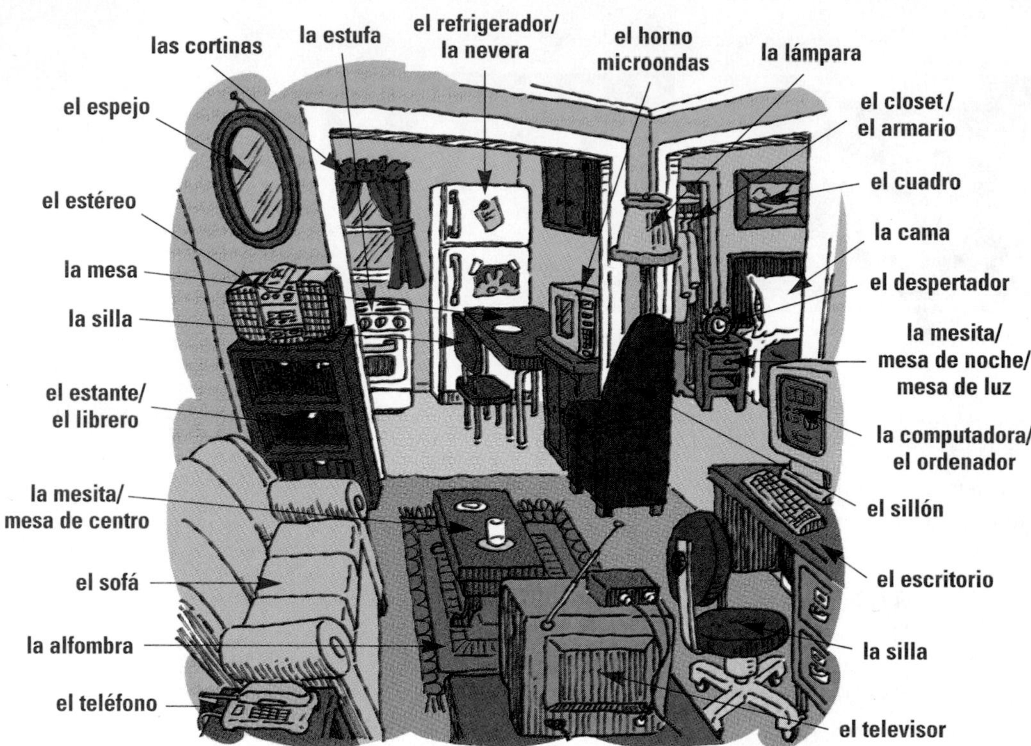

Asimilación

A. ¿Es normal o no? →← Indiquen sus respuestas individualmente y luego compárenlas. ¿Están de acuerdo?

Normal	Unusual	
___	___	tener una estufa en la recámara
___	___	tener una mesa en el comedor
___	___	tener una lámpara en la sala
___	___	tener un escritorio en el baño
___	___	tener unos libros en el estante

B. La sala del (de la) profesor(a). Tu profesor(a) va a describir lo que hay en su sala. Indica los artículos que escuches.

___ sofá
___ sillas
___ sillones
___ lámparas
___ mesas
___ espejos
___ alfombras
___ cuadros
___ estantes

Aplicaciones

C. Una casa a todo dar *(A really neat home).* Tu profesor(a) ha terminado de decorar su casa. Completa la descripción.

Opciones: sillas, sillones, cuadros, lámparas, estante

Su sala-comedor es muy bonita. En las paredes hay varios _____ grandes. El comedor es moderno, con una mesa grande y varias _____ de color negro. Hay dos _____ , una sobre una mesa y otra cuelga *(hangs)* del techo. Tiene también un par de plantas y un _____ grande. Los _____ en la sala son grandes y cómodos.

D. ¿Qué mueble es? →← Tomen turnos describiendo y adivinando los nombres de diferentes muebles. **¡Ojo!** ¡Tienen sólo dos oportunidades!

Modelo: A: Se usa *(It is used)* para estudiar.
B: ¿El escritorio?
A: ¡Correcto!

Sugerencias
The following are some of the verbs you can use in this activity: **escribir / ver programas de televisión / hacer los trabajos para la universidad / dormir** *(to sleep)* **/ cocinar / guardar** *(to keep)* **los alimentos / hablar con los amigos / descansar / comer / escuchar música.**

E. El catálogo de la compañía. Imaginen que trabajan para una compañía multinacional de muebles. Preparen la descripción de los productos en la fotografía. (Usen la imaginación si es necesario.)

Sugerencias
Use the ads at the beginning of this section (p. 112) as a model and adjectives such as: **bonito, grande, pequeño, moderno, cómodo.**

Integración

¡A escribir!

F. Aviso clasificado. This house in Acapulco is for sale. Using the information in the picture (and your imagination) prepare the corresponding classified ad.

Atajo

Phrases/Functions: Describing objects
Vocabulary: House
Grammar: Verbs: **ser;** Verbs: **estar,** Verbs: **tener**

Sugerencias

You may want to use the ads in **Ejercicio A,** p. 112, as a model.

¡A conversar!

G. Mi casa ideal. →← Prepare the following dialogue with a classmate.

Vendedor de bienes raíces *(Real estate salesperson)*

A customer is looking for a new home. Describe for him/her the house in the previous activity (use your ad as a guide) and convince him/her that it is the best house on the market.

Sugerencias

To express admiration you may use expressions such as: **¡Es fantástico(a)!, ¡Es perfecto(a)!, ¡Es ideal!, ¡Es maravilloso(a)!** *(It's wonderful!).*

To urge your client to buy the house you may say: **Cómprela ahora mismo.** *(Buy it right now.),* **No deje pasar esta oportunidad.** *(Don't let this opportunity pass you by).*

Cliente

You and your spouse are looking for your first home. At this point, you would like to buy a house with enough room for the children you expect to have in the near future. Find out what this salesperson has to offer. Don't rush into anything.

Sugerencias

To express what you are interested in, use **quisiera** *(I would like)* or **necesito** *(I need).* To express doubt you may use expressions such as:

No sé... *(I don't know . . .)*
Necesito consultarlo con mi esposo(a). *(I have to consult with my husband/wife.)*
Tengo que pensarlo. *(I have to think about it.)*

II. Funciones y estructuras: *Describing contents (the use of the invariable form hay)*

En esta sala **hay** cinco personas.
*In this living room **there are** five people.*

En esta sala **no hay** nadie.
*In this living room **there isn't** anybody.*

Hay, the invariable present tense form of the verb **haber,** is used to express the English terms *there is* and *there are.*

En la sala **hay** varios sillones.	*In the living room **there are** several armchairs.*
Hay un televisor.	***There is** a TV set.*
No hay estantes.	***There are no** bookcases.*
¿Cuántas sillas **hay?**	*How many chairs **are there?***

In the affirmative, **hay** is often followed by a noun (singular or plural).

En una tienda de artículos para el hogar...	*At a home furnishings store . . .*
...**hay** muchas lámparas...	*. . . **there are** many lamps . . .*
...dos mesas muy finas...	*. . . two fine tables . . .*
...también **hay** un sofá en rebaja.	*. . . and also, **there is** a sofa on sale.*

In negative statements and in questions, plural or mass nouns (nouns that denote substance or concepts that cannot be divided into countable units, such as sugar, oil, or respect) typically follow **hay.**

—¿Hay cortinas?	*Are there any curtains?*
—No, lo siento. No hay cortinas.	*No, I'm sorry. There are no curtains.*
—¿Hay telas?	*Are there any fabrics?*
—No, no hay telas tampoco.	*No, there are no fabrics either.*

Recuerda

Nouns are usually preceded by articles **(un, una, el, la,** etc.) or by adjectives **(mi, nuestra, varios, pocos,** etc.).

Asimilación

A. Inventario. →← Preparen individualmente un inventario de los objetos en la fotografía de la página 118. Luego comparen sus respuestas.

1. Hay dos _____ .
2. Hay un(a) _____ .
3. Hay varios _____ .
4. No hay _____ .

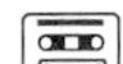 **B. La oficina de tu profesor(a).** Escucha la descripción de la oficina de tu profesor(a). Indica qué objetos hay y qué objetos no hay allí.

Hay: _____
No hay: _____

Aplicaciones

C. Inventario. →← Preparen una lista de los objetos que **hay** o **no hay** en el dormitorio en el dibujo a la izquierda.

Modelo: *En este dormitorio hay una cama, pero no hay televisión.*

D. ¿Conoces bien la universidad? →← Tomen turnos haciendo y respondiendo a preguntas acerca de las instalaciones *(facilities)* y los servicios que ofrece su universidad. Observen el modelo.

Modelo: A: ¿Hay cafeterías en esta universidad?
B: Sí. Hay tres.

Sugerencias

Other facilities and services typically available at colleges and universities are **estadios, teatros, hoteles, estudiantes extranjeros** *(foreign)*, **gimnasios, bibliotecas** *(libraries)*, **dormitorios, iglesias** *(churches)*, **tiendas** *(stores)*.

E. Datos interesantes. →← Averigua información interesante acerca de la familia de tu compañero(a). Usa preguntas como las siguientes.

1. ¿En tu familia hay artistas?
2. ¿Hay políticos?
3. ¿Hay científicos?
4. ¿Hay hispanos?
5. ¿Hay escritores?

Reporte: *En la familia de mi compañero(a) hay…, pero no hay… .*

para tu información

La economía mexicana es una de las más fuertes *(strongest)* de Latinoamérica. Sus industrias se han desarrollado *(have developed)* mucho, debido en gran medida *(largely)* a la integración comercial con los Estados Unidos. Muchas empresas multinacionales tienen sus plantas de ensamblaje *(assembly)* (también conocidas como «maquiladoras») en México, especialmente al norte, cerca *(near)* de la frontera *(border)*.

Integración

¡A conversar!

F. De compras *(Shopping)*. →← Prepare the following conversation with a classmate.

> **Estudiantes A y B**
>
> You and your partner have been invited to a housewarming party. You are pooling your money with some other friends so that you can get a larger gift. What do you think you should get? Discuss the options with each other and mention possible stores where you can buy the item.

> **Sugerencias**
> To express your opinion, you can use expressions such as:
>
> **Pienso que debemos comprar...** *(I think we should buy . . .)*
> **Es mejor que compremos...** *(We should buy . . .)*
> **Debemos comprar...** *(We should buy . . .)*

Recuerda

To avoid lists and disjointed sentences, use transition words and conjunctions such as **y, pero, también,** etc.

Atajo

Phrases/Functions: Describing objects; Writing a letter (informal)
Vocabulary: House
Grammar: Verbs: **ser**; Verbs: **estar**; Verbs: **tener**

¡A escribir!

G. ¿Cómo es tu casa (apartamento o dormitorio)? Imagine that you are living in a Spanish-speaking country and just bought a house or rented a new apartment. Prepare a descripton to tell your friends about it. (Be as clear and precise as possible because one of your classmates will have to draw a diagram of your home based on your description.)

> **Estrategia de escritura: *Organizing***
> **Paso 1: Planning.** Select the room(s) you want to describe.
> **Paso 2: Brainstorming.** List the items you want to talk about in each room.
> **Paso 3: Sentence building.** Write at least one descriptive sentence about each room or about one item in the room. Make sure each adjective matches the gender and number of the noun in question.
> **Paso 4: Paragraph construction.** Put it all together in paragraph form. Remember that in this type of description, it is helpful to go from the more general aspects to the more specific ones (for instance, from the number of rooms in the house to the furniture and appliances in each room).

H. Ésta es su casa. →← Exchange your description with someone else and try to draw his or her house. When you finish, show your drawings to the rest of the class and describe them.

■ Un paso más: *Talking about location with prepositions of place*

As you learned in **Tema 2** in this chapter, the verb **estar** is used to indicate location. To further specify the location of an object or person, the following prepositions can be used.

al lado de	*next to*	enfrente de	*in front of*
cerca de	*near*	entre	*between*
debajo de	*under*	lejos de	*far*
detrás de	*behind*	sobre (encima de)	*on, over, above*
en	*on, in, at*		

La estufa está **al lado** de la nevera.	*The stove is **next to** the refrigerator.*
El horno microondas está **sobre** la estufa.	*The microwave oven is **over** the stove.*
La nevera está **enfrente** de la mesa.	*The refrigerator is **in front of** the table.*

Asimilación

A. ¿Cierto o falso? Indica si las frases corresponden con el dibujo (**C** o **F**). Al terminar compara tus respuestas con las de un(a) compañero(a).

¿Cierto o falso?

1. El teléfono está sobre la mesa de centro.
2. La lámpara está debajo de la silla.
3. El televisor está detrás del sofá.
4. El sofá está al lado de la ventana.
5. La alfombra está enfrente del sofá.

B. Más información acerca de la oficina del (de la) profesor(a). Escucha a tu profesor(a) y completa las frases.

1. Su escritorio está la lado de _____ .
2. Su silla está detrás del _____ .
3. Sus libros están en _____ .
4. Sus papeles están en _____ .
5. Su teléfono está sobre _____ .

Aplicaciones

C. El escritorio de mi hermana. Completa la siguiente descripción.

Mi hermana tiene su escritorio _____ del espejo. Ella es muy ordenada, pero hoy tiene muchas cosas _____ la mesa. Su bolsa de lápices *(pencil bag)* está _____ del cuaderno y su libro de geografía está _____ unos angelitos... Me pregunto dónde está ella en este momento... .

D. El vecindario *(The neighborhood).* →← Construyan frases lógicas con los siguientes elementos.

Modelo: los Cobo / estar / mi casa / entre / mi casa / y la casa de Doña Josefa
La casa de Doña Josefa está entre mi casa y la casa de los Cobo.

1. casa / los Colina / al lado de / mi casa / estar
2. estar / coche / mi vecina / su casa / enfrente de
3. escuela / cerca de / estar / mi casa
4. teatro / hay / calle Azteca / en
5. restaurante chino / detrás de / teatro

E. Entrevista. →← Pregúntale a tu compañero(a) cómo es el lugar *(place)* donde estudia.

Modelo: A: *¿Tienes una computadora?*
B: *Sí.*
A: *¿Dónde está?*
B: *Sobre mi escritorio.*

Sugerencias
Other objects typically found in or on one's desk are **diccionario, teléfono, cuadernos, libros, estéreo, discos compactos, fotos de la familia.**

Integración

¡A conversar!

F. Información, por favor. →← Take turns asking and answering questions about the geographical location of the following Mexican cities. Use the map on page 78 as a guide.

Direcciones: cerca de, lejos de, al lado de, en, arriba de, debajo de

Modelo: —*¿Dónde está Puebla?*
—*Está cerca del Distrito Federal.*

1. Oaxaca
2. Tijuana
3. Acapulco
4. Guadalajara
5. Nuevo Laredo

G. Tu propio estado *(Your own state).* →← Now ask questions about cities and places of interest in your own state.

Modelo: —*¿Sabes* (Do you know) *dónde hay un parque nacional?*
—*Sí. Hay un parque cerca de aquí en la ruta 385.*

Atajo

Phrases/Functions: Describing objects
Vocabulary: House
Grammar: Verbs: **se;** Verbs: **estar;** Verbs: **tener**

¡A escribir!

H. Publicidad. →← Imagine that you are on a team that is preparing a brochure in Spanish for prospective students at your university. Write a description of a typical dorm room (size, amenities, relative location of the different pieces of furniture, etc.). If you do not live on campus, use the following picture as a guide.

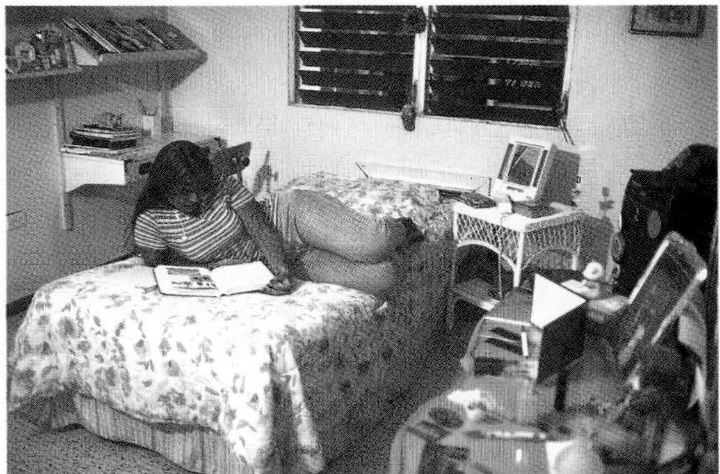

III. Perspectivas: Valores en proceso de transición

Antes de leer

A. Las responsabilidades. →← In groups, discuss the following questions.

1. ¿Cuáles son algunas de las responsabilidades típicas de los padres de familia?
2. ¿Crees que hay igualdad entre los hombres y las mujeres en los Estados Unidos?

A leer

Información estadística

En tu hogar, ¿quién se hace cargo *(who is in charge)* de las siguientes tareas?

1. Preparar la comida

País	Siempre o habitualmente las mujeres	Ambos a la vez	Siempre o habitualmente los hombres	Una tercera persona
Estados Unidos	79%	25%	5%	2%
España	88%	8%	1%	2%

2. Hacer pequeñas reparaciones de la casa

País	Siempre o habitualmente las mujeres	Ambos a la vez	Siempre o habitualmente los hombres	Una tercera persona
Estados Unidos	6%	21%	70%	3%
España	14%	13%	65%	8%

3. Cuidar a los miembros de la familia cuando están enfermos

País	Siempre o habitualmente las mujeres	Ambos a la vez	Siempre o habitualmente los hombres	Una tercera persona
Estados Unidos	49%	48%	2%	1%
España	60%	38%	1%	1%

4. Hacer la compra

País	Siempre o habitualmente las mujeres	Ambos a la vez	Siempre o habitualmente los hombres	Una tercera persona
Estados Unidos	49%	44%	7%	0%
España	68%	28%	3%	1%

5. Decidir qué se va a comer el día siguiente

País	Siempre o habitualmente las mujeres	Ambos a la vez	Siempre o habitualmente los hombres	Una tercera persona
Estados Unidos	55%	39%	6%	0%
España	81%	17%	1%	1%

¿Entendiste bien?

B. ¿Cierto o falso?

1. Las mujeres se hacen cargo de las tareas relacionadas con la preparación de comida en España y en los Estados Unidos.
2. Los hombres se hacen cargo de las tareas relacionadas con las reparaciones caseras en España y en los Estados Unidos.
3. Los hombres españoles no participan mucho en la compra de los alimentos para la familia.
4. Las mujeres españoles no participan mucho en el cuidado de los parientes enfermos.
5. Los hombres españoles y estadounidenses no preparan ni deciden qué se come en sus casas.

C. Para discutir.  Discuss the following questions in groups of three or four.

1. ¿En que áreas hay más diferencias entre los dos países?
2. ¿Hay algunos aspectos similares?

IV. Vocabulario: Los quehaceres del hogar *(household chores)*

Vocabulario útil

arreglar la casa	*to tidy up the house*
aspirar	*to vacuum*
cocinar	*to cook*
cortar el césped	*to cut the grass*
hacer la cama	*to make the bed*
lavar los platos	*to wash dishes*
lavar la ropa	*to do the laundry*
sacar la basura	*to take out the trash*

Vocabulario personal:

Recuerda

Hacer is an irregular verb and is conjugated as follows.

yo **hago**
tú **haces**
él, ella, Ud. **hace**
nosotros **hacemos**
vosotros **hacéis**
ellos, ellas, Uds. **hacen**

Asimilación

A. ¿Con qué frecuencia? Indica cuándo haces normalmente los siguientes quehaceres domésticos.

	Todos los días *(Every day)*	**A veces** *(Sometimes)*	**Nunca** *(Never)*
lavo los platos			
arreglo mi recámara			
aspiro la casa			
corto el césped			
cocino			
saco la basura			

B. Preferencias. Completa el cuadro con la información que escuchas.

Le gusta...	**No le gusta...**

Aplicaciones

C. Asociaciones  Indiquen un quehacer asociado con las siguientes personas o situaciones.

Modelo: una cena *cocinar y lavar los platos*

1. los niños
2. los padres
3. las mañanas
4. un fin de semana
5. una fiesta

D. Preguntas. →← Preparen las preguntas que necesitan hacer para obtener la siguiente información.

Modelo: Me gusta aspirar y lavar la ropa.
¿Cuáles quehaceres te gustan?

1. No me gusta lavar los platos.
2. Los sábados arreglo la casa.
3. Normalmente, mi esposo saca la basura.
4. Primero corto el césped y después arreglo el jardín.
5. Necesito aspirar la sala antes de la fiesta.

¿Recuerdas?

Las preguntas:

¿Qué?	*What?*
¿Cuál?	*Which?*
¿Cuándo?	*When?*
¿Dónde?	*Where?*
¿Quién?	*Who?*
¿Cómo?	*How?*

E. Entrevista. →← Tomen turnos haciendo y respondiendo a las siguientes preguntas. Al terminar preparen un informe para el resto de la clase.

1. ¿Vives en una casa o un apartamento? ¿Es fácil o difícil de arreglar?
2. ¿Cuáles son tus quehaceres favoritos?
3. ¿Cuáles quehaceres no te gustan?
4. Normalmente, ¿cuándo realizas los quehaceres del hogar?
5. ¿Te gustaría tener una criada *(maid)*? ¿Por qué?

Reporte: *Mi compañero(a) vive en... y dice que es fácil/difícil de arreglar. A él (ella) le gusta..., pero no le gusta... Normalmente realiza los quehaceres domésticos los días... Le gustaría tener una criada porque...*

Un paso más: *Expressing obligation with tener que*

Toda mi ropa está sucia. **Tengo que** lavar la ropa.
*All my clothes are dirty. **I have to** do the laundry.*

Tus padres vienen esta tarde. **Tenemos que** arreglar la casa.
*Your parents are coming this afternoon. **We have to** tidy up the house.*

To indicate obligation, the verb **tener** is used according to the following structure:

Tengo que lavar los platos esta noche.	***I have to*** *do the dishes tonight.*
Tenemos que sacar la basura también.	***We also have to*** *take out the trash.*
Por fortuna, **no tengo que** lavar la ropa pero mis hijos **tienen que** hacer sus tareas.	*Fortunately,* ***I do not have to*** *do the laundry but my children* ***have to*** *do their homework.*

Asimilación

A. Tareas. →← Completa las frases de una manera lógica. Luego compara tus respuestas con las de otros compañeros. ¿Están de acuerdo?

1. Mi ropa está sucia. Tengo que _____ .
2. Tengo invitados esta noche. Tenemos que _____ .
3. El césped en tu casa está bastante crecido. Tienes que _____ .
4. Es martes. No tengo que _____ .

B. ¿Qué tiene que hacer tu profesor(a) este fin de semana? Indica si las siguientes oraciones son ciertas o falsas, según lo que escuchas.

1. Tiene que lavar la ropa.
2. Tiene que sacar la basura.
3. Tiene que aspirar la alfombra.
4. Tiene que preparar sus clases.
5. Tiene que cortar el césped.

Aplicaciones

C. Asociaciones. →← Indiquen dos obligaciones asociadas con las siguientes situaciones.

Modelo: Una fiesta — *Tenemos que arreglar la casa y tenemos que comprar refrescos.*

1. Un examen:
2. Una entrevista de trabajo:
3. Unas vacaciones:
4. Una cita romántica (*date*):
5. Una compra grande (una casa, un coche, etc.):

D. Las obligaciones de Miguel. →← Guiados por la siguiente agenda, tomen turnos haciendo y respondiendo preguntas acerca de las obligaciones de Miguel.

lunes	*asistir a la clase de bioligía*
	asistir a la reunión del grupo de estudio
martes	*almorzar con Juanita*
	asistir a la clase de matemáticas
miércoles	*estudiar en la biblioteca*
jueves	*ver las noticias*
viernes	*llamar a mi hermana*

Modelo: —*¿Qué tiene que hacer Miguel el lunes?*
—*Él tiene que asistir a clase de biología.*

Sugerencias

To indicate on what day an activity takes place use the definite article **el** with the day of the week.

el lunes
el martes
el jueves

E. Entrevista. →← Hazle preguntas a tu compañero(a) para reconstruir su agenda para el día de mañana. Al terminar, preparen un resumen por escrito.

Modelo: —*¿Qué tienes que hacer mañana por la mañana?*
—*¿Por la mañana? Nada.*
—*Bueno, ¿qué tienes que hacer por la tarde?*
—*Tengo que estudiar para un examen.*

Reporte: *Mañana, mi compañero(a) tiene que estudiar para un examen por la tarde, después (luego) tiene que... .*

Sugerencias

You will need the following expressions to complete this activity:

por la mañana *(in the morning)*
por la tarde *(in the afternoon)*
por la noche *(in the evening)*

More expressions of time will be introduced in **Capítulo 3.**

Integración

¡ A conversar!

F. Niñeras *(Nannies)*. →← Prepare the following conversation with a classmate.

Madre (Padre)

You have hired a Spanish nanny to take care of your two infant children. You are paying this person very well, so you expect him/her to do some light housework in addition to the normal child care activities. Explain to him/her what you want him/her to do today.

Sugerencias

Verbs related to the care of children **(cuidar a los niños): alimentar** *(to feed),* **cambiar** *(to change),* **entretener** *(to entertain),* **sacar a caminar** *(to take for a walk)*

Niñero(a)

You have been hired to take care of two infant children. Ask your boss what your duties are for the day. Remember that you have been hired as a nanny, not as a maid. (Refuse to do anything not strictly related to the care of the child.)

Sugerencias

The following expressions can be used to refuse an offer or suggestion:

No estoy de acuerdo. *(I do not agree.)*
No me parece justo. *(I don't think it is fair.)*
No quiero limpiar la casa. *(I refuse to clean the house.)*

Atajo

Phrases/Functions: Expressing compulsion
Vocabulary: Studies; Working conditions; House
Grammar: Verbs: **tener**

¡A escribir!

G. Obligaciones. Make a list of your obligations for this coming week. Indicate the day and time of each activity if applicable.

Modelo: *Bueno, el lunes por la mañana tengo que asistir a mi clase de matemáticas, por la tarde tengo que…*

V. Literatura: *La casa en Mango Street*—Inmigrantes mexicanos en los Estados Unidos

Antes de leer

A. El pelo. →← Discuss the following questions in groups of two or three students.

1. Do you think the type of hair one has has anything to do with one's personality? Explain.

   liso/lacio *(straight),* rizado *(curly),* corto *(short),* largo *(long),* teñido *(color treated),* calvo *(bald)*

2. Complete the following chart.

Nombre del (de la) compañero(a)	Tipo (o estilo) de su pelo	Personalidad (dos adjectivos)

B. Cognados.  With a partner make a list of all the cognates you can find in the reading. Based on your findings, what do you expect this story to be about?

Critical Thinking Skills: Analyzing

Use cognates to anticipate the content of the reading.

A leer

Estrategia de lectura: *Skimming and Scanning*

You do not have to understand every word. Concentrate on identifying the main points of the story and answering the comprehension questions that follow.

La casa en Mango Street (fragmento)

Sandra Cisneros

Las familias hispanas en los Estados Unidos **tratan de mantener** su cultura y sus tradiciones, **al mismo tiempo que** se integran a su **nueva vida** en Norteamérica. Sandra Cisneros es una autora chicana que nació en Chicago en 1954. El siguiente es un fragmento de su libro *La casa en Mango Street.*

try to maintain
while / new life

Pelos

Cada uno en mi familia tiene pelo diferente. El de mi papá **se para** en el aire como escoba. Y yo, el mío es **flojo.** Nunca **hace caso de** broches o diademas. El pelo de Carlos es grueso y derechito, no necesita **peinárselo.** El de Nenny es **resbaloso,** se escurre de tu mano, y Kiki, que es el menor, tiene pelo de **peluche.**

sticks up
loose / pays attention to / to comb it /
slippery / plush

little wheels

hugging you / safe / smell / baking it / makes some space / snores

Pero el pelo de mi madre, el pelo de mi madre, es de rositas en botón, como **rueditas** de caramelo todo rizado y bonito porque se hizo anchoas todo el día, fragante para meter en él la nariz cuando ella está **abrazándote** y te sientes **segura,** es el **olor** cálido del pan antes de **hornearlo,** es el olor de cuando ella te **hace un campito** en su cama aún tibia de su piel, y una duerme a su lado, cae la lluvia afuera y Papá **ronca.** El ronquido, la lluvia y el pelo de Mamá oloroso a pan.

¿Entendiste bien?

C. Ideas principales. Complete the following chart with the information found in the text.

Nombre del familiar	Parentesco *(relationship)*	Tipo de pelo

D. Inferencias. →← In groups of three or four students, answer the following question: **¿Qué sugiere la autora acerca de la personalidad de cada miembro de esa familia según su tipo de pelo?**

Critical Thinking Skills: Making Inferences

Make inferences about meaning based on the information that you collected in the previous exercise.

Nombre del familiar	Personalidad

Temas CD-ROM

En tu próxima tarea, vas a ir a México donde vas a trabajar con la familia Domínguez.

E. Actividad de extensión. Following Sandra Cisnero's model, write a description of the personalities of different members of your family based on the type of hair they have.

Critical Thinking Skills: Making Associations and Creating

Use the author's idea by applying it in an imaginative way.

Vocabulario útil

La casa	***House***
el ático	*attic*
el baño	*bathroom*
la cocina	*kitchen*
el comedor	*dining room*
la escalera	*stairs*
el garaje	*garage*
el jardín	*garden*
la pared	*wall*
la planta baja	*first floor*
el primer piso	*second floor*
la puerta	*door*
la recámara/ la habitación/ el dormitorio	*bedroom*
la sala	*living room*
el sótano	*basement*
el techo	*roof*
la ventana	*window*

Los muebles	***Furniture***
la alfombra	*carpet*
el armario	*dresser*
la cama	*bed*
el closet	*closet*
la computadora/ el ordenador	*computer*
las cortinas	*curtains*
el cuadro	*painting*
el despertador	*alarm clock*
el escritorio	*desk*
el espejo	*mirror*
el estante	*bookcase*
el estéreo	*stereo*
la estufa	*stove*
el horno microóndas	*microwave oven*
la lámpara	*lamp*
la mesa	*table*
la mesa de centro	*coffee table*
la mesa de noche/ mesa de luz	*bedside table*
el refrigerador/ la nevera	*refrigerator*
la silla	*chair*
el sillón	*armchair*
el sofá	*sofa*
el teléfono	*telephone*
el televisor	*TV*

Exclamaciones	
¡Es fantástico! ¡Es ideal! ¡Es maravilloso! ¡Es perfecto!	*It's wonderful!*

¿Dónde está?	***Where is it?***
al lado de	*next to*
cerca de	*near*
debajo de	*under*
detrás de	*behind*
en	*on, in, at*
enfrente de	*in front of*
entre	*between*
lejos de	*far*
sobre/encima de	*on, over, above*

Los quehaceres del hogar	***Household chores***
arreglar la casa	*to tidy up the house*
aspirar	*to vacuum*
cortar el césped	*to cut the grass*
hacer/tender la cama	*to make the bed*
lavar los platos	*to wash dishes*
lavar la ropa	*to do the laundry*
sacar la basura	*to take out the trash*

El pelo	***Hair***
calvo	*bald*
corto	*short*
largo	*long*
liso/lacio	*straight*
rizado	*curly*
teñido	*color treated*

Puesta en acción

SITUACIÓN: You have decided to host a Mexican exchange student in your home.

MISIÓN: To establish contact with this student, find out about his background, and provide important information about your family and life here in the States

WORK SKILLS: Reading and responding to electronic communications, providing personal information, researching information about foreign destinations

1. **Una comunicación electrónica.** José Francisco Reyes Galindo, el estudiante de intercambio, te envía el siguiente mensaje.

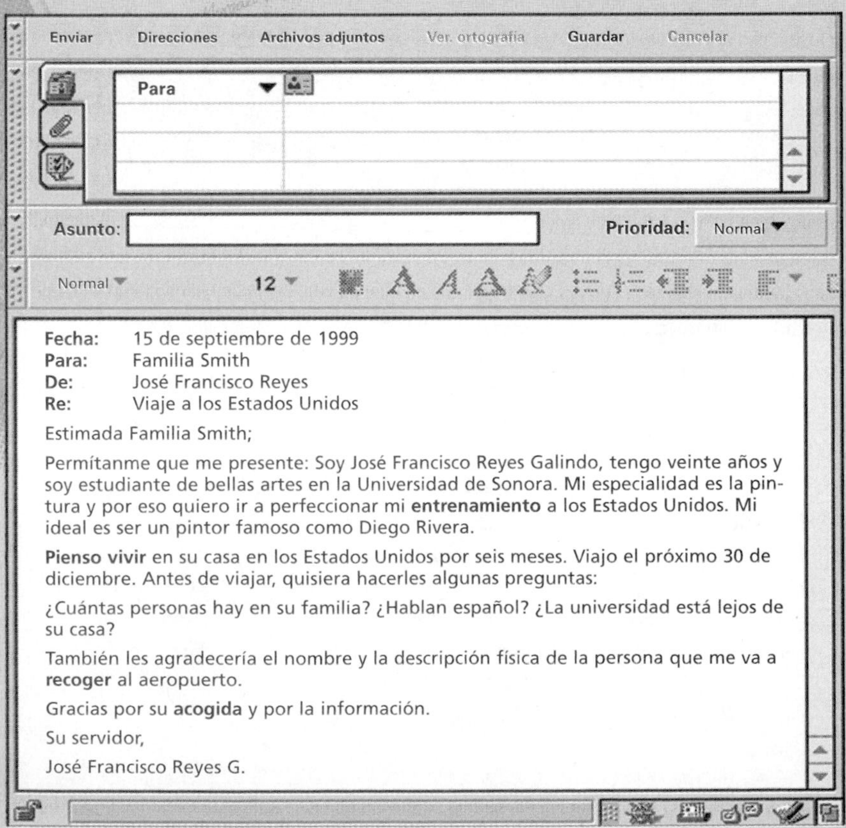

Fecha: 15 de septiembre de 1999
Para: Familia Smith
De: José Francisco Reyes
Re: Viaje a los Estados Unidos

Estimada Familia Smith;

Permítanme que me presente: Soy José Francisco Reyes Galindo, tengo veinte años y soy estudiante de bellas artes en la Universidad de Sonora. Mi especialidad es la pintura y por eso quiero ir a perfeccionar mi **entrenamiento** a los Estados Unidos. Mi ideal es ser un pintor famoso como Diego Rivera.

Pienso vivir en su casa en los Estados Unidos por seis meses. Viajo el próximo 30 de diciembre. Antes de viajar, quisiera hacerles algunas preguntas:

¿Cuántas personas hay en su familia? ¿Hablan español? ¿La universidad está lejos de su casa?

También les agradecería el nombre y la descripción física de la persona que me va a **recoger** al aeropuerto.

Gracias por su **acogida** y por la información.

Su servidor,

José Francisco Reyes G.

training

I am planning on living

to pick up

welcome

2. **¿Dónde está Guanajuato?** →← Encuentren en el mapa de la página 78 la ciudad de origen de José Francisco. Expliquen dónde está usando las preposiciones **cerca de, lejos de, al lado de,** etc.

Try, for instance, sites about Mexico at: **http://temas.heinle.com.**

3. **¿Qué sabes acerca de Guanajuato?** Busca información en la biblioteca o en el Internet acerca de esta ciudad y de este estado de la República Mexicana.

Critical Thinking Skills: Researching

Find other opportunities for learning about Mexico.

Guanajuato	
Población:	
Industrias:	
Atracciones turísticas:	

4. **Un artista famoso.** As José mentions in his letter, Diego Rivera is one of the most famous Mexican artists of the twentieth century. To undertand better why José reveres him so much, find out about Diego Rivera's life and works. Complete the following chart with the information you've found.

Biografía de Diego Rivera	
Nació y murió en (fechas y lugares):	
Tipo de pinturas:	
Sus pinturas hoy están en:	
Los principales temas de sus obras son:	
Nombre de su esposa:	
Ella es famosa porque:	

You may want to visit one of the many Diego Rivera sites on the web to locate the information requested. See, for instance, sites on Diego Rivera at: **http://temas.heinle.com.**

5. **La respuesta.** Send José Francisco the information about yourself and about your family that he requested.

Paso 1: Answer the questions posed by José Francisco:

1. **¿Cuántas personas hay en su familia?**
2. **¿Hablan español?**
3. **¿La universidad está lejos de su casa?**

Paso 2: Now describe the person that will pick him up at the airport. (Give as much detail as possible.)

Paso 3: Create a good opening and closing statement for your letter.

Paso 4: Organize the body of your letter with the information gathered in **Pasos 1** and **2.** (Remember to use connectors such as: **y, también, pero...**)

Atajo

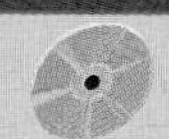

Phrases/Functions: Writing a letter (informal)
Vocabulary: Family members
Grammar: Verbs: **ser;** Verbs: **tener**

Correcciones

Paso 1: Select the information you want to include.

Paso 2: Write a draft of your letter.

Paso 3: Bring it to class and edit it with the help of a classmate. Use the following checklist as a guide:

- Are there answers to all the questions posed by José?
- Is the communication clear and well organized?
- Did your partner use the proper openings and closings learned in **Capítulo 1?**
- Are there any spelling or punctuation mistakes?
- Circle all the verbs. Are they properly conjugated?

Paso 4: Make all the necessary revisions and give it to your instructor for additional feedback.

6. **Otro mensaje de José.** Lee el mensaje y prepara una respuesta.

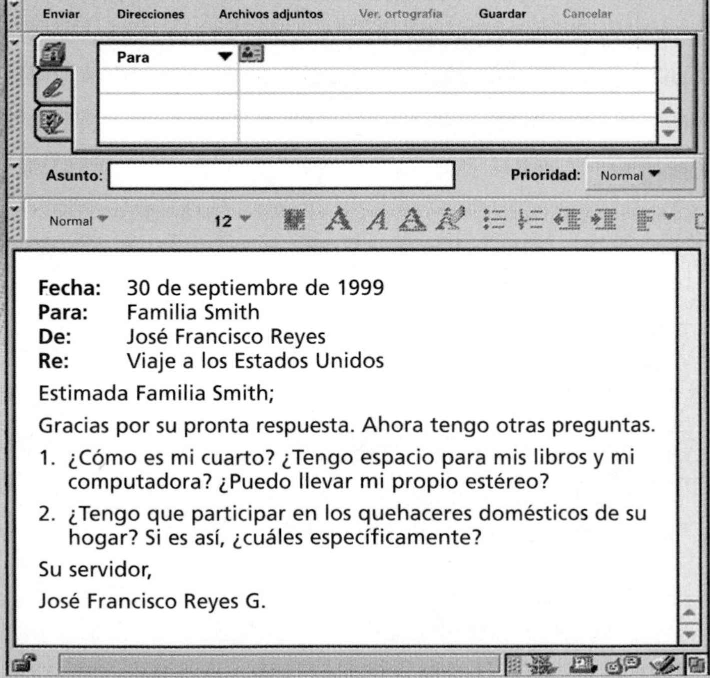

Fecha: 30 de septiembre de 1999
Para: Familia Smith
De: José Francisco Reyes
Re: Viaje a los Estados Unidos

Estimada Familia Smith;

Gracias por su pronta respuesta. Ahora tengo otras preguntas.

1. ¿Cómo es mi cuarto? ¿Tengo espacio para mis libros y mi computadora? ¿Puedo llevar mi propio estéreo?
2. ¿Tengo que participar en los quehaceres domésticos de su hogar? Si es así, ¿cuáles específicamente?

Su servidor,

José Francisco Reyes G.

UNIDAD 2

In this unit you will learn how to plan a vacation in Spanish, to find your way around a Spanish-speaking city, and to get access to goods and services. Also, you will talk about daily routines and express your preferences with regard to clothing, food, and leisure activities. The readings will give you a taste of everyday life in Puerto Rico and Spain, and the videos will show you people giving directions and shopping for clothing in these countries. At the end of the unit you will plan the logistics of a business meeting in Puerto Rico.

La vida diaria

Para comenzar

Observen las fotografías y completen la frase.

Puerto Rico es un lugar ideal para ... , ... y ... .

El Condado

El Viejo San Juan

Puerto de San Juan

In this chapter you will learn...

- how to talk about location and destination;
- how to give directions;
- how to tell time;
- how to express frequency;
- how to shop;
- how to make hotel reservations;
- how to talk about future plans;
- about the concept of time and punctuality in the Spanish-speaking world;
- about tourism opportunities in Puerto Rico.

CAPÍTULO > > > 3

¿Dónde y cuándo?

	Tema 1 Orientándonos en la ciudad	Tema 2 De compras	Tema 3 En el hotel
Vocabulario	Lugares de interés Puntos de referencia Los medios de transporte Las indicaciones	Formas de pago Las compras	Comodidades y servicios Las reservas
Funciones y estructuras	Talking about location and destination with the verbs **estar** and **ir** Indicating location with prepositions of location **a** + **el**	Telling time with prepositions of time Talking about daily activities with the present tense of irregular **yo** form verbs Talking about frequency with adverbs of frequency	Talking about daily activities with **e** → **ie** stem-changing verbs Talking about future plans
Pronunciación		La consonante **g**	
Lectura		Puerto Rico	Perspectivas: La puntualidad «A Puerto Rico» (fragmento), José Gautier Benítez
Vídeo	Un turista en Puerto Rico		

ENFOQUE

Puerto Rico

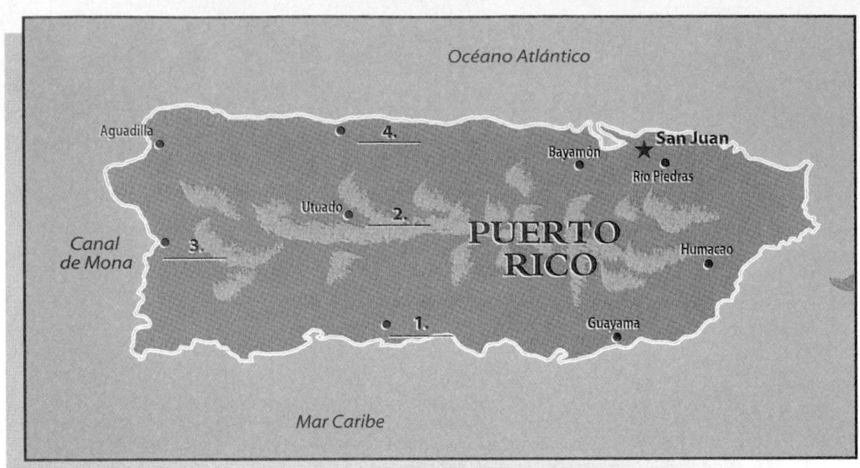

A. En el mapa. Mira el vídeo e indica el número en el mapa que corresponde con los lugares siguientes *(the following places).*

a. Ponce b. Mayagüez c. la Cordillera Central

B. En el vídeo. Mira el vídeo y completa el cuadro *(chart).*

Capital:	
Población:	3.857.070
Ingreso per cápita:	$ 8.600
Moneda:	
Productos de exportación:	

Estrategia de comprensión: *Listening for Details*

As you watch the video and do the following listening comprehension activity, keep in mind that you are listening for recognition of specific pieces of information about the history and culture of Puerto Rico.

C. La historia de Puerto Rico. Pon *(Put)* en orden los siguientes eventos en la historia de Puerto Rico.

___ Llega Cristobal Colón a la isla y le da el nombre de Isla de San Juan Bautista.

___ Puerto Rico se convierte en Estado Libre Asociado *(Commonwealth of Puerto Rico).*

___ Se construyen fortificaciones para la defensa contra los ataques de piratas ingleses.

___ España transfiere control de la isla a los Estados Unidos después de la guerra de 1898.

para tu información

Si deseas aprender más acerca de Puerto Rico, busca sitios sobre este país en el siguiente sitio-web: **http://temas.heinle.com**.

Los orgullos de Puerto Rico...

Su naturaleza tropical

Puerto Rico tiene un clima y una vegetación tropical que ofrecen muchas oportunidades para practicar el ecoturismo.

Su gente

Muchos artistas famosos en el mundo son nativos de Puerto Rico, como, por ejemplo, Raúl Julia y Rita Moreno.

Su tradición hispana

El idioma y la cultura españolas son una parte fundamental del carácter puertorriqueño.

Orientándonos en la ciudad

I. Vocabulario: Lugares de interés

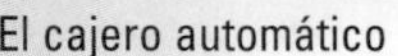
El cajero automático

El restaurante

La tienda

Vocabulario útil

el aeropuerto	*airport*
el banco	*bank*
el bar/la barra/ la cantina	*bar*
la biblioteca	*library*
el cine	*movie theater*
la droguería/ la farmacia	*drugstore*
la estación de policía	*police station*
el gimnasio	*gym*
el hospital	*hospital*
el hotel	*hotel*
la iglesia	*church*
la lavandería	*laundromat*
la tintorería	*dry cleaners*
la librería	*bookstore*
el museo	*museum*
la oficina de correos	*post office*
la oficina de turismo	*tourist office*
la peluquería/ el salón de belleza	*barber shop, beauty parlor*
el supermercado	*supermarket*

Vocabulario personal:

Asimilación

A. ¿Dónde? →← Indiquen dónde pueden *(where you can)* obtener los siguientes servicios.

1. Como platos deliciosos en...
2. Recibo atención médica en...
3. Hago ejercicios aeróbicos en...
4. Recibo información sobre la ciudad en...
5. Reservo una habitación en...
6. Asisto a un servicio religioso en...
7. Miro una película de acción en...
8. Compro ropa *(clothes)* en...
9. Me cortan el pelo en...
10. Retiro dinero en...

a. el cajero automático
b. la oficina de turismo
c. la iglesia
d. el almacén
e. la peluquería
f. el cine
g. el hotel
h. el hospital
i. el restaurante
j. el gimnasio

B. ¿Adónde tiene que ir *(to go)*? Tu profesor(a) tiene mucho que hacer el día de hoy. Indica los lugares a los que tiene que ir.

___ cajero automático	___ cine
___ supermercado	___ hotel
___ iglesia	___ hospital
___ lavandería	___ restaurante
___ peluquería	___ gimnasio

Aplicaciones

C. ¿Dónde...? →← Tomen turnos haciendo y respondiendo a las preguntas según el modelo.

Modelo: nadar
—*¿Dónde nadas?*
—*Nado en el gimnasio «High Energy».*

1. ver películas
2. buscar un libro
3. estudiar
4. hacer compras
5. recibir servicios médicos
6. rezar *(to pray)*

D. Nuestra universidad. →← Preparen un diagrama básico de su campus, indicando los lugares de más interés para los estudiantes internacionales (la biblioteca, la cafetería, el banco, la iglesia, el centro médico, etc.).

E. En San Juan. →← Observen el mapa del Viejo San Juan (zona histórica) y respondan a las preguntas según el modelo.

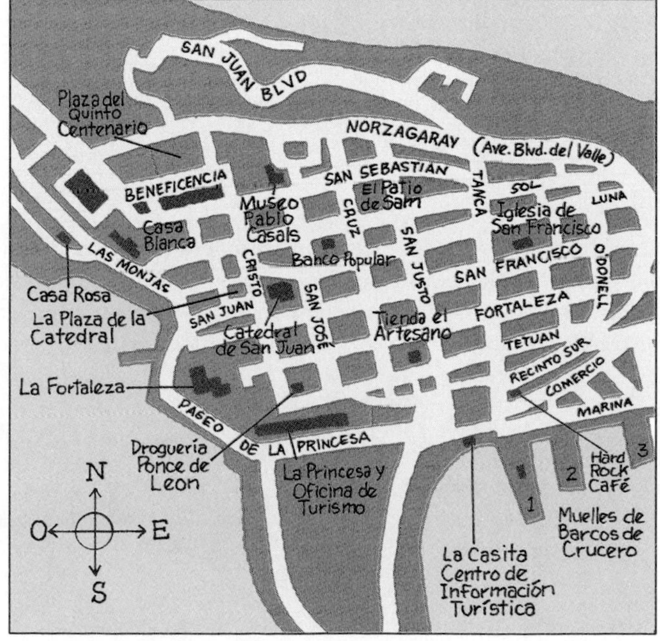

Modelo: —¿Dónde puedo *(Where can I)* comer platos típicos de Puerto Rico?
—*En el restaurante El Patio de Sam.*

1. ¿Dónde puedo ver *(to see)* una exposición sobre la música?
2. ¿Dónde puedo hacer unas compras?
3. ¿Dónde puedo comprar unas aspirinas?
4. ¿Dónde puedo cambiar un cheque?
5. ¿Dónde puedo obtener información acerca de Puerto Rico?

Ahora, observen el mapa otra vez y completen la siguiente tarjeta postal *(postcard)*.

> ¡Hola todos!
> Estamos felices en Puerto Rico. Todo aquí es muy bonito. Hay muchos lugares históricos como _____ y _____ . También hay muchas tiendas como _____ y desde luego, excelentes restaurantes como _____ donde sirven la deliciosa comida de este país.
>
> Un abrazo,
> Juan Carlos

Integración

¡A conversar!

F. ¿Qué lugares de interés hay en esta ciudad? →← Con un(a) compañero(a) discutan y decidan cuáles son los **cinco** lugares más importantes de su ciudad.

Modelo: —*El museo de arte moderno es un lugar de interés para los turistas, ¿no?*
—*Sí, estoy de acuerdo.*

Atajo

Phrases/Functions: Asking for and giving directions
Vocabulary: City; University
Grammar: Verbs: **ser**; Verbs: **estar**

¡A escribir!

G. Lugares de interés. →← Escriban un folleto *(pamphlet)* para los turistas hispanos de su ciudad con las siguientes recomendaciones e información general. ¡El diseño *(design)* del folleto debe ser atractivo! Incluyan un título, un mapa del centro de la ciudad del web y una lista de los lugares de interés con indicaciones *(directions)* generales.

Modelo: *Lugares de interés en Boston*
Algunos lugares de interés en esta ciudad son:
- *La iglesia Old North. Está en la calle Salem cerca del puerto.*
- *El Museo de Arte de Boston está en la calle Huntington cerca de la Universidad Northeastern.*

II. Funciones y estructuras: *Talking about location and destination with the verbs estar and ir*

Recuerda

Refer back to **Capítulo 2, Tema 3,** for prepositions of place. Remember that **estar** is used to talk about location.

—¿Dónde **está** tu esposo?
—Él **está** en San Juan.

The verb **estar** is used to indicate the location of something or somebody.

Mi tía **está** en su casa.	*My aunt **is** at her home.*
El carro **está** en el garaje.	*The car **is** in the garage.*

As you learned in **Capítulo 2,** the verb **estar** has an irregular conjugation.

estar	
yo **estoy**	nosotros **estamos**
tú **estás**	vosotros **estáis**
él, ella, Ud. **está**	ellos, ellas, Uds. **están**

—¿Adónde **vas**?
—**Voy** al centro.

The verb **ir,** much like its English counterpart *(to go),* is used to indicate movement or direction.

Este autobús **va** para el centro.	*This bus **goes** downtown.*
Los niños **van** a la escuela por la mañana.	*The children **go** to school in the morning.*

The verb **ir** also has an irregular conjugation.

ir	
yo **voy**	nosotros **vamos**
tú **vas**	vosotros **vais**
él, ella, Ud. **va**	ellos, ellas, Uds. **van**

The preposition **a** *(to, towards)* and the definite article **el** *(the)* form a contraction.

a + el = al

¿Vas **al** gimnasio después de clase?	*Are you going **to the** gym after class?*
No, voy **a la** biblioteca.	*No, I am going **to the** library.*
La señora Valencia va **al** banco todos los días.	*Mrs. Valencia goes **to the** bank every day.*

Asimilación

A. La geografía del mundo hispano. Indica si las siguientes frases son ciertas (C) o falsas (F).

¿Cierto o falso?

1. Puerto Rico está en Suramérica.
2. Caracas está en Venezuela.
3. Lima no está en México.
4. Paraguay está en Centroamérica.
5. Ecuador está en Norteamérica.

B. ¿Adónde vas? →← Indica las frases que se aplican a ti. Luego compara tus respuestas con las de otro(a) compañero(a). Al terminar, presenten un resumen de sus respuestas.

___Voy a clase todos los días.
___Voy a la biblioteca por las noches.
___Voy al gimnasio por la mañana.
___Voy al centro comercial los fines de semana.
___Voy al cine con mis amigos.
___Voy a la playa en el verano.

Modelo: *Stephan y yo vamos al cine con nuestros amigos. Yo voy al centro comercial los fines de semana, pero él va al gimnasio.*

Aplicaciones

C. El cumpleaños de Gabriela. →← Practiquen la siguiente conversación.

—Hola, ¿adónde vas?
—Voy al centro comercial. Necesito comprarle un regalo a Gabriela.
—Sí, ¿por qué?
—Porque hoy es su cumpleaños y hay una fiesta sorpresa para ella en casa de Jorge. ¿Quieres ir conmigo?
—Sí, buena idea.
—¿Qué piensas comprarle?
—Tal vez un CD de música latina.
—Buena idea. Pero, ¿dónde podemos comprar música latina?
—En la nueva tienda de discos que está en el segundo piso del centro comercial, al lado del almacén de ropa.
—Bueno, ¡vamos!

D. Los Gómez. →← Usualmente, ¿qué hacen los miembros de la familia Gómez a las 8 de la mañana? Preparen frases con los siguientes elementos según el modelo, y luego organicen la información en un párrafo coherente.

Modelo: la prima del señor Gómez / estar / su casa
A las 8 de la mañana, la prima del señor Gómez está en su casa.

1. el señor Gómez / ir / a su trabajo
2. la señora Gómez / estar / en su oficina
3. el bebé / estar / en su cuarto
4. la niña / ir / al colegio
5. la niñera *(nanny)* / estar / con el niño en su cuarto

Sugerencias
Use the connecting words **mientras** *(meanwhile)*, **también** *(also)*, **y** *(and)*, **pero** *(but)*, **al mismo tiempo** *(at the same time).*

E. Tarjeta postal. →← Juan Carlos le envía *(sends)* otra postal a su familia desde Ponce. Complétenla con las formas de **ir** o **estar** correspondientes.

¡Hola todos!
Les enviamos un saludo desde Ponce. La ciudad _____ al sur de la isla de Puerto Rico. La ciudad es preciosa y _____ (nosotros) muy contentos. Todas las mañanas _____ (nosotros) a la playa y por las tardes visitamos los lugares de interés. En este momento, Cristina y Lola _____ en el centro comercial. Juanito _____ en la piscina del hotel y yo _____ aquí en la habitación disfrutando del aire acondicionado. El viernes salimos para Mayagüez.
Un abrazo,
Juan Carlos

Integración

¡A conversar y escribir!

F. En sus ratos de ocio... *(In his/her free time . . .)* →← Tomen turnos haciendo y respondiendo a las siguientes preguntas. Al terminar, prepara un resumen de las respuestas de tu compañero(a).

1. ¿Adónde vas los fines de semana?
2. ¿Te gusta ir al cine?
3. ¿Vas a conciertos con frecuencia?
4. ¿Adónde vas durante las vacaciones?
5. ¿Cuándo vas al gimnasio o haces deporte?

Modelo: *En sus ratos de ocio, mi compañero(a) va a... .*

Atajo

Phrases/Functions: Talking about habitual actions
Vocabulary: Leisure

III. Vocabulario: Puntos de referencia

Vocabulario útil

la cuadra/la manzana	*city block*	el semáforo	*traffic light*
la estación de trenes/ de autobús/de metro	*the train/bus/subway station*	el estacionamiento/ el parqueadero/ el aparcamiento	*parking lot*
la parada de autobús/ de tren/de metro	*the bus/train/subway stop*		
el puerto	*port, waterfront*	**Vocabulario personal:**	

Asimilación

A. ¿Qué lugar es? Identifica el punto de referencia según la descripción.

1. un lugar donde normalmente juegan los niños
   a. el semáforo b. el parque c. el estacionamiento
2. una señal para controlar el tráfico
   a. la cuadra b. la plaza c. el semáforo
3. un lugar donde hay muchos coches
   a. el estacionamiento b. el parque c. el semáforo
4. un lugar para actividades religiosas
   a. el parque b. la playa c. la iglesia
5. la intersección de dos calles
   a. la playa b. la esquina c. el estacionamiento

B. Un mensaje en el contestador *(Answering machine).*  Vas a escuchar unas indicaciones. Indica el orden en que escuchas los siguientes puntos de referencia. Al terminar, compara tus respuestas con las de otros compañeros.

___ el edificio ___ el estacionamiento
___ el parque ___ la calle

Aplicaciones

C. Puntos de referencia →← Completen las frases con el punto de referencia más apropiado.

¡Ojo! ***(Watch out!)*** En algunos casos pueden necesitar la forma plural de la palabra.

playa	edificio	iglesia	cuadra	parque
estacionamiento	esquina	calle	plaza	semáforo

Hola, me llamo Martín Díaz. Vivo más o menos a diez _____ de la escuela en un _____ de diez pisos y trabajo en el supermercado que está en la _____ de la Avenida San Mateo y la calle Tercera. Me gusta mi barrio porque hay muchos _____ y porque está cerca de la _____ .

D. ¿Sabe Ud.? ***(Do you know?)*** →← Tomen turnos para hacer y contestar preguntas sobre San Juan según el modelo. Usen el mapa de San Juan en la página 141 para hacer esta actividad.

Modelo: la Casa Blanca
TURISTA: *Sabe Ud. dónde está* ***la Casa Blanca?***
RESIDENTE: *Sí, está* ***cerca de...*** .

1. el Banco Popular
2. la Droguería Ponce de León
3. la Plaza del Quinto Centenario
4. el Museo Pablo Casals
5. la Tienda El Artesano

E. ¿Conocen bien la ciudad? →← Tomen turnos haciendo y respondiendo a preguntas acerca de su ciudad.

Modelo: un café
—*¿Sabes dónde hay un café?*
—*Sí, hay uno muy bueno en la calle* ***Smith.***

1. un restaurante chino
2. un museo
3. una peluquería
4. un bar
5. una lavandería

■ Un paso más: *Indicating location with prepositions of location*

La iglesia está **enfrente** del hotel.
El museo está **detrás** del hotel.
El restaurante está **al lado** del hotel.
La estación de policía está **a dos cuadras** del hotel.

Vocabulario útil

a	*to, towards*
a dos cuadras	*two blocks from*
a la vuelta de la esquina	*around the corner*
afuera de	*outside*
al este	*to the east*
al norte	*to the north*
al oeste	*to the west*
al sur	*to the south*
cerca de	*close to, near*
cruzando la calle	*across the street*
debajo de	*below*
dentro de	*inside*
en	*at/to*
entre	*in between*
lejos	*far*
sobre	*above*

Vocabulario personal:

Asimilación

A. En San Juan. →← Muchos comercios *(businesses)* en Puerto Rico presentan puntos de referencia como parte de su dirección. Marquen con un círculo las preposiciones que encuentren en el siguiente anuncio.

A LA ORDEN DISCOUNT
EL PIEX PUERTORRIQUEÑO
Frente a Plaza Las Américas • Junto a los Expresos
Al lado de Westinghouse, Hato Rey
VISA
MasterCard
ATH
TEL. 756-7979 / FAX 756-7980
Toll Free: 1-800-981-5710

B. En nuestra universidad. →← Completen las siguientes frases acerca de su universidad.

1. El centro médico está cerca de _____ .
2. La biblioteca está enfrente de _____ .
3. Mi cafetería favorita está al lado de _____ .
4. La oficina de mi profesor(a) está en _____ (nombre del edificio).

C. ¿Sí o no? Escucha las frases que va a leer tu profesor(a) acerca de tu ciudad. Decide si son ciertas (C) o falsas (F). Luego compara tus respuestas con las de otros compañeros.

1. Hay un restaurante en el centro comercial.
2. Hay un centro comercial cerca de la universidad.
3. Hay un hospital en la calle Main.
4. No hay cines en el centro de la ciudad.
5. Hay un banco entre la calle Washington y la calle Jefferson.

Aplicaciones

D. Desorden. →← Tu compañero(a) de cuarto y tú no son muy organizados. Observen el dibujo y respondan a las preguntas.

1. ¿Dónde está el lápiz?
2. ¿Dónde están los libros?
3. ¿Dónde está el maletín?
4. ¿Dónde están las llaves?
5. ¿Dónde está la billetera *(wallet)?*

E. ¿Dónde vives? Imagina que vas a dar una fiesta. Completa la siguiente invitación con la dirección de tu casa o apartamento incluyendo varios puntos de referencia.

¡Te invito a mi fiesta!

¿Cuándo? ______________________

¿Dónde? *Vivo en la calle.... número... Mi casa está enfrente de... (al lado de, en la esquina de, cerca de, etc.)*

F. En San Juan. Observen de nuevo *(again)* el mapa de San Juan (p. 141). Tomen turnos haciendo y respondiendo preguntas acerca de la ubicación *(location)* de los siguientes lugares de interés.

Modelo: el puerto
—¿Dónde está el puerto?
—El puerto está cruzando la calle Marina cerca de la Oficina de Turismo.

1. la Iglesia de San Francisco
2. la Fortaleza (la mansión del Gobernador)
3. la Casa Blanca (la casa de Ponce de León)
4. la Catedral de San Juan
5. el Museo Pablo Casals

Integración

¡A conversar!

G. ¿De qué edificio estoy hablando? Observen el diagrama de San Roque en la página 150. Tomen turnos describiendo la ubicación de diferentes puntos de interés. Su compañero(a) debe adivinar de qué lugar se trata.

¡Ojo! Tienen solamente dos oportunidades para adivinar.

Modelo: —*Está en la calle Lima.*
—*¿El hotel?*
—*No. Está al lado del hotel y de la droguería.*
—*¿El restaurante?*
—*¡Correcto!*

Lugares de interés en San Roque

el hospital	la iglesia	la biblioteca
el hotel	el estacionamiento	la lavandería
la escuela	la droguería	la peluquería

San Roque

Atajo

Phrases/Functions: Asking for and giving directions
Vocabulary: City; University
Grammar: Verbs: **ser**; Verbs: **estar**

¡A escribir!

H. Orientación para estudiantes extranjeros. Imagina que ayudas la Oficina de estudiantes extranjeros a organizar una orientación para los nuevos estudiantes. Completa el cuadro con instrucciones para llegar a los siguientes lugares desde la oficina.

Horario de orientación

Día	**Lugar**	**Direcciones**
lunes	la biblioteca	
martes	la cafetería	
miércoles	el gimnasio	
jueves	el auditorio	*El auditorio está cruzando la calle Washington cerca de la oficina del presidente.*

IV. Vocabulario: Los medios de transporte

Viaja en **bicicleta**.

Viaja en **taxi**.

Viaja en **metro**.

De otra manera

In Cuba, **máquina** is used instead of **coche, carro,** or **auto** to refer to a car.

—Ivania del Pozo, Youngstown State University

Vocabulario útil

ir a pie	*to walk*	viajar en barco	*to travel by boat*
ir en autobús	*to go by bus*	viajar en tren	*to travel by train*
ir en automóvil	*to go by car*	viajar por avión	*to travel by plane*
ir en barco	*to go by boat*		
ir en moto	*to go by motorcycle*	**Vocabulario personal:**	

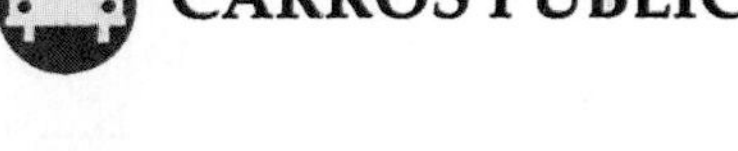

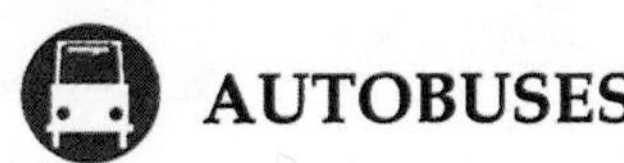

Asimilación

A. Decisiones. ¿Cuál es el mejor *(the best)* medio de transporte?

1. Para ir al centro, es mejor ir...
   a. en barco. b. en avión. c. en autobús.
2. Para ir a España, es mejor ir...
   a. en bicicleta. b. en avión. c. en automóvil.
3. Para ir a la biblioteca, es mejor ir...
   a. en barco. b. a pie. c. en tren.
4. Para ir al aeropuerto, es mejor ir...
   a. en taxi. b. en avión. c. a pie.
5. Para ir a Puerto Rico, es mejor ir...
   a. en barco. b. en tren. c. en automóvil.

B. Asociaciones. Para cada medio de transporte indica la letra de las palabras correspondientes.

De otra manera

In Peru, a bus is called **el micro.**
—Teresa Pérez Gamboa,
University of Pittsburgh

1. el avión
2. el barco
3. el autobús
4. el coche
5. el tren

a. el estacionamiento
b. el puerto
c. el aeropuerto
d. la parada
e. la estación

Aplicaciones

De otra manera

Autobús is a **guagua** in the Caribbean and Canary Islands, **camión** in Mexico, and often simply **bus** in South America.

C. Razones. Completa las frases de manera lógica.

1. Viajo mucho en barco porque _____ .
2. Voy a Europa en avión porque _____ .
3. Voy a clase en bicicleta porque _____ .
4. Voy en coche a la casa de mi hermana porque _____ .
5. No voy a clase en coche porque _____ .

Sugerencias

Es más rápido.
Está cerca de mi casa.
Está lejos de mi casa.
Me gusta el mar.
Me gusta hacer ejercicio.
No hay estacionamientos.
No tengo mucho dinero.

D. Opiniones. →← Escojan el medio de transporte correspondiente a cada descripción.

1. el más caro *(the most expensive)*
2. el más rápido
3. el más económico
4. el más seguro
5. el más cómodo

E. Entrevista. →← Tomen turnos haciendo y respondiendo a las siguientes preguntas. Al terminar, presenten un resumen *(summary)* de las respuestas de su compañero(a).

1. ¿Qué prefieres: viajar en avión o en tren? ¿Por qué?
2. ¿Cuándo usas tu coche?
3. ¿Cuándo no usas el coche? ¿Qué medio de transporte usas entonces *(then)*?
4. ¿Te gustan las motos? ¿Por qué?
5. En tu opinión, ¿cuál es el medio de transporte ideal? ¿Por qué?

Modelo: *Mi compañero(a) prefiere viajar en... porque... . Él (Ella) usa el coche cuando... .*

Un paso más: Las indicaciones *(Directions)*

TURISTA: Disculpe, señor. ¿Sabe Ud. dónde está el Museo Nacional?

RESIDENTE: Sí. Está en la calle San Pedro. Siga derecho dos cuadras por esta calle y luego doble a la izquierda. El museo está en la esquina.

When giving directions to a stranger on the street, Spanish-speaking people often use the following formal commands:

		From the verbs:
Suba.	*Go up.*	subir
Baje.	*Go down.*	bajar
Vaya/Siga derecho.	*Go/Continue straight ahead.*	ir
Doble/Voltee a la/a mano derecha.	*Turn to the right.*	doblar/voltear
Doble/Voltee a la/a mano izquierda.	*Turn to the left.*	doblar/voltear
Cruce la calle.	*Go across the street.*	cruzar

Asimilación

A. Orientándonos en la universidad. Responde a las preguntas de un(a) estudiante nuevo(a) según los diagramas.

1. ESTUDIANTE NUEVO: Para ir a la biblioteca, ¿doblo a la derecha o a la izquierda?
   TÚ: a. Doble a la derecha.
   b. Doble a la izquierda.

3. ESTUDIANTE NUEVA: Para ir a la cafetería, ¿sigo derecho o cruzo la calle?
   TÚ: a. Siga derecho.
   b. Cruce la calle.

2. ESTUDIANTE NUEVO: Para ir a la oficina del profesor Martínez, ¿subo o bajo?
   TÚ: a. Suba al tercer piso.
   b. Baje al tercer piso.

4. ESTUDIANTE NUEVA: Para ir al estadio, ¿cruzo la calle o doblo a la derecha?
   TÚ: a. Cruce la calle.
   b. Doble a la derecha.

B. En San Juan. Vas a escuchar unas indicaciones. Identifica el lugar al que se refiere usando la siguiente porción del mapa de San Juan.

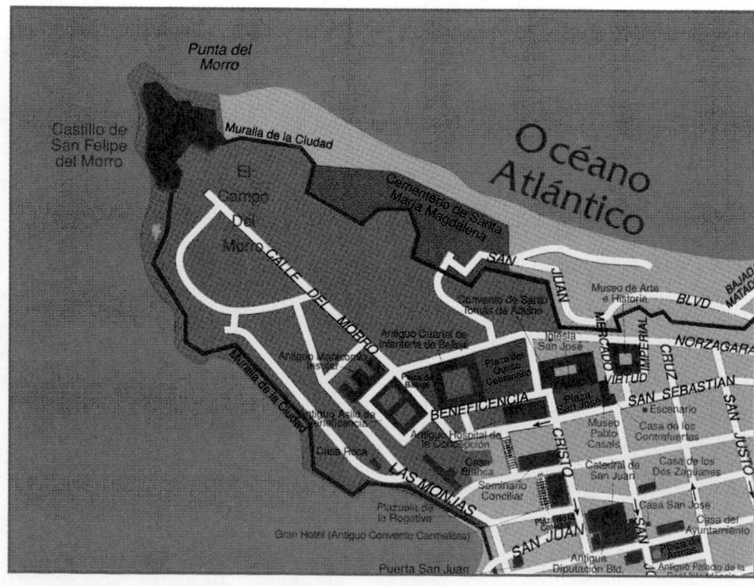

Posibilidades

___ La playa
___ El puerto
___ El Castillo del Morro
___ La Plaza de Armas

Aplicaciones

C. Perdido en la ciudad *(Lost in the city).* →← Practiquen la siguiente conversación.

A: Disculpe, señora, ¿sabe Ud. dónde está el Centro Comercial Borinquen?
B: Sí, cómo no. Está en la Calle Fortaleza.
A: ¿Cómo puedo llegar allí?
B: Muy fácil. Siga derecho por esta calle hasta llegar a la Avenida Colón. Ahí voltee a mano derecha y a dos cuadras está el Centro Comercial.
A: Bueno, muchas gracias, señora.
B: Con gusto.

D. ¿Dónde está la enfermería? →← Escribe las indicaciones para llegar a la enfermería desde tu salón de clases. Al terminar, compara tus notas con las de otro(a) compañero(a). ¿Quién tiene la descripción más precisa *(exact)?*

Modelo: *Para ir a la enfermería, primero...*

Sugerencias

To better organize your statement, use the following connecting words: **primero** *(first)*, **después** *(afterwards)*, **luego** *(then)*, **finalmente** *(finally)*.

E. Guía. →← Tu profesor(a) va a diseñar *(design)* una pista de obstáculos *(obstacle course)*. Uno(a) de los compañeros va a vendarse los ojos *(cover his/her eyes)* y el (la) otro(a) va a darle indicaciones para ayudarle a llegar a la meta *(goal)*.

Integración

¡A conversar!

F. De visita. →← Con un(a) compañero(a), preparen la siguiente situación. Usen el mapa de San Juan de la página 141 como guía.

El (La) turista	**El (La) amigo(a) puertorriqueño(a)**
You are visiting Puerto Rico. Your Puerto Rican friend has to work today. Ask him/her for directions to get to the following places. • a bank • a store • a museum • a restaurant Point of departure: The Cathedral of San Juan	Your North American friend is visiting but you have to work. Give him/her directions to the places he or she mentions. Point of departure: The Cathedral of San Juan

Modelo: ESTUDIANTE A: *¿Cómo llego al Hard Rock Café?*
ESTUDIANTE B: *Siga derecho por la calle Cruz hasta la calle Recinto Sur. En la esquina doble a la izquierda. El Hard Rock Café está en la calle Recinto Sur cerca del puerto.*

Atajo 

Phrases/Functions: Asking for and giving directions
Vocabulary: City
Grammar: Verbs: Imperative **usted**

¡A escribir!

G. El cajero más cercano. →← Un(a) estudiante extranjero(a) necesita un cajero automático. Escriban en un papel las indicaciones para ir al cajero automático más cercano.

Modelo: *Hay un cajero en la calle... . Siga derecho por..., luego doble a... .*

V. Vídeo: Un turista en Puerto Rico 

Preparación

A. La comunicación no verbal. Observa las imágenes sin sonido *(without sound)*. ¿Qué crees que hace este hombre?

1. ¿Busca un apartamento?
2. ¿Cena en un restaurante?
3. ¿Pide información?
4. ¿Compra música?

B. Expectivas. Haz una lista de las expresiones que esperas escuchar *(that you expect to hear)* en esta conversación. Compara tus respuestas con las de otros compañeros.

¿Entendiste bien?

C. Destino. ¿Qué calle busca este hombre?

1. La calle Santa María
2. La calle Santa Fina
3. La calle Santa Rita

D. ¿Sí o no? Indica cuáles de las siguientes direcciones corresponden con las sugeridas por el hombre en la calle.

a. Siga derecho por esta calle, luego... .
b. Doble a la derecha, entonces... .
c. Caminar por unos cinco minutos... .
d. El cajero automático está en la esquina de la calle... .
e. Cruce la calle y voltee a la izquierda, luego... .

E. Para reflexionar: La comunicación no verbal. Describe los gestos, la comunicación no verbal y el contacto físico entre los participantes en esta conversación.

1. facial expressions
2. hand gestures
3. physical contact

¿Qué tipos de gestos y expresiones crees que vas a ver en una situación semejante en los EE.UU.?

F. Enfoque comunitario. →← Preparen un panfleto *(pamphlet)* para la oficina de estudiantes internacionales de su escuela con direcciones para ir, de allí, a los siguientes lugares de interés.

1. el centro médico
2. la biblioteca
3. un buen restaurante
4. la oficina de correos
5. un banco

Vocabulario útil

Lugares de interés	***Landmarks***
el aeropuerto	*airport*
el banco	*bank*
el bar/la barra/ la cantina	*bar*
la biblioteca	*library*
el cajero automático	*ATM*
la calle	*street*
el cine	*movie theater*
la cuadra/la manzana	*city block*
la droguería/la farmacia	*drugstore*
el edificio	*building*
la esquina	*street corner*
la estación de policía	*police station*
la estación de trenes (de autobús, de metro)	*train (bus, subway) station*
el estacionamiento/ el parqueadero/ el aparcamiento	*parking lot*
el gimnasio	*gym*
el hospital	*hospital*
el hotel	*hotel*
la iglesia	*church*
la lavandería/la tintorería	*dry cleaners*
la librería	*bookstore*
el museo	*museum*
la oficina de correos	*post office*
la oficina de turismo	*tourist office*
la parada de autobús (de tren, de metro)	*bus (train, subway) stop*
el parque	*park*
la peluquería/ el salón de belleza	*barber shop, beauty parlor*
la plaza	*town square*
el puerto	*port, waterfront*
el restaurante	*restaurant*
el semáforo	*traffic light*
el supermercado	*supermarket*
la tienda	*convenience store*
la tienda de ropa	*store (clothing)*

Preposiciones	
a	*to, towards*
a dos cuadras	*two blocks from*
a dos cuadras de	*two blocks away from*
a la vuelta de la esquina	*around the corner*
afuera de	*outside*
al este	*to the east*
al norte	*to the north*
al oeste	*to the west*
al sur	*to the south*
cruzando la calle	*across the street*
dentro de	*inside*
detrás de	*behind*

Los medios de transporte	***Transportation***
a pie	*on foot*
en autobús	*by bus*
en automóvil	*by car*
en barco	*by boat*
en bicicleta	*by bike*
en metro	*by metro*
en moto	*by motorcycle*
en taxi	*by taxi*
en tren	*by train*

Expresiones para dar indicaciones	***Directions***
Baje.	*Go down.*
Cruce la calle.	*Go across the street.*
Doble/Voltee a la/a mano derecha.	*Turn to the right.*
Doble/Voltee a la/a mano izquierda.	*Turn to the left.*
Suba.	*Go up.*
Vaya/Siga derecho.	*Go/Continue straight ahead.*

De compras (*Shopping*)

I. Funciones y estructuras: *Telling time with prepositions of time*

Abren **a las** nueve de la mañana.	*They open **at** 9:00 in the morning.*
Cierran **a las** siete de la noche.	*They close **at** 7:00 in the evening.*
Tengo una cita *(appointment)* **a la** una y media de la tarde.	*I have an appointment **at** 1:30 in the afternoon.*

To indicate the time that an action takes place use the preposition **a** and the corresponding article (**la** for **la una**, or **las** for any other time: **las tres, las cuatro**, etc.). Use the expressions **de la mañana** *(morning),* **del mediodía** *(noon),* **de la tarde** *(afternoon)* or **de la noche** *(night)* for clarification.

Vocabulario útil

de la(s)... a (las)...	*from . . . to . . .*	entre semana	*weekdays*
desde	*since*	hasta	*until*
el (los) fin(es) de semana	*weekends*		

Asimilación

A. ¿Abierto o cerrado? Indica si a las siguientes horas los establecimientos están abiertos *(open)* o cerrados *(closed).*

1. A la una de la mañana la biblioteca está...
   a. abierta. b. cerrada.
2. A las nueve y media de la noche, el centro comercial está...
   a. abierto. b. cerrado.
3. A medianoche, mi restaurante favorito está...
   a. abierto. b. cerrado.
4. A mediodía, el centro de computadoras está...
   a. abierto. b. cerrado.
5. A las cinco y media de la tarde las oficinas de la universidad están...
   a. abiertas. b. cerradas.

B. Horarios *(Schedules).* Escucha el siguiente anuncio comercial y completa las frases.

1. El banco está abierto entre semana de las _____ hasta las _____ .
2. Los sábados está abierto desde las _____ hasta la _____ .
3. En temporada navideña, el horario especial del banco es de _____ a _____ .

Aplicaciones

C. Horarios de operación. Investiga los horarios de operación de los siguientes servicios en tu universidad o en tu ciudad y prepara un informe para presentar en la clase.

Modelo: la piscina *(the pool)*

Entre semana, la piscina está abierta desde las 8 de la mañana hasta las 8 de la noche. Los fines de semana está abierta desde las 10 de la mañana hasta las 3 de la tarde. Los lunes no hay servicio.

1. tu restaurante favorito
2. un gimnasio
3. un supermercado
4. el centro médico
5. la biblioteca

D. Citas *(Appointments).* 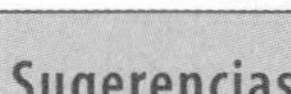 ¿Qué citas y compromisos *(commitments)* tiene Estela el día de hoy? Preparen un informe.

Sugerencias
Use the verb **tener** to indicate what she has on her agenda.

A las ocho tiene una cita con... .

8:00 AM	Cita con el señor López
11:00 AM	Reunión con el jefe y el gerente de la oficina
12:30 PM	Almuerzo con los nuevos clientes
2:00 PM	Cita con los Manrique
4:00 PM	Conferencia telefónica con la oficina de Caracas
6:45 PM	Cena con Mariana

Modelo: *A las ocho de la mañana, tiene una cita con... .*

E. En San Juan. →← Lean el siguiente anuncio comercial y copien el cuadro de la página 160. Luego complétenlo con el nombre y horario de cada sucursal *(branch office).*

SUCURSAL	TELÉFONOS Código de área: 787	HORARIO	
Floral Park	759-7019	Lunes a viernes: Ventanilla esp.:	8:30 AM–3:00 PM 2:30 AM–4:30 PM
Hato Rey	767-8404	Lunes a viernes: Ventanilla esp.:	8:30 AM–2:30 PM 8:00 PM–8:30 PM

Nombre del establecimiento	Horario entre semana
	Lunes a viernes: Ventanilla esp.:
	Lunes a viernes: Ventanilla esp.:

Integración

¡A conversar!

F. ¿Cuándo me pueden atender? ***(When can you help me?)*** →←
Preparen la siguiente situación.

Secretario(a)

You are a secretary at an investment company. One of your clients is calling to schedule an appoinment with one of the financial advisors **(asesores financieros).** Help this person find a suitable time for his/her appointment. The company's schedule is the following.

Inversiones Nuevo Mundo

Horario de atención al público: 9 de la mañana a 3 de la tarde lunes a viernes
Con cita previa *(by appointment):*
Marcela Vargas (lunes y jueves de las 6 a las 9 de la noche)
Fernando Ríos (lunes y miércoles de las 7 a las 9 de la mañana)

Cliente

You would like to schedule an appointment with a financial advisor **(asesor financiero).** Call to check the schedule of operations of this bank and see if anyone is available at a convenient time. Your schedule is the following.

- **Usted trabaja de las 9 de la mañana a las 5 de la tarde de lunes a viernes.**
- **Tiene una clase de informática de las 7 a las 9 de la noche los martes y los jueves.**

Sugerencias

The following are some helpful phone expressions:

¿En qué puedo servirle?	*How may I help you?*
Necesito...	*I need . . .*
Lo siento, pero...	*I am sorry but . . .*
Permítame un momento.	*Please hold.*
Con gusto.	*My pleasure.*

¡A escribir!

G. Maestro(a) particular de inglés. Imagina que quieres ayudar a los estudiantes extranjeros con sus tareas de inglés. Escribe un anuncio *(ad)* que indica tus habilidades y las horas que estás disponible *(available).*

Modelo: ***Maestro particular de inglés.*** *Soy un estudiante de segundo año en la facultad de Artes y Ciencias...*

II. Funciones y estructuras: *Talking about daily activities with the present tense of irregular **yo** form verbs*

Por las mañanas, **hago** un poco de ejercicio.

Después de arreglarme, le **doy** un beso a mi esposa...

...y **salgo** a trabajar.

The following verbs have irregular **yo** forms in the present tense.

Verb	Meaning	Conjugation
hacer	*to do, to make*	**hago**, haces, hace, hacemos, hacéis, hacen
poner	*to put*	**pongo**, pones, pone, ponemos, ponéis, ponen
salir	*to leave, to go out*	**salgo**, sales, sale, salimos, salís, salen
traer	*to bring*	**traigo**, traes, trae, traemos, traéis, traen
dar	*to give*	**doy**, das, da, damos, dais, dan
saber	*to know (information or how to do something)*	**sé**, sabes, sabe, sabemos, sabéis, saben
conocer	*to know (to be familiar or acquainted with something or someone)*	**conozco**, conoces, conoce, conocemos, conocéis, conocen

Although the verb **hacer** is used in questions like **¿Qué haces?** *(What do you do?),* or **¿Qué te gusta hacer?** *(What do you like to do?),* in the answer it is replaced by an action verb.

—¿Qué **haces** los sábados?
—Voy al parque.

—¿Qué te gusta **hacer** por la noche?
—Me gusta **ver** televisión.

Some common expressions with **hacer** are:

hacer compras *(to shop)*
hacer la comida *(to cook)*
hacer ejercicio *(to work out)*
hacer tareas *(to do homework)*
hacer una pregunta *(to ask a question)*
hacer mandados/diligencias *(to run errands)*

Asimilación

A. Preparativos para una cena. →← Formen frases lógicas con los elementos de la columna A y B.

1. salgo	a. del trabajo un poco más temprano
2. hago	b. los platos sobre la mesa
3. traigo	c. algunas compras para la cena
4. pongo	d. los ingredientes para preparar un rico postre

B. ¿Cómo celebra su cumpleaños? Tu profesor(a) va a decir cómo celebra su cumpleaños. Indica las frases que escuchas.

___ Da una fiesta.
___ Hace un plato especial.
___ Sale a un restaurante.
___ Trabaja en su casa.
___ Visita a su familia.
___ Habla por teléfono con sus amigos.
___ Trae un postre.

Aplicaciones

C. La rutina de Elena. →← Completen el párrafo con la forma correcta del verbo más apropiado.

Opciones: ir, traer, conocer, salir, hacer, saber

Elena _____ de compras los sábados por la mañana. Normalmente ella _____ temprano y _____ unas rosquillas *(doughnuts)* deliciosas para el desayuno de toda la familia. Más tarde ella y su hermana van al centro comercial y _____ algunas compras. Le gusta salir con su hermana, porque ella _____ todas las tiendas y siempre _____ donde hay buenas rebajas *(sales)*.

D. Mis cumpleaños *(My birthdays)*. →← Escriban frases con los siguientes elementos y luego combínenlas para formar un párrafo coherente.

Modelo: los cumpleaños / ser / muy importantes para mí
Los cumpleaños son muy importantes para mí. Por eso...

1. (yo) / siempre / dar / una fiesta
2. (yo) / no salir /ese día
3. (yo) / invitar / a mis amigos a mi casa
4. (yo) / conocer / muchas personas
5. (yo) / poner / flores en el jarrón *(vase)*
6. (yo) / recibir / muchos regalos
7. (nosotros) / comer / un pastel *(cake)* de cumpleaños
8. (mis amigos) / traer / regalos para mí / usualmente

Sugerencias

Use connecting words such as: **por eso** *(that is why)*; **o** *(or)*; **pero** *(but)*; **también** *(also)*; **porque** *(because)*.

E. Celebraciones. →← Tomen turnos haciendo y respondiendo a las siguientes preguntas. Luego, prepare cada uno(a) un resumen de su compañero(a).

1. Usualmente, ¿cómo celebras tus cumpleaños (das una fiesta, sales a un restaurante con tus amigos, o no haces nada especial)?
2. ¿Te gusta salir los fines de semana? ¿Con quién sales? ¿Adónde vas?
3. ¿Conoces algún lugar agradable para celebrar una ocasión especial? ¿Cómo se llama? ¿Dónde está?

Un paso más: *Talking about frequency with adverbs of frequency*

Siempre llego a la oficina a las siete y media.

Normalmente leo primero la correspondencia.

A veces almuerzo con clientes.

Casi siempre regreso a la oficina a las dos menos cuarto.

Tengo una reunión **a las** tres y cuarto de la tarde.

A veces escribo informes hasta las ocho y media de la noche.

Use the following adverbs before the verb to indicate the frequency of a given activity.

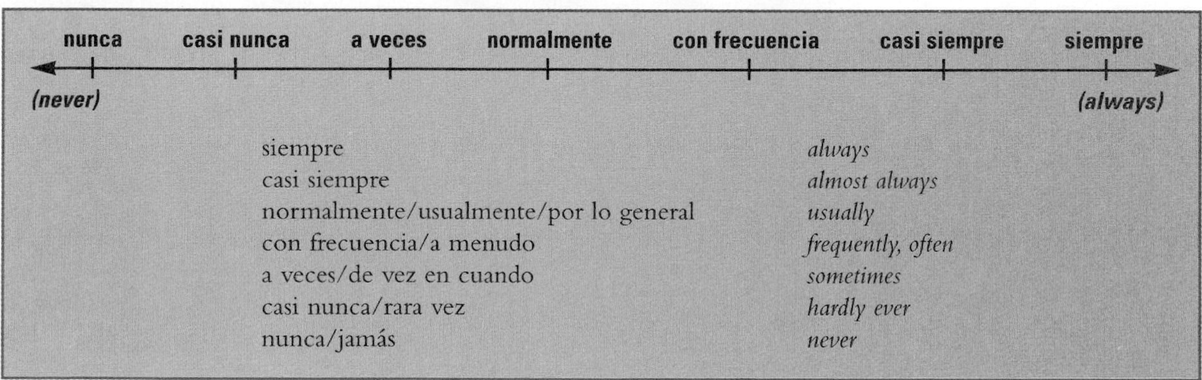

siempre	*always*
casi siempre	*almost always*
normalmente/usualmente/por lo general	*usually*
con frecuencia/a menudo	*frequently, often*
a veces/de vez en cuando	*sometimes*
casi nunca/rara vez	*hardly ever*
nunca/jamás	*never*

Asimilación

A. Normalmente... →← Indica con qué frecuencia realizas las siguientes actividades. Compara tus respuestas con las de un(a) compañero(a). ¿Tienen mucho en común?

	Nunca	Casi nunca	A veces	Normalmente	Casi siempre	Siempre
Hago ejercicio.						
Voy a clase temprano.						
Estudio en la biblioteca.						
Ceno en un restaurante.						
Hablo con amigos por teléfono.						
Miro televisión.						
Llamo a mis padres.						
Preparo la comida.						

B. ¿Cómo pasa las vacaciones de fin de año? Tu profesor(a) va a decir cómo pasa sus vacaciones. Completa las frases con una de las opciones.

1. A veces _____ .
2. Siempre _____ .
3. Casi siempre _____ .
4. Con frecuencia _____ .
5. Por lo general _____ .
6. Casi nunca _____ .

a. sale a bailar
b. van al cine o a un concierto
c. vienen familiares
d. prepara su mama una cena deliciosa
e. celebra las fiestas en casa
f. sale durante las vacaciones de fin de año

Aplicaciones

C. ¿Qué haces durante tus vacaciones? →← Completa las frases de manera lógica. Luego compara tus respuestas con las de un(a) compañero(a) y determinen lo que tienen en común.

> **Sugerencias**
> The following are common vacation activities: **ir de compras; tomar el sol; visitar los parques nacionales; hablar con la gente; ir a discotecas; comer en restaurantes; descansar; leer un buen libro; tomar fotos.**

Yo...
1. siempre _____ .
2. con frecuencia _____ .
3. casi nunca _____ .
4. jamás _____ .

D. La persona más organizada. →← Prepara unas preguntas para determinar quién es la persona más organizada de tu grupo. Presenta los resultados de tu encuesta al resto de la clase.

Sugerencias

Here are some possibilities: **limpiar el cuarto** *(to clean the room);* **hacer la cama** *(to make the bed);* **hacer las tareas** *(to do homework);* **lavar la ropa** *(to do the laundry);* **revisar la correspondencia electrónica** *(to check emails);* **tener una agenda** *(to have/keep an agenda).*

Pregunta	Nombre del (de la) compañero(a) _____	Nombre del (de la) compañero(a) _____	Nombre del (de la) compañero(a) _____	Nombre del (de la) compañero(a) _____
	FRECUENCIA	**FRECUENCIA**	**FRECUENCIA**	**FRECUENCIA**
¿Limpias tu cuarto?				

Informe: _____ es la persona más organizada porque siempre _____ .

E. ¿Cómo te preparas para los exámenes? →← Tomen turnos haciendo y respondiendo a las siguientes preguntas y luego preparen un resumen de las respuestas.

1. ¿Usualmente, por cuánto tiempo estudias para un examen (un mes, una semana, un par de horas...)?
2. ¿Normalmente, dónde estudias (en tu casa, en la biblioteca, en un café...)?
3. ¿Estudias de vez en cuando con otras personas? (¿Por qué sí o por qué no?)
4. ¿Tienes alguna rutina especial antes de tomar un examen? (¿Tienes quizás *(perhaps)* alguna superstición?)

Informe: *Mi compañero(a) por lo general estudia... casi siempre... pero nunca...*

Sugerencias

If your classmate works, you may want to ask the following questions instead:

¿Qué haces normalmente en tu trabajo?
¿A qué hora sales de tu casa?
¿Por lo general qué medio de transporte usas para ir al trabajo?
¿Usualmente a qué hora regresas?
¿Trabajas por la noche de vez en cuando?
¿Trabajas horas extras?
¿Qué haces después del trabajo?
¿Cuándo tienes tiempo para estudiar?

Integración

¡A conversar!

F. ¿Adónde voy de vacaciones? →← Prepara la siguiente situación con un(a) compañero(a).

Agente de viajes

This client is not sure where to go on his/her vacation. Ask him/her a few questions to determine his/her habits and preferences **(¿Le gusta salir de compras?, ¿Prefiere el frío o el calor?, ¿Le gusta hacer deporte en la nieve** *(snow)* **o en el mar?, ¿Conoce alguna selva tropical?,** etc.) and then suggest one of the following packages that you have on sale **(Le recomiendo el plan...).**

Turista

You want to take a vacation, but you are not sure yet where to go. Discuss your ideas and preferences with this travel agent **(Casi siempre voy a la playa de vacaciones, Nunca voy a las montañas, Con frecuencia salgo a un buen restaurante, Me gusta conocer lugares diferentes y exóticos,** etc.), and ask if there are any good deals **(¿Tiene alguna oferta especial?).**

Practique el esquí, disfrute de nuestras montañas.
Precio especial: 3 noches—$499—Todo incluido

Nade, disfrute de las playas, visite la selva tropical.
Precio especial: 3 noches—$499—Todo incluido

Atajo

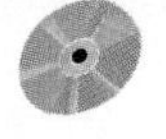

Phrases/Functions: Talking about habitual actions
Vocabulary: Family members; Religious holidays; Food

¡A escribir!

G. Una celebración tradicional. Escribe una descripción de cómo tu familia celebra una ocasión especial. Trata de incluir el mayor número posible de adverbios de frecuencia (**siempre, nunca, a veces, por lo general, a menudo,** etc.)

Estrategia de escritura: *Organization*

Paso 1: Select the holiday you want to talk about.

Paso 2: Brainstorm ideas in English or Spanish about that holiday (what do you normally do on that day, what do you eat, how do you decorate the house, etc.).

Paso 3: Construct Spanish sentences to describe the traditions of the holiday you outlined in **Paso 2.**

Paso 4: Construct a coherent paragraph about the holiday using adverbs of frequency and other connectors (**primero, también,** etc.).

Paso 5: Exchange compositions with a classmate for feedback (Is it comprehensible? Complete? Interesting?).

Paso 6: Make the necessary revisions and submit your second draft for instructor's feedback.

III. Guía para la pronunciación

La consonante *g*: ge, gi. The letter **g** followed by the vowels **e** or **i** is pronounced much like the English *h* in *home* or *hen*.

gente gigante Gertrudis

Ga, go, gu. The letter **g** followed by **a, o,** or **u** is pronounced like the English **g** in *go* or *gate*.

gato gordo guarda

IV. Vocabulario: Formas de pago

Vocabulario útil

el cambio	*change*
los cheques	*checks*
los cheques de viajero	*traveler's checks*
el efectivo	*cash*
las tarjetas de crédito	*credit cards*
las tarjetas prepagadas	*prepaid cards (university meal card or phone card)*

Vocabulario personal:

Asimilación

Note that the preposition **para** is used here to indicate purpose, the equivalent of the English expression *in order to.*

A. ¿Qué necesitas? Escoge la mejor opción.

1. Para comprar un refresco, necesitas...
   a. un cheque. b. cambio.
2. Para comprar un boleto de avión, necesitas...
   a. cambio. b. una tarjeta de crédito.
3. Para pagar el taxi, necesitas...
   a. efectivo. b. un cheque.
4. Para pagar el hotel, necesitas...
   a. cambio. b. cheques de viajero.
5. Para pagar la cena en un restaurante elegante, necesitas...
   a. cambio. b. una tarjeta de crédito.

B. ¿Cómo prefiere pagar? Escucha la descripción que va a leer tu profesor(a) acerca de la manera cómo paga usualmente sus cuentas. Indica la opción (o las opciones) que correspondan.

	Lleva efectivo.	Usa una tarjeta de crédito.	Paga con cheque.
Cuando *(when)* va de compras al supermercado...			
Cuando va de compras al centro comercial...			
Cuando sale a almorzar...			
Cuando sale a cenar con amigos...			
Cuando sale de vacaciones...			
Los servicios públicos (agua, luz, teléfono)...			

Aplicaciones

C. Normalmente... →← Indica la forma de pago más común de los siguientes artículos. Compara tus respuestas con las de otros compañeros.

1. el alquiler de un apartamento: _____
2. un boleto de avión: _____
3. una camiseta *(T-Shirt):* _____
4. goma de mascar/chicle *(chewing gum):* _____
5. tus libros: _____
6. el almuerzo: _____
7. el estacionamiento: _____
8. un taxi: _____
9. tu cuenta de teléfono: _____
10. tu colegiatura *(tuition):* _____

D. ¿Cómo pagas? →← Muéstrale *(Show)* a tu compañero(a) las formas de pago que tienes en tu billetera *(wallet)* y explícale cómo las usas. Luego escucha a tu compañero(a) y prepara un breve informe de su presentación.

Modelo: *Mi compañero(a) tiene efectivo,... y... . Usa su tarjeta prepagada para..., su tarjeta de crédito para... y el efectivo para... .*

Un paso más: Las compras

DEPENDIENTE: ¿En qué puedo servirle, señor?
CLIENTE: Busco un libro de García Márquez que se llama *Crónica de un secuestro.*
DEPENDIENTE: Sí señor, tenemos ese libro. Lo puede encontrar en la sección de autores colombianos.
CLIENTE: De acuerdo, muchas gracias.

Más tarde...

DEPENDIENTE: El siguiente, por favor... . Son veinte dólares, señor.
CLIENTE: ¿Aceptan tarjetas de crédito?
DEPENDIENTE: Sí, todas, excepto American Express.
CLIENTE: Aquí tiene. Muchas gracias.
DEPENDIENTE: De nada. Vuelva pronto.

Vocabulario útil

¿En qué puedo servirle, señor?	*How can I help you, sir?*	De nada/A sus órdenes/ A su servicio/ Con mucho gusto.	*You are welcome.*
Busco... .	*I am looking for . . .*	Vuelva pronto.	*Come back soon.*
Aquí tiene.	*Here you are.*		
¿Aceptan tarjetas de crédito?	*Do you take credit cards?*	**Vocabulario personal:**	

Asimilación

A. Analizando la conversación. Indica cuáles de las expresiones formulaícas usa típicamente un dependiente y cuáles un cliente.

B. Más información, por favor. Completa el cuadro con la información del diálogo.

Objeto:	
Sección de la tienda:	
Precio *(price)*:	
Forma de pago:	

Aplicaciones

C. De compras. →← Ordenen la siguiente conversación.

___ Azul o negro, por favor.
___ Buenos días, ¿en qué puedo servirle?
___ No, señor. Solamente aceptamos pagos en efectivo.
___ Aquí tiene. Son dieciocho dólares.
___ ¿Qué color prefiere?
___ ¿Acepta tarjetas de crédito?
___ Gracias, busco una camiseta.
___ Bueno, entonces tengo que pasar por un cajero automático primero.

D. Necesito enviar un fax. →← Escojan la frase que mejor complete el diálogo.

1. DEPENDIENTE: ______
   a. ¿Qué desea comer esta noche? b. ¿Cuántos quiere?
   c. ¿En qué puedo servirle?
   TÚ: Necesito enviar un fax a Nueva York.

2. DEPENDIENTE: ______
   a. ¿Cuántas personas? b. ¿Qué color prefiere?
   c. ¿Cuál es el número?
   TÚ: Es el 212-555-1234.

3. DEPENDIENTE: ______
   a. Aquí tiene.
   b. Listo. ¿Algo más?
   c. Éste es el número.

4. TÚ: No gracias. Nada más. ¿Cuánto es?
   DEPENDIENTE: ______
   a. Son tres dólares.
   b. Necesita otra talla.
   c. Sí, de nada.

5. TÚ: ¿Aceptan cheques de viajero?
   DEPENDIENTE: ______
   a. No, sólo efectivo.
   b. Vuelva pronto.
   c. Hasta mañana.

6. TÚ: Muy bien. Aquí tiene.
   DEPENDIENTE: ______
   a. Gracias y vuelva pronto.
   b. Está al fondo a la derecha.
   c. Sí, voy a llamar un taxi.

E. El taxi. →← Tomen turnos como taxista y turista. El (La) turista necesita ir a varios sitios en San Juan.

El (La) taxista

Greet the tourist and ask him (her) where he (she) is going.
Respond appropriately to the tourist's questions.
You may say **Aquí estamos** once you have arrived.

El (La) turista

Use the map of Old San Juan on page 141 to decide where you want to go.
Ask the taxi driver how much it is when you have arrived: **¿Cuánto es?**

Integración

¡A conversar!

F. De compras. →← Preparen la siguiente situación.

Turista

During your trip to Puerto Rico you discovered a great salsa group and you want to buy one of their CDs.

Sugerencias

- Tell the clerk what you are looking for.
- Indicate the type of music you want.
- Ask any pertinent question (price, accepted forms of payment, etc.).
- Pay for your CD.

Dependiente ***(Salesperson)***

You are the clerk in a store in San Juan. A tourist wants to make a purchase. Wait on him/her appropriately.

Sugerencias

- Greet your client.
- Inquire about his (her) needs.
- Tell him (her) what section (type of music) to look for.
- Answer any questions he (she) may have.
- Ring up the purchase.

G. Devoluciones ***(Refunds).*** →← Preparen la siguiente situación.

Turista

Your CD doesn't have the songs you wanted. Ask for a refund.

Sugerencias

You may want to use some of the following expressions in this conversation.

Quiero otro.	*I want another one.*
Me gustaría cambiarlo.	*I would like to exchange it.*
Quiero mi dinero.	*I want my money back.*

Dependiente

This customer has changed his/her mind and wants a refund. Explain that you usually don't accept exchanges or returns.

Sugerencias

You may want to use some of the following expressions in this conversation.

Imposible.	*Impossible.*
No puedo.	*I can't.*
Lo siento.	*I'm sorry.*
No me está permitido.	*I'm not allowed.*
¿Tiene el recibo?	*Do you have your receipt?*

V. Lectura: Turismo en Puerto Rico

Antes de leer

A. ¿Qué sabes de Puerto Rico? La lectura siguiente es sobre Puerto Rico. Escribe una lista de palabras que asocias con esta isla.

B. Expectativas. Ahora lee el artículo. ¿Cuáles de las palabras de tu lista aparecen en la lectura?

Turismo en Puerto Rico

Si lo que busca es descansar...esta isla es pura tranquilidad... . Si lo que desea es acción... las noches no duermen en esta isla de música y color. Puerto Rico le ofrece todo un continente de variedad del que nunca se cansará y al que querrá visitar una y otra vez. Si lo que busca es hoteles, los hay de todos los precios y para todos los gustos... cerca a la playa... con hermosas vistas y fascinantes posibilidades... o arriba en la montaña o cerca a los **campos**... con diferentes estilos y entretenimientos diversos... o si desea, rodeados de campos de golf, canchas de tenis, caminos para **paseos a caballo** o simplemente... espacios amplios donde olvidar todo... . Las zonas turísticas del Viejo San Juan, Condado e Isla Verde, le ofrecen toda una serie de hoteles donde encuentra desde el mejor servicio hasta las mejores tiendas a excelentes precios... . Por la noche, los casinos están **dispuestos** para que Ud. pruebe su suerte... los restaurantes están listos para sorprender el gusto más exigente... y las mejores orquestas y artistas están preparados para hacerle pasar una noche **inolvidable...** .

Si desea, puede escaparse en excursiones que lo lleven a visitar el Yunque, el único **bosque tropical** bajo el cuidado del Servicio Nacional de Parques de los Estados Unidos... o las **cuevas** de Camuy, extraordinarias cavernas naturales con formas caprichosas que tomaron cientos de años en formarse... o visitar una vieja hacienda de café... o de **caña**... y si desea, pasar la noche en una casa hacienda del **siglo** pasado... o puede pasear de noche en una de nuestras bahías **fosforescentes,** donde la luna y la naturaleza le juegan una **broma** curiosa a su imaginación... o puede visitar el futuro... en el radio-observatorio de Arecibo, el más grande del mundo... . Si lo que quiere es ver algo substancialmente distinto... pruebe las villas al este de la isla... o los hoteles espectaculares que incluyen hasta una isla propia... . Por la noche, el tiempo parece detenerse en los **adoquines** del Viejo San Juan... mientras jóvenes y adultos disfrutan de las múltiples actividades en los alrededores de la ciudad capital... . Si la historia le llama la atención, una visita a las fortificaciones que dejaron los conquistadores españoles lo hará comprender por qué San Juan es la capital más antigua bajo la bandera estrellada.

fields
horseback riding tours
ready
unforgettable
rain forest
caves
sugar cane / century
fluorescent
joke
cobblestones

¿Entendiste bien?

C. Temas. Indica si se mencionan los siguientes aspectos de la vida en Puerto Rico.

___ el descanso
___ la diversión
___ la política
___ los deportes
___ las playas
___ los desiertos
___ las montañas
___ la historia
___ las compras
___ la comida
___ la gente

D. Aspectos lingüísticos. Identifica en el texto los verbos de acción y completa el cuadro.

Verbos *-ar*	Verbos *-er*	Verbos *-ir*

E. Para discutir por grupos. →← ¿Qué aspecto de la isla les parece más interesante? Expliquen.

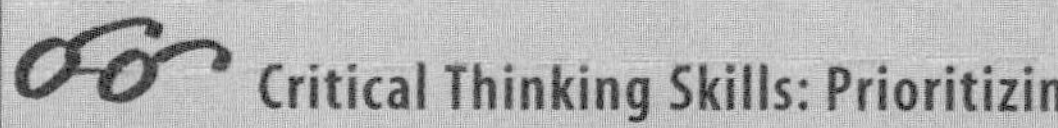

Critical Thinking Skills: Prioritizing

Determine what would be most important to you in this context.

F. Actividad de extensión. →← Imaginen que trabajan para la corporación de turismo de su región. Preparen un artículo similar al artículo «Turismo en Puerto Rico» en la página 172 acerca de su ciudad, su región o en general de su estado.

Vocabulario útil

Preposiciones para decir la hora

a la una	*at one o'clock*
a las dos	*at two o'clock*
a las dos y cuarto	*at two fifteen*
a las dos y media	*at two thirty*
de la mañana	*in the morning (AM)*
de la noche	*at night (PM)*
de la tarde	*in the afternoon (PM)*
de la(s) _____ a (las) _____	*from–to*
desde	*since*
el (los) fin(es) de semana	*weekends*
entre semana	*weekdays*

Verbos irregulares en el presente

conocer	*to know (to be familiar or acquainted with something or someone)*
dar	*to give*
poner	*to put*
saber	*to know (information or how to do something)*
salir	*to leave, to go out*
traer	*to bring*

Expresiones con hacer

hacer compras	*to shop*
hacer ejercicio	*to work out*
hacer la comida	*to cook*
hacer mandados/ diligencias	*to run errands*
hacer tareas	*to do homework*
hacer una pregunta	*to ask a question*

Adverbios de frecuencia

a veces/de vez en cuando	*sometimes*
rara vez	*hardly ever*
casi siempre	*almost always*
con frecuencia/a menudo	*frequently, often*
jamás	*never*
normalmente/ usualmente/ por lo general	*usually*

Formas de pago

el cambio	*change*
el cheque	*check*
el cheque de viajero	*traveler's check*
la tarjeta de crédito	*credit card*
la tarjeta prepagada	*pre-paid card*

Expresiones para ir de compras

¿En qué puedo servirle, señor?	*How can I help you, sir?*
Busco... .	*I am looking for . . .*
Aquí tiene.	*Here you are.*
¿Aceptan tarjetas de crédito?	*Do you take credit cards?*
De nada/A sus órdenes/ A su servicio/ Con mucho gusto.	*You are welcome.*
Vuelva pronto.	*Come back soon.*

Devoluciones	***Returns***
Me gustaría cambiarlo.	*I would like to exchange it.*
Quiero mi dinero.	*I want my money back.*
Quiero otro.	*I want another one.*
Imposible.	*Impossible.*
No puedo.	*I can't.*
No me está permitido.	*I'm not allowed.*
Lo siento.	*I'm sorry.*
¿Tiene el recibo?	*Do you have your receipt?*

En el hotel

I. Vocabulario: Comodidades *(Amenities)* y servicios

Para discutir. →← Responde a las siguientes preguntas y discute tus respuestas con otros compañeros: ¿Cuál es tu hotel favorito? ¿Dónde está? ¿Por qué te gusta?

Vocabulario útil

el aire acondicionado	*air conditioning*
el balcón	*balcony*
el baño privado	*private bath*
el bar	*bar*
el campo de golf	*golf course*
la cancha de baloncesto	*basketball court*
la cancha de tenis	*tennis court*
el estacionamiento	*parking*
la habitación doble	*double room*
la habitación sencilla	*single room*
el minibar	*minibar*
la piscina	*pool*
la playa	*beach*
el restaurante	*restaurant*
el salón de actividades/ reuniones	*meeting room*
el servicio a la habitación	*room service*
el teléfono	*telephone*
el televisor a colores	*color television*
la TV cable	*cable TV*
la vista al mar	*ocean view*

Vocabulario personal:

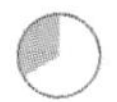

Asimilación

A. ¿Cómo es? Lee el anuncio de abajo y luego contesta las preguntas en la página 176.

Estrategias de lectura: ***Skimming***
Keep in mind as you skim this reading that it is an advertisement and the vocabulary will reflect the theme of amenities and services. Read the entire advertisement once (without stopping on any specific word or phrase), and then answer the following question.

Nuestras instalaciones están ubicadas frente al **Balneario de Playa Lucía** en **Yabucoa.** Aquí podrá disfrutar del hermoso mar y el verdor de las montañas al mismo tiempo.

Contamos con 19 cómodas habitaciones dobles, todas con aire acondicionado, televisor a colores con TV cable, baños privados y balcones con vista a la piscina y al mar.

Nuestro restaurante cuenta con un menú de exquisitos platos con especialidad en mariscos.

Para su entretenimiento, contamos además, con piscina, cancha de baloncesto y, naturalmente, la playa.

Para actividades de negocios o sociales, contamos con un amplio Salón de Actividades con aire acondicionado y capacidad para 150 personas.

Estacionamiento disponible. Aceptamos las principales tarjetas de crédito: Visa, MasterCard y American Express.

1. ¿Qué frase resume mejor *(best summarizes)* la idea central del anuncio?
   a. El hotel es elegante.
   b. El hotel es económico.
   c. El hotel es cómodo.

Estrategias de lectura: *Scanning*

To look for specific information, we scan a given text (the price of a service, the location of an establishment, the terms of a deal, etc.). The next three questions refer to concrete aspects of this advertisement. Read the question, and then quickly scan the article to locate the information requested.

2. ¿Dónde está el hotel?
   a. en San Juan b. en Yabucoa c. en Balneario
3. ¿Cuántas habitaciones tiene?
   a. 19 b. 45 c. 150
4. ¿Qué formas de pago se aceptan?
   a. efectivo y tarjetas de crédito b. tarjetas de crédito c. cheques y tarjetas de crédito
5. Indica los servicios y comodidades que ofrece este hotel.

aire acondicionado		habitación sencilla	
balcón		minibar	
baño privado		playa	
bar		piscina	
TV cable		restaurante	
campo de golf		salón de actividades/reuniones	
cancha de baloncesto		servicio a la habitación	
cancha de tenis		teléfono	
estacionamiento		televisor a colores	
habitación doble		vista al mar	

B. Enfoque lingüístico. ¿Qué crees que significan las siguientes palabras? Observa las palabras e identifica sus definiciones.

1.	instalaciones	a.	verde como el color de las plantas
2.	balneario	b.	que se puede usar
3.	verdor	c.	un tipo de comida de mar
4.	mariscos	d.	grande, espacioso
5.	amplio	e.	un lugar donde las personas se bañan, nadan y toman el sol
6.	disponible	f.	los edificios de una empresa o compañía

Estrategias de lectura: *Guessing from Context*
In order to read efficiently in a foreign language, do not turn to the dictionary every time you encounter an unfamiliar word. Try to figure out its meaning from the clues provided by the context.

Aplicaciones

C. ¿Qué opinan? →← Con un(a) compañero(a) clasifiquen los servicios y comodidades de un hotel. Al terminar comparen sus respuestas con las de otro grupo. ¿En qué están todos de acuerdo?

Muy importante: ______________________________
No es importante: ______________________________

Modelo: *Todos pensamos que... es (son) muy importante(s).*
Todos estamos de acuerdo en que... no es (son) importante(s).

D. Adivina. →← Piensa en uno de los servicios o comodidades de un hotel. Tu compañero(a) debe hacer un máximo de tres preguntas para adivinar de qué servicio o comodidad se trata. Si tu compañero(a) adivina, obtiene un punto. Después cambien de papel *(switch roles)*.

Modelo: *—¿Es un lugar para comer?*
—No.
—¿Es un lugar para nadar?
—Sí.
—¿Es muy grande?
—Sí.
—Es la playa.
—¡Correcto!

E. Para discutir. →← ¿Es el Balneario de Playa Lucía un buen lugar para tener una reunión de negocios? Discute esta idea con tu compañero(a) y prepara una explicación para presentar a la clase.

Un paso más: Las reservas

RECEPCIONISTA: Hotel Miraflores, ¿en qué le puedo servir?
CLIENTE: Buenos días. Me gustaría hacer una reservación.

RECEPCIONISTA: Sí, señora. ¿Para cuándo la necesita?
CLIENTE: La necesito del día 15 al 20 de este mes.

RECEPCIONISTA: ¿Habitación doble o sencilla?
CLIENTE: Doble, por favor.

RECEPCIONISTA: De acuerdo... . Son noventa dólares por noche.
CLIENTE: Bien. Me gustaría con vista al mar, si es posible.

RECEPCIONISTA: Con mucho gusto. ¿A nombre de quién?
CLIENTE: Margarita Robles Jiménez.

RECEPCIONISTA: ¿Me puede dar su número de tarjeta?
CLIENTE: Claro, es el 231-560-8890.

RECEPCIONISTA: Bien. Queda hecha su reservación para esta fecha.
CLIENTE: Muchas gracias y hasta pronto.

RECEPCIONISTA: Con mucho gusto... . Hasta luego.

Vocabulario útil

Me gustaría.../ Quisiera...	*I would like . . .*
Necesito hacer una reservación.	*I need to make a reservation.*
¿Cuál es el precio?/ ¿Cuánto es?	*How much is it?*
Dígame./Bueno. (en Cuba)/ Aló. (en el resto de los países)	*Hello?*
De acuerdo.	*OK. (Fine, I agree.)*
Queda hecha su reserva.	*Your reservation is set.*
Son... (dólares, pesetas, pesos).	*It (the cost) is . . . (dollars,* ***pesetas, pesos****).*

Vocabulario personal:

Asimilación

A. El Hotel Miraflores. Completa el cuadro con la información del diálogo.

nombre del cliente	
tipo de habitación	
fecha de llegada *(arrival)*	
fecha de partida *(departure)*	
precio por noche	
forma de pago	

B. ¿Cómo dicen... ? ¿Cuáles son las expresiones formulaicas que usa la recepcionista? ¿el cliente?

Aplicaciones

C. Necesito una habitación. Escoge *(Choose)* la frase que mejor complete el diálogo.

RECEPCIONISTA: ______

1. ¿Qué desea comer esta noche?
2. ¿Cuántos quiere?
3. ¿Aló? ¿En qué le puedo servir?

TÚ: Necesito una habitación sencilla.

RECEPCIONISTA: ______

1. ¿Cuántas personas?
2. ¿Qué color prefiere?
3. ¿Para cuándo?

TÚ: Del viernes 15 al lunes 18 de octubre.

RECEPCIONISTA: ______

1. ¿Su número de tarjeta, por favor?
2. Sí, tenemos con vista al mar.
3. Sí, de nada.

TÚ: Es el 123-456-7890.

RECEPCIONISTA: ______

1. Muy bien. Queda hecha su reservación.
2. Sí, claro. Vuelva pronto.
3. Sí, señor. Hasta la vista.

TÚ: Mil gracias. Hasta luego.
RECEPCIONISTA: Con mucho gusto. Adiós.

D. Reservaciones telefónicas. Completa el siguiente cuadro con la información de un cliente en el contestador del hotel en que trabajas.

Reservas—Hotel Miraflores	
nombre	
fecha de llegada	
fecha de partida	
tipo de habitación	
número de teléfono	
¿vista al mar?	

Ahora, prepara preguntas para obtener la siguiente información.

Modelo: nombre del cliente
¿A nombre de quién?

1. fecha de llegada y partida
2. tipo de habitación
3. número de teléfono
4. tarjeta

E. ¿Qué hotel me recomiendas? Imagina que este invierno vas a ir de vacaciones a Puerto Rico y que necesitas una habitación de hotel. Averigua los nombres y números de teléfono de buenos hoteles en la ciudad de San Juan.

para tu información

Check out the following site on the web for information on hotels in San Juan, Puerto Rico: **http://temas.heinle.com.**

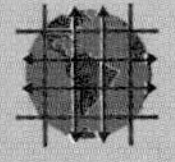

Integración

¡A conversar!

F. Necesito una habitación. →← Preparen con un(a) compañero(a) la siguiente situación.

Turista

Call your favorite hotel in San Juan and make a reservation.

Sugerencias

- Tell the clerk what kind of room you are looking for.
- Indicate the dates of your arrival **(llegada)** and departure **(partida).**
- Ask any pertinent question (price, accepted forms of payment, services, amenities, etc.).

Recepcionista

You are the receptionist in a hotel in San Juan. A tourist calls to make a reservation.

Sugerencias

- Greet your client warmly.
- Inquire about his (her) needs.
- Tell him (her) what you have available.
- Answer any questions he (she) may have about the hotel facilities and services.
- Complete the reservation form for this client.

Reservas—Hotel El Condado	
nombre	
fecha de llegada	
fecha de salida	
tipo de habitación	
número de teléfono	
tarjeta	

¡A escribir!

G. Proyecto. →← Imaginen que tienen que escribir un folleto en español para promocionar uno de los hoteles de su comunidad. Preparen el texto y las imágenes para ese documento. ¡El folleto debe ser atractivo!

Sugerencias

Paso 1: Choose the hotel. (Visit the local hotel if possible, and gather information about its facilities and services.)
Paso 2: Make a list of the services and amenities of the hotel.
Paso 3: Organize the information logically.
Paso 4: Include any necessary pictures or photographs.
Paso 5: Design and present your pamphlet.

Atajo 

Phrases/Functions: Describing an object; Offering; Persuading
Grammar: Adjective agreement

II. Funciones y estructuras: *Talking about daily activities with* **e → ie** *stem-changing verbs*

—¿A qué horas **cierran** esta tienda?
—**Cerramos** a las 8, señora.

—¿**Prefieren** el rojo o el azul?
—**Preferimos** el rojo.

In the conjugation of the present tense of the following verbs, the stem vowel **e** becomes **ie.**

Cerrar *(to close)*	
yo **cierro**	nosotros **cerramos**
tú **cierras**	vosotros **cerráis**
él, ella, Ud. **cierra**	ellos, ellas, Uds. **cierran**

Notice that this stem change does not affect the **nosotros** and **vosotros** forms.

Other common verbs with **e → ie** stem changes:

empezar	*to begin*
entender	*to understand*
pensar	*to think*
perder	*to lose*
preferir	*to prefer*
querer	*to want*

Asimilación

A. De viaje. →← Indica las frases que se apliquen a tu situación. Luego compara tus respuestas con las de otros compañeros. ¿Qué tienen en común?

Cuando voy de viaje...

___ prefiero ir a una playa.
___ nunca pierdo mis boletos de avión.
___ siempre quiero viajar con mis amigos.
___ prefiero una habitación con vista al mar.
___ empiezo los preparativos con bastante anticipación *(well in advance)*.
___ nunca pienso en cosas negativas; retrasos *(delays)*, problemas con el equipaje *(luggage)*, etc.
___ viajo a países donde entiendo bien el idioma.

Informe: *Cuando vamos de viaje nosotros preferimos... . Nunca perdemos...,* etc.

B. Preferencias. Escucha los siguientes mensajes y completa las frases.

Mensaje 1: Gustavo Cobo

Prefiere una habitación _____ .
Quiere una vista _____ .
Piensa llegar el día _____ .

Mensaje 2: Claudia Rocha

Prefiere una habitación _____ .
Quiere una habitación con _____ .
Piensa llegar el día _____ .

Aplicaciones

C. ¿Qué quieren de regalo? →← Formen frases lógicas para indicar lo que las siguientes personas quieren para Navidad *(Christmas)*.

Modelo: mis padres
Mis padres quieren un cuadro para la sala.

Sugerencias

Regalos posibles: un coche nuevo, un viaje a México, billetes para un concierto, un disco compacto, chocolates, una planta

1. tú y tu esposo(a)/novio(a)
2. tu mejor amigo(a)
3. tu jefe(a) *(boss)*
4. tus vecinos
5. tu abuelo(a)
6. (tú) / ¿ ... ?

D. Los gustos de mi compañero(a). →← Prepara varias preguntas para conocer mejor los gustos y preferencias de tu compañero(a). Al terminar, presenta un informe con sus respuestas.

Sugerencias

The following are questions you can use in your interview.

¿Qué prefieres, los coches estadounidenses o los importados?
¿Prefieres la comida china o la comida italiana?
¿Qué prefieres, ir al cine o ver vídeos en casa?
¿Prefieres el frío o el calor?
¿Prefieres la música clásica o el rock?

E. Antes del viaje... →← Completen el siguiente párrafo sobre la dieta de Irma.

Irma está un poco **pasada de kilos** y por eso, antes de sus vacaciones, ella _____ (pensar) hacer una dieta. Irma _____ (entender) que necesita mucha disciplina para **alcanzar** sus objetivos. Su dieta _____ (empezar) mañana con un desayuno muy ligero y todas sus otras comidas tienen que ser bajas en **dulces y grasas.** Aunque ella prefiere comer dulces y **helados** ella sabe que si no _____ (cerrar) la boca, no _____ (perder) peso y entonces no va a poder **lucir** su nuevo **traje de baño** en la playa.

overweight
to reach
sweets and fats
ice cream
to show off / bathing suit

Integración

¡A conversar y escribir!

F. El hotel perfecto. →← Entrevista a un(a) compañero(a) sobre el hotel de sus sueños *(of his/her dreams)* en Puerto Rico **(¿Qué tipo de hotel prefieres?).** Escribe un resumen de su información y busca un hotel que le convenga *(that would suit you)* en el web.

Atajo

Phrases/Functions: Talking about daily routines
Vocabulary: Traveling; Working conditions

Sugerencias

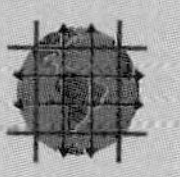

You may use the following address as a place to start. Look under Puerto Rican hotels at: **http://temas.heinle.com.**

III. Perspectivas: La puntualidad

Antes de leer

A. La puntualidad en los Estados Unidos. →← Lean las siguientes preguntas y seleccionen y completen las respuestas.

1. ¿Si tienes una cita médica o de negocios, es aceptable llegar tarde? ¿Qué tan *(how)* tarde?
   a. A una cita con el médico no es aceptable llegar tarde.
   b. A una cita con el médico se puede llegar _____ minutos tarde.
2. Si tienes que reunirte con unos amigos, ¿sueles acordar *(do you usually agree on)* una hora específica? ¿Cuánto tiempo te esperan si te retrasas?
   a. A una reunión con amigos no es aceptable llegar tarde.
   b. A una reunión con amigos se puede llegar _____ minutos tarde.
3. ¿Consideras que la puntualidad es importante en tu país?
   La puntualidad en los Estados Unidos es...
   a. muy importante.
   b. más o menos importante.
   c. no muy importante.

A leer

Lee las respuestas de varios hispanohablantes a las mismas *(same)* preguntas. Luego, compara sus actitudes *(attitudes)* con los de tus compañeros.

Argentina: Verónica Giordana (24 años, estudiante de derecho)

Verónica Giordana

1. Si tienes una cita médica o de negocios, ¿es aceptable llegar tarde? ¿Qué tan tarde?

   Teóricamente no es aceptable, pero **en la práctica** sucede. Generalmente los médicos llegan tarde a sus **consultorios** y se toman el tiempo que quieren. En general, la espera no es mayor de media hora. No se puede llegar tarde al trabajo ni a una cita con el **jefe.**

   in reality / *doctor's office* / *boss*

2. Si tienes que reunirte con unos amigos, ¿sueles acordar una hora específica? ¿Cuánto tiempo te esperan si te retrasas?

   Con los amigos hay mucha informalidad. **Se acuerda** una hora, pero siempre alguno llega tarde. Depende de la situación, pero creo que me **esperarían** media hora. Normalmente uno **avisa** cuando **se le hizo tarde.**

   It is agreed upon / *they would wait* / *lets people know / he (she) is running late*

3. ¿Considera que la puntualidad es importante en su país?

   Según las circunstancias... Entre amigos suele ser terrible, muchos somos muy impuntuales, pero como nos conocemos, nos toleramos eso. En trabajo y negocios los jefes suelen ser impuntuales, pero los empleados **cumplen** sus horarios.

   keep

España: Alfonso Garrido Serrano (32 años, editor)

Alfonso Garrido Serrano

1. ¿Si tienes una cita médica o de negocios, es aceptable llegar tarde? ¿Qué tan de tarde?

   No se debe llegar tarde porque **provoca retraso** en tu propia cita médica. Puedes llegar tarde, pero entonces tienes que esperar y ser el **último.**

   cause a delay / *last*

2. Si tienes que reunirte con unos amigos, ¿sueles acordar una hora específica? ¿Cuánto tiempo te esperan si te retrasas?

   Claro que sí. **Solemos decir** una hora. Lo normal es que se espera hasta 20 minutos. Después de eso, debes buscar a tus amigos en el bar o en el lugar donde suelen ir.

   We often say

3. ¿Considera que la puntualidad es importante en su país?

   No es demasiado importante, al menos entre amigos. En una **cuestión laboral** ya es otra cosa.

   work-related issue

Puerto Rico: Adolfo Martínez (37 años, profesor de literatura)

Adolfo Martínez

1. ¿Si tienes una cita médica o de negocios, es aceptable llegar tarde? ¿Qué tan tarde?

   A las citas médicas no se llega tarde. Si es una cita de negocios, es común que la gente llegue de 15 a 30 minutos tarde. (Por eso, muchas veces se invita a la gente a venir media hora antes de cuando en realidad se piensa empezar la reunión.)

2. Si tienes que reunirte con unos amigos, ¿sueles acordar una hora específica? ¿Cuánto tiempo te esperan si te retrasas?

   Las reuniones con amigos son muy informales. Lo más temprano que se llega a una fiesta es media hora tarde. Nunca **se fija** una hora de **salida.** (¡Eso sería un insulto!)

3. ¿Considera que la puntualidad es importante en su país?

   La puntualidad no es muy importante. Se espera que la gente no llegue a una hora precisa. Muchas veces la gente prefiere encontrarse en un lugar como la playa o un café, donde no hay que preocuparse por el tiempo. Lo más importante es **pasarlo bien.**

determine / departure

to have a good time

¿Entendiste bien?

B. ¿Dónde? →← Indica si las siguientes oraciones son ciertas o falsas. Al terminar, compara tus respuestas con las de otro(a) compañero(a).

¿Cierto o falso?

1. En España, es aceptable llegar hasta veinte minutos tarde a una reunión con amigos.
2. En Puerto Rico, se espera que la gente no llegue a tiempo a citas de negocios.
3. En Argentina, entre amigos no se tolera la impuntualidad.
4. En los tres países hay gran flexibilidad respecto a la puntualidad entre amigos.
5. En los tres países es importante mantener las citas de negocios.
6. En los tres países es aceptable que las personas con autoridad no sean puntuales.

C. Implicaciones. →← Respondan a las siguientes preguntas.

1. Según *(According to)* Verónica, ¿quiénes son más impuntuales, los jefes o los empleados? ¿Pasa algo similar aquí en los Estados Unidos?
2. Según Alfonso, ¿qué sucede *(what happens)* si llegas tarde a una cita con amigos en España? ¿Hacen Uds. lo mismo *(the same)?*
3. Según Adolfo, ¿cómo se soluciona el problema de la impuntualidad en Puerto Rico? ¿Qué opinan de esa solución?

D. Para discutir. →← Discutan las siguientes preguntas en grupo.

1. ¿Son todos los países representados igualmente estrictos respecto a la puntualidad?, ¿Cuál de los tres países parece ser *(seems to be)* más estricto? ¿Cuál parece ser menos estricto?
2. En general, ¿en qué cultura se aprecia más la puntualidad—en la hispana o la estadounidense?
3. ¿Por qué se considera como algo negativo la falta *(lack)* de puntualidad en los Estados Unidos?
4. Menciona algunas de las ventajas *(advantages)* y algunas de las desventajas *(disadvantages)* de la actitud norteamericana respecto a la puntualidad.

Modelo: *La preocupación por la puntualidad es buena porque* ***el tiempo es dinero****, pero es un problema cuando* ***no somos flexibles.***

IV. Funciones y estructuras: *Talking about future plans*

Espero tener tiempo para descansar en la playa.

To talk about plans for the immediate future, use the following construction.

Auxiliary verb +	Infinitive of the main verb
Voy a	dormir despúes de la clase.
Pienso	descansar este fin de semana.

Auxiliary verbs		
General intention	Wish or desire	Obligation
pensar *(to think)*	querer *(to want)*	tener que *(to have to)*
planear *(to plan)*	desear *(to wish, desire)*	deber *(should)*
ir a *(to be going to)*	esperar *(to hope)*	

The following are expressions associated with the future.

el año/el mes/la semana entrante	*next year (month, week)*
dentro de un año/un mes/quince días, etc.	*in a year's time (month, fifteen days, etc.)*
esta noche	*tonight*
esta tarde	*this afternoon*
este viernes (lunes, domingo, etc.)	*this Friday (Monday, Sunday, etc.)*
mañana	*tomorrow*
el próximo mes/año	*next month (year)*
el viernes (lunes, domingo, etc.)	*on Friday (Monday, Sunday, etc.)*

Asimilación

A. ¿Qué vas a hacer esta noche? →← Indica las frases que te correspondan. Luego compara tus respuestas con las de tus compañeros. ¿Qué tienen en común?

___Voy a estudiar.
___Voy a trabajar.
___Voy a llamar a un amigo.
___Voy a hacer ejercicio.
___Voy a preparar la cena.
___Voy a dormir.
___Voy a hacer una tarea.
___Voy a ir al cine.
___Voy a ver televisión.
___Voy a ir a un restaurante.
___ Otros planes: _____

Reporte: *En nuestro grupo todos vamos a..., ... y a... esta noche*

B. La agenda del profesor. Escucha la agenda del profesor e indica qué piensa hacer a la hora indicada. 

1. 8:00
   a. Piensa levantarse.
   b. Tiene que ir a una reunión.
   c. Va a tomar una ducha.
2. 12:00
   a. Tiene que enseñar sus clases.
   b. Va a regresar a su oficina.
   c. Piensa almorzar.
3. 2:00
   a. Quiere tomar una ducha.
   b. Piensa regresar a su oficina.
   c. Va a enseñar su clase.
4. 4:30
   a. Tiene que recoger a su hijo.
   b. Quiere trabajar en su oficina.
   c. Va a cenar en su casa.

Aplicaciones

C. ¿Qué van a hacer esta noche? →← Hagan frases completas de una manera lógica.

Modelo: Larry King
Larry King va a entrevistar a un político en su programa de televisión.

1. yo
2. mi compañero(a) y yo no

3. muchos de los estudiantes
4. el profesor (la profesora)
5. (un actor famoso) no
6. (un atleta famoso)
7. el presidente de los Estados Unidos

D. Planes de viaje. →← Completen el siguiente párrafo con los verbos más apropiados.

pensar visitar   pensar viajar   querer conocer   ir a buscar
querer descansar   querer hacer   tener que llamar

Mi esposa y yo _____ al Caribe el año entrante. Nosotros _____ un crucero por varias islas y por eso _____ la mejor opción en diferentes agencias de viajes. _____ Puerto Rico, Cuba y la República Dominicana. _____ y relajarnos. _____ a mucha gente divertida. Mañana _____ a algunos agentes conocidos para solicitar información y planear el viaje.

E. El fin de semana. →← Hazle varias preguntas a tu compañero(a) para averiguar lo que planea hacer este fin de semana. Después de la entrevista, presenta un reporte al resto de la clase.

Modelo: —*¿Piensas lavar el coche este fin de semana?*
—*Sí. Pienso lavar mi coche el sábado.*

Sugerencias

Other activities: **ir al cine, ir de compras, trabajar, estudiar, ir a la playa, llamar a unos amigos, ir a la casa de tus padres o hermanos, limpiar la casa, hacer un poco de deporte**

Use the following connecting words to organize your report: **primero** (*first*), **segundo** (*second*), **tercero** (*third*), **luego** (*then*), **después** (*afterwards*), **más tarde** (*later*), **finalmente** (*finally*)

Integración

¡A conversar!

F. Un viaje a San Juan. →← Imagina que tú y tu compañero(a) han ganado *(have won)* un viaje de tres días con todos los gastos pagados *(all expenses paid)* a San Juan. ¿Qué piensan hacer? Discutan sus planes y planeen un itinerario.

- ¿Qué lugares quieren ver?
- ¿Qué piensan hacer?
- ¿Cómo van a gastar *(to spend)* el dinero?

Sugerencias
To do this activity, use the following website for information on tourism in Puerto Rico: **http://temas.heinle.com.** 

¡A escribir!

G. El itinerario. Preparen por escrito el itinerario de su viaje a San Juan.

Atajo 

Phrases/Functions: Planning a vacation
Vocabulary: Traveling
Grammar: Verbs: Future with **ir**

Sugerencias

Paso 1: Take notes of your discussion. (Make sure you incorporate specific details about the kinds of things you can do in Puerto Rico based on what you have read and seen in this chapter.)

Paso 2: Organize your presentation (chronologically, in order of importance, etc.).

Paso 3: Write down your plans. (Make sure the verb sequence auxiliary + infinitive is correct.)

Paso 4: Check to make sure all the necessary information is present and the grammar is correct.

V. Lectura: «A Puerto Rico»

Antes de leer

A. Para discutir. →← Contesten las siguientes preguntas antes de leer la lectura.

1. What songs or poems do you know about the United States?
2. What aspects of life in the U.S. are highlighted in this poem or song?

B. Vocabulario y conceptos. Para cada palabra indica la letra de tu definición. (Usa un diccionario si es necesario.) Luego completa las frases de una manera lógica.

1. la patria	a. suelo, terreno o la región donde nacimos
2. la tierra	b. nuestro país
3. la ausencia	c. lo que sientes *(feel)* cuando estás lejos de algo o de alguien

A leer

«A Puerto Rico» (Ausencia) (fragmento)

José Gautier Benítez (1851–1880)

Este autor es uno de los mejores poetas románticos de la literatura puertorriqueña. El tema más importante de su poesía es la patria. En sus versos Puerto Rico se presenta como una **mujer amada,** un paraíso terrenal y casi como **la vida misma del poeta.**

loved woman / the poet's own life

Puerto Rico, Patria mía,
la de los blancos **almenares,**
la de los verdes **palmares,**
la de la extensa **bahía:**
...
En vano me trajo **Dios**
a un **suelo** extraño y distante:
en vano está el mar de adelante
interpuesto entre los dos:
...
Y yo, patria, que **te quiero,**
yo que por tu **amor** deliro,
que lejos de ti **suspiro,**
que lejos de ti **me muero.**
...
Hoy diera, en la tierra hispana,
el **oro** que el **mundo encierra,**
por un **puño** de tierra
de mi tierra **Borincana.**

towers of a fortress
palm trees
bay

In vain / God
soil

interposed (in between)
I love you
love
I sigh
I die

gold / world encloses
handful
from Borinquen (the native name of Puerto Rico)

¿Entendiste bien?

C. ¿Qué aspectos de Puerto Rico destaca *(point out)* el poeta? →← Indiquen todos los que correspondan y den ejemplos de versos.

Estrategias de lectura: *Scanning*
This time first read the question, and then quickly scan the poem to locate the information requested.

___ su geografía (ejemplo: _____)
___ su gente (ejemplo: _____)
___ su fauna (ejemplo: _____)
___ su flora (ejemplo: _____)
___ sus problemas (ejemplo: _____)
___ sus atracciones turísticas (ejemplo: _____)

D. ¿Dónde creen que está el poeta? →← ¿Creen que el autor escribe el poema en Puerto Rico o desde otro país? Justifiquen su respuesta con referencias específicas del poema.

E. Sentimientos *(Feelings).* →← El poeta expresa diversos sentimientos en sus versos. Encuentren ejemplos de los siguientes sentimientos o emociones.

1. orgullo *(pride)*
2. amor
3. nostalgia

para tu información

One of the characteristics of poetic language is its rhyme and musicality. Rhyme is the repetition of sounds in two or more verses. In Spanish, the rhyme in this poem is called **consonante** due to the repetition of both consonant and vowel sounds in the verses.

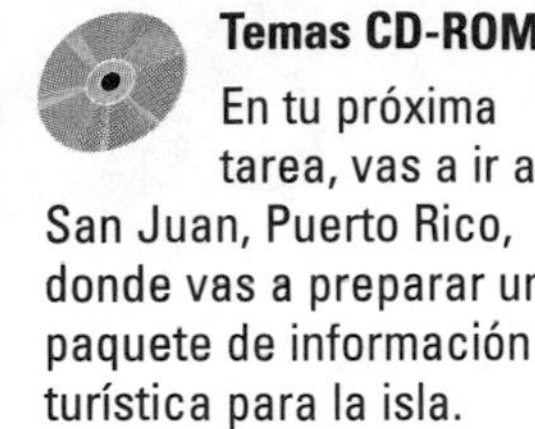

Temas CD-ROM
En tu próxima tarea, vas a ir a San Juan, Puerto Rico, donde vas a preparar un paquete de información turística para la isla.

F. **Enfoque comunitario.** →← La comunidad puertorriqueña está presente en muchas áreas de los Estados Unidos. Averigüen si hay núcleos de población puertorriqueña en su ciudad. Si pueden, visiten esa área y hablen con su gente. Determinen lo que más les gusta de vivir en su región de los Estados Unidos y lo que más extrañan *(what they miss the most)* de su isla.

Vocabulario

Las reservas

con baño privado	*with private bath*
con cable	*with cable*
con teléfono	*with a telephone*
con televisión	*with TV*
con vista a...	*with a view of . . .*
la habitación doble	*double room*
la habitación sencilla	*single room*

Expresiones para hacer reservas

¿Cuál es el precio?/ ¿Cuánto es?	*How much is it?*
De acuerdo.	*Ok. (Fine, I agree.)*
Dígame./Bueno. (en México)/Aló. (en el resto de los países)	*Hello?*
Me gustaría.../Quisiera...	*I would like . . .*
Necesito hacer una reservación.	*I need to make a reservation.*
Queda hecha su reserva.	*Your reservation is set.*
Son... (dólares, pesetas, pesos).	*It (The cost) is . . . (dollars,* ***pesetas, pesos****).*

Verbos de cambio radical (ie)

cerrar	*to close*
empezar	*to begin*
entender	*to understand*
pensar	*to think*
perder	*to lose*
preferir	*to prefer*
querer	*to want*

Verbos auxiliares

deber	*should*
desear	*to wish, desire*
esperar	*to hope*
ir a	*to be going to*
planear	*to plan*
tener que	*to have to*

Expresiones para expresar el futuro

el año/el mes/ la semana entrante	*next year/month/week*
dentro de un año/un mes/quince días, etc.	*in a year's time (month/ fifteen days, etc.)*
esta noche	*tonight*
esta tarde	*this afternoon*
mañana	*tomorrow*
el próximo mes/año	*next month/year*
el viernes (lunes, domingo, etc.)	*on Friday (Monday, Sunday, etc.)*
este viernes (lunes, domingo, etc.)	*this Friday (Monday, Sunday, etc.)*

Más conectores

primero	*first*
segundo	*second*
tercero	*third*
luego	*then*
más tarde	*later*
finalmente	*finally*

Para comenzar

Escoge para cada foto de España la descripción que le corresponde.

- Historia y tradiciones
- Campos fértiles
- Urbes europeas cosmopolitas

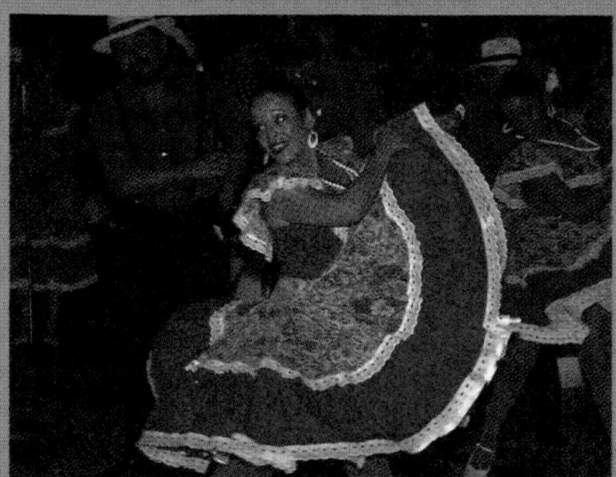

Foto 2

Foto 3

Foto 1

In this chapter you will learn. . .

- how to talk about clothing preferences and go shopping;
- how to describe weather conditions;
- how to plan vacations and make travel arrangements;
- how to talk about food and order in a restaurant;
- how to express what is happening at the moment;
- how to talk about one's daily routine;
- about vacation customs in Spain.

CAPÍTULO > > > 

Preferencias y prioridades

	Tema 1 El tiempo y la ropa	Tema 2 La comida	Tema 3 Las vacaciones
Vocabulario	El estado del tiempo Ropa de diario y accesorios Materiales y diseños	Las tres comidas diarias Una buena nutrición En la mesa En el restaurante	Los preparativos
Funciones y estructuras	Comparing and contrasting with comparatives	Comparing and contrasting with superlatives Talking about ongoing actions with the present progressive tense The contrast between the verbs **ser** and **estar**	Talking about seasonal activities with stem-changing verbs Talking about activities with other irregular verbs Talking about daily activities with reflexive verbs
Pronunciación	Las consonantes **ll, y, ñ**		
Lectura		Las ensaladas	Perspectivas: Las vacaciones de los españoles «Las vacaciones» (fragmento), Gomaespuma
Vídeo	De compras		

ENFOQUE

España

A. En el mapa. Mira el vídeo e indica el número en el mapa que corresponde con los lugares siguientes:

a. Sevilla b. Barcelona c. Santiago de Compostela.

B. En el vídeo. Completa la tabla con la información del vídeo.

Capital:	
Población:	
Ingreso per cápita:	
Moneda:	
Productos de exportación:	

C. ¿Cómo son? Para cada comunidad autónoma indica su característica correspondiente.

___ 1. Andalucía
___ 2. Castilla La Mancha
___ 3. Valencia
___ 4. Cataluña
___ 5. Galicia
___ 6. País Vasco

a. Como su nombre lo indica, es una comunidad llena de castillos e historia. Su capital es Toledo.
b. Antiguo reino moro al este de España. Allí se habla valenciano.
c. Centro industrial y financiero al noreste de España. Es una de las comunidades más prósperas del país. Su capital es Barcelona. Allí se habla catalán.
d. Comunidad al norte del país frente al mar Cantábrico y junto a los Pirineos. Su idioma (el euskera) es único (*unique*), pues no tiene relación con los otros idiomas indoeuropeos. Vitoria es su capital.

e. Comunidad eminentemente agrícola y pesquera al noroeste del país. Allí se habla el gallego (una lengua similar al portugués). Santiago de Compostela es su capital.
f. Comunidad al sur del país famosa por su música flamenca. Lugar de origen de muchos de los conquistadores y colonizadores de América. Su capital es Sevilla.

para tu información

Si deseas aprender más acerca de España, visita el siguiente sitio-web: **http://temas.heinle.com.**

Los orgullos de España...

Su historia

El Alcázar de Segovia

España tiene una rica tradición histórica que es evidente no sólo en su territorio, sino también en sus antiguas colonias americanas.

Su arte

El museo del Prado, Madrid

España ha producido grandes artistas como El Greco, Diego Velázquez, Francisco Goya, Salvador Dalí y Pablo Picasso.

Su lengua

Monumento a Don Quijote de la Mancha en la Plaza de España, Madrid

Algunos de los más importantes escritores de la literatura universal son españoles. Entre los más famosos están Miguel de Cervantes Saavedra (autor de *Don Quijote de la Mancha*) y los siguientes ganadores del premio Nobel de Literatura: José Echegaray y Eizaguirre (1904), Jacinto Benavente y Martínez (1922), Juan Ramón Jiménez (1956), Vicente Aleixandre (1977), Camilo José Cela (1989).

Tema 1

El tiempo y la ropa

I. Vocabulario: El estado del tiempo

¡Hace calor!

Vocabulario útil

Hace frío.	*It's cold.*
Hace fresco.	*It's cool.*
Hace viento.	*It's windy.*
Hace sol.	*It's sunny.*
Llueve.	*It's raining.*
Nieva.	*It's snowing.*
Está (parcialmente) nublado.	*It's (partly) cloudy.*

Vocabulario personal:

Recuerda

Las estaciones *(seasons):*

el invierno	*winter*
la primavera	*spring*
el verano	*summer*
el otoño	*fall*

Me gusta el **invierno** porque nieva y **hace** mucho **frío.**
Yo prefiero la **primavera** porque llueve y **hace fresco.**
Nos gusta el **verano** porque **hace sol** y mucho **calor.**
Bueno, a mí me gusta mucho el **otoño** porque **está nublado** y **hace viento.**

The verb **hacer** *(to do, to make)* is used to talk about several weather conditions.

¿Qué tiempo hace?	*What is the weather like?*
Hace viento.	*It's windy.*
Hace buen/mal tiempo.	*The weather is good/bad.*

The words **un poco de** *(a bit, somewhat),* and **mucho** *(very, quite a bit)* can be used to indicate the degree of a given weather condition.

Hace **mucho** frío hoy.	*It's **very** cold today.*
Hace **un poco de** viento esta mañana.	*It's **a bit** windy this morning.*
Llueve **mucho** en esta ciudad.	*It rains **a lot** in this city.*

para tu información

Las variaciones climáticas en el mundo hispano

La mayoría de los países hispanos están en la zona tropical y por lo tanto no tienen fluctuaciones térmicas significativas durante el año. En estos países se habla en cambio de períodos secos y períodos lluviosos. Las estaciones en países como Argentina y Chile son las opuestas a las de España (o los Estados Unidos) debido a su ubicación en el hemisferio sur.

¿Entendiste bien? Clasifica los siguientes países de acuerdo a la información en la nota anterior.

Opciones: No tiene estaciones. / En enero es invierno. / En enero es verano.

Argentina	España
Chile	Costa Rica
Colombia	Estados Unidos

Asimilación

A. En los Estados Unidos... Completa la frase con la información más apropiada de acuerdo al contexto.

1. En los Estados Unidos hace calor durante los meses de _____ .
   a. junio, julio y agosto　　b. diciembre, enero y febrero
   c. marzo, abril y mayo
2. Por lo general en este país hace fresco durante los meses de _____ .
   a. diciembre y enero　　b. junio y julio
   c. abril y octubre
3. Aquí siempre hace frío en _____ .
   a. diciembre y enero　　b. junio y julio
   c. abril y octubre
4. Llueve mucho en _____ .
   a. diciembre y enero　　b. junio y julio
   c. abril y octubre
5. Casi siempre nieva durante los meses de _____ .
   a. diciembre y enero　　b. junio y julio
   c. abril y octubre

para tu información

Diferencias en las escalas de temperatura

En España y Latinoamérica se usa la escala Celsius para medir la temperatura. Para la conversión de temperaturas entre el sistema centígrado y el Fahrenheit usa la siguiente fórmula.

$$°C = 0.55 \times (°F - 32)$$

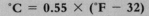

¿Entendiste bien? →← Conviertan las siguientes temperaturas de la escala Celsius a la escala Fahrenheit.

Las temperaturas en Madrid		
Mes	**Escala Celsius**	**Escala Fahrenheit**
diciembre y enero	Entre 2 y 11 °C	Entre... y... °F
marzo y octubre	Entre 5 y 18 °C	Entre... y... °F
julio y agosto	Entre 17 y 31 °C	Entre... y... °F

Recuerda
Remember that the months of the year do not start with a capital letter as in English, except when they start a sentence.

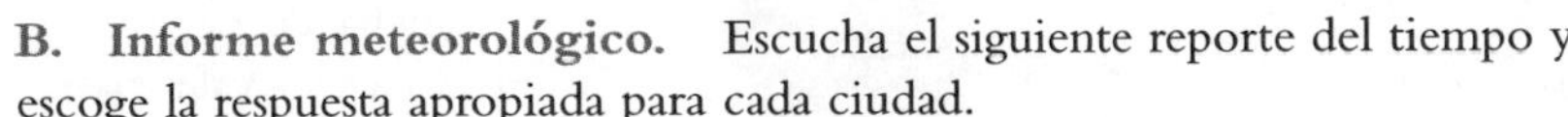

B. Informe meteorológico. Escucha el siguiente reporte del tiempo y escoge la respuesta apropiada para cada ciudad.

1. En Madrid...
   a. hace sol.　　b. hace frío.　　c. hace viento.
2. En Bilbao...
   a. está nublado.　　b. nieva.　　c. llueve.

3. En Valencia...
   a. hace sol. b. está nublado. c. hace viento.
4. En Málaga...
   a. está nublado. b. nieva. c. hace sol.
5. En Barcelona...
   a. hace sol. b. llueve. c. hace calor.

Aplicaciones

C. ¿Qué tiempo hace? →← Con un(a) compañero(a), describan el tiempo en cada una de las siguientes imágenes.

Modelo: *Hace frío, parece que* (it seems like) *hace un poco de viento, no hace sol,* etc.

Imagen 1

Imagen 2

Imagen 3

D. El tiempo hoy... →← Con un(a) compañero(a), describan el estado del tiempo el día de hoy.

Modelo: *Hoy hace sol y hace un poco de calor, también...*

E. El estado del tiempo en España. →← Completen el pronóstico del tiempo *(weather forecast)* para España, de acuerdo con el siguiente mapa.

En el norte, en las regiones de Galicia, la Cordillera Cantábrica, Castilla y León, Navarra, La Rioja, Aragón, y el norte de Cataluña _____ . En el sur de Cataluña, norte de La Mancha, de Extremadura y de Valencia _____ . En el sur de Extremadura, Andalucía y las Islas Canarias _____ . Finalmente, en Galicia, Asturias y el Estrecho de Gibraltar _____ .

De otra manera

In Spain the word **previsión** is often used to refer to a weather forecast.

F. Recomendaciones para turistas. De acuerdo con la información meteorológica anterior, ¿qué actividades les recomiendas a los turistas? Según la frase, indica el nombre de la región o la actividad.

1. Es un buen día para ir a la playa en _____ .
2. Es mejor visitar un museo en _____ , porque va a llover.
3. En _____ no es un buen día para viajar en barco.
4. En _____ es un buen día para pasear y hacer actividades al aire libre.
5. En Castilla es un buen día para _____ .
6. En Andalucía es mejor _____ .

Integración

¡A conversar!

G. ¿Cuál es tu estación favorita? →← Prepara varias preguntas para determinar cuál es la estación favorita de uno(a) de tus compañeros y por qué. Luego, presenta un breve informe de sus respuestas al resto de la clase.

Sugerencias

You can use the following questions as a guide.

¿Prefieres el calor o el frío?
¿Cuál es tu estación favorita?
¿Te gusta la nieve?
¿Qué actividades realizas durante el invierno?
¿Adónde vas?

¡A escribir!

H. El tiempo en los Estados Unidos. →← Completen el cuadro (la tabla) siguiente con el estado del tiempo y las actividades más recomendables para el día de hoy en las diferentes regiones de los Estados Unidos.

Sugerencias

La página del diario *USA Today* te puede ser útil para completar esta actividad. Ve a **http://temas.heinle.com** para más información.

	Previsión del tiempo	**Actividades recomendables por región**
El noreste		
El sureste		
El centro		
Las montañas Rockies		
El noroeste		
El suroeste		

II. Vocabulario: Ropa de diario y accesorios

Rebajas de enero *(January sales)*

Vocabulario útil

Accesorios y otras prendas	***Accessories and other clothing items***
los anteojos para el sol/ lentes de sol	*sunglasses*
los aretes/pendientes	*earrings*
los calcetines/las medias	*socks*
la camiseta	*T-shirt*
el cinturón	*belt*
el collar	*necklace*
la gorra	*cap*
los guantes	*gloves*
las medias	*stockings*
la minifalda	*miniskirt*
los pantalones cortos	*shorts*
la pulsera	*bracelet*
el reloj	*watch*
la ropa interior	*underwear*
las sandalias	*sandals*
el sombrero	*hat*
el sombrero de sol	*sun hat*
los tejanos/vaqueros	*jeans*
el traje de baño/ bañador	*bathing suit*
las zapatillas	*slippers*
los zapatos altos/ los tacones	*high heel shoes*
los zapatos de tenis	*tennis shoes*

Verbos

llevar/usar	*to wear*

Vocabulario personal:

para tu información

Los colores

- negro
- azul
- marrón / café
- dorado
- gris
- verde
- anaranjado / el color naranja
- rosado
- morado
- plateado
- blanco
- amarillo

Colors are adjectives, and therefore they match in number and gender the nouns they describe.

Mis medias son **amarillas.**	*My socks are* ***yellow.***
Tus pantalones son **verdes.**	*Your pants are* ***green.***

Notice that colors ending in a consonant or vowels other than **o** have the same masculine and feminine forms **(puerta marrón/sillón marrón, techo gris/pared gris).**

You may also refer to color by using the expression **de color** followed by the masculine singular form of the color in question.

El abrigo es **de color** blanco.	*The coat is* ***white (in color).***
El cinturón es **de color** marrón.	*The belt is* ***brown (in color).***

De otra manera

A blouse is called a **pollera** in El Salvador.
—Ana María Viscarra, University of Delaware

De otra manera

In Puerto Rico a belt is called a **correa** and blue jeans are called **mahones**.
—Mark Darhower, University of Pittsburgh

Asimilación

A. ¿Qué prenda *(garment)* es? Conecta las prendas con sus descripciones.

1. la falda
2. los pantalones
3. el abrigo
4. los zapatos
5. la camisa

a. Es una prenda que usas cuando hace frío.
b. Los llevas en los pies para caminar.
c. Generalmente son cortos en el verano.
d. Los hombres de negocios las prefieren blancas.
e. La llevan solamente las mujeres.

B. ¿Quién es? Identifica a la persona que se describe a continuación.

Aplicaciones

C. Recomendaciones. →← Un(a) amigo(a) está preparándose para un viaje de esquí a las montañas. ¿Qué ropa creen que debe (o no debe) llevar? Preparen una lista.

D. Variaciones estacionales. Clasifica los siguientes artículos según la estación. (Nota: Algunas prendas y accesorios se pueden usar en más de una época del año.)

chaqueta	anteojos para el sol	bufanda	abrigo	tejanos
gorra	camiseta	aretes	bermudas	zapatillas
corbata	sandalias	guantes	blusa	impermeable
bañador	cinturón	botas	vestido	

Primavera	
Verano	
Otoño	
Invierno	

E. ¿Qué falta *(What's missing)?* →← Ahora con un(a) compañero(a), comparen sus respuestas y traten de completar el cuadro del **Ejercicio D** con otros artículos indispensables *(absolutely necessary)* para cada estación.

para tu información

Las tallas *(Sizes)*

En Europa y gran parte de Latinoamérica se usa un sistema diferente de medidas. Observa la siguiente tabla de correspondencias.

DAMAS

Vestidos/Trajes

norteamericano	6	8	10	12	14	16	18	20
europeo	34	36	38	40	42	44	46	48

Calcetines/Pantimedias — **Zapatos**

	Calcetines/Pantimedias						Zapatos					
norteamericano	8	8½	9	9½	10	10½	6	6½	7	8	8½	9
europeo	0	1	2	3	4	5	36	37	38	38½	39	40

CABALLEROS

Trajes/Abrigos

norteamericano	36	38	40	42	44	46
europeo	46	48	50	52	54	56

Camisas

norteamericano	14	14½	15	15½	16	16½	17	17½	18
europeo	36	37	38	39	41	42	43	44	45

Zapatos

norteamericano	5	6	7	8	8½	9	9½	10	11
europeo	37½	38	39½	40	41	42	43	44	46

¿Entendiste bien? Tus padres van a hacer su viaje de aniversario a España y quieren traerte *(bring you)* algo de recuerdo. Diles cuál es el equivalente de tu talla para que te puedan comprar alguno de los siguientes artículos.

1. zapatos
2. camisas
3. vestidos (traje)

■ Un paso más: Materiales y diseños

Vocabulario útil

Materiales			
el algodón	*cotton*	la seda	*silk*
el cuero	*leather*	la tela	*fabric*
de fantasía	*costume jewelry*	**Diseños**	***Designs***
la lana	*wool*	a cuadros	*checked*
el material sintético (acrílico, poliéster)	*synthetic material (acrylic, polyester)*	a rayas	*striped*
el metal	*metal*	de puntos/de lunares	*polka-dots*
el oro	*gold*	estampado	*print*
la pana	*corduroy*	liso/de un solo tono	*solid color*
la plata	*silver*	**Vocabulario personal:**	

Remember that the verb **ser,** followed by **de,** is used to describe what something is made of or its origin.

El chaleco es **de** cuero. — *The vest is made **of** leather.*
Fernando es **de** Bolivia. — *Fernando is **from** Bolivia.*

The verb **ser** is also used to refer to inherent characteristics.

El algodón **es** muy resistente. — *Cotton **is** quite resilient.*

Asimilación

A. Los materiales. →← Normalmente, ¿de qué material son los siguientes artículos? Al terminar, compara tus respuestas con las de otro(a) compañero(a).

1. los cinturones — a. algodón
2. los impermeables — b. cuero
3. las blusas — c. material sintético
4. los aretes — d. oro
5. los tejanos — e. seda

B. ¿Qué dijo? *(What did she say?)* Escucha el siguiente texto e indica las frases que escuches.

___ Estoy invitada a una fiesta.
___ Estoy invitada a un matrimonio.
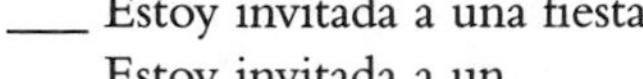
___ una falda larga de algodón
___ un vestido a rayas
___ una blusa estampada
___ una blusa de un solo tono
___ un collar o unos aretes de oro
___ un collar o unos aretes de plata

Aplicaciones

C. Mi familia. →← Completen el párrafo con el material o el diseño correspondiente.

Opciones: a cuadros, cuero, seda, oro, azul

Mi mamá lleva unos pantalones de _____ color crema, un chaleco estampado de color _____ , unos zapatos de _____ negro y unos aretes de _____ . Mi hija lleva una falda _____ y una blusita blanca.

D. De compras. →← Imagina que tú y tu compañero(a) han recibido un bono de regalo *(gift certificate)* por 200 dólares para ir de compras a cualquier tienda en tu centro comercial local. ¿A qué tienda van a ir? ¿Por qué? ¿Qué van a comprar? Compartan sus ideas con el resto de la clase.

E. ¡A empacar! →← Uds. van a ir de vacaciones a Cancún. ¿Qué ropa y accesorios creen que deben llevar? Hagan una lista y no se olviden de mencionar los materiales y diseños más apropiados.

Integración

¡A escribir y conversar!

F. Desfile de modas *(Fashion show).* →← Formen grupos de cuatro estudiantes. Su misión es presentar las modas de los estudiantes universitarios en Norteamérica. Dos estudiantes van a actuar como modelos y los otros dos van a describir los materiales y diseños de sus prendas.

1. Establezcan las prendas que van a llevar los modelos.
2. Escriban lo que van a decir los anfitriones *(presenters)* y cómo van a presentar los modelos.

Atajo

Phrases/Functions: Describing objects
Vocabulary: Clothing

III. Guía para la pronunciación

Las consonantes ll, y, ñ. Although the pronunciation of double **ll** and **y** varies greatly in the Spanish-speaking world, these letters are often pronounced like the English *y* in *youth* or *yellow.*

¿Quieres ir a la pla**y**a?
Las ca**ll**es están **ll**enas de turistas en el verano.
En ma**y**o **ll**ueve mucho en Sevi**ll**a.
¿Necesitas una sombri**ll**a?

Remember that the conjunction **y** is pronounced like the letters *ea* in *eat.*

Hace sol **y** un poco de viento.
En el verano me gusta nadar **y** correr por la playa.

The Spanish letter **ñ** represents a sound similar to the *ny* in the word *canyon.*

Mi cumplea**ñ**os es en octubre.
Ma**ñ**ana voy con mis ni**ñ**os a visitar a mi hermana.
¿Sabes dónde está el ba**ñ**o?

IV. Funciones y estructuras: *Comparing and contrasting with comparatives*

The expressions **más... que** *(more . . . than)* and **menos... que** *(less . . . than)* are used to indicate differences in quantity or quality between . . .

Note that the word order in comparisons is typically the following:

más/menos + ***adjective/noun/adverb*** + **que**

- adjectives

Hoy hace **más** frío en el norte **que** en el sur del país.	*Today it is colder in the north **than** in the south of the country.*
La camisa verde es **menos** cara **que** la falda azul.	*The green shirt is **less** expensive **than** the blue skirt.*

- nouns

Hay **más** camisas **que** pantalones en esta tienda.	*There are **more** shirts **than** pants in this store.*
Aquí hace **menos** frío **que** en Chicago.	*It is **less** cold here **than** in Chicago.*

- adverbs

Hoy llueve **más** intensamente **que** ayer.	*Today it is raining **more** intensely **than** yesterday.*

- verbs

Often with verbs, **más que** and **menos que** are used with nothing in between.

En mayo llueve **menos que** en abril.	*It rains **less** in May **than** in April.*
Una camisa de seda cuesta **más que** una camisa de algodón.	*A silk shirt costs **more than** a cotton shirt.*

The expression **más de** is used before specific quantities or numbers.

La temperatura promedio en julio es de **más de** ochenta grados.	*The average temperature in July is **more than** eighty degrees.*

To indicate equality between *adjectives* and *adverbs* use the expression **tan... como** (*as . . . as . . .*).

El clima en el sur del país usualmente no es **tan** fresco **como** en el norte.	*The weather in the south of the country typically is not **as** cool **as** in the north.*

To indicate equality between *nouns*, use the expression **tanto(a)... como** or **tantos(as)... como.** Note that **tanto** agrees in gender and number with the noun that follows.

En la Florida no hay **tantos** días soleados **como** en Arizona.	*In Florida there are not **as many** sunny days **as** in Arizona.*

To express equality between nouns, you may also use the expression **el (la) mismo(a)... que** (*the same* [*as*]).

Las condiciones climáticas de Europa son casi **las mismas que** las de los Estados Unidos.	*The weather conditions in Europe are about **the same as** the ones in the United States.*

The adjectives on page 206 have irregular comparative forms.

Adjective	Comparative
bueno *(good)*	**mejor** *(better)*
malo *(bad)*	**peor** *(worse)*
mucho *(much)*	**más** *(more)*
poco *(little of)*	**menos** *(less)*
grande, viejo *(big, old)*	**mayor** *(bigger, older)*
pequeño, joven *(small, young)*	**menor** *(smaller, younger)*

In summary . . .

Comparisons		Expressions of equality	
más + *adjective/adverb/noun* **menos** + *adjective/adverb/noun* **mejor** **peor** **mayor** **menor**	**que**	**el (la, los, las) mismo(a, s, as)**	**que**
		tanto(a, s, as) + *noun* **tan** + *adjective*	**como**

Asimilación

A. El tiempo en los Estados Unidos. →← Trabaja con un(a) compañero(a) para completar las siguientes frases, según sus opiniones.

1. Hoy hace más calor en Miami que en _____ .
2. Hace tanto frío en Boston como en _____ .
3. Hace menos frío en St. Louis que en _____ .
4. Llueve más en Seattle que en _____ .
5. Nieva tanto en Chicago como en _____ .

B. ¿Sí o no? →← Observen los dibujos de José Miguel y Don Antonio e indiquen si las frases que van a escuchar son ciertas o falsas.

1. ... 2. ... 3. ... 4. ... 5. ...

Aplicaciones

C. ¿Qué opinas? →← Expresa tu opinión acerca de los siguientes prendas y accesorios. Al terminar, compara tus respuestas con las de otro(a) compañero(a). ¿En qué están de acuerdo?

Modelo: una mini falda / un vestido (pequeño)
Una minifalda es más pequeña que un vestido.

1. un suéter / un abrigo (caluroso)
2. unos zapatos altos / unas sandalias (cómodo)
3. unos aretes de oro / unos aretes de fantasía (barato)
4. unos tejanos / un vestido (elegante)
5. unas bermudas / unos pantalones (informal)

D. Las estaciones. →← Completen las siguientes frases con comparaciones lógicas.

Modelo: En verano *hace más calor* que en primavera.

1. En invierno _____ que en verano.
2. En primavera _____ que en verano.
3. En otoño _____ como en primavera.
4. En otoño _____ que en invierno.
5. En invierno _____ que en primavera.

E. Modas *(Trends)*. →← Comparen los estilos, colores y materiales de ropa más populares en su universidad. ¿Qué opinan de las diferentes modas? ¿Cuáles prefieren? ¿Por qué?

Sugerencias

Use comparatives to justify your preferences.

Prefiero los tejanos porque son *más cómodos que* las faldas.
No me gustan las blusas de seda porque son *menos frescas que* las camisetas de algodón.

Integración

¡A conversar!

F. De compras. →← Prepara la siguiente conversación con un(a) compañero(a).

Indeciso(a)

Imagine that you have to attend a high school reunion. You are thinking of wearing something comfortable and casual (perhaps shorts and sneakers). Discuss your ideas for outfits with a friend.

Consejero(a)

Your friend is planning to attend a high school reunion and wants to wear a very informal outfit. Try to convince him (her) to choose a more formal suit (dress).

Sugerencias

To be persuasive, you can use the following expressions:

Es una buena idea, pero... . *(That is a good idea, but . . . .)*
No me parece una buena idea porque... . *(I don't think it is a good idea because . . . .)*

You can also use comparatives to express your opinion.

Un vestido es *más formal que* unas bermudas.
Unos zapatos de cuero son *más elegantes que* unas sandalias.

Atajo

Phrases/Functions: Comparing and contrasting
Vocabulary: Seasons
Grammar: Comparisons: adjectives

¡A escribir!

G. ¿Cuál te gusta más? Compara los datos meteorológicos de estas dos ciudades y escribe un reporte explicando dónde te gustaría vivir y por qué.

	Promedio de temperatura en el verano	Promedio de temperatura en el invierno	Días de lluvia por año	Días de sol por año
Barcelona	23°C	9°C	65.8	246.2
Sevilla	27°C	11°C	60.7	292.2

V. Vídeo: De compras 

Preparación

A. La comunicación no verbal. Observa las imágenes sin audio y contesta las siguientes preguntas.

1. ¿Dónde están estas personas? 2. ¿Quiénes son? 3. ¿De qué hablan?

Estrategia de comprensión: *Anticipating*
Trying to guess the content of a message based on what we know about its context (who is involved, why, etc.) is a very helpful strategy to deal with authentic native-speaker speech.

B. Expectativas. →← Contesten las preguntas antes de ver el vídeo.

1. ¿Cuáles de las siguientes palabras esperan escuchar en este vídeo?

    ___ falda ___ zapatos ___ medias ___ algodón
    ___ traje ___ collar ___ blusa ___ seda

2. Preparen una lista de otras palabras que esperan escuchar en este segmento. Luego, compárenlas con las de otros grupos.

¿Entendiste bien?

C. ¿Qué dicen? Mira el vídeo e indica la respuesta correcta.

1. ¿Qué va a comprar Laura?
   a. un vestido b. un traje c. una falda
2. ¿De qué material es?
   a. de seda-pana b. de algodón c. de lino
3. ¿Cuánto cuesta?
   a. quinientos pesos b. cincuenta pesos c. cinco mil pesos

D. Enfoque lingüístico. Observa el vídeo una vez más y completa el diálogo.

Opciones: ¿Me lo puedo probar *(to try on)?*, ¿Qué talla eres?, ¿Cuánto cuesta?, ¿Las puedo ayudar en algo?, ¿Tienes algún otro color?, ¿Me lo puedes mostrar *(to show)?*, ¿Qué tela es?

LAURA: Éste está bonito.
VENDEDORA: Hola, buenos días, _____ .
LAURA: Ay sí, gracias, mira estoy buscando un traje sastre.
VENDEDORA: Mira, éste es un traje sastre, tiene un color precioso, éste es el chaleco, la falda y... el blazer. ¿Te gusta?
LAURA: Ay, está muy bonito, _____ .

VENDEDORA: Sí, mira, tengo ese rosa que está ahí, que está lindo, pero yo creo que a ti te va más este azul.
AMIGA: ¡Mira!
VENDEDORA: ¿Cómo la ves?
LAURA: Ah... está muy bonito, _____ .
VENDEDORA: Claro que sí, mira, toca la tela, qué bonita es.
LAURA: Ay, qué bonito, _____ .
AMIGA: ¡Muy suave!
VENDEDORA: Es seda-pana. Es una... es nueve, ¿eh?, y nunca la había visto.
LAURA: ¡Está muy bonito!
VENDEDORA: _____ .
LAURA: Nueve.
VENDEDORA: Es nueve, mira, es el último que me queda. También tengo esta falda.
LAURA: Ay, está muy bonita.
VENDEDORA: Se ve muy bien.
LAURA: _____ .
VENDEDORA: Éste vale, déjame ver... 599.00, la falda vale 279.90.
LAURA: Ay, sí, _____ .
VENDEDORA: Claro que sí, mira, ahí está el vestidor.

E. Enfoque comunitario. →← Preparen una lista de expresiones útiles que deben conocer los dependientes de tiendas locales para atender a clientes hispanos que no hablen bien inglés.

Vocabulario útil

El tiempo — ***The weather***

estar (parcialmente) nublado — *to be (partly) cloudy*
hacer buen/mal tiempo — *to be good/bad weather*
hacer calor — *to be hot*
hacer fresco — *to be cool*
hacer frío — *to be cold*
hacer sol — *to be sunny*
hacer viento — *to be windy*
llover (ue) — *to rain*
nevar (ie) — *to snow*

¿Qué tiempo hace? — *What is the weather like?*

Las prendas de vestir

el abrigo — *coat*
la blusa — *blouse*
las botas — *boots*
la camisa — *shirt*
la camiseta — *T-shirt*
el chaleco — *vest*
la chaqueta (americana) — *jacket*
la falda — *skirt*
el impermeable — *raincoat*
llevar/usar — *to wear*
la minifalda — *mini-skirt*
los pantalones — *pants*
los pantalones cortos — *shorts*
la ropa — *clothing items*
la ropa interior — *underwear*
las sandalias — *sandals*
el sombrero de sol — *sun hat*
el suéter — *sweater*
los tejanos/vaqueros — *blue jeans*
el traje — *suit*
el traje de baño/bañador — *swimsuit*
el vestido — *dress*
los zapatos — *shoes*
la gorra — *cap*
los zapatos altos/tacones — *high heel shoes*
los zapatos de tenis — *sneakers*
las zapatillas — *slippers*

Accesorios	
los anteojos para el sol/ lentes de sol	*sunglasses*
los aretes/pendientes	*earrings*
los calcetines/las medias	*socks*
el cinturón	*belt*
el collar	*necklace*
los guantes	*gloves*
las medias	*stockings*
la pulsera	*bracelet*
el reloj	*watch*
Los colores	
amarillo	*yellow*
anaranjado/ el color naranja	*orange*
azul	*blue*
blanco	*white*
dorado	*gold*
gris	*gray*
marrón/café	*brown*
morado	*purple*
negro	*black*
plateado	*silver*
rosado	*pink*
verde	*green*
Materiales	
el algodón	*cotton*
el cuero	*leather*
de fantasía	*costume (jewelry)*
la lana	*wool*
el material sintético (acrílico, poliéster)	*synthetic material (acrylic, polyester)*
el metal	*metal*
el oro	*gold*
la pana	*corduroy*
la plata	*silver*
la seda	*silk*
la tela	*fabric*
Diseños	***Designs***
a cuadros	*plaid, checked*
a rayas	*striped*
de puntos/de lunares	*polka-dots*
de un solo tono/liso	*solid color*
estampado	*print*
Comparativos	
más... que	*more . . . than*
mayor	*older*
mejor	*better*
menor	*younger*
menos... que	*less . . . than*
peor	*worse*
tan... como	*as . . . as*
tanto... como	*as much . . . as*
tantos... como	*as many . . . as*

La comida

I. Vocabulario: Las tres comidas diarias

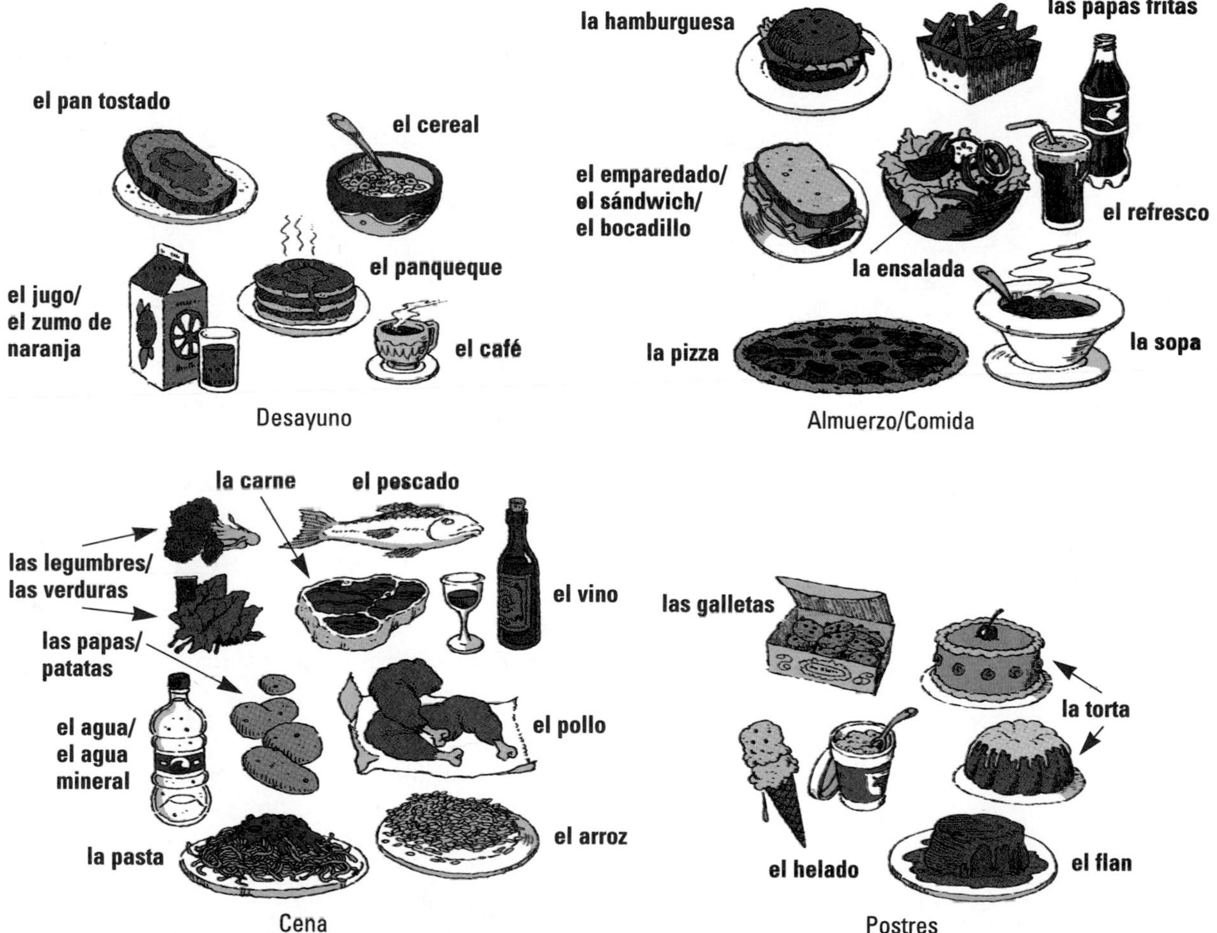

Vocabulario útil

Desayuno	***Breakfast***
los huevos	*eggs*
revueltos	*scrambled*
fritos	*fried*
la leche	*milk*
la mantequilla	*butter*
la mermelada	*marmalade, jam, jelly*
el té	*tea*
Almuerzo	***Lunch***
el atún	*tuna*
el jamón	*ham*
la limonada	*lemonade*
el pavo	*turkey*
el queso	*cheese*
La merienda/ el refrigerio	***Snack***

Vocabulario personal:

Asimilación

A. ¿Cuál no corresponde? →← Identifiquen el alimento que no pertenece *(belongs)* al grupo. (Expliquen por qué.)

1. el café, el vino, las galletas
2. la carne, el pollo, el café
3. la sopa, la ensalada, el cereal
4. las galletas, las tortas, las carnes
5. el cereal, el café, el vino

B. ¿Qué va a comer? Escucha la siguiente conversación e indica los alimentos que pide el cliente.

___ un agua mineral
___ un jugo/ zumo de naranja
___ un café
___ un bocadillo
___ una ensalada
___ unas legumbres
___ pescado
___ pollo
___ una sopa
___ un helado

Aplicaciones

C. ¿Qué falta? →← Completa las siguientes comidas de una manera lógica. Al terminar, compara tus respuestas con las de un(a) compañero(a). ¿En qué están de acuerdo?

Opciones: cereal, café, pan tostado, hamburguesa, ensalada, sopa, agua mineral, legumbres, helado, huevos

1. ensalada, pasta y _____
2. café, jugo de naranja y _____
3. patatas, carne y _____

D. En la cafetería. →← Escuchen y practiquen la siguiente conversación entre dos amigos.

A: ¿Qué vas a comer?
B: Yo quisiera un emparedado, ¿y tú? (**otras opciones:** ensalada, sopa, pizza)
A: ¿Qué me sugieres?
B: Pues, aquí venden unas ensaladas deliciosas. (**otras opciones:** pastas, patatas fritas, hamburguesas)
A: Bueno, entonces, para mí, una ensalada.
B: ¿Y qué vas a tomar?
A: Un refresco. (**otras opciones:** café, agua mineral, zumo de naranja)
B: Y yo voy a tomar un café. (**otras opciones:** leche, limonada, té)

E. Costumbres. →← Entrevista a tu compañero(a) para saber más acerca de sus hábitos alimenticios. Luego presenta un resumen de sus respuestas al resto de la clase.

Sugerencias

1. **¿Desayunas? ¿Normalmente dónde desayunas? ¿A qué hora? ¿Qué? (¿Por qué no?)**
2. **¿Almuerzas? ¿Usualmente dónde almuerzas? ¿A qué hora? ¿Qué? (¿Por qué no?)**
3. **¿Cenas? ¿Por lo general dónde cenas? ¿A qué hora? ¿Qué? (¿Por qué no?)**

para tu información

Los horarios de la comida en España

En España la comida fuerte es la del mediodía, es decir, a eso de las 2:00 de la tarde. Las familias normalmente se reúnen para comer, se pone la mesa y se pasa tiempo charlando al terminar, casi siempre con un café delante. Este horario determina también el horario de trabajo y de las tiendas. Las tiendas abren a las 9:00 ó 9:30 y cierran al mediodía, a la 1:30. Abren otra vez a las 3:30 o a las 4:00 hasta las 7:30 o las 8:00. La cena es por lo general más ligera y tiene lugar a eso de las 9:00 ó 10:00 de la noche.

¿Entendiste bien? Completa las frases.

1. Por lo general, se come más tarde en _____ .
2. Se almuerza menos en _____ .
3. Se pasa más tiempo comiendo en familia en _____ .

Para discutir en grupo. →← En su opinión, ¿qué ventajas *(advantages)* o desventajas *(disadvantages)* tiene el horario de comidas español?

Critical Thinking Skills: Comparing and Contrasting, Supporting an Opinion

Determine advantages and disadvantages of this Spanish tradition by comparing it to your own culture.

Un paso más: Una buena nutrición

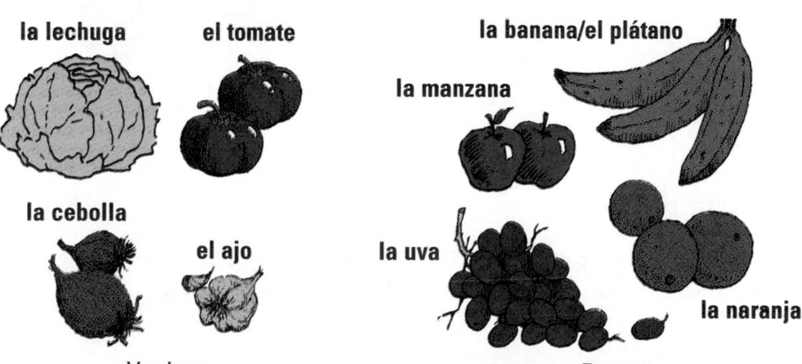

Verduras

Frutas

De otra manera

In Venezuela a **papaya** is called **lechosa.** Black beans are called **caraotas** versus **frijoles negros. Apio** means a kind of sweet potato versus celery in other countries.

—Jorge Arbujas, University of Pittsburgh

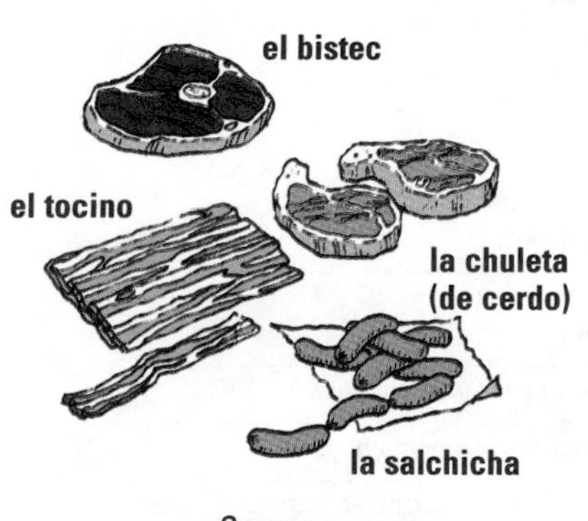

Carnes

Pescado y mariscos

Vocabulario adicional

Verduras — ***Vegetables***

las arvejas/los chícharos — *peas*
el brócoli — *broccoli*
el champiñón — *mushroom*
los espárragos — *asparagus*
los frijoles verdes/ las judías verdes — *string beans*
el maíz — *corn*
la zanahoria — *carrot*

Frutas

la fresa — *strawberry*
el mango — *mango*
el melón — *melon*
la pera — *pear*
la piña — *pineapple*
la sandía — *watermelon*

Carnes — ***Meats***

el filete de res — *beef filet*
la ternera — *veal*

Pescado y mariscos — ***Fish and seafood***

las almejas — *clams*
el filete de salmón — *salmon filet*
los mejillones — *mussels*
el róbalo — *bass*
la trucha — *trout*

Condimentos

el aceite — *oil*
el azúcar — *sugar*
el aderezo — *dressing*
la mayonesa — *mayonnaise*
la miel — *honey*
la mostaza — *mustard*
la pimienta — *pepper*
la sal — *salt*
la salsa de tomate — *catsup*
el vinagre — *vinegar*

Los modos de preparación

a la parrilla — *on the grill, broiled*
al horno — *baked*
al vapor — *steamed*
asado — *roasted*
cocido (bien, término medio) — *cooked (well done, medium)*
crudo — *raw*
frito — *fried*
hervido — *boiled*

Vocabulario personal:

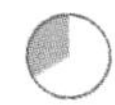

Asimilación

A. ¿Cuánto debo consumir? →← Según la pirámide de la nutrición, ¿cuántas porciones se deben consumir de los siguientes alimentos?

Del grupo de las grasas, los aceites y los dulces, consumir con moderación.
Del grupo de las carnes, aves, los frijoles, los huevos y las nueces, entre 2 y 3 porciones.
Del grupo de los productos lácteos, entre 2 y 3 porciones.
Del grupo de las verduras, entre 3 y 5 porciones.
Del grupo de las frutas, entre 2 y 4 porciones.
Del grupo del pan, los cereales, el arroz y la pasta, debe consumir entre 6 y 11 porciones.

1. huevos
   a. 6–11 b. 3–5 c. 2–4 d. 2–3 e. con moderación
2. manzanas
   a. 6–11 b. 3–5 c. 2–4 d. 2–3 e. con moderación
3. zanahorias
   a. 6–11 b. 3–5 c. 2–4 d. 2–3 e. con moderación
4. arroz
   a. 6–11 b. 3–5 c. 2–4 d. 2–3 e. con moderación
5. queso
   a. 6–11 b. 3–5 c. 2–4 d. 2–3 e. con moderación

B. Preparativos. Escucha la narración e indica en el cuadro los productos que piensa comprar esta señora para su cena. (**¡Ojo!** Todos los productos que se mencionan no aparecen en el cuadro.) 

Verduras	Carnes	Bebidas *(Drinks)*	Frutas	Postres
___ brócoli	___ bistec	___ leche	___ manzanas	___ torta
___ zanahoria	___ pollo	___ agua mineral	___ fresas	___ helado
___ lechuga	___ pavo	___ té	___ uvas	___ galletas
___ tomate	___ tocino	___ café	___ piña	
___ cebollas	___ jamón	___ vino	___ melón	

Aplicaciones

C. De compras. →← Con un(a) compañero(a), preparen una lista de compras, basándose en la información de la pirámide de la nutrición. (Nota: Sólo tienes $50.00 para gastar.)

Grupo	Productos	Costo aproximado
pan y cereales		
verduras		
frutas		
productos lácteos		
carnes y pescados		
grasas y dulces		

D. Preferencias. →← Indica cómo prefieres que te preparen los siguientes alimentos. Al terminar, compara tus respuestas con las de otro(a) compañero(a). ¿Qué tienen en común?

Modelo: el pollo
—*A mí me gusta el pollo asado, ¿y a ti?*
—*Yo prefiero el pollo al horno.* o: —*Sí, a mí también me gusta el pollo asado.*

Opciones: frito, asado, hervido, a la parrilla, al horno, al vapor, cocido (bien, término medio), crudo

1. el bistec
2. el pollo
3. el pescado
4. las zanahorias
5. las patatas

E. Comparaciones.  Imaginen que le están dando consejos sobre nutrición a un(a) amigo(a) hispano(a). Completen las oraciones de una manera lógica.

1. Debes consumir más cereales que _____ .
2. El pan es menos caro que ______ .
3. Las bananas son más nutritivas que _____ .
4. La leche es tan importante como _____ .
5. Los dulces son menos saludables que ______ .

Integración

 **Critical Thinking Skills: Evaluating**

Prepare menus that are appropriate and appealing.

¡A conversar!

F. Preparativos. Imaginen que es el cumpleaños de tu profesor(a). Averigüen cuál es su plato favorito y preparen una lista de los ingredientes que necesitan para prepararlo. ¿Cuánto dinero va a costar? ¿Va a ser un plato fácil o difícil de preparar? ¿Qué bebida y qué postre van bien con ese plato?

¡A escribir!

G. Nutricionistas. Imaginen que tienen invitados en su casa este fin de semana. Preparen el menú de cada día. (Incluyan el modo de preparación cuando sea pertinente.) **¡Ojo!** ¡No se olviden de planear una dieta bien balanceada! Usen la pirámide en la página 214 como guía.

	sábado	**domingo**
Desayuno	huevos revueltos, pan tostado, mantequilla, mermelada, café, zumo de naranja	
Refrigerio		
Almuerzo		
Cena		

II. Funciones y estructuras: *Comparing and contrasting with superlatives*

—¿Cuál es **el zumo más económico?**
—El zumo de piña **es el más económico** y **el más caro** es el de fresa.

The Spanish superlative (the most, the least) is formed according to the following pattern.

definite article/(noun) +	**más/menos** +	adjective
El zumo	menos	caro
Los platos	más	populares
La comida	menos	nutritiva
Las tortas	más	deliciosas

If the group to which the noun belongs is stated, the preposition **de** + *definite article* are used. Note that **de** + **el** becomes **del.**

En este restaurante encuentras los platos más deliciosos **del** país.	*In this restaurant you find the best dishes* ***in the*** *entire country.*
Mi hija es la mejor cocinera **de la** familia.	*My daughter is the best cook* ***in the*** *family.*
Mi Tierra es el mejor restaurante **de la** ciudad.	*Mi Tierra is the best restaurant* ***in the*** *city.*

The following superlatives are irregular.

el (la, los, las) mejor(es)	*best*
el (la, los, las) peor(es)	*worst*
el (la, los, las) menor(es)	*youngest*
el (la, los, las) mayor(es)	*oldest*

Ana Consuelo es **la menor** de la familia.	*Ana Consuelo is* ***the youngest one*** *in the family.*
Mi papá es **el peor** cocinero que conozco.	*My father is* ***the worst*** *cook I know.*

Asimilación

A. Opiniones. →← Indica tu opinión respecto a las siguientes preguntas. Luego compara tus respuestas con las de un(a) compañero(a). ¿Están de acuerdo?

1. ¿Cuál es el más nutritivo?
   a. el pan c. el brócoli
   b. el arroz
2. ¿Cuál es la menos nutritiva?
   a. la leche c. la pasta
   b. la carne
3. ¿Cuáles son los más populares?
   a. los refrescos c. los helados
   b. los jugos
4. ¿Cuál es la más sabrosa *(tasty)?*
   a. la pizza c. la pasta
   b. la ensalada
5. ¿Cuál el menos caro?
   a. el vino c. el café
   b. el agua mineral

B. Opiniones. Indica las opiniones que oyes.

la comida más deliciosa	la comida más popular	la comida más costosa
___ el pollo ___ la hamburguesa	___ la pizza ___ la langosta	___ la comida de mar ___ la comida italiana

Aplicaciones

C. Comparaciones. →← Con un(a) compañero(a) comparen los siguientes elementos según el modelo.

Modelo: postres: el melón / el helado / el flan (nutritivo, sabroso)
El melón es el postre más nutritivo y el helado es el postre más sabroso.

1. ciudades: Los Ángeles, Baltimore, Little Rock (grande, pequeño)
2. comidas: la pizza, la pasta, la langosta (caro, barato)
3. actores: Robert DeNiro, Harrison Ford, Danny DeVito (guapo, feo)
4. programas de televisión: las películas, los deportes, los documentales (interesante, aburrido)
5. asignaturas: matemáticas, artes, historia (difícil, fácil)

D. Guía turística de Barcelona. →← Completen los espacios en blanco.

Opciones: los museos más importantes, la zona más antigua, la mejor vista *(view)*, los mejores restaurantes, el almacén más popular, la temporada más turística

Barcelona es una ciudad fascinante. _____ se llama Barri Gotic y tiene muchas iglesias y monumentos medievales. _____ están en La Ribera y ofrecen gran variedad de comidas y precios. _____ es El Corte Inglés y está en la Plaza Catalunya. _____ son los de Picasso y Miró, los cuales están abiertos de martes a domingo. _____ es desde Montjuïc, al suroeste de la ciudad. Desde allí puedes ver el puerto y toda Barcelona. El verano es _____ en esta ciudad así que es preciso hacer reservaciones con tiempo.

E. Entrevista. →← Tomen turnos haciendo y respondiendo a las siguientes preguntas.

1. ¿Cuál es el mejor restaurante de la ciudad? ¿Es costoso? ¿Qué platos recomiendas?
2. ¿Cuál es el café o el bar más popular? ¿Dónde está? ¿Hay música en vivo *(live)*? ¿Cuándo?
3. ¿Cuál es el supermercado más completo? ¿Cuál es más económico?
4. ¿Cuál es el mejor centro comercial? ¿Qué tiendas recomiendas?
5. ¿Cuál es el monumento más importante de la región? ¿Hay algún museo? ¿Cuál es el mejor?

Integración

¡A conversar!

F. El mejor restaurante. ➔⬅ ¿Cuál crees que es el mejor restaurante de la ciudad? Trata de convencer a tu compañero(a) de tu opinión.

Sugerencias

You can use the following arguments to convince your partner.

En el restaurante... encuentras la mejor comida de la ciudad.
Tienen los precios más económicos.
Es el menos costoso.
Sirven los mejores/peores... .
Es el más bonito.
Tienen el mejor/peor servicio.
Tiene la más linda vista de la ciudad.
Tocan la mejor música en vivo.

Sí, pero... *(Yes, but . . .)*
Lo siento, pero... *(I am sorry, but . . .)*
No estoy de acuerdo porque... *(I disagree because . . .)*

¡A escribir!

G. Guía turística. Prepara una guía turística para tu ciudad o región. Usa tus respuestas al **Ejercicio D** como punto de partida *(point of departure).*

Atajo

Phrases/Functions: Describing objects
Vocabulary: City
Grammar: Comparisons: Inequality

Correcciones

Intercambia tu guía con otro(a) compañero(a) y revisa los siguientes aspectos.

Paso 1: Contenido. Does it include all the major tourist destinations of your town or region? What do you think is missing?
Paso 2: Organización. Is it clear? Is it easy to follow? Can it be organized differently to make it clearer?
Paso 3: Gramática y vocabulario. Can you spot any misspelled words or phrases? Do all subjects agree with their verbs?

III. Vocabulario: En la mesa

Vocabulario útil

la copa	*wine glass*
la cuchara	*spoon*
la cucharita	*teaspoon*
el cuchillo	*knife*
el individual	*placemat*
el mantel	*tablecloth*
el platillo	*saucer*
el plato	*plate (dish)*
la servilleta	*napkin*
la taza	*cup*
el tenedor	*fork*
el vaso	*glass*

Vocabulario personal:

Necesito una servilleta para **limpiarme** la boca.	*I need a napkin* ***to wipe/clean*** *my mouth.*
Los cuchillos se usan para **cortar** la carne.	*Knives are used* ***to cut*** *the meat.*
Uso una cuchara para **tomar** la sopa.	*I use a spoon* ***to eat/drink*** *my soup.*
Necesito un platillo para **poner** el pan.	*I need a saucer* ***to put*** *the bread on.*

Asimilación

A. Definiciones. Indica la definición que corresponde a cada objeto.

1. la taza
2. el vaso
3. el cuchillo
4. el mantel
5. la servilleta

a. Se usa para cubrir, decorar y proteger la mesa.
b. Se usa para tomar agua.
c. Lo necesitas para cortar la carne.
d. Es necesario para limpiarse la boca y para proteger la ropa.
e. Se usa para tomar el café.

B. Las buenas costumbres. Escucha las siguientes recomendaciones e indica con un círculo los cubiertos que están fuera de lugar *(out of place).*

Aplicaciones

C. ¿Qué utensilios necesitas? →← Presenten una lista de los cubiertos que generalmente usan en las siguientes situaciones.

1. para comer una ensalada
2. para comer un bistec
3. para tomar una sopa
4. para beber vino
5. para comer una torta

D. En el restaurante. →← Imagina que estás en un restaurante y que faltan algunos cubiertos en la mesa. Tomen turnos pidiéndoselos al mesero.

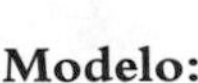

Modelo: 

Cliente: *Mesero, ¿podría traerme una cuchara, por favor?*
Mesero: *Con mucho gusto.*

1.  2.  3.  4.  5. 

E. Adivina. →← Tomen turnos describiendo los diferentes cubiertos. La otra persona debe identificar de qué objeto se trata en menos de dos intentos *(tries)*.

Modelo: —*Se usa para cortar la carne.*
—*El cuchillo.*
—*¡Así es!*

Un paso más: En el restaurante

RECEPCIONISTA: Buenas noches, ¿en qué puedo servirles?
CLIENTE: Tenemos una reservación a nombre de José Luis García.
RECEPCIONISTA: Sí, señor, sígame, por favor.

Más tarde...

MESERO: ¿Desean ordenar algo de tomar?
CLIENTE: Sí. Tráiganos una botella de vino tinto de la casa, por favor.
MESERO: Con mucho gusto.

MESERO: ¿Están listos para ordenar?
CLIENTE: Sí. De entrada, una ensalada Riojana para mi esposa y una sopa de ajo para mí.
MESERO: ¿Y de plato fuerte?
CLIENTE: Para mí un filete de ternera con patatas y para mi esposa una trucha a la Navarra.

Más tarde...

MESERO: ¿Desean algún postre? ¿O quizás un café?
CLIENTE: No, gracias, la cuenta, por favor.
MESERO: Aquí tiene, señor.
CLIENTE: Muchas gracias.

Vocabulario útil

el aperitivo — *before dinner drink*
la carta — *menu*
la cuenta — *check*
la entrada/el entremés — *appetizer*
el mesero — *waiter*
el plato fuerte/principal — *entrée, main course*
la propina — *tip*
la sección de no fumadores — *nonsmoking section*

Vocabulario personal:

Asimilación

A. Investigación. Subraya *(Underline)* las expresiones típicas de una conversación entre un cliente y un mesero en la conversación anterior.

B. Comprensión. Completa el cuadro con la información del diálogo.

Entradas	
Platos fuertes	
Postre	

Aplicaciones

C. En el restaurante. →← Ordenen y practiquen la siguiente conversación.

___ ¿Algo de postre?
___ Sí. Tráiganos un flan y un café.
___ Para mí un jerez y para mi amiga una limonada.
___ Buenas noches, bienvenidos.
___ ¿Desean un aperitivo antes de ordenar?
___ Tráiganos dos ensaladas Botín, un pollo asado y una cazuela de pescado a la marinera.
___ Tenemos una reservación a nombre de Marta Gallego.
___ ¿Están listas para ordenar?

D. ¿Qué digo? →← Escojan la frase que mejor complete el diálogo.

1. RECEPCIONISTA: Buenas noches. Bienvenidos.
   TÚ:
   a. Para mí un café y para el señor una botella de agua mineral.
   b. Tengo una reservación a nombre de Pedro Díaz.
   c. Tráiganos dos sopas de ajo.
2. MESERO: ¿Desean tomar algo antes de ordenar?
   TÚ:
   a. Sí, la cuenta por favor.
   b. No, gracias, no me gusta el pescado.
   c. Sí. Un refresco, por favor.
3. MESERO: ¿Están listos para ordenar?
   TÚ:
   a. No, la cuenta, por favor.
   b. No, no me gustan los mariscos.
   c. No, no podemos decidir. Todo se ve delicioso.

E. ¿Adónde vamos? →← Imaginen que están en Barcelona con unos amigos y que están escogiendo un restaurante para ir a cenar esta noche. Escojan el restaurante más apropiado en cada caso.

TIPS PARA IR A COMER

LA RAMBLA
ITALO-MEDITERRÁNEO
RESTAURANTE IDEAL **Nº1 - C1**
La Rambla, 41 ☎ 302 30 31
Desde 1840. Cocina artesanal, al estilo mediterráneo: verdura, pescado, pasta, paellas, pizzas y helados. Menú diario. Precios interesantes.

TAPAS
ARCANO **Nº1 - B4**
C. Mercaders 10. ☎ 310 21 79
Exquisitas tapas de la casa y los mejores vinos españoles, todo ello amenizado con música en vivo, folk, clásica, guitarra, etc.

LA RIBERA
COCINA CREATIVA
LA RIBERA **Nº1 - C4**
C. Argentería, 53. ☎ 310 42 94
El restaurante que enamora al primer mordisco. Exquisitas ensaladas y carpaccios, entre otros. Cocina de mercado y creativa. Precio aprox. 3000 ptas.

MEDITERRÁNEO	PIZZERÍA
ANTOXO **Nº I - C6** C. Ribera, 12. Junto Mercado Born. ☎ 319 83 10 Completa carta con arroces, pescados y carnes a la brasa, cocinados al momento. VI y SA, cocina hasta las 24h. LU y festivos noche cerrado. Precio aprox. 2500 ptas.	**LA PIZZA NOSTRA** **Nº I - C4** C. Montcada, 29. ☎ 319 90 58 Para reponer fuerzas después de visitar el museo Picasso. Especialidades italo argentinas.
COCINA FRANCESA	**FONDUES**
LAS TERRENAS **Nº I - D4** Pla del Palau, 8. ☎ 310 57 57 / 310 70 70 Decoración exótica, pero al mismo tiempo moderna para este nuevo "restaurante-bistrot".	**EL BORN** **Nº I - C5** Pg. del Born, 26. El Born. ☎ 319 53 33 Restaurante especializado en fondues, raclettes, ensaladas, arroces y fideuà.

1. Varios de sus amigos son vegetarianos.
2. Sus amigos quieren comida francesa.
3. Sus amigos quieren comida típica de Italia.
4. Uds. quieren escuchar música mientras comen.

Integración

¡A conversar!

F. **En el restaurante.** →← Preparen la siguiente situación.

Cliente vegetariano(a)

Imagine that you are in a restaurant and want to order a vegetarian meal. (Refer to the list of foods on pages 211 and 213–214.)

Sugerencias

1. Greet the waiter.
2. Tell him (her) about your diet restrictions.
3. Ask for recommendations. **(¿Qué me recomienda?)**
4. Place your order.
5. Request your check.

Mesero(a)

Help this vegetarian client order his/her meal.

Sugerencias

1. Greet the client.
2. Offer him (her) a drink before ordering.
3. Suggest some vegetarian alternatives. **(Le recomiendo una sopa de vegetales.)**
4. Offer him (her) dessert.
5. Give him (her) the check.

Atajo

Phrases/Functions: Asking for and giving directions
Vocabulary: City

¡A escribir!

G. Para evitar malos entendidos *(misunderstandings)*... →←
Preparen una descripción de los restaurantes de su ciudad para estudiantes extranjeros. Incluyan también alguna información cultural necesaria para evitar malos entendidos. Por ejemplo: ¿A qué hora sirven las diferentes comidas? ¿Cuánto se debe dejar de propina?, etc.

IV. Funciones y estructuras: *Talking about ongoing actions with the present progressive tense*

Todos **están comiendo.**
*(Everyone **is eating.**)*

To indicate that something is happening at the present time, you can use the simple present tense (as discussed in **Capítulo 2**), or you may use the present progressive tense, which is the equivalent of the English *to be* + *-ing* structure.

En este momento Pedro **está horneando** el pollo.	*Right now, Pedro **is baking** the chicken.*
Marcela y su esposo **están preparando** la cena.	*Marcela and her husband **are making** dinner.*

To form the present progressive tense, you need to combine the corresponding form of the auxiliary verb **estar** with the present participle form of the main verb.

Auxiliary verb **estar** +	present participle of the main verb
yo **estoy**	**estudiando**
tú **estás**	**escuchando**
él, ella, Ud. **está**	**hablando**
nosotros **estamos**	**comiendo**
vosotros **estáis**	**bebiendo**
ellos, ellas, Uds. **están**	**escribiendo**

The present participle of **-ar** verbs is formed by attaching the ending **-ando** to the stem. The present participle of **-er** and **-ir** verbs is formed by attaching the ending **-iendo.**

-ar	cocinar	cocin**ando**
-er	comer	com**iendo**
-ir	escribir	escrib**iendo**

All **-ar** verbs have regular present participle forms.

andar	andando
pensar	pensando
dar	dando

There is no stem change in the present participle form of stem-changing **-ar** and **-er** verbs.

comenzar	comenzando
mover	moviendo
llover	lloviendo

When the stem of an **-er** or **-ir** verb ends in a vowel, change the required **-iendo** ending to **-yendo.**

leer	le**yendo**
caer	ca**yendo**
ir	**yendo**
oír	o**yendo**

-Ir verbs with stem changes in the present tense conjugation also have stem changes in their present participle forms.

mentir (ie, i)	m**i**ntiendo
competir (i, i)	comp**i**tiendo
dormir (ue, u)	d**u**rmiendo

Asimilación

A. No es correcto. →← Indica cuáles de las siguientes frases **no** son ciertas de acuerdo al dibujo. Luego compara tus respuestas con las de otro(a) compañero(a).

1. El padre está comiendo.
2. Los niños están durmiendo.
3. La pareja está ordenando.
4. El mesero está sirviendo la cena.
5. La mujer está cocinando.
6. El empleado está lavando los platos.

B. ¿Dónde estoy? Vas a escuchar la descripción de un lugar. Trata de identificarlo escuchando las claves.

1. un supermercado, la playa, la oficina de correos
2. el banco, la oficina, la cocina
3. la biblioteca, el hotel, el parque
4. la oficina, el salón de clases, la cafetería

Aplicaciones

C. Posiblemente... →← Una de tus amigas está de vacaciones en España en este momento. ¿Qué crees que está haciendo? Compara tu lista de actividades con la de otro(a) compañero(a). ¿Quién tiene más imaginación?

Modelo: *Está comiendo tapas.*

Recuerda
Other places in the community:
la iglesia (rezar, cantar, reflexionar)
el hotel (descansar, dormir, cenar)
el supermercado (comprar, buscar, pedir)
la biblioteca (estudiar, leer)
la oficina (trabajar, hablar por teléfono, escribir cartas)
la playa (nadar, descansar, tomar el sol)

D. ¿Dónde estoy? →← Ahora piensa tú en un lugar cualquiera (el supermercado, la oficina, el hospital, la playa, etc.). Descríbele a uno de tus compañeros lo que estás haciendo en ese lugar para que adivine de qué lugar se trata.

Modelo: —Estoy comiendo, estoy bebiendo, no estoy estudiando.
—¿Un restaurante?
—¡Correcto!

E. Una tarjeta desde España. →← Completen la siguiente tarjeta postal con las formas correctas del presente progresivo del verbo.

Queridos mamá y papá,

_____ (yo—pasar) las mejores vacaciones de mi vida aquí en España. En la Costa del Sol _____ (hacer) un tiempo maravilloso. _____ (yo—dormir) hasta tarde y luego, _____ (yo—ir) a la playa todos los días con mi amiga Teresa. También _____ (nosotras—visitar) los más lindos pueblos de la región. Teresa y yo _____ (aprender) español rápidamente.

¡Los _____ (yo—extrañar) mucho!

Un besote,

Liz

Un paso más: *The contrast between the verbs* ser *and* estar

Although **ser** and **estar** both mean *to be*, they indicate a specific and different meaning in Spanish.

Ser is used . . .	• to describe inherent characteristics of objects and people.	• La paella **es** deliciosa. *(Paella **is** a delicious dish.)* Este restaurante **es** muy bueno. *(This restaurant **is** very good.)*
	• to talk about origin and nationality.	• El dueño del restaurante **es** de España. *(The restaurant owner **is** from Spain.)*
	• to talk about professions and occupations.	• Don Esteban **es** un chef profesional. *(Esteban **is** a professional chef.)*
	• to tell the date.	• Hoy **es** el 10 de septiembre. *(Today **is** September 10.)* La cena de despedida para Juan Carlos **es** el sábado. *(Juan's farewell dinner **is** on Saturday.)*
	• to express possession.	• Este asiento **es** de mi amiga. *(This **is** my friend's seat.)*
	• to talk about marital status.	• Marta **es** soltera, Silvia **es** casada* y Doña Carmenza **es** viuda. *(Marta **is** single, Silvia **is** married and Carmenza **is** a widow.)*
Estar is used . . .	• to talk about location.	• El restaurante **está** en el centro. *(The restaurant **is located** downtown.)*
	• to talk about condition.	• Margarita **está** enferma el día de hoy. *(Margarita **is** sick today.)*
	• to talk about emotional state.	• **Estoy** muy contenta de estar aquí. *(I **am** very happy to be here.)*
	• as part of the progressive tenses.	• **Estamos** esperando a los González para cenar. *(We **are waiting/expecting** the Gonzalezes for dinner.)*
	• as part of certain expressions.	• **Estoy** de acuerdo. *(I agree.)* ¡**Está** bien! *(All right!)* **Está** de más. *(It's unnecessary.)*

In the case of some adjectives such as **bonito** *(nice, pretty),* **callado** *(quiet)* and **frío** *(cold),* you have the choice of using either the verb **ser** or **estar. (Ana es bonita, Ana está muy bonita hoy.)** However, the choice of **estar** often suggests a less than permanent or inherent characteristic (the equivalent of the English verbs *to act, to feel, to look, to seem,* or *to taste*).

* In the case of **casado/a** *(married)* you have the choice of using either the verb **ser** or **estar. (Silvia es casada/Silvia está casada.)**

Gustavo **es** viejo. / Estela **está** vieja.	*Gustavo **is** old. / Estela **looks** old.*
Alfredo **es** callado. / Alfredo **está** callado hoy.	*Alfredo **is** a quiet person. / Alfredo **seems** quiet today.*
El gazpacho **es** una sopa fría. / Esta sopa **está** fría.	*Gazpacho **is** a cold soup. / This soup **is (feels)** cold.*

Be careful! Certain adjectives change in meaning when used with either **ser** or **estar.**

Soy **listo.** / Estoy **listo.**	*I am **smart.** / I am **ready.***
Los Gonzalez son **ricos.** / Los mariscos están muy **ricos** hoy.	*The Gonzalezes are **rich.** / The seafood is quite **delicious** today.*
Estas uvas son **verdes.** / Estas uvas están **verdes.**	*These grapes are **green.** / These grapes are **unripe.***

Asimilación

A. ¿Cómo eres? →← Indica las frases que mejor te describen. Al terminar, compara tus respuestas con las de un(a) compañero(a) y prepara un breve informe de las cosas que tienen en común.

___ Soy inteligente.
___ Soy extrovertido(a).
___ Soy de este estado *(state)*.
___ Soy alto(a).
___ Soy optimista.
___ Soy estudiante.
___ Soy padre (madre).
___ Soy alegre.
___ Soy diligente.
___ Soy soltero(a).
___ Soy paciente.

Informe: *Mi compañero(a) y yo somos inteligentes y extrovertidos. También somos...* .

B. ¿Cómo está? Escucha las descripciones y escoge las opciones más apropiadas.

Estrategia de comprensión: *Identifying Key Words*
Although there may be some unfamiliar words in the sentences you will hear, pay attention to key words and to the tone of the speaker in order to identify the correct answer.

1. a. Está triste. b. Está alegre. c. Está nervioso(a).
2. a. Está cansado(a). b. Está preocupado(a). c. Está alegre.
3. a. Está aburrido(a). b. Está ocupado(a). c. Está triste.
4. a. Está nervioso(a). b. Está aburrido(a). c. Está enfermo(a).
5. a. Está alegre. b. Está preocupado(a). c. Está cansado(a).

Aplicaciones

C. ¿Ser o estar? Completa el párrafo con la forma correcta de **ser** o de **estar** según el caso. Al terminar, compara tus respuestas con las de otro(a) compañero(a).

Un nuevo restaurante en la ciudad

El nuevo restaurante El Andaluz _____ en la Avenida Sexta, enfrente del edificio del Banco Santander. La especialidad de la casa _____ los mariscos. El chef Fernando Rodríguez _____ de Sevilla y en su cocina prepara toda clase de platos andaluces. Los visitantes _____ de acuerdo en que la comida del Chef Rodríguez _____ deliciosa y muchos piden copias de sus recetas. Aunque Rodríguez _____ muy contento por la acogida del público, desafortunadamente él dice que no puede compartir sus recetas porque _____ secretos familiares.

D. ¿Qué pasa? →← Describan la siguiente situación usando los verbos **ser** y **estar.**

Modelo: *La señorita está en la cocina. Ella es joven... .*

E. Entrevista de trabajo. →← Imaginen que trabajan para la división de recursos humanos de su empresa y que tienen que entrevistar a un(a) candidato(a). Preparen cinco preguntas para conocer mejor a esta persona usando los verbos **ser** y **estar.**

Sugerencias

You may want to find out:

- where he (she) is from,
- his (her) marital status,
- about his (her) personal traits,
- his (her) current place of employment, as well as some of his (her) current duties,
- if he (she) is ready to start working immediately.

Integración

Critical Thinking Skills: Comparing

Compare based on giving and receiving information.

¡A conversar!

F. ¿Qué pasa aquí? ***(What is going on here?)*** Describan sus dibujos (sin mirar el del/de la compañero/a) y encuentren las tres diferencias.

Dibujo A

El dibujo B está en la página 230.

Dibujo B

Atajo

Phrases/Functions: Writing a letter (informal)
Vocabulary: University; Leisure
Grammar: Verbs: **ser** and **estar**; Verbs: progressive tenses

¡A escribir!

G. Mi vida en los Estados Unidos. Imagina que eres un(a) joven estudiante hispano(a) en esta universidad. Escribe una breve carta a tu familia hablando de tu vida y tus actividades en este país.

Sugerencias

- Talk about how you feel about being in a foreign country.
- Talk about your classes (which are difficult, which are interesting, etc.).
- Include a brief description of at least one of your friends.
- Give a simple overview of your normal activities as a college student. (Talk about the academic and extracurricular activities you are involved in at the moment.)

V. Lectura: Las ensaladas

Antes de leer

A. Para discutir. →← Contesten las siguientes preguntas en grupo.

1. ¿Les gustan las ensaladas?
2. ¿Cuáles son sus ensaladas favoritas? ¿Qué ingredientes llevan?

B. Vocabulario y conceptos. →← Para cada palabra busca la letra correspondiente a su definición.

1. saludable	a. las direcciones para preparar un plato específico
2 fresco	b. bueno, nutritivo
3. célebre	c. famoso, muy conocido
4. receta	d. reciente, joven, en perfecto estado
5. variedad	e. que tiene elementos diversos

A leer

Estrategias de lectura: ***Synthesizing***
Let's practice the reading strategies that you have learned so far.

1. **Using format clues and cognates.** By looking at the titles and subtitles, what do you think this text is about?
2. **Skimming.** Now, skim the text. Which of the following sentences summarizes best the content of this article?
   - Salads are the food of the future.
   - Salads are tasty and healthy dishes.
   - Salads should always be made with fresh ingredients.
3. **Scanning.** Read the questions at the end of the reading and concentrate on locating only the information that will help you answer them.

When finished, check your answers with a classmate.

ENSALADAS
Un plato saludable

healthy

Día a día aparecen nuevas recetas para preparar ensaladas; **cada** persona puede aportar un **toque** de imaginación **apoyándose** en todos los elementos que ofrece la industria alimenticia.

each
touch / relying

Existen numerosas posibilidades para **agradar** a los invitados con una buena ensalada. Uno de los secretos es utilizar siempre verduras **frescas,** que pueden ser de su **propia huerta.** Si no es posible tenerlas frescas por no encontrarse en **temporada de cosecha,** se recomienda guardarlas **congeladas,** observando ciertos cuidados al **empacarlas.**

to please
fresh / own vegetable garden / harvest season / frozen / when packing them

Es primordial saber que no se debe congelar más de una libra de vegetales en un mismo paquete. Todos los vegetales requieren ser **precocidos** antes de congelarse, procedimiento que se puede hacer al vapor o directamente en agua.

pre-cooked

Por su parte las ensaladas vegetarianas utilizan principalmente vegetales y frutas, **evitan** las salsas o aderezos muy condimentados y en su lugar agregan aceite y vinagre.

avoid

Cualquiera que sea el tipo de ensalada que Ud. prefiera, le permitirá darle variedad al plato principal de sus comidas y **suavizar** el sabor de las carnes, al tiempo que permite refrescar el **paladar** de los **comensales** principalmente en zonas de clima cálido.

to soften
palate, taste / dinner guests

Ensaladas célebres

A través de la historia son muchos los personajes que han hecho famosas sus **recetas** favoritas. Por ejemplo, la ensalada Casanova (la preferida por el célebre playboy del siglo XVIII Juan Jacobo Casanova), lleva **apio,** cebolla, huevos duros, zanahoria, **perejil** y mayonesa. También existe la ensalada Dumas (en honor del escritor francés Alejandro Dumas), que lleva tomates crudos, papa, **remolacha,** zanahoria, **berros** y se adereza con salsa hecha con **huevo duro picado,** aceite y vinagre. Otra célebre ensalada es la Waldorf en nombre del famoso hotel de Nueva York, que contiene **tiras** crudas de manzana, apio, mayonesa y **nueces** picadas. Algunas veces se acompaña con **cascos** de naranja, pollo u otros ingredientes.

recipes
celery
parsley
water cress / beet root / diced hard-boiled egg / strips
nuts
slices

¿Entendiste bien?

C. ¿Cierto o falso? Indica si las frases en la página 232 son ciertas o falsas.

1. Las ensaladas permiten usar la imaginación.
2. Solamente debes usar ingredientes frescos.
3. Los vegetales deben congelarse crudos.
4. Los vegetarianos prefieren los aderezos condimentados.
5. La ensalada Casanova lleva mayonesa.
6. La ensalada Dumas lleva remolacha.
7. La ensalada Waldorf lleva tomates.

D. Enfoque lingüístico. →← Encuentren cinco verbos que se relacionan con la preparación de la ensalada.

E. Para discutir. →← ¿Cuál es la mejor ensalada? Discutan y escojan la mejor receta. Justifiquen su respuesta.

Critical Thinking Skills: Selecting and Justifying Choices

Consider the variety of salads described in the article and others you may have had.

F. Enfoque comunitario. Presenta (y si es posible, prepara) la receta de una ensalada tradicional de tu familia o tu región. (O, si prefieres, puedes inventar tu propia receta.) Incluye los ingredientes y aderezos pertinentes.

Vocabulario útil

Desayuno	***Breakfast***
el café	*coffee*
el cereal	*cereal*
los huevos	*eggs*
revueltos	*scrambled*
fritos	*fried*
el jugo/el zumo de naranja	*orange juice*
la leche	*milk*
la mantequilla	*butter*
la mermelada	*marmalade, jam, jelly*
el pan tostado	*toast*
el té	*tea*
Almuerzo/Comida	***Lunch***
el emparedado/el sándwich/el bocadillo	*sandwich*
de jamón	*ham*
de atún	*tuna*
de queso	*cheese*
de pavo	*turkey*
la ensalada	*salad*
la hamburguesa	*hamburger*
la limonada	*lemonade*
las patatas/las papas fritas	*french fries*
la pizza	*pizza*
el refresco	*soda*
la sopa	*soup*
Cena	***Dinner***
el agua mineral	*mineral water*
el arroz	*rice*
la carne	*meat*
las legumbres/los vegetales	*vegetables*
la pasta	*pasta*
las patatas/las papas	*potatoes*
el pescado	*fish*
el pollo	*chicken*
el vino	*wine*
Postres	***Desserts***
las galletas	*cookies*
el helado	*ice cream*
la torta/el pastel	*cake, pie*
La merienda/El refrigerio	***Snack***

Verduras

el ajo	*garlic*
las arvejas/los chícharos	*peas*
el brócoli	*broccoli*
la cebolla	*onion*
el champiñon	*mushroom*
los espárragos	*asparagus*
los frijoles verdes/ las judías verdes	*string beans*
la lechuga	*lettuce*
el maíz	*corn*
el tomate	*tomato*
la zanahoria	*carrot*

Frutas

la banana/el plátano	*banana*
la fresa	*strawberry*
el mango	*mango*
la manzana	*apple*
el melón	*melon*
la naranja	*orange*
la pera	*pear*
la piña	*pineapple*
la sandía	*watermelon*
la uva	*grape*

Carnes	***Meats***
el bistec	*beef steak*
la chuleta (de cerdo)	*(pork) chop*
el filete de res	*beef filet*
la salchicha	*sausage (hot dog)*
la ternera	*veal*
el tocino	*bacon*

Pescado y mariscos	***Fish and seafood***
las almejas	*clams*
los camarones/ las gambas	*shrimp*
el cangrejo	*crab*
el filete de salmón	*salmon filet*
la langosta	*lobster*
los mejillones	*mussels*
el róbalo	*bass*
la trucha	*trout*

Condimentos

el aceite	*oil*
el aderezo	*dressing*
el azúcar	*sugar*
la mayonesa	*mayonnaise*
la mostaza	*mustard*
la miel	*honey*
la pimienta	*pepper*
la sal	*salt*
la salsa de tomate	*catsup*
el vinagre	*vinegar*

Los modos de preparación

a la parrilla	*on the grill, broiled*
al horno	*baked*
al vapor	*steamed*
asado	*roasted*
cocido (bien, término medio)	*cooked (well done, medium)*
crudo	*raw*
frito	*fried*
hervido	*boiled*

Los cubiertos	***Tableware***
la copa	*wine glass*
la cuchara	*spoon*
la cucharita	*teaspoon*
el cuchillo	*knife*
el individual	*placemat*
el mantel	*tablecloth*
el platillo	*saucer*
el plato	*plate (dish)*
la servilleta	*napkin*
la taza	*cup*
el tenedor	*fork*
el vaso	*glass*

En el restaurante

el aperitivo	*before dinner drink*
la carta	*menu*
la cuenta	*check*
la entrada/el entremés	*appetizer*
el mesero	*waiter*
el plato fuerte (principal)	*entrée (main course)*
la propina	*tip*
la sección de no fumadores	*nonsmoking section*

Expresiones

¿Algo más?	*Anything else?*
Bienvenidos.	*Welcome.*
¿Desean ordenar algo de tomar?	*Anything to drink?*
¿Están listos para ordenar?	*Are you ready to order?*
¿Me podría traer... ?	*Could you bring me . . . ?*
Tenemos una reservación a nombre de...	*We have a reservation. The name is . . .*

Tema 3

Las vacaciones

I. Vocabulario: Los preparativos

Vocabulario útil

el boleto/tiquete/billete	*ticket*
el equipaje	*luggage*
el equipaje (maletín) de mano	*hand baggage*
la maleta	*suitcase*
la mochila	*backpack*
el muelle internacional	*international departures*
el pasaporte	*passport*
el pasillo	*aisle (seat)*
la riñonera	*fanny pack*
la sala de espera	*boarding area*
la sección de fumar/no fumar	*smoking/nonsmoking section*
la tarjeta de embarque	*boarding pass*
la ventanilla	*window (seat)*
la visa	*entry visa*

Verbos

abordar	*to board*
cambiar	*to change, exchange*
empacar	*to pack*
mostrar (ue)	*to show*
sacar	*to get, obtain*

Vocabulario personal:

Necesito **sacar** el pasaporte.	*I need **to get** a passport.*
Tengo que **empacar** mi maleta esta noche.	*I have **to pack** my suitcase tonight.*
¿Dónde puedo **cambiar** estos cheques de viajero?	*Where can I **cash** these traveler's checks?*
Debo **mostrar** la tarjeta de embarque antes de **abordar** el avión.	*I have **to show** my boarding pass before **boarding** the plane.*

Asimilación

A. ¿En qué orden? →← Organiza los siguientes eventos de una manera lógica.

___ Abordo el avión.
___ Saco el pasaporte.
___ Presento la tarjeta de embarque.
___ Empaco la maleta.
___ Compro el boleto.
___ Compro los cheques de viajero.

B. ¿ Qué es? Identifica el objeto basándote en las descripciones que vas a escuchar.

1. a. los cheques de viajero b. el maletín de mano c. el pasaporte
2. a. la tarjeta de embarque b. la visa c. el pasaporte
3. a. el boleto b. la ventanilla c. la maleta
4. a. la tarjeta de embarque b. los cheques de viajero c. el boleto

Aplicaciones

C. Preparativos de viaje. →← Completen las frases con la palabra del vocabulario más apropiada.

Opciones: pasaporte, boleto, tarjeta de embarque, cheques de viajero, maletas

1. Necesito llamar a la agencia de viajes para comprar un _____ de ida y vuelta a Madrid.
2. Tengo que tomarme una fotografía para mi _____ .
3. Me gustaría pasar por el banco esta tarde para comprar unos _____ .
4. Sólo permiten dos _____ en vuelos internacionales.
5. Mi _____ indica que mi asiento es el 10L en la sección de no fumar.

D. Prioridades. →← Imaginen que están preparando un viaje a un país de habla hispana. ¿Adónde quieren ir? ¿Por qué? ¿Qué necesitan para el viaje? Preparen una lista.

E. En el aeropuerto. →← Practica con un(a) compañero(a) la siguiente conversación. 

EMPLEADA: Buenos días, señor. Su pasaporte y su boleto, por favor.
VIAJERO: Aquí los tiene.
EMPLEADA: ¿Cuántas maletas lleva?
VIAJERO: Dos y un maletín de mano.
EMPLEADA: ¿Prefiere pasillo o ventanilla?
VIAJERO: Ventanilla, por favor.
EMPLEADA: Muy bien. Su silla es la 6B. Aquí tiene su tarjeta de embarque, su boleto y su pasaporte. Pase inmediatamente a la sala 5 del muelle internacional.
VIAJERO: Muchas gracias.
EMPLEADA: Con gusto. Que tenga un buen viaje.

Integración

¡A conversar!

F. Quiero viajar al extranjero. →← Preparen la siguiente situación.

Estudiante A

You are an experienced traveler. Your friend is now beginning to plan his (her) first trip abroad. Help him (her) decide where to go and what to do to prepare for the trip.

Sugerencias

Ask your friend questions to make sure he (she) has what is needed. Use the vocabulary list as a checklist and point of departure. Also suggest clothing depending on your partner's destination.

Estudiante B

You would like to venture abroad, but you are not sure where to go or what to do to prepare for such a trip. Talk to this friend (an experienced traveler) to find out exactly what to do.

¡A escribir!

G. Antes de viajar al extranjero... . Basándote en la conversación del **Ejercicio A,** prepara una lista de preparaciones para viajeros al extranjero.

II. Funciones y estructuras: *Talking about seasonal activities with stem-changing verbs*

SUSANA: ¿Sabes dónde **puedo** encontrar ropa de invierno? Voy a pasar mis vacaciones en Utah.
ALBERTO: ¿Qué **piensas** comprar?
SUSANA: **Quiero** un abrigo.
ALBERTO: En este almacén **consigues** ropa muy buena... . ¡Entremos!

The verbs highlighted in this conversation have something in common. They all exhibit changes in the verb stem.

There are three possible stem changes in the present tense of the indicative.

e → **ie** (discussed in **Capítulo 3**)
o → **ue**
e → **i** (**-ir** verbs only)

The first two types of stem changes involve replacing the stem vowel with a diphthong (the combination of a strong and a weak vowel). Notice that the changes affect all but the **nosotros** and **vosotros** forms.

e → ie	**o → ue**	**e → i**
sentir ***(to feel)***	**dormir** ***(to sleep)***	**servir** ***(to serve)***
s**ie**nto	d**ue**rmo	s**i**rvo
s**ie**ntes	d**ue**rmes	s**i**rves
s**ie**nte	d**ue**rme	s**i**rve
sentimos	dormimos	servimos
sentís	dormís	servís
s**ie**nten	d**ue**rmen	s**i**rven

The following are other common stem-changing verbs.

e → ie	o → ue	e → i
cerrar *(to close)*	acostar *(to put to bed)*	competir *(to compete)*
comenzar *(to begin)*	almorzar *(to have lunch)*	conseguir *(to get, find)*
despertar *(to wake)*	contar *(to count)*	pedir *(to ask for, request)*
empezar *(to begin)*	costar *(to cost)*	repetir *(to repeat)*
mentir *(to lie)*	devolver *(to return)*	seguir *(to continue, follow)*
pensar *(to think)*	encontrar *(to find)*	vestir *(to dress, wear)*
perder *(to lose)*	llover *(to rain)*	
preferir *(to prefer)*	morir *(to die)*	
querer *(to want)*	mostrar *(to show)*	
	mover *(to move)*	
	poder *(to be able to)*	
	probar *(to taste, try)*	
	recordar *(to remember)*	
	soñar *(to dream)*	
	volar *(to fly)*	
	volver *(to return)*	

Other verbs with spelling changes in the stem

The **g** group with a stem change **(e → ie)**	Some verbs have both an irregular **yo** form and a stem change in all but the **nosotros** and **vosotros** forms in the present tense.	**venir** *(to come):* ven**g**o, v**ie**nes, v**ie**ne, venimos, venís, v**ie**nen	other verbs: tener *(to have)* contener *(to contain)* detener *(to detain)* entretener *(to entertain)* mantener *(to maintain)* obtener *(to obtain)*

Some **-er** and **-ir** verbs need adjustments in the spelling of the first-person singular forms in order to properly show the original sounds of the stem. These spelling changes could be grouped as follows.

The **g → j** group	The letter **g** changes to **j** in the conjugation of the first person singular.	**proteger** *(to protect):* prote**j**o, proteges, protege, protegemos, protegéis, protegen	other verbs: coger *(to grab)* corregir *(to correct)* escoger *(to choose)* recoger *(to pick up)*
The **c → z** group	The letter **c** changes to **z** in the conjugation of the first person singular.	**torcer** *(to twist):* tuer**z**o, tuerces, tuerce, torcemos, torcéis, tuercen	other verbs: vencer *(to win)* cocer *(to cook)* convencer *(to convince)*
The **c → zc** group	The letter **c** changes to **zc** in the conjugation of the first person singular.	**conocer** *(to know):* cono**zc**o, conoces, conoce, conocemos, conocéis, conocen	other verbs: merecer *(to deserve)* pertenecer *(to belong)* reconocer *(to recognize)*

Asimilación

A. ¿Con qué frecuencia? →← Indica con qué frecuencia realizas las siguientes actividades. Al terminar, compara tus respuestas con las de otro(a) compañero(a). ¿Cuántas actividades tienen en común?

Opciones: siempre, casi siempre, normalmente, a veces, casi nunca, nunca

	Frecuencia
Vengo a clase.	
Obtengo notas sobresalientes (A's) en mis exámenes.	
Recojo a mis hijos después de su práctica de fútbol.	
Hago las compras en el supermercado.	
Duermo la siesta después del almuerzo.	
Compito en maratones o en otras actividades deportivas.	
Acuesto a mis niños después de las diez de la noche.	
Vuelo a otra ciudad por asuntos de trabajo.	
Pierdo mis llaves *(keys)*.	
Miento.	

B. ¿Típico o no? Indica si las siguientes actividades son típicas de los norteamericanos durante los meses de verano.

1. Sí / No
2. Sí / No
3. Sí / No
4. Sí / No
5. Sí / No
6. Sí / No
7. Sí / No

Aplicaciones

C. Las actividades de invierno de una familia española. Completa el párrafo con la forma apropiada del verbo entre paréntesis.

Durante las vacaciones de invierno mi esposo, mi hija y yo usualmente _____ (volar) a Tenerife. A mí me gusta pasar las Navidades con mis padres, pero mi esposo José Miguel _____ (preferir) el sol y las playas de las Islas Canarias. Él _____ (pensar) quedarse unos 20 días en la isla con nuestra hija, pero desafortunadamente yo no _____ (poder) acompañarlos todo ese tiempo, ya que sólo _____ (tener) dos semanas de vacaciones. Este año va a ser especial porque nuestra hija _____ (competir) en un torneo nacional de tenis que felizmente tiene lugar *(is taking place)* en las islas. Mis vacaciones _____ (empezar) el día de Navidad y terminan la primera semana de enero. Aunque mis padres viven aquí en Madrid _____ (yo-querer) pasar las Navidades con ellos. Es por eso que _____ (yo-pensar) invitarlos a viajar a Tenerife con nosotros.

D. ¿Qué haces tú durante el año? Ahora completa el cuadro con tu información personal. Usa los siguientes verbos.

comenzar las clases
venir a la universidad
escoger las clases
dormir poco / mucho
vestir ropa ligera / calurosa / de fiesta
volar a otra ciudad
poder esquiar / nadar en la playa / montar en bicicleta
tener tiempo libre / vacaciones / exámenes finales
preferir ir al campo / a un sitio tropical / a las montañas

	Actividades (obligaciones, diversiones, celebraciones, etc.)
en el invierno	*Tengo que trabajar.*
en la primavera	
en el verano	
en el otoño	

E. ¿Qué tienen en común? →← Compara tus respuestas a la pregunta anterior con las de otro(a) compañero(a). ¿Qué actividades tienen en común? Presenten un informe.

Modelo: *Mi compañero(a) y yo preferimos ir a un lugar tropical en el invierno. Durante el verano nosotros... .*

Un paso más: *Talking about activities with other irregular verbs*

Raúl en sus ratos libres

Durante el verano **hago** deporte con los chicos. Mi hijo mayor juega fútbol en el equipo de su escuela y cuando puedo **voy** a sus partidos. Como mi esposa tiene que trabajar tarde, por lo general **soy** yo quien prepara la cena. Después de comer, por lo general **vemos** la tele.

The following are other verbs with irregular present tense conjugations.

dar	*to give*	**doy**, das, da, damos, dais, dan
decir	*to say*	**digo**, dices, dice, decimos, decís, dicen
estar	*to be*	**estoy**, estás, está, estamos, estáis, están
haber	*to have (auxiliary)*	**he, has, ha, hemos, habéis, han**
hacer	*to do*	**hago**, haces, hace, hacemos, hacéis, hacen
ir	*to go*	**voy, vas, va, vamos, vais, van**
oír	*to hear*	**oigo, oyes, oye**, oímos, oís, **oyen**
reír	*to laugh*	**río, ríes, ríe**, reímos, reís, **ríen***
saber	*to know*	**sé**, sabes, sabe, sabemos, sabéis, saben
ser	*to be*	**soy, eres, es, somos, sois, son**
ver	*to see*	**veo**, ves, ve, vemos, veis, ven

* Note: all derived verbs will follow the irregular pattern of the original verb; **reír/sonreír, tener/obtener, decir/maldecir, hacer/deshacer**, etc.

Asimilación

A. ¿Cómo pasan sus vacaciones? →← Indentifiquen la frase que describe la acción de cada dibujo.

A

B

C

D

1. Doy un paseo por el campo.
2. Voy a la playa.
3. Veo televisión.
4. Oigo música.

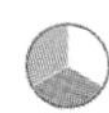

B. ¿Y qué hace tu profesor(a)? Tu profesor(a) va a decirte lo que hace cuando no está enseñando sus clases. Indica sus actividades.

___ Va al cine o a un concierto.
___ Visita a sus vecinos.
___ Hace ejercicio.
___ No cocina.
___ Oye música clásica.
___ Va de compras.
___ Ve televisión.
___ Nunca juega a las cartas.

Aplicaciones

C. ¿Qué hacen estas personalidades? →← Con un(a) compañero(a), mencionen tres actividades que las siguientes personalidades posiblemente realizan durante su tiempo libre. (Trata de incorporar verbos irregulares tales como **dar, estar, ir, ver, oír,** etc.)

Modelo: Arnold Schwarzenegger
Arnold hace ejercicio, va a la playa, pasa tiempo con su familia.

1. el presidente de los Estados Unidos
2. Leonardo Di Caprio
3. Charlton Heston
4. La Reina Isabel de Inglaterra
5. Antonio Banderas

D. En un hotel cinco estrellas *(stars).* Completa las frases con la forma conjugada del verbo más apropiado.

Opciones: oír, ver, ir, dar, estar, reír, saber, ser

1. Los Rodríguez _____ al restaurante con sus hijos.
2. El hotel _____ completamente lleno. No hay vacantes.
3. La recepcionista les _____ las llaves de su habitación a los huéspedes.
4. El botones *(bellhop)* _____ todo el tiempo.
5. La señora Díaz _____ música en vivo en el bar todas las noches.
6. Todos los empleados _____ muy atentos.
7. El chef _____ cocinar muchos tipos de platos internacionales.
8. Desde su habitación los Pérez _____ el mar.

E. Cuando estás aburrido(a)... →← Tomen turnos haciendo y respondiendo a las siguientes preguntas. Al terminar, preparen un breve informe de las respuestas del (de la) compañero(a).

1. ¿Oyes la radio? (¿Qué tipo de programa: musical, de noticias, de comentarios, deportes... ?)
2. ¿Ves la tele? ¿Qué programa?
3. ¿Vas al cine o a otro tipo de espectáculo?
4. ¿Sabes tocar guitarra o algún otro instrumento? ¿Cuál?
5. ¿Eres aficionado a algún deporte? ¿Cuál?

Integración

¡A conversar!

F. ¿Qué tiempo hace? →← Prepara la siguiente situación con un(a) compañero(a).

Estudiante A

It's a sunny day and you would like to take advantage of the weather to do outdoor activity. Convince your friend to come along.

Sugerencias
Pienso *(activity)*. **¿Quieres** *(activity)* **conmigo?**

Estudiante B

You do not care too much for outdoor activities. Try to convince your friend to do something indoors.

Sugerencias
Lo siento. No puedo... . Tengo que... .
No quiero... . Prefiero... .

¡A escribir!

G. Explicación. →← Imaginen que su *email pal* de Panamá quiere saber cómo es un invierno en Norteamérica. ¿Qué le pueden decir? Traten de explicarle las características de esta estación, las fiestas que se celebran durante esta época y en general las actividades que se pueden hacer durante el invierno en este país.

Atajo

Phrases/Functions: Writing a letter (informal)
Vocabulary: Leisure; Sports; Religious holidays

III. Perspectivas: Las vacaciones de los españoles

Antes de leer

A. Las vacaciones. →← Respondan individualmente a las siguientes preguntas y luego comparen sus respuestas con los demás integrantes del grupo.

1. ¿Cuantos días toman Uds. de vacaciones cada año?
   a. una semana o menos b. varias semanas c. un mes o más
2. ¿Usualmente, en qué período del año salen de vacaciones?
   a. en el invierno b. en la primavera c. en el verano
   d. en el otoño
3. ¿Adónde van?
   a. a la playa b. al campo o a las montañas c. a una ciudad
4. ¿Con quién?
   a. con la familia b. con amigos
5. ¿Qué tipo de alojamiento *(lodging)* prefieren?
   a. la casa (o un apartamento) de la familia b. un hotel c. *camping*
6. ¿Cómo organizan su viaje?
   a. por cuenta propia *(on your own)* b. a través de una agencia de viajes

A leer

Ahora comparen sus respuestas con las que dieron los españoles a estas mismas preguntas. Éstos son segmentos de una encuesta más amplia *(wider)*.

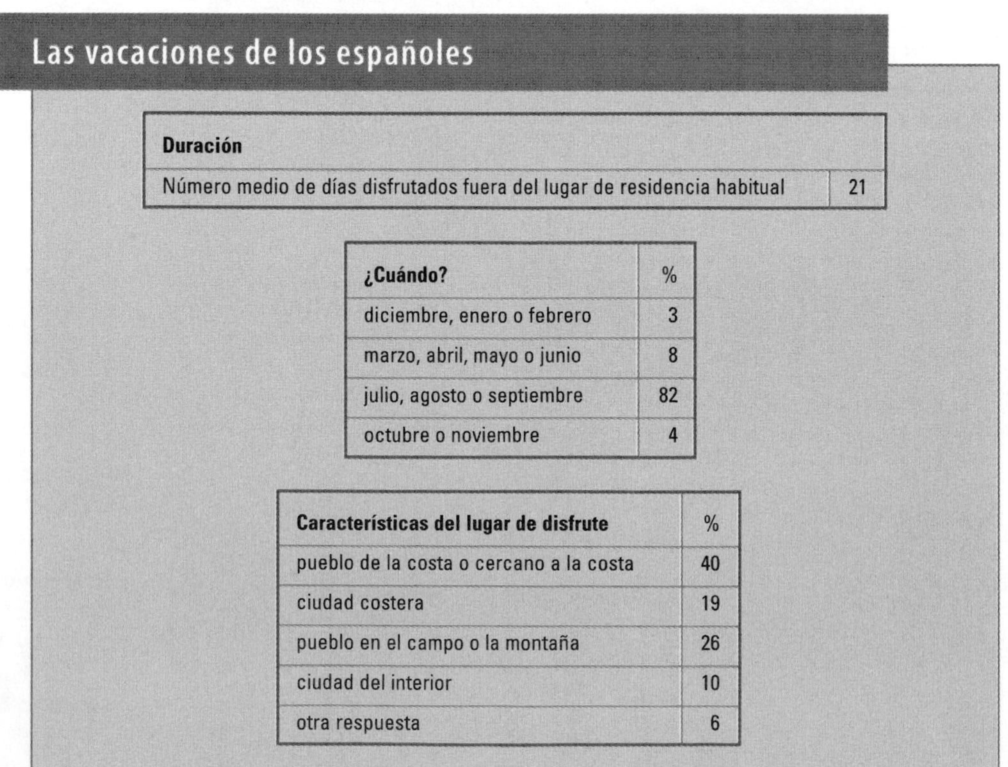

Las vacaciones de los españoles

Duración	
Número medio de días disfrutados fuera del lugar de residencia habitual	21

¿Cuándo?	%
diciembre, enero o febrero	3
marzo, abril, mayo o junio	8
julio, agosto o septiembre	82
octubre o noviembre	4

Características del lugar de disfrute	%
pueblo de la costa o cercano a la costa	40
ciudad costera	19
pueblo en el campo o la montaña	26
ciudad del interior	10
otra respuesta	6

¿Con quién?	%
con su familia	78
con un grupo de amigos o compañeros	15
con un grupo familiar o de amigos que incluye menores de 16 años	40
solo	4

¿Cómo? Tipo de alojamiento utilizado	%
casa de familiares y/o amigos	30
hotel, parador, hostal	25
chalet, apartamento o piso propio	23
chalet, apartamento o piso alquilado	9
campings, caravanas y alojamientos colectivos	6
pensión, casa de huéspedes o fonda	2
chalet, apartamento o piso alquilado a organizaciones, agencias	2
otros alojamientos	3

¿Cómo? Organización del viaje	%
por cuenta propia	83
a través de una agencia de viajes	12
a través de la empresa, organizaciones profesionales, asociaciones, clubs, etc.	3
de otra forma	2

para tu información

There are different types of accommodations for travelers in Spain. The most inexpensive are **hostales,** which are either youth hostels or inns that provide very basic but clean accommodations, often with a shared bathroom. **Pensión, casa de huesped,** or **fonda** are terms used for an inn as well.

Hoteles are more expensive and range in quality depending on the services provided. Finally, a **parador** provides very elegant accommodations in what were once castles, monasteries, or convents and are often state run.

Camping refers to campgrounds, **caravanas** to trailers, and **alojamientos colectivos** to group accommodations.

If a family owns a vacation home, it is refered to as a **chalet.** However, many people in Spain live in **pisos propios** *(condos)* or rent **pisos alquilados** or **apartamentos.**

¿Entendiste bien?

B. ¿Cierto o falso? →← Indiquen si las frases sobre los cuadros estadísticos son ciertas o falsas. (Si hay errores, corríjanlos.)

1. Los españoles toman más de cuatro semanas de vacaciones al año.
2. Los españoles prefieren la playa para sus vacaciones.
3. Los españoles usualmente se hospedan con familiares durante sus vacaciones.
4. Los españoles prefieren tomar vacaciones con sus amigos.
5. Los españoles por lo general usan los servicios de agencias de viajes para organizar sus vacaciones.

Para discutir

C. Diferencias. →← Mencionen las diferencias y las similitudes entre la manera como los españoles y los norteamericanos pasan sus vacaciones.

IV. Funciones y estructuras: *Talking about daily activities with reflexive verbs*

Cuando estoy de vacaciones, por lo general **me** levanto tarde.

Después de desayunar, **me** pongo el bañador y voy a la piscina.

Me bronceo y nado por un par de horas.

Por la noche, **me** arreglo bien para salir.

Después de cenar, paso un rato con mis amigos y casi siempre, **me** acuesto tarde.

As you noticed in the previous examples, certain verbs are accompanied by pronouns. These pronouns are called *reflexive pronouns*, and are used to indicate that the subject of an action *(the agent, the doer)* and its object *(the recipient)* are the same. In English, these pronouns are often omitted.

Normalmente **me despierto** a eso de las seis y media de la mañana.	*Usually,* ***I wake (myself)*** *up at around six thirty in the morning.*
Casi nunca **me baño** antes de desayunar.	*I hardly ever* ***bathe (myself)*** *before having breakfast.*

Reflexive pronouns are placed before the conjugated verb or attached at the end of the infinitive, becoming one word.

Me voy a acostar a las diez esta noche.	***I am going to bed*** *at ten tonight.*
Voy a acostarme a las diez esta noche.	***I am going to bed*** *at ten tonight.*

Él no puede **despertarse** antes de las siete.	*He can't **wake (himself)** up before seven.*
¿Necesitas **vestirte** bien para la recepción?	*Do you need **to get dressed up (dress yourself up)** for the party?*
Nos tenemos que preparar para el viaje.	***We have to get (ourselves) ready** for the trip.*

Reflexive Pronouns			
me	*myself*	nos	*ourselves*
te	*yourself*	os	*yourselves*
se	*himself, herself, yourself*	se	*themselves, yourselves*

Some common reflexive verbs			
acostarse (ue)	*to go to bed*	lavarse	*to wash up*
arrepentirse	*to regret*	levantarse	*to get up*
afeitarse	*to shave*	llamarse	*to be called (name)*
bañarse	*to bathe*	maquillarse	*to put on make up*
despertarse (ie)	*to wake up*	perfumarse	*to put on perfume*
divertirse (ie)	*to have fun*	sentarse (ie)	*to sit down*
dormirse (ue)	*to fall asleep*	vestirse (i)	*to get dressed*
ducharse	*to shower*		

In the plural, the reflexive construction is used to indicate a reciprocal action. The expressions **mutuamente** or **el uno al otro** (*each other* or *one another*) are often added for emphasis or clarity.

En la oficina, todos **nos ayudamos mutuamente.**	*At the office, **we all help one another**.*
Mi esposa y yo **nos queremos** mucho **el uno al otro.**	*My wife and I **love each other** very much.*
En esta compañía, la administración y los empleados no **se llevan** muy bien.	*In this company, management and employees **do not get along** very well.*

Some verbs like **arrepentirse de** *(to repent, regret)* and **quejarse de** *(to complain)* are always reflexive. The reflexive meaning indicated above is not shown in English.

Me arrepiento de escoger este hotel.	***I regret** choosing this hotel.*
Voy a **quejarme** del servicio de este hotel.	*I am going **to complain** about the service in this hotel.*

Other verbs change in meaning when used reflexively.

De otra manera

In Cuba, Venezuela, and other Caribbean locations, **bravo** is used to express that someone is angry. For example: **Estoy bravo/Me pongo bravo.** *(I am angry, upset.)* In other countries it means *courageous;* **Es un hombre bravo.** is *He is a courageous man.*

—Ivania del Pozo, Youngstown State University

Non-reflexive	Reflexive
ir *(to go)*	irse *(to leave)*
dormir *(to sleep)*	dormirse *(to fall asleep)*
levantar *(to lift)*	levantarse *(to get up)*
llevar *(to carry)*	llevarse *(to take away, to get along)*
probar *(to taste, try)*	probarse *(to try on)*
poner *(to put)*	ponerse *(to put on [one's clothing]; to get or become [an emotion or state])*
preparar *(to prepare)*	prepararse *(to get ready)*
quitar *(to remove)*	quitarse *(to take off [one's clothing])*

Asimilación

A. La vida de Julia. →← ¿Cómo es una mañana típica en la vida de Julia, la esposa de Raúl? Organicen las siguientes frases de acuerdo con los dibujos.

a. Se va de la casa.
b. Se despierta a las seis y media.
c. Se cepilla los dientes.
d. Se arregla para ir al trabajo.

B. La rutina diaria de tu profesor(a). Indica si las frases son ciertas o falsas.

1. Normalmente se despierta a las seis de la mañana.
2. Primero se baña y luego se cepilla los dientes.
3. Se maquilla y se perfuma para ir a trabajar.
4. Se pone el abrigo y las botas antes de salir.
5. Por la noche cena y luego se sienta a ver televisión.
6. Se acuesta a dormir después de las diez de la noche.

Aplicaciones

C. Costumbres personales. →← ¿Cuáles de tus compañeros de clase tienen las siguientes costumbres? Haz preguntas para obtener la información.

1. ...casi nunca se despierta antes de las ocho de la mañana.
2. ...usualmente se ducha por la noche.
3. ...a veces no se peina.
4. ...se baña por la mañana.
5. ...nunca se desayuna.
6. ...generalmente se acuesta después de la medianoche.

D. ¿Reflexivo o no? →← Completen las frases con la forma verbal más apropiada según el contexto.

1. _____ (Vamos / Nos vamos) de vacaciones a la costa con frecuencia.
2. Nunca (duermo / me duermo) _____ más de ocho horas.
3. En mi familia, todos _____ (levantamos / nos levantamos) temprano.
4. Siempre _____ (quito / me quito) el uniforme al llegar a casa.
5. Mi esposa y yo _____ (llevamos / nos llevamos) bastante bien.

E. Antes de una cita... ¿Qué haces antes de una cita? Escribe una frase con cada uno de los siguientes verbos.

bañarse	cambiarse	vestirse	arreglarse
maquillarse	peinarse	perfumarse	prepararse
ponerse	quitarse	afeitarse	

Modelo: *Antes de una cita yo me baño, después me pongo... .*

Sugerencias

You can use the following connectors:

antes *(before)*
después *(after)*
primero *(first)*
luego *(then)*
entonces *(then)*
al final *(at the end)*
y *(and)*

Integración

¡A conversar!

F. Mi rutina. →← Preparen la siguiente situación.

Estudiante

Imagine that you are a student with time management problems. (You go to bed late, you can't wake up on time for your morning class, you take a long time getting dressed, you don't have a car.) Discuss your daily routine with this counselor and see if you can improve your schedule.

Consejero(a)

This student seems to have time management problems. Find out about his (her) daily routine and see if you can help him (her) organize his (her) time more effectively.

Sugerencias

Debes acostarte más temprano. *(You should go to bed earlier.)*
Debes comprar un reloj despertador. *(You should buy an alarm clock.)*

Atajo

Phrases/Functions: Talking about habitual actions
Vocabulary: Leisure; Sports; Religious holidays
Grammar: Verbs: reflexives

¡A escribir!

G. Durante las vacaciones... →← Prepara varias preguntas para averiguar más acerca de las costumbres de uno(a) de tus compañeros de clase. Tomen nota de las respuestas de su compañero(a). (Las van a necesitar para el **Ejercicio G** en la página 249.)

1. ¿Durante las vacaciones usualmente sales a alguna parte o te quedas en casa?
2. ¿A qué hora te despiertas?
3. ¿Cómo te vistes?
4. ¿Te arreglas más o menos?
5. ¿Sales por la noche? ¿Adónde?
6. ¿Qué otras cosas haces para divertirte?
7. ¿A qué hora te acuestas?

Informe: *Durante las vacaciones, mi compañero(a) se despierta tarde. No se baña inmediatamente... .*

V. Lectura: De vacaciones

Antes de leer

A. Nuestras vacaciones. →← Contesten las siguientes preguntas.

1. ¿Les gusta salir de vacaciones con su familia?
2. ¿Cómo son las vacaciones de una familia típica norteamericana? Describe el comportamiento *(behavior)* típico de cada una de las siguientes personas.
   - el padre (la madre) planea el viaje/maneja el coche...
   - los hijos pelean/discuten/juegan...
   - los abuelos leen/duermen/caminan...

B. Vocabulario y conceptos. Las siguientes palabras son importantes para la comprensión del texto. Lee sus definiciones y completa las frases.

amueblado: que tiene muebles (sillas, camas, mesas, etc.)
descolorido: que no tiene color, pálido
quemado: de color oscuro por el efecto del sol
triste: lo opuesto de alegre

Completa las frases con el adjetivo más apropiado.

1. Siempre me siento _____ cuando terminan las vacaciones.
2. Antes de ir a la playa estoy _____ .
3. Después de tres días en el sol estoy _____ .
4. Quiero pasar mis vacaciones en un apartamento bien _____ .

«Las vacaciones»

Gomaespuma

Gomaespuma es un joven dúo español formado por los periodistas Guillermo Fesser y Juan Luis Cano, que nació en 1982 en la estación de televisión Antena 3. Debido al éxito *(success)* de su trabajo en televisión, en 1986 fundaron *(founded)* Gomaespuma Producciones, una empresa dedicada a la creatividad en el mundo de los medios de comunicación. Desde entonces, Gomaespuma ha producido *(has produced)* varios libros humorísticos sobre la vida diaria de los españoles, entre ellos *Marchando una de mili, Navidad con orejas, Pasando olímpicamente* y *Familia no hay más que una.*

Suele ser el período de descanso en el verano.

Por fin se llega al apartamento. Es un **cuchitril** mal amueblado, porque los propietarios prefieren tener muebles viejos y feos ya que cada verano queda **destrozado.** Se asignan las habitaciones y aquí siempre hay problemas. Al final la mejor es para la

dilapidated dwelling
destroyed

hija, mientras los chicos toman la pequeña. La abuela duerme con la chica en una **cama-mueble.**

El primer día de la playa todo es estupendo, excepto el color de la **piel.** Mientras todo el mundo presenta un moreno maravilloso, la familia está más pálida que alguien que ha visto un **fantasma.** El hijo mayor lleva un bañador **ajustado,** el pequeño uno de dibujos hasta la **rodilla,** la chica un bikini **que trae al padre por la calle de la amargura** porque se transparenta todo, la madre un bañador estampado y un gorro de baño de flores que se pone en la cabeza cada vez que se mete en el agua, el padre lleva un bañador azul descolorido por el efecto del tiempo, y la abuela va vestida completamente, excepto los pies que los lleva desnudos.

A las dos, la madre, el padre y la abuela **recogen** sus sillitas y sus toallas y se suben al apartamento.

Después de comer todos duermen un **ratito** de siesta, excepto la chica que ha **cateado** latín y se tiene que quedar a **empollar** con todo el **sopor** de después de la comida.

Por la noche los chicos piden permiso para **salir por ahí.** El pequeño se queda en casa jugando **al cinquillo** con la madre y la abuela y el chico mayor y la chica salen a tomar algo. Regresan **a las tantas.** El padre **se cabrea** y les **regaña** desde la cama y al día siguiente cuando desayunan, pero se vuelve a repetir la historia durante todo el mes.

La hija se enamora **perdidamente** de un chico de Valencia y cuando se acaba el verano se va **tristísima** porque deja a su amor, aunque han quedado en escribirse y en ir a visitarse.

sofa-bed
skin
ghost / tight
knee / that is driving the father crazy
pick up
a short while
flunked / to study / drowsiness
to go hang out
board game
late / gets mad / reprimands
madly
muy triste

¿Entendiste bien?

C. Un día típico en la playa. →← ¿Cómo es un día típico de vacaciones en España, según Gomaespuma? Organicen los siguientes eventos.

___ Duermen la siesta.
___ Todos se ponen sus bañadores y van a la playa.
___ Los chicos salen por ahí.
___ Los padres recogen las sillas y regresan al apartmento.
___ Los chicos regresan tarde.

D. ¿Por qué? Responde las siguientes preguntas.

1. ¿Por qué está el apartmento mal amueblado?
2. ¿Por qué no duerme la siesta la hija?
3. ¿Por qué se disgusta el padre?

E. Enfoque lingüístico. Identifica cinco verbos reflexivos en la lectura.

F. Para discutir. ¿Qué opinan Uds.? ¿Las vacaciones de las familias españolas son similares o diferentes a las vacaciones familiares de los norteamericanos? Presenten algunos puntos concretos.

G. Actividad de extensión. Usa las notas del **Ejercicio G** en las páginas 247–248 para escribir una descripción cómica de unas vacaciones en familia, semejante a la de Gomaespuma.

Temas CD-ROM

En tu próxima tarea, vas a ir a España donde vas a ayudar a Don Ramiro a establecer un restaurante.

Vocabulario

Los preparativos para las vacaciones

el boleto/tiquete/billete — *ticket*
los cheques de viajero — *traveler's checks*
el equipaje/maletín de mano — *hand baggage*
la maleta/el equipaje — *suitcase (luggage)*
la mochila — *backpack*
el muelle internacional — *international departures*
el pasaporte — *passport*
el pasillo — *aisle (seat)*
la riñonera — *fanny pack*
la sala de espera — *boarding area*
la sección de fumar/no fumar — *smoking/nonsmoking*
la tarjeta de embarque — *boarding pass*
la ventanilla — *window (seat)*
la visa — *entry visa*

Verbos

abordar — *to board*
cambiar — *to change, exchange*
empacar — *to pack*
sacar — *to get, obtain*

Verbos de cambio radical

e → ie

comenzar — *to begin*
despertar — *to wake*
mentir — *to lie*
sentir — *to feel*

o → ue

acostar — *to put to bed*
almorzar — *to have lunch*
contar — *to count*
costar — *to cost*
devolver — *to return*
dormir — *to sleep*
encontrar — *to find*
llover — *to rain*
morir — *to die*
mostrar — *to show*
mover — *to move*
poder — *to be able to*
probar — *to taste, try*
recordar — *to remember*
soñar — *to dream*
volar — *to fly*
volver — *to return*

e → i

competir — *to compete*
conseguir — *to get, find*
pedir — *to ask for, request*
repetir — *to repeat*
seguir — *to continue, follow*
servir — *to serve*
vestir — *to dress, wear*

Otros verbos

cocer — *to cook*
coger — *to grab*
contener (ie) — *to contain*
convencer — *to convince*
corregir (i) — *to correct*
detener (ie) — *to detain*
entretener (ie) — *to entertain*
escoger — *to choose*
haber — *to have*
mantener (ie) — *to maintain*
merecer — *to deserve*
obtener (ie) — *to obtain*
oír — *to hear*
parecer — *to seem*
pertenecer — *to belong*
proteger — *to protect*
recoger — *to pick up*
reconocer — *to recognize*
reír (i) — *to laugh*
torcer (ue) — *to twist*
vencer — *to win*
venir (ie) — *to come*

Verbos reflexivos (See pp. 236–237.)

CAPÍTULOS 3/4 Puesta en acción

SITUACIÓN: Imagine that you are working for a company with business interests in Latin America. Between April 12 and 14, there will be a shareholders' meeting in Puerto Rico. About 100 people from Latin America, Spain, and the United States will meet in San Juan for this event. Since you know some Spanish, your company has asked you to participate in planning the logistics of this important meeting.

MISIÓN: To make all the strategic plans for the meeting and to organize and communicate the meeting agenda to all the participants

WORK SKILLS: Organizing a business meeting; organizing and communicating the agenda for a business meeting; informing participants about meeting conditions, plans, and requirements

1. **La agenda.** →← Preparen la agenda para los participantes en la reunión. (Incluyan actividades de negocios, turísticas y de descanso o recreación.)

Sugerencias

Try to include verbs from the following list: **cerrar, comenzar, pensar, encontrar, mover, volver, volar, conseguir, obtener, escoger, convencer, ir, ver, oír**

	12 de abril	**13 de abril**	**14 de abril**
8:00	*Desayuna en el hotel.*		
10:00	*Comienza la reunión en la sala # 3.*		
12:00		*Almuerza en el restaurante del hotel.*	
2:00			
4:00			
6:00			*Volamos a... .*
8:00			

2. **Reservaciones.** →← Preparen la siguiente situación.

Organizador(a)

Your boss has assigned you the task of making the hotel reservations for the company's shareholders' meeting. Call the hotel in San Juan and find out if they have adequate facilities. If that is the case, make the necessary reservations.

Sugerencias

¿Me podría informar si su hotel tiene... ? *(Could you inform me if your hotel has . . . ?)*
¿Hay buenos restaurantes cerca del hotel? *(Are there any good restaurants near the hotel?)*
Me gustaría hacer unas reservaciones. *(I would like to make some reservations.)*

Recepcionista del hotel

An important client is calling to find out about the services at your hotel. Provide this client with all the information he (she) needs about the hotel amenities and services and take down his (her) information to process the necessary reservations in the following chart.

Sugerencias

Desde luego/Por supuesto. *Of course.*
Con mucho gusto. *My pleasure.*
¿Cuántas habitaciones necesita? *How many rooms do you need?*
Necesito algunos datos. *I need some information.*

Reservas - Hotel El Condado			
nombre		otros servicios requeridos	
fecha de llegada		número de teléfono	
fecha de partida		tarjeta	
tipo de habitaciones			

3. **¿Cómo es el tiempo en San Juan? ¿Qué deben llevar?** →← Preparen un volante *(flyer)* para enviar a los participantes de la reunión con información sobre las condiciones del tiempo en San Juan. Incluyan recomendaciones acerca de la ropa y los accesorios que deben traer a la reunión.

Estado del tiempo	Ropa y accesorios recomendados

Sugerencias

To check on weather conditions in Puerto Rico, you can consult the weather page of *USA Today*. Consult this web-site: **http://temas.heinle.com** for more information.

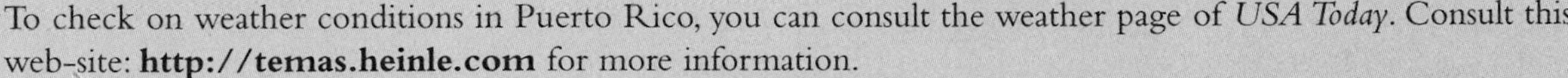

4. Un menú nutritivo. →← El hotel necesita el menú que su compañía desea para esta reunión. Completen el cuadro con una serie de comidas bien balanceadas.

	Recomendaciones
desayunos	
refrigerios	
almuerzos	
cenas	

5. Justificaciones. Acabas de recibir *(You have just received)* el siguiente correo electrónico del contador *(accountant)* de tu empresa.

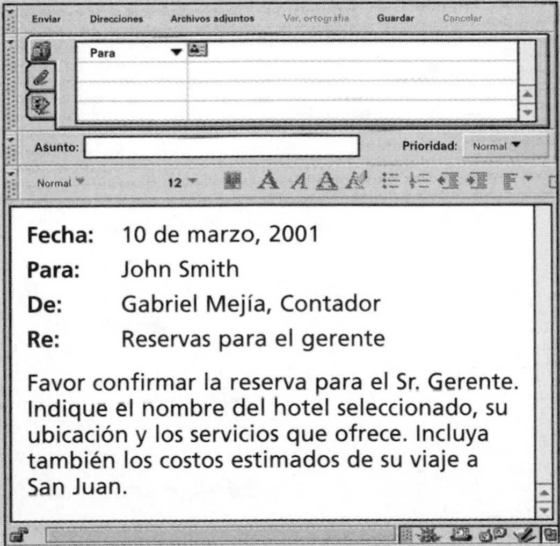

Fecha: 10 de marzo, 2001
Para: John Smith
De: Gabriel Mejía, Contador
Re: Reservas para el gerente

Favor confirmar la reserva para el Sr. Gerente. Indique el nombre del hotel seleccionado, su ubicación y los servicios que ofrece. Incluya también los costos estimados de su viaje a San Juan.

Paso 1: ¿Qué información necesita el contador? Indica tus respuestas.

___ el costo del boleto de avión a San Juan
___ la dirección de su hotel
___ las atracciones turísticas que puede visitar
___ el tipo de habitación
___ las comodidades que ofrece el hotel
___ el nombre de algunos restaurantes cerca del hotel
___ la distancia entre el hotel y el aeropuerto
___ el nombre del hotel
___ el nombre del hospital más cercano

____ el costo de la habitación
____ el nombre de algunas tiendas cercanas
____ la temperatura en San Juan

Paso 2: Modelos. Antes de escribir tu respuesta, lees un mensaje semejante escrito *(written)* por otra persona. Desgraciadamente *(Unfortunately)* las oraciones no están en el orden correcto por razones de seguridad *(security reasons)*. Ponlas en el orden correcto y compara tus respuestas con las de un(a) compañero(a).

____ Como siempre, la reservación es por tres noches en una habitación tipo Master Suite.
____ El costo de la habitación y el transporte es diez mil quinientos ochenta dólares ($10.580,00).
____ El Sr. Gerente puede hacer deporte en el el gimnasio del hotel o practicar el golf en un campo cercano.
____ En respuesta a su pregunta, le indico que la reservación para el gerente es en el hotel Hilton.
____ Favor de indicar si se requiere información adicional.
____ El hotel está a diez minutos del aeropuerto, frente al mar.

Paso 3: Memo. Usa el modelo anterior para responder al memorandum del contador de la compañía.

Atajo

Phrases/Functions: Writing a letter (formal); Linking ideas
Vocabulary: House: Bedroom; Traveling
Grammar: Adjective agreement and position; Prepositions

Sugerencias

1. Begin by making a list of the information you need to include in the memo. (In particular, decide what aspects of your hotel selection need to be highlighted.)
2. Calculate the total expenses (transportation and hotel). If necessary, go back to the San Juan web-sites to get price information.
3. Decide on the order in which you want to present this information.
4. Make sure you open and close the document properly. (Consult the **Atajo** software for additional ideas.)

Paso 4: Revisión. →← Antes de entregar el memo a tu profesor(a), intercámbialo *(exchange it)* con el de otro(a) compañero(a) para hacer las siguientes revisiones.

Atajo

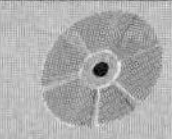

Phrases: Writing a letter (formal); Linking ideas
Vocabulary: Working conditions
Grammar: Prepositions

Correcciones

Observe and comment on the following aspects of your classmate's composition.

1. **Content.** Does it include the requested information on accommodations for the general manager and the budget for the activity?
2. **Organization.** Does it flow in a logical manner? Is there an opening and a closing?
3. **Grammar.** Can you detect any problems in the use of verb tenses or noun/adjective agreement?
4. **Mechanics.** Are the spelling, punctuation, and general presentation of the memo adequate?

UNIDAD 3

In this unit you will talk about past events, report the news, and describe how things used to be. The readings will introduce you to life in the rural and urban areas of the Spanish-speaking world. In turn, the videos will introduce you to Peruvians and Costa Ricans who will talk about their backgrounds and their memories as they were growing up in their homelands. At the end of the unit you will create a newsletter in Spanish with information about your university to be posted on the web.

Hoy y ayer

Expreso

El 66% a provincias, anuncia Fujimori

PRESUPUESTO "AUSTERO" PARA EL 2000

Política

Economía

Nacional

Exterior

Para dirigir selección de fútbol

"El mago" es bolo seguro

Para comenzar

- →← Indiquen el tipo de noticias *(news)* que aparece en su primera página.

____ política	____ internacional
____ economía	____ deportes
____ local	____ el tiempo

- ¿Consideran Uds. que la presentación, la diagramación o el contenido de este periódico es similar o diferente a la de su periódico local? Expliquen.

In this chapter you will learn. . .

- how to discuss politics and the economy;
- how to talk about sports events;
- how to refer to arts and entertainment;
- how to talk about what happened in the past;
- how to avoid redundancy;
- about the cultural interests of people in Latin America.

CAPÍTULO > > > 5

Al corriente

	Tema 1 La actualidad política y económica	Tema 2 La actualidad deportiva	Tema 3 La actualidad cultural
Vocabulario	La política La actualidad económica	Los eventos deportivos	Las artes plásticas El teatro y la música
Funciones y estructuras	Talking about past activities with the preterit tense	Talking about past activities with stem-changing verbs in the preterit Talking about past activities with irregular verbs in the preterit	Avoiding repetition with direct object pronouns
Pronunciación		Las consonantes **r** y **rr**	
Lectura	Reseña de las actividades de un presidente	El turno es de ellas	Perspectivas: ¿Qué están leyendo los hispanoamericanos? Lima en Jazz
Vídeo	Entrevista con una joven peruana		

ENFOQUE

El Perú

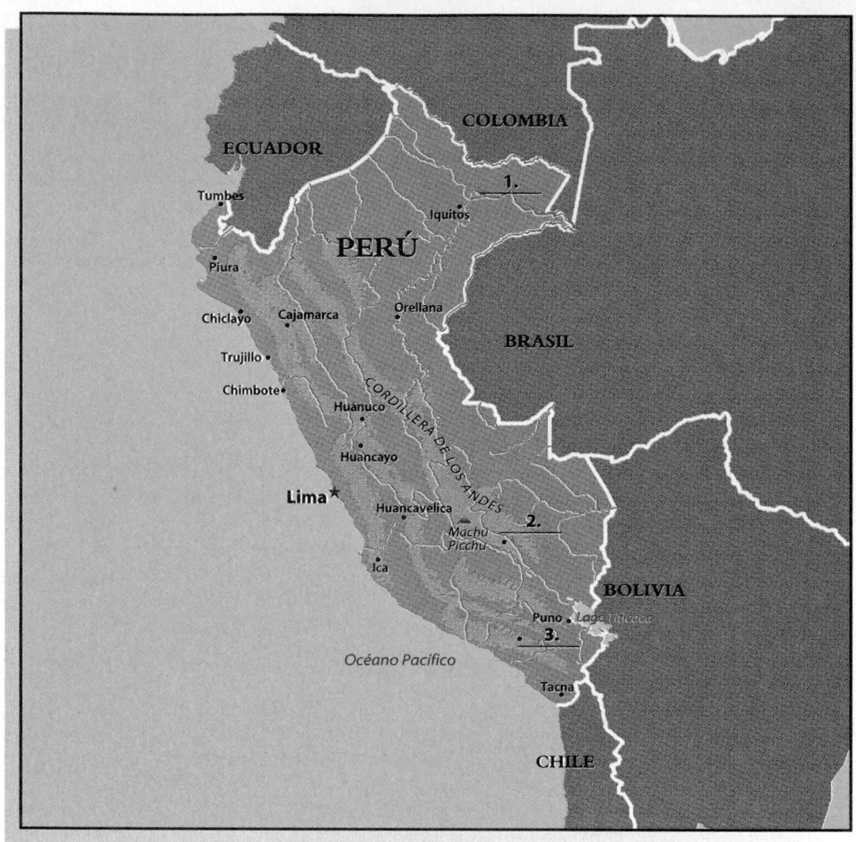

A. En el mapa. Mira el vídeo e indica el número del blanco en el mapa que corresponde con los siguientes lugares.

a. Río Amazonas b. Arequipa c. Cuzco

B. En el vídeo. Completa la tabla con la información del vídeo.

Capital:	Lima 1535
Población:	25 millones
Ingreso per cápita:	84,300
Moneda:	nuevo sol
Productos de exportación:	cobre, pescado, petróleo, café, zinc, algodón

C. La historia. →← Pongan en orden los siguientes eventos en la historia del Perú.

___ florecimiento de la cultura Nazca
___ proclamación de independencia
___ retorno a la democracia
___ llegada de los Incas al valle de Cuzco
___ gobiernos militares
___ Francisco Pizarro funda Lima, la ciudad de los reyes

para tu información

Si deseas aprender más acerca de Perú, visita el siguiente sitio-web: **http://temas.heinle.com.**

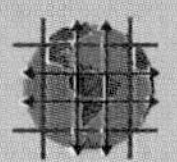

Los orgullos de Perú...

Su historia

El Imperio Inca alcanzó gran desarrollo administrativo, técnico y cultural y fue el más importante del período precolombino en toda Suramérica.

Su gente

Aproximadamente un 45% de la población del Perú es de ascendencia indígena.

Sus riquezas naturales

El Perú tiene una de las mayores industrias pesqueras *(fishing)* del mundo y también ocupa el primer lugar en la producción de minerales tales como la plata, el cobre, el plomo y el zinc.

Tema 1

La actualidad política y económica

I. Vocabulario: La política

Titulares. →←

1. Observen los siguientes titulares e identifiquen los cognados.
2. Ahora clasifíquenlos según su tema. (Consulten la lista de vocabulario si tienen dudas.)

Presidente concluye visita a la Comunidad Europea

Congreso discute nueva Ley de Extradición

Se firma acuerdo de paz en Serbia

Elecciones municipales reflejan el sentir ciudadano

Gobernador presenta nueva estructura administrativa

Noticia local	Noticia nacional	Noticia internacional

*Beginning with this **Tema,** vocabulary lists will include information regarding stem and spelling changes for both the present and preterit respectively. Stem changes for the preterit will be introduced in Section II of this **Tema.**

Vocabulario útil

el candidato	*candidate*
el ciudadano	*citizen*
el congreso	*congress*
la constitución	*the constitution*
la democracia	*democracy*
el ejército	*the armed forces*
las elecciones	*elections*
el gobierno	*government*
los grupos paramilitares	*paramilitary groups*
la guerra	*war*
la guerrilla	*guerrilla groups*
la ideología	*ideology*
la ley	*law*
los ministros	*ministers*
los partidos políticos	*political parties*
la paz	*peace*
el poder	*power*
la política económica	*economic policy*
el presidente	*president*
el terrorismo	*terrorism*
el terrorista	*terrorist*
el voto/el sufragio	*vote*
el conservador	*conservative*
el demócrata	*democrat*
el liberal	*liberal*
el republicano	*republican*
aprobar (ue)	*to approve, pass*
defender (ie)	*to defend*
discutir	*to discuss*
elegir (i, i)*	*to elect*
firmar	*to sign*
gobernar (ie)	*to govern*
investigar	*to investigate, research*
pertenecer	*to belong (to a political party or group)*
promover (ue)	*to promote*
votar	*to vote*

Vocabulario personal:

Asimilación

A. Información general. →← Completen el siguiente párrafo con información acerca del sistema político en los Estados Unidos.

Nuestro presidente se llama _____ y pertenece al partido político _____ . En los Estados Unidos hay elecciones presidenciales cada _____ años. Cuando votas, necesitas _____ , _____ y _____ (menciona dos o tres obligaciones). No existen las guerrillas, pero hay algunos grupos paramilitares en este país como por ejemplo _____ .

B. ¿De qué habla? Vas a escuchar unas definiciones. Identifica a qué o a quién se refieren.

1. a) el voto b) la guerra c) los partidos políticos d) la paz
2. a) la paz b) el voto c) el terrorismo d) el congreso
3. a) el terrorismo b) la ley c) el ejército d) los partidos políticos
4. a) el voto b) la ley c) la paz d) el terrorismo
5. a) la paz b) el voto c) el ejército d) los partidos políticos

Aplicaciones

C. Asociaciones. →← Escriban algunas palabras que podemos asociar con los siguientes conceptos.

El presidente	**La ley**

D. Ciencias Políticas 101. →← Escriban cinco frases lógicas con los siguientes elementos.

Modelo: *El ejército defiende la democracia.*

el gobierno	elegir	las leyes
los ciudadanos	promover (ue)	la democracia
el presidente	aprobar (ue)	la ideología
el congreso	defender	la constitución
los partidos políticos	discutir	el voto
el ejército	votar	la paz
	gobernar	la guerra
		el país

E. Entrevista. →← Tomen turnos haciendo y respondiendo a las siguientes preguntas. Al terminar, preparen un informe breve para presentarlo al resto de la clase.

1. ¿Perteneces a algún partido político? (Si es así, ¿por qué te gusta ese partido?)
2. ¿Votas regularmente?
3. ¿Qué opinas del presidente? ¿Te gusta? ¿Te parece que hace una buena labor *(a good job)*?
4. ¿Participas en actividades políticas en tu universidad? (Da ejemplos o explica por qué no participas en ese tipo de actividades.)

Informe: *Mi compañero(a) es republicano(a) y le gusta su partido porque promueve los valores tradicionales. Vota en todas las elecciones y piensa que el presidente… .*

Integración

¡A escribir y conversar!

Atajo

Phrases: Writing a news item

F. El noticiero (*newscast*). →← Formen grupos de cuatro o cinco estudiantes, seleccionen un país hispano y preparen un noticiero sobre este país para presentar al final del capítulo. En este tema, concéntrense solamente en preparar un reporte de las **noticias políticas** del país seleccionado.

Sugerencias

For news about the country you're researching, go to **http://temas.heinle.com** for links to Hispanic newspapers.

G. ¿Qué está pasando en el mundo hispano? →← Escojan un país hispano, consulten uno de sus periódicos locales y escriban un resumen de las noticias políticas más importantes del momento. Al final del capítulo van a presentar estas noticias oralmente en un noticiero simulado.

Sugerencias

Although there will be a lot of new vocabulary in the newspaper you will be reading for this assignment, don't be discouraged. Follow these simple steps to prepare your presentation:

Paso 1: Quickly select the piece of news that has the most coverage (biggest picture, longest narrative, etc.).
Paso 2: Identify to which news category it belongs (**política, economía, actualidad, deporte,** etc.).
Paso 3: Identify the main characters or entities involved.
Paso 4: Get the gist of the story and summarize it in just three or four sentences.
Paso 5: Be sure to paraphrase. (Use language you already know to express in general terms the main ideas of the news item found.)
Paso 6: Research American media to see if they covered the same event. (Reading the story in English as well will give you more background to understand those aspects that might still be obscure or confusing.)

Paso 7: If possible, include a few comments about your reactions to the story. (Did you know anything about that issue before? How similar, or how different, was that story from the one you would encounter in an American newspaper the same day? To what do you attribute those differences? Did the coverage seem complete **(completo)** or biased **(parcial)**?, etc.)

Paso 8: Use only Spanish during your presentation. Keep the language simple and prepare visual aids to help your classmates understand the story.

II. Funciones y estructuras: *Talking about past activities with the preterit tense*

Ayer el señor Presidente **trabajó** en su despacho todo el día.
*The President **worked** in his office all day yesterday.*

Habló por teléfono con otros jefes de estado.
*He **spoke** on the phone with other heads of state.*

Y por la noche **cenó** con sus ministros.
*And at night he **had dinner** with his ministers.*

The preterit is a form of the past used in Spanish to talk about the beginning or the end of an action, event or condition in the past.

Ayer **me levanté** temprano, **asistí** a mis clases y **hablé** con mis amigos.	*Yesterday **I woke up** early, **attended** my classes and **spoke** with friends.*

The endings of regular verbs in the preterit are the following.

-ar verbs	**-er** verbs	**-ir** verbs
hablar *(to speak)*	**comer** *(to eat)*	**escribir** *(to write)*
habl**é**	com**í**	escrib**í**
habl**aste**	com**iste**	escrib**iste**
habl**ó**	com**ió**	escrib**ió**
habl**amos**	com**imos**	escrib**imos**
habl**asteis**	com**isteis**	escrib**isteis**
habl**aron**	com**ieron**	escrib**ieron**

Note that the endings of regular **-er** and **-ir** verbs are identical, and that the **nosotros** forms of **-ar** and **-ir** verbs are the same for the present and preterit.

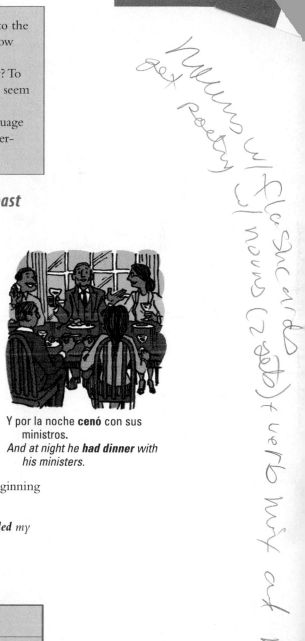

To maintain the sound of the infinitive, the **yo** form of verbs ending in **-car, -gar,** and **-zar** have the following orthographic changes in their preterit conjugation.

c → qu	**g → gu**	**z → c**
buscar ***(to look for)***	**jugar** ***(to play)***	**comenzar** ***(to begin)***
bus**qué**	ju**gué**	comen**cé**
buscaste	jugaste	comenzaste
buscó	jugó	comenzó
buscamos	jugamos	comenzamos
buscasteis	jugasteis	comenzasteis
buscaron	jugaron	comenzaron
Other similar verbs sacar *(to take out, to get, to remove)*	*Other similar verbs* pagar *(to pay)* llegar *(to arrive)* entregar *(to deliver, hand over, hand in)* conjugar *(to conjugate)*	*Other similar verbs* empezar *(to begin)* realizar *(to do, carry out)* almorzar *(to have lunch)* organizar *(to organize)*

Since the preterit refers to the beginning or end of an event, action or condition, it is often accompanied by a past-time expression. The following are some common past expressions.

el mes/verano/año/ siglo... pasado	*last month/summer/year/century . . .*
la semana pasada	*last week*
ayer	*yesterday*
anoche	*last night*
hace quince días*/ tres meses/un año...	*two weeks/three months/a year ago . . .*

*Spanish-speaking people prefer to use the phrase **quince días** *(fifteen days)* rather than **dos semanas** *(two weeks)*.

Asimilación

A. ¿Qué hiciste ayer? →← Indiquen cuáles de las siguientes actividades realizaste ayer. Luego comparen sus respuestas con las de un(a) compañero(a). ¿Tienen mucho en común?

___ Comí en un restaurante.
___ Miré televisión.
___ Estudié en la biblioteca.
___ Preparé la cena para mis hijos.
___ Manejé el coche.
___ Escribí varios mensajes electrónicos a mis amigos.
___ Limpié mi casa.
___ Leí el periódico.
___ Descansé un poco.
___ Hablé por teléfono con mi mejor amigo(a).

B. ¿Y qué hizo tu profesor(a) ayer? Escucha la información y completa la frase con la opción apropiada.

1. Se levantó_____ . a. tarde b. temprano
2. Almorzó en _____ . a. la cafetería b. otra parte
3. Trabajó en su oficina por _____ . a. más de una hora b. menos de una hora
4. Enseñó _____ . a. más de dos clases b. menos de dos clases
5. Pensó en sus vacaciones _____ . a. mucho b. poco

Aplicaciones

C. ¿Qué hiciste...? Completen el cuadro con información personal. Al terminar, comparen sus respuestas con las de otro(a) compañero(a). ¿Qué tienen en común?

Sugerencias

Use the following verbs: **terminar, llamar, recibir, estudiar, viajar, comer, salir, tomar, limpiar, lavar, charlar, mirar, escuchar, visitar.**

Anoche	El fin de semana pasado	El mes pasado	El verano pasado

Informe: *Mi compañero(a) y yo estudiamos anoche. Los dos* (both of us) *vimos una película el fin de semana pasado y ninguno de los dos* (neither one of us) *tomó clases el verano pasado.*

D. Entrevista con el presidente. El presidente está respondiendo a las preguntas de los reporteros. Completen el párrafo con la forma apropiada de los verbos.

Opciones: sacar, comenzar, entregar, buscar

—¿Cuáles fueron sus mayores logros como presidente en este año?
—Pues, _____ la construcción de nuevas carreteras, _____ nuevos mercados para los productos nacionales, _____ cinco nuevos hospitales y _____ al país de su recesión.

E. Noticias. La hija del presidente se casó *(got married)* esta mañana. La crónica sobre esta noticia va a ser publicada en el diario local. Para preparar un párrafo sobre el evento, hagan lo siguiente.

1. Conjuguen los verbos.
2. Organicen las ideas de la historia a continuación de una manera lógica.
3. Conecten las ideas relacionadas con conjunciones tales como **entonces, después, de pronto, inmediatamente, un poco más tarde, finalmente, donde, a la cual** *(to which),* etc.

(asistir) todas las principales personalidades del país
(casarse) la hija del presidente en la Catedral Metropolitana
(llegar) a la catedral en sus limosinas
(saludar) a las multitudes de curiosos
a la madrugada la pareja (viajar) rumbo a Europa donde van a pasar su luna de miel
el arzobispo de la ciudad (celebrar) la ceremonia
el presidente y su esposa (organizar) un banquete en honor de los novios en el club campestre
la ceremonia (comenzar) a las nueve en punto
la pareja (recibir) el saludo afectuoso del público

F. **Entrevista.** →← Imaginen que son reporteros y que van a hablar con un(a) famoso(a) artista de cine acerca de su vida personal y sus antecedentes profesionales. ¿Qué preguntas pueden hacer?

> **Sugerencias**
> Use the following verbs: **nacer, estudiar, trabajar, salir, llegar.**
>
> Ask questions such as: **¿Dónde? ¿Cuándo? ¿Por qué? ¿Cómo?**

Modelo: —*¿Dónde nació Ud.?*
—*Nací en Tacna.*

Integración

¡A conversar!

G. **Reporteros.** →← Preparen la siguiente situación.

Reportero(a)	**Artista famoso(a)**
Tú eres un(a) reportero(a) para el periódico de la universidad. El día de hoy, un(a) famoso(a) artista de cine hispano(a) está de visita en tu campus. Hazle las preguntas necesarias para escribir su biografía.	Tú eres un(a) famoso(a) artista de cine hispano(a) y hoy visitas una universidad estadounidense. Responde a las preguntas del (de la) reportero(a) que quiere escribir tu biografía.

Atajo

Phrases/Functions: Talking about past events
Grammar: Verbs: Preterit

De otra manera

In Mexico, the expression *Really?* or *No way!* is **¡A poco?**
—Ana María Viscarra, University of Delaware

¡A escribir!

H. **Una experiencia personal.** Presenta una narración de algún evento especial de tu vida. No tiene que ser algo trágico. Puede ser algo cómico o interesante (o simplemente puedes usar la imaginación). Usa el párrafo del **Ejercicio E** de la sección de **Aplicaciones** como guía.

> **Critical Thinking Skills: Sequencing**
> Organize the chronology of the events before you begin to write.

para tu información

Machu Picchu

El Imperio Inca cubrió un vasto territorio, desde el sur de Colombia hasta el norte de Chile. Para su control, los emperadores incas aplicaron un sofisticado sistema administrativo. El territorio se dividió en comunas llamadas «ayllús» y los impuestos se pagaron en productos *(goods)* y servicios (lo que permitió la construcción de grandes obras como los templos de Pachacamac al sur de Lima y las construcciones de Cuzco y Machu Picchu). También tuvieron *(they had)* un sistema muy eficiente de carreteras *(highways)* y correos. Los incas fueron *(they were)* además astrónomos y matemáticos notables y llevaron cuentas precisas *(precise records)* de sus finanzas con la ayuda de los «quipus», cuerdas *(cords)* de colores con nudos *(knots)* para representar cantidades.

¿Entendiste bien?

1. ¿Qué territorio cubrió el Imperio Inca?
2. Menciona tres aspectos notables de la cultura Inca.
3. Describan el sistema de administración de los incas.
4. ¿Qué son los «quipus»?

I. Enfoque lingüísitico: Los siguientes verbos de la lectura están en el pretérito. Da la forma infinitiva de cada uno.

1. cubrió
2. aplicaron
3. se dividió
4. pagaron
5. llevaron

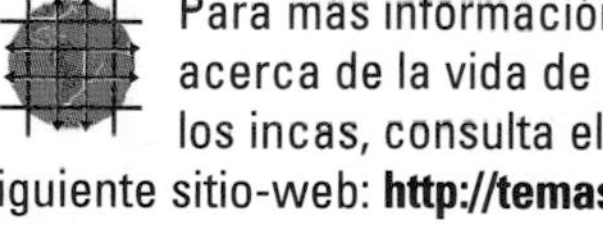

Para más información acerca de la vida de los incas, consulta el siguiente sitio-web: **http://temas.heinle.com.**

III. Lectura: Las actividades de un presidente

Antes de leer

A. Un día normal. →← ¿Qué actividades creen Uds. que realiza un presidente durante un día «normal»? Preparen una lista con un(a) compañero(a).

A leer

Ahora, lee la siguiente narración acerca del día que tuvo ayer el presidente del Perú y responde a las preguntas.

Reseña de las actividades presidenciales

El día de ayer, el presidente se levantó muy temprano, jugó tenis durante media hora y luego **se arregló** para empezar su día de trabajo. Él y la **primera dama** desayunaron juntos y a eso de las 7:30 de la mañana, el presidente **se despidió** de sus hijos y bajó a su **despacho.** De inmediato, los miembros del gabinete se reunieron con él para discutir la nueva política fiscal. El presidente y el primer ministro del Japón almorzaron en el Palacio Presidencial y luego de **tan** importante compromiso, él llamó a varios jefes de estado para discutir su nueva propuesta comercial. A las siete en punto de la noche se dirigió al país por televisión,

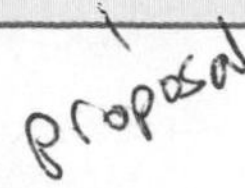

y luego cenó con los embajadores de Francia y Alemania. **De vuelta en el palacio,** el presidente y sus hijos miraron una película y antes de acostarse, él preparó su **discurso** del día siguiente en el Congreso.

se arregló: *got ready;* **primera dama:** *first lady;* **se despidió:** *said good-bye;* **despacho:** *office;* **tan:** *such;* **se dirigió:** *addressed;* **De vuelta en el palacio:** *Back in the palace;* **discurso:** *speech*

¿Entendiste bien?

B. ¿Sí o no? →← Indiquen si las siguientes frases corresponden con la información de la lectura. Si no es así, corríjanlas.

1. Ayer el presidente se levantó tarde.
2. Al mediodía almorzó con su esposa.
3. Habló por teléfono con el Primer Ministro del Japón.
4. A las tres dio un discurso por televisión.
5. Se reunió con sus ministros por la noche.
6. El presidente y sus hijos miraron una película.

C. En síntesis. →← Completen el cuadro con las actividades del presidente.

	Actividades
Por la mañana, el presidente...	
Por la tarde,	
Por la noche,	

D. Enfoque lingüísitico. →← Hagan una lista de los verbos de la lectura que están en el pretérito y escriban su forma infinitiva.

Verbos	**Forma infinitiva**
se levantó	*levantarse*

E. Enfoque comunitario: Actividades presidenciales. →← Escriban una reseña completa de las actividades del presidente de los Estados Unidos el día de ayer. Pueden escribir una reseña real (consultando el periódico o las noticias nacionales), o simplemente pueden usar la imaginación.

IV. Vocabulario: La actualidad económica

Titulares. →←

1. Observen los siguientes titulares e identifiquen los cognados.
2. Luego clasifiquenlos de acuerdo a su tema. (Consulten la lista de vocabulario si tienen dudas.)

Disminuye inversión por crisis financiera

Ministros analizan el problema del empleo

Gobierno anuncia recorte de presupuesto

Tasas de interés aumentan un 5%

BID aprueba crédito por US$200 millones para apoyar a pequeñas y medianas empresas

Buenas noticias	Malas noticias

Vocabulario útil

las acciones	*stocks*
la bolsa de valores	*stock exchange*
la cifra	*figure*
el comercio	*commerce, trade*
el desempleo/el paro/ la desocupación	*unemployment*
el empleo	*employment*
las empresas	*businesses, enterprises*
las exportaciones	*exports*
las importaciones	*imports*
los impuestos	*taxes*
la inflación	*inflation*
la inversión	*investment*
la producción	*production*
los salarios/los sueldos	*salaries*

la tasa de cambio	*exchange rate*
la tasa de interés	*interest rate*
ahorrar	*to save*
aprobar (ue)	*to approve*
aumentar	*to increase*
averiguar	*to find out*
disminuir (y)	*to decrease*
ganar	*to earn, to win*
gastar	*to spend*
invertir (ie, i)	*to invest*
pedir prestado (i, i)	*to borrow*
prestar	*to lend*

Vocabulario personal:

Asimilación

A. ¿Qué significa... ? →← Indiquen el número que corresponde a la definición de cada una de las siguientes palabras.

1. exportaciones
2. paro
3. inflación
4. bolsa de valores
5. tasa de cambio

a. el lugar donde se compran y venden las acciones
b. la falta de trabajo
c. el costo de una moneda extranjera
d. el aumento de los precios al consumidor
e. las ventas de productos al extranjero

B. La situación económica. Escucha el siguiente informe e indica los términos económicos que escuches.

___ las exportaciones
___ el desempleo
___ los salarios
___ la inflación
___ las tasas de interés
___ la inversión
___ los impuestos

Aplicaciones

C. La economía. →← Completen las frases con información lógica.

Opciones: tasa de cambio, impuestos, exportaciones, paro, bolsa de valores

1. Necesitamos aumentar las _____ . El déficit comercial con países como el Japón no es favorable.
2. Me preocupa mi situación económica en el futuro, por eso me interesa el tema de la inversión en la _____ .
3. El gobierno piensa aumentar los _____ un 5 por ciento este año.
4. En esta ciudad hay mucho _____ , por eso voy a buscar trabajo en otro estado después de terminar mis estudios.
5. Antes de viajar a Perú de vacaciones, es conveniente averiguar la _____ en el periódico *The Wall Street Journal.*

D. Economía 101. →← Completen las frases de una manera lógica.

a. activa   b. altas   c. baja   d. favorable   e. mínimo

1. La economía es fuerte cuando la inversión es _____ .
2. La economía es fuerte cuando la inflación es _____ .
3. La economía es fuerte cuando las exportaciones son _____ .
4. La economía es fuerte cuando el desempleo es _____ .
5. La economía es fuerte cuando la tasa de cambio es _____ .

E. Las finanzas personales. →← Tomen turnos haciendo y respondiendo a las siguientes preguntas. Al terminar, preparen un informe breve para presentarlo al resto de la clase.

1. ¿Trabajas? ¿Te parece que tienes un sueldo adecuado?
2. ¿Te gustaría recibir un aumento sueldo? ¿Qué porcentaje?
3. ¿Cómo gastas tu dinero? ¿Ahorras una parte? ¿Inviertes en la bolsa?
4. ¿Pagas muchos impuestos? Aproximadamente, ¿qué porcentaje de tu salario se va en impuestos?
5. Nombra tres acciones que vale la pena *(are worth)* comprar.

Informe: *Mi compañero(a) trabaja y aunque piensa que su salario es adecuado quiere un aumento de diez por ciento. Él (Ella) gasta su dinero en ropa y libros para la universidad y ahorra... .*

Integración

¡A conversar y escribir!

F. El noticiero. →← Continúen con la preparación de su noticiero. En este momento, concéntrense en preparar un informe sobre las noticias económicas.

G. ¿Qué está pasando en Latinoamérica? →← Escojan un país hispano, consulten uno de sus periódicos y preparen un resumen de las noticias económicas más importantes del momento. Recuerden que al final del capítulo van a presentar estas noticias oralmente en un noticiero simulado.

Atajo

Phrases/Functions: Writing a news item
Vocabulary: Banking

Remember that you can find links to Hispanic newspapers on the **Temas** web site at **http://temas.heinle.com.**

V. Vídeo: Entrevista con una joven peruana

Preparación

A. La comunicación no verbal. Observa las imágenes sin sonido. ¿Cuáles de los siguientes adjetivos podrías usar para describir a esta chica?

___ atractiva ___ amigable ___ tímida ___ triste
___ fuerte ___ seria ___ nerviosa
___ extrovertida ___ simpática ___ alegre

B. Expectativas. Contesta las siguientes preguntas.

1. En tu opinión, ¿a qué se dedica esta chica? ¿Por qué? Discute tus ideas con otros compañeros.
2. Esta joven va a hablar de su vida y sus antecedentes personales. Haz una lista de las palabras que esperas escuchar en la entrevista. Luego, compáralas con la de otro(a) compañero(a).

C. Vocabulario importante. Las siguientes palabras van a ser muy importantes para la comprensión de esta entrevista. Lee su significado y úsalas en frases originales.

- **Aprovechar:** hacer buen uso de una oportunidad. Ejemplo: No tengo clase esta tarde; entonces voy a **aprovechar** el tiempo para ir a la biblioteca.
- **Desarrollar:** hacer, realizar una tarea o una misión. Ejemplo: Siempre desarrollo muy bien mi trabajo.

¿Entendiste bien?

D. Información general. Indica la opción que mejor completa la frase.

1. Esta chica se llama _____ .
   a. Maria Cristina b. Rosario c. Consuelo
2. Su título profesional es _____ .
   a. abogada b. secretaria c. jefa de ventas
3. Ella vive y trabaja principalmente en _____ .
   a. Lima b. Cuzco c. Puno
4. Ella se considera _____ .
   a. extrovertida b. tímida c. alegre
5. En un día normal, esta chica... (Marca todas las que corresponden.)

   ___ llega temprano al trabajo.
   ___ estudia hotelería.
   ___ revisa las estadísticas.
   ___ escribe cartas a los clientes.
   ___ hace visitas a agentes de viajes.
   ___ responde a las llamadas de los clientes.
   ___ almuerza en el hotel.
   ___ termina su día de trabajo a eso de las siete o siete y media.

6. ¿Qué **no** hace ella para relajarse?

   ___ Va al cine. ___ Sale con amigos. ___ Mira la televisión.
   ___ Va al gimnasio. ___ Sale a comer.

E. Enfoque lingüístico. Para hablar de sus antecedentes académicos y laborales esta chica usó el pretérito. Completa sus frases.

Opciones: aproveché, desarrollé, ayudó, estudié

1. _____ hotelería.
2. No _____ la hotelería los primeros años.
3. _____ la oportunidad [de trabajar para una cadena hotelera en Cuzco].
4. [Vivir en Cuzco] me _____ a conseguir este puesto.

F. Enfoque comunitario. Los siguientes son personajes de la comunidad hispana en los Estados Unidos. Escoge uno, investiga su biografía y prepara una presentación.

Modelo: *Desi Arnaz nació en Cuba y se mudó a los Estados Unidos a los 16 años. Se casó con Lucille Ball en 1940. Actuó en la serie «I Love Lucy».*

Personajes hispanos: Henry Cisneros, César Chavez, Anthony Quinn, Carlos Santana, Sammy Sosa, Daisy Fuentes, Ricky Martin, Rosie Pérez

Vocabulario útil

La política y la actualidad	***Politics and current events***
aprobar (ue)	*to approve, pass*
el candidato	*candidate*
el ciudadano	*citizen*
el congreso	*congress*
el conservador	*conservative*
la constitución	*the constitution*
defender (ie)	*to defend*
la democracia	*democracy*
el demócrata	*democrat*
discutir	*to discuss*
el ejército	*the armed forces*
las elecciones	*elections*
elegir (i, i)	*to elect*
firmar	*to sign*
gobernar (ie)	*to govern*
el gobierno	*government*
los grupos paramilitares	*paramilitary groups*
la guerra	*war*
la guerrilla	*guerrilla groups*
la ideología	*ideology*
investigar	*to investigate, research*
la ley	*law*
el liberal	*liberal*
los ministros	*ministers*
los partidos políticos	*political parties*
la paz	*peace*
pertenecer	*to belong (to a political party or group)*
el poder	*power*
la política económica	*economic policy*
el presidente	*president*
promover (ue)	*to promote*
el republicano	*republican*
el terrorismo	*terrorism*
el terrorista	*terrorist*
votar	*to vote*
el voto/el sufragio	*vote*

Verbos irregulares en el pretérito	
almorzar (ue)	*to have lunch*
buscar	*to look for*
comenzar (ie)	*to begin*
conjugar (ue)	*to conjugate*
empezar (ie)	*to begin*
entregar	*to deliver, hand over, hand in*
jugar (ue)	*to play*
llegar	*to arrive*
organizar	*to organize*
pagar	*to pay*
realizar	*to do, carry out*
sacar	*to take out, to get, to remove*

La economía	
las acciones	*stocks*
la bolsa de valores	*stock exchange*
la cifra	*figure*
el comercio	*commerce, trade*
el desempleo/el paro/la desocupación	*unemployment*
el empleo	*employment*
las empresas	*businesses, enterprises*
las exportaciones	*exports*
las importaciones	*imports*
los impuestos	*taxes*
la inflación	*inflation*
la inversión	*investment*
la producción	*production*
los salarios/los sueldos	*salaries*
la tasa de cambio	*exchange rate*
la tasa de interés	*interest rate*
ahorrar	*to save*
aprobar (ue)	*to approve*
aumentar	*to increase*
averiguar	*to find out*
disminuir	*to decrease*
ganar	*to earn, to win*
gastar	*to spend*
invertir (ie, i)	*to invest*
pedir prestado (i, i)	*to borrow*
prestar	*to lend*

La actualidad deportiva

I. Vocabulario: Los eventos deportivos

A. Los deportes. →← ¿Qué palabras relacionadas con los deportes conocen Uds.? Preparen una lista.

B. Titulares. →← Ahora lean estos titulares y contesten las preguntas. (Consulten la lista de vocabulario si tienen dudas.)

Jugadores peruanos acumulan tres medallas de oro y dos de plata en Juegos Suramericanos

1. ¿De qué trata esta noticia?
   ___ las actividades de los jugadores peruanos en los Juegos Suramericanos
   ___ las medallas que recibieron algunos jugadores centroamericanos
   ___ los premios que recibieron unos jugadores peruanos

Selección nacional de fútbol necesita nuevo entrenador

2. ¿Qué noticia no está relacionada con este titular?
   ___ La selección de fútbol tiene nuevos jugadores.
   ___ Deben cambiar el entrenador de la selección.
   ___ No hay nuevo entrenador para la selección todavía.

Comienza campeonato de tenis en Lima

3. ¿Qué palabras creen que van a encontrar en el artículo?
   ___ piscina, agua, bañador
   ___ gol, equipo, entrenador
   ___ pelota, jugadores, uniformes blancos

C. Para discutir. →← Contesten las siguientes preguntas.

1. ¿Qué deportes te interesan?
2. ¿Sigues de cerca *(Do you follow closely)* sus resultados? ¿Cómo? (¿A través del periódico, la tele, la radio, vas personalmente a los partidos... ?)

Vocabulario útil

competir (i, i)	*to compete*	el campeonato	*championship*
empatar	*to tie (in games and elections)*	el campo de golf	*golf course*
entrenar	*to train*	la cancha	*court/field*
ganar	*to win*	la copa	*cup*
perder (ie)	*to lose*	el empate	*tie*
representar	*to represent (one's country, state, etc.)*	el equipo/la selección	*team*
		el gol	*goal (soccer)*
		el juego/el partido	*game, match*
		el jugador	*player*
el árbitro	*referee*	el marcador	*score*
el atleta/deportista	*athlete*		
el bate	*bat*	la medalla	*medal*
el campeón	*champion*	el orgullo	*pride*

la pelota	*ball*	In some cases add **-ista** to the name of the sport to form the reference to the player:	
el premio	*award*		
la raqueta	*racket*		
la red	*net*	el basquetbol	basquetbol**ista**
el técnico/entrenador	*coach*	el béisbol	beisbol**ista**
la temporada	*season*	el fútbol	futbol**ista**
el torneo	*tournament*	el tenis	ten**ista**
el triunfo	*victory*		
el trofeo	*trophy*	**Vocabulario personal:**	

Asimilación

A. Asociaciones. →← ¿Qué palabras asocian con los siguientes deportes?

Tenis	Baloncesto	Fútbol	Natación	Voleibol

B. ¿Cierto o falso? Escucha las descripciones e indica si son ciertas o falsas.

1. ... 2. ... 3. ... 4. ... 5. ...

Aplicaciones

C. Noticias deportivas. →← Completen el párrafo con la palabra más apropiada.

Opciones: ganar, selección, orgullo, técnico, torneo, medalla

La _____ nacional de natación salió anoche para Australia a participar en el _____ Internacional de Melbourne. El _____ de la selección indicó que es muy posible que este grupo de jóvenes regresen con una _____ de oro. «Tenemos mucho _____ y vamos a _____» dijo antes de abordar el avión.

D. ¿Qué es? →← Completen las siguientes descripciones.

Modelo: Los equipos reciben trofeos cuando *ganan una competencia.*

1. Un técnico es _____ .
2. Un empate ocurre cuando _____ .
3. Una cancha sirve para _____ .
4. Un árbitro es _____ .
5. Un equipo es _____ .

E. Entrevista. →← Tomen turnos haciendo y respondiendo las siguientes preguntas. Al terminar, presenten un breve informe de las respuestas del (de la) compañero(a) al resto de la clase.

1. ¿Te interesa algún deporte en particular? ¿Cuál?
2. ¿Practicas ese deporte?

3. ¿Cuál es tu equipo (o jugador) favorito? ¿Por qué?
4. ¿Qué opinión tienes de los equipos de tu universidad? (¿Son buenos, mediocres, malos... ?)
5. ¿Cuál consideras que es el deporte más representativo de los Estados Unidos? ¿Por qué?

Modelo: *A mi compañero(a) le gusta mucho el fútbol americano. Él practica fútbol todos los fines de semana con sus amigos y su equipo favorito es... .*

Integración

¡A conversar y escribir!

F. El noticiero. →← Continúen con la preparación de su noticiero. Ahora, concéntrense en preparar un reporte de las noticias deportivas.

G. ¿Qué está pasando en Latinoamérica? →← Escriban un resumen de las noticias deportivas más importantes del momento en el país hispano de su elección.

Atajo

Phrases/Functions: Writing a news item
Vocabulary: Sports
Grammar: Verbs: preterit

Sugerencias
Remember that you can find links to Hispanic newspapers on the **Temas** web site at **http://temas.heinle.com.**

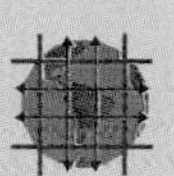

para tu información

El fútbol es sin duda el deporte más popular en el mundo hispano. Todas las ciudades tienen por lo menos un equipo profesional y existen diversos torneos regionales, nacionales e internacionales que dominan la atención de los aficionados a lo largo de todo el año. Sin embargo, el máximo evento futbolístico es la Copa Mundial, que tiene lugar cada cuatro años en un país diferente. Dos países hispanos han obtenido la Copa Mundial, brindándoles un gran motivo de orgullo a sus aficionados: Uruguay (en 1930 y 1950) y Argentina (1978 y 1986). La última Copa se jugó en Francia en el año 1998 y la siguiente va a ser en Corea del Sur en el año 2002.

Para mayor información acerca de la Copa Mundial, consulta: **http://temas.heinle.com.**

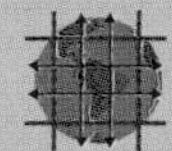

¿Entendiste bien? Completa las frases.

1. El deporte más popular entre los hispanos es _____ .
2. El evento futbolístico más importante es _____ .
3. _____ ganó la Copa en el 1978 y 1986.
4. La próxima Copa va a ser en _____ en el año _____ .

II. Funciones y estructuras: *Talking about past activities with stem-changing verbs in the preterit*

Los jugadores **pidieron** un aumento de sueldos.
*The players **asked** for a salary increase.*

Después de una carrera muy larga, **murió** el gran jugador de fútbol Juan José Rojas.
*After a long career, the great soccer player Juan José Rojas **passed away**.*

The stem changes of **-ar** and **-er** verbs in the present indicative tense do not take place in the preterit.

En su entrevista el presidente **defendió** su administración.	*During the interview the president **defended** his administration.*
El presidente **pensó** muy bien sus respuestas.	*The president **thought** through his answers carefully.*
El presidente no **perdió** tiempo para hablar de sus logros.	*The president **did not waste** any time talking about his achievements.*

A change from **i** to **y** takes place in the preterit conjugation of **-er** and **-ir** verbs that have a vowel before the infinitive ending (verbs such as **creer, leer, construir**, and **oír**). Note that this change affects only the **usted/él/ella** and **ustedes/ellos/ellas** forms.

creer	**leer**	**oír**
creí	leí	oí
creíste	leíste	oíste
creyó	**leyó**	**oyó**
creímos	leímos	oímos
creísteis	leísteis	oísteis
creyeron	**leyeron**	**oyeron**
Otros verbos similares:		
construir *(to build)*	distribuir *(to distribute)*	caer *(to fall)*

El presidente **leyó** su discurso.	*The president **read** his speech.*
Nosotros lo **oímos** por la radio.	*We **heard** it over the radio.*
Algunas personas no lo **creyeron**.	*Some people **did not believe** it.*

-Er verbs that have stem changes in the present tense (such as **pedir, sentir, reír, morir,** and **dormir**), also have stem changes in the preterit. These changes also affect only **usted/él/ella** and **ustedes/ellos/ellas.**

e → i	o → u
pedir ***(to ask for)***	**dormir** ***(to sleep)***
pedí	dormí
pediste	dormiste
pidió	durmió
pedimos	dormimos
pedisteis	dormisteis
pidieron	durmieron

Other stem-changing verbs:

e → i	o → u
competir ***(to compete)***	**morir** ***(to die)***
mentir ***(to lie)***	
preferir ***(to prefer)***	
seguir ***(to follow)***	
sentir ***(to feel)***	

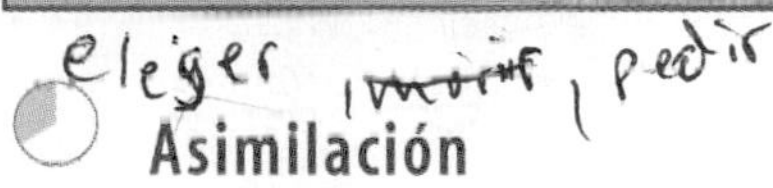

Asimilación

A. ¿Quién es? →← Identifiquen al deportista según su descripción.

1. Joe Montana
2. José Canseco
3. Mark Spitz
4. Pete Rose
5. Martina Navratilova

a. Jugó béisbol y tiene un récord por su participación en más de 3.500 partidos.
b. Compitió en varios Super-Bowls y tiene un récord por mayor número de pases.
c. Como tenista, compitió y ganó un récord de nueve títulos en Wimbledon.
d. Como nadador, compitió en varios Juegos Olímpicos y ganó un récord de 9 medallas de oro.
e. Jugó para los Oakland Athletics y tiene un récord de más de 40 jonrones *(homeruns)* en las Series Mundiales.

B. Los antecedentes de tu profesor(a). Escucha la narración y escoge la respuesta más apropiada a las siguientes preguntas.

1. Soñó siempre con...
   a. ser pianista.
   b. ser profesor(a).
   c. otro:
2. Comenzó a estudiar español...
   a. hace más de cinco años.
   b. hace menos de cinco años.
   c. otro:
3. Leyó... recientemente.
   a. *El Quijote*
   b. *Cien años de soledad*
   c. otro:
4. Oyó música latina...
   a. anoche.
   b. cuando viajó a un país hispano.
   c. otro:

Aplicaciones

C. ¿Por qué son famosos? →← Completen las frases con el pretérito del verbo entre paréntesis.

Modelo: El futbolista peruano Teófilo Cubillas *marcó* (marcar) diez goles en Copas Mundiales (sólo dos menos que Pelé).

1. La Madre Teresa de Calcutta _____ (ayudar) a los más pobres en todo el mundo y en especial los de la India.
2. Martin Luther King, Jr. _____ (soñar) con un futuro de igualdad racial en los Estados Unidos.
3. Abraham Lincoln _____ (buscar) la liberación de los esclavos.
4. La Princesa Diana _____ (defender) diferentes causas como la de la eliminación de las minas antipersonales y la de los enfermos de SIDA.
5. Donald Trump _____ (construir) un gran imperio financiero.
6. Alexander Fleming _____ (descubrir) la penicilina.
7. Bill Gates _____ (crear) una de las compañías de informática más importantes del mundo.
8. Neil Armstrong _____ (viajar) a la luna.

Recuerda

Use the following words to give cohesion to your essay:

por eso *(therefore)*
también *(also)*
entonces *(then)*
más tarde *(later)*
siempre *(always)*

D. ¿Qué hizo? →← Completen las frases y escriban un párrafo coherente acerca de la vida de Michael Jordan.

1. soñar / ser un gran jugador
2. preferir / baloncesto
3. alcanzar / sueño
4. jugar / Chicago Bulls
5. creer / en sí mismo *(himself)*
6. los fanáticos / seguir / todos sus campeonatos
7. construir / casa / familia

E. Reporteros. →← Imaginen que tienen que entrevistar a un(a) jugador(a) de tenis famoso(a). Preparen preguntas sobre su vida y sus logros deportivos con los siguientes elementos:

1. nacer (dónde, cuándo)
2. comenzar a jugar (cuándo)
3. competir en torneos regionales (cuántos)
4. participar torneo suramericano (cuándo)
5. ganar la Copa Davis (cuándo)

Integración

¡A conversar!

F. Entrevista. →← Prepara la siguiente situación con un(a) compañero(a).

Reportero(a)

Tienes que entrevistar al famoso tenista peruano Alfredo Sánchez para tu noticiero. Averigua su biografía y algunos de sus logros más importantes. Usa las preguntas del **Ejercicio E** como guía.

Tenista

Tú eres el famoso tenista peruano Alfredo Sánchez. Responde a las preguntas del (de la) reportero(a). (Usa la siguiente información como guía.)

Nombre: Alfredo Sánchez
Lugar de nacimiento: Trujillo, Perú
Fecha: 10 de octubre de 1980
Historia: Comienza a jugar a los cinco años. Participa y gana siete torneos regionales entre 1988 y 1994. Representa al Perú en el Torneo Suramericano en 1995. Participa en otros eventos internacionales como la Copa Davis del año 1999.
Logros: Gana Torneo Suramericano de tenis a los 15 años, gana la Copa Davis a los 19 años.

¡A escribir!

G. Un(a) atleta modelo. Muchos deportistas no son solamente símbolos del éxito, sino también de la disciplina y la dedicación. Identifica a un(a) atleta estudiantil en tu universidad y busca datos sobre su vida. Pregúntale qué hizo para lograr *(to achieve)* lo que ha logrado. También pregúntale sobre sus planes para el futuro. Prepara una biografía breve y compártela con la clase.

Atajo 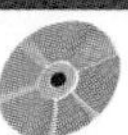

Phrases/Functions: Writing an introduction; Writing a conclusion
Vocabulary: Sports
Grammar: Verbs: preterit

 **Critical Thinking Skills: Evaluating**

Peer editing involves critically examining another student's work for revision.

Correcciones

Intercambien composiciones entre compañeros y revisen los siguientes aspectos.

Paso 1: Contenido. (¿Incluyó toda la información relevante? ¿Qué le falta o qué le sobra?)
Paso 2: Organización. (¿Están las ideas presentadas de una manera clara y organizada? ¿Qué puede hacer tu compañero(a) para mejorar su exposición de ideas?)
Paso 3: Vocabulario. (¿Incorporó palabras del vocabulario de este capítulo? ¿Puede incluir otras más?)
Paso 4: Gramática. (¿Usó el pretérito para hablar de las acciones completas en el pasado?)
Paso 5: Ortografía. (¿Hay algunos errores que requieran corrección ortográfica?)

Revisen sus composiciones y entréguenselas *(hand them in)* a su profesor(a) en la próxima clase.

III. Guía para la pronunciación

La consonante *r*. The consonant **r** is pronounced with a "flap," much like the double *t* or *d* in the English words *kitty*, *putty*, and *ladder*.

El equipo no ganó pe**r**o los juga**d**o**r**es no están tristes.
El trofeo es ca**r**o.
El marcador es ce**r**o a ce**r**o.

La consonante *rr*. The double **r** (or **erre**) is pronounced with a strong vibration (much like the sound of a car engine). The double **r** is seen only between vowels.

Su pe**rr**o compite en torneos internacionales.
Los atletas vienen en ca**rr**o.
La cancha está en el ce**rr**o.

La consonante *r* pronunciada como *rr.* The letter **r** in an initial position or after a consonant is also pronounced **rr,** like a double **r.**

> **R**osa es una tenista famosa.
> Los uniformes del equipo local son **r**ojos.
> La **r**ed está **r**ota.

> Juan es hon**r**ado.
> Hay un jardín al**r**ededor de la casa.

IV. Funciones y estructuras: *Talking about past activities with irregular verbs in the preterit*

El presidente **dijo** que no quiere ser reelegido.
*The president **said** he did not want to be re-elected.*

El grupo de rock **hizo** una gira por todo el país.
*The rock group **completed** a tour around the country.*

El fenómeno del Niño **trajo** este año muchas lluvias.
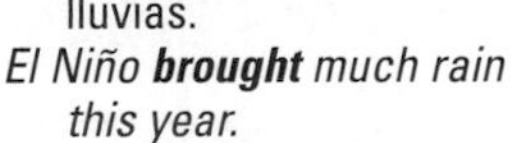
*El Niño **brought** much rain this year.*

El equipo no **tuvo** un buen desempeño este año.
*The team did not **have** a good performance this year.*

Many common Spanish verbs have irregular preterit forms. They are formed by taking the irregular stem and adding a common set of endings. Note the lack of accent marks on the first- and third-person singular forms.

decir *(to say)*	**estar** *(to be)*	**hacer** *(to do)*
dije	estuve	hice
dijiste	estuviste	hiciste
dijo	estuvo	hizo**
dijimos	estuvimos	hicimos
dijisteis	estuvisteis	hicisteis
dijeron*	estuvieron	hicieron

*Stems ending in **j** drop the **i** in the third person plural.

Note that there is an orthographic change from **c to **z** just in the third person of **hacer** to maintain the original pronunciation of the stem.

Other verbs that follow this pattern are the following.

verbs	irregular stems	endings
poder	**pud–**	–e –imos
poner	**pus–**	–iste –isteis
tener	**tuv–**	–o –ieron
traer*	**traj–**	
venir	**vin–**	

*The third person plural of **traer** is **trajeron.**

The verbs **dar** and **ver** have **-er/-ir** endings without accents.

dar ***(to give)***	**ver** ***(to see)***
di	vi
diste	viste
dio	vio
dimos	vimos
disteis	visteis
dieron	vieron

The verbs **ser** and **ir** have the same forms in the preterit and are distinguished only by context.

ser ***(to be)*** **/ ir** ***(to go)***
fui
fuiste
fue
fuimos
fuisteis
fueron

The preterit of **hay** *(there is, there are)* is **hubo** *(there was, there were)*.

Hubo una gran celebración anoche después del partido.	***There was*** *a big celebration last night after the game.*
Hubo más de trescientos participantes en la maratón de ayer.	***There were*** *more than three hundred participants in yesterday's marathon.*

Asimilación

A. Deportistas famosos. →← Por grupos traten de completar estas frases con el personaje que corresponde a la descripción.

Opciones: Muhammad Ali José Canseco Brian Boitano Arnold Schwartzenegger Magic Johnson

1. le dio muchas medallas olímpicas a los Estados Unidos
2. hizo campañas para promover el deporte entre los niños y jóvenes estadounidenses
3. tuvo contratos millonarios
4. vino como inmigrante y tuvo mucho éxito
5. fue el mejor boxeador de todos los tiempos

B. ¿Qué hizo ayer? Escucha la siguiente información acerca de las actividades de tu profesor(a) el día de ayer y completa las frases.

1. Después de salir de la universidad fue ______ .
2. Como llegó temprano, pudo usar los _____ sin problema.

3. En el gimnasio hizo algunos _____ cardiovasculares.
4. Estuvo en el gimnasio por _____ .

Aplicaciones

C. **¿Qué hiciste?** Prepara un breve informe de tus actividades de la semana pasada. Incluye en tu narrativa por lo menos *(at least)* cinco de los siguientes verbos: **dar, decir, estar, hacer, ir, poder, tener, traer** y **venir**. Al terminar compara tu informe con el de otro(a) compañero(a). ¿Qué tienen en común?

Modelo: *Bueno, el viernes fui a un concierto. El sábado hice mis tareas por la mañana y... .*

D. **Biografía.** →← Completen el siguiente informe con las formas verbales adecuadas.

> Aníbal Grajales es un jugador de fútbol profesional muy exitoso. Sus triunfos son el resultado de mucho trabajo y dedicación. Aníbal _____ (nacer) en Arequipa y en su familia _____ (haber) siete hijos. A pesar de las dificultades económicas que _____ (tener) cuando era chico, logró terminar sus estudios y _____ (ganar) una beca para estudiar en la Universidad. Allí _____ (ser) descubierto por un entrenador, que le _____ (dar) los fundamentos técnicos que necesitaba. Después de dos temporadas _____ (recibir) un contrato con un equipo profesional, donde _____ (poder) perfeccionar sus habilidades. El año pasado fue transferido a un equipo en los Estados Unidos. Él _____ (venir) con su esposa y sus dos hijas. «Estamos muy felices aquí» _____ (decir) el Señor Grajales.

E. **Una entrevista.** →← Imaginen que van a entrevistar a un(a) ex-presidente hispano(a) que se encuentra de visita en su universidad. Preparen por parejas las preguntas que le harían para obtener información acerca de sus...

- antecedentes personales,
- antecedentes deportivos,
- experiencias importantes en su vida.

Integración

¡A conversar!

F. **Conversación con el (la) presidente.** →← Preparen la siguiente conversación.

Periodista	**Presidente**
Eres periodista y vas a entrevistar a un ex-presidente hispano. Pregúntale: • sobre información biográfica, • algunos logros *(some achievements)* sobre su administración, • sus planes para el futuro.	Eres un(a) ex-presidente(a) hispano(a) que hace un tour de discursos *(speaking tour)* por los Estados Unidos. Contesta las preguntas del (de la) periodista sobre tu vida *(life)* y tu administración.

¡A escribir!

G. Un presidente excepcional. →← Andrés Rojas, tu *email-pal* peruano, te pregunta acerca de la historia de los Estados Unidos. Específicamente, él quiere saber quién es tu presidente favorito y por qué. Piensa tu respuesta, discútela con otros compañero(a)s e investiga algunos logros importantes de este presidente en la biblioteca o el Internet.

Atajo 

Phrases/Functions: Writing an introduction; Writing a conclusion
Grammar: Verbs: preterit

Trata de incorporar en tu composición verbos como **buscar, creer, defender, soñar, comenzar** y **alcanzar.**

Correcciones

Intercambien composiciones entre compañeros y revisen los siguientes aspectos.

Paso 1: Contenido. (¿Incluyó toda la información relevante? ¿Qué le falta o qué le sobra?)
Paso 2: Organización. (¿Están las ideas presentadas de una manera clara y organizada? ¿Qué puede hacer tu compañero(a) para mejorar su exposición de ideas?)
Paso 3: Vocabulario. (¿Incorporó palabras del vocabulario de este capítulo? ¿Puede incluir otras más?)
Paso 4: Gramática. (¿Usó el pretérito para hablar de las acciones completas en el pasado?)
Paso 5: Ortografía. (¿Hay algunos errores que requieran corrección ortográfica?)

Revisen sus composiciones y entréguenselas a su profesor(a) en la próxima clase.

V. Lectura: El turno es de ellas

Antes de leer

A. Para discutir. →← Contesten por grupos las siguientes preguntas.

1. ¿Qué deportes practican las mujeres en los Estados Unidos?
2. En general, ¿creen Uds. que se debe distinguir entre deportes para hombres y deportes para mujeres? ¿Por qué?

B. Cognados. Lee el texto rápidamente e identifica por lo menos cinco cognados.

C. Vocabulario y conceptos. →← Las siguientes son algunas palabras importantes para la comprensión del artículo. Para cada palabra, busquen la letra correspondiente a su definición. Al terminar, escriban una frase original con cada una de estas palabras.

1. pabellón	a. aspiración, ideal
2. sueño	b. una participación ridícula o inadecuada
3. malestar	c. bandera nacional, símbolo del país
4. papelón	d. disgusto, enojo

A leer

El turno es de ellas

Hoy comienza a entrenar la selección femenina en la Videna para el Sudamericano de Mar del Plata. Lorena Bosman, bicampeona con la «U», será **pieza** fundamental con la **bicolor.**

piece
rojo y blanco (los colores de la bandera [*flag*] del Perú) / fuerza / bravura

«Me siento feliz de poder representar a mi país y a mi bandera. Estoy segura que los voy a defender con **garra** y **pundonor** para que el pabellón bicolor quede bien representado por nosotras en el Campeonato Sudamericano de fútbol femenino de Mar de Plata (Argentina) en marzo próximo». Así se expresó ayer Lorena Bosman, jugadora de Universitario de Deportes y, ahora, seleccionada al **combinado** patrio que hoy inicia sus entrenamientos en la Videna.

equipo

Asimismo, enfatizó que gracias al fútbol se realizó su sueño de defender la camiseta blanquirroja y que, además, **se siente** muy orgullosa.

está

La primera cita de esta tarde será a las 15:00 horas. Lorena, bicampeona con la «U», prometió sacrificarse al máximo para llegar en buenas condiciones físicas y técnicas al torneo continental.

Aseveró que las posibilidades de Perú radican en la gran calidad futbolística que tienen las jugadoras nacionales.

Dijo

Sin embargo, **puntualizó** su malestar ya que cierto sector del periodismo **señaló** que ellas harán un «papelón» en la justa internacional.

dijo / dijo

«Es muy lamentable que algunos medios radiales digan que vamos a hacer un «papelón» en el sudamericano. Primero **que nos vean** jugar y después opinen. Todas **vamos a poner el corazón íntegro** para defender con mucho amor y dignidad a nuestro país», dijo Bosman muy indignada.

let them see us
we are going to give it our all

Asimismo, señaló que es una ventaja trabajar con el seleccionador Luis Sánchez porque se trata de un técnico muy respetuoso que se caracteriza por ser un amigo y casi un padre para las jugadoras.

También

¿Entendiste bien?

D. Ideas principales. →← Indiquen la respuesta correcta.

1. Este artículo es acerca de...
   a. un equipo femenino de baloncesto. b. un equipo femenino de fútbol.
2. Este equipo va a participar en...
   a. un campeonato internacional. b. un campeonato nacional.
3. La persona entrevistada es...
   a. la entrenadora del equipo. b. una jugadora del equipo.
4. La prensa...
   a. cree en el equipo. b. no cree en el equipo.
5. ¿Cómo se siente la entrevistada respecto a la reacción de la prensa?
   a. enojada b. triste

E. ¿Cierto o falso? →← Digan si las siguientes oraciones son ciertas o falsas.

1. La selección empezó a entrenar la semana pasada.
2. Lorena prometió estar en buena condición física para el campeonato.
3. La prensa criticó al equipo de Lorena.
4. Lorena defendió a su equipo en la entrevista.
5. El equipo de Lorena participó en el mundial de fútbol.

F. Enfoque lingüístico. →← Para evitar repeticiones, el reportero usó **cinco** sinónimos de **«dijo»**. Encuéntrenlos en la lectura.

G. Enfoque comunitario: El turno es de ellas. →← ¿Qué oportunidades existen para las deportistas en tu universidad? Preparen un resumen de los deportes que pueden practicar las mujeres en tu universidad y los logros que han alcanzado *(have achieved)*.

Vocabulario útil

Actualidad deportiva	***Sports today***
el árbitro	*referee*
el atleta/deportista	*athlete*
el basquetbolista	*basketball player*
el bate	*bat*
el beisbolista	*baseball player*
el campeón	*champion*
el campeonato	*championship*
el campo de golf	*golf course*
la cancha	*court/field*
competir (i, i)	*to compete*
la copa	*cup*
empatar	*to tie (in games and elections)*
el empate	*tie*
entrenar	*to train*
el equipo/la selección	*team*
el futbolista	*soccer player*
el gol	*goal (soccer)*
el juego/el partido	*game, match*
el jugador	*player*
el marcador	*score*
la medalla	*medal*
el orgullo	*pride*
la pelota	*ball*
perder (ie)	*to lose*
el premio	*award*
la raqueta	*racket*
la red	*net*
representar	*to represent (one's country, state, etc.)*
el técnico/entrenador	*coach*
la temporada	*season*
el tenista	*tennis player*
el torneo	*tournament*
el triunfo	*victory*
el trofeo	*trophy*

Verbos de cambio radical en el pretérito

e → i	
competir (i, i)	*to compete*
mentir (ie, i)	*to lie*
preferir (ie, i)	*to prefer*
seguir (i, i)	*to follow*
sentir (ie, i)	*to feel*
i → y	
caer	*to fall*
construir	*to build*
creer	*to believe*
distribuir	*to distribute*
leer	*to read*
oír	*to hear*
o → u	
dormir (ue, u)	*to sleep*
morir (ue, u)	*to die*

La actualidad cultural

I. Vocabulario: Las artes plásticas

Titulares. →← ¿Qué palabras relacionadas con el arte conocen Uds.? Preparen una lista. Ahora observen los titulares y contesten las preguntas. (Consulten la lista de vocabulario si tienen dudas.)

Llega al Museo Nacional exposición retrospectiva de Elsa María Ramos

1. ¿Qué palabras creen que van a encontrar en el artículo?
   ___ color, pintura, estilo
   ___ teatro, actor, estreno
   ___ director, recital, orquesta

Pintor limeño recibe mención por obra expuesta en la Galería Nacional

2. ¿De qué trata esta noticia?
   ___ de una obra que recibe una mención
   ___ de una obra expuesta en la Galería Nacional
   ___ de un pintor que recibe una mención

¿Cuándo fue la última vez que asististe a una exhibición de arte?
¿Hay alguna galería de arte en tu universidad? ¿Dónde?

Vocabulario útil

El arte

la acuarela	*watercolor*
el escultor	*sculptor*
la escultura	*sculpture*
el estilo	*style*
la exposición/ la exhibición	*exhibition*
la galería	*gallery*
el motivo	*motive*
la muestra	*exhibit, sample*
el óleo	*oil painting*
el original	*orginal*
las pinceladas	*brush strokes*
el pintor	*painter*
la pintura/el cuadro	*painting*
la reproducción/la copia	*reproduction*
el símbolo	*symbol*
el tema	*theme*

Estilos

abstracto	*abstract*
clásico	*classical*
contemporáneo	*contemporary*
impresionista	*impressionistic*
realista	*realistic*

Verbos

crear	*to create*
decorar	*to decorate*
diseñar	*to design*
esculpir	*to sculpt*
exhibir/exponer	*to show*
formarse	*to be trained, educated*
incluir	*to include*
pintar	*to paint*
tener éxito	*to be a success*

Vocabulario personal:

Asimilación

A. Movimientos artísticos. →← Indiquen la letra de la descripción que corresponde a cada palabra.

1. clásico
2. realista
3. abstracto
4. impresionista

a. Representa el mundo tal como se percibe, muchas veces con un énfasis en lo trágico o lo violento.
b. Es un estilo de arte que se caracteriza por el equilibrio y la armonía de todos sus elementos.
c. Usan la perspectiva, la luz y el color para crear imágenes difusas.
d. Sus obras son simbólicas y no corresponden exactamente con la realidad que representan.

B. Exposición. Escucha el anuncio e indica si las frases son ciertas o falsas.

1. La Galería Miraflores presenta una exposición de obras de varios países latinoamericanos.
2. Algunas de las pinturas en esta exposición son de estilo abstracto.
3. La exposición terminó ayer y hoy sale de gira por toda Latinoamérica.
4. La muestra contiene menos de 100 obras.

Aplicaciones

C. Evento cultural. →← Imaginen que hay una exposición de varios pintores peruanos en su universidad. Busca pintores peruanos en el sitio-web **http://temas.heinle.com.** Formen por lo menos cinco frases para describir sus obras y la exposición utilizando los siguientes elementos.

Modelo: *El estilo de Carlos Polanco es abstracto.*

la galería	crear	el cuadro
el pintor	diseñar	la escultura
el estilo	exponer	la obra
el tema	incluir	abstracta
el motivo	pintar	realista
la acuarela	representar	clásica
el óleo	ser	contemporánea
	tener éxito	impresionista

D. La obra de Félix Oliva. →← Completen el artículo con la palabra más apropiada. (¡No se olviden de conjugar los verbos!)

Opciones: diseñar, nacer, muestra, formarse, exhibición, motivo

FELIX OLIVA

La alegría de la cruz *(cross)*

Félix Oliva, pintor y ceramista _____ en Lima en 1931, _____ en la prestigiosa Universidad de Bridgeport, Connecticut, EE.UU., y en el Taller de Bellas Artes de París, Francia. Una _____ representativa del talento de Oliva es el lenguaje de la cruz en el marco de la tradición andina. Esta primera _____ gira en torno *(revolves around)* a este símbolo. El _____ principal se traduce en un conjunto de cruces populares, llamativas *(appealing)* y relucientes *(shiny)*, coloridas y impactantes, llenas de vitalidad y, a la vez, de misterio, que el artista _____ y decora desde su perspectiva personal sobre la cultura ancestral de los Andes.

para tu información

Si deseas aprender más acerca de este pintor, visita el siguiente sitio-web: **http://temas.heinle.com.**

E. Entrevista. →← Tomen turnos haciendo y respondiendo a las siguientes preguntas. Al terminar, preparen un breve informe para presentarlo al resto de la clase.

1. ¿Qué estilo artístico prefieres? (¿Tienes algún artista favorito?)
2. ¿Usas obras de arte (bien sean originales o en reproducción) para decorar tu casa o tu habitación? (Describe algunas de ellas.)
3. ¿Crees que recibiste una buena educación artística en la escuela? Explica.

Modelo: *A mi compañero(a) le gustan mucho las obras abstractas y él (ella) tiene varias reproducciones en su cuarto. Su pintor favorito es... .*

Integración

¡A escribir y conversar!

F. Un museo virtual. →← Presenten una obra de un pintor o escultor famoso al resto de la clase.

1. Seleccionen el artista.
2. Investiguen su biografía. (¿Dónde nació? ¿Cómo se formó?, etc.)
3. Seleccionen una de sus obras y descríbanla. (Hablen del estilo, el tema, los colores, las formas, etc.)
4. Preparen por escrito sus comentarios.
5. Hagan una presentación oral en clase.

Atajo 

Phrases/Functions: Describing objects
Vocabulary: Arts
Grammar: Verbs: preterit

Sugerencias
To find information about famous Hispanic painters and sculptors, you can visit the **Temas** web site at **http://temas.heinle.com.**

II. Funciones y estructuras: *Avoiding repetition with direct object pronouns*

Dirigió **la orquesta** espectacularmente.
*He directed **the orchestra** wonderfully.*

Exhibió **su obra** en la Pinacoteca Nacional.
*She showed **her work** at the National Art Gallery.*

In the text above, the words **orquesta** and **su obra** are the objects or recipients of the actions indicated by the equivalents of *to direct* and *to show.* Those people or things are called *direct objects* and happen in sentences with transitive verbs (verbs such as **dirigir, exhibir, vender, contratar,** etc., which presuppose the existence of a subject acting upon an object).

When the direct object is referred to again after a first mention, a pronoun is often used instead.

> ¿Cuándo contrató **al nuevo agente**?
> **Lo** contrató la semana pasada.
>
> ¿Dónde exhibió **su obra** ese pintor?
> **La** exhibió en la Pinacoteca Nacional.

Pronoun	Translation
me	*me*
te	*you (familiar singular)*
lo, la	*you (formal singular), him, her, it*
nos	*us*
os	*you (familiar plural in Spain)*
los, las	*you (formal plural), them*

Direct object pronouns must be placed before the conjugated verb or attached at the end of an infinitive or present participle.

Before the conjugated verb	Before the conjugated verb or attached at the end of an infinitive
¿Conoces a Plácido Domingo? Sí, **lo** conozco. *Do you know Plácido Domingo?* *Yes, I know* ***him.*** ¿Tienes su último disco? No, no **lo** tengo. *Do you have his last album?* *No I do not have* ***it.***	Tu novio **te** va a llevar al concierto en una limosina. *or* Tu novio va a llevar**te** al concierto en una limosina. *Your boyfriend is going to take* ***you*** *to the concert in a limousine.* **Te** va a llevar a cenar después del evento, ¿no? *or* Va a llevar**te** a cenar después del evento, ¿no? *He will invite* ***you*** *to dinner after the event, right?*

Note that when the direct object of a verb is a specific person (or persons), an animal, or a personified thing the personal **a** is required. This particle, which is placed before the direct object, has no equivalent in English and therefore cannot be translated.

Voy a llevar **a** mi hija a la ópera esta noche.	*I am going to take my daughter to the opera tonight.*
A nosotros nos gusta escuchar **a** Pavarotti.	*We like to listen to Pavarotti.*

Asimilación

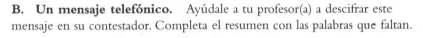

A. Personajes del mundo artístico. →← Indica todas las frases que corresponden y luego compara tus respuestas con las de un(a) vecino(a). ¿Tienen gustos musicales similares?

1. el tenor Plácido Domingo
   ___ No lo conozco.
   ___ Lo conozco.
   ___ Lo escucho con frecuencia.
   ___ Lo vi alguna vez por la tele.
   ___ Lo vi alguna vez en vivo en un concierto.
   ___ Lo admiro mucho.
   ___ Lo amo.
   ___ Lo detesto.

Gloria Estefan

2. la cantante de música pop Gloria Estefan
   ___ No la conozco.
   ___ La conozco.
   ___ La escucho con frecuencia.
   ___ La vi alguna vez por la tele.
   ___ La vi alguna vez en vivo en un concierto.
   ___ La admiro mucho.
   ___ La amo.
   ___ La detesto.

3. los músicos del grupo de rock llamado Phish
   ___ No los conozco.
   ___ Los conozco.
   ___ Los escucho con frecuencia.
   ___ Los vi alguna vez por la tele.
   ___ Los vi alguna vez en vivo en un concierto.
   ___ Los admiro mucho.
   ___ Los amo.
   ___ Los detesto.

B. Un mensaje telefónico. Ayúdale a tu profesor(a) a descifrar este mensaje en su contestador. Completa el resumen con las palabras que faltan.

Las entradas para el concierto de este viernes no las tiene _____ .
Las pagó por teléfono _____ , pero las tiene que recoger el día _____
en _____ .

Aplicaciones

C. Las reglas de etiqueta. →← Si te invita a salir a un concierto o una obra de teatro, ¿qué debe hacer tu pareja? ¿Qué es lo apropiado hoy en día? Indica tus opiniones y debátelas por grupos con otros compañeros.

___ Te debe invitar por lo menos una semana antes del evento.
___ Te debe recoger en tu casa.
___ Te debe llevar en una limusina.
___ Te debe pagar la entrada.

___ Te debe invitar a cenar después o antes del evento.
___ Te debe llamar al día siguiente.
___ Otra(s):

D. ¿Quién? →← Indica qué miembro de tu familia asocias con cada uno de los siguientes eventos. Luego compara tus respuestas con las de un(a) vecino(a). ¿Tienen mucho en común sus familias?

Modelo: el nuevo CD de Ricky Martin (comprar)
Estoy seguro(a) (certain) *que mi hermana lo compró.*

1. un concierto de Pearl Jam (escuchar)
2. la nueva galería de arte moderno (visitar)
3. las últimas novelas de Stephen King (leer)
4. una producción musical de Broadway (ver)

Sugerencias
If there is no one in your family who is interested in these events, you can say: **Creo que nadie en mi familia... .**

E. Discusiones. Completa los diálogos, usando los verbos y los pronombres de objeto directo correspondientes.

Antes de salir...

MERCEDES: ¿Me vas a recoger?
JUAN: Lo siento, no puedo _____ (recoger). Tengo que pasar primero por casa.

Antes de entrar a una obra de teatro...

MARTA: ¿Tienes las entradas?
JULIA: Sí, aquí _____ (tener).

Después de un concierto...

ESTEBAN: ¿Viste a esas cantantes tan guapas a la salida del teatro?
MIGUEL: Pero claro que _____ (ver). ¡Son muy bonitas!

Una semana después del concierto...

ESTEBAN: Me gustó mucho ese grupo del concierto del otro día. Creo que voy a comprar uno de sus discos.
MIGUEL: Si quieres, puedes escuchar mi colección. _____ (tener) todos.

Integración

¡A conversar!

F. Planes para el fin de semana. →← Con un(a) compañero(a) preparen la siguiente situación. La idea es decidir en una actividad para este fin de semana que los haga felices a todos.

Estudiante A	Estudiante B
Se acerca el fin de semana y quieres hacer algo diferente. A ti te encanta la música. Como no tienes mucha tarea para la próxima semana puedes salir hasta tarde. Discute con tu amigo(a) hasta decidir qué hacer.	Se acerca el fin de semana y estás muy nervioso(a) porque tienes muchos trabajos y exámenes la próxima semana. Quieres salir a alguna parte por un rato, pero prefieres algo tranquilo (y especialmente algo que no requiera mucho tiempo porque necesitas estudiar). Discute con tu amigo(a) hasta decidir qué hacer.

¡A escribir!

G. Reseña de arte. La persona que escribió la reseña a continuación no usó los pronombres para evitar repeticiones. Ayúdale a corregir su texto.

Recuerda

Remember that you should use pronouns to avoid unnecessary repetition.

Sugerencias

Paso 1: Underline the nouns in the reading.
Paso 2: Determine which nouns are repeated and may be replaced with pronouns.
Paso 3: Choose the right pronoun for each case. (Be careful about the placement of those pronouns.)
Paso 4: Rewrite the sentences that require replacing a noun with a pronoun.
Paso 5: Make other necessary changes. (If there are sentences that can be coordinated, eliminate the period and connect the sentences using **y**, **también**, etc.)

Germán Arenas expone en la Galería Uno

El famoso pintor peruano Germán Arenas exhíbe una colección de su más reciente obra en la Galería Uno del centro de la ciudad. Nuestros reporteros entrevistaron a Germán Arenas después de la inauguración y obtuvieron exclusivas declaraciones. Aunque muchos críticos describen sus pinturas como abstractas, Arenas describe sus pinturas como vanguardistas. La exposición se basa en la figura humana y el pintor sintetiza la exposición como un estudio del hombre y sus dilemas. Los colores predominantes son el negro y el rojo. Arenas dice que continúa usando estos colores porque considera que el negro y el rojo son indispensables para representar las contradicciones humanas. Las boletas para visitar la exposición están a la venta, y los interesados pueden comprar las boletas directamente en la Galería.

III. Perspectivas: ¿Qué están leyendo los hispanoamericanos?

Antes de leer

A. Hábitos de lectura. Contesta individualmente las siguientes preguntas.

1. ¿Cuál fue el último libro que leíste?
2. ¿Estás leyendo algún libro en este momento?
3. ¿A cuál(es) categoría(s) pertenecen tus libros favoritos?

___ sicología
___ actualidad
___ novela
___ biografía
___ literatura infantil
___ ciencia-ficción
___ sistemas y computación
___ otra: _____

B. Tendencias. →← Formen grupos y discutan sus respuestas. Al terminar, deben presentar un resumen de las tendencias comunes en el grupo. Usen el siguiente modelo como guía.

Modelo: *En nuestro grupo el tipo de libro más popular es... seguido de* (followed by).... *Muy poca gente lee... o... . Nadie lee... .*

A leer

Observa las siguientes estadísticas y responde a las preguntas.

¿Qué leen los colombianos?

SEMANA realizó un sondeo entre librerías y editoriales y encontró que a los colombianos les gustan más los temas de periodismo y autosuperación que la novela o la poesía.

EDITORIALES

Género	Ejemplares	%
1.Periodismo y actualidad	148.655	29.4
2. Novela	116.021	22.9
3.Ensayo	61.603	12.1
4.Sicología y superación	55.719	11.0
5. Historia y biografía	37.934	7.50
6.Lit. juvenil e infantil	21.248	4.20
7.Referencia	17.477	3.45
8. Cuento	15.436	3.05
9. Ciencia ficción	14.000	2.77
10. Humor	9.902	1.96
11. Poesía	6.316	1.25
12. Filosofía	806	0.15
Total	**505.117**	

Fuente: sondeo realizado entre las editoriales Planeta, Norma, Vergara, Panamericana y El Ancora sobre sus ventas entre enero y octubre de 1997

LIBRERIAS

Género	Ejemplares	%
1. Sicología, superación y esoterismo	114.320	56.8
2. Periodismo y actualidad	30.317	15.0
3..Novela	27.443	13.6
4. Historias y biografías	5.974	2.97
5. Poesía	4.859	2.41
6. Literatura infantil y juvenil	3.929	1.95
7. Referencia	2.900	1.44
8. Humor	2.856	1.42
9. Ensayo	2.650	1.31
10. Filosofía	1.349	0.67
11. Administración	1.285	0.63
12. Ciencia	1.100	0.54
13. Cuento	750	0.37
14. Sociología	650	0.32
15. Ciencia ficción	393	0.19
16. Sistemas y computación	345	0.17
Total	**201.120**	

Fuente: sondeo realizado entre las librerías Nacional, Panamericana, Casa de Poesía Silva, Lerner, El Arcano y La Era Azul sobre ventas realizadas entre enero y octubre de 1997

¿Entendiste bien?

C. ¿Sí o no? Indica si las siguientes frases son ciertas o falsas de acuerdo al gráfico anterior.

1. A los lectores latinoamericanos les interesa mucho la ficción.
2. Los latinoamericanos leen más poesía que prosa.
3. Los latinoamericanos prefieren leer una biografía que una novela.
4. Los latinoamericanos buscan en los libros una manera de escapar de su realidad.
5. Los latinoamericanos expresan con sus hábitos de lectura gran preocupación por el futuro.

D. Para discutir por grupos. →← Contesten las siguientes preguntas.

1. ¿Son similares o diferentes sus tendencias de lectura a las de los latinoamericanos?
2. ¿Cuáles son los tipos de libros más comunes en la lista de *best sellers* en los Estados Unidos?
3. ¿Cuál creen Uds. que son las causas de estas diferencias (o similitudes)?

Sugerencias

If you want more information on the most widely read books in the U.S., consult the bestsellers list on the *New York Times* website. You can get the address at: **http://temas.heinle.com.**

IV. Vocabulario: El teatro y la música

La música y el teatro. →← ¿Qué palabras relacionadas con la música y el teatro conocen Uds.? Preparen una lista. Ahora observen estos titulares y contesten las preguntas. (Consulten la lista de vocabulario si tienen dudas.)

Gran éxito de la obra Romeo y Julieta bajo la dirección de Fernando Díaz

1. ¿Qué palabras creen que van a encontrar en el artículo?
   ___ galería, pintura, escultor
   ___ teatro, actor, estreno
   ___ director, recital, orquesta

Llega al país el nuevo solista invitado de la Orquesta Filarmónica.

2. ¿Cuál noticia no está relacionada con este titular?
   ___ Exposición de arte tiene mucho éxito
   ___ Músicos extranjeros visitan el país
   ___ Se espera gran asistencia al concierto de esta noche

Vocabulario útil

Música

el concierto	*concert*
el director	*director*
dirigir	*to direct*
ensayar	*to rehearse*
la función	*performance*
la orquesta	*orchestra*
presentar	*to present*
el público	*public*
el recital	*recital*
el solista	*soloist*
tocar	*to play*

Teatro

el actor	*actor*
la actriz	*actress*
actuar	*to act*
el escenario	*stage*
la escenografía	*stage design*
estrenar	*to open (perform for the first time)*
el estreno	*opening*
la gira	*tour*
hacer una gira	*to go on tour*
la obra	*play (work)*
el papel	*part, role*
ser un éxito	*to be a success*
la taquilla	*box office*
la temporada	*season*

Vocabulario personal:

Asimilación

A. ¿Qué dijeron los críticos? →← Completen las frases de una manera lógica.

1. El público _____ .
2. La actriz ______ .
3. La obra teatral ______ .
4. El recital ______ .

a. fue un éxito por su escenografía
b. no oyó el error del solista
c. fue bien recibido por los críticos
d. hizo el papel de la madre

B. Opiniones artísticas. Escucha las opiniones y contesta las siguientes preguntas.

1. El concierto de la Orquesta Sinfónica fue...
   a. bueno. b. malo. c. regular.
2. La función de ballet fue...
   a. bueno. b. malo. c. regular.
3. La exhibición de arte moderno fue...
   a. bueno. b. malo. c. regular.

Aplicaciones

C. Noticias culturales. →← Completen el artículo con las palabras más apropiadas.

Opciones: público, orquesta, solista, estreno, exposición, escenografía, concierto, gira, pintor

El fin de semana pasado, la _____ Filarmónica presentó un _____ bajo la dirección de Miguel De León. El punto más sobresaliente fue la participación de la _____ peruana Adriana Uribe. En el Teatro Nacional, tuvimos el _____ de la obra *Don Juan* con una excelente _____ . Con esta presentación, el grupo comienza una _____ por todo el país. Finalmente en el Museo de Arte Moderno se presentó una _____ retrospectiva de la obra del _____ José Martínez. Su trabajo es extraordinario y puede ser admirado por el _____ hasta el día 18 de este mes.

D. Actividades culturales. Indica a cuál(es) de los siguientes eventos culturales fuiste el mes pasado.

Fui / No fui...

___ a un concierto de música clásica.
___ a una exposición de arte.
___ a una obra de teatro.
___ a una función de ballet.
___ a un recital.
___ a un festival de cine.
___ otro: _____

E. Recomendados. →← Por grupos comparen y discutan sus respuestas al **Ejercicio D.** (¿Les gustó el evento en el que participaron? ¿Por qué? ¿Se lo recomiendan al resto de la clase?)

Modelo: *Mi compañero (a) fue a... y le gustó porque ... . Yo fui a ... y no lo recomiendo porque... .*

F. Entrevista. →← Tomen turnos haciendo y respondiendo a las siguientes preguntas. Al terminar, preparen un breve informe para presentarlo al resto de la clase.

1. ¿Qué prefieres, la pintura, el teatro o la música clásica? ¿Por qué? ¿Tienes algún artista favorito?
2. ¿Te consideras una persona artística? Si es así, ¿qué tipo de arte practicas?
3. ¿Vas a conciertos, a obras de teatro o galerías? Si es así, ¿con qué frecuencia?
4. ¿Qué eventos artísticos hay (o te gustaría tener) en la universidad?

Modelo: *A mi amiga le encanta la música clásica porque es romántica y relajante. Su artista favorito es Mozart. Ella piensa que es una persona artística porque pinta y toca el piano. No va con frecuencia a los conciertos porque tiene mucho trabajo, pero quiere... .*

Integración

¡A escribir y conversar!

G. El noticiero. →← Terminen de preparar su noticiero.

1. Primero, concéntrense en preparar un reporte de las noticias culturales. Preparen un resumen de las noticias culturales más importantes del momento en el país de su elección.
2. Luego reúnan todas las partes del noticiero (las noticias políticas, económicas, deportivas y culturales). **¡Ojo!** ¡No se olviden de incluir un pronóstico del tiempo!
3. Al terminar, practiquen su noticiero y preséntelo al resto de la clase.

Atajo

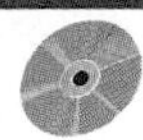

Phrases/Functions: Writing a news item
Vocabulary: Arts
Grammar: Verbs: preterit

Sugerencias
Remember that you can find links to Hispanic newspapers in the **Temas** web site: **http://temas.heinle.com.**

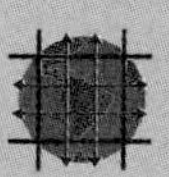

V. Lectura: Lima en jazz

Antes de leer

A. Conciertos. →← Responde a las siguientes preguntas y luego comparte tus respuestas con las de otros compañeros.

1. ¿Has asistido alguna vez a *(have you ever attended)* un concierto?
2. Describe esa experiencia. ¿De quién fue el concierto? ¿Dónde? ¿Cuándo? ¿Te gustó?, ¿Por qué sí, o por qué no? (Si has asistido a varios conciertos, describe el más memorable.)

B. Expectativas. →← El siguiente es un artículo sobre los templos del jazz en Lima. ¿Qué palabras esperan encontrar en este artículo? Hagan una lista de por lo menos diez palabras.

C. Vocabulario y conceptos. →← Para cada palabra indica la letra correspondiente a su definición.

1. templo
2. local
3. propuesta
4. improvisado
5. desarrollarse

a. sitio, establecimiento
b. crecer, hacerse más grande o maduro
c. espontáneo, algo que no tiene un plan específico
d. edificio público dedicado usualmente a actividades religiosas
e. proyecto, material presentado a la consideración o evaluación de alguien

A leer

Lima en Jazz
Los nuevos templos del jazz en nuestra capital

El **corazón** del jazz **palpita** con fuerza en diversos locales de Barranco y Miraflores. Diferentes propuestas, distintas ofertas, el mismo talento: las noches calientes de jazz en Lima representan una verdadera alternativa para los **noctámbulos** amantes de la buena música.

heart / beats

night owls

La noche del jamón

En el bar La Noche de Barranco, un grupo de talentosos músicos, comandados por el **bajista** Agustín Rojas, ha decidido tomar por asalto las normalmente aburridas noches

bass player

de los lunes para realizar unas formidables —y a veces maratónicas— jornadas de inspiradas improvisaciones (que los que saben de jazz llaman *jam sessions*), en las que, literalmente, todo puede ocurrir.

Con un local siempre repleto de fervorosos aficionados al jazz, las *jam sessions* (también llamadas «jamoneos») de La Noche no se limitan únicamente al jazz tradicional. Los lunes, dependiendo de los músicos que **se den vuelta** por el local, podemos contar con un espectáculo que combina las más diversas tendencias musicales. Latin jazz, blues e, inclusive, hip-hop y funk son algunos de los platillos especiales que acompañan los sabrosos jamones que preparan sobre el escenario Agustín Rojas y su banda.

stop by

«La idea original fue de Manuel Luna (uno de los propietarios del local)», dice Agustín Rojas. «Yo le sugerí que la entrada fuera libre. Por eso viene más gente y nosotros tenemos la oportunidad de hacer lo que más nos gusta. Nuestro repertorio es siempre improvisado, nunca **ensayamos,** las cosas salen bien porque todos nos conocemos y compartimos el mismo *feeling* por la buena música».

practice

Pero, ¿a qué **se debe** este tipo de boom por el jazz en nuestra capital? El músico Enrique Luna, una de las personas que más sabe de jazz en nuestro país, nos dio una respuesta:

is owed

«Me parece bastante natural y hasta inevitable que **surjan** nuevos espacios para el jazz en Lima, porque a medida que los jóvenes **crecen** y se desarrollan como músicos, tienen una mayor necesidad de ser escuchados. Hay mucha gente nueva que está haciendo cosas muy interesantes: los hermanos Mujica, los hermanos Marambio, Andrés Prado, Gonzalo Polar, en fin, los jóvenes quieren perfeccionar sus sonidos, hay nuevas búsquedas, nuevas propuestas».

appear, surface
grow

Noches calientes

Además de La Noche hay otros refugios del jazz en Lima. La siguiente es una breve guía de los principales:

Jazz Zone, Miraflores. Jazz todas las noches de la semana. Distintas tendencias.
La Noche, Barranco. Los lunes, *jam sessions* interminables. De todo un poco: latin jazz, fusión, blues, funk, rock and roll.
La Democracia, Barranco. Todos los miércoles, La Nueva OEA en vivo. Latin jazz sabroso y enérgico.
El Ekeko, Barranco. Los miércoles, Karlhos Misajel en vivo. Jazz contemporáneo, samba, swing, bossa nova.

¿Entendiste bien?

Estrategia de lectura: *Skimming*
Identify the main ideas of this article in the context of the jazz scene in Lima.

D. ¿Sí o no? →← Indiquen si las siguientes frases corresponden con la información presente en el texto.

1. El jazz tiene varios «templos» en varias ciudades peruanas.
2. La Noche es un local donde encuentras música jazz todos los días.

3. Los músicos de la banda de Agustín Rojas practican todas las semanas antes de sus conciertos.
4. Estas bandas de jazz limeñas están compuestas principalmente de músicos jóvenes.
5. Según el autor, Agustín Rojas es la persona que más sabe de jazz en el Perú.
6. Las jamonadas son unos platos que les sirven a las personas que van a ver los conciertos de jazz.

E. ¿Adónde puedo ir? Imagina que estás en Lima y que quieres escuchar música jazz en vivo. ¿Cuáles son tus opciones? Completa el cuadro.

Estrategia de lectura: *Scanning*
As you read the text a second time, look for specific information regarding the jazz events in Lima.

Día	Nombre del local de jazz	Barrio
lunes		
miércoles		
jueves		
fines de semana		

F. Enfoque lingüístico. Identifica los tres verbos en el pretérito que usó el autor del texto.

G. Inferencias. En general, ¿está el autor conforme con el estado del jazz en Lima? Presenta ejemplos concretos del texto para sustentar tu respuesta.

Temas CD-ROM
En tu próxima tarea, vas a ir a Perú donde vas a crear *(create)* una "zine", una especie *(type)* de revista electrónica.

H. Enfoque comunitario. A causa de la falta de información, muchos estudiantes internacionales no pueden ir a los varios conciertos y otros eventos artísticos de la universidad. Prepara una reseña breve en español de uno de estos eventos y dásela *(give it)* a la Oficina de Estudiantes Internacionales. Explica por qué el evento puede ser de interés a un(a) estudiante de habla española.

Critical Thinking Skills: Researching and Evaluating

Vocabulario útil

El arte

abstracto	*abstract*
la acuarela	*watercolor*
clásico	*classical*
contemporáneo	*contemporary*
el escultor	*sculptor*
la escultura	*sculpture*

el estilo	*style*
la exposición/ la exhibición	*exhibition*
la galería	*gallery*
impresionista	*impressionistic*
el motivo	*motive*
la muestra	*exhibit, sample*
el óleo	*oil painting*
el original	*orginal*
las pinceladas	*brush strokes*
el pintor	*painter*
la pintura/el cuadro	*painting*
realista	*realistic*
la reproducción/la copia	*reproduction*
el símbolo	*symbol*
el tema	*theme*
Verbos	
crear	*to create*
decorar	*to decorate*
diseñar	*to design*
esculpir	*to sculpt*
exhibir/exponer	*to show*
formarse	*to be trained, educated*
incluir	*to include*
pintar	*to paint*
tener éxito	*to be a success*
Música	
el concierto	*concert*
el director	*director*
dirigir	*to direct*
ensayar	*to rehearse*
la función	*performance*
la orquesta	*orchestra*
presentar	*to present*
el público	*public*
el recital	*recital*
el solista	*soloist*
tocar	*to play*
Teatro	***Theater***
el actor	*actor*
la actriz	*actress*
actuar	*to act*
el escenario	*stage*
la escenografía	*stage design*
estrenar	*to open (perform for the first time)*
el estreno	*opening*
la gira	*tour*
hacer una gira	*to go on tour*
la obra	*play (work)*
el papel	*part, role*
ser un éxito	*to be a success*
la taquilla	*box office*
la temporada	*season*

Vista aérea de la ciudad de San José

El centro de la ciudad

Para comenzar

- ¿Qué diferencias o similitudes hay entre San José y tu localidad?
- ¿Cuáles son algunas de las ventajas de vivir en una ciudad como San José?
- ¿Hay algunas desventajas?
- ¿Qué prefieres tú?

Un barrio residencial

In this chapter you will learn. . .

- how to talk about the differences between urban and rural life;
- how to talk about the environment;
- how to respond negatively;
- how to describe in the past;
- how to talk about one's life in the past;
- about some of the environmental issues that affect Latin America today.

CAPÍTULO >>> 6

Recuerdos

	Tema 1 Ciudades	Tema 2 Naturaleza	Tema 3 Ecología
Vocabulario	La vida en la ciudad Problemas urbanos	La vida en el campo La producción agrícola	La conservación del medio ambiente
Funciones y estructuras	Expressing negation with negative words Making generalizations with indefinite words Describing the past with the imperfect tense	Describing the past with irregular verbs in the imperfect Expressing knowledge and familiarity with the verbs **saber** and **conocer**	Indicating location with demonstrative adjectives and pronouns Talking about the past with verbs that change meaning in the preterit
Pronunciación		Las consonantes **h** y **j**	
Lectura	Desarrollo urbano	La leyenda del Zurquí	Perspectivas: Los problemas del medio ambiente Cooperación verde
Vídeo	La vida en la ciudad		

ENFOQUE

Costa Rica

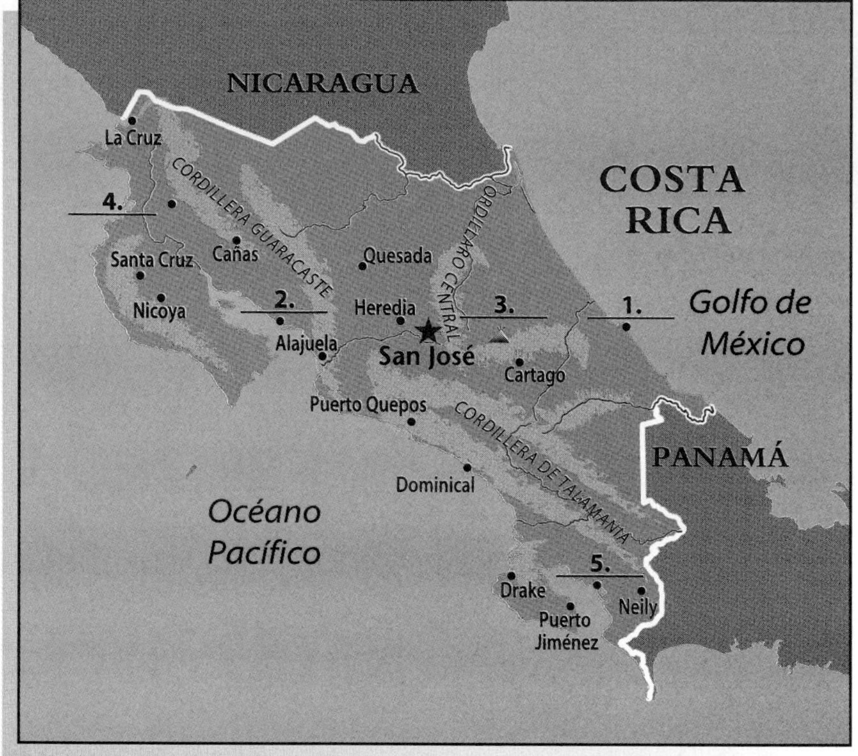

A. En el mapa. Mira el vídeo e indica el número en el mapa que corresponde con los lugares siguientes.

a. Volcán Irazú b. Punta Arenas c. Puerto Limón

B. En el vídeo. Completa la tabla con la información del vídeo.

Capital:	
Población:	
Ingreso per cápita:	
Moneda:	
Productos de exportación:	

C. ¿Qué pasó? Pon en orden los siguientes eventos en la historia de Costa Rica.

___ Costa Rica forma parte de México y luego de las Provincias Unidas de Centro América.
___ Cristobal Colón le da el nombre de Costa Rica al territorio.
___ Costa Rica se convierte en nación independiente.
___ Juan de Cavallón y Juan Vásquez de Coronado inician la colonización del país.
___ Llega la United Fruit Company al país.

para tu información

Si deseas aprender más acerca de Costa Rica, visita el siguiente sitio-web: **http://temas.heinle.com.**

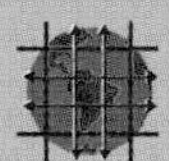

Los orgullos de Costa Rica...

Su naturaleza exhuberante

Los parques naturales de Costa Rica son famosos en todo el mundo.

Su gente

Los **ticos** (nombre con que se conoce afectivamente a los costarricenses) son amantes de la paz. De hecho, Oscar Arias Sánchez (presidente de Costa Rica entre los años 1986 y 1990) ganó el Premio Nobel de la Paz en 1987.

Sus prioridades civiles

Costa Rica invierte en la educación, no en las armas. Es el único país del continente que no tiene ejército.

Tema 1

Ciudades

I. Vocabulario: La vida en la ciudad

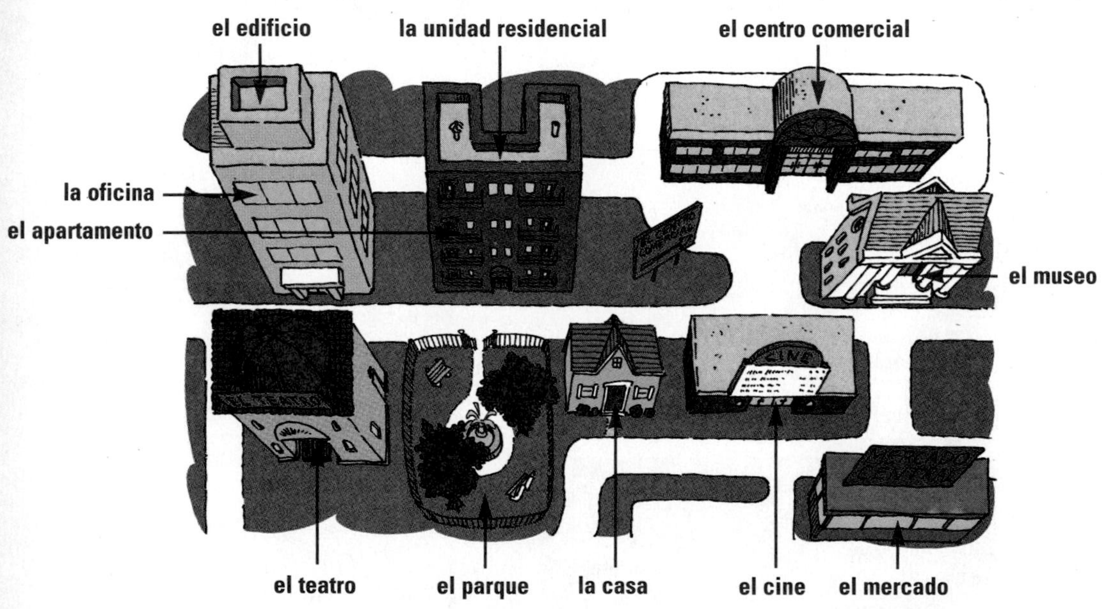

Vocabulario útil

La ciudad

el barrio	*neighborhood*
el centro	*downtown*
Los servicios públicos	***Utilities***
el agua	*water*
el alcantarillado	*sewage system*
el cable	*cable*
la conexión a Internet	*internet connection*
el gas	*natural gas*
la luz/la electricidad	*electricity*
el teléfono	*telephone*
Los servicios sociales	
la educación	*education*
la salud	*health*
el transporte	*transportation*
Verbos	
construir	*to build*
desarrollar	*to develop*
educar	*to educate*
instalar	*to install*
llevar a cabo	*to carry out*
permitir	*to permit, to allow*
proveer	*to provide*

Vocabulario personal:

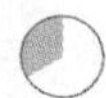

Asimilación

A. ¿Pertenece o no? En cada uno de los siguientes grupos, hay un elemento que no corresponde. Determina cuál es y explica por qué no es parte del grupo.

1. cine, fútbol, ópera, mercado
2. parque, casa, piso, oficina
3. hospital, gas, escuela, metro
4. agua, luz, museo, teléfono

para tu información

San José, la capital de Costa Rica, está en el centro del área de mayor densidad de población del país. La ciudad está ubicada a 1.160 metros sobre el nivel del mar y su promedio de temperatura es 23 grados centígrados. En San José, como en casi todos los centros urbanos adyacentes, los visitantes pueden encontrar gran variedad de productos y servicios. Hay varios centros comerciales entre los que se destacan el Mall San Pedro, el Multiplaza y el Pueblo, donde puedes comer platos típicos costarricenses y comprar artesanías locales. Sus numerosos museos constituyen focos de cultura, y sus teatros brindan excelentes temporadas con obras interpretadas por grupos profesionales.

¿Entendiste bien? Menciona varios de los atractivos de San José.

B. Su nuevo hogar en San José. Un(a) amigo(a) tuyo(a) viajó recientemente a San José para trabajar. Escucha su mensaje en el contestador.

1. Lo que más le gusta de San José es... .
   a. los museos   b. el centro   c. el parque
2. Encontró en la ciudad... .
   a. una casa   b. un apartamento   c. una oficina
3. Ahora necesita instalar... .
   a. un teléfono   b. la luz   c. el agua

Aplicaciones

C. Completa el diálogo. Dos amigos hacen preparativos para ir de compras. Completa sus frases con las palabras apropiadas.

Opciones: oficina, cine, mercado, centro comercial

JAVIER: ¿Necesitas ir de compras? Si quieres te llevo al _____ .
BÁRBARA: Bueno, gracias.
JAVIER: ¿Necesitas pasar también por el _____ ?
BÁRBARA: No, no creo... . Aún tengo bastante comida en el refrigerador.
JAVIER: ¿Cómo van las cosas por la _____ ?
BÁRBARA: Bastante bien. Me encanta mi trabajo.
JAVIER: Pero no te olvides de descansar de vez en cuando... .
BÁRBARA: Pero desde luego. A propósito, ¿quieres ir al _____ este fin de semana?
JAVIER: Me parece una idea estupenda. ¿Qué quieres ver?

D. ¿Qué se requiere? →← Muchas de nuestras actividades cotidianas *(daily)* que parecen simples, en realidad requieren la confluencia de muchos y complejos servicios. Indica cuáles se requieren para **tomar una ducha de agua caliente** *(to take a hot shower)*. Compara luego tus respuestas con las de otros compañeros.

___ gas
___ teléfono
___ electricidad
___ agua
___ alcantarillado
___ transporte
___ salud
___ educación

E. ¿Sabes? →← Trabaja con un(a) compañero(a).

1. Nombra tres cosas que debes instalar en un apartamento nuevo.
2. Nombra tres tipos de servicios que encuentras en un barrio.
3. Nombra tres lugares donde trabajan las personas de la ciudad.
4. Nombra tres lugares donde las personas de la ciudad se divierten.

Un paso más: Problemas urbanos

¿Cuándo van a recoger esa **basura?**	*When are they going to pick up that* ***trash?***
Con tanto automóvil en esta ciudad, hay mucha **contaminación.**	*With so many cars in this city, there is a lot of* ***pollution.***
No te oigo, hay mucho **ruido** aquí.	*I can't hear you because it's so* ***noisy*** *here.*

Otros problemas...

La **delincuencia** es un problema serio en muchas ciudades.	***Crime*** *is a serious problem in many cities.*
¡Qué **congestión**! Es mejor ir de compras después de las seis cuando hay menos **tráfico.**	*What* ***traffic!*** *It's better to go shopping after 6:00 when there is less* ***traffic.***
El **costo de la vida** es muy alto en esta ciudad. ¡El dinero no me alcanza para nada!	*The* ***cost of living*** *is very high in this city. I can't get anywhere financially!*

Vocabulario útil

Los problemas urbanos

la basura	*garbage*
la congestión	*traffic congestion*
la contaminación	*pollution*
el costo de la vida	*cost of living*
la delincuencia (juvenil)	*(youth) crime*
el desperdicio	*waste*
el incendio	*fire*
el ruido	*noise*
el tráfico	*traffic*

Los funcionarios públicos	***Public officials***
el alcalde	*mayor*
los basureros	*garbage haulers*
los bomberos	*fire department (firefighters)*
los paramédicos	*paramedics*
la policía	*police*
la policía vial	*traffic police*

Verbos

arrojar/tirar basura	*to litter*
dividir/separar	*to divide, separate*
gobernar (ie)	*to govern*
participar	*to participate*
recoger	*to collect, to pick up*
sacar	*to take out*

Vocabulario personal:

Asimilación

A. ¿Sí o no? Indica si se trata de la solución más apropiada en cada uno de los siguientes casos y explica por qué.

¿Sí o no?

1. llamar a los bomberos si hay un incendio en tu edificio
2. visitar a los paramédicos si tienes que pagar los impuestos

3. llamar a la policía si hay un accidente de tránsito en tu barrio
4. hablar con el alcalde si tienes un ataque cardíaco
5. escribirle a algún funcionario público si no recogen la basura en tu vecindario

B. ¿De qué problema se trata? Para cada problema indica qué número corresponde a su descripción.

___ la basura
___ el costo de vida
___ la delincuencia
___ la congestión
___ el tráfico

Aplicaciones

C. La vida en San José. Completa la siguiente carta de Maryuri, tu *email-pal* costarricense, sobre la vida en su ciudad.

San José es una ciudad grande, con muchos lugares bonitos para visitar. El _____ es un poco congestionado, pero los _____ periféricos son tranquilos. El sistema de _____ es eficiente y económico. Hay autobuses y taxis, pero no hay metro. Como aumenta el número de automóviles particulares el problema de la _____ y la congestión nos preocupan mucho ahora en la ciudad. Pero, bueno, ¿y cómo es tu ciudad?

D. Rascacielos *(Skyscrapers)*. →← Miren el gráfico y luego discutan las siguientes preguntas.

Un nuevo gigante

Las Torres Petronas, de 452 metros, levantadas en 1996 por el argentino César Pelli en Kuala Lumpur (Malasia), han dejado pequeños a los edificios más altos que había en el mundo. En Tokio está el proyecto Millennium Tower, que medirá casi el doble: 800 metros.

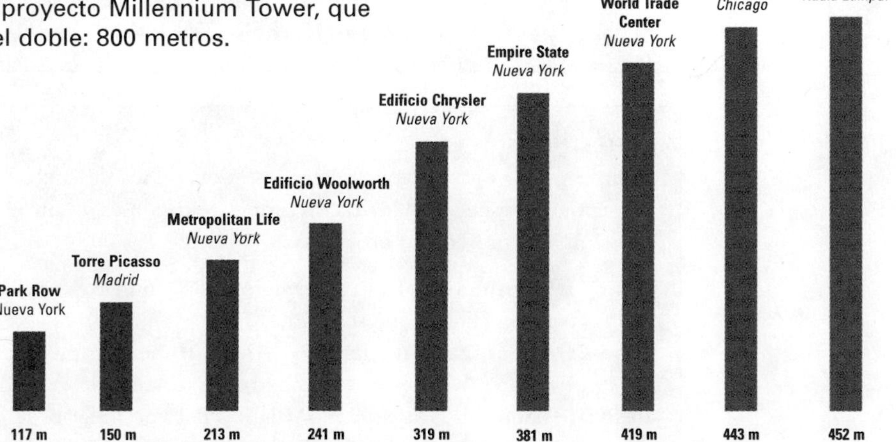

1. ¿Cuál es el edificio más alto del mundo? ¿Cuánto mide?
2. ¿Qué altura va a tener el Millennium Tower en Tokio?
3. ¿Cuál es el edificio más alto de tu localidad? ¿Sabes cuántos pisos tiene?
4. ¿Piensas que es una buena idea construir rascacielos?
5. ¿Qué ventajas tienen los altos edificios? ¿Tienen algunas desventajas?

E. Entrevista. →← Trabajando en parejas, hagan y respondan a las siguientes preguntas. Al terminar, preparen un breve informe sobre las respuestas del (de la) compañero(a).

1. ¿Tienes suficiente luz natural en tu apartamento/casa?
2. ¿Hay demasiado ruido en tu apartamento/casa?
3. ¿Dónde tiras la basura?
4. ¿Quién saca la basura en tu casa?
5. ¿Hay mucha delincuencia en tu barrio?
6. ¿Hay mucho tráfico donde vives?
7. ¿Es alto el costo de vida en tu comunidad?

Integración

¡A conversar!

F. Opiniones. ¿Cuáles crees que son los problemas más graves que afectan a tu localidad? Prepara una lista.

G. Para discutir. →← Por grupos, lean sus listas y determinen por unanimidad cuál es el problema más grave en su pueblo o ciudad.

Atajo

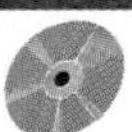

Phrases/Functions: Writing a description; Linking ideas
Vocabulary: Housing; City life
Grammar: Present tense; Noun-adjective agreement

¡A escribir!

H. La vida en tu pueblo o ciudad. Responde a la pregunta de Maryuri, escribiendo una breve descripción de tu ciudad.

Sugerencias

Paso 1: Haz una lista de los problemas de tu ciudad.
Paso 2: Ahora prepara una lista de las cosas positivas de tu ciudad.
Paso 3: Selecciona los aspectos que vas a incorporar en tu composición.
Paso 4: Organiza tus ideas y conecta las que estén relacionadas con palabras tales como **como** *(since)*, **además** *(in addition)*, **lo peor** *(the worst thing)*, **lo mejor** *(the best thing)*.

Correcciones

Intercambien composiciones entre los compañeros de la clase y revisen los siguientes aspectos. Haz las revisiones pertinentes y entrégale la composición a tu profesor(a) en la próxima clase.

Paso 1: **Contenido.** ¿Es la descripción de la ciudad completa y justa? ¿Qué falta? ¿Qué sobra?
Paso 2: **Organización.** ¿Es fácil de leer? ¿Está todo presentado claramente? ¿Qué partes del texto son difíciles de entender?
Paso 3: **Vocabulario.** ¿Incluyó palabras del vocabulario de esta unidad? ¿Qué palabras debe incluir en su composición?
Paso 4: **Gramática.** ¿Detectas algunos problemas de concordancia *(agreement)*? Márcalos con un círculo.

II. Lectura: Desarrollo urbano *(Urban Development)*

Antes de leer

A. Para discutir. →← Respondan por grupos a las siguientes preguntas.

1. ¿Cómo está organizado tu pueblo o ciudad? ¿Hay zonas especiales para industrias, para residencias, para el comercio, etc.?
2. ¿Les parece adecuada esta organización? Expliquen por qué.

B. Vocabulario y conceptos. Las siguientes palabras representan conceptos importantes del artículo. Consulta su significado en tu diccionario y escribe delante de cada una el número de la definición correspondiente.

1. crecimiento	a. poner parámetros o límites
2. decreto	b. lugar donde habitan las personas
3. vivienda	c. hacerse más grande
4. llevar a cabo	d. hacer, terminar
5. aprobación	e. orden, mandato oficial
6. delimitar	f. permiso

A leer

Gobierno delimita desarrollo urbano

Ronald Matute
Redactor de *La Nación*

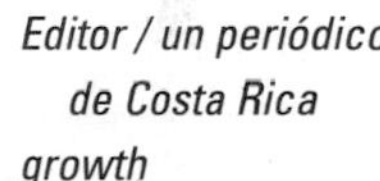

Editor / un periódico de Costa Rica

En un intento por poner en orden el **crecimiento** urbano de la Gran Área Metropolitana (GAM), el Gobierno **firmó** un decreto ejecutivo que **delimita** las zonas en donde se podrá construir y las que **quedarán** bajo un sistema de protección.

growth
signed / outlines
will remain

Según este plan:

- Ningún proyecto de vivienda o industria puede **llevarse a cabo** sin la aprobación del Instituto Nacional de **Vivienda** y Urbanismo (INVU).
- **No se permitirá** ni la proliferación de vivienda, ni la construcción de industrias en las zonas de protección.
- Nadie puede construir en áreas de protección forestal.
- Solamente se permiten algunas industrias en las zonas de crecimiento urbano.
- Todos los nuevos proyectos de construcción deben presentar un estudio de su impacto **ambiental.**

be accomplished
Housing
It will be prohibited
environmental

Gerardo Ramírez, presidente ejecutivo del INVU, **destacó** que el citado decreto facilitará reorientar el desarrollo urbanístico y permitir una expansión controlada de la ciudad que no ponga en **peligro** las áreas de conservación.

pointed out
danger

¿Entendiste bien?

C. ¿Cierto o falso? Indica si las siguientes frases son ciertas o falsas.

¿Cierto o falso?

1. El gobierno de Costa Rica no se preocupa por la calidad de vida en la capital.
2. La construcción va a ser regulada en el área de San José.
3. El plan no permite industrias.
4. El plan permite construir vivienda en zonas de protección.
5. El plan no permite construir vivienda en áreas de conservación.
6. Los proyectos de construcción en el futuro van a tener que prestar más atención a la ecología.

D. Zonas. El nuevo plan urbanístico del gobierno divide al área metropolitana en tres tipos de zonas. ¿Cuáles son estas zonas y cuáles son sus características?

E. Enfoque comunitario. →← Por grupos, elaboren un diagrama simple de su comunidad, para explicar cómo está distribuido el espacio allí. Incluyan:

- zonas industriales
- zonas culturales
- zonas residenciales
- zonas comerciales
- zonas forestales
- zonas recreacionales

III. Funciones y estructuras: *Expressing negation with negative words*

In the reading on page 311 you found several examples of words used to express negation (words such as **nadie** and **ninguna**). The following is a list of some of the most common negative words used in Spanish.

nadie	*no one, nobody*	nunca	*never*
ningún (ninguna)	*no one, none*	tampoco	*neither*
nada	*nothing*	ni... ni	*neither . . . nor*

Ningún/ninguna is used before singular nouns.

Ningún ciudadano debe tirar basura a la calle.	***No*** *citizen should litter the streets.*
Ningún automóvil debe circular por esta calle el día de hoy.	***No*** *car should use this street today.*
Ninguna persona debe manejar si ha consumido alcohol.	***Nobody*** *should drive under the influence of alcohol.*

Note that negative subjects can be placed before or after the conjugated verb. When placed after the verb, a **no** always comes before the verb. (Double negatives are correct in Spanish.)

Nadie sacó la basura hoy*. / **No** sacó **nadie** la basura hoy.	***No one*** *took out the garbage today.*
Nunca tiro basura en la calle. / **No** tiro basura **nunca** en la calle.	*I* ***never*** *litter the streets.*
Ni la policía **ni** los bomberos llegaron a tiempo. / **No** llegaron a tiempo **ni** la policía **ni** los bomberos.	***Neither*** *the police* ***nor*** *the firefighters arrived on time.*

* The placement of the negative word in the subject position is preferred in this case.

Nada pasó en el centro anoche. / **No** pasó **nada** en el centro anoche.	***Nothing*** *happened in the downtown area last night.*

Asimilación

A. La vida en tu ciudad. Indica si las siguientes frases describen la situación en tu ciudad.

¿Cierto o falso?

1. Nadie arroja basura a la calle.
2. Nunca hay cortes *(outages)* ni de agua ni de electricidad.
3. Ninguna persona participa en actividades ilícitas.
4. No hay ni contaminación ni congestión.
5. Nadie hace ruido innecesariamente.

B. ¿Qué pasó ayer? Escucha el relato y selecciona la opción adecuada.

1. ¿Quién vino a su oficina?
   a. nadie b. varios estudiantes c. su hermano
2. ¿Con quién fue al cine y a cenar?
   a. nadie b. un estudiante c. su hermano
3. ¿Lo pasaron bien?
   a. Les gustó la película y la comida. b. Les gustó la película pero no la comida. c. No les gustó ni el cine ni la comida.
4. ¿Cuándo piensa regresar a ese restaurante?
   a. mañana b. la próxima semana c. nunca

Aplicaciones

C. La vida en mi barrio. Completa las frases con la palabra negativa más apropiada.

1. ______ en mi unidad residencial toca música muy alta.
2. No veo basura en mi barrio ______ .
3. No hay _____ interesante en el cine de la esquina.
4. Mi edificio es excelente. No le falta _____ .
5. En el barrio no tenemos _____ un centro comercial _____ un hospital.
6. Ese parque es peligroso, por eso _____ voy allí.

D. Lo mejor de tu ciudad. Completa el párrafo explicando lo que te agrada más de tu localidad.

Una de las cosas que más me gusta de _____ es que nadie _____ . Todas las personas _____ . Aquí no hay ni _____ ni _____ . Siempre _____ , nunca _____ .

E. Actividades comunitarias. →← En grupos de cuatro o cinco estudiantes contesten las siguientes preguntas. Al terminar, preparen un breve informe sobre sus respuestas. Cuando sea pertinente, usen las palabras negativas.

1. ¿Cuántos donantes de sangre *(blood)* hay en este grupo?
2. ¿Cuántas veces por semana hacen trabajos voluntarios?
3. ¿Quién les da dinero a los mendigos *(beggars)*?
4. ¿Quién arroja basura a la calle?
5. ¿Quién practica el reciclaje *(recycling)*?

Un paso más: *Making generalizations with indefinite words*

In the reading you also found examples of words that referred to unspecified objects **(Solamente se permiten *algunas* industrias en las zonas de crecimiento urbano.).** The following are the most common indefinite words in Spanish.

algo	*something, somewhat, rather*	alguna vez/una vez	*sometime, ever/once*
alguien	*someone, somebody*	algún día	*someday*
alguno(a)(os)(as)	*someone, some, any*		

Algún is the short form of **alguno** and it is used before masculine singular nouns.

Algún funcionario tiene que atender nuestra queja.	***Some*** *public official will have to heed our complaint.*
Alguna secretaria me dijo que era mejor hacer estas gestiones temprano por la mañana.	***Some*** *secretary told me that it was better to run these errands early in the morning.*

While **alguna vez** and **una vez** refer to events that took place at an unspecified time in the past, **algún día** refers to events that will take place at an unspecified time in the future.

Escuché eso **alguna vez.**	*I heard that* ***once****.*
Voy a regresar a esta ciudad **algún día.**	*I will return to that city* ***someday****.*

Asimilación

A. Los compañeros de clase. →← Describe el comportamiento de tus compañeros de clase indicando la opción adecuada.

	Siempre	Algunas veces	Nunca
Hacen su tarea.	____	____	____
Le prestan atención a su profesor(a).	____	____	____
Hablan sólo en español.	____	____	____
Participan en clase.	____	____	____
Organizan reuniones sociales.	____	____	____

B. Sueños. Vas a escuchar algunos planes para el futuro. Indica las expresiones indefinidas que se mencionan.

___ alguien ___ algunas ___ algún día
___ algo ___ alguna vez

Aplicaciones

C. Más acerca de la vida en mi barrio. Completa las frases con la palabra indefinida más apropiada.

1. _____ en mi unidad residencial sabe tocar el piano muy bien.
2. _____ tenemos fiestas en las calles de mi barrio.
3. Creo que esta semana hay _____ interesante en el cine de la esquina.
4. Mi edificio es excelente. _____ lo administra muy bien.
5. _____ estudiantes viven en esta cuadra.

D. La ciudad y el campo. →← Terminen las frases de una manera lógica.

1. En la ciudad, nadie... .
2. En el campo no hay... .
3. En la ciudad, siempre hay alguien que... .
4. En el campo nunca... .
5. En la ciudad, ni... ni... .

E. Actividades. →← Por parejas tomen turnos haciendo las siguientes preguntas. Usen las palabras indefinidas cuando sea necesario.

1. ¿Vas al teatro o a otro tipo de espectáculo en vivo?
2. ¿Con qué tipo de persona te gusta salir?
3. ¿Qué otras cosas te gusta hacer para divertirte?
4. ¿Cuándo piensas ir a un concierto?

Integración

¡A conversar!

F. Optimista, pesimista. →← Por parejas tomen turnos actuando primero como una persona optimista y luego como una pesimista. La persona pesimista dice una frase negativa y la optimista la cambia a la forma positiva.

Modelo: PESIMISTA: *El gobierno no hace nada.*
OPTIMISTA: *Sí, el gobierno hace algo.*

1. El alcalde nunca mejora la educación.
2. No hay ninguna tienda interesante en el centro.
3. Siempre hay basura en el parque.
4. El cable nunca funciona.
5. Nadie recoge la basura en este pueblo.
6. Ni los paramédicos ni los bomberos ayudan a la gente.
7. Hay mucha contaminación y ruido.
8. Nunca hay nada que hacer aquí.

¡A escribir!

G. Una reunión de negocios. Estás organizando una reunión para tu compañía en San José en el Hotel Radisson Europa. Envía un mensaje electrónico al hotel para hacer los arreglos pertinentes.

Sugerencias

Necesitas saber si hay... **un centro de negocios, computadoras para alquilar** *(to rent),* **un(a) asistente que te puede ayudar, un gimnasio.**

Atajo

Phrases/Functions: Writing a letter

Grammar: Verbs: present tense

Enviar Direcciones Archivos adjuntos Ver. ortografía Guardar Cancelar

Para

Asunto: Prioridad: Normal

Normal 12

De: _____ (your email address)

Fecha: _____ (today's date)

Para: eurohot@sol.racsa.co.cr

Asunto: Reunión de negocios

Estimado señor o señora:
En preparación para mi próxima visita a San José, me gustaría saber si... .

Atentamente,
_____ (tu nombre)
_____ (tu dirección)

IV. Funciones y estructuras: *Describing the past with the imperfect tense*

Cuando pequeña yo **tenía** el pelo largo.	*When I was a little girl I* ***had*** *long hair.*
Aquí **vivíamos** nosotros cuando yo **tenía** ocho años.	*Here is where we* ***used to live*** *when I* ***was*** *eight.*
Mi barrio **estaba** cerca del centro de San José y **había** un parque cerca.	*My neighborhood* ***was*** *near downtown San José and* ***there was*** *a park nearby.*
Mi casa **tenía** un jardín muy bonito.	*My house* ***had*** *a nice garden.*
Mis hermanos y yo **jugábamos** afuera toda la tarde, después de regresar del colegio.	*My bothers and I* ***used to play*** *outside in the afternoon after school.*

In the previous examples you may have noticed that verb endings, different from those of the preterit, were used when referring to the past. They are the endings of the imperfect tense.

The imperfect tense was required here because this young woman was not simply narrating the facts of a story (the realm of the preterit), but she was *describing* her old home, providing *background information* about her old neighborhood, and talking about *how things used to be* when she was little.

In Spanish, the imperfect tense is required . . .

1. to refer to habitual past actions (the things one "used to do").	Antes yo **visitaba** el barrio de San Nicolás frecuentemente. *I* ***used to visit*** *the San Nicolás neighborhood frequently.*
2. to talk about the background of past events or to provide descriptions.	Mi casa en San Nicolás **tenía** tres habitaciones y estaba rodeada de árboles. *My house in San Nicolás* ***had*** *three rooms and trees surrounded it.*
3. to talk about an action in progress in the past (an action that was in progress in the past when another one took place).	Yo **estaba** en quinto grado cuando mis padres se mudaron a Bella Vista. *I* ***was*** *in fifth grade when my parents moved to the Bella Vista neighborhood.*

4. to indicate age in the past.	Yo **tenía** doce años cuando nos mudamos a este barrio. *I **was** twelve when we moved to this neighborhood.*
5. to tell time in the past.	Cuando llegamos, **eran*** ya las siete de la noche. *When we arrived, it **was** already seven o'clock in the evening.*

The endings for the imperfect tense are as follows.

-ar verbs	**-er** verbs	**-ir** verbs
hablar	**comer****	**escribir****
habl**aba**	com**ía**	escrib**ía**
habl**abas**	com**ías**	escrib**ías**
habl**aba**	com**ía**	escrib**ía**
habl**ábamos**	com**íamos**	escrib**íamos**
habl**abais**	com**íais**	escrib**íais**
habl**aban**	com**ían**	escrib**ían**

*There will be more on telling time in the past and the use of the verb **ser** in the next **Tema.**

Note that the endings for **-er and **-ir** verbs are identical.

Stem-changing verbs have no stem change in the imperfect tense.

Quería estudiar en la Universidad Nacional.	*I **wanted** to study at the National University.*
Soñaba con ser una médica famosa.	*I **used to dream** about being a famous doctor.*

The imperfect form of **hay** *(there is, there are)* is **había** *(there used to be).* Remember that **había** is both singular and plural.

Había una muchacha muy simpática en mi clase.	***There used to be** a very cute girl in my class.*
En mi barrio **había** muchos parques.	*In my neighborhood **there were** many parks.*

Asimilación

A. La vecindad de tu niñez *(childhood).* Indica cuáles de las siguientes descripciones corresponden a tu antigua vecindad.

¿Sí o no?

1. Había muchos parques.
2. Estaba en el centro de la ciudad.
3. Tenía solamente una escuela.
4. Había mucho ruido.
5. Estaba cerca de la casa de los abuelos.

B. Tu profesor(a) como estudiante... ¿Qué hacía tu profesor(a) cuando estaba en la escuela secundaria? Escucha la narración e indica las frases correctas.

___ Siempre hacía sus tareas.
___ Nunca dejaba su trabajo para el último minuto.
___ Le gustaba mucho leer.
___ Asistía a fiestas todos los fines de semana.

___ Asistía a todos los partidos de fútbol.
___ Visitaba a sus abuelos con frecuencia.
___ Trabajaba y estudiaba al mismo tiempo.
___ Pasaba mucho tiempo en la biblioteca.

Aplicaciones

C. Mi niñez. Forma por lo menos cinco frases acerca de tu niñez con varios de los siguientes elementos.

Modelo: *Mis hermanos jugaban todos los fines de semana.*

Mi mamá	jugar	a veces
Mis padres	trabajar	siempre
Mis hermanos	leer	nunca
Yo	asistir	todos los fines de semana
Mis amigos	viajar	en el verano
	mirar	

D. La niñez de Manolo. Manolo es costarricense. Ésta es la descripción de su niñez. Complétala con las formas verbales adecuadas.

Tuve una niñez muy especial. _____ (vivir) en una casa cerca de la playa en Punta Arenas. Siempre _____ (hacer) mucho sol y me _____ (gustar) nadar en el mar para refrescarme. A veces _____ (visitar) a los abuelos en San José. Me gustaba mucho ir allá, porque ellos nos _____ (dar) dulces y _____ (permitir) que hiciéramos travesuras. Yo _____ (asistir) a la escuela junto con mi hermana. Siempre _____ (salir) muy bien en mis cursos, especialmente en matemáticas. Yo _____ (jugar) fútbol después de clases con mis amigos, a veces hasta tarde. Mi mamá con frecuencia _____ (tener) que ir a buscarme al campo de fútbol... . Aún hoy recuerdo esos tiempos con mucho cariño.

E. Un momento caótico. →← Completen la descripción de la escena familiar en el dibujo.

Opciones: pelear, cocinar, despedirse, correr, salir, hablar, comer

Cuando sonó el teléfono ayer, había un caos en casa. Mientras nos preparábamos para la cena, mi madre... .

Integración

¡A conversar!

F. Una niñez espectacular. →← Desarrolla esta conversación con otro(a) compañero(a).

De otra manera

In Argentina **¡Cómete esa mandarina!** means "Put that in your pipe and smoke it!"
—Stella María B. Hall, University of Delaware

Estudiante A	**Estudiante B**
A ti te gusta mucho alardear *(to brag)*. Habla de tu niñez, citando las mejores cosas que recuerdas. **Posibles temas:** tu casa, tu escuela, tus profesores, tus notas, tus actividades extra curriculares, tus amigos, tus juguetes, etc.	A tu amigo le gusta mucho alardear *(to brag)*. Hoy habla de su niñez. Escucha lo que dice y trata de ofrecer una respuesta aún más *(even more)* fantástica. **Posibles temas:** su casa, su escuela, sus profesores, sus notas, sus actividades extra curriculares, sus amigos, sus juguetes, etc.

¡A escribir!

G. Cambios. Prepara por escrito una descripción de cómo ha cambiado *(has changed)* tu vida en los últimos diez años. Habla de:

- tus actividades
- tus preferencias
- tus preocupaciones

1. ¿Dónde vivías?
2. ¿Qué hacías en tu tiempo libre?
3. ¿Adónde viajabas durante las vacaciones?
4. ¿Cómo celebrabas las fechas importantes (como los cumpleaños)?

Atajo

Phrases/Functions: How to write a description
Vocabulary: House; Neighborhood; Family life
Grammar: Imperfect tense

Sugerencias

Incluye en tu composición expresiones para describir condiciones y actividades habituales en el pasado tales como: **siempre, a veces, muchas veces, a menudo, con frecuencia, todos los días, todos los años, cada (en la) primavera / verano / invierno / otoño, de vez en cuando.**

Verbos útiles: vivir, pasar las vacaciones, jugar, trabajar, viajar, celebrar (la Navidad, los cumpleaños), hacer, mirar (programas de televisión), comer

También usa los conectores para contrastar las actividades del pasado y las del presente: **antes** *(before)*, **pero ahora** *(but now)*, **en cambio** *(instead)*, **sin embargo** *(however)*.

Correcciones

Intercambien composiciones entre los compañeros de la clase y revisen los siguientes aspectos. Haz las revisiones pertinentes y entrégale la composición a tu profesor(a) en la próxima clase.

Paso 1: Contenido. ¿Es la descripción de su niñez completa? ¿Qué falta? ¿Qué sobra?
Paso 2: Organización. ¿Es fácil de leer? ¿Está todo presentado claramente? ¿Qué partes del texto son difíciles de entender?
Paso 3: Vocabulario. ¿Incluyó palabras del vocabulario de esta unidad? ¿Qué palabras debe incluir en su composición?
Paso 4: Gramática. ¿Detectas algunos problemas con el uso del imperfecto? Márcalos con un círculo.

V. Vídeo: La vida en la ciudad 

Preparación

A. La comunicación no verbal. Observa las imágenes sin sonido y trata de responder a las siguientes preguntas.

1. ¿Dónde tienen lugar las escenas?
2. ¿Quiénes son estas personas?
3. En tu opinión, ¿de qué crees que habla este hombre?

B. Expectativas. Contesta las siguientes preguntas.

1. ¿Cuáles de las siguientes palabras esperas escuchar en este vídeo?

   ___ congestión
   ___ casa
   ___ campo
   ___ niño
   ___ árboles
   ___ animales
   ___ escuela
   ___ contaminación
   ___ edificio
   ___ amigo

2. →← Prepara una lista de otras palabras que esperas escuchar en este segmento. Luego, compáralas con las de otro(a) compañero(a).

¿Entendiste bien?

C. La niñez de Miguel. Responde a las siguientes preguntas con la información de Miguel Porras.

1. ¿De dónde es Miguel Porras?
2. ¿Dónde pasó su niñez?
3. ¿Qué le gustaba y qué no le gustaba hacer cuando era niño?
4. ¿Cómo eran su casa y su finca?

D. Enfoque lingüístico. Escucha de nuevo el vídeo e identifica algunos de los verbos en el imperfecto que usó el entrevistado y clasifícalos según las categorías en la siguiente tabla.

Tipo de verbo	Ejemplos
Una descripción	
Una acción habitual en el pasado	
Edad	

E. Enfoque comunitario. ¿Cómo era la vida antes en tu localidad? ¿Eran muy diferentes las cosas? Entrevista a una persona mayor en tu comunidad y presenta un informe oral en clase sobre sus respuestas.

Vocabulario útil

La vivienda y los negocios	*Housing and businesses*
el apartamento	*apartment*
el barrio	*neighborhood*
la casa	*house*
el centro	*downtown*
el centro comercial	*mall*
el edificio	*building*
el mercado	*market*
la oficina	*office*
la unidad residencial	*residential complex*

El entretenimiento	*Entertainment*
el cine	*movies*
el museo	*museum*
el parque	*park*
el teatro	*theater*

Los servicios públicos	*Utilities*
el agua	*water*
el alcantarillado	*sewage system*
el cable	*cable*
la conexión a Internet	*Internet connection*
el gas	*natural gas*
la luz/la electricidad	*electricity*
el teléfono	*telephone*

Los servicios sociales	
la educación	*education*
la salud	*health*
el transporte	*transportation*

Verbos	
construir	*to build*
desarrollar	*to develop*
educar	*to educate*
instalar	*to install*
llevar a cabo	*to carry out*
permitir	*to permit, to allow*
proveer	*to provide*

Los problemas urbanos	
la basura	*garbage*
la congestión	*traffic congestion*
la contaminación	*pollution*
el costo de la vida	*cost of living*
la delincuencia (juvenil)	*(youth) crime*
el desperdicio	*waste*
el incendio	*fire*
el ruido	*noise*
el tráfico/tránsito	*traffic*

Los funcionarios públicos	*Public officials*
el alcalde	*mayor*
los basureros	*garbage haulers*
los bomberos	*firefighters*
los paramédicos	*paramedics*
la policía	*police*
la policía vial/de tránsito	*traffic police*

Verbos	
arrojar/tirar basura	*to litter*
dividir/separar	*to divide, separate*
gobernar (ie)	*to govern*
participar	*to participate*
recoger	*to collect, to pick up*
sacar	*to take out*

Palabras negativas	
nadie	*no one, nobody*
ningún (ninguna)	*no one, none*
nada	*nothing*
nunca	*never*
tampoco	*neither*
ni... ni	*neither . . . nor*

Palabras indefinidas	
algo	*something, somewhat, rather*
alguien	*someone, somebody*
alguno(a)(os)(as)	*someone, some, any*
alguna vez/una vez	*sometime, ever/once*
algún día	*someday*

Tema 2

Naturaleza

I. Vocabulario: La vida en el campo

la isla

la playa

el valle

Vocabulario útil

La naturaleza	***Nature***
el árbol	*tree*
el bosque	*forest*
el desierto	*desert*
el medio ambiente	*the environment*
la montaña	*mountain*
el océano	*ocean*
el paisaje	*landscape*
el pez	*fish (live)*
la planta	*plant*
la tierra	*land, earth*

Verbos	
acampar	*to camp*
bucear	*to snorkel*
escalar	*to climb*
esquiar	*to ski*
esquiar en el agua	*to waterski*
hacer surf	*to surf*
montar a caballo	*to horseback ride*
nadar	*to swim*

Vocabulario personal:

para tu información

La ubicación de Costa Rica en una zona tropical produce condiciones perfectas para el florecimiento de la naturaleza. La biodiversidad tremenda se debe a que hace 5 millones de años se formó un puente natural entre los continentes americanos y las especies de Norteamérica se juntaron con las de Sudamérica. En el parque nacional Braulio Carrillo, existen más de 12.000 especies de plantas. ¡Y hay más especies de mariposas en Costa Rica que en todo el continente africano!

¿Entendiste bien?

1. ¿Cómo explicas la biodiversidad en Costa Rica?
2. Busca las palabras que se refieren específicamente a la naturaleza.

Asimilación

A. ¿Adónde debo ir? Basándote en las fotos de arriba, selecciona el destino ideal en Costa Rica para cada una de las siguientes personas.

1. A Clara le gustan las montañas. Debe ir a _____ .
2. Esteban prefiere las playas. Debe ir a _____ .
3. A Juan Carlos le gusta la naturaleza. Debe ir a _____ .

B. ¿Adónde fueron? Escucha las descripciones de diferentes vacaciones que ha tomado el Sr. Espinoza e identifica el destino de sus viajes.

1. En 1996 los Espinoza fueron a... .
   a. una finca b. una ciudad c. una playa
2. En 1997 fueron a... .
   a. un desierto b. una selva c. un río
3. En 1998 fueron a... .
   a. una finca b. un desierto c. una playa
4. En 1999 fueron a... .
   a. una finca b. una selva c. una ciudad

Aplicaciones

C. Adivina dónde. Una persona piensa en un lugar y decribe las actividades que se pueden hacer allí. La otra persona tiene que adivinar de qué lugar se trata.

Modelo: ESTUDIANTE A: *Puedes esquiar y escalar.*
ESTUDIANTE B: *Las montañas.*

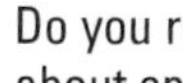

Recuerda

Do you remember how to talk about sports and leisure time activities? Check the vocabulary sections of **Capítulo 1** (p. 74) and **Capítulo 5** (p. 285) for a quick review.

D. ¿Qué hicieron? Imaginen que pasaron sus vacaciones en Costa Rica. Mencionen por lo menos tres actividades que realizaron en cada uno de los siguientes lugares.

Modelo: *En San José fuimos a varios museos, asistimos a un concierto y salimos a cenar a unos restaurantes muy buenos.*

Teleférico del Bosque Lluvioso
- Disfrute bellos paisajes durante su recorrido por el Parque Nacional Braulio Carrillo
- Paseo através de las copas de los árboles
- Caminata en reserva privada
- Único de su tipo en el mundo

Volcán Arenal & Aguas Termales
- Volcán más activo del país
- Exhuberante vegetación
- Aguas Termales

Parque Nacional Tortuguero
(3 días / 2 noches)
- Sitio de anidamiento de la Tortuga Verde y Tortuga Baula
- Observación de aves y especies de fauna acuática
- Hospedaje en Albergue Rústico

Rápidos Río Reventazón
- Disfrute de naturaleza, belleza y aventura
- Ideal para principiantes y aventureros
- Excursión de rápidos más popular del país

Crucero Isla Tortuga
- Transporte de lujo con desayuno continental y almuerzo incluido
- Disfrute de la arena blanca, agua azul y montañas verdes
- Actividades varias en la playa

Visita a la Ciudad de San José
- Admire los puntos más importantes de nuestra capital
- Descubra la elegancia de nuestro Teatro Nacional, Museo Nacional, Parque Metropolitano y otros atractivos de la ciudad

Costa Rica
Su Mejor Destino

1. los rápidos Río Reventazón
2. el Volcán Arenal
3. el Parque Nacional Tortuguero

Atajo

Phrases/Functions: Writing a letter (informal); Describing objects
Vocabulary: Geography; Animals; Plants
Grammar: Verbs: present tense

E. Naturaleza. A Maryuri (tu *email-pal* costarricense) le fascina la naturaleza. Completa el siguiente mensaje electrónico con la descripción de tu sitio natural favorito en los Estados Unidos.

De: ____________ (your email address)
Fecha: ____________ (today's date)
Para: Maryuri@sol.racsa.co.cr
Asunto: La naturaleza en mi país

Maryuri,
En los Estados Unidos hay muchas oportunidades para disfrutar de unas vacaciones en medio de la naturaleza. Mi lugar favorito es... .

Un abrazo,
____________ (tu nombre)

Sugerencias

- Menciona el nombre del lugar y dónde está ubicado.
- Incluye sus características. (¿Cómo es el paisaje?)
- Menciona las actividades que se pueden realizar allí.
- Incluye el costo aproximado de unas vacaciones en ese lugar. (¿Son unas vacaciones caras o económicas? ¿Aproximadamente cuánto dinero necesitas?)

Un paso más: La producción agrícola

El campo y los animales domésticos *(the countryside and farm animals)*

Vocabulario útil

La producción agrícola

el campo	*countryside (field)*
la plantación	*plantation*
el suelo	*soil*
los trabajadores/ los campesinos	*workers*

Verbos

alimentar	*to feed*
cosechar	*to harvest*
criar	*to raise*
cultivar	*to cultivate*
recoger	*to pick*
sembrar (ie)	*to sow*

Vocabulario personal:

para tu información

La producción de café en Costa Rica comenzó a principios del siglo XIX y se convirtió en uno de los cultivos más importantes del país después de su independencia de España en 1821. La zona cafetera del país está en las montañas, a una altura promedio de 1.300 metros sobre el nivel del mar. La mayoría de las haciendas cafeteras se concentran en la meseta central (particularmente en las provincias de San José, Alajuela y Heredia). Hoy en día existen más de 15.000 productores independientes en el país que cultivan café de alta calidad (también llamados **cafés gourmet**) como el Britt, el Juan Viñas y el Kahle Volcán Azul.

¿Entendiste bien?

1. ¿Dónde se produce el café en Costa Rica?
2. Busca las palabras que se refieren específicamente a la producción agrícola.

Asimilación

A. El campo en los Estados Unidos. →← Indiquen si las siguientes frases son ciertas o falsas.

¿Cierto o falso?

1. Crían mucho ganado en Texas.
2. Todas las fincas están en el centro del país.
3. Hay plantaciones de tabaco en Carolina del Sur.
4. Los cultivos de cereales en Kansas son muy tecnificados.
5. Las cosechas de naranjas son excelentes en Massachusetts.
6. Muchos inmigrantes hispanos recogen las cosechas en California.

B. ¿Qué animal es? Escucha la descripción e indica el animal doméstico correspondiente.

1. el gato, la vaca, el pato
2. el pavo, el toro, el perro
3. la vaca, el pollo, el gato
4. el caballo, el pollo, el cerdo
5. el cerdo, el caballo, el pavo

Aplicaciones

C. La propiedad de Pacho. Completa las frases con la palabra más apropiada.

Opciones: crío, suelo, finca, cultivos, cosecha

1. Mi _____ es grande. Tiene unas doscientas hectáreas.
2. Aquí tengo varios _____ de frutas como naranja, banano y mango.
3. El _____ de esta región es muy fértil.
4. También _____ algunas vacas y cerdos.
5. La época de _____ es en mayo y septiembre.

D. Tres animales. →← ¿Pueden mencionar tres animales...

1. que tienen pelo?
2. que tienen plumas *(feathers)*?
3. que son famosos por las películas?
4. que viven con los humanos en las ciudades?
5. cuyo *(whose)* nombre empieza por «p»?

E. Las fincas de Guanacaste. →← Escriban por lo menos cinco frases acerca de las actividades típicas de una finca.

Modelo: *Las fincas son grandes y productivas.*

Los trabajadores	sembrar	el ganado
Las fincas	recoger	las cosechas
El suelo	alimentar	las frutas
	ser	las vacas
		en el verano
		todo el año
		grande
		productivo
		rico

Integración

¡A conversar!

F. En la agencia de viajes. →← Preparen este diálogo por parejas.

Estudiante A

Eres un(a) agente de viajes. Puedes ganar una comisión mayor si convences a tu cliente de tomar varias excursiones durante su visita a Costa Rica. Explícale qué puede ver en diferentes lugares de este país centroamericano. Sé *(Be)* persistente.

Algunos destinos posibles:

- El Irazú (un volcán)
- Cahuita (una playa)
- El Parque Nacional Braulio Carrillo (reserva natural)
- San José (la capital)

Estudiante B

Vas a viajar a Costa Rica este invierno, pero no tienes mucho dinero. Te gustaría tomar alguna excursión pero no sabes qué vale la pena visitar. Pide información sobre los destinos más interesantes en este país, pero no permitas que te vendan excursiones caras.

¡A escribir!

G. La naturaleza en tu localidad. Imagina que estás preparando un folleto turístico sobre un lugar natural en la región donde vives. Escribe una breve descripción de las atracciones naturales que allí se encuentran.

Atajo 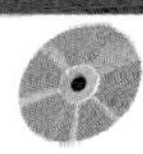

Phrases/Functions: How to write a description
Vocabulary: City life; Country life
Grammar: Imperfect tense

Sugerencias

Paso 1: Brainstorm ideas with a friend.
Paso 2: Consult your dictionary and your instructor if you need additional vocabulary.
Paso 3: Select the natural features from your region that you would like to include in your brochure.

Correcciones

Paso 1: **Escritura.** Write a first draft of your brochure and go over it with a partner. (Check the content, format, and grammar.)
Paso 2: **Revisiones.** Revise it and submit it to your instructor for additional feedback.

II. Funciones y estructuras: *Describing the past with irregular verbs in the imperfect*

There are only three irregular verbs in the imperfect tense.

ir *(to go)*	ser *(to be)*	ver *(to see)*
yo iba	yo era	yo veía
tú ibas	tú eras	tú veías
él, ella, Ud. iba	él, ella, Ud. era	él, ella, Ud. veía
nosotros íbamos	nosotros éramos	nosotros veíamos
vosotros ibais	vosotros erais	vosotros veíais
ellos, ellas, Uds. iban	ellos, ellas, Uds. eran	ellos, ellas, Uds. veían

Asimilación

A. Recuerdos de la finca. →← Irene Reyes, una inmigrante costarricense, te muestra una foto de su antiguo hogar en San Isidro. Indica si las siguientes frases son ciertas o falsas de acuerdo con la foto. Compara tus respuestas con las de otro(a) compañero(a). ¿Están de acuerdo?

¿Sí o no?

1. Su finca era grande.
2. Tenía varios animales.
3. Había muchos árboles.
4. Irene era muy pobre.

B. Recuerdos de su escuela. Ahora escucha la descripción de la escuela de Irene. Indica si las frases son ciertas o falsas de acuerdo con la descripción.

¿Sí o no?

1. Su escuela era grande.
2. Su escuela se llamaba Miguel Santamaría.
3. Su escuela estaba cerca de su casa.
4. Sus profesores eran estrictos.
5. Sus compañeras eran simpáticas.

Aplicaciones

C. Recuerdos de su casa. →← Ahora completen la información respecto a la antigua casa de Irene con sus observaciones y opiniones.

En general su casa era _____ . Tenía _____ y _____ , pero no tenía _____ ni _____ . Su habitación era _____ y estaba _____ .

D. En las vacaciones... ¿Qué hacías durante las vacaciones cuando eras niño(a)? Prepara varias frases combinando varios de los siguientes elementos (y otros si los necesitas).

mi familia	ir
yo	ver
mis padres	visitar
mi hermana	descansar
mi hermano	pasar tiempo
mis amigos	...
...	

E. Nuestro primer hogar. Completa la siguiente descripción con la forma verbal adecuada.

> ¡Hola! Soy Juan Esteban Rincón y ésta es mi esposa Nadia y nuestros hijos Daniela, Susana y Miguel. Estamos casados desde hace quince años. Ahora vivimos en una casa en el barrio La Merced, pero recordamos con cariño nuestro primer apartamento cuando _____ (estar) recién casados. _____ (ser) un apartamento pequeño cerca del centro, donde yo _____ (trabajar). Mercedes _____ (cuidar) a los niños y _____ (estudiar) para terminar su carrera como trabajadora social. El apartamento _____ (tener) sólo dos alcobas. La sala _____ (ser) grande y _____ (tener) un balcón muy agradable. Cuando llegó nuestra tercera hija, tuvimos que mudarnos porque el espacio ya no _____ (ser) suficiente. Nuestra nueva casa es mucho más grande y cómoda, pero sin embargo todavía recordamos nuestro primer hogar con mucho cariño y nostalgia.

Integración

¡A conversar!

F. ¿Cómo era tu vida antes de ingresar a la universidad? →←
Prepara unas preguntas para saber más acerca de la vida de uno(a) de tus compañeros antes de ingresar a esta universidad. Después de realizar la entrevista, prepara un resumen para presentarlo en la clase.

> **Sugerencias**
> **Temas:** deportes, actividades extracurriculares, pasatiempos, el trabajo, los estudios, la vida social

¡A escribir!

G. Es tu turno. Ahora prepara una descripción de algún lugar importante para ti en el pasado. (Puede ser una casa donde vivías cuando eras niño(a), tu escuela, tu pueblo, tu primer trabajo, tu finca, etc.)

> **Atajo**
> 
>
> **Phrases/Functions:** How to write a description
> **Vocabulary:** City life; Country life
> **Grammar:** Imperfect tense

III. Guía para la pronunciación

La consonante *h*. The letter **h** is silent (the only exception is the **ch** combination).

> **Ahora**, tenemos un **huerto** en casa.
> En la finca trabajan unos 25 **hombres.**
> Las palmeras tienen **hojas** grandes.
>
> La **cosecha** es muy buena este año.
> En la región del Pacífico llueve **mucho.**

La consonante *j*. The letter **j** is pronounced much like the *h* in English words such as *hotel* and *hot*. In Spain, however, the pronunciation of the **j** is more guttural.

> Hay muchos **pájaros** exóticos en las selvas tropicales.
> Voy a llevar a mis **hijos** a Costa Rica.
> Mi amigo **Jorge** es un guardaparques.

IV. Funciones y estructuras: *Expressing knowledge and familiarity with the verbs **saber** and **conocer***

Conozco a ese delegado. Es el Sr. Rojas. — ***I know** that delegate. It's Mr. Rojas.*

¿**Sabe** Ud. a qué hora es la próxima reunión? — ***Do you know** what time is the next meeting?*

Both the verbs **saber** and **conocer** can be translated into English by using the verb *to know*. However, they are not interchangeable. The following chart presents a basic summary of the differences between these two verbs.

Verb	General meaning	Examples
conocer	to know (to be familiar or acquainted with people or places)	Yo **conozco** Puerto Plata. ***I know (I am familiar with)** Puerto Plata.* Yo también **conozco** al alcalde de esa ciudad. *I also **know** the mayor of that city.*
saber	to know (facts or information) when combined with an infinitive verb, to know how how to do something	Yo **sé** cuántas personas viven en Puerto Plata. *I **know** how many people live in Puerto Plata.* Yo **sé** dónde está el museo municipal. *I **know** where the municipal museum is located.* Jorge **sabe esquiar** muy bien. *Jorge **knows how to ski** quite well.* Ana y Lola **saben cocinar** comida española. *Ana and Lola **know how to cook** Spanish food.*

Asimilación

A. Anfitriones. Imagina que vas a servir como anfitrión (anfitriona) para una delegación costarricense de ecologistas. Prepara una descripción personal, para presentarla a los posibles candidatos.

Me llamo _____ .
Soy de _____ .
Sé hablar _____ y un poco de _____ .
Conozco bien la ciudad de _____ .
Me gusta _____ y _____ .

B. Candidatos. Dos costarricenses están interesados en hospedarse en tu casa. Escucha sus antecedentes y selecciona el (o la) mejor. Explica el porqué de tu elección.

Modelo: *Me gusta _____ porque _____ .*

Aplicaciones

C. Habilidades. Con la ayuda del siguiente cuadro prepara una lista de las cosas que sabes hacer bien y de las que te gustaría aprender en el futuro.

Aptitudes presentes	Aptitudes que deseas

D. En busca de trabajo. Con la información anterior, completa el siguiente anuncio clasificado.

Soy un(a) estudiante universitario(a) y busco un trabajo. Sé _____ , _____ y _____ . Quiero trabajar los días _____ entre las _____ y las _____ . Espero un salario de _____ por hora. Para más información llamar a _____ .

E. Un informe. Después del congreso de ecología, preparas un informe sobre tus experiencias. Escoge el verbo correcto.

Me gustó mucho participar como anfitriona para los participantes costarricenses en este congreso ecológico. **(Conocí/Supe)** a muchas personas interesantes y aprendí mucho acerca de los trabajos que en este campo se llevan a cabo en ese país. Ahora **(sé/conozco)** más sobre el manejo de los parques nacionales y **(sé/conozco)** expertos que pueden ayudarnos en nuestros proyectos. Quiero visitar Costa Rica en un futuro cercano, pero aún no **(sé/conozco)** cuándo.

Integración

¡A conversar y a escribir!

F. ¿Qué sabes? ¿Qué conoces? →← Hagan lo siguiente en grupos de cuatro o cinco estudiantes.

1. Prepara preguntas sobre los siguientes temas para saber más acerca de las experiencias y/o los talentos de uno(a) de tus compañeros.

Modelo: esquiar (¿dónde?)
ESTUDIANTE A: *¿Sabes esquiar?*
ESTUDIANTE B: *Sí.*
ESTUDIANTE A: *¿Dónde?*
ESTUDIANTE B: *Me gusta esquiar en Aspen.*

- la ciudad de _____
- un buen restaurante (¿Cuál?)
- una persona famosa (¿Quién?)
- tocar un instrumento musical (¿Cuál?)
- cocinar (¿Qué?)
- hablar otro idioma aparte de inglés y español (¿Cuál?)
- alguna persona hispana (¿Quién?)
- un centro comercial cerca de la universidad (¿Cuál?)

2. Entrevista a dos o tres compañeros y escribe un breve resumen de sus respuestas.
3. Formen grupos de cuatro a cinco personas. Discutan las respuestas que recibieron y preparen un breve informe sobre sus conclusiones.

Modelo: *Muchos de los estudiantes conocen Washington y Nueva York, pero pocos conocen Dallas. Nadie sabe tocar el piano, pero… .*

Recuerda

You may need to use the following negative and indefinite words.

alguien / nadie
algo / nada
alguno / ninguno

Also, do not forget to use the personal **a** when necessary.

V. Lectura: La leyenda del Zurquí

Antes de leer

Estrategia de lectura: *Analyzing Format Clues*
Look at how the story is illustrated and broken down into segments. Use that information to identify the characters and the location of the story.

A. El formato. Observa el título y los dibujos que acompañan el cuento. Con base en esta información, identifica entonces:

- los personajes principales
- los lugares donde sucede la acción

B. Vocabulario y conceptos. →← Escriban delante de cada palabra el número correspondiente a su definición.

1. cacique	a. espíritu
2. guerrero	b. transformarse, hacerse
3. tribu	c. el líder de una tribu indígena
4. perseguir	d. grupo de indígenas
5. convertirse	e. buscar, acosar
6. alma	f. soldado, luchador

para tu información

La leyenda se ubica dentro del folclor narrativo popular que refiere algún suceso maravilloso o imaginario, pero con huellas *(traces)* de realidad donde se determinan temas de héroes de la historia patria, de seres *(beings)* mitológicos, seres sobrenaturales o sobre los orígenes de hechos varios, que se consideran que realmente sucedieron *(happened)* y en los cuales se cree.

La leyenda del Zurquí

Elías Zeledón (1953)

Es un bibliotecólogo costarricense. Como investigador se ha preocupado por recuperar los valores folclóricos de su país. Ha trabajado como editor de las revistas *El Rualdo*, *La Edad de Oro* y *Turí Guá* (las dos últimas dedicadas a los niños). Su libro *Leyendas costarricenses* es una compilación de cuentos e historias tradicionales escritas por diversos autores, muchas de las cuales siguen la tradición oral.

A pocos kilómetros de la ciudad de San José se encuentran los valles del volcán Barva.

Hace muchísimos años vivió allí una princesa térraba llamada Turi Uha.

Turi Uha vivía tranquila en su poblado en donde gobernaba su padre, el cacique.

forehead

Pero un día, un guerrero, que tenía **la frente** alta como una montaña, cruzó los bosques del Zurquí para llegar a la tribu térraba.

—— ✪ ——

quería

Él buscaba a Turi Uha, la mujer a quien **amaba,** la flor de sus valles.

to flee together

La princesa también amaba al guerrero, pero debían **huir juntos** en busca de otras tierras, lejos de sus tribus, ya que éstas eran enemigas y no permitirían su unión.

El amor no puede crecer en el territorio de guerra, por eso Turi Uha huyó por la montaña con el guerrero.

Sólo la acompañaron algunas amigas.

Cuando el cacique padre de Turi Uha **se dio cuenta** de ello, enfureció y marchó con sus guerreros en busca de los fugitivos.

El **retumbar** de los **pasos,** el **chasquido** de las **ramas rotas** al correr se oyeron por toda la montaña. Y el enamorado guerrero, el de la frente alta como una montaña, cayó **muerto** por sus perseguidores.

realized

echo / steps / snapping / broken twigs / dead

Su alma subió a la **cima del cerro,** allí donde, según la creencia de su gente, **habitaban** los muertos, en la **morada** del dios Sibú.

hilltop
vivían / casa

La princesa y sus amigas continúan huyendo a través de la selva. Turi Uha, en su pena por la muerte del guerrero, quiere **alcanzar** la cima, donde habitará con el alma de su amado.

to reach

Y mientras huyen de sus perseguidores, ocurre algo maravilloso: poco a poco sus cuerpos se vuelven **ágiles,** su **piel** se transforma en **sedosas alas...** han quedado convertidas en mariposas, que alzan vuelo para alcanzar el cielo.

rápidos / *skin*
silky wings

Por eso **suele vérseles** en grandes cantidades por las mágicas **cumbres** del Zurquí.

they can often be seen / mountaintops

¿Entendiste bien?

C. Primera aproximación a la lectura. Haz lo siguiente para entender mejor la lectura.

1. Lee rápidamente las primeras cuatro frases. Resume brevemente su idea principal.

Extrategia de leer: *Skimming*
Find out the general theme of the story.

2. Ahora lee rápidamente el segundo segmento del texto. ¿Qué le pasó al guerrero? ¿Por qué?

Estrategia de lectura: *Scanning*
Keeping in mind the characters and context, look for facts about the story line.

3. Termina de leer el texto. ¿Qué le pasó a la princesa y a sus amigas?

D. A leer otra vez. Lee el cuento una vez más y responde las preguntas que siguen.

1. **¿En qué orden?** Organiza los eventos de la historia.

___ El guerrero y la princesa huyeron de sus tribus.
___ Un guerrero se enamoró de la princesa.
___ El cacique persiguió y mató al guerrero.
___ La princesa Turi Uha vivía tranquila en su poblado.
___ La princesa y sus amigas se convirtieron en mariposas.

2. **¿Qué pasó?** →← Respondan a las preguntas.

   a. ¿Por qué quería matar el cacique al guerrero?
   b. ¿Por qué quiere alcanzar la cima del cerro la princesa?
   c. ¿Qué fenómenos naturales representa y explica esta leyenda?

E. Enfoque lingüístico. Encuentra ejemplos en la lectura de usos del imperfecto.

para hablar de acciones habituales en el pasado	
para hacer descripciones físicas, emocionales o psicológicas	

Critical Thinking Skills: Making Associations

Explore similar types of cultural expression within your own culture.

F. Actividad de extensión. Leyendas. →← ¿Conocen alguna leyenda de su cultura o de otra cultura? ¿Qué fenómeno de la naturaleza explica o qué lección enseña? Discutan sus experiencias.

Vocabulario

La vida en el campo	***Life in the countryside***
la arena	*sand*
la isla	*island*
el lago	*lake*
el mar	*sea*
la montaña	*mountain*
el pájaro	*bird*
el pez	*fish (live)*
la playa	*beach*
el río	*river*
la selva	*jungle*
el valle	*valley*
el volcán	*volcano*
La naturaleza	***Nature***
el árbol	*tree*
el bosque	*forest*
el desierto	*desert*
el medio ambiente	*environment*
la montaña	*mountain*
el océano	*ocean*
el paisaje	*landscape*
la planta	*plant*
la tierra	*land, earth*
Verbos	
acampar	*to camp*
bucear	*to dive*
escalar	*to climb*
esquiar	*to ski*
esquiar en el agua	*to waterski*
hacer surf	*to surf*
montar a caballo	*to horseback ride*
nadar	*to swim*
La finca/la hacienda y los animales domésticos	***The farm and farm animals***
el agricultor	*farmer*
el caballo	*horse*
el cerdo/puerco	*pig*
la cosecha	*harvest*
el cultivo	*crop*
la gallina	*hen*
el ganado	*livestock*
el gato	*cat*
el pato	*duck*
el pavo	*turkey*
el perro	*dog*
el toro	*bull*
la vaca	*cow*
La producción agrícola	
el campo	*countryside (field)*
la plantación	*plantation*
el suelo	*soil*
los trabajadores/los campesinos	*workers*
Verbos para la finca	
alimentar	*to feed*
cosechar	*to harvest*
criar	*to raise*
cultivar	*to cultivate*
recoger	*to pick*
sembrar (ie)	*to sow*

Ecología

I. Vocabulario: La conservación del medio ambiente

Parque Nacional Tortuguero
- Sitio de la tortuga verde y tortuga baula
- Observación de aves y especies de fauna acuática
- Hospedaje en albergue rústico

Volcán Arenal y aguas termales
- El volcán más activo del país
- Exuberante vegetación
- Aguas termales

Rápidos del Río Reventazón
- Disfrute de naturaleza, belleza y aventura
- Ideal para principiantes y aventureros
- Excursión de rápidos más popular del país

Costa Rica, su mejor destino

Vocabulario útil

El medio ambiente	*The environment*
la ecología	*ecology*
el ecólogo	*ecologist*
el ecosistema	*ecosystem*
las especies	*species*
la extinción	*extinction*
la fauna	*fauna, wildlife*
la flora	*flora*
el guardaparques	*park ranger*
la investigación	*research*
el naturalista	*naturalist*
los recursos naturales	*natural resources*
el refugio natural/silvestre	*wildlife reserve*
la reserva biológica	*biological reserve*
la variedad	*variety*

Verbos	
conservar/preservar	*to preserve*
extinguirse	*to become extinct*
investigar	*to research*
mantener (ie)	*to maintain, to support*
proteger	*to protect*
reciclar	*to recycle*
reforestar	*to reforest*

Vocabulario personal:

para tu información

Costa Rica ecológica

Los costarricenses son conscientes de la vasta riqueza natural de su país y por eso han creado un sistema de áreas silvestres que han atraído la admiración mundial. Hoy en día, más de 10 por ciento del territorio costarricense está protegido por un sistema que comprende 29 parques nacionales y reservas biológicas, refugios de vida silvestre, verdaderos guardianes de los principales sistemas ecosistemas existentes en el país. Algunas de estas áreas tienen tanta importancia a nivel mundial, que la UNESCO les ha dado la categoría de Reserva de la Biosfera.

¿Entendiste bien?

1. ¿Qué está haciendo Costa Rica para proteger el medio ambiente?
2. Busca las palabras que se refieren específicamente a la conservación del medio ambiente.

Asimilación

A. Asociaciones. →← ¿Qué palabras asocian con los siguientes conceptos? En dos minutos, escriban todas las palabras posibles. El grupo con las listas más largas gana.

Ecólogo	Parque nacional	Ecoturismo
investigación		
científico		
estudiar		
observar		
plantas		
etc.		

B. Excursión al Volcán Poás y Sarchí. Escucha el siguiente itinerario e indica las actividades principales de la excursión.

___ conocer una ciudad
___ observar el paisaje
___ nadar en un río
___ visitar dos cráteres de un volcán
___ bucear en el mar
___ comprar artesanías
___ estudiar plantas y animales

Aplicaciones

C. Adivina. →← Una persona piensa en una palabra relacionada con la conservación del medio ambiente y da su definición. La otra persona tiene que adivinar de qué palabra se trata.

Modelo: ESTUDIANTE A: *Es una persona que investiga los ecosistemas.*
ESTUDIANTE B: *El ecólogo.*

D. Una excursión ecológica. Completa las frases de una manera lógica.

Opciones: especies, ecosistema, reforestación, ecólogo, fauna, flora, reserva biológica

1. El siguiente es el itinerario de nuestra excursión a una _____ .
2. Durante el recorrido todos pueden admirar la _____ y la _____ locales.
3. En el parque podemos estudiar un _____ fascinante.
4. Antes del almuerzo vamos a hacer una caminata por el bosque para apreciar las diversas _____ de plantas que existen en la reserva.
5. Después del almuerzo vamos a escuchar la charla de un famoso _____ y luego vamos a disfrutar una aventura de dos horas por el río.
6. Antes de regresar vamos a plantar un árbol para colaborar con los programas de _____ de este parque.

E. ¡Vamos a Costa Rica! Imaginen que han ganado un viaje ecológico a Costa Rica con todos los gastos pagados. Completen el cuadro con los lugares que piensan visitar, las actividades que pueden realizar y las cosas que van a necesitar.

Lugares que quieren ver	Actividades que quieren realizar	Cosas que van a necesitar

Sugerencias
Si quieres información adicional acerca del ecoturismo en Costa Rica puedes visitar **http://temas.heinle.com.**

Integración

¡A conversar!

F. Vacaciones ecológicas. Preparen la siguiente conversación.

Turista hispano(a)

Eres un(a) turista hispano(a) que quiere disfrutar de la naturaleza durante tu visita a este país. Habla con este guía para averiguar tus opciones.

Sugerencias
Expresiones útiles: ¿Me podría dar información acerca de... ? *(Could you give me information about . . . ?),* Me interesa... *(I am interested in . . .)*

Guía

Como guía turístico(a), tienes que ayudar a la gente a organizar sus viajes. Ayúdale a este(a) viajero(a) hispano(a) a organizar una serie de actividades ecológicas en tu región. Usa la información de la actividad anterior como guía.

Sugerencias

Expresiones útiles: Tengo el plan perfecto para Ud. *(I have the perfect plan for you.)*, No se preocupe. *(Don't worry.)*

Atajo

Phrases/Functions: Describing places; Planning a vacation
Vocabulary: Animals; Camping; Clothing; Geography; Plants
Grammar: Verbs: present tense

¡A escribir!

G. Ruta ecológica. →← Imaginen que trabajan para la corporación de turismo de su estado. Preparen un itinerario en español para promover la conservación y la apreciación de la naturaleza en su región.

1. Preparen una lista de los sitios naturales en el área.
2. Piensen en las actividades ecológicas que pueden realizar allí.

Sugerencias

Si quieren información adicional acerca del ecoturismo en los Estados Unidos pueden visitar **http://temas.heinle.com.**

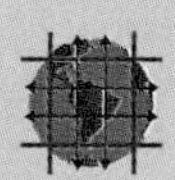

II. Funciones y estructuras: *Indicating location with demonstrative adjectives and pronouns*

Yo vivía en **esta** casa.
*I lived in **this** house.*

Ésa era mi escuela.
***That** was my school.*

Aquél era el campo donde siempre jugábamos fútbol.
***That** was the field where we always played soccer.*

The demonstrative adjectives indicate the relative location of objects or people. They agree in gender and number with the nouns they refer to and are normally placed before them.

Demonstrative adjective	Usage	Translation	Corresponding expression
este, esta **estos, estas**	singular (masc./fem.) plural (masc./fem.)	*this* *these*	**aquí** *(here)*
ese, esa **esos, esas**	singular (masc./fem.) plural (masc./fem.)	*that* *those*	**allí** *(there)*
aquel, aquella **aquellos, aquellas***	singular (masc./fem.) plural (masc./fem.)	*that (over there)* *those (over there)*	**allá** *(over there)*

If the demonstrative is to replace a noun, it becomes a demonstrative pronoun and carries an accent.

Demonstrative pronouns	Translation
esto, ésta** **éstos, éstas**	*this one* *these*
eso, ésa **ésos, ésas**	*that one* *those*
aquél, aquélla **aquéllos, aquéllas**	*that one (over there)* *those*

* A pointing gesture or at least the desire to point to the alluded object(s) often accompanies **aquel.**

** Note that **esto** and **eso** do not require accents because there is no adjective with which they might be confused.

No vivía en este barrio sino en **aquél.**	*I did not live in this neighborhood but in* ***that one over there.***
¿Estudiabas en esta escuela o en **ésa?**	*Did you study in this school or* ***that one?***
Esta escuela no era privada sino **ésa.**	*This school was not private but* ***that one.***
No jugaba en ese campo de futbol sino en **aquél.**	*I did not play in this soccer field but in* ***that one over there.***

Asimilación

A. Remembranzas. Indica en el dibujo a qué se refiere cada frase.

1. Esa casa antes era azul.
2. En esta calle no había edificios.
3. Ese señor vivía más cerca del parque.
4. Yo vivía en aquella esquina al final de la calle.

B. ¿Cuál era? Escucha la descripción y selecciona la imagen correcta.

¿Silvia vivía en esta casa...  o en ésa? 

Aplicaciones

C. Guía. Trabajas como guía para visitantes en tu universidad. Hoy hay visitantes hispanos. Prepara la descripción que vas a hacer acerca de los diferentes edificios del campus.

1. Aquí tenemos la Biblioteca Smith. _____ *(This)* biblioteca tiene más de cien mil libros y revistas de todo el mundo.
2. El Laboratorio Palmer fue construido con una donación de la familia de _____ *(this)* conocido científico.
3. _____ *(That)* edificio es el gimnasio. Tiene tres niveles y opera desde las seis de la mañana hasta las diez de la noche todos los días.
4. En _____ *(those)* casas se encuentran las cinco fraternidades más populares de esta universidad.
5. Finalmente, en _____ *(those over there)* dormitorios viven los estudiantes de primer año.

D. Artesanías. Al final de tu viaje a Costa Rica estás en el Centro Comercial El Pueblo comprando artesanías para tus amigos. Indica específicamente al empleado de la tienda cuál objeto quieres.

¡Ojo! Algunos de los demonstrativos son adjetivos y algunos son pronombres.

1. Me gustan mucho las tallas en madera *(woodcarvings),* pero no quiero _____ aquí sino *(that one over there)* _____ .
2. Las carretas *(miniature wagons)* típicas costarricenses son muy bonitas con todos esos colores brillantes. Quisiera comprar _____ carreta allí.
3. ¡Qué rico es el café gourmet de Costa Rica! Necesito una libra *(pound)* de _____ café allí, por favor.
4. Mi hermana necesita un llavero *(keyholder)*. Voy a comprarle _____ aquí.
5. A mis compañeros de la oficina, pienso comprarles papel *(stationery)* de banana. ¿Cuánto cuesta _____ aquí?

E. Recién casados. Jill se casó recientemente con Alberto, un costarricense, y ahora están de luna de miel en San José. Alberto le muestra a Jill el lugar dónde pasó su niñez. Completa su diálogo.

JILL: ¿Dónde vivías?
ALBERTO: Vivía en _____ casa de la esquina allá.

JILL: ¿Dónde estudiabas?
ALBERTO: Mi escuela era _____ edificio que está aquí.

JILL: ¿Dónde vivía tu tía Margarita?
ALBERTO: Ella vivía allí en ______ apartamento del tercer piso.

JILL: Y, ¿dónde aprendiste inglés?
ALBERTO: Allá, en ______ centro de idiomas en el centro.

Integración

¡A conversar!

F. ¿Te gusta la vida en esta universidad? →← Entrevista a un(a) compañero(a) y toma nota de sus respuestas.

1. ¿Consideraste otras universidades antes de escoger ésta? ¿Cuáles?
2. ¿Por qué escogiste esta universidad?
3. ¿Conoces otras universidades (o tienes amigos en otras universidades)?
4. ¿Qué diferencias hay entre esas universidades y ésta?
5. ¿Les recomiendas a tus amigos esta universidad?

¡A escribir!

G. Prepara un resumen de las respuestas de tu compañero(a) a las anteriores preguntas.

Atajo

Phrases/Functions: Writing an introduction; Writing a conclusion
Vocabulary: School life
Grammar: Demonstrative adjectives; Preterit; Comparisons

Sugerencias
Escribe una introducción y una conclusión. Usa conectores como **además** *(moreover, besides)*, **también** *(also, too)*, **en cambio** *(on the other hand)*, **sin embargo** *(however)*.

III. Perspectivas: Los problemas del medio ambiente

Preparación

A. Problemas ecológicos. →← Indiquen cuáles son los problemas más importantes del medio ambiente en su región.

___ contaminación
___ ausencia de zonas verdes
___ tráfico
___ contaminación de aguas
___ sequía *(drought)*
___ deforestación
___ centrales nucleares
___ contaminación industrial
___ incendios
___ suciedad/basura
___ ruidos
___ falta de educación medioambiental
___ falta de equipo para la protección del medio ambiente

A leer

A continuación vas a encontrar los resultados de una encuesta similar hecha en España recientemente.

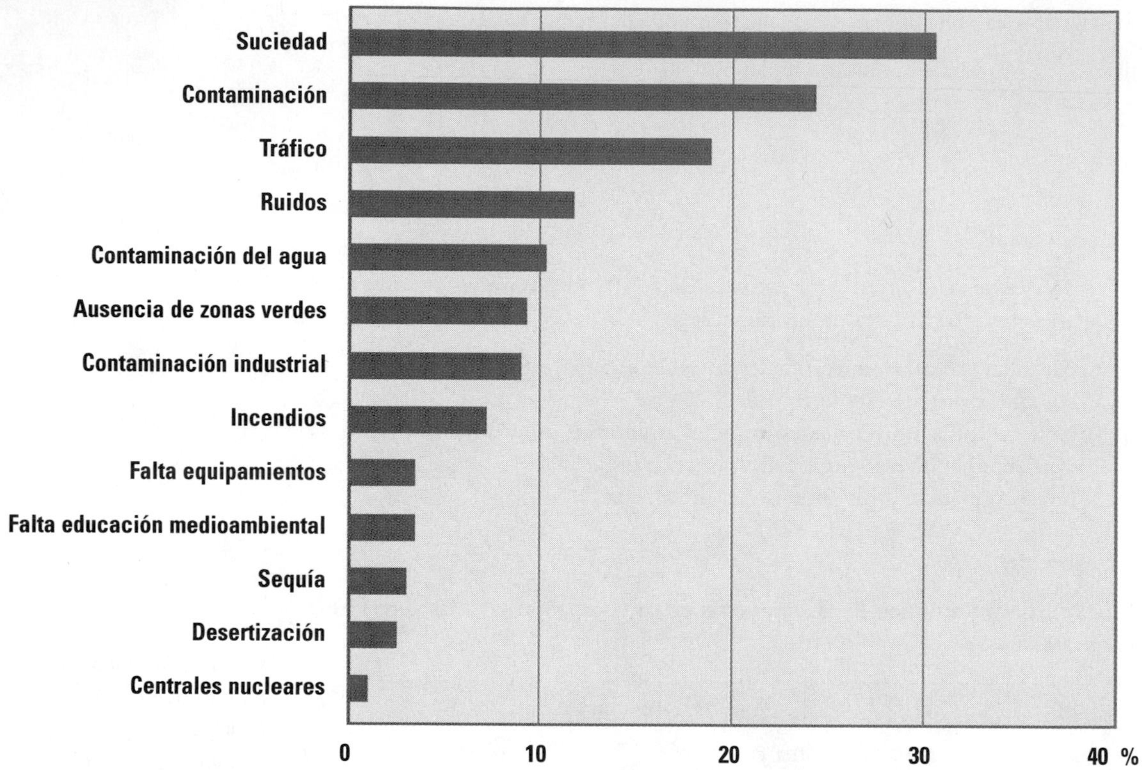

¿Entendiste bien?

B. Análisis. →← Por grupos, comparen estos resultados con los obtenidos en la clase.

- ¿Hay algunas diferencias significativas?
- ¿Por qué?

IV. Funciones y estructuras: *Talking about the past with verbs that change meaning in the preterit*

Both **saber** and **conocer** have different English meanings when used in the preterit. In the following table you can find a summary of those differences, as well as some other verbs that change in meaning when used in the preterit.

Verb	General meaning	Meaning in the preterit
conocer	To know (to be familiar with people or places) Yo **conozco** bien el barrio. *I **know** the neighborhood well.*	To meet; to visit, to get to see a place for the first time **Conocí** ayer a tu esposa. *I **met** your wife yesterday.* **Conocí** la Costa Pacífica de Costa Rica la semana pasada. *I **visited** the Pacific Coast in Costa Rica for the first time last week.*

Verb	General meaning	Meaning in the preterit
saber	To know (facts or information) Yo **sé** dónde está la farmacia. *I **know** where the pharmacy is.*	To find out, to hear ¿**Supiste** que Jennifer se fue a estudiar español a San José? ***Did you hear** that Jennifer left to study Spanish in San José?*
poder	To be able to, to be allowed El presidente **no puede** firmar el documento. *The president **cannot** (is not able, is not allowed to) sign the document.*	To succeed after much effort El avión **no pudo** aterrizar en Quepos debido al mal tiempo. *The plane **couldn't** (did not succeed at, didn't have the chance to, wasn't able to) land in Quepos due to the bad weather.*
querer	To love, to want Mi familia **quiere** regresar a vivir a la finca. *My family **wants** move back to the farm.*	To try, to make an effort Negative: To refuse Mi padre siempre **quiso** regresar a su tierra natal. *My father always **wanted to** (tried, made an effort) go back to his homeland.* Su esposa **no quiso** ir. *His wife **refused** to go.*

Asimilación

A. Mis experiencias en Costa Rica. Imagina que acabas de regresar de un viaje a Costa Rica y que estás preparando un informe acerca de tus experiencias. Completa las siguientes frases con información lógica.

Durante mi viaje a Costa Rica conocí (a) _____ , pude _____ y también _____ . No tuve muchos problemas porque supe cómo _____ .

Sugerencias

Temas posibles: gente interesante, muchos amigos, lugares fascinantes, sitios históricos nadar, visitar, bucear, esquiar en el agua, escalar monatañas, caminar por el bosque, obtener información sobre..., cambiar dinero, ordenar en los restaurantes

B. Un evento importante. Escucha el siguiente informe y completa las frases.

1. No conoció _____ .
2. Supo del evento _____ .
3. No pudo informarse antes porque _____ .
4. Quiere conocerlo(la) _____ .

Aplicaciones

C. La esposa del alcalde. Completa el párrafo con el verbo más apropiado.

Opciones: quiso, conocí, pude, supe

La semana pasada _____ a una científica costarricense especializada en temas ecológicos. Ella es joven y muy simpática. Cuando _____ que iba a hablar acerca de la situación en su país en el auditorio, fui inmediatamente allí para verla. Ella habló en español de su país y de sus experiencias en los Estados Unidos. A pesar de que habló rápidamente, yo _____ entender muy bien todo lo que dijo. La invité a visitar nuestra clase, pero no _____ . Dijo que tenía demasiadas obligaciones. ¡Qué lástima!

D. Experiencias. Crea frases lógicas respecto a experiencias pasadas con los siguientes elementos.

Yo	conocer	ayer
[Un personaje famoso]	saber	la semana pasada
Mis compañeros	poder	el año pasado
Mi hermano(a)	querer	hace un mes

E. De turismo por un parque nacional. Dos amigas están hablando de sus experiencias en un parque nacional. Completa su diálogo.

Opciones: quiero, supe, puedes, quisimos, pudimos

BETH: ¿Cuándo fuiste al Grand Teton?
ÁNGELA: Mira, fui con John el verano pasado y la pasé de maravilla. _____ respirar aire puro, ver animales en su estado natural y en general, disfrutar del imponente paisaje.

BETH: ¿Es verdad que uno puede quedarse en un hotel allí en el parque?
ÁNGELA: Sí, desde luego, pero John y yo no _____ tomar esa opción. Nosotros preferimos el contacto directo con la naturaleza y por eso decidimos acampar en vez de quedarnos en ese hotel para turistas.

BETH: ¿Son muy peligrosos los animales?
ÁNGELA: No lo creo. Bueno, es como todo... . Si no usas el sentido común _____ tener problemas.

BETH: ¿Y cómo supiste de las diferentes opciones y de los programas que ofrece el parque?
ÁNGELA: Fue muy fácil. Lo _____ investigando la página que tiene el parque en la Internet.

BETH: Tienes que dármela. Yo _____ ir también.
ÁNGELA: Sí, claro.

Integración

¡A escribir y conversar!

F. Un viaje a la naturaleza. →← Preparen la siguiente conversación y luego escriban juntos el itinerario ideal para un viaje a la naturaleza.

Atajo

Phrases/Functions: Planning a vacation
Vocabulary: Vacations; Outdoor activities
Grammar: Preterit; Imperfect

Sugerencias

Antes de empezar, es una buena idea consultar la Internet para preparar información específica acerca del lugar del que van a hablar.

Estudiante A

Te gustan mucho las zonas naturales y conoces algunos lugares ideales para pasar unas vacaciones en contacto con la naturaleza. Discute tus experiencias con este(a) compañero(a) hispano(a) que está interesado(a) en explorar las bellezas naturales de este país.

Sugerencias

Incluye la siguiente información:

- adónde fuiste
- cuándo
- con quien
- lo que viste
- lo que hiciste
- si recomiendas ese lugar o no

Estudiante B

Tú quieres pasar tus vacaciones este año cerca de la naturaleza, pero no sabes adónde ir. Este(a) compañero(a) aparentemente sabe mucho sobre este tema. Pídele información y consejo para planear tus vacaciones.

Sugerencias

Pregúntale a tu compañero(a):

- los lugares que conoce
- cómo llegar allí
- las comodidades que ofrece
- actividades posibles
- cuánto cuesta pasar una semana allí

V. Lectura: Cooperación verde

Antes de leer

A. Parques naturales. →← Por grupos, respondan a las siguientes preguntas.

1. ¿Conocen algún parque natural?
2. ¿Dónde está?
3. ¿Qué puedes encontrar allí?
4. ¿Cuál es la importancia de estos parques y reservas naturales?

B. Cognados. →← Encuentren por lo menos dos cognados en cada uno de los párrafos de la lectura. ¿Qué tienen estas palabras en común: tema, ortografía *(spelling)*, función gramatical (verbos, nombres, adjetivos, etc.)?

C. Vocabulario y conceptos. →← Encuentren la definición apropiada. (Usen su diccionario si tienen dudas.)

1. sello	a. algo muy valioso
2. ambiental	b. marca oficial de aprobación
3. esfuerzo	c. selva tropical muy húmeda
4. cooperación	d. que se refiere al entorno natural
5. bosque lluvioso	e. ayuda mutua
6. tesoro	f. trabajo fuerte y difícil

A leer

Lee el siguiente artículo periodístico sobre Costa Rica y su ecología.

Sello ambiental para Costa Rica

Clinton *alaba* esfuerzos nacionales
Anuncian cooperación entre parques nacionales

praises

El bosque lluvioso mostró su exuberancia ayer en el Parque Nacional Braulio Carrillo cuando el presidente de los Estados Unidos, Bill Clinton, reconoció el significado de las acciones costarricenses en protección ambiental y expresó el mutuo interés de compartir experiencias en este campo con Costa Rica.

«Ésa es la forma en que queremos integrar a este hemisferio, no sólo en comercio y economía, sino también en educación y salud, y en la causa común de **sostener** los tesoros que vemos hoy aquí. Costa Rica está **mostrando el camino**», manifestó Clinton.

sustain
showing the way

Escenario monumental

Sobre una tarima con el panorama imponente de la montaña como **fondo,** Clinton **exaltó** las iniciativas de Costa Rica para proteger el ambiente e hizo énfasis en el hecho de que casi un cuarto de su territorio está dedicado a áreas protegidas.

stage, background
highlighted

«De buses eléctricos a plantas **eólicas,** los ambiciosos planes de Costa Rica prueban que podemos tener aire limpio y energía renovable de manera que creen empleos aquí y en nuestro país», añadió el **mandatario** estadounidense.

wind-powered
presidente

Cooperación verde

La «Declaración del Braulio Carrillo» —**firmada** por el ministro de Ambiente y Energía de Costa Rica, René Castro Salazar, y el secretario del Interior estadounidense, Bruce Babbit— establece acciones de colaboración en tres áreas: formación de recursos humanos en temas ambientales, mejoramiento de **redes** de información y expansión de las iniciativas ya existentes para ampliar la colaboración técnica y científica en los parques nacionales y áreas protegidas.

signed
networks

Como parte de este intercambio, Clinton anunció la colaboración que **dará** Costa Rica para que los guardaparques de Yellowstone, en Estados Unidos, aprendan a usar el software para catalogar y preservar las riquezas naturales de ese lugar.

it will give

¿Entendiste bien?

D. Acuerdos para la conservación del medio ambiente. Indica si las siguientes frases representan correctamente la información del artículo.

¿Cierto o falso?

1. El artículo se refiere a una visita a Costa Rica del presidente de Estados Unidos.
2. El tópico principal de sus conversaciones fue la integración económica y política.
3. Costa Rica tiene un gran interés en la ecología y la conservación del ambiente.
4. Los acuerdos se refieren principalmente a la creación de nuevos parques naturales en Costa Rica.

E. Puntos centrales. Lee de nuevo el texto y responde a las siguientes preguntas.

Estrategia de lectura: *Scanning for Specific Information*
As you scan this text, keep in mind that you are looking for terms referring to conservation.

1. ¿Qué parte del territorio de Costa Rica es área de conservación?
2. ¿Cuáles van a ser las tres áreas de cooperación entre los Estados Unidos y Costa Rica en materia ambiental?
3. ¿Cuál va a ser el primer Parque Nacional de los Estados Unidos que se va a beneficiar de esta cooperación con Costa Rica?

F. Enfoque lingüístico. Trata de adivinar el significado de las siguientes palabras de acuerdo con el contexto en que aparecen en el texto.

Estrategia de lectura: *Guessing from Context*
Now that you have a good sense of what the reading is about, you can focus on some of the difficult words and expressions. Try to understand them given the context of conservation.

1. energía **renovable**
   a. renewable
   b. removable
   c. renowned
2. **recursos** humanos
   a. reserves
   b. resources
   c. remains
3. los **guardaparques**
   a. park visitors
   b. park enthusiasts
   c. park rangers

G. Enfoque comunitario. ¿Hay algunos problemas ambientales en tu localidad? ¿Qué esfuerzos por la protección del medio ambiente se están realizando en este momento allí? ¿Cómo pueden participar tú y tus vecinos de esos esfuerzos?

Temas CD-ROM

En tu próxima tarea, vas a ir a Costa Rica donde vas a crear una página-web sobre las experiencias de un estudiante en el extranjero *(abroad)*.

Critical Thinking Skills: Researching

If you don't already know, find out what current efforts are being made to address environmental issues in your community.

Vocabulario

El medio ambiente	***The environment***
la ecología	*ecology*
el ecólogo	*ecologist*
el ecosistema	*ecosystem*
las especies	*species*
la extinción	*extinction*
la fauna	*fauna, wildlife*
la flora	*flora*
el guardaparques	*park ranger*
la investigación	*research*
el naturalista	*naturalist*
los recursos naturales	*natural resources*
el refugio natural/silvestre	*wildlife reserve*
la reserva biológicas	*biological reserve*
la variedad	*variety*

Verbos	
conservar/preservar	*to preserve*
extinguirse	*to become extinct*
investigar	*to research*
mantener (ie)	*to maintain, to support*
proteger	*to protect*
reciclar	*to recycle*
reforestar	*to reforest*

Adjectivos demostrativos	
este, esta	*this*
estos, estas	*these*
ese, esa	*that*
esos, esas	*those*
aquel, aquella	*that (over there)*
aquellos, aquellas	*those (over there)*

Pronombres demostrativos	
esto, ésta	*this one*
éstos, éstas	*these*
eso, ésa	*that one*
ésos, ésas	*those*
aquél, aquélla	*that one (over there)*
aquéllos, aquéllas	*those*

CAPÍTULOS 5/6

Puesta en acción

SITUACIÓN: Tu escuela está interesada en tener una versión española de su periódico para publicarla electrónicamente a través del Internet y de esta manera atraer a más estudiantes de habla hispana.

MISIÓN: Crear una edición completa del periódico universitario (con secciones de noticias, arte, deportes, el tiempo, etc.)

WORK SKILLS: Coordinating the publication of a newsletter, selecting news topics of current interest, effectively summarizing and communicating those topics, publishing a newsletter

1. **Noticias sobre el medio ambiente.** Antes de preparar tu artículo es bueno hacer un repaso del vocabulario y las estructuras gramaticales que vas a necesitar. Completa el siguiente párrafo con las palabras apropiadas.

Opciones: fauna, fincas, reservas naturales, contaminación, medio ambiente

El gobierno nacional acaba de anunciar un plan para la conservación del _____ en la zona oriental del país. Debido *(Due to)* al aumento de las _____ ganaderas en la zona, el nivel de deforestación y _____ de las aguas de los ríos locales se pone en peligro *(danger)* el futuro del frágil ecosistema de la región. Para evitar la desaparición de las especies nativas y para rescatar *(rescue)* el equilibrio ecológico de la región, se van a crear varias _____. La _____ y la flora locales van a tener de esta manera una oportunidad de regenerarse y prosperar como siempre lo han hecho en esta hermosa zona del país.

2. **Noticias económicas.** Completa el artículo con el vocabulario más apropiado y conjuga los verbos en el pretérito.

Opciones: partido, elecciones, inflación, empleo, impuestos

Se aproximan las _____ y los diferentes candidatos están trabajando por conseguir más votos. El candidato del _____ liberal _____ (hablar) ayer en la plaza central para presentar su programa económico. _____ (decir) que el problema más importante del país es el _____ y en consecuencia _____ (prometer) generar nuevos trabajos a todos los niveles. El candidato del partido conservador, por su parte, _____ (concentrarse) en el problema de los _____ y de su impacto en la economía. _____ (señalar: *to signal*) que durante su administración los piensa reducir en un 50%. Ninguno de ellos _____ (referirse) al problema de la _____ que _____ (alcanzar: *to reach*) cifras este año de 20% y que tanto preocupa a muchos productores y consumidores del país.

3. **Noticias del mundo del espectáculo.** Organiza las siguientes frases para formar un relato lógico. Incluye las conjunciones y preposiciones pertinentes.

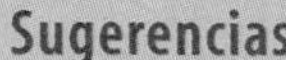

Sugerencias

Recuerda que puedes usar las siguientes conjunciones y preposiciones para conectar frases y darle más coherencia a tu composición: **así que** *(therefore)*, **aunque** *(even though)*, **como** *(since)*, **después** *(afterward)*, **luego** *(then, later)*, **más tarde** *(later)*, **pero** *(but)*, **porque** *(because)*, **puesto que** *(since, as long as)*, **sin embargo** *(however)*, **y** *(and)*.

___ Sus fanáticos lo esperaban.
___ Su esposa está enferma. No pudo acompañarlo en esta gira.
___ En el aeropuerto habló con los periodistas.
___ Hoy se preparó todo el día para su primer concierto.
___ Sale mañana para Caracas.
_1_ Llegó ayer al país el famoso cantante español Juan Pérez.
___ Llevaba gafas oscuras, un sombrero, un abrigo negro.
___ Estaba cansado por el largo viaje desde Europa.
___ Piensa pasar sólo dos días en nuestro país.
___ Su última visita fue en 1998.

4. **Noticias deportivas.** →← Con un(a) compañero(a), lean el siguiente artículo y preparen las preguntas que posiblemente usó el periodista para obtener la información.

Critical Thinking Skills: Inferring

Formulate questions that you think would have generated the following information: **Señor Sampras, ¿dónde y cuándo nació Ud.?**

Pete Sampras nació en Washington D.C. el 12 de agosto de 1971. Empezó a jugar tenis cuando tenía siete años. De niño admiraba a Rod Laver y con frecuencia miraba y estudiaba sus cintas. Se hizo jugador profesional de tenis en 1988 y obtuvo por primera vez su clasificación como número uno del mundo en el año de 1993. Su carrera es muy exitosa y le continúa brindando satisfacciones profesionales y económicas. (Entre 1988 y 1998 recibió más de treinta millones de dólares en premios.) En 1994 donó su trofeo del campeonato de Lyon a la Fundación Arthur Ashe para la lucha contra el SIDA. En su tiempo libre le gusta jugar al golf y es un fanático del baloncesto. En la actualidad vive en Tampa.

5. **Noticias culturales.** Con las siguientes notas escribe un resumen del evento que describen.

Critical Thinking Skills: Synthesizing

Pull the following elements together to form a coherent paragraph.

Día:	15 de noviembre
Lugar:	Auditorio Central
Participantes:	El Ballet de la Ciudad de Nueva York
Obra:	La Stravaganza
Estrellas:	Samantha Allen, Alexandre Iziliaev
Impresiones:	Brillante coreografía, perfecta ejecución

6. **Proyecto final.** →← Traigan a clase un periódico reciente.

Critical Thinking Skills: Researching

Find information on the topics you have selected. Use all the sources at your disposal (local newspapers, the web, T.V., personal interviews, etc.).

Paso 1: Decisión. Escoge la sección sobre la cual quieres escribir (política, economía, deportes, arte, etc.).

Paso 2: Discusión. Reúnanse por grupos las personas que van a trabajar en las mismas secciones. (Es mejor por grupos pequeños.)

Paso 3: Lluvia de ideas. Discutan los posibles tópicos que van a incluir en su sección. (Decidan qué noticias van a cubrir.)

Paso 4: Investigación. Consulten el periódico local y piensen en otras fuentes de información para su artículo.

Paso 5: Vocabulario. Hagan una lista de las palabras del vocabulario que van a necesitar.

Paso 6: Gramática. Para hablar del pasado, hagan primero una lista de los eventos (pretérito). Luego (si es necesario) preparen una serie de frases descriptivas de las situaciones (imperfecto).

Para la casa

Paso 7: Primer borrador *(draft)*. Preparen una versión inicial de su reporte. Incluyan fotos o arte para hacer el artículo más interesante visualmente.

Estrategias de lectura y de escritura

Although you will not have all the vocabulary you need to express the topics you pick, don't be discouraged. Seek to express these topics only in general terms with the most significant facts, and follow these simple steps to prepare your presentation.

Paso 1: Select the piece of news that has the most coverage (biggest picture, longest narrative, etc.).

Paso 2: Identify to which news category it belongs (**política, economía, actualidad, deporte**, etc.).

Paso 3: Identify the main characters or entities involved.

Paso 4: Get the gist of the story and summarize it.

Paso 5: Be sure to paraphrase (again, use language you already know to express in general terms the main ideas of the news item found).

Paso 6: Keep the language simple and use pictures if possible to illustrate the news item.

Correcciones

Intercambien este primer borrador con otro grupo y respondan a las siguientes preguntas.

Paso 1: **Tema.** ¿Les parece que vale la pena incluir este tema en el periódico? Si la respuesta es negativa, expliquen brevemente por qué.

Paso 2: **Contenido.** ¿Está toda la información necesaria? Si no es así, ¿qué otros aspectos importantes de la historia *(story)* creen que se deben incluir?

Paso 3: **Organización.** ¿Está claro de qué se trata el artículo? ¿Cuántos párrafos hay? ¿Cuál es la idea principal de cada párrafo? ¿Es clara la presentación? ¿Hay aspectos o segmentos que no son claros?

Paso 4: **Gramática.** ¿Usó bien las formas del pasado (narración de hechos completos en el pretérito y descripciones en el imperfecto)?

Paso 5: **Formato y presentación.** ¿Hay elementos visuales y de diseño (fotos, diagramas, dibujos, etc.) interesantes y atractivos?

Para la casa

Paso 6: **Correcciones.** Hagan las correcciones pertinentes y presenten los artículos a su profesor(a). Con sus sugerencias y rectificaciones preparen la versión final del periódico electrónico para publicar en el web.

UNIDAD 4

Cambios y transiciones

In this unit you will discuss issues pertaining to moving and relocating, such as finding a home, conducting financial and real estate transactions, and finding a new job. Also, you will discuss job-related topics such as experience, qualifications, and aspirations. The readings will give you insights into the experience of Cuban immigrants in the U.S., while the videos will introduce you to the life of Cuban and Venezuelan professionals. At the end of the unit you will make all the necessary arrangements for an international job transfer.

Para comenzar

La pequeña Habana en Miami

La ciudad de la Habana, Cuba

Las fotos de la izquierda son de la Habana, Cuba. Las de arriba corresponden al sector de Miami denominado «La pequeña Habana».

- ¿Qué aspectos comunes existen entre las dos?
- ¿Encuentras algunas diferencias?

Los siguientes son personajes destacados en la comunidad cubano-americana. ¿Los conoces?

1. Daisy Fuentes	a. pelotero de los Marlins de la Florida
2. Andy García	b. cantante
3. Gloria Estefan	c. actor
4. Liván Hernández	d. presentadora de televisión
5. Ileana Ros-Lehtine	e. diputada republicana por el estado de la Florida

In this chapter you will learn. . .

- how to talk about moving and relocating;
- how to talk about financial and real estate transactions;
- how to talk about past events;
- how to talk about the immediate past;
- how to express likes and dislikes;
- how to refer to abstract notions;
- about Cuban immigration to the U.S.

CAPÍTULO >>> 7

Cambios

	Tema 1 Mi Cuba querida	Tema 2 Es hora de partir	Tema 3 ¡A establecer un nuevo hogar!
Vocabulario	Nostalgia	Preparativos para una mudanza	Los bienes raíces Transacciones bancarias
Funciones y estructuras	Verbs like **gustar** Making generalizations with the neuter article **lo** and adjectives	Expressing purpose or reason with the prepositions **por** and **para** Indirect object pronouns	Talking about the past with the preterit and the imperfect Referring to the immediate past with **acabar de** + infinitive
Pronunciación	Las consonantes **b** y **v**		
Lectura		Mudanzas Dirección: El sur de la Florida	Perspectivas: Migración interna en los países hispanos *Soñar en cubano,* Cristina García
Vídeo	Mi amiga María Paula		

ENFOQUE

Cuba

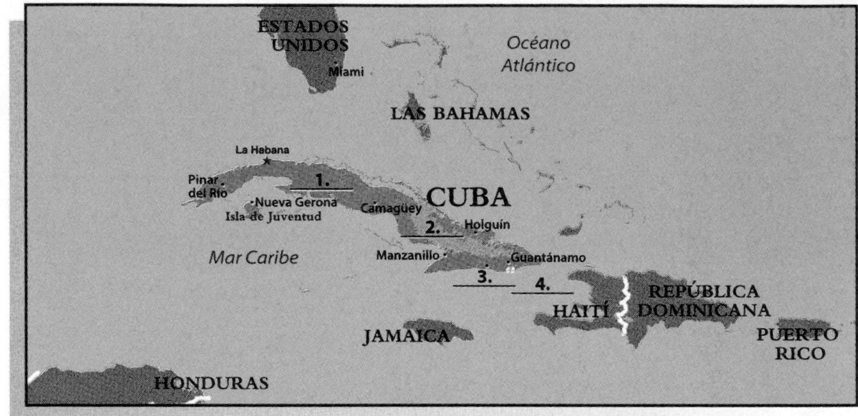

A. En el mapa. Mira el vídeo e indica el número en el mapa que corresponde con los lugares siguientes.

a. Santiago b. Sierra Maestra c. Bahía de Guantánamo

B. En el vídeo. Completa la tabla con la información del vídeo.

Capital:	
Población:	
Ingreso per cápita:	
Moneda:	
Productos de exportación:	

C. La historia. Pon en orden los siguientes eventos en la historia de Cuba.

___ Cuba se convierte en nación independiente.
___ El español Diego Velázquez comienza la colonización de la isla con la fundación de Baracoa.
___ La isla pasa al control de los Estados Unidos después de la guerra con España.
___ Cristobal Colón llega a la isla.
___ Fidel Castro declara un régimen socialista en la isla luego de la revolución.
___ El éxodo de refugiados del Mariel resulta en una migración grande a los EE.UU.
___ El poeta José Martí y el General Máximo Gómez y Báez lideran la revolución contra el control colonial español.

para tu información

José Martí nació el 28 de enero de 1853 en la Habana. Por su producción poética y periodística se le considera uno de los escritores latinoamericanos más importantes del **siglo** *(century)* XIX. Además de sus actividades como escritor, Martí dedicó su vida a la **lucha** *(fight, struggle)* por la liberación de Cuba del dominio colonial español y a la creación de una nación próspera e independiente. José Martí murió cerca de la ciudad de Dos Ríos (Provincia de Oriente) el 19 de mayo de 1895 durante uno de los primeros combates por la independencia de su país. Martí fue un ferviente defensor de la democracia y se pronunció repetidamente **en contra** *(against)* del despotismo y a favor del respeto de los **derechos** *(rights)* humanos. Su espíritu idealista y tolerante está claramente evidenciado en el siguiente poema.

Cultivo una rosa blanca
por José Martí

Cultivo una rosa blanca
En julio como en enero,
Para el amigo sincero
Que me da su **mano** *(hand)* franca.

Y para el cruel que me **arranca** *(tears out)*
El corazón con que vivo,
Cardo *(thistle)* ni **ortiga** *(nettle)* cultivo,
Cultivo una rosa blanca.

¿Entendiste bien? En el poema se habla de una rosa blanca. ¿Qué representa este símbolo?

para tu información

Si deseas aprender más acerca de Cuba, visita el siguiente sitio-web: **http://temas.heinle.com.**

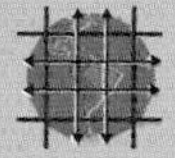

Los orgullos de Cuba...

Su tradición histórica

Líderes como José Martí representan el espíritu creativo e independiente del cubano.

Sus logros en las áreas de la educación, la salud y el deporte

El nivel de alfabetismo en Cuba es superior al 95 por ciento, su sistema de salud social de amplísima cobertura y la calidad de sus deportistas es reconocida internacionalmente.

Sus aportes a la cultura universal

Celia Cruz

La cultura cubana tiene personalidades de prestigio mundial con pintores como Wilfredo Lam y René Portocarrero, escritores de la talla de Alejo Carpentier o José Lezama Lima, la Escuela Cubana de Ballet, músicos como Ernesto Lecuona, Leo Brouwer, y cantantes como Celia Cruz, Silvio Rodríguez y Pablo Milanés. (Ver **Para tu información,** páginas 359–360.)

Tema 1

Mi Cuba querida

I. Vocabulario: *Nostalgia*

MARTA: Amalia, supe que tu hermana te visitó el pasado fin de semana. ¿Lo pasaron bien?

AMALIA: Sí. Las dos somos muy unidas y nos gusta reunirnos a hablar de los viejos tiempos.

MARTA: ¿Extrañan mucho Cuba?

AMALIA: Claro. Ya hace bastante tiempo que salimos de nuestra isla, pero todavía la recordamos con mucha nostalgia.

MARTA: Pero, pueden ir a Miami. Allí encuentran de todo lo cubano... ¡hasta una pequeña Habana!

AMALIA: Ay chica, pero no lo es lo mismo... .

MARTA: ¿Y qué es lo que más extrañas de tu tierra?

AMALIA: Pues todo, su clima tropical, su mar, sus montañas, la alegría de la gente, la comida...

MARTA: Me gustaría regresar a Cuba. ¿Y tú?

AMALIA: Sí. La verdad es que yo no pierdo la esperanza de volver algún día.

Vocabulario útil

Los recuerdos — ***Memories***

la tierra/la patria — *homeland*

Verbos

añorar — *to long for*
extrañar/echar de menos — *to miss*
irse — *to leave*
mudarse — *to move*
olvidar — *to forget*
olvidarse de — *to forget about*
regresar — *to return*

Vocabulario personal:

Asimilación

A. ¿Entendiste bien? →← Indica si las siguientes frases son ciertas o falsas según la conversación anterior. Al terminar compara tus respuestas con las de otro(a) compañero(a).

¿Cierto o falso?

1. Amalia y Marta son cubanas.
2. La hermana de Amalia vive en Miami.
3. Amalia recuerda y extraña Cuba.
4. Amalia quiere regresar algún día a Cuba.

B. Mi primer trabajo. Escoge la opción más apropiada según la narración que va a hacer tu profesor(a) acerca de su primer trabajo.

Estrategia de comprensión: *Anticipating*
Read the questions before you listen to the passage.

1. Su primer trabajo fue en...
   a. una escuela primaria.
   b. una escuela secundaria.
   c. una universidad.
   d. otro:
2. Tu profesor(a) recuerda especialmente...
   a. el nombre del libro que usó.
   b. el nombre de todos sus estudiantes.
   c. el nombre de su supervisor.
   d. otra cosa:
3. Tu profesor(a)...
   a. nunca regresó a esa escuela.
   b. recuerda y visita con regularidad esa escuela.
   c. aún trabaja en esa escuela.

Aplicaciones

C. Recuerdos. →← ¿Qué extrañas de la escuela secundaria? Después de indicar tus respuestas, compáralas con las de otros compañeros. Presenten un informe acerca de lo que tienen en común.

___ los profesores
___ las clases
___ las actividades extra curriculares
___ los amigos
___ la comida de la cafetería
___ tu novio(a)
___ otro: _____

Informe: *En nuestro grupo todos extrañamos..., algunos extrañan... y otros extrañan... . Nadie extraña... .*

D. Un cubano en Nueva York. Completa el diálogo con las palabras más apropiadas.

se mudó   salgo   echo de menos   tierra

ANA: ¿A quién le escribes?
BETO: A Manuel. _____ a Nueva York hace dos meses y lo _____ .
ANA: ¿Cuándo va a regresar a su _____ ?
BETO: No sé. Creo que se va a quedar a vivir allá.
ANA: Bueno, entonces vas a tener que ir a visitarlo... .
BETO: Sí. _____ para Nueva York a fin de mes.

E. Su primer amor. →← Hazle las siguientes preguntas a un(a) compañero(a) y prepara un breve resumen de sus respuestas.

1. ¿Cuántos años tenías cuando tuviste tu primer novio(a)?
2. ¿Qué recuerda de esa persona (por lo menos tres características)?
3. ¿Lo (La) extrañas?
4. ¿Son amigos todavía?

para tu información

Haz una lista de palabras que asocias con la idea de «mi tierra». (Usa el diccionario si es necesario.)

«Mi tierra» es también el título de una de las canciones más populares de Gloria Estefan, canción que se ha convertido prácticamente en un himno para los inmigrantes hispanos en los Estados Unidos.

Gloria Estefan, la reina del pop latino, nació en La Habana, Cuba en 1957 y emigró con su familia a los Estados Unidos en 1959. Junta con su esposo, el productor Emilio Estefan, ha grabado una extraordinaria lista de albums como «Mi tierra» y «Abriendo puertas» (ganadores ambos del Premio Grammy a mejor Álbum Tropical en 1993 y 1995 respectivamente). Su producción discográfica en lengua inglesa también está llena de éxitos como «Conga», «Anything for You» y «Reach», el tema de los Juegos Olímpicos de 1996.

Si quieres saber más sobre Gloria, o escuchar algunas de sus canciones, visita su página-web. Primero puedes consultar **http://temas.heinle.com.**

Integración

¡A conversar!

F. **Entrevista.** Hazle a un(a) compañero(a) las siguientes preguntas y prepara un resumen breve de sus respuestas.

1. ¿Se ha mudado alguno de tus familiares de una región de los Estados Unidos a otra (o quizás de un país a otro)?
2. ¿De dónde se mudó? ¿Adónde fue?
3. ¿Cuándo se mudó a esa región (o ese país)?
4. ¿Le gusta?
5. ¿Qué extraña de su antiguo hogar?
6. ¿Crees que va a regresar algún día?

¡A escribir!

Atajo

Phrases/Functions: Talking about past events; Sequencing events
Vocabulary: House; Traveling
Grammar: Preterit tense

G. **Ana la cubana.** Ana es una mujer cubana que vive ahora en Tampa. Realicen las actividades y al final, usen sus respuestas para crear una composición sobre la vida de Ana la cubana.

Paso 1: Creen frases con las palabras indicadas (y no se olviden de conjugar los verbos apropiadamente).

1. Ana / mudarse / 1984
2. Ana / encontrar / trabajo / Tampa
3. Ana / casarse / 1990
4. Esposo / ser / español
5. Ahora Ana / no / poder / visitar / familia
6. Ana / echar de menos / familia
7. Ana y su esposo / extrañar / tierra

Paso 2: Respondan a las preguntas usando la imaginación.

1. ¿Cómo era la vida de Ana en Cuba?
2. ¿Cómo era su familia?
3. ¿Qué extraña ella de su vida en Cuba?

Recuerda

To give more cohesion to your composition, use connectors such as: **entonces, después, más tarde, ahora**, etc.

Paso 3: Combinen sus respuestas para formar una composición coherente.

II. Funciones y estructuras: *Verbs like gustar*

ENTREVISTADOR: ¿Qué le **gusta** más de este país?
MUJER: Bueno, son tantas cosas... a mí, la verdad es que me **encantan** los supermercados. Hay de todo.
ENTREVISTADOR: ¿Extraña Ud. mucho a Cuba?
MUJER: Claro. Me **preocupa** mucho la situación de mis familiares.

¿Entendiste bien? Indica la letra de la(s) palabra(s) que completa(n) la frase.

1. La señora es _____ .
2. La señora vive en _____ .
3. A la señora le gusta _____ .
4. A la señora le preocupan _____ .

a. los Estados Unidos
b. cubana
c. sus parientes
d. la vida en este país

In the previous interview, a Cuban expatriate talks about the impact of different aspects of her new life in America. Notice that when she uses verbs such as **encantar** *(to delight, fascinate)* and **preocupar** *(to worry)*, she does not use the normal Spanish word order *(subject + pronoun + verb)*, but she changes it to *(pronoun + verb + subject)*.

This sentence structure is probably very familiar to you since it is the same as the one required for **gustar**. (See **Capítulo 2, Tema 2.**)

Indirect object pronoun	Third-person form of the verb	Object(s)
me *(to me)*	**encanta**	**el parque** (object is singular) **ver televisión** (object is an infinitive)
te (*to you*)		
le (*to him, to her, to you*)		
nos (*to us*)	**encantan**	**los parques** (object is plural)
os (*to you*)		
les (*to them, to you*)		

Just like with **gustar,** the indirect object may be further specified for emphasis or clarity, but it must be introduced with the preposition **a**.

A mi esposa le fascina trabajar en el jardín. — *My wife enjoys working in the garden very much.*
A Esperanza le molesta lavar los platos. — *Washing dishes bothers Esperanza.*

Note that **fascinar** and **encantar** are loosely translated as *to enjoy very much* or *to love* a particular activity or object.

* Note that when not used like the verb **gustar**, the verb **tocar** means *to touch* or *to play (an instrument).*

Other verbs like **gustar** are:

convenir (ie, i)	*to suit, to be suitable*	importar	*to matter*
doler (ue)	*to hurt, to ache*	interesar	*to interest*
encantar	*to love, to like something very much*	molestar	*to bother, to cause discomfort*
fascinar	*to love, to be fascinated by something*	parecer	*to seem, to appear*
faltar	*to lack, to be missing*	quedar	*to remain, to be left*
hacer falta	*to need, to be lacking*	tocar*	*to be one's turn; to have to, be obligated*

A los Gómez les conviene vivir en la Florida con sus primos. — *Living with their cousins in Florida is convenient for the Gomez.*
A su padre le hace falta un trabajo. — *Their father needs a job.*
No les importan las dificultades. — *The difficulties do not matter to them.*
A todos les toca aprender inglés. — *All of them have to learn English.*

Asimilación

A. Vacaciones. Completa las actividades acerca de los siguientes planes vacacionales.

Paso 1: Busca los verbos como **gustar** que aparecen en estos anuncios.

¿Le encantan las aventuras bajo el sol?

¡Venga a Varadero!

Sol Club Las Sirenas
Avenida de las Américas y Calle K
Reparto La Torre,
Varadero, Matanzas,
Cuba
Tel. (53-5) 667080
Fax (53-3) 667085

¿Le preocupa el dinero? Tranquilo porque todo está incluido.

Tenemos programas para toda la familia y a los mejores precios del Caribe.

SUPERCLUBS — CUBA
¡Un resort con sabor latino para cada estilo de vida!
Club Varadero — Sierra Mar — Los Galeones

Si le hace falta un descanso...

Disfrute de unas vacaciones tranquilas en nuestros hoteles de cinco estrellas frente a las playas más bellas del mundo.

Playa Esmeralda Resort
Playa Esmeralda
Carretera de Guardalavaca,
Apartado Postal 007
Holguín, CUBA
Tel: (53-24) 30300
Fax: (53-24) 30305

Paso 2: Clasifica los diferentes programas turísticos en Cuba de acuerdo a tu opinión.

	Nombre del programa	**Razón**
Me gusta más...		
Me gusta un poco...		
No me gusta...		

B. Opiniones. Escucha la narración y luego indica si las siguientes frases son ciertas o falsas.

¿Cierto o falso?

1. Le encanta viajar.
2. Le disgusta conocer otros países y observar otras culturas.
3. Le fascina aprender otras lenguas.
4. Le molesta adaptarse a otro estilo de vida.
5. Le hace falta tiempo.
6. Le toca trabajar mucho.

Aplicaciones

C. Reacciones. →← Con un(a) compañero(a) comparen sus opiniones respecto a los siguientes temas.

Opciones: me encanta(n), me preocupa(n), me importa(n), me hace(n) falta, me interesa(n)

1. _____ la contaminación del medio ambiente.
2. _____ la violencia.
3. _____ el armamentismo.
4. _____ los deportes.
5. _____ el abuso del alcohol.
6. _____ la tecnología.

Recuerda

Remember that you can provide more specific responses by using adverbs such as: **mucho/bastante** *(very much, a lot)*, **poco** *(little)*, **muy poco** *(very little)*, **para nada** *(at all)*.

Do not forget that a double negative is required when using the negative expression **para nada**.

No me importa **para nada** el resultado de esa encuesta.
I do not care ***at all*** *about those poll results.*

D. Consenso. →← Completen las frases con información lógica.

1. Nos encanta _____ .
2. Nos interesa mucho _____ .
3. Nos conviene _____ .
4. Nos preocupa _____ .
5. No nos importa _____ .

E. Encuesta. →← Con un(a) compañero(a) escojan cinco temas de interés en su comunidad en este momento (por ejemplo, unas elecciones, algún evento cultural o algún suceso reciente) y elaboren una encuesta *(do a survey)* para conocer la opinión de sus compañeros al respecto.

Tema	No me interesa.	Me interesa un poco.	Me interesa mucho.

Informe: *A los estudiantes de esta clase... les interesa mucho, pero... les interesa sólo un poco y... no les interesa para nada.*

Integración

¡A conversar!

F. Las preocupaciones de los inmigrantes. →← Con un(a) compañero(a) preparen la siguiente situación.

El (La) reportero(a)

Eres reportero(a) para un periódico local y tienes que investigar la perspectiva de inmigrantes sobre los temas que afectan la sociedad norteamericana. Entrevista a este(a) inmigrante para saber lo que piensa sobre los temas siguientes.

- la educación
- la salud
- las drogas
- la discriminación
- la economía
- la política

Hazle *(Ask him/her)* varias preguntas sobre cada tema y sobre otros temas que le parecen *(that seem to him/her)* importantes.

> **Sugerencias**
> Para saber una opinión sobre un tema, usa la expresión **¿Qué opina Ud. acerca de... ?**

> **El (La) inmigrante**
>
> Eres un(a) inmigrante cubano(a) y te entrevista un periódico local para saber tu perspectiva sobre varios temas. Explica tu punto de vista *(point of view)*.

> **Sugerencias**
> Para pausar mientras piensas, puedes decir **Este..., A ver..., Veamos...** .

Atajo 

Phrases/Functions: Stating a preference
Vocabulary: Dreams and aspirations
Grammar: Verbs: transitive and intransitive

¡A escribir!

G. Éste soy yo. Imagina que tu *e-mail pal* quiere conocerte mejor. Escribe una descripción de ti mismo(a) incluyendo información acerca de las cosas que te fascinan, te molestan, te preocupan, te hacen falta, etc. No te olvides de explicar por qué esas cosas (o esas actividades) son tan importantes para ti.

III. Guía para la pronunciación

Las consonantes *b* y *v*. In Spanish there is no difference in the pronunciation of **b** and **v.** However, the pronunciation of both consonants is affected by their position in a word or phrase.

- At the beginning of a word or after **m** or **n,** both **b** and **v** are pronounced like the *b* in the English word *back*.

  ¡Me parece muy **b**ien!
  ¿En qué **v**uelo **v**iene **B**eto?
  Extraño mucho a mis **v**ecinos y mis otros amigos del **b**arrio **V**eracruz.
  ¿Recuerdas el nom**b**re de la hermana de **V**icente?

- The pronunciation of **b** and **v** is much softer in all other positions (like the *b* in the English word *cabin*).

  ¿A qué hora llega el a**v**ión de la a**b**uela?
  Creo que a eso de las nue**v**e y media.
  La familia Á**v**ila pasea por el parque en a**b**ril.

IV. Funciones y estructuras: *Making generalizations with the neuter article **lo** and adjectives*

Lo mejor de lo mejor

Venga y disfrute de lo bueno de la vida en Cuba, el paraíso tropical del Caribe.
Seleccione su plan de villas y hoteles de 3, 4 y 5 estrellas.
Ponemos todo lo mejor del mundo a su disposición.
Consulte con su agente de viajes hoy mismo.

The neuter article **lo** followed by an **adjective** is used:

- to refer to a particular characteristic of something.

Me gustaba **lo tranquilo** de mi pueblo.	*I used to like the **tranquil nature*** of my hometown.*
Lo difícil era caminar hasta la escuela todos los días.	***The difficult part*** was walking to school every day.*

* Note that the translation into English for the neuter article **lo** requires words such as such as *thing, part, aspect, nature,* etc.

- to talk about abstract notions.

Lo mejor de mi isla es su belleza natural.	***The best thing** about my island is its natural beauty.*
Lo triste es que no puedo volver a mi patria.	***The sad thing** is that I cannot go back to my homeland.*

Note that the adjective is always masculine and in singular form.

Asimilación

A. Lo mejor de esta universidad es... →← Indica tus respuestas individualmente y luego compáralas con las de otros compañeros. Presenten un resumen de las ideas en que todos están de acuerdo.

___ su arquitectura	___ su biblioteca	___ su costo
___ sus profesores	___ sus chicos	___ su equipo de fútbol
___ sus especialidades	___ sus chicas	___ otro:

Informe: *Lo mejor de esta universidad es... .*

B. En mi opinión... Escucha las siguientes opiniones, toma notas y completa las frases.

1. Para el (la) profesor(a) lo principal es ______ .
2. Lo mejor de su profesión es ______ .
3. Pero lo más difícil es ______ .

Aplicaciones

C. La clase de español. →← Describan lo que piensan acerca de la clase de español. Usen expresiones como: **lo más fácil, lo más difícil, lo más interesante, lo más divertido**, etc.

Modelo: *Pienso que lo más interesante de la clase de español es... .*

D. ¿Cómo era? →← Basándose en la siguiente fotografía (y su imaginación) describan cómo era el barrio donde vivía Ana antes de salir de Cuba. Usen expresiones como: **lo más bonito, lo más agradable, lo más divertido**, etc.

Modelo: *Lo más bonito del barrio era… .*

E. Discusión. →← Discutan y respondan a la siguiente pregunta.

¿Qué es lo más importante en la vida?

___ el dinero	___ la religión	___ el deporte
___ la familia	___ los amigos	___ la familia
___ el amor	___ los estudios	___ otro:

Modelo: *Para nosotros, lo más importante en la vida es… porque… .*

Integración

¡A conversar!

F. La vida universitaria. →← Prepara varias preguntas para saber lo que piensa tu compañero(a) acerca de los cambios requeridos para adaptarse a la vida universitaria (cómo era su vida antes, cómo es ahora, qué es lo más difícil, lo mejor, lo más interesante de su nueva vida). Realiza la entrevista y toma notas de sus respuestas.

Recuerda
Remember that to ask about how things used to be, you need the imperfect tense.

¿Cómo era tu vida antes de venir a la universidad?
¿Vivías con tus padres?
¿Trabajabas?

¡A escribir!

G. Las experiencias de un(a) compañero(a). Escribe un resumen de las opiniones de tu compañero(a). Recuerda que debes incluir información acerca de:

- cómo era su vida antes,
- cómo es ahora,
- qué es lo más difícil de la vida en la universidad,
- lo mejor y
- lo más interesante de su nueva vida.

Atajo

Phrases/Functions: Talking about past events; Talking about daily routines
Vocabulary: House; Family members; Studies
Grammar: Imperfect tense

V. Vídeo: Mi amiga María Paula

Preparación

A. La comunicación no verbal. Esta mujer habla acerca de su niñez en Cuba y de su eventual migración hacia los Estados Unidos. Cuando ella habla de Cuba, ¿parece alegre, triste o indiferente? Explica tu respuesta.

B. Expectativas. Contesta las siguientes preguntas según el vídeo.

Estrategia de comprensión: *Anticipating*
Trying to guess the content of a message based on what we know about its context (who is involved, why, etc.) is a very helpful strategy to deal with authentic native speech.

1. ¿Cuáles de las siguientes palabras esperas escuchar en este segmento?

   ___ mudanza ___ maleta
   ___ casa ___ dinero

2. Prepara una lista de otras palabras que esperas escuchar en este segmento. Luego, compárala con la de otro(a) compañero(a).

¿Entendiste bien?

C. La historia de María Paula. →← Escucha ahora la entrevista y contesta las preguntas. Al terminar, compara tus respuestas con las de un(a) compañero(a).

> **Estrategia de comprensión: *Selective Listening***
> You do not need to understand every word you hear. Concentrate on the specific information required by the questions.

1. ¿Dónde nació María Paula?
2. ¿Cómo era su pueblo?
3. ¿Cuándo emigró a los Estados Unidos?
4. ¿Dónde vive ahora?
5. ¿Está contenta en este país?
6. ¿Desea regresar a Cuba algún día?

D. Enfoque lingüístico. Escucha de nuevo la entrevista y haz una lista de los verbos en el imperfecto que indican acción habitual o una descripción en el pasado.

E. Enfoque comunitario. ¿Hay muchos estudiantes cubanos en tu escuela? Investiga y trata de localizar a algún estudiante que sea de origen cubano. Invítalo(la) a la clase para que hable de su país y sobre sus experiencias en los Estados Unidos.

Vocabulario

Los recuerdos	***Memories***
la tierra/la patria	*homeland*
La nostalgia: verbos	
añorar	*to long for*
extrañar/ echar de menos	*to miss*
irse	*to leave*
mudarse	*to move*
olvidar	*to forget*
olvidarse de	*to forget about*
regresar	*to return*
Verbos como *gustar*	
convenir (ie, i)	*to suit, to be suitable*
doler (ue)	*to hurt, to ache*
encantar	*to love, to like something very much*
fascinar	*to love, to be fascinated by something*
faltar	*to lack, to be missing*
hacer falta	*to need, to be lacking*
importar	*to matter*
interesar	*to interest*
molestar	*to bother, to cause discomfort*
parecer	*to seem, to appear*
preocupar	*to worry*
quedar	*to remain, to be left*
tocar	*to be one's turn; to have to, be obligated*

Tema 2

Es hora de partir

I. Vocabulario: Preparativos para una mudanza

Primero llamaron a la **compañía de mudanzas** para obtener una **cotización.**

Luego **empacaron** todo cuidadosamente en **cajas de cartón.**

Envolvieron los objetos delicados en **plástico de burbujas.**

El día de la **mudanza,** los **empacadores** llegaron temprano y **cargaron** todo el **embalaje** en el **camión** en menos de dos horas.

Ahora los González ya están en su nueva casa y sólo tienen que **desempacar** y **acomodar** su **menaje.**

Vocabulario útil

la bodega	*warehouse*
la caja (de cartón)	*(cardboard) box*
el camión de mudanzas	*moving truck*
la cinta	*tape*
el contenedor	*container*
la cotización/ el presupuesto/ el avalúo	*price estimation*
el embalaje	*packing*
los empacadores	*packing staff*
el guardamuebles	*storage*
la manta	*blanket*
el marcador/ el rotulador	*marker*
el menaje	*household goods, belongings*
la mudanza/el trasteo	*move*
el plástico de burbujas	*bubblewrap*
las tijeras	*scissors*
el transporte	*transportation*
el traslado	*relocation, transfer*

Verbos

acomodar	*to accommodate, to arrange*
alquilar	*to rent*
cargar	*to load*
desempacar	*to unpack*
empacar	*to pack*
envolver (ue)	*to wrap*
guardar	*to store*
marcar	*to label*
trasladarse	*to relocate*

Vocabulario personal:

Asimilación

A. Preparativos. →← Organiza los siguientes preparativos de una manera lógica. Al terminar, compara tus respuestas con las de otro(a) compañero(a). ¿Están de acuerdo?

___ acomodar el menaje en las diferentes habitaciones
___ alquilar un camión de mudanzas
___ envolver los objetos delicados en mantas o plástico de burbujas
___ llamar a la compañía de mudanzas para obtener una cotización
___ desempacar las cajas
___ empacar las cajas cuidadosamente
___ marcar las cajas con el nombre de la habitación correspondiente
___ montar el menaje en el camión

B. ¿Qué le falta? *(What is he missing?)* Escucha la siguiente narración e indica los preparativos que faltan.

___ unas cajas de cartón
___ cinta
___ unos marcadores
___ unas mantas
___ plástico de burbujas
___ una cotización
___ un camión
___ unos empacadores

Aplicaciones

C. Adivina. →← Tomen turnos describiendo o adivinando un objeto o una actividad relacionada con las mudanzas.

Modelo: ESTUDIANTE A: *Es un objeto que usas para guardar o transportar la ropa o las cosas de la casa.*
ESTUDIANTE B: *¿Una caja?*
ESTUDIANTE A: *¡Así es!*

D. Preguntas. Un(a) amigo(a) hispano(a) está ayudándote con tu mudanza. Prepara varias preguntas para asegurarte de que todo está listo.

Modelo: las cajas de cartón / comprar
¿Compraste las cajas de cartón en la compañía de mudanzas?

1. la cinta y las tijeras / traer
2. las cajas / marcar
3. los objetos delicados / envolver
4. la cotización / pedir
5. la nueva dirección / informar
6. el embalaje / cargar
7. la reservación del camión / hacer
8. los empacadores / llamar

E. Entrevista. →← Tomen turnos haciendo y respondiendo a las siguientes preguntas. Al terminar preparen un breve informe.

1. ¿Cuándo fue la última vez que te mudaste?
2. ¿Contrataste una compañía de mudanzas o hiciste la mudanza tu mismo(a) *(by yourself)*?
3. ¿Qué fue lo mejor de esa mudanza?
4. ¿Qué fue lo más difícil?

Informe: *Mi compañero(a) se mudó el año pasado. Sus amigos le ayudaron a mudarse... .*

Integración

¡A conversar!

F. Preparativos. →← Preparen la siguiente conversación.

Estudiante A

Tu compañía te va a trasladar a otra ciudad. Llama a una compañía de mudanzas para hacer los arreglos pertinentes.

Sugerencias

Recuerden que tienen que discutir los siguientes arreglos:

- materiales para la mudanza (cajas, cinta, marcadores, etc.)
- reservaciones (del camión, de avión, de hotel, etc.)
- empacar y desempacar
- montar el menaje en el camión
- notificar del cambio de dirección

De otra manera

Vale means *O.K.* in Spain
—Susan Villar, University of Minnesota

In El Salvador, *O.K.* or *I agree* is **Vaya pues.**
—Ana María Viscarra, University of Delaware

Estudiante B

Tú trabajas para una compañía de mudanzas. Un(a) cliente está preparando su traslado a otra ciudad. Ayúdale a hacer los preparativos pertinentes.

¡A escribir!

G. ¿Qué tengo que hacer? →← Imaginen que tienen que ayudar a una familia hispana a mudarse. Preparen una lista de los preparativos necesarios para una mudanza.

II. Funciones y estructuras: *Expressing purpose or reason with the prepositions* ***por*** *and* ***para***

The prepositions **por** and **para** both often mean *for* in English; however, they are not interchangeable in Spanish.

Por is used:

1. to indicate *by means of.*	Voy a viajar a Madrid **por** tren. *I am going to Madrid* ***by*** *train.*
2. to indicate *along* or *through.*	Quiero viajar **por** todo el país. *I want to travel* ***throughout*** *the country.*
3. to indicate *by.*	Antes de irme, pienso pasar **por** tu casa. *Before leaving, I plan to stop* ***by*** *your house.*

4. to indicate the cause of something (the equivalent of *due to* or *because of*).	Llegué tarde **por** el tráfico. *I arrived late* ***because of*** *the traffic.*
5. to refer to a duration of time (for, in, during).	Voy a estar en España **por** cuatro semanas. *I am going to be in Spain* ***for*** *four weeks.*
6. to indicate *in exchange for.*	No quiero pagar más de ochocientos dólares **por** mi boleto. *I don't want to pay more than eight hundred dollars* ***for*** *my ticket.*
7. to indicate *on behalf of.*	Tengo mucho que hacer hoy. ¿Podrías ir a la agencia de viajes **por** mí? *I have a lot to do today. Could you go to the travel agency* ***on*** *my behalf?*
8. to indicate general area (around).	¿Hay algún banco **por** aquí? *Is there a bank* ***around*** *here?*
9. with certain expressions.	**por ciento** *(percent)* **por cierto** *(by the way)* **por favor** *(please)* **por fin** *(finally)* **por la mañana** *(In the morning)* **por la tarde** *(in the afternoon)* **por la noche** *(at night)* **por esto** *(because of this)* **por ello, por eso** *(because of that)*

Para is used in the following contexts:

1. when introducing the recipient of an action.	Este regalo es **para** ti. *This present is* ***for*** *you.*
2. to indicate destination.	Salgo **para** Madrid el sábado. *I leave* ***for*** *Madrid on Saturday.*
3. to indicate purpose *(in order to).*	Necesito tu dirección **para** escribirte. *I need your address* ***in order to*** *write you.*
4. to refer to a specific time *(by).*	Necesito el dinero **para** el viernes. *I need the money* ***by*** *Friday.*

Asimilación

A. Planes. →← Escojan la frase que mejor completa la oración.

1. Voy a salir del país
2. Tengo que hacer los arreglos
3. Pienso pasar
4. Voy a viajar
5. Necesito una maleta

a. para el viaje.
b. para empacar mis cosas.
c. por avión.
d. por unos días.
e. por Toledo.

B. Preparativos. Indica los preparativos que tiene que realizar esta señora.

___ Tiene que salir de viaje por quince días.
___ Tiene que pasar por la agencia de viajes.
___ Tiene que pagar por sus boletos con tarjeta de crédito.
___ Tiene que hacer los arreglos para el alquiler de un coche.
___ Tiene que encontrar una niñera para sus hijos.
___ Tiene que comprar un regalo para su esposo.

Aplicaciones

C. Necesito un pasaporte. →← Completen el párrafo con **por** o **para** según el contexto.

Los pasaportes son una necesidad _____ cualquier persona que quiera viajar al extranjero. _____ obtener un pasaporte es necesario completar un formulario y entregarlo personalmente a un funcionario autorizado. Pase _____ una oficina de correo, una corte, o un consulado estadounidense en el extranjero para presentar su solicitud. Los documentos requeridos son: una prueba de ciudadanía, un documento de identidad y dos fotografías. Ud. debe pagar $65.00 _____ este documento. _____ más información, llame al 1-800-555-1234.

D. En la estación de trenes. →← Organiza y practica con un(a) compañero(a) la siguiente conversación.

___ VIAJERO: **Para** hoy en la tarde si es posible, **por** favor.
___ VIAJERO: Tengo un boleto **para** Sevilla y necesito cambiarlo **por** uno para Barcelona.
___ VIAJERO: Muchas gracias.
___ VIAJERO: Está bien. ¿Hay algún costo adicional?
___ EMPLEADO: ¿**Para** cuándo necesita el boleto?
___ EMPLEADO: Con gusto. Que tenga un buen viaje.
___ EMPLEADO: No tenemos trenes directos esta tarde. Si quiere le puedo hacer una reserva **para** mañana **por** la mañana.
___ EMPLEADO: Buenos días señor. ¿En qué puedo servirle?
___ EMPLEADO: No, no tiene que pagar nada **por** hacer este cambio.

E. Información. →← Completen la carta con **por** o **para.**

¡Hola María!

¡Estoy listo _____ el viaje! Hoy voy a pasar _____ la oficina de correos _____ recoger mi pasaporte. Llego a Madrid el día 15 y salgo _____ tren el día 18 _____ tu casa en Sevilla. ¿Quieres que le lleve algo de los Estados Unidos a tu madre? Yo sé que a ella le gustan mucho nuestros chocolates. Creo que voy a quedarme en tu casa _____ unos cuatro o cinco días. Estoy muy ansioso _____ verte. Te llamo antes de partir.

Un abrazo,
Michael

Integración

¡A conversar!

F. En una agencia de viajes. →← Prepara la siguiente situación con un(a) compañero(a).

> **Cliente**
>
> Quisieras viajar a España el verano próximo, pero no estás seguro(a) de qué hacer. Habla con este(a) agente de viajes para que te aconseje.

Sugerencias
Puedes hacerle al (a la) agente de viajes preguntas sobre lo siguiente:

- el pasaporte
- los cheques de viajero
- las maletas

Agente de viajes

Eres agente de viajes especializado(a) en viajes internacionales. Ayuda a este(a) cliente hacer sus planes para un viaje a España.

Sugerencias
Las siguientes son algunas frases que puedes usar en tus respuestas: **por supuesto** *(of course)*, **Lo primero es...** *(The first thing is . . .)*, **Puede sacar su pasaporte en la oficina postal, Puede llevar dos maletas.**

Atajo 

Phrases/Functions: Expressing compulsion
Vocabulary: Travel

¡A escribir!

G. Documentación. A muchos estudiantes de intercambio les gustaría visitar México o el Canadá durante las vacaciones. Investiga qué documentos necesitan para visitar esos países y escribe un informe al respecto para publicarlo en la oficina de estudiantes internacionales de tu universidad.

Sugerencias
Para esta investigación puedes consultar el siguiente sitio-web: **http://temas.heinle.com.**

para tu información

El Aeropuerto Internacional de Miami (MIA) es crucial **para** el tráfico aéreo entre los Estados Unidos y Latinoamérica. Más de 1.500 vuelos diarios, de más de 40 aerolíneas diferentes, pasan **por** este aeropuerto cada día, convirtiéndolo así en el noveno aeropuerto más transitado del mundo.

El aeropuerto de Miami cuenta con modernas terminales y facilidades que agilizan el flujo *(flow)* de pasajeros. Además, MIA ofrece personal bilingüe en todas sus dependencias *(sections, offices)* **para** atender al viajero hispano. **Por** todas estas razones, los viajeros hispanoamericanos consideran a MIA como la verdadera «Puerta de las Américas».

¿Entendiste bien? Indica si las frases corresponden con el texto.

1. Muchos piensan que MIA es la Puerta de las Américas.
2. MIA es el aeropuerto más activo del mundo.
3. En el Aeropuerto de Miami es fácil encontrar personas que hablen español.
4. MIA tiene terminales cómodas y modernas.

Para discutir: →←

- ¿Cuál es el aeropuerto más grande que conoces?
- ¿Sabes qué otros aeropuertos de los EE.UU. manejan grandes volúmenes de tráfico de pasajeros y carga hacia Latinoamérica? ¿Cuáles son?

III. Lectura: Mudanzas

Antes de leer

A. Para discutir. →← Por grupos hagan una lista de los aspectos positivos y negativos de un traslado o de una mudanza. ¿Qué pueden hacer las personas para reducir los efectos de esos aspectos negativos?

Mudanzas	
Aspectos positivos	**Aspectos negativos**

Modelo: *Para reducir los efectos negativos de una mudanza, las personas deben... .*

B. Vocabulario y conceptos. En la lectura vas a encontrar las siguientes palabras. Relaciónalas con las definiciones. (Usa el diccionario si es necesario).

1. llevadero
2. apresurado
3. la vivienda
4. la clave

a. lugar de residencia
b. el secreto o la condición más importante
c. tolerable, menos doloroso
d. rápido

A leer

Lee el siguiente texto y contesta las preguntas.

Mudanzas sin dolor

Mudarse no es nada fácil. **De hecho,** es considerado por muchos psicólogos como uno de los eventos más traumáticos en la vida. Sin embargo, una buena preparación física y emocional puede hacer este evento mucho más llevadero.

In fact

Se recomienda ante todo no tomar decisiones apresuradas. Investigue con calma las opciones de vivienda que tiene su nueva comunidad y trate de visitar el área varias veces antes de tomar una decisión. Algunas personas recomiendan tomar unos días de vacaciones antes y después de la mudanza para así reducir el estrés y poder familiarizarse con su nueva residencia. En todo caso, es importante hacer los preparativos con tiempo. Póngase en contacto con la compañía de mudanzas y adquiera los materiales que va a necesitar tales como cajas, cinta y **cuerda.** No se olvide también de activar los servicios de agua, luz y teléfono en su nueva residencia y de desconectarlos en la antigua. Finalmente informe de su nueva dirección tanto a amigos y familiares, como a bancos y otras instituciones que lo requieran.

string

Una buena preparación y una actitud abierta y positiva son las claves del éxito en cualquier mudanza.

¿Entendiste bien?

C. **Preparativos.** Indica los preparativos que se mencionan en el artículo.

___ llamar a la oficina de teléfonos
___ comprar materiales de mudanza
___ despedirse de los vecinos
___ comprar nuevos muebles
___ familiarizarse con la nueva vecindad

D. **Enfoque lingüístico.** ¿Qué significan estas palabras según el contexto?

> **Estrategia de lectura:** ***Guessing from Context***
> Keep in mind the theme of the text.

1. **Investigue** con calma las opciones de vivienda que tiene su nueva comunidad.
   a. *investigation* b. *investigate* c. *investigated*
2. Es importante hacer los preparativos **con tiempo.**
   a. *on time* b. *ahead of time* c. *at times*
3. Adquiera los materiales que va a necesitar **tales como** cajas, cinta y cuerda.
   a. *so many* b. *as well as* c. *such as*

E. **¿Qué falta?** Menciona otros preparativos importantes que no se mencionen en este texto. (Toma algunos de tu lista inicial o de tu experiencia personal.)

F. **Enfoque comunitario.** Cada país tiene costumbres y procedimientos particulares con respecto a las mudanzas. Prepara un folleto con consejos sobre mudanzas aquí en los Estados Unidos, y específicamente en tu comunidad, para ponerlo a la disposición de estudiantes extranjeros de tu universidad.

> **Sugerencias**
> Incluye la siguiente información en el folleto:
> - opciones para mudarse (alquiler un camión de mudanza, compañías de mudanza, etc.)
> - precios justos *(fair)*
> - detalles del traslado (informar al correo, etc.)

IV. Funciones y estructuras: *Indirect object pronouns*

> **No le tenga miedo al cambio**
>
> **¡Nosotros nos encargamos de todo!**
>
> **Si tiene que mudarse al extranjero, sólo llámenos.**
>
> **Le ofrecemos asesoría y apoyo en cada una de las fases de su próxima mudanza internacional.**
>
> **Para más información, llame al:**
> **PBX: 415-356-9877**
> **Nuestras operadoras están listas para darle la información que necesita.**

Notice that in the ad on page 375 the pronoun **le** appears several times.

- What do you think it means?
- Where is it placed within the sentence in relation to the verb?

The indirect object pronoun **le** stands for the beneficiary of the services offered by this moving company (in other words, a potential customer).

Asking the question **¿a quién?** or **¿para quién?** (*to whom?* or *for whom?*) can identify indirect objects. Although it may appear redundant for English speakers, the actual indirect object nouns and their corresponding pronouns are often present in the same sentence in Spanish.

Voy a ayudar**le a Elena** a mudarse la próxima semana.	*I am going to help* ***Elena*** *move next week.*
Elena **le** dijo **a Juan** que necesitaba más cajas.	*Elena told* ***Juan*** *that she needed more boxes.*

Note that in English there is no need for a pronoun since the indirect objects (*Elena* and *Juan*) are already mentioned in the sentence.

Indirect object pronouns are normally placed before the verb or attached to the end of an infinitive. When both the direct and indirect object are used in the same sentence, the indirect object pronoun is placed before the direct object pronoun.

Pronoun	Translation	Pronoun	Translation
me	*to / for me*	**nos**	*to / for us*
te	*to / for you (familiar singular)*	**os**	*to / for you (familiar plural in Spain)*
le (se)*	*to / for you (formal singular), him, her, it*	**les (se)***	*to / for you (formal plural), them*

*Use **se** instead of **le** before direct object pronouns in the third person **(lo, la, los, las).**

Asimilación

A. ¿Entendiste bien? Responde a las siguientes preguntas acerca del anuncio publicitario.

1. ¿Cuál de los siguientes pronombres encuentras en los dos anuncios?
   ___ me ___ te ___ le
2. ¿A qué se refiere ese pronombre?
   ___ la aerolínea ___ el pasajero ___ el boleto

American Airlines le ofrece más servicio sin escala hacia Latinoamérica que ninguna otra aerolínea.

AmericanAirlines®
Algo especial a Latinoamérica℠

Continental le ofrece servicio Business First diario a Nueva York desde Quito, Bogotá, Lima, São Paulo y Rio de Janeiro, y desde Lima a Houston.

Cada vez más…

B. ¿De qué anuncio se trata? Vas a escuchar tres anuncios comerciales. Identifica el dibujo que corresponde a cada uno de ellos. 

a.

b.

c.

Aplicaciones

C. ¿Adónde deben ir? →← Indiquen la ciudad o la región de los Estados Unidos que más les conviene a los siguientes inmigrantes cubanos. (Expliquen por qué.)

Modelo: una señora a quien le gusta el mar y los climas cálidos
Le recomendamos Miami porque tiene playas y el clima es excelente.

1. un joven universitario
2. una pareja de abuelos
3. una pareja de profesionales jóvenes
4. una familia con tres niños pequeños
5. una joven que quiere ser actriz

D. El viaje. Completa la carta con los pronombres adecuados.

16 de marzo

Querida Rita,

Quería enviar _____ una nota para confirmar mis planes de viaje. Salgo de La Habana el próximo lunes, 23 de abril en el vuelo de las cinco de la tarde. Puedes decir _____ a tu esposo que no tiene que ir a recoger _____ al aeropuerto. Puedo tomar un taxi. Necesito, eso sí, que _____ den las indicaciones para llegar a su apartamento. ¡No quiero perderme!

¿Quieres que _____ traiga algo de Cuba? Me gustaría llevar _____ a ustedes alguna de las cosas que seguramente extrañan de su país.

No se imaginan cuántos deseos tengo de verlos de nuevo a todos.

¡Hasta muy pronto! Un abrazo,
Esteban

E. Hablando con la compañía de mudanzas. →← Completen el diálogo con información lógica, usando pronombres de objeto indirecto cuando sea pertinente.

AGENTE: Bueno, quiero asegurarme de que todo está listo para su mudanza. ¿Le dio a su familia su nueva dirección?

CLIENTE:

AGENTE: ¿Me dejó las llaves de su casa sobre la mesa?
CLIENTE:

AGENTE: ¿Le escribió una carta a la empresa municipal para activar los servicios de agua y luz en su nueva residencia?
CLIENTE:

AGENTE: ¿Les pagó la cuenta a los empacadores?
CLIENTE:

AGENTE: Bueno, entonces está Ud. listo(a). ¡Enhorabuena!

Integración

¡A conversar!

F. **Entrevistas.** →← Con un(a) compañero(a) respondan a las siguientes preguntas. No se olviden de tomar notas para presentar un resumen oral en clase de las respuestas de su compañero(a).

Estudiante A

Tema de la entrevista: Los regalos

- ¿Te gusta dar regalos?
- ¿A quién le das regalos normalmente?
- ¿Cuándo?
- ¿Recuerdas algún regalo de manera especial?

Estudiante B

Tema de la entrevista: La correspondencia

- ¿Te gusta escribir cartas?
- ¿Prefieres el papel y el lápiz o el correo electrónico? ¿Por qué?
- ¿A quién le envías cartas normalmente?
- ¿Qué les dices?

Atajo

Phrases/Functions: Persuading
Vocabulary: House; Traveling
Grammar: Personal pronouns: indirect

¡A escribir!

G. **Anuncios.** Escribe un anuncio comercial para una agencia de mudanzas internacionales.

Estrategia de escritura: *Prewriting Preparation*

1. Make a list of the features you want to highlight about your moving business.
2. Select the information and images you want to include in your ad.
3. Make a more direct appeal to the customer by including statements with indirect object pronouns.

V. Lectura: Dirección: El sur de la Florida

Antes de leer

A. **Para discutir.** →← Respondan por grupos a las siguientes preguntas.

1. ¿Hay vecindades o barrios bien definidos en su ciudad? Si es así, ¿cuál es su vecindad favorita? (Expliquen por qué.)
2. ¿Cuáles son las características de una vecindad ideal? Preparen una lista (por ejemplo: seguridad, accesibilidad, servicios, etc.). Usen el diccionario si es necesario.

B. Vocabulario y conceptos. Para cada palabra, busca la letra que corresponde a su definición.

1. bienes raíces	a. barato
2. segunda vivienda familiar	b. una casa para pasar las vacaciones
3. precio asequible	c. mucho tiempo para pagar
4. financiamiento	d. costumbres, actividades, preferencias
5. largo plazo	e. propiedades como casas y edificios
6. estilo de vida	f. crédito, pago diferido con intereses

A leer

Dirección: El sur de la Florida por Phyllis Apple

Los compradores internacionales alimentan la bonanza en bienes raíces de la Costa de Oro de la Florida

¿Por qué tanta gente quiere vivir en el sur de la Florida? En la zona metropolitana de Miami, en el **Condado** de Dade, aproximadamente el 25 por ciento de todas las compras de bienes raíces las realizan personas de otros países, quienes **acaparan** casi el 55 por ciento de todas las ventas de condominios destinados a usarse como segunda vivienda familiar. Los latinoamericanos representan un 60 por ciento de estas ventas.

county

monopolize

Los precios asequibles del sur de la Florida, especialmente cuando se comparan con los de propiedades situadas frente al mar en América del Sur y Europa, así como la disponibilidad de un financiamiento a largo plazo y a bajo interés, son algunas de las razones principales de la fiebre de compras. Otros factores que influyen en este mercado son la seguridad, la accesibilidad y la gama de servicios modernos que los estadounidenses **dan por sentados.**

take for granted

«Llegar acá es fácil», observa Alicia Cervera, una de las principales agentes de bienes raíces de Miami, «pero vivir acá es más fácil todavía. Es preciso viajar al país latinoamericano más refinado para apreciar todo lo que tenemos aquí en términos de comodidad, seguridad, carreteras, así como servicios confiables. Estas cosas hacen que el clima y las playas del sur de Florida sean aún más llamativos para los latinoamericanos».

Con el objeto de satisfacer la demanda, los urbanistas entregan nuevos productos para satisfacer toda una gama de **presupuestos** y estilos de vida. Desde las comunidades country club donde la vida **gira** alrededor del tenis y del golf, hasta las propiedades frente al mar diseñadas para los **amantes** de la playa y el **yatismo,** las opciones y destinos son tan amplias como los compradores mismos.

budgets
rotates
lovers / yachting

En virtud de la diversidad de opciones y la fuerte demanda, invertir en una residencia de lujo en la Costa de Oro del sur de la Florida representa hoy en día una decisión sólida y **provechosa.**

advantageous

¿Entendiste bien?

C. En resumen... En dos o tres frases sintetiza la idea principal de este texto.

Critical Thinking Skills: Summarizing

Identify the key concepts of the text.

D. ¿Cierto o falso? Indica si las siguientes oraciones son ciertas o falsas.

Estrategia de lectura: *Scanning*

You do not have to understand every word. Concentrate on identifying the main points of the story and completing the following comprehension activity.

¿Cierto o falso?

1. Un 55% de todos los latinos tienen una segunda vivienda en la Florida.
2. Un 60% de los compradores de bienes raíces en la Florida son extranjeros.
3. Las propiedades frente al mar en Latinoamérica son más costosas que en la Florida.
4. Según la autora, los términos de crédito son muy favorables en los Estados Unidos.
5. Alicia Cervera sugiere que la vida en Estados Unidos es más fácil que en Latinoamérica.

E. Aspectos lingüísticos. Adivina según el contexto el significado de las palabras en negrilla *(boldface)*.

Estrategia de lectura: *Guessing from Context*

1. «Apreciar todo lo que tenemos aquí en términos de comodidad, seguridad, carreteras, así como servicios **confiables.**»
   a. *feeble* b. *funny* c. *reliable*
2. «Estas cosas hacen que el clima y las playas del sur de Florida sean aún más **llamativos** para los latinoamericanos.»
   a. *expensive* b. *appealing* c. *modern*
3. «Los urbanistas entregan nuevos productos para satisfacer toda una **gama** de presupuestos y estilos de vida.»
   a. *game* b. *range* c. *gold*

F. ¿Lo recuerdan? →←

1. Mencionen cuatro razones por las cuales los latinoamericanos están invirtiendo su dinero en el sur de la Florida.
2. Mencionen dos ejemplos del tipo de vivienda que ofrecen los urbanistas a los compradores latinoamericanos.

G. Para discutir por grupos. →← ¿Creen Uds. que la autora tiene una visión positiva o negativa acerca de la inversión en bienes raíces en el sur de la Florida? Justifiquen su respuesta.

Critical Thinking Skills: Inferring

What is the author's tone in this text?

H. Enfoque comunitario. Imagina que tienes que promover la inversión *(promote the investment)* de latinoamericanos en casas de vacaciones en tu área. Escribe un folleto que describe las ventajas de hacer este tipo de inversión.

Critical Thinking Skills: Creating

Use your understanding of Hispanic and U.S. culture to create an effective promotional campaign.

Vocabulario

Preparativos para una mudanza	***Preparations for a move***
la bodega	*warehouse*
la caja (de cartón)	*(cardboard) box*
el camión de mudanzas	*moving truck*
la cinta	*tape*
el contenedor	*container*
la cotización/ el presupuesto/ el avalúo	*price estimation*
el embalaje	*packing*
los empacadores	*packing staff*
el guardamuebles	*storage*
la manta	*blanket*
el marcador/ el rotulador	*marker*
el menaje	*household goods, belongings*
la mudanza/el trasteo	*move*
el plástico de burbujas	*bubblewrap*
las tijeras	*scissors*
el transporte	*transportation*
el traslado	*relocation, transfer*

Verbos	
acomodar	*to accommodate, to arrange*
alquilar	*to rent*
cargar	*to load*
desempacar	*to unpack*
empacar	*to pack*
envolver (ue)	*to wrap*
guardar	*to store*
marcar	*to label*
trasladarse	*to relocate*

Expresiones con por	
por ciento	*percent*
por cierto	*by the way*
por ello, por eso	*because of that*
por esto	*because of this*
por favor	*please*
por fin	*finally*
por la mañana	*in the morning*
por la noche	*at night*
por la tarde	*in the afternoon*

Tema 3

¡A establecer un nuevo hogar!

I. Vocabulario: Los bienes raíces

¿Cuánto es la cuota inicial?

Queremos una hipoteca a 20 años.

Vocabulario útil

los bienes raíces	*real estate*	el préstamo	*loan*
el contrato	*contract*	la propiedad	*property*
la cuota inicial/ el anticipo	*down payment*	los términos de financiamiento	*credit terms*
la hipoteca	*mortgage*	la ubicación	*location*
la inmobiliaria	*real estate agency*		
los planos	*blueprints*	**Vocabulario personal:**	

Asimilación

A. Atractivos. Indica los principales atractivos de estos condominios.

___ la cuota inicial ___ su ubicación
___ los términos de la hipoteca ___ facilidades para obtener préstamos

Key Biscayne

Una Comunidad Exclusiva y Segura en la Isla de Key Biscayne, Florida.
Con Excelentes Términos de Financiamiento Disponible.
Perfecto para un Ambiente Familiar.

The Ocean Club, en la Isla de Key Biscayne, en la Florida, a minutos de Miami, te ofrece lujosos condominios en una comunidad privada. Con vistas del océano Atlántico, la Bahía de Biscayne, los rascacielos de Miami y un lago privado. 300 metros de playa; Un club de tenis canchas de arcilla; Un Club de Playa donde se puede cenar formalmente o al aire libre; Gimnasio y spa; Cabañas privadas en la playa; Piscinas; Parques para los niños; Y mucho más.

Todo esto a solo un puente de Miami y a 20 minutos del Aeropuerto Internacional de Miami.

The Ocean Club puede referirlo a excelentes entidades bancarias para facilitarle el financiamiento, el cuál tiene una cuota inicial del 30% e hipotecas de 15 a 30 años.

Si usted busca una residencia a orillas del mar en la Florida, no tiene que ir más allá de Key Biscayne y The Ocean Club.

Apresúrese. Las residencias se están vendiendo muy rápido.

Con precios desde los $300,000 a $2,100,000.

Para recibir un folleto y vídeo gratis llame a nuestra oficina en Key Biscayne.

B. ¿Sí o no? Indica si las frases corresponden o no con la información del anuncio que vas a escuchar.

¿Sí o no?

1. ...
2. ...
3. ...
4. ...
5. ...

Aplicaciones

C. Busco un condominio. Completa la carta con el vocabulario más apropiado.

Opciones: hipoteca, bienes raíces, ubicación, financiamiento

Inmobiliaria Punto Norte

Estimados señores,

Me dirijo a Uds. para solicitar los servicios de uno de sus agentes de _____ . Estoy buscando un condominio de dos o tres habitaciones, preferiblemente en el sur de la ciudad, con buena _____ (tal vez cerca de un supermercado o de una línea del metro). Les agradecería también información acerca de oportunidades de _____ a través de bancos locales. (Necesito una _____ a 30 años.)

Les agradecería que me enviaran la información a la siguiente dirección:

Calle de la Independencia # 25
Tel: 445-8690

Atentamente,

Juanita Martínez

D. Tengo algo para Ud. →← Con un(a) compañero(a), organicen las siguientes frases y luego reconstruyan el texto de la carta que le envió el agente de bienes raíces a Juanita.

- Alberto Jaramillo
- Atentamente,
- nuestros / sólo / ofrecen / Desgraciadamente / financiamiento /entre / 15 y 25 años / bancos
- condominio / un / encontré / ideal / para / Ud.
- recuerdo / le / que / la / del 20% / es / cuota inicial
- si es posible, / esta semana / hablar / con Ud. / me gustaría
- Srta. Martínez / Estimada
- Tiene / estación del metro / a dos cuadras / tres habitaciones y dos baños / y / está / tres /de / una

E. Preguntas. →← Con un(a) compañero(a), preparen cuatro preguntas que Juanita debe hacerle al agente de bienes raíces acerca del condominio.

Un paso más: Transacciones bancarias

Necesito retirar doscientos dólares de mi cuenta corriente.

¿Dónde hay un cajero automático?

Vocabulario útil

el cajero automático	*automatic teller machine*
el certificado de depósito a término (CDT)	*certificate of deposit (CD)*
la chequera	*checkbook*
la clave secreta	*PIN number*
la consignación/ el depósito	*deposit*
la cuenta corriente	*checking account*
la cuenta de ahorros	*savings account*
el extracto	*bank statement*
el préstamo	*loan*
el recibo	*receipt*

el saldo	*account balance*
la sucursal	*branch office*
la tarjeta de crédito	*credit card*
abrir	*to open*
cargar	*to charge*
girar	*to draw; to write a check*
depositar	*to deposit*
invertir (ie, i)	*to invest*
retirar/sacar	*to withdraw*

Vocabulario personal:

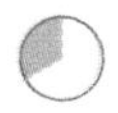

Asimilación

A. ¿Dónde? Indica la sección de la página que debes consultar para encontrar información acerca de lo siguiente.

BANCO INTERAMERICANO
Miami, Florida

Oficina Principal	**Sucursal West Miami**	**Sucursal de Kendall**	**Sucursal de Hialeah**
9190 Coral Way	1350 Red Road	12855 S.W. 88th Street	4090 West 12th Ave.
Miami, FL 33165	Miami, FL 33144	Miami, FL 33186	Hialeah, FL 33012
(305) 223-1434	(305) 261-1415	(305) 380-0990	(305) 824-0001

Horarios y sucursales

Cuentas corrientes

Cuentas de ahorros

Préstamos

http://www.interamericanbank.com/spaindex.htm

1. la sucursal del banco más cercana a tu casa
2. cómo obtener una chequera y cómo usar los cheques
3. cómo obtener dinero para comprar un coche
4. cómo ahorrar dinero para la educación de tus hijos

B. Apareamiento *(Matching)*. Para cada palabra indica el número que corresponde a su definición.

___ cuenta corriente
___ cuenta de ahorros
___ tarjeta bancaria
___ préstamo personal

Aplicaciones

C. ¡Adivina! →← Con un(a) compañero(a) tomen turnos describiendo y adivinando términos relacionados con la banca y las finanzas.

Modelo: ESTUDIANTE A: *Es un libro pequeño que tiene muchas páginas pequeñas, usualmente verdes, que usas para pagar tus cuentas.*
ESTUDIANTE B: *¿Una chequera?*
ESTUDIANTE A: *¡Así es!*

D. Vamos a almorzar. →← Con un(a) compañero(a), completen y practiquen el siguiente diálogo.

Opciones: consignación, saldos, tarjeta de crédito, cajero automático

JUAN PABLO: ¿Adónde vas a almorzar hoy?
ÁNGELA MARÍA: No lo sé. Tal vez en el centro. Tengo que ir al banco a hacer una _____ .
JUAN PABLO: Yo te llevo y de paso saco un poco de dinero del _____ .
ÁNGELA MARÍA: ¿Y porqué no usas tu _____ ?
JUAN PABLO: Prefiero no tener _____ . No me gustan las deudas.

E. Entrevista. →← Hazle las siguientes preguntas a un(a) compañero(a) para evaluar su «habilidad financiera» *(financial wisdom)*. Al terminar presenta un breve informe.

1. ¿Tienes una cuenta de ahorros?
2. ¿Con qué frecuencia haces depósitos en ella?
3. ¿Tienes una cuenta corriente?
4. ¿Con qué frecuencia cambias la clave secreta de tu tarjeta de cajero automático?
5. ¿Cuántas tarjetas de crédito usas?
6. ¿Te molesta tener saldos en tus tarjetas de crédito?
7. ¿Cómo inviertes tu dinero extra?

Informe: *Mi compañero(a) no tiene cuenta de ahorros, pero tiene una cuenta corriente. También… .*

Integración

¡A conversar!

F. Necesito... →← Preparen con un(a) compañero(a) el siguiente diálogo.

Estudiante A	Estudiante B
Deseas mudarte a una nueva casa o apartamento. Llama al (a la) agente de bienes de raíces para averiguar qué tiene disponible *(available)*. Pregúntale también acerca de sus planes de financiamiento.	Tú eres agente de bienes raíces. Recibe la llamada de este(a) cliente y toma nota de toda la información que necesitas para empezar tu búsqueda *(search)*. Infórmale también acerca de los planes de financiamiento que puedes ofrecerle.

Recuerda

Remember to use question words such as **qué** *(what)*, **cómo** *(how)*, **cuánto(s)** *(how much / how many)*, **cuándo** *(when)*, **dónde** *(where)*.

Ejemplos: ¿**Cómo** es la casa que busca? ¿**Cuántas** habitaciones quiere? ¿**Dónde** (**En qué** vecindad) le gustaría vivir? ¿**Cuándo** piensa mudarse?

Atajo

Phrases/Functions: Writing a letter (formal); Persuading
Vocabulary: House
Grammar: Adjective agreement

¡A escribir!

G. Condominios en Miami. Imagina que trabajas como agente de bienes raíces en el sur de la Florida. Escribe una carta para un cliente latinoamericano describiéndole este condominio en Miami. (Usa la imaginación para describir todas sus características.)

II. Funciones y estructuras: *Talking about the past with the preterit and the imperfect*

As you learned in **Capítulo 5** the preterit is used to talk about completed past events.

Ayer **llegó** mi prima de la Habana. — *My cousin **arrived** from Havana yesterday.*
Trajo muchas maletas y cajas. — *She **brought** a lot of suitcases and boxes.*

The preterit tense can be considered the "default" past verb tense to talk about actions. Use the imperfect tense when you are talking about habitual past actions, providing descriptions, or referring to actions in progress in the past.

Estaba muy bonita. — *She **looked** very pretty.*
Parecía un poco triste. — *She **seemed** a bit sad.*

Preterit	Imperfect
1. completed past events (a series of completed events, the beginning or the end of an action or condition) Miguel **salió** para los Estados Unidos en 1991. *Miguel **left** for the US in 1991.* Su hermana lo **invitó** a vivir con ella en Nueva York. *His sister **invited** him to live with her in New York.* Él **vivió** con su hermana por un tiempo. *He **lived** with his sister for some time.*	1. habitual past actions (things one "used to do") Miguel **trabajaba** en una compañía constructora en la Habana. *Miguel **used to work** in a construction company in Havana.* Él **diseñaba** sistemas eléctricos. *He **used to design** electrical systems.* 2. ongoing states or conditions Él **quería** vivir en los Estados Unidos. *He **wanted** to live in the U.S.*

Preterit	Imperfect
En 1993 Miguel **se casó** y **se mudó** a Texas. *In 1993 Miguel **got married** and **moved** to Texas.*	Miguel **pensaba** que la vida era muy fácil aquí. *Miguel **thought** that life was very easy here.* 3. the background of past events (time, weather, location, etc.) Cuando el llegó, **hacía** mucho frío en Nueva York. *When he arrived, **it was** very cold in New York.* En ese tiempo, la casa de su hermana **estaba** cerca del aeropuerto. *At the time, his sister's home **was** near the airport.* 4. description of ongoing physical or psychological characteristics of something or someone in the past Carlos **tenía** veintitrés años. *Carlos **was** twenty-three years old.* Él **estaba** muy contento. *He **was** very happy.* (**Note**: Use the *preterit* to describe a complete event: **La mudanza no *fue* difícil** / *The move **was** not difficult.*) 5. actions in progress in the past Cuando él llegó, su hermana **estaba** trabajando en una fábrica. *When he arrived, his sister **was** working at a factory.* Mientras ella **trabajaba**, Carlos **cuidaba** a los niños. *While she **was working**, Carlos **took** care of the children.*

Asimilación

A. ¿Pretérito o imperfecto? Clasifica los verbos en el pretérito o el imperfecto que encuentres en la siguiente lectura usando la tabla a continuación.

Critical Thinking Skills: Analyzing and Categorizing

Identify verbs by looking at their context, the tense in which they are conjugated, and their function.

Pretérito	**Imperfecto**	
		Descripción
		Acciones o estados habituales

Cuban ballet dancer Carlos Acosta

¿El próximo Baryshnikov?

Carlos Acosta es hoy por hoy uno de los bailarines más aclamados de ballet del mundo entero. Carlos nació en la Habana en 1973 y desde muy pequeño, demostró un gran talento natural para el baile. De hecho, para evitar *(to avoid)* que pasara más tiempo haciendo travesuras *(pranks)* en las calles, su padre decidió enviarlo a la Academia Nacional de Ballet de Cuba cuando tenía nueve años. Aunque al principio Carlos no quería estudiar ballet, eventualmente se entusiasmó por este arte. A la temprana edad de 14 años fue a continuar sus estudios de ballet clásico en Turín, Italia, y dos años más tarde ganó el prestigioso «Prix de Lausanne». Su éxito eventualmente le abrió las puertas del Ballet Nacional Inglés de Londres en 1991 y en 1993 del famoso ballet de Houston, donde trabaja y vive desde entonces. Carlos es tratado como un héroe en Cuba y debido a su estilo atlético, su virtuosismo técnico y su sensualidad es considerado internacionalmente como el próximo Baryshnikov.

B. Carlos Acosta. Indica si las siguientes frases son ciertas o falsas de acuerdo a la lectura.

¿Cierto o falso?

1. ...
2. ...
3. ...
4. ...
5. ...

Aplicaciones

C. ¡Encontramos la casa! Completa la siguiente carta con las formas verbales apropiadas.

Hola Carmen

Bueno, por fin estamos instalados en nuestra nueva casa. Pero te cuento que no _____ (ser) nada fácil. Como sabes, a Ana Milena y yo _____ (querer) vivir en un barrio tranquilo. Bueno, primero nosotros _____ (hablar) con varias inmobiliarias y después _____ (ir) a visitar varias casas y apartamentos. Desgraciadamente, todo _____ (estar) muy caro. Por fin, _____ (encontrar) en el periódico un anuncio de una casa y _____ (ir) a verla. _____ (quedar) encantados. La casa _____ (ser) perfecta, _____ (tener) todo lo que necesitabamos y el precio _____ (ser) muy razonable. Así que la _____ (tomar) de inmediato. _____ (mudarse) hace tres semanas exactamente y por fortuna ya estamos bien instalados. Tienes que venir a visitarnos. Recuerda que por aquí te esperamos.

Con mucho cariño,

Pablo y Ana Milena

D. La mudanza. ¿Cómo fue la mudanza de Pablo y Ana Milena? Escribe por lo menos cinco frases con algunos de los siguientes verbos. (Recuerda que debes usar el pretérito o el imperfecto según la función del verbo.)

Opciones: creer, tener, decorar, comprar, pensar, querer, visitar

E. Entrevista. ➝⟵ Averigua cómo era la casa y el vecindario donde se crió *(grew up)* tu compañero(a). Al terminar presenta un breve informe. Usa las siguientes preguntas como guía.

1. ¿Dónde vivías cuando eras chico(a)?
2. ¿Cómo era tu vecindad? ¿Te gustaba?
3. ¿Cómo era tu casa?
4. ¿Cuándo te mudaste a esta ciudad?
5. ¿Cómo escogiste tu casa/apartamento/dormitorio?
6. ¿Qué es lo que más extrañas de la casa y/o el vecindario donde creciste?

Informe: *Mi compañero se crió en Virginia. Su familia tenía una casa... .*

Integración

¡A conversar!

F. Inmigrante cubano(a). ➝⟵ Prepara la siguiente conversación con un(a) compañero(a).

Estudiante A

Imagina que eres un(a) inmigrante cubano(a) que acaba de establecerse en la Florida. Llama a uno(a) de tus amigos en Cuba y cuéntale todo acerca de tu mudanza (cómo fue el viaje, cómo es la nueva vecindad, qué cosas has hecho, etc.).

Sugerencias

Para dar énfasis a la historia, usa las expresiones siguientes: **¿Te imaginas?** *(Can you imagine?)*, **¿Puedes creerlo?** *(Can you believe it?)*, **¡Imagínate! ¡Figúrate!** *(Imagine that!)*

Estudiante B

Uno(a) de tus mejores amigos ha emigrado a los Estados Unidos. En este momento él (ella) está en el teléfono. Pregúntale acerca de sus experiencias y averigua cómo está.

Sugerencias

Puedes usar expresiones de sorpresa o duda como: **¡No lo puedo creer!** *(I can't believe it!)*, **¡No puede ser!** *(It can't be!)*, **¡Increíble!** *(Unbelievable!)*, **¡Imposible!** *(Impossible!)*.

Atajo

Phrases/Functions: Talking about past events; Sequencing events
Vocabulary: House; Traveling
Grammar: Preterit tense; Imperfect tense

¡A escribir!

G. Mis experiencias en los Estados Unidos. Basándote en la actividad anterior, escribe la carta que este(a) inmigrante cubano(a) le escribe a uno(a) de sus familiares en la isla contándole acerca de sus experiencias en los Estados Unidos.

Asegúrate de incluir:

- actividades desarrolladas hasta este momento,
- una descripción de tu nuevo vecindario (tus vecinos, amigos, jefes, etc.),
- alguna experiencia interesante. (Menciona los antecedentes y narra la historia misma.)

III. Perspectivas: Migración interna en los países hispanos

Antes de leer

A. Costumbres estadounidenses. Discutan por grupos las siguientes preguntas.

- ¿Se mudan mucho los estadounidenses? Den ejemplos para sustentar su opinión.
- ¿Cuáles creen que son los destinos (ciudades, estados, regiones) más populares en los Estados Unidos?

A leer

La movilidad en los países hispanos

have been characterized / attachment to the homeland / there has been / of birth (origin)

Aunque tradicionalmente los hispanos **se han caracterizado** por su **«apego a la tierra»**, en los últimos años **se ha dado** un gran movimiento de población hacia los centros urbanos y hacia países con mejores condiciones económicas. En México por ejemplo, entre 1985 y 1990 más de cuatro millones de personas se mudaron de su estado **natal**. Esta cifra representó aproximadamente el cinco por ciento de la población del país en 1990, de los cuales, una tercera parte (más de un millón) migró al Distrito Federal. La búsqueda de oportunidades, servicios y seguridad personal son las principales razones por las cuales los pobladores del campo están migrando a las ciudades hispanoamericanas.

¿Entendiste bien?

B. Ideas principales. Responde a las siguientes preguntas.

1. ¿Son apegados a su tierra los hispanos?
2. ¿Qué porcentaje del total de la población mexicana migró entre 1985 y 1990?
3. ¿Adónde fue la mayoría de estas personas?
4. ¿Por qué se mudan?

C. Para investigar. Contesta las siguientes preguntas.

1. ¿Existe una gran movilidad en los Estados Unidos? (¿Es superior o inferior al cinco por ciento mexicano?)
2. ¿Cuáles son los destinos favoritos de los norteamericanos para sus mudanzas? ¿Por qué?

3. ¿Qué aspectos comunes tienen los emigrantes mexicanos y los norteamericanos?

Sugerencias
Consulta la información estadística en:
http://temas.heinle.com.

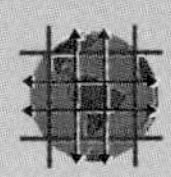

IV. Funciones y estructuras: *Referring to the immediate past with* ***acabar de*** *+ infinitive*

The phrase **acabar de** followed by an infinitive is used to refer to something you have just done.

Este vuelo **acaba de llegar** de Lima.	*This flight **just arrived** from Lima.*
Acabamos de mudarnos a este vecindario.	***We have just moved** into this neighborhood.*

Other verbs that require the preposition **de** are:

acordarse de	*to remember*
dejar de	*to quit, to stop doing something*
olvidarse de	*to forget*
tener ganas de	*to want, to have the desire to do something*
tratar de	*to try*

Asimilación

A. Noticias. Te estás mudando. Pon en orden lo que le dices a tu mamá cuando hablan por teléfono.

Hola, mamá...

___ Acaba de llegar el camión de mudanza.
___ Acabo de envolver todo el cristal en plástico de burbujas.
___ Acabamos de conseguir el préstamo.
___ Acabamos de encontrar la casa ideal.
___ Acabamos de terminar de empacar.

B. Mensaje. Anota la información principal que dejó la cliente en el siguiente mensaje.

1. Nombre de la cliente: _____ .
2. Acaba de _____ .
3. Necesita _____ .
4. Teléfono: ______ .

Aplicaciones

C. ¿Qué dicen?  Copien la tabla para clasificar las siguientes frases.

1. Acabo de terminar el contrato de su nueva casa.
2. Acabo de venir del banco de obtener el préstamo.
3. Acabo de imprimir la lista de las casas que debemos visitar.
4. Acabo de discutir su oferta con el dueño de la casa.
5. Acabo de recibir sus documentos.
6. Acabo de firmar el contrato para mi nueva casa.
7. Acabo de encontrar su nombre en el directorio telefónico.
8. Acabo de hablar con mi esposa para discutir las opciones.

Cosas que dice un agente de bienes raíces	**Cosas que dice una persona que va a comprar una casa**

D. Actividades. Usa la frase **acabar de** para indicar cinco cosas que acabas de hacer.

E. Actividades de otros. →← Con un(a) compañero(a) escriban dos cosas que posiblemente acaban de hacer las siguientes personas: un médico, una madre, un agente de bienes raíces, un estudiante.

Integración

¡A conversar!

F. Mejoras *(Improvements).* →← Prepara la siguiente conversación con un(a) compañero(a).

Estudiante A

Imagina que estás en tu nuevo apartamento y que acabas de hacer algunas mejoras. Llama a tu mejor amigo(a) para contarle acerca de estos cambios y para pedir más sugerencias.

Sugerencias

Algunas mejoras de casa *(home improvements)* típicas son: **pintar** *(to paint)*, **instalar cortinas** *(to install curtains)*, **sembrar flores (ie)** *(to plant flowers)*, **comprar (cuadros, tapetes, etc.)** *(to buy [pictures, rugs, etc.])*.

Para pedir consejo *(to ask for advice)* usa expresiones como: **¿Qué sugieres?** *(What do you suggest?)*, **¿Qué recomiendas?** *(What do you recommend?)*, **¿Qué debo hacer?** *(What should I do?)*.

Estudiante B

Tu mejor amigo(a) se acaba de mudar a su nuevo apartamento. Llámalo(la) para averiguar cómo van las cosas. Dale sugerencias acerca de mejoras que puede hacerle a su casa (y no te olvides de ofrecerle tu ayuda).

Sugerencias

Algunas mejoras de casa *(home improvements)* típicas son: **pintar** *(to paint)*, **instalar cortinas** *(to install curtains)*, **sembrar flores (ie)** *(to plant flowers)*, **comprar (cuadros, tapetes, etc.)** *(to buy [pictures, rugs, etc.])*.

Para sugerir *(to suggest)* usa **deber** + infinitivo: **Debes comprar unos cuadros.** *(You should buy some pictures.)*

Para ofrecer ayuda *(to offer help)* puedes decir: **Si quieres, puedo ayudarte este fin de semana.** *(If you want, I can help you this weekend.)*

De otra manera

Mop is **trapeador** in Cuba, **mapo** in Puerto Rico, **suape** in Dominican Republic, and **mopa** in many countries.

—Dulce García,
CUNY City College

¡A escribir!

G. En la clase de hoy... Imagina que uno(a) de tus compañeros no pudo venir a clase hoy. Mándale una nota electrónica con la información de lo que pasó en la clase. No te olvides de usar frases tales como **acabar de, dejar de, acordarse de**, etc.

Atajo

Phrases/Functions: Talking about past events; Sequencing events
Vocabulary: Studies
Grammar: Preterit tense

V. Literatura: Soñar en cubano

Antes de leer

A. Para discutir. →← Discutan las siguientes preguntas en grupos de cuatro o cinco estudiantes.

Critical Thinking Skills: Analyzing and Drawing Inferences

Use information about your own culture and information gleaned about the Cuban immigrant experience to draw inferences about the cross-cultural phenomenon.

1. ¿Qué aspectos de la vida en los Estados Unidos creen que pueden sorprender a un inmigrante hispanoamericano que viene de la zona del Caribe?
2. En general, ¿quién creen que se adapta más rápidamente a su nuevo hogar en Norteamérica: un niño o un adulto? Expliquen por qué.

B. Vocabulario y conceptos. Las siguientes son algunas palabras importantes para la comprensión del texto que leerás a continuación. Para cada una busca la letra de su definición. (Consulten el diccionario si es necesario.)

1. el fracaso
2. la intervención
3. helar
4. crujir

a. bajar mucho la temperatura, formar hielo
b. hacer sonidos similares a algo que se quiebra o se fragmenta
c. la ruina, la destrucción, el fin
d. intromisión, participación arbitraria en un asunto ajeno

A leer

Soñar en cubano (fragmento)

Cristina García

Nació en la Habana, Cuba, en 1958 y creció en Nueva York. Asistió a Barnard College y a la Escuela de Estudios Internacionales Avanzados de la Universidad de Johns Hopkins. Cristina García ha trabajado como corresponsal para la revista *Time* en San Francisco, Miami y Los Ángeles, donde vive con su esposo. *Soñar en cubano* es su primera novela.

Recuerdo cuando llegamos a Nueva York. Vivimos durante cinco meses en un hotel de Manhattan, mientras mis padres esperaban el fracaso de la revolución o la intervención de los norteamericanos en Cuba. Mi madre me sacaba a pasear por Central Park. Una vez, uno de los agentes del **espectáculo** de Art Linkletter nos **detuvo** en el zoo infantil y le preguntó a mi madre que si yo podía formar parte en el show. Pero yo todavía no sabía hablar inglés, y mi madre **siguió** caminando.

Mamá me vestía con un abriguito de lana rojo oscuro con el **cuello** y los **puños** de **terciopelo** negro. El aire era distinto al de Cuba. Tenía un olor a frío, a **humo**, que helaba mis **pulmones.** El cielo y los árboles también eran diferentes. Yo me ponía a correr sobre las **hojas secas amontonadas** para escucharlas crujir como las **palmeras** de Cuba durante los huracanes. Pero luego me sentía triste al ver las **ramas desnudas** y pensaba en Abuela Celia. Me pregunto cómo sería mi vida con ella en Cuba.

show / stopped
continued
collar / cuffs
velvet / smoke
lungs
dry leaves piled up / palm trees / naked branches

para tu información

Note that the word **abriguito** is derived from the word **abrigo.** The colloquial endings **-ito** and **-cito** are used to indicate small size or affection.

Examples:

Ana: ***Anita***	casa: ***casita***	papá: ***papito***
Pepe: ***Pepito***	libros: ***libritos***	hijos: ***hijitos***
carro: ***carrito***	mamá: ***mamita***	corazón: ***corazoncito***

¿Entendiste bien?

C. Preguntas y respuestas. →← Con un(a) compañero(a) respondan a las siguientes preguntas.

1. ¿Adónde se mudó la familia de la narradora después de salir de Cuba?
2. ¿Por qué vivían en un hotel? (¿No tenían dinero para rentar o comprar una casa?)
3. ¿Qué recuerda especialmente la narradora acerca de esa época?
4. ¿Sus recuerdos son alegres o tristes? Explica.
5. Dibuja la escena de la narradora en el Central Park.

Critical Thinking Skills: Imagining and Contrasting

Use descriptive information to imagine and then contrast the scene in both cultures.

D. Conjeturas. →← Al final del fragmento la niña dice: «Me pregunto cómo sería mi vida con ella en Cuba». Usando la imaginación, describan la vida de esta niña en la isla (¿Cómo es su casa y su vecindad? ¿A qué se dedica? ¿Es feliz?, etc.)

E. Enfoque lingüístico. Clasifica los verbos en el pretérito o el imperfecto que encuentres en la lectura usando la siguiente tabla.

Pretérito	**Imperfecto**	
		Descripción
		Acciones habituales

Critical Thinking Skills: Categorizing

Determine the function of grammatical structures in the context of this story.

F. Enfoque comunitario. →← Entrevisten a un(a) estudiante extranjero(a) de cualquier nacionalidad y averigüen qué le gusta de los Estados Unidos, qué extraña de su país natal y qué ajustes ha tenido que hacer para vivir en este país. Presenten un reporte oral sobre sus respuestas.

Temas CD-ROM

En tu próxima tarea, vas a ir a Miami donde vas a crear un folleto para informar a cubanos que están en el proceso de mudarse a los Estados Unidos.

Vocabulario

Los bienes raíces — ***Real estate***

el contrato — *contract*
la cuota inicial/el anticipo — *down payment*
la hipoteca — *mortgage*
la inmobiliaria — *real estate agency*
los planos — *blueprints*
el préstamo — *loan*
la propiedad — *property*
los términos de financiamiento — *credit terms*
la ubicación — *location*

Transacciones bancarias — ***Banking transactions***

el cajero automático — *automatic teller machine*
el certificado de depósito a término (CDT)/el depósito de plazo fijo — *certificate of deposit (CD)*
la chequera — *checkbook*
la clave secreta — *PIN number*
la consignación/el depósito — *deposit*
la cuenta corriente — *checking account*
la cuenta de ahorros — *savings account*
el extracto — *bank statement*
el préstamo — *loan*
el recibo — *receipt*
el saldo — *account balance*
la sucursal — *branch office*
la tarjeta de crédito — *credit card*

Verbos

abrir — *to open*
cargar — *to charge*
girar — *to draw; to write a check*
depositar — *to deposit*
invertir (ie, i) — *to invest*
retirar/sacar — *to withdraw*

Verbos que requieren de

acabar de — *to have just*
acordarse de — *to remember*
dejar de — *to quit, to stop doing something*
olvidarse de — *to forget*
tener ganas de — *to want, to have the desire to do something*
tratar de — *to try*

Los inmensos y ricos llanos en el corazón del territorio venezolano

El centro de Caracas (población aproximada: 4 millones de habitantes)

Para comenzar

- →← Tomen turnos describiendo alguna de estas fotografías y adivinando de qué lugar se trata. **¡Ojo!** ¡Sólo tienen **dos** oportunidades para adivinar!
- ¿Conocen algunos lugares similares a éstos en los Estados Unidos? ¿Dónde están?

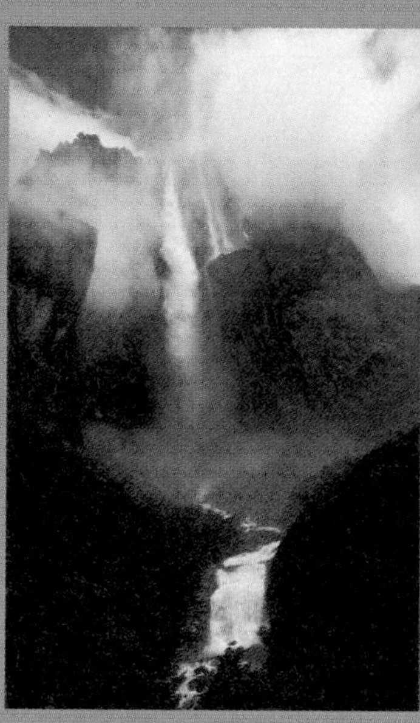

El Salto del Ángel es una de las cascadas más altas del mundo (3.213 pies). Está formado por el río Churún y se encuentra en el Macizo de la Guyana al sudeste de Venezuela.

In this chapter you will learn...

- how to talk about jobs, salary, and benefits;
- how to express work experience and qualifications;
- how to make a business call;
- how to give instructions;
- about job opportunities and conditions in Latin America and Spain today.

CAPÍTULO > > > 8

A trabajar

	Tema 1 En busca de trabajo	Tema 2 Mis antecedentes y expectativas laborales	Tema 3 El nuevo empleo
Vocabulario	El mundo del trabajo Las profesiones del futuro	La hoja de vida Cualidades laborales Expectativas laborales	Las tareas de oficina La computadora Las comunicaciones telefónicas
Funciones y estructuras	Referring to past events with **hace... que** Referring to past events that continue into the present with the present perfect tense	Influencing the behavior of others with formal commands Using pronouns and formal comands	Double object pronouns
Pronunciación		Las consonantes **s, z** y **c**	
Lectura	Trabajos vía Internet	Las entrevistas de trabajo	Perspectivas: El paro «Mi amigo» (by Germán Cuervo)
Vídeo	Trabajadores venezolanos		

ENFOQUE

Venezuela

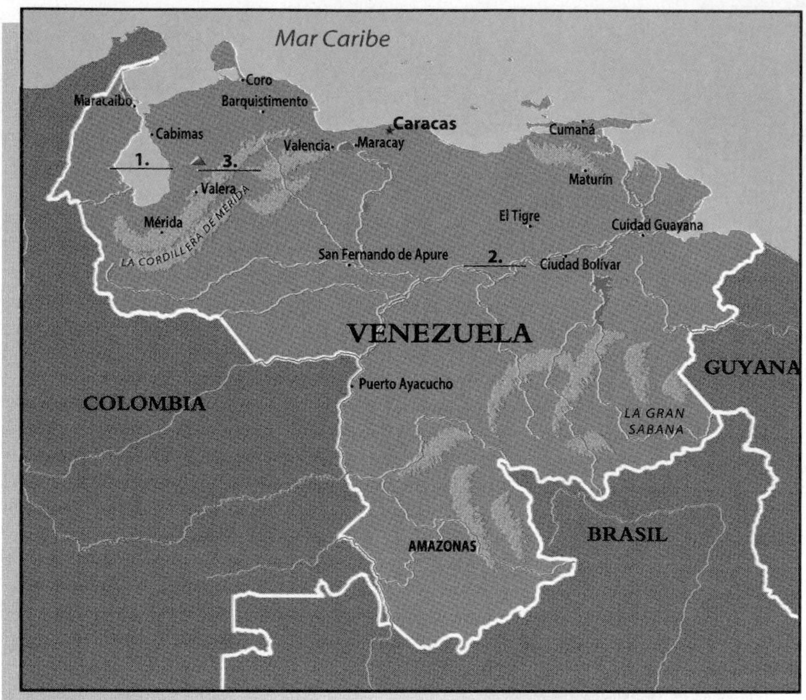

A. En el mapa. Mira el vídeo e indica el número en el mapa que corresponde con los lugares siguientes.

a. Golfo de Maracaibo b. Río Orinoco c. Pico Bolívar

B. En el vídeo. Completa la tabla con la información del vídeo.

Capital:	
Población:	
Ingreso per cápita:	
Moneda:	
Productos de exportación:	

C. La historia. Pon en orden los siguientes eventos en la historia de Venezuela.

___Venezuela declara su independencia del control colonial español.
___ Cristobal Colón llega a territorio venezolano.
___ Se afianza la democracia.
___ Se nacionaliza el petróleo.
___Tienen lugar una serie de dictaduras.

para tu información

La belleza femenina es asunto serio en Venezuela. De hecho, el concurso de Miss Venezuela es toda una empresa dedicada a la identificación y promoción de las jóvenes más hermosas de este país en el mundo entero. El éxito de esta empresa es evidente: cuatro títulos de Miss Universo y más de cinco Miss Mundo. Para estas señoritas, la participación en Miss Venezuela representa el comienzo de una exitosa carrera como actrices, modelos, presentadoras de televisión o aún como personajes políticos, como es el caso de Irene Lailin Sáez Conde (la segunda Miss Universo venezolana).

Irene Sáez estudió ciencias políticas después de su coronación en 1981, fundó su propio partido I.R.E.N.E (Integración Representación Nueva Esperanza) y se ha convertido en una de las figuras políticas más influyentes del país. Irene ha sido electa varias veces como alcaldesa *(mayor)* del Municipio del Chacao en Caracas (1992 y 1995) y en 1998 fue candidata presidencial.

Para saber más de Irene, o más acerca de la historia y los logros de la empresa de Miss Universo en Venezuela, puedes visitar este sitio-web: **http://temas.heinle.com.**

para tu información

La riqueza petrolera de Venezuela es legendaria y ha sido el motor del progreso del país en la segunda parte del siglo XX. Hoy en día, Venezuela exporta más de tres millones de barriles de petróleo al día, lo que la ubica en el tercer lugar del mundo, después de Arabia Saudita e Irán. En este momento, Venezuela es el principal proveedor de petróleo de los Estados Unidos.

Los orgullos de Venezuela...

Su paisaje y sus ciudades

Venezuela tiene ciudades modernas tales como su capital, Caracas, que es muy cosmopolita.

Su gente

Su riqueza petrolera

Actualmente, los EEUU importa más petróleo de Venezuela que de cualquier otro país.

Tema 1

En busca de trabajo

I. Vocabulario: El mundo del trabajo

Un buen abogado debe tener mucha **experiencia** para **defender** apropiadamente a sus clientes.

Esta ingeniera tiene excelentes **referencias** y una gran **facilidad de expresión**.

Los técnicos **se encargan de manejar** y **reparar** los equipos.

Vocabulario útil

la buena presencia	*good personal appearance*
la experiencia	*experience*
la facilidad de expresión	*ease of expression, ability to speak*
la hoja de vida/ el currículum	*resumé*
el profesional	*professional*
las referencias	*references*
el técnico	*technician*
el trabajador no calificado	*unqualified worker*

Verbos

arreglar	*to fix*
colaborar	*to collaborate*
cuidar	*to care for, to watch over*
defender (ie)	*to defend*
encargarse de + *verb*	*to be responsible for doing something*
entretener (ie)	*to entertain*
examinar	*to examine*
investigar	*to investigate*
manejar	*to operate, to handle*
participar en	*to participate in*
presentarse	*to present oneself, to appear*
reparar	*to repair*
solicitar	*to request*

Vocabulario personal:

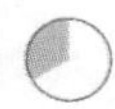

Asimilación

A. Clasificados. →← Lean los anuncios y respondan a las siguientes preguntas.

Clasificados
Empleo — Oferta

❶ Solicitamos varios técnicos en fotocopiadoras, fax, máquinas escribir, sumadoras, microondas, televisores, equipos electrónicos, impresoras, CPU, fuentes de energía. 541.5946, 541.6809.

❷ Se solicita secretaria recepcionista, mínimo 5 años experiencia, excelentes referencias, manejo de Word y Excel, para oficina ingeniería en Chacaíto. Telf. 261.3559, 261.3549, fax 263.7827, Sra. Elena.

❸ Importante empresa solicita vendedores de buena presencia. Facilidad de expresión y trato con el público. Traer hoja de vida a la Avenida Libertador. Centro Comercial Sambil nivel Feria local FR- 20. Telf. 0149-233697, 0149233916.

4 Seguridad Berna requiere para vinculación inmediata veinte supervisores de vigilancia, experiencia, libreta militar, de primera, 30–45 años. Presentarse lunes a viernes horas de oficina en la Avenida Urdaneta, entre Veroes y Santa Capilla, edificio Cipriano Morales, piso 1, oficina B.

5 Solicitamos mensajeros a pie, motorizados, bachilleres, experiencia Caracas, ciudades vecinas, dirección: Av. Las Palmas, Boleíta Sur, Centro Inoesa, piso dos.

6 Solicitamos asistente técnico en reparaciones, mantenimientos computadoras, impresoras, monitores. Empresa Celedatos 763.2115, 763.0841. Entrevista lunes a viernes.

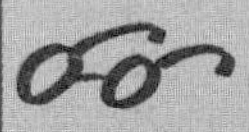

Critical Thinking Skills: Evaluating

Identify skills related to each profession.

1. **¿Qué tipo de trabajo es?** →← Clasifiquen las ofertas de empleo según las siguientes categorías.

Trabajo técnico	Relaciones públicas	Seguridad	Trabajos no calificados

2. **A mí (no) me gusta...** →← ¿Te interesa alguno de esos trabajos? Discute con tu compañero(a) el trabajo (o los trabajos) de la lista que más (o menos) te gustaría desempeñar. Explica tus razones.

B. ¿Reconoces estas profesiones? Vas a escuchar la descripción de varias profesiones. Identifica la profesión que corresponde con cada descripción.

___ médico
___ periodista
___ cantante
___ ingeniero de sistemas
___ policía

Recuerda

Si no recuerdas muy bien este vocabulario, puedes referirte a la lista en el **Capítulo 1, Tema 2, página 56.**

Aplicaciones

C. ¿Qué hacen y dónde trabajan? →← Describe las actividades de una de estas personas para que tu compañero(a) adivine de qué ocupación se trata. **¡Ojo!** Tienen sólo cinco segundos para contestar.

Modelo: ESTUDIANTE A: *Cuida a pacientes como un médico, pero sólo les examina los dientes.*
ESTUDIANTE B: *¿El dentista?*
ESTUDIANTE A: *¡Sí!*

Sugerencias

Puedes usar las siguientes palabras: **diseñar, cuidar, programar, investigar, pintar, administrar.**

D. Buscamos... →← Imaginen que están en Venezuela y que necesitan algunos colaboradores *(helpers)*. Preparen los anuncios clasificados para enviarlos al periódico *Universal*. (Usen los anuncios de la actividad A de la sección de **Asimilación** como guía.)

1. un(a) enfermero(a)
2. una nana (niñera)
3. una criada
4. un chofer

E. Superación personal *(Self-improvement)*. →← Lean la siguiente descripción de un curso sobre Internet que se ofrece en Caracas.

Instituto Tecnológico, Universidad Central de Venezuela, Aplicaciones instrumentales de Internet en Humanidades, Ciencias Sociales y afines

Qué ofrece: Dirigido más hacia el «¿cómo se hace?», antes que al «¿por qué ocurre?», este curso busca entrenar a usuarios calificados en el manejo de Internet y no formar a expertos para el área técnica.

Dirigido a: Profesionales de las áreas de Humanidades, Ciencias Sociales y afines, quienes por formación y experiencia suelen desconocer las herramientas adecuadas para el manejo de Internet.

Duración: 20 horas.

Costo: 70 mil bolívares. Incluye material de apoyo, refrigerios y certificado de asistencia.

Inicio: Comienzan cursos mensualmente, en horario vespertino, jueves y viernes.

Información: Instituto Tecnológico, segundo piso, edificio del Decanato, Facultad de Ingeniería, Universidad Central de Venezuela.
E-mail: mendezn@fiucv.ing.ucv.ve

1. Este curso es para (profesiones) _____ .
2. Los participantes aprenden _____ .
3. Los cursos comienzan de nuevo *(again)* cada _____ .

Un paso más: Las profesiones del futuro

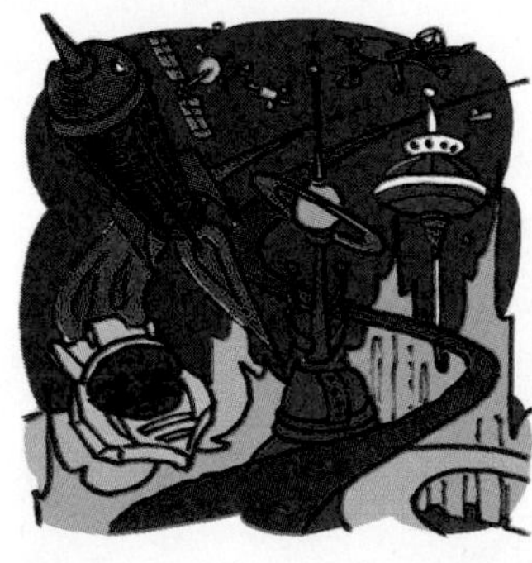

El campo de... ***(The field of . . .)***	**crece porque...** ***(is growing because . . .)***
el autoempleo *your own business*	se necesitan nuevas empresas flexibles y dinámicas.
las ciencias ambientales *environmental sciences*	necesitamos entender y proteger mejor el medio ambiente en que vivimos.
el diseño *design*	sin una buena presentación, no se puede competir en los mercados globales.
las empresas de servicios temporales *temporary agencies*	los trabajos van a ser menos permanentes.
la informática *computer science*	las computadoras van a continuar facilitando el progreso y las comunicaciones en el mundo.

El campo de... *(The field of . . .)*	crece porque... *(is growing because . . .)*
la ingeniería multimedia *multimedia engineering*	la información por medios múltiples es cada vez más importante para la educación y las comunicaciones.
la publicidad y las relaciones públicas *advertising and public relations (P.R.)*	la economía y los negocios siempre van a requerir un toque personal.
el reciclaje *recycling*	No hay espacio para más basura.
los seguros *insurance*	la protección de nuestra vida y nuestras propiedades es vital.
los servicios para la tercera edad *services for seniors*	el número de ancianos aumenta cada día.
las telecomunicaciones *telecommunications*	una población en movimiento requiere comunicaciones rápidas, eficientes y confiables.
la traducción e interpretación *translation and interpretation*	la habilidad de comunicarse con gente de otros países y culturas es indispensable en una sociedad global.
las ventas *sales*	se necesitan personas para recorrer el mundo vendiendo todo tipo de productos.
Vocabulario personal:	

Asimilación

A. ¿Qué tipo de profesión es? →← Clasifica las profesiones de acuerdo a la categoría a la que corresponden. Al terminar, compara tus respuestas con las de otro(a) compañero(a).

empresas de servicios temporales
ciencias ambientales
autoempleo
diseño
ventas
servicios para la tercera edad
informática
publicidad y relaciones públicas
telecomunicaciones
traducción e interpretación
reciclaje
seguros
ingeniería multimedia

Ciencia y tecnología	Artes y humanidades	Negocios

B. ¿Cuál es mi profesión? Vas a escuchar las actividades de varias personas. Indica el nombre de la persona para cada profesión.

1. ventas
2. ciencias ambientales
3. traducción e interpretación
4. diseño
5. telecomunicaciones

Aplicaciones

C. ¿Qué profesión me conviene? Indica para cada frase la letra de la profesión que corresponde.

1. Me importa que la gente esté protegida de los accidentes.
2. Me gusta trabajar con los ancianos.
3. Quiero ser independiente.
4. Me fascina la tecnología.
5. Me gusta tener contacto con la prensa *(press)* y ser sociable.

a. servicios para la tercera edad
b. seguros
c. informática
d. autoempleo
e. relaciones públicas

D. ¿Dónde trabajo? ¿Qué hago? Completa el cuadro con la información que falta.

Profesión	Responsabilidades
ingeniero de multimedia	*Diseño materiales educativos en CD ROM.*
ingeniero de telecomunicaciones	
	Tengo mi propio negocio y trabajo desde mi casa.
publicista	
	Preparo comidas para fiestas y otras ocasiones especiales.
periodista	
	Defiendo a mis clientes en la corte.
programador	
administrador	
arquitecto	

E. ¿Sabes? →← Con un(a) compañero(a) tomen turnos describiendo algunas de las profesiones del futuro. (Explica por ejemplo dónde trabajan o qué hacen las personas dedicadas a cada profesión.) **¡Ojo!** ¡Tienen sólo cinco segundos para contestar!

Integración

¡A conversar!

F. ¿Qué debo estudiar? →← Prepara la siguiente conversación con un(a) compañero(a).

Consejero(a)

Imagina que eres consejero(a) estudiantil y que a tu oficina ha llegado un(a) estudiante que no sabe en qué especializarse.

- Averigua *(Find out)* sus intereses y recomiéndale una carrera del futuro.
- Indícale dónde puede estudiar la carrera.
- Indica qué requisitos se necesitan.
- Recomiéndale dónde puede trabajar al terminar.

Estudiante

Tú eres un(a) estudiante indeciso(a). Tu consejero(a) quiere ayudarte a escoger una buena carrera para el futuro. Averigua *(Find out)* toda la información posible acerca de las carreras que te va a recomendar.

- ¿Dónde puedes estudiarlas?
- ¿Qué requisitos se necesitan?
- ¿Dónde puedes trabajar al terminar?

¡A escribir!

G. ¿Qué hace mi compañero(a)? →← Descríbele tu carrera o tu especialización al (a la) compañero(a). (Mientras que una persona habla, la otra toma apuntes.) Después, presenta un informe al resto de la clase acerca de las respuestas del (de la) compañero(a).

Asegúrense de incluir la siguiente información.

- ¿Cuál es la carrera del (de la) compañero(a)? ¿De qué se trata?
- ¿Por qué escogió esa carrera?
- ¿Cuáles son sus objetivos en la vida?
- ¿Cuál es la importancia de esa carrera para el futuro del país?
- ¿Qué contribución piensa hacer tu compañero(a) para el beneficio de la sociedad?

II. Funciones y estructuras: *Referring to past events with **hace... que***

When you studied the preterit tense **(Capítulo 5, Tema 1)**, you learned that **hace** + *time expression* was used to indicate how long ago something happened.

Fui al médico **hace tres meses.**	***I went*** *to the doctor* ***three months ago.***
Hace dos semanas que vino el electricista.	*The electrician came by* ***two weeks ago.***

In contrast, **hace** + *time expression* + **que** + *present tense verb* is used to indicate how long something has been going on.

hace	time expression	que	present tense verb

Hace tres días que **colaboramos en** este proyecto.	***We've been collaborating*** *on this project* ***for three days*** *now.*
Hace media hora que **espero** al doctor.	***I've been waiting*** *for the doctor* ***for half an hour.***

The phrase *present tense verb* + **desde hace** + *time expression* is also used to indicate how long something has been going on.

Trabajo en esta compañía **desde hace tres días.**	***I have worked*** *in this company* ***for three days.***
Juan y yo **estudiamos** en esta universidad **desde hace un año.**	*Juan and I* ***have been studying*** *in this university* ***for a year.***

Recuerda

The phrase **acabar** + **de** + *infinitive* is used to indicate that something has just happened.

Acabo de encontrar un empleo.
I've just found *a job.*

Acabo de graduarme de la universidad.
I've just graduated *from college.*

Acabamos de hacer nuestra entrevista.
We've just finished *our interview.*

To pose the question "How long have you been . . . (-ing) . . . ?," use the following format.

¿Cuánto hace que... ? **¿Cuánto tiempo hace que... ?** **¿Desde cuándo... ?**	*present tense verb*

¿Cuánto hace que cuida Ud. a ese paciente?	***How long have you been treating*** *that patient?*
¿Desde cuándo investigan el efecto del sol en la piel?	***How long have they been studying*** *the effect of the sun on skin?*

Asimilación

A. Experiencias. ¿Cuáles de las siguientes frases escuchas con frecuencia en la universidad? Indica todas las que correspondan.

___ Acabo de ganar la lotería.
___ Me casé hace diez años.
___ Trabajo en este proyecto desde hace dos semanas.
___ Hace más de dos años que hago ejercicios aeróbicos.
___ Vivo en este apartamento desde hace un año.
___ Compré esta casa hace tres meses.
___ Acabo de salir de un examen.
___ Hace tres días que no tengo una conversación con mi hija.
___ Hace dos meses que estoy a dieta.
___ Hace dos días que no duermo.
___ Acabo de conocer al hombre de mis sueños.

B. ¿Quién es? Escucha las siguientes frases y trata de determinar quién las dijo.

___ un padre de familia
___ un estudiante
___ el jefe de una compañía
___ una persona durante una entrevista de trabajo

Aplicaciones

C. Antecedentes. Completa las frases con tu información personal.

1. Terminé la escuela secundaria hace _____ .
2. Empecé mi carrera hace _____ .
3. Conocí a mi mejor amigo(a) hace _____ .
4. Estudio español desde hace _____ .
5. Vivo aquí desde hace _____ .
6. Empecé esta actividad hace _____ .
7. Acabo de _____ .

D. ¿Cuánto tiempo hace? →← Usen los siguientes hechos históricos para hacer preguntas y contestarlas.

Evento histórico	Pregunta	Respuesta de mi compañero(a)
Alemania está reunificada.	*¿Cuánto tiempo hace que Alemania está reunificada?*	*Alemania está reunificada desde hace unos 10 años.*
Los hombres viajan al espacio.		
Estados Unidos es un país independiente.		
John F. Kennedy murió.		
Cristóbal Colón llegó a las Américas.		

E. Entrevista. →← Realiza las siguientes actividades.

1. Completa las frases de la columna «información personal».
2. Prepara preguntas para obtener esa información de otro(a) compañero(a).
3. Entrevista al (a la) compañero(a) y escribe sus respuestas en la tabla.
4. Compara y discute tus respuestas con ese(a) compañero(a). ¿Tienen mucho en común?

Información personal	Pregunta	Respuesta de mi compañero(a)
Estudio en esta universidad desde hace _____ .	*¿Desde cuándo estudias en esta universidad?*	
No salgo de vacaciones desde hace _____ .		
Conozco a mi mejor amigo(a) desde hace _____ .		
Estudio español desde hace _____ .	*¿Cuánto hace que estudias español?*	
Vivo aquí desde hace _____ .		
Empecé esta actividad hace _____ .		
Acabo de _____ .	*¿Qué acabas de hacer?*	

Integración

¡A conversar!

F. Necesito un(a) niñero(a). →← Prepara la siguiente conversación con un(a) compañero(a).

Padre (Madre)

Imagina que estás buscando un empleo y que en ocasiones tienes que ir a otras ciudades para las entrevistas. Tú tienes dos niños y necesitas a una persona para cuidarlos. Entrevista a este(a) niñero(a) para determinar si puede hacerse cargo de tus hijos. Averigua toda la información posible acerca de...

- su experiencia en cuidar niños (cuánto tiempo, cuántos niños a la vez, cuántas familias),
- su habilidad para resolver problemas,
- otros detalles (su horario, su salario, etc.).

De otra manera

In El Salvador, **un bicho** is a small boy (or a bug) and a teenager or **muchacho(a)** is **cipote(a).** To carry a baby is **chinear.**

—Ana María Viscarra, University of Delaware

Niñero(a)

Tú eres un(a) estudiante que quiere ganar un poco de dinero extra cuidando niños. Este(a) padre (madre) te va a entrevistar para ver si estás preparado(a) para hacer el trabajo. Responde a sus preguntas y trata de dar una buena impresión. Explícale...

- tu experiencia en cuidar niños,
- tu educación y tus habilidades,
- otras características personales positivas.

Sugerencias

Puedes usar las expresiones siguientes para hacer referencia a tu experiencia: **primeros auxilios** *(first aid, CPR),* **sicología infantil** *(child psychology).*

Atajo

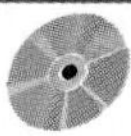

Phrases/Functions: Talking about past events; Sequencing events

Vocabulary: Studies; Working conditions

Grammar: Verbs: preterit

¡A escribir!

G. Mis logros. Más adelante en este capítulo vas a tener que escribir tu hoja de vida *(resumé)* y una carta de presentación *(cover letter).* Empieza por hacer una lista de tus logros *(achievements)* académicos y de tu experiencia laboral, indicando los períodos o las fechas correspondientes.

Modelo: *1998: Me gradué de la escuela... .*
1995: Trabajé en... .

III. Lectura: Trabajos vía Internet

Antes de leer

A. Para discutir. →← ¿Cómo puede uno encontrar un empleo? Hagan una lista de las maneras en las que una persona puede informarse acerca de oportunidades laborales. De la lista que identificaron, ¿cuál creen que es la más efectiva? Expliquen por qué.

Modelo: La radio, la televisión...
Creemos que la radio es más efectiva porque... .

B. Vocabulario y conceptos. Para cada palabra indica la letra que corresponde a su definición. (Usa tu diccionario si es necesario.)

1. la búsqueda	a. molesto, que no es agradable
2. la solicitud	b. encontrar, descubrir
3. odioso(a)	c. cuando una persona trata de encontrar algo que necesita
4. hallar	d. muy atractivo
5. tentador(a)	e. un documento con información personal que enviamos cuando queremos un empleo
6. la red	f. espacio cibernético que contiene mucha información

A leer

Ahora dale una lectura rápida al texto y contesta las preguntas.

Encontrar trabajo vía cibernética, una alternativa poco explorada

Jay Dougherty
DPA / El Universal

Caracas —Washington— ¿Busca usted un nuevo empleo o quiere cambiar de carrera? Para la generación cibernética de hoy, el **hurgar** en los **avisos** de la prensa y enviar solicitudes de trabajo por correo es una odiosa tarea que **pertenece** al pasado. Quien quiera tener hoy éxito en la búsqueda de un cambio en la vida **no tiene más que** abrir su computadora y consultar Internet.

to dig / ads
belongs
all you have to do is

«Internet es la mejor forma de hallar un empleo, especialmente para aquéllos que posean una cierta habilidad técnica. Hay allí buenos consejos para todos los campos de trabajo», dice Joel Oleson, especialista en Internet en Utah.

Quienes buscan trabajo **se dan cuenta** rápidamente de que el usar Internet es sólo el primer paso para **echar la bola a rodar.** Si tiene usted estudios y experiencia, su nombre y su currículum pasarán, sin que usted lo sepa, de mano en mano por Internet. Y más pronto de lo que usted se imagina tendrá más de una tentadora oferta de trabajo bajo la forma de email en su **pantalla.** En Internet abundan las ofertas en ciertas categorías de empleos, en especial en alta tecnología, informática y computación, además de servicios, educación y **mercadeo.** Pero eso se **ampliará** tan rápido como evoluciona la «red». Aparte de los grupos de noticias Usenet, otra fuente de búsqueda de trabajo son los llamados "motores de búsqueda" de la red WWW como Yahoo o InfoSeek.

realize
to get the ball rolling
screen
marketing / will be expanded

¿Entendiste bien?

C. Ideas principales. Responde a las siguientes preguntas.

1. **¿Sí o no?**

   ___ Es relativamente fácil encontrar trabajos en la Internet.
   ___ La práctica tradicional de enviar solicitudes de trabajo por correo está desapareciendo.
   ___ En la red hay muchas oportunidades de trabajo en diferentes campos.
   ___ Se puede usar un motor de búsqueda como Yahoo para encontrar un trabajo.
   ___ Los materiales que se envían por Internet son siempre privados y secretos.

2. ¿En qué campos abundan las ofertas de trabajo en la Internet?
3. Según el autor, ¿quiénes se benefician más de las ofertas de trabajo en el Internet? ¿Por qué?

D. Actividad de extensión. Consulta con sitios en la Internet sobre oportunidades de trabajo que hay en tu campo en este momento. Presenta en clase ejemplos de los trabajos disponibles (dónde, cuánto dinero ofrecen, qué requisitos son necesarios, etc.).

IV. Funciones y estructuras: *Referring to past events that continue into the present with the present perfect tense*

—¿**Ha trabajado** antes con niños?
—Sí. **He trabajado** con niños por más de ocho años.

The present perfect tense is the equivalent of the English construction *have + past participle:* "I have studied," "I have completed," etc. Like its English counterpart, the present perfect tense is used in Spanish to refer to actions or states that began in the past and continue into the present.

No he completado aún mis estudios en psicología infantil.	***I haven't completed*** *a degree in child psychology yet.*
He trabajado por los últimos cinco años en la escuela elemental de San Roque.	***I have worked*** *for the past five years at San Roque elementary school.*

Unlike English, this compound verb tense is not split up by a negative expression nor by subject or object pronouns in interrogative statements.

No **he estudiado** nunca francés.	*I **have** never **studied** French.*
No **he tenido** experiencia con este tipo de material.	*I **have** not **had** any experience with this kind of material.*
¿**Han tenido** problemas con estas materias?	***Have you had*** *problems with these subjects?*

To pose a question about whether something has or has not *ever* happened, use the indefinite expression **alguna vez.**

¿Has hecho programaciones con C++ **alguna vez**?	*Have you **ever** programmed with C++?*
¿**Alguna vez** han colaborado Uds. en un proyecto?	*Have you **ever** collaborated on a project?*

To form the present perfect, use the present tense of the auxiliary verb **(haber)** with the past participle form of the main verb. Substituting the verb ending with **-ado** forms the past participle of **-ar** verbs. The past participle ending for **-er** and **-ir** verbs is **-ido.**

Auxiliary verb **haber** +	past participle of the main verb	
he **has** **ha** + **hemos** **habéis** **han**	**-ar** verbs hablar / habl**ado** pensar / pens**ado**	**-er** / **-ir** verbs comer / com**ido** vivir / viv**ido**

Verbs with irregular past participle forms

abrir/**abierto**	*opened*	describir/**descrito**	*described*
cubrir/**cubierto**	*covered*	escribir/**escrito**	*written*
decir/**dicho**	*said*	freír/**frito**	*fried*

Verbs with irregular past participle forms			
hacer/**hecho**	*done*	romper/**roto**	*broken*
morir/**muerto**	*died*	satisfacer/**satisfecho**	*satisfied*
poner/**puesto**	*put, set*	ver/**visto**	*seen*
resolver/**resuelto**	*resolved*	volver/**vuelto**	*returned*

Time expressions	
todavía/aún	*yet*
hasta el momento/hasta ahora	*up until now*
por + *expression of time*: por un mes, por un año, etc.	*for a month, for a year, etc.*
desde + *time expression*: desde el año pasado, desde esta mañana, etc.	*since last year, since this morning, etc.*

Asimilación

A. Este semestre... . Escucha la siguiente narración y toma nota de cuatro de sus actividades este semestre.

B. ¿Qué han hecho? Para cada profesión indica la letra que corresponde a su actividad.

1. cocinero	a. He completado los requisitos.
2. juez	b. He resuelto el conflicto.
3. científico	c. He escrito las correcciones.
4. atleta	d. He roto la marca (el récord).
5. editor	e. He preparado la cena.
6. estudiante	f. He descubierto una cura.
7. periodista	g. He descrito la situación política en detalle.

Aplicaciones

C. Informe. Tu jefe te ha pedido un informe sobre el trabajo de diferentes personas en tu división. Completa el texto con la forma del **presente perfecto** que corresponde.

La señorita García _____ (terminar) su reporte sobre el estado financiero de la compañía. Los señores Díaz y Martínez _____ (revisar) sus datos y están de acuerdo. La señora Álvarez no _____ (poder) comunicarse todavía con sus clientes de Caracas, pero les _____ (dejar) varios mensajes. Yo _____ (leer) el reporte también y tengo algunas sugerencias. No las _____ (discutir) aún con la señorita García, pero si Ud. desea, yo puedo comunicarme con ella por el correo electrónico hoy mismo. No puedo darle información acerca del desempeño *(job performance)* del señor Arias, porque no _____ (venir) a la oficina esta semana debido a *(due to)* una enfermedad.

D. ¿Qué han hecho? →← Piensen en lo que han hecho las siguientes personas y den un ejemplo. Si no saben, usen la imaginación.

Modelo: el equipo universitario de fútbol
El equipo universitario de fútbol ha ganado los tres últimos partidos.

Sugerencias

Opciones: decir, poner, volver, romper, declarar, mejorar, componer, hacer, crear, descubrir, ver, escribir, dar

1. el presidente
2. un equipo deportivo profesional
3. un cantante o artista famoso
4. la compañía Microsoft
5. los científicos de NASA
6. el (la) profesor(a)
7. mis compañeros de clase y yo

E. Entrevista. →← Hazles a varios compañeros las siguientes preguntas y prepara un informe de las respuestas más interesantes o sorprendentes.

	Nombre:	Nombre:	Nombre:	Nombre:
¿Qué es lo más emocionante que has hecho últimamente?				
¿Qué es lo más aburrido que has hecho esta semana?				
¿Qué es lo más agradable de esta universidad?				
¿Qué es lo más divertido de esta clase?				

Integración

¡A conversar!

F. Problemas. →← Prepara la siguiente conversación con un(a) compañero(a).

Aspirante a profesor(a) particular

Tú eres un(a) experto(a) en cálculo y quieres ayudar a otros estudiantes con problemas (y ganar algún dinero extra). Habla con este(a) estudiante interesado(a) en clases particulares y convéncelo(la) de que tú eres el (la) mejor.

Sugerencias

Puedes usar expresiones de apoyo *(support)* como: **¡Desde luego!** *(Of course!)*, **¡Pero claro!** *(But, of course!)*, **¡Efectivamente!** *(Indeed!)*, **¡Sin duda!** *(Without a doubt!)*.

Estudiante en problemas

Tienes un examen de cálculo la próxima semana y necesitas un(a) profesor(a) particular. Entrevista a este(a) aspirante para determinar si está bien preparado(a).

Sugerencias

Puedes hacerle preguntas sobre la experiencia que ha tenido con:

- las matemáticas,
- los estudiantes,
- el curso que estás tomando.

¡A escribir!

G. Mi carta personal. Empieza a preparar tu carta de presentación *(cover letter)*.

1. Haz una lista de tus actividades más recientes relacionadas con tu profesión o con tu preparación académica o profesional («He asistido a dos congresos», «He participado en un proyecto de investigación», etc.).
2. Organiza estas actividades en dos o tres categorías (experiencia académica, experiencia laboral, experiencia de investigación, etc.).
3. Usando las categorías de arriba como temas principales, escribe un primer bosquejo *(outline)* de tu carta de presentación.

Atajo 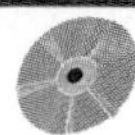

Phrases/Functions: Talking about past events; Sequencing events
Vocabulary: University; Studies; Working conditions
Grammar: Verbs: past participle

V. Vídeo: Trabajadores venezolanos 

Preparación

A. La comunicación no verbal. Observa las entrevistas (sin sonido) y trata de adivinar las profesiones de los entrevistados. Explica tus respuestas.

Nombre	Posible ocupación	Justificación
Jalan		
Eulalia		
Oswaldo		
Ivisar		

B. Expectativas. Completa las siguientes actividades.

Estrategia de comprensión: *Anticipating*
Trying to guess the content of a message based on what we know about its context (who is involved, why, etc.) is a very helpful strategy to deal with authentic native-speaker speech.

1. Estas personas hablan de sus **profesiones** y de sus **actividades diarias.** ¿Cuáles de las siguientes palabras esperas escuchar en el vídeo?

___ atender al cliente
___ cocinar platos hispanos
___ comunicarse con otras oficinas
___ asistir a reuniones
___ enseñar varias clases
___ atender a pacientes de emergencia
___ diseñar casas y edificios
___ ayudar a la comunidad
___ administrar una empresa

2. →← Preparen una lista de otras palabras que esperas escuchar en este segmento. Luego, compáralas con la de otro(a) compañero(a).

C. Vocabulario nuevo. Las siguientes palabras van a ser mencionadas por los entrevistados. Para cada palabra indica la letra correspondiente a su definición. (Usa el diccionario si es necesario.)

1. sucursal
2. cartera
3. requerimiento
4. inmueble
5. tribunal
6. juicio
7. rescate
8. incendio
9. contabilizar
10. recursos humanos

a. casa o edificio
b. división de una compañía encargada de los asuntos de personal
c. establecimiento comercial dependiente de uno central
d. lugar donde se administra la justicia
e. fuego grande que destruye una propiedad
f. hacer los cálculos de ingresos y gastos de una compañía
g. obligación, requisito
h. salvación, ayuda en caso de extrema necesidad
i. proceso de deliberación y sentencia acerca de la culpabilidad (o inocencia) de un acusado
j. grupo de clientes o de pedidos (en otro contexto significa también bolso de señora)

¿Entendiste bien?

D. ¿Cuáles son sus profesiones? Completa el cuadro con la información que presentan los entrevistados.

Estrategia de comprensión: *Scanning*

Concentrate on identifying the information requested in this activity. Ignore all other information for now.

Opciones: gerente, bombero, estudiante, abogado, profesor, policía

Nombre	Ocupación
Jalan	
Eulalia	
Oswaldo	
Ivisar	

E. ¿Qué hacen cada día? Indica la respuesta más apropiada.

Opciones:

1. Asiste a los tribunales, lleva escritos a la corte, asiste a reuniones o conferencias.
2. Atiende a pacientes del área de medicina de emergencia, hace rescates, atiende incendios, ayuda a la comunidad.
3. Revisa las carteras de inmuebles en oferta, atiende a clientes, se comunica con otras inmobiliarias, asiste a reuniones.
4. Va a administrar una empresa, llevar la contabilidad y atender a los aspectos relacionados con el personal.

Nombre	Principales actividades diarias
Jalan	
Eulalia	
Oswaldo	
Ivisar	

F. Para discutir. →← ¿A cuál de estos entrevistados les gustaría conocer personalmente? ¿Por qué?

G. Enfoque lingüístico. Escucha de nuevo las entrevistas y realiza las siguientes actividades.

1. **Expresiones.** →← En inglés se usan expresiones como *hum, well, let's see . . .* , para ganar tiempo y poder pensar antes de responder a una pregunta. ¿Qué expresiones usan estos entrevistados? Compara tus respuestas con las de otros compañeros.

2. **Este...** →← Hazle una entrevista a tu compañero(a) y practica las expresiones que aprendiste en la actividad anterior. Cada uno(a) debe inventar una nacionalidad y una profesión diferente.

   - ¿De dónde eres?
   - ¿Cuál es tu profesión?
   - ¿Hace cuánto que trabajas aquí?
   - ¿Estás contento(a)?
   - ¿Cómo es un día típico para ti?

H. Enfoque comunitario. Usa las preguntas anteriores para entrevistar a un(a) inmigrante. Pregúntale cómo consiguió su empleo, si está contento(a) con su trabajo y qué actividades desarrolla cada día. Presenta un informe oral en la clase.

Vocabulario

El mundo del trabajo

la buena presencia	*good personal appearance*
la experiencia	*experience*
la facilidad de expresión	*ease of expression, ability to speak*
la hoja de vida/el currículum	*resumé*
el profesional	*professional*
las referencias	*references*
el técnico	*technician*
el trabajador no calificado	*unqualified worker*

Las profesiones del futuro

el autoempleo	*your own business*
las ciencias ambientales	*environmental sciences*
el diseño	*design*
las empresas de servicios temporales	*temporary agencies*
la informática	*computer science*
la ingeniería multimedia	*multimedia engineering*
la publicidad y las relaciones públicas	*advertising and public relations (P.R.)*
el reciclaje	*recycling*
los seguros	*insurance*
los servicios para la tercera edad	*services for seniors*
las telecomunicaciones	*telecommunications*
la traducción e interpretación	*translation and interpretation*
las ventas	*sales*

Verbos

arreglar	*to fix*
colaborar	*to collaborate*
cuidar	*to care for, to watch over*
defender (ie)	*to defend*
encargarse de + *verb*	*to be responsible for doing something*
entretener (ie)	*to entertain*
examinar	*to examine*
investigar	*to investigate*
manejar	*to operate, to handle*
participar en	*to participate in*
presentarse	*to present oneself, to appear*
reparar	*to repair*
solicitar	*to request*

Mis antecedentes y expectativas laborales

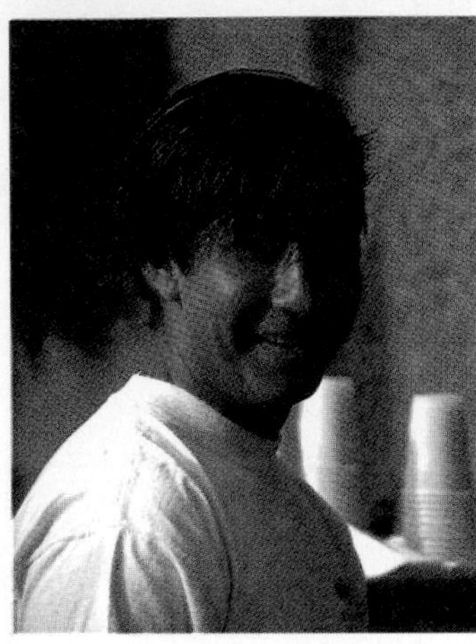

I. Vocabulario: La hoja de vida

Un arquitecto. Busca la siguiente información en la hoja de vida de Juan Fernando.

1. ¿Cuál es su profesión?
2. ¿De dónde es él?
3. ¿Cuántos años tiene?
4. ¿Dónde estudió?
5. ¿Cuántos años de experiencia tiene? Además de la arquitectura, ¿qué otras aptitudes tiene Juan Fernando?

JUAN FERNANDO LENIS TAMAYO
arquitecto

DATOS PERSONALES

Nombre: Juan Fernando Lenis Tamayo
Lugar y fecha de nacimiento: Caracas, 29 de enero de 1968
Dirección oficina: Edificio Torre Las Mercedes, Avenida la Estancia, Chuao
Teléfonos: 993.4156 - 993-3880 Fax: 993.6289
Email: jflenis@latino.net.ve
Matrícula profesional: 257670-2423 Caracas, Venezuela

ESTUDIOS REALIZADOS

Primaria: Colegio San Francisco de Asís, Caracas, Venezuela
Secundaria: Lycée Claude Bernard, París, Francia
Universitarios: Universidad Central de Venezuela, Caracas. Facultad de Arquitectura y Urbanismo
Fecha de grado: 12 de septiembre de 1993

EXPERIENCIA LABORAL

R.B.M. ARQUITECTOS. (Jorge Rueda Borda y Esteban Morales Díaz)
Octubre a diciembre de 1993: Participación en el concurso para el diseño de la Policlínica Metropolitana

MELENDEZ-MELENDEZ ARQUITECTOS LTDA. (Isaías Meléndez e hijos)
Enero a diciembre de 1994: Diseño de edificio multifamiliar de 53 apartamentos en Sabana Grande, Caracas. (6000 m2)

L.T.S. ARQUITECTOS LTDA. (Felipe Serpa-Gutiérrez y Juan Fernando Lenis Tamayo)
Febrero de 1994 a la actualidad: Diseño, dirección arquitectónica y promoción de 17 proyectos en las ciudades de Valencia y Caracas

IDIOMAS Y OTROS

Idiomas: inglés, francés, italiano
Programas de computación: Autocard 13, Office 98, Windows, Corel Draw

Marzo de 1999

Vocabulario útil

la carta de presentación	*cover letter*	la matrícula (licencia) profesional	*professional license*
los datos personales	*personal information*	solicitar trabajo	*to apply for a job*
la entrevista	*interview*	la solicitud	*application*
los estudios realizados	*studies completed*		
la experiencia laboral	*work experience*		
la fecha de grado	*graduation date*	**Vocabulario personal:**	

Asimilación

A. Todo en orden. Ana está preparando su hoja de vida. ¿Dónde debe escribir la siguiente información? Para cada punto indica la letra de la categoría a la que corresponde.

1. inglés e italiano
2. Valencia, 2 de mayo de 1978
3. Orquesta Filarmónica Nacional
4. Universidad Central de Venezuela, Escuela de Artes
5. Ana Mercedes López Vallejo

a. datos personales
b. estudios realizados
c. experiencia laboral
d. idiomas y otros

B. Efraín Meneses Gómez. Completa el cuadro con la información que vas a escuchar.

1. Datos personales:	Nació el _____ en _____ .
2. Estudios realizados:	
3. Experiencia laboral:	
4. Idiomas y otros:	

Estrategias para la comprensión: *Note-taking*
If you are unable to understand a word, write it down the way it sounds and continue listening. Later you can compare notes with a classmate.

Recuerda
The formal **usted** is commonly used for business transactions.

Aplicaciones

C. Preguntas y respuestas. →← Preparen las preguntas que se necesitan para averiguar los siguientes datos.

Nombre: *¿Cómo se llama Ud.?*
Lugar y fecha de nacimiento: ____________________
Domicilio: ____________________
Teléfonos: ____________________
Email: ____________________
Primaria: ____________________
Secundaria: ____________________

Recuerda
¿Cuál... ? asks for a specific fact:
¿Cuál es la dirección? La dirección es Calle Minerva Nº 23.

¿Qué... ? asks for a definition:
¿Qué es la dirección? La dirección es el lugar exacto donde vives.

Universitarios: ______________________
Fecha de grado: ______________________
Experiencia laboral: ______________________
Idiomas: ______________________
Programas de computación: ______________________

D. Entrevista. →← Completa la hoja de vida de tu compañero(a), usando las preguntas que preparaste en el ejercicio anterior.

DATOS PERSONALES

Nombre: ______________________
Lugar y fecha de nacimiento: ______________________
Domicilio: ______________________
Teléfonos: ______________________
Email: ______________________

ESTUDIOS REALIZADOS

Primaria: ______________________
Secundaria: ______________________
Universitarios: ______________________
Fecha de grado: ______________________

EXPERIENCIA LABORAL

____
____

IDIOMAS Y OTROS

Idiomas: ______________________
Programas de computación: ______________________

Un paso más: Cualidades laborales

Una persona...	*A . . . person*	**suele...**	*tends to . . .*
creativa	*creative*	inventar, crear.	*invent, create.*
extrovertida	*extroverted*	expresarse abiertamente.	*express him/herself.*
compañerista	*good colleague*	ayudar, participar.	*help, participate.*
eficiente	*efficient*	hacer las cosas rápido y bien.	*get things done.*
dedicada	*dedicated*	trabajar mucho/duro.	*work hard.*
honesta	*honest*	no mentir.	*not lie.*
organizada	*organized*	organizar bien su tiempo.	*manage his (her) time well.*
persistente	*persistent*	perseverar.	*persist.*
puntual	*punctual*	llegar a tiempo.	*arrive on time.*
flexible	*flexible*	adaptarse bien.	*adapt easily.*

Vocabulario útil

adaptarse a cualquier situación	*to adjust to any situation*
comunicarse bien	*to communicate well*
manejar bien los conflictos	*to handle conflict well*
manejar bien su tiempo	*to have good time-management skills*
trabajar bien en equipo	*to work well with others*

Vocabulario personal:

Asimilación

A. ¿Sí o no? Indica si las siguientes generalizaciones son ciertas o falsas.

1. Una persona creativa suele interesarse en el arte.
2. Una persona honesta suele decir la verdad.
3. Una persona dedicada no suele trabajar muy duro.
4. Una persona organizada suele saber qué tiene que hacer en cada momento.
5. Una persona extrovertida suele ser muy tímida.

B. ¿A qué categoría pertenecen? →← Vas a escuchar varias cualidades. Clasifícalas en la siguiente tabla y luego compara tus respuestas con las de un(a) compañero(a). ¿Están de acuerdo en su clasificación?

Trabajo individual	Trabajo en grupo

Aplicaciones

C. Perfiles *(Profiles)* ideales. →← ¿Qué cualidades asocias con las siguientes profesiones? Menciona dos o tres de las más importantes. Al terminar, compara tus ideas con las de otro(a) compañero(a).

1. médico
2. pintor
3. profesor
4. abogado
5. programador de computadoras

D. El empleado ideal. Imagina que tienes todas las siguientes características y quieres demostrarlo en una entrevista de trabajo. Da un ejemplo de lo que has hecho para demostrar cada característica.

Modelo: puntual
Siempre he llegado a tiempo a las reuniones.

1. organizado
2. persistente
3. flexible
4. creativo
5. honesto

E. Una carta de presentación. →← Pongan en orden las siguientes frases para formar la carta de presentación.

___ Me dirijo a Uds. para solicitar un puesto como abogado en su firma.
___ Terminé mis estudios de leyes en 1995 y me gradué con honores.
___ Como pueden comprobar por mis referencias, me caracterizo por ser dedicado y creativo.
___ Puedo hacer una contribución importante a su compañía.
___ Estimados señores:
___ Desde entonces, he trabajado en dos de las principales oficinas de abogados de esta ciudad.
___ Sírvanse comunicarse conmigo en caso de que deseen más información.
___ Me adapto muy bien a cualquier situación y trabajo bien en equipo.
___ Atentamente,

Integración

¡A conversar!

F. Una entrevista de trabajo. →← Prepara el siguiente diálogo con un(a) compañero(a).

Recuerda

The following are common polite expressions: **Bienvenido(a), Mucho gusto, Lo (La) llamaremos tan pronto como tengamos una decisión.** *(We'll call you as soon as we make a decision.)*

Jefe(a) de personal (*Human Resources Manager / Personnel Director*)

Tu compañía está buscando un(a) candidato(a) para ocupar un puesto muy importante. Entrevista el (la) siguiente candidato(a) para saber si es la persona adecuada.

- Averigua sus datos personales.
- Averigua sus antecedentes académicos y laborales.
- Trata de determinar algunas de sus cualidades personales.

Recuerda

The following are common polite expressions: **Muchas gracias, Encantado, Con mucho gusto, Espero su llamada.** *(I'll wait for your call.)*

Aspirante

Tu deseas un trabajo en esta compañía. Responde a las preguntas del (de la) jefe(a) de personal acerca de tus datos personales, así como de tus antecedentes académicos y laborales. Recuerda que sus preguntas también van dirigidas a *(are intended to)* determinar tus cualidades personales. ¡Trata de dar una buena impresión!

Atajo

Phrases/Functions: Writing a letter (formal)
Vocabulary: Studies; Working conditions
Grammar: Agreement

¡A escribir!

G. Mi hoja de vida. Prepara tu hoja de vida.

1. Saca la hoja de vida que preparaste con un(a) compañero(a) al principio de este tema (página 418).
2. Refiriéndote a la lista de cualidades laborales, elabora un poco más la sección de «experiencia laboral».

H. Mi carta de presentación. Continúa preparando tu carta de presentación.

1. Saca el bosquejo de la carta que preparaste en el **Tema 1.**
2. Elabora el bosquejo para escribir un primer borrador *(draft)*.

Sugerencias

Estimados señores...	*Dear Sirs*
Me dirijo a Uds. para...	*I am writing to you to . . .*
Como pueden comprobar...	*As you can see . . .*
Sírvanse comunicarse conmigo...	*Feel free to contact me . . .*
Atentamente	*Sincerely*

II. Vocabulario: Expectativas laborales

El **empleado** va a firmar su **contrato** de **tiempo completo** con esta compañía.	*The **employee** is going to sign his **contract** for **full-time employment** at this company.*
El empleado discutió primero las **prestaciones** con el **jefe de personal.**	*The employee discussed the **benefits** with the **human resources manager** first.*
Por su buen **desempeño**, el empleado recibió un **ascenso** y un **aumento de sueldo** después de dos meses en la empresa.	*For his good **work**, the employee received a **promotion** and a **salary increase** after two months at the company.*

Vocabulario útil

Expectativas laborales

el ascenso/ la promoción	*promotion*
el (la) aspirante	*candidate*
el aumento	*raise*
el contrato	*contract*
el desempeño	*(job) performance*
despedido(a)	*fired*
el horario	*schedule*
la huelga (hacer huelga)	*strike (to strike)*
el jefe de personal	*human resources manager*
el medio tiempo/ la media jornada	*part-time*
la oferta (de trabajo)	*(job) offer*
las prestaciones	*benefits*
el salario/el sueldo	*salary*
el tiempo completo/ la jornada completa	*full-time*
la vacante	*opening*

Verbos

aspirar	*to aspire, to want (a goal)*
contratar	*to hire*
despedir (i, i)/echar	*to fire*
firmar	*to sign*
llenar un formulario	*to fill out a form*
ofrecer	*to offer*

Vocabulario personal:

Asimilación

A. ¿Buenas o malas noticias? →← Clasifica las siguientes palabras. Luego compara tus respuestas con las de otro(a) compañero(a). ¿Están de acuerdo?

despedido	ascenso	aumento	sueldo
contrato	huelga	prestaciones	vacante

Buenas noticias	**Malas noticias**

B. Oferta de trabajo. Escucha el siguiente mensaje telefónico y toma nota de la información indicada.

Nombre de la compañía:
Duración del contrato:
Salario:
Prestaciones:

Aplicaciones

C. Aspiraciones. Completa las frases con la palabra del vocabulario más apropiada.

1. Quiero un _____ de tiempo completo.
2. Necesito un _____ de por lo menos 100.000 bolívares al mes.
3. Deseo firmar el _____ lo antes posible.
4. Prefiero tener todas las _____ .
5. Me interesa saber si hay buenas posibilidades de _____ en esta compañía.
6. Necesito un _____ del 15 por ciento después del período de prueba.

D. Entrevista. →← Imaginen que trabajan para la división de recursos humanos *(human resources)* de una compañía. Preparen cinco preguntas para conocer las aspiraciones de un candidato.

Temas: horario, salario, prestaciones, ascensos, aumentos

Modelo: contrato
¿Cuándo quiere firmar el contrato?

E. Situaciones. →← Inventa varias situaciones o problemas y cuéntaselos a tu compañero(a) para que te sugiera algunas soluciones. Después cambien de papel.

Modelo: ESTUDIANTE A: *Quiero trabajar, pero también quiero estudiar.*
ESTUDIANTE B: *Necesitas un horario de medio tiempo.*

Integración

¡A conversar!

F. La entrevista. →← Con un(a) compañero(a) practiquen una entrevista de trabajo. (Tomen turnos haciendo de entrevistador y de aspirante.) Usen las preguntas que prepararon en la actividad D como guía.

¡A escribir!

G. Otros datos. Revisa tu carta de presentación para incluir información acerca de tus expectativas. Incluye por ejemplo:

- el horario que deseas
- el salario a que aspiras
- las prestaciones que necesitas

Atajo

Phrases/Functions: Requesting or ordering
Vocabulary: Working conditions

III. Guía para la pronunciación

Las consonantes *s, z* y *c*. In Latin America there is no distinction in the pronunciation of **s, z,** or **c** (before *i* or *e*). In Spain, however, **z** and **c** (before *i* or *e*) are pronounced like the *th* in *theme*.

Ce**c**ilia **Z**apata **s**e acaba de ca**s**ar con **C**é**s**ar **C**ifuentes.
Cé**s**ar y **C**e**c**ilia **s**e cono**c**en de**s**de ha**c**e **s**ei**s** me**s**e**s**.
Cé**s**ar e**s** publi**c**ista y **C**e**c**ilia e**s** **s**i**c**óloga.
Lo**s** e**s**po**s**o**s** van a muda**rs**e la próxima **s**emana a **Z**arago**z**a.

IV. Funciones y estructuras: *Influencing the behavior of others with formal commands*

A direct way of influencing other people's behavior is through direct commands (*Do this, Don't do that,* etc.). In Spanish there is a distinction between commands given to friends and family and those given to people with whom there is a more formal social relationship.

Llene este formulario.	***Fill out*** *this form.*
Escriban sus nombres.	***Write*** *your names.*

To give an *affirmative* command, drop the **-o** from the **yo** form of the present tense and add **-e/-en** for **-ar** verbs and **-a/-an** for **-er** and **-ir** verbs.

Infinitive	Present tense verb	**-ar** verbs	**-er** / **-ir** verbs
llenar *(to fill, fill out)*	llen**o**	llen**e**	
		llen**en**	
escribir	escrib**o**		escrib**a**
			escrib**an**

Placing **no** before the verb forms the negative command.

No mande su hoja de vida por correo.	***Do not send*** *your resumé by mail.*
No llegue tarde.	***Do not arrive*** *late.*
No pida un aumento este mes.	***Do not ask for*** *a raise this month.*

Verbs that end in **-car, -gar,** or **-zar,** such as **buscar** *(to look for),* **pagar** *(to pay for),* and **alcanzar** *(to achieve)* have a spelling change (**c → qu, g → gu,** and **z → c)** to maintain correct pronunciation.

c → qu	g → gu	z → c
buscar	**pagar**	**alcanzar**
bus**que**	pa**gu**e	alcan**c**e
bus**qu**en	pa**gu**en	alcan**c**en

The verbs **dar, ir,** and **ser** have irregular command forms.

	dar	ir	ser
Ud.	dé	vaya	sea
Uds.	den	vayan	sean

Direct commands are sometimes strong imperatives. (In some contexts they could be interpreted as rude, if not followed by the expression **por favor.**) Since the imperative reflects status and authority, tactful use of commands is advised.

OAG
Miami Tel.: (305) 265-2700 • Fax: (305) 269-1879
E-mail: oaglatam@oag.com • Internet: www.oag.com

¿Entendiste bien? Lee los anuncios y haz lo siguiente.

1. Busca los mandatos formales que encuentras en los anuncios. ¿Cuáles son las formas del infinitivo de estos verbos?
2. ¿Cuál de estos anuncios te parece efectivo?

Asimilación

A. ¿Normales o extraños? Indica si los siguientes requisitos son normales **(N)** o extraños **(E)** en una solicitud de empleo *(job application).*

1. Escriba su nombre completo.
2. Invite a la secretaria a almorzar.
3. Mande dos referencias personales.
4. Incluya una foto reciente.
5. Ponga una foto de su familia.
6. Mande su solicitud dentro de una semana.
7. Pida una cita para la entrevista.
8. Complete la solicitud a máquina.
9. Escriba los nombres de sus mejores amigos.
10. Traiga su vestido de baño a la entrevista.

B. ¡Le van a dar una entrevista! El siguiente es un mensaje que un jefe de personal te ha dejado en el contestador. Toma nota de la información más importante.

Lugar de la entrevista: Llevar:
Hora: Confirmar la cita al:

Aplicaciones

C. Consejos editoriales. Un colega está buscando otro trabajo y te pide consejos para mejorar su hoja de vida. Dale consejos completando las frases con la forma apropiada del verbo en paréntesis.

1. _____ (elaborar) un poco más esta sección. Es muy breve.
2. _____ (explicar) mejor este trabajo.
3. _____ (poner) un punto aquí.
4. _____ (clarificar) esta descripción. No la entiendo.
5. _____ (escoger) otra palabra en vez de ésta.
6. _____ (mover) este párrafo al fin de la página.
7. _____ (empezar) esta sección con letra mayúscula.
8. No _____ (olvidar) de poner su número de teléfono.
9. No _____ (repetir) esta palabra. Ya la usó en el mismo párrafo.
10. ¡ _____ (hacer) estos cambios y va a encontrar trabajo!

D. Recomendaciones. →← Ahora con un(a) compañero(a) piensen en por lo menos ocho recomendaciones que les daría *(would give)* a sus niños un padre (o una madre) que tiene que ausentarse de casa por razones de trabajo.

Modelos: romper — *No rompan nada.*
hacer las tareas — *Hagan las tareas.*

E. ¿Cómo conseguir un buen empleo? →← Imaginen que Uds. son consejeros estudiantiles y que preparan un artículo sobre la manera más segura de obtener un empleo. Escriban seis recomendaciones prácticas.

Modelo: *Consulte la sección de anuncios clasificados en el periódico local.*

Un paso más: *Using pronouns and formal commands*

Conéctese a
INTERNET
La conexión sin límite.

En INTERNET vía **InfoMundo** usted encontrará:

- Velocidad hasta 56 K.
- Consumo sin límite por el mismo cargo fijo mensual.
- Contratos a un año prorrogables.
- Centro de Atención al Cliente permanente.
- Capacitación en centros especializados sin costo adicional.
- Software de navegación incluido en el costo inicial.

Conéctese vía InfoMundo a un mundo sin fronteras... INTERNET.

Otra solución InfoMundo.

Ahora vía InfoMundo y por un reducido cargo fijo mensual, conéctese a INTERNET 24 horas al día... SIN LÍMITE DE TIEMPO.

CONÉCTESE YA

Grábese esta marca de memoria.

Así sea un apellido que usted necesite recordar o un plan completo de negocios que requiera almacenar, IML le ofrece una gran selección de medios de almacenamiento de memoria de absoluta confiabilidad. Contamos con diskettes de doble, alta y extra densidad en colores vibrantes, formateados en IBM y APPLE y sin formatear. Datacartridges, minicartridges, cartuchos de 4mm. y 8mm, Disco MO (Magnet Optical), CD-R y CD-Rom, para que usted escoja de acuerdo a su necesidad. Por eso, grábese esta marca de memoria: IML

IML
CALIDAD EXCEPCIONAL

¿Entendiste bien?

1. Busca los mandatos formales que encuentras en los anuncios. ¿Cuáles son las formas del infinitivo de estos verbos?
2. ¿Cuál de estos productos te parece más útil?

In the case of affirmative commands, all pronouns (reflexive, direct, and indirect) must be *attached at the end* of the conjugated verb form. When creating *affirmative commands*, an accent mark must be placed on the word to show its original stress pattern **(di-ga → dí-ga-le)**

↑	↑
stressed syllable	still stressed, now needs accent

Siénte**se,** por favor.	*Sit down please.*
¡Mesero! Tráiga**nos** un café.	*Waiter! Bring us some coffee.*
Díga**le** a la secretaria que necesito una copia de su hoja de vida.	*Tell the secretary that I need a copy copy of your resumé.*
Pónga**se** el abrigo. Hace frío afuera.	*Put your coat on. It's cold outside.*

In negative commands, the pronouns are placed *before* the conjugated verb as separate words.

No **se** acueste muy tarde. Recuerde que tiene una cita temprano en la mañana.	*Don't go to bed late. Remember that you have an appointment early in the morning.*
No **se** siente en esa silla. Está rota.	*Don't sit in the chair. It's broken.*
¡No **me** diga!	*You're kidding (me)!*

Asimilación

A. ¿Qué dice? Selecciona la mejor alternativa.

1. un profesor de español cuando los estudiantes hablan inglés
   a. No hablen en inglés.
   b. Hablen más fuerte, por favor.
2. un policía cuando va a hacerte una multa de tránsito *(ticket)*
   a. Déme su licencia de conducir y la tarjeta de propiedad del vehículo.
   b. ¡No me diga que Ud. es hermano de Phil!
3. la persona que atiende un restaurante de comida rápida
   a. Tráigame una hamburguesa y un refresco.
   b. Déme sencillo, por favor. No tengo cambio.
4. la operadora de tu servicio de larga distancia
   a. Dígame el número de su tarjeta, por favor.
   b. No llame a esta hora. Es más caro.
5. la azafata en el avión
   a. Tráigame un refresco, por favor.
   b. Abróchese el cinturón de seguridad.

B. ¿Es probable o no? Imagina que estás en una entrevista de trabajo. Indica si las frases que vas a escuchar son probables **(Sí),** o si no lo son **(No).**

1. ...
2. ...
3. ...
4. ...
5. ...
6. ...
7. ...

Aplicaciones

C. ¿Qué escribo en mi hoja de vida? →← Con un(a) compañero(a) tomen turnos haciendo y respondiendo a preguntas según el modelo.

Modelos: mi nombre
—¿Escribo mi nombre?
—Sí, escríbalo.
el nombre de mi perro
—¿Escribo el nombre de mi perro?
—No, no lo escriba.

1. mi fecha de nacimiento
2. mis pasatiempos favoritos
3. los nombres de mis padres
4. el nombre de mi escuela secundaria
5. los idiomas que hablo
6. mi experiencia laboral
7. los programas de computadora que sé usar
8. los deportes que practico
9. la dirección de mi casa
10. el teléfono de mi profesor de español

D. Primer día de trabajo. →← Es tu primer día de trabajo y tienes muchas preguntas. Alterna con un(a) compañero(a) haciendo y contestando preguntas usando las siguientes acciones.

Recuerda

Should I . . . can be expressed with the simple present: **¿Empiezo el proyecto?** *(Should I start the project?).*

Modelos: abrir este archivo
—¿Abro este archivo?
—Sí, ábralo. o *No, no lo abra.*

1. organizar estos papeles
2. sentarse aquí (no)
3. prender la computadora (no)
4. mandar estas cartas
5. hacer las fotocopias
6. escribir mis comentarios (no)
7. poner mi bolsa / cartera en el cajón
8. apagar la impresora (no)

E. ¿Qué debo hacer? →← Escriban recomendaciones prácticas sobre lo que debe hacer (o no hacer) una persona el día de su entrevista de trabajo. Usen los verbos sugeridos según el modelo.

Opciones: bañarse, desayunarse, ponerse, peinarse, llegar, saludar, hablar

Modelos: acostarse — *No se acueste muy tarde.* levantarse — *Levántese temprano.*

Integración

¡A conversar!

F. Consejos. →← Prepara la siguiente conversación con un(a) compañero(a).

Consejero(a) radial ***(Radio counselor)***

Tú trabajas como consejero(a) en una estación de radio de tu localidad. Escucha los problemas de este(a) oyente *(listener)* y dale las recomendaciones pertinentes.

Sugerencias

Usa expresiones de apoyo *(support)* como: **No se preocupe** *(Do not worry)*, **Tranquilo(a)** *(Relax)*, **Siga adelante** *(Keep going/Forge ahead)*, **Tenga fe** *(Have faith)*, **Sea optimista** *(Be optimistic)*.

Preocupado(a)

Tú estás sin trabajo desde hace dos meses y ya te has gastado todos tus ahorros. Necesitas un trabajo urgentemente, pero no tienes mucha suerte. Los trabajos que ofrecen no te gustan o no estás calificado(a) para realizarlos. En la radio hay un(a) consejero(a) muy bueno(a). Llama y pídele ayuda.

Sugerencias

Para expresar inquietud *(worry, concern)*, puedes usar las siguientes expresiones: **¿Qué hago?** *(What can I do?)*, **¡No sé qué hacer!** *(I don't know what to do!)*, **¡Estoy desesperado(a)!** *(I am desperate!)*, **¡Ayúdeme, por favor!** *(Help me, please!)*.

¡A escribir!

G. Cómo conseguir un trabajo de medio tiempo. A muchos estudiantes extranjeros les gustaría trabajar en el campus de la universidad para ganar dinero para los gastos. Investiga qué se necesita para trabajar en una cafetería o en la biblioteca de la universidad y escribe algunas recomendaciones prácticas para los hispanos interesados. Después de hacer las revisiones pertinentes, envía esas recomendaciones a la oficina de estudiantes extranjeros para que puedan darles esta información en español.

Modelos: *Hable con el consejero de estudiantes internacionales.*
Consulte los listados de empleos.
Complete la solicitud.

Atajo 

Phrases/Functions: Asking and giving advice
Vocabulary: Working conditions
Grammar: Verbs: imperative **usted(es)**

V. Lectura: Las entrevistas de trabajo

Antes de leer

A. Para discutir por grupos. →← Contesten las siguientes preguntas sobre las entrevistas de trabajo.

- ¿Qué preguntas son comunes durante las entrevistas de trabajo?
- ¿Qué cosas pueden causar una mala impresión durante una de estas entrevistas?

B. Observa el formato. Según el título y subtítulo de esta lectura, ¿qué podemos anticipar acerca de su contenido? Indica la respuesta más apropiada.

1. La lectura trata sobre las características de las entrevistas de trabajo en la compañía MTV.
2. La lectura presenta las experiencias de personas que acaban de tener una entrevista de trabajo.
3. La lectura da recomendaciones a quienes se preparan para tener una entrevista de trabajo.

C. Vocabulario y conceptos. Para cada palabra indica la letra de su definición. (Consulta el diccionario si es necesario.)

1. buenos modales	a. examinar, dar una opinión o un juicio acerca de algo
2. evaluar	b. tímido, reprimido
3. hora acordada	c. comportamiento apropiado en situaciones sociales
4. amistoso	d. cubierta que se usa para guardar papeles
5. cohibido	e. efusivo, extrovertido
6. carpeta	f. tiempo predeterminado, momento de una cita o un compromiso
7. sobrio	g. moderado, elegante, sin adornos innecesarios

A leer

MTV dice en su libro *Now What?!* lo que nadie en cuanto a las entrevistas de trabajo

Los buenos modales pueden ser importantes, pero en ninguna ocasión son tan importantes como en una entrevista de trabajo. Recuerde que la evaluación comienza desde el mismo momento en que entra a la oficina. Desde las secretarias hasta los oficinistas lo evalúan, y su opinión puede incluso llegar hasta oídos del evaluador.

- «Llegar temprano es tan malo como llegar tarde, así que lo mejor es que llegue a una entrevista una hora antes y se quede afuera **hasta que sea** justamente la hora de la **cita.** Averigüe bien la dirección, y si ve que no puede llegar a la hora acordada, llame, excúsese y trate de cambiarla para otro día».

until it is
appointment

No entre corriendo, **sudado,** ni **asustado** a la oficina. Lo tienen que ver cruzar esa puerta tranquilo y fresco.

sweaty / scared

- «Jamás trate a nadie como a su sirviente. Un asistente **malhumorado** puede destruir sus perspectivas de trabajo en dos segundos. Sea muy considerado con los recepcionistas, los administradores, los asistentes y con cualquier otra persona que se encuentre por ahí».

ill-tempered

Cuando finalmente se reúna con el entrevistador, espere a que le ofrezca una silla, mírelo directo a los ojos y dele un fuerte **apretón de manos.** Escúchelo con atención, **así si se esté aburriendo.** Jamás mire su reloj ni **se manosee** demasiado el pelo.

handshake
even if you are bored / fiddle with

- «Por muy joven y afable que sea el entrevistador, nunca le dé una **palmada** en la espalda, ni lo llame por su primer nombre, a menos que así lo requiera. Tampoco cuente **chistes** vulgares ni juegue con el adorno que tenga en el escritorio. Ser agresivamente amistoso es tan malo como ser cohibido y estar **aletargado.** Y nunca, de ninguna forma, si el entrevistador es del sexo que le gusta y le atrae, flirtee ni invite a esa persona a bailar o a comer».

slap
jokes
sleepy, slow

No lleve un **morral** lleno de **chucherías,** cigarrillos arrugados, cosméticos, kleenex, fijador para el cabello, cintas y discos compactos que se hacen evidentes cuando saca su currículum **arrugado** de allí. Es más, no lleve morral, sólo lo esencial: una carpeta más bien vacía, con las dos o tres hojas que resuman su experiencia. Trate de que esa carpetica sea sobria, unicolor y moderna. Nada de Hello Kitty, ositos voladores o fotos de Bruce Lee. Sea minimalista.

backpack / trinkets
wrinkled

¿Entendiste bien?

D. Consejos. ¿Qué recomendaciones da el autor con respecto a los siguientes aspectos de una entrevista de trabajo? Completa la tabla a continuación.

Reading Strategy: *Skimming and Scanning*
Focus on the chunks of information within each time frame listed below.

Antes de la entrevista	Durante la entrevista	Nunca

E. Aspectos lingüísticos. Busca los mandatos formales que encuentres en la lectura. Luego escribe diez de ellos en la tabla que encuentras a continuación y escribe enfrente el infinitivo correspondiente.

Mandato Formal	Infinitivo

F. Para discutir por grupos. →← ¿Qué otros consejos son necesarios para dar una buena impresión durante una entrevista de trabajo? Presenten una lista al resto de la clase.

Posibles temas: El vestido, los temas apropiados de conversación, la disposición y actitud ideales, etc.

Critical Thinking Skills: Analyzing

Consider other factors that are important when interviewing.

G. Actividad de extensión. →← Imaginen que tienen que crear un artículo similar con recomendaciones sobre buenos modales *para los entrevistadores*. ¿Qué consejos incluirían *(would you include)*? Preparen una lista con sus ideas para discutirla con el resto de la clase.

Critical Thinking Skills: Creating

Using your experience and personal opinions generate a new checklist.

Vocabulario

La hoja de vida	***Resumé***
la carta de presentación	*cover letter*
los datos personales	*personal information*
la entrevista	*interview*
los estudios realizados	*studies completed*
la experiencia laboral	*work experience*
la fecha de grado	*graduation date*
la matrícula/ licencia profesional	*professional license*
solicitar trabajo	*to apply for a job*
la solicitud	*application*
la oferta (de trabajo)	*(job) offer*
las prestaciones	*benefits*
el salario/el sueldo	*salary*
el tiempo completo/ la jornada completa	*full-time*
la vacante	*opening*

Cualidades laborales	***Personal qualities***
compañerista	*good colleague*
creativo	*creative*
dedicado	*dedicated*
eficiente	*efficient*
extrovertido	*extroverted*
flexible	*flexible*
honesto	*honest*
organizado	*organized*
persistente	*persistent*
puntual	*punctual*

Expectativas laborales	***Job expectations***
el ascenso/ la promoción	*promotion*
el aspirante	*candidate*
el aumento	*raise*
el contrato	*contract*
el desempeño	*(job) performance*
despedido	*fired*
el horario	*schedule*
la huelga (hacer huelga)	*strike (to strike)*
el jefe de personal	*human resources manager*
el medio tiempo/ la media jornada	*part-time*

El desempeño de un trabajador	***The worker's accomplishments***
adaptarse a cualquier situación	*to adjust to any situation*
aspirar	*to aspire, to want (a goal)*
ayudar	*to help*
comunicarse bien	*to communicate well*
contratar	*to hire*
crear	*to create*
despedir (i, i)/echar	*to fire*
expresarse abiertamente	*to express him/herself*
firmar	*to sign*
hacer las cosas rápido y bien	*to get things done*
inventar	*to invent*
llegar a tiempo	*to arrive on time*
llenar un formulario	*to fill out a form*
manejar bien los conflictos	*to handle conflict well*
manejar bien su tiempo	*to have good time-management skills*
no mentir (ie, i)	*not to lie*
ofrecer	*to offer*
organizar bien su tiempo	*to manage his/her time well*
participar	*to participate*
perseverar	*to persist*
trabajar bien en equipo	*to work well with others*
trabajar mucho/duro	*to work hard*

En el nuevo empleo

I. Vocabulario: Las tareas de oficina

Vocabulario útil

Hay que...		**en...**	
atender (ie) al público	*to deal with customers*	la recepción.	*at the reception desk.*
asistir a reuniones	*to attend meetings*	la sala de reuniones.	*the conference room.*
preparar informes	*to prepare reports*	el cubículo.	*the cubicle.*
imprimir expedientes	*to print files*	la oficina compartida.	*the shared office.*
enviar/recibir un fax	*to send/receive a fax*	la oficina de correspondencia.	*the mail room.*
hacer/recibir llamadas	*to make phone calls*	la oficina particular.	*the private office.*
archivar	*to file*	los archivos.	*the file cabinets.*

Asimilación

A. ¿Estás listo(a)? →← Imagina que quieres tomar un trabajo de medio tiempo como asistente en una oficina de abogados. Indica tu nivel *(level)* de habilidad para realizar las siguientes actividades.

	Bien	**Regular**	**Mal**		**Bien**	**Regular**	**Mal**
atender al público				enviar / recibir faxes			
asistir a reuniones				hacer / recibir llamadas			
preparar informes				archivar			
imprimir reportes							

Compara tus respuestas con las de otro(a) compañero(a). ¿Cuál de los dos está mejor preparado(a) para ese puesto?

B. Instrucciones. Tu jefe ha tenido problemas con su vuelo y te ha dejado un mensaje en el contestador. Indica las actividades que te pide hacer.

___ Atienda a los clientes de Ciudad Bolívar.
___ Asista a la reunión con los vendedores.
___ Busque los documentos en el archivo.
___ Prepare un informe de la reunión.
___ Imprima una copia de su reporte.
___ Envíeme un fax a mi hotel.

Aplicaciones

C. Herramientas *(Tools)*. →← Trabaja con un(a) compañero(a). Selecciona una actividad de oficina. Menciona algunos de los instrumentos o herramientas que se requieren para realizar esa actividad y deja que tu compañero(a) los identifique. Después cambien de papel *(exchange roles)*.

Modelo: ESTUDIANTE A: *Para transmitir estos mensajes generalmente usamos el teléfono, pero también podemos usar la computadora.*
ESTUDIANTE B: *¿El fax?*
ESTUDIANTE A: *¡Correcto!*

D. Tareas. Completa el párrafo con la palabra más apropiada.

Opciones: hacer unas llamadas, imprimir, preparar un informe, asistir

Tengo mucho que hacer hoy. Primero tengo que _____ para presentarlo esta tarde en la reunión de inversionistas y luego tengo que _____ quince copias para todos los asistentes. Al mediodía tengo que _____ a un almuerzo de negocios con mi jefe y en la tarde debo _____ a varios clientes en la capital. Va a ser un día muy largo.

E. Entrevista. →← Ustedes trabajan para una compañía multinacional y necesitan una nueva secretaria. Preparen por lo menos cinco preguntas para evaluar la experiencia de las aspirantes.

Modelos: *¿Ha preparado Ud. un informe alguna vez?*
¿Ha enviado un fax?

Un paso más: La computadora

La computadora personal (PC)

Vocabulario útil

La computadora

el CD	*CD-ROM*
el disquete	*diskette*
la impresora	*printer*
el interruptor principal	*main switch*
el módem	*modem*
el monitor	*monitor*
el mouse pad/ el pad para el mouse	*mouse pad*
la pantalla	*screen*
los parlantes	*speakers*
el ratón/el mouse	*mouse*

Verbos

abrir/cerrar (ie) un programa	*to open/close a program*
consultar un motor de búsqueda	*to use a search engine*
encender (ie)/apagar la computadora	*to turn on/off the computer*
enviar un mensaje electrónico	*to send an email*
guardar un documento	*to save a document*
hacer clic/oprimir/ cliquear	*to click*
imprimir un documento	*to print a document*
insertar el disco	*to insert the CD*
instalar un programa	*to install a program*
navegar la (el) Internet	*to surf the net*
revisar el buzón	*to check the mailbox*

Vocabulario personal:

Asimilación

A. ¿En qué orden? →← Indica el orden lógico de las siguientes actividades. Al terminar compara tus respuestas con las de un(a) compañero(a). ¿Están de acuerdo?

___ apagar la computadora
___ abrir el programa de navegación
___ consultar un motor de búsqueda
___ encender la computadora
___ imprimir el documento deseado
___ cerrar el programa de navegación

B. Datos técnicos. Escucha las siguientes frases respecto al funcionamiento de una computadora. Luego busca la palabra que mejor corresponda.

1. módem, parlantes, interruptor principal
2. disquetes, teclados, ratones
3. impresora, teclado, módem
4. ratones, parlantes, pantallas
5. teclado, pantalla, interruptor principal

Aplicaciones

C. ¿Cuál prefieren? →← Lee la siguiente información acerca de computadoras personales y escoge tu favorita. Luego discute tu elección con un(a) compañero(a). (Menciona qué características te gustan de esa PC; su precio, velocidad, sonido, servicio, etc.).

PC WORLD

LAS MEJORES PC ECONOMICAS

	Sistema	Ultimo mes	Ultima revisión	Precio en el mercado (12/18/99)	CPU	Comentarios
1	Dell Dimension V350 www.dell.com	n/a	Nuevo	$1399	Pentium II-350	Pc rápida para pequeños negocios respaldad por la confiabilidad y el servicio de Dell.
2	Micro Express MicroFlex C400B www.microexpress.net	2	Enero 99	$1499	Pentium II-400	Rebaja de $200 en una PII-400 llena de RAM, unidad DVD-ROM, monitor mediocre.
3	Micron Millennia 400 Max www.micronpc.com	n/a	Julio 98	$1878	Pentium II-400	PC de multimedios con unidades DVD-ROM y Zip, se acortó el precio en $150.
4	Gateway GP6-400 www.gateway.com	n/a	Nuevo	$1899	Pentium II-400	Rápida, PC expansible para pequeños negocios ofrece tarjeta de red y un buen monitor.
5	Dell OptiPlex GX1 400 www.dell.com	n/a	Agosto 98	$1937	Pentium II-400	Una antigua campeona Potente de escritorio, precio rebajado en $208.
6	Micro Express MicroFlex-35B www.microexpress.net	3	Dic. 98	$1149	AMD K6-2-350	PC conocida como MicroFlex-35A, tiene una aceptable velocidad.
7	Dell Dimension V333c www.dell.com	4	Nov. 98	$1559	Celeron-333	Rebaja de $70 en el precio; rendimiento aceptable de un Celeron-333, unidad Zip.
8	Xi Computer 333A Mtower www.xicomputer.com	n/a	Nuevo	$1399	Celeron-333	Una PC Celeron con Win 98 que tiene buen precio y características de administración.
10	Quantex QP6/400 M-4x SE www.quantex.com	n/a	Nuevo	$1949	Pentium II-400	PC cargada de multimedios con unidad DVD-ROM y monitor de 19".
11	Gateway E-3200 450 www.gateway.com	n/a	Nuevo	$1999	Pentium II-450	PC corporativa bien diseñada, ejecuta como muchas PII-400. Tiene cavidades abiertas.

Mejor Compra — Recomendada como sistema del hogar

Este producto no está todavía disponible en la región. Está incluido en la tabla para su información.

Este producto no está presente en todos los países de América Latina. Verifique en el sitio de la compañía en la Web.

Las tablas de esta sección han sido modificadas para adaptarlas a los productos presentes en la región. Se ha mantenido la posición de los números con relación con la tabla de la versión estadounidense.

para tu información

La compañía Compaq tiene el control mayoritario del mercado de las PC en Latinoamérica con un 17 por ciento del total vendido en 1998. Le sigue Hewlett-Packard con un 9 por ciento y finalmente IBM con un 8 por ciento. Los mercados de PC de mayor crecimiento en los últimos años han sido los de Argentina, Venezuela y Colombia.

D. El (La) tecnofóbico(a). →← Imaginen que su compañero(a) no sabe manejar bien la computadora. Tomen turnos contestando las preguntas de una forma lógica. Empleen el pronombre de objeto directo en sus respuestas.

Modelo: ¿Inserto el disco ahora?
Sí, insértelo ahora. o *No, no lo inserte ahora.*

1. ¿Enciendo la computadora?
2. ¿Abro el programa de base de datos?
3. ¿Guardo el archivo?
4. ¿Imprimo el documento?
5. ¿Reviso mi buzón?
6. ¿Hago clic aquí?

E. Entrevista. →← Hazle las siguientes preguntas a un(a) compañero(a) y prepara un breve informe sobre sus respuestas.

1. ¿Te interesan las computadoras?
2. ¿Qué tipo de computadora tienes?
3. ¿Con qué frecuencia la usas? ¿Para qué?
4. ¿Cuáles son tus programas favoritos? (¿Procesador de textos? ¿Procesador de datos? ¿Navegador? ¿Otros?)
5. En tu opinión, ¿qué es lo mejor de las computadoras? ¿Y lo peor?

Integración

¡A conversar!

F. Entrevista de trabajo. →← Prepara con un(a) compañero(a) la siguiente entrevista de trabajo.

Entrevistador (Entrevistadora)

Usted trabaja para una compañía multinacional y tiene que contratar a un(a) asistente de oficina. Esta persona debe hablar español y ser capaz de desempeñar diferentes tareas de oficina (como hacer y recibir llamadas, preparar informes, usar la computadora, etc.). Entreviste a este(a) aspirante y determine si debe ser contratado(a) para ese puesto.

Aspirante

Usted necesita un trabajo y sabe que esta compañía multinacional busca un(a) asistente de oficina. Convenza al (a la) entrevistador(a) de que Ud. puede desempeñar muy bien las diferentes tareas que se requieren (hacer y recibir llamadas, preparar informes, usar la computadora, etc.).

Sugerencias

Usa las preguntas de las actividades de entrevistas en las dos secciones anteriores como guía (p. 433 y arriba).

¡A escribir!

G. Carta de presentación. Amplía la carta de presentación que preparaste en el **Tema 2** de este capítulo para incluir tus habilidades con respecto a tareas de oficina y computación.

Atajo 

Phrases/Functions: Writing a letter (formal)
Vocabulary: Office; Computers
Grammar: Agreement

II. Vocabulario: Las comunicaciones telefónicas

RECEPCIONISTA: Buenos días. Ramírez, Gómez y Asociados. Habla Adriana. ¿En qué puedo servirle?
SR. MEJÍA: Gracias, señorita. ¿Podría hablar con el Dr. Gómez?
RECEPCIONISTA: Con mucho gusto. ¿De parte de quién?
SR. MEJÍA: De Arturo Mejía.
RECEPCIONISTA: Bien. Un momento, por favor.

RECEPCIONISTA: Dr. Gómez. El Sr. Arturo Mejía por la línea dos.
DR. GÓMEZ: Estoy muy ocupado en este momento. Dígale que deje el mensaje, por favor.

RECEPCIONISTA: El Dr. Gómez se encuentra ocupado en este momento. ¿Desea dejar algún mensaje?
SR. MEJÍA: Sí, dígale que no puedo asistir a nuestra cita de mañana y que me llame al 456-9980 para que acordemos otra fecha.
RECEPCIONISTA: Muy bien. Le daré al Dr. Gómez su mensaje.
SR. MEJÍA: Gracias, señorita.
RECEPCIONISTA: Con gusto.

Vocabulario útil

Habla... .	*This is . . .*
¿Podría hablar con... ?	*May I speak to . . . ?*
¿De parte de quién?	*May I ask who is calling?*
...por la línea... .	*. . . is on line . . .*
Dígale que deje el mensaje, por favor.	*Tell him/her to leave a message, please.*
...se encuentra ocupado en este momento.	*. . . is busy at the moment.*
¿Desea dejar algún mensaje/recado?	*Would you like to leave a message?*
¿Me podría dar su número telefónico?	*May I have your number?*
Le daré a... su mensaje.	*I will give . . . your message.*
Con gusto.	*You are welcome (My pleasure).*
Por supuesto.	*Of course.*

Vocabulario personal:

Asimilación

A. Expresiones. Selecciona la mejor respuesta para cada pregunta.

1. ¿Desea dejar algún mensaje / recado?
2. ¿Me podría dar su número telefónico?
3. ¿De parte de quién?
4. ¿En qué puedo servirle?

a. Miguel Sánchez
b. Sí, llamo para confirmar nuestra cita para mañana.
c. ¿Podría hablar con el Profesor Gómez?
d. Es este número con la extensión 6003.

B. ¿Entendiste bien? Escucha la siguiente conversación telefónica. Luego, indica si las frases son correctas o no. 

1. El Sr. Aristizábal tiene una cita con el Dr. Ramírez.
2. El Dr. Gómez está en una reunión.
3. La secretaria le dio una cita al Sr. Aristizábal.
4. El número del señor Aristizábal es 321-9425.
5. El Sr. Aristizábal piensa llamar más tarde.

Aplicaciones

C. Un recado para el Sr. Álvarez. →← Completa y practica el siguiente diálogo con un(a) compañero(a).

RECEPCIONISTA: Buenos días. Habla Helena (Miguel). ¿En qué puedo servirle?
SRA. (SR.) SÁNCHEZ: Gracias, señorita (señor). ¿ _____ ?
RECEPCIONISTA: Lo siento, pero el Sr. Álvarez no se encuentra. ¿ _____ ?
SRA. (SR.) SÁNCHEZ: De Elvira (Elmer) Sánchez.
RECEPCIONISTA: ¿ _____ ?
SRA. (SR.) SÁNCHEZ: Sí, dígale que me llame a mi casa lo antes posible. El teléfono es 332-7754.
RECEPCIONISTA: Muy bien. _____ .
SRA. (SR.) SÁNCHEZ: Gracias, señorita (señor).
RECEPCIONISTA: _____ .

D. ¿Qué digo? →← Indiquen cuál es la respuesta más apropiada para cada una de las siguientes preguntas. Al terminar personalicen y practiquen la conversación.

1. Buenas tardes, Inversiones Caicedo. ¿En qué puedo servirle?
2. ¿De parte de quién?
3. Lo siento pero la Sra. Caicedo no se encuentra en este momento. ¿Desea dejar algún mensaje?
4. ¿Me podría dar su número telefónico?

a. Jorge Alberto Plazas.
b. Sí, dígale que se comunique conmigo lo antes posible.
c. Gracias. ¿Podría hablar con la Sra. Caicedo, por favor?
d. Por supuesto, es el 355-2137.

Integración

¡A conversar!

E. ¿Cuándo? →← Prepara con un(a) compañero(a) la siguiente situación.

Aspirante	**Recepcionista**
Llama al Dr. Gómez para concertar la fecha y la hora de tu entrevista de trabajo. Si no se encuentra, déjale un mensaje.	Tú eres el (la) recepcionista de la oficina del Dr. Gómez. El Dr. Gómez se encuentra muy ocupado y no puede atender a nadie. Toma los mensajes telefónicos de las personas que lo llamen el día de hoy.

¡A escribir!

F. **¿Puedo dejar un mensaje?** →← Con un(a) compañero(a), hagan una lista de situaciones que requieren una interacción telefónica **formal** (por ejemplo, para cancelar una cita con un dentista, para pedir información a la oficina de registros de la universidad, etc.). Al terminar, escojan una de esas situaciones y preparen una conversación original.

III. Perspectivas: El paro *(Unemployment)*

Antes de leer

A. **En los EE.UU.** →← Discutan sus respuestas a las siguientes preguntas.

1. ¿Hay mucho paro (o desempleo) en los Estados Unidos? ¿Por qué? ¿A quiénes afecta?
2. Respecto al empleo, ¿cuál crees que es el problema más grave aquí en este momento en términos de porcentajes y relativo a los otros problemas? Marca tu respuesta en la siguiente tabla.

	%
La falta de estabilidad en el empleo	
La incapacidad de la economía para generar suficientes puestos de trabajo	
Las dificultades de los jóvenes para encontrar su primer empleo	
Las dificultades de los parados *(the unemployed)* de más de 45 años para encontrar empleo	
Otro:	

A leer

A continuación vas a leer los resultados de una encuesta similar realizada en España recientemente.

El paro

Pregunta:

Refiriéndonos al empleo, dígame cuál de los siguientes problemas es, en su opinión, el más grave que hay en España en este momento.

Respuestas:	%
Las dificultades de los jóvenes para encontrar su primer empleo	38
La incapacidad de la economía para generar suficientes puestos de trabajo	27
La falta de estabilidad en el empleo	18
Las dificultades de los parados de más de 45 años para encontrar empleo	13
No sabe / No contesta	4

¿Entendiste bien?

B. ¿Sí o no? Indica si las siguientes conclusiones se pueden inferir de la tabla anterior.

1. Los jóvenes en España encuentran trabajo fácilmente.
2. Las personas mayores tienen problemas para encontrar empleo.
3. Lo que más les preocupa a los españoles es perder su empleo.
4. La economía española es bastante fuerte y produce mucho empleo.

C. Para discutir. →← ¿Es la situación española similar o diferente a la situación que existe hoy en los Estados Unidos? Expliquen su respuesta.

IV. Funciones y estructuras: *Double object pronouns*

When both direct and indirect object pronouns are used in the same sentence, the indirect object pronoun is always placed *before* the direct object pronoun. Some people use the mnemonic "I-D" to remember the correct order.

Me lo dijeron ayer. — *They told **me it (it to me)** yesterday.*
Se lo voy a contar a Juanita. — *I am going to tell **(it to)** Juanita.*

Note that when used together, nothing comes between the direct and the indirect object pronoun.

¿Quiere que le mande ese documento por correo? — *Do you want me to send you that document by mail?*
No, no **me lo** mande por correo. Mánde**melo** por fax. — *No, do not send **it to me** by mail. Send **it to me** by fax.*

Much like single object pronouns, double object pronouns are placed *before* the auxiliary or conjugated verb, after the negative **no**, or attached to the end of an infinitive, present participle, or affirmative command.

¿Tienes la carta? ¿**Me la** vas a entregar hoy? — *Do you have the letter? Are you going to give **it to me** today?*
No, prefiero entregár**tela** mañana. — *No, I would rather give **it to you** tomorrow.*

Verb form	Pronoun position	Examples
conjugated	before the conjugated verb	**Te la** damos mañana. *We will give **it to you** tomorrow.*
negative	after negation **(no, nunca, jamás)**	No **te la** podemos dar hoy. *We cannot give **it to you** today.*
compound tense (auxiliary + main verb)	before auxiliary	**Me la** están preparando hoy. *They are preparing **it for me** today.*
infinitive	before auxiliary or attached at the end of the infinitive	Van a dár**mela** mañana. *They are going to give **it to me** tomorrow.*
present participle	before auxiliary or after present participle	Están preparándo**mela** hoy. *They are preparing **it for me** today.*
affirmative command	attached at the end of the command	Comprémo**sela** entre todos. *Let's buy **it for him** among all of us.*
negative command	before the command	No **me los** traiga hoy. *Do not bring **them to me** today.*

Note that an accent mark is needed to maintain the original stress of verbs when pronouns are attached to their infinitives, present participle forms, or affirmative commands.

The indirect object pronouns **le** and **les** change to **se** when used with a third person direct-object pronoun (**lo, la, los** or **las**). To clarify the meaning of **se**, the phrase (**a** + person) may be used.

Le mandé la carta a Luis. → ~~Le~~ la mandé (a Luis). Change **le** to **se**.
→ **Se** la mandé.

Les pienso dar los documentos (a Uds.).
→ ~~Les~~ los pienso dar. Change **le** to **se**.
→ **Se** los pienso demostrar.

¿A quién le mando esta invitación?	*To whom should I send this invitation?*
Mánde**sela** a todos los empleados.	*Send **it to all** the employees.*
¿Cuándo nos va a mostrar el nuevo sistema?	*When are you going to demonstrate the new system for us?*
Se los pienso demostrar hoy mismo.	*I plan to demonstrate **it for you** today.*

EL FUEGO DE LA ACIDEZ SE LO QUITA EL BUEN SABOR DE MAALOX

Rápido alivio

El más usado en el mundo

Agradables sabores de Menta y Cherry

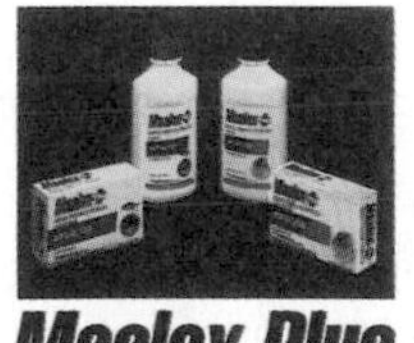

Maalox Plus

GÁNESELO

BMW Z-3 ROADSTER

Gánese el espactular BMW Z-3 Roadster último modelo. Por cada rollo que revele en Foto Japón, reclame completamente gratis una boleta para participar en la rifa de este sensacional automóvil. Llene la boleta con sus datos personales y deposítela en los buzones de Foto Japón. El sorteo se transmitirá el 15 de diciembre de 1997 a través de la t.v. nacional.

¿Entendiste bien? Lee los anuncios y contesta las siguientes preguntas.

1. ¿Puedes encontrar los pronombres dobles en estos anuncios?
2. ¿A qué se refieren los pronombres **se** y **lo** en cada caso?

Asimilación

A. ¿Cuál fue la pregunta? Para cada respuesta, indica la letra de la pregunta más lógica.

1. Ya se los di.
2. No. Me los voy a llevar a mi casa.
3. Te lo pienso llevar esta tarde.
4. Porque nos las solicitó la Sra. Valdivieso.
5. No. Se los consigné yo personalmente.
6. Se la llevó el mensajero.

a. ¿Vas a quedarte a terminar esos informes?
b. ¿Por qué está haciendo copias de esas cartas?
c. ¿Quién le llevó esa caja a don Manuel?
d. ¿Cuándo le vas a dar los disquetes a Marcela?
e. ¿Mandó al mensajero *(messenger)* a consignarme esos cheques?
f. ¿Cuándo me vas a traer el contrato?

B. ¿Qué dices? Imagina que estás en la oficina del (de la) profesor(a). Escoge la mejor respuesta para cada una de las preguntas que vas a escuchar.

> **Estrategia para la comprensión: *Using Grammatical Clues***
> Pay special attention to the gender and number of the object in question.

	a.	b.
1.	a. Porque se la comió el perro.	b. Porque se los comió el perro.
2.	a. Se lo voy a dar mañana.	b. Se la voy a dar mañana.
3.	a. Se lo dejé debajo de su puerta.	b. Se los dejé debajo de su puerta.
4.	a. Mándemelos por correo, por favor.	b. Mándemelas por correo, por favor.
5.	a. Voy a traérsela esta tarde.	b. Voy a traérselas esta tarde.

Aplicaciones

C. Una asistente muy eficiente. Completa los espacios con pronombres. Al terminar compara tus respuestas con las de otro(a) compañero(a).

JEFE: Éste es un proyecto importante. ¿Ya hizo **las copias** para **los clientes?**
ASISTENTE: Sí ya _____ _____ hice.

JEFE: ¿Y **nos** respondió Don Francisco **el mensaje electrónico** que le enviamos ayer?
ASISTENTE: No. Don Francisco no _____ ______ ha respondido todavía.

JEFE: ¿Cuándo va a dar**me los resultados** del estudio?
ASISTENTE: Están listos. Si quiere _____ _____ puedo entregar ahora mismo.

JEFE: Bueno, ¿y le dio **al mensajero el cheque** para consignar?
ASISTENTE: Sí señor. Ya _____ _____ di. No se preocupe.

JEFE: ¿Y el mensajero **nos** aceptó **el pago** sin protestar?
ASISTENTE: Sí, ______ _____ aceptó sin problema, señor.

JEFE: ¿Y **le** entrego al cliente **el reporte?**
ASISTENTE: Sí señor. _____ _____ entregué esta mañana.

JEFE: Excelente, excelente. Y una cosita más... **¿Me** arregló **la cita?**
ASISTENTE: ¡Pues, claro que _____ _____ arreglé con don Francisco!

D. ¡Qué prisa! Hoy en tu trabajo tienes prisa y tienes que acortar tus frases al hablar con un colega. Convierte los objetos en pronombres de objeto, manteniendo *(keeping)* el significado de la frase.

Modelo: Necesito explicarle el proyecto a Juan.
Necesito explicárselo.

1. Siempre les entrego los documentos a tiempo a mis supervisores.
2. No voy a mandarle el archivo al cliente hasta mañana.
3. Llévele la carpeta a la jefa del departamento.
4. Encuéntrele un asiento al abogado.
5. ¿Piensas comunicarle la información a Roberto?
6. Olvidamos devolverles los disquetes a los del Departmento Financiero.
7. Necesitamos preparar los planes para los ingenieros.

E. Tareas. →← Organicen las siguientes palabras para formar mandatos coherentes. Reemplacen *(Replace)* las personas y los objetos con pronombres según el modelo. Háganlo por etapas *(stages)* si es necesario.

Modelo: mañana / contestar / la carta / los Rodríguez
(Etapa 1: *Conteste la carta a los Rodríguez mañana.*)
(Etapa 2: *Contésteles la carta mañana.*)
Contéstesela mañana.

1. hoy mismo / explicar / el problema / el cliente
2. esta tarde / pagar / el salario / todos los empleados
3. pronto / contestar / el mensaje electrónico / a mí
4. inmediatamente / devolver / la llamada/ la abogada
5. la próxima semana / mandar / los documentos / el contador

Integración

¡A conversar!

F. Supervisión. →← Preparen la siguiente situación.

El (La) supervisor(a)

Imagina que eres el (la) supervisor(a) de una división en tu compañía y que te han asignado este(a) nuevo(a) secretario(a). Hazle varias preguntas para determinar si ha hecho su trabajo adecuadamente.

Sugerencias

Trabajo típico de una oficina incluye: **atender al público, asistir a reuniones, preparar informes, imprimir expedientes, enviar / recibir un fax, hacer / recibir llamadas, archivar documentos**.

El (La) nuevo(a) secretario(a)

Eres nuevo(a) en esta compañía y el (la) supervisor(a) quiere asegurarse de que has hecho el trabajo que te asignaron. Responde a sus preguntas y demuestra que eres muy eficiente.

Sugerencias

Para asegurarle *(reassure)* al (a la) supervisor(a), puedes decir: **No se preocupe** *(Don't worry)*, **Tranquilo(a)** *(Relax)*, **¡Listo!** *(Ready!)*.

¡A escribir!

G. Carta de presentación. →← Por parejas, revisen las cartas de presentación que han venido preparando en este capítulo. ¿Necesitan usar pronombres para evitar repeticiones innecesarias? Identifiquen las frases que se pueden mejorar y hagan las debidas correcciones en casa.

Atajo

Grammar: Personal pronouns: indirect, direct

V. Literatura: «Mi amigo»

Antes de leer

A. Para discutir. →← Contesten las preguntas sobre las excusas.

1. ¿Qué es una «disculpa» o una «excusa»?
2. ¿En qué circunstancias se usan las disculpas? Indiquen las que correspondan.

   ___ cuando no quieren hacer algo
   ___ cuando no pueden hacer algo
   ___ cuando tienen otros compromisos (obligaciones)
   ___ otras circunstancias:

3. ¿Consideran que las excusas o disculpas son buenas o malas? Expliquen.

B. Vocabulario y conceptos. Las siguientes palabras son importantes para la comprensión de la lectura. Para cada palabra indica la letra de la definición correspondiente.

1. obstáculo	a. cosas útiles o indispensables
2. interferencias	b. pagar, sostener
3. faltar	c. no tener, necesitar
4. necesidades	d. problemas, intromisiones
5. mantener	e. impedimento, dificultad

A leer

«Mi amigo»

Germán Cuervo

Germán Cuervo es un pintor y cuentista nacido en Cali, Colombia en 1950. Es autor de varios libros de cuentos y novelas, entre ellos *Los indios que mató John Wayne* (1985), *Historias de amor, salsa y dolor* (1990) y *El mar* (1994).

Mi amigo quería ser escritor pero no podía hacerlo porque no tenía máquina de escribir. Al fin consiguió una. Aún así, no pudo comenzar, pues le hacía falta una habitación privada. **Al cabo** de dos días pudo saltar ese obstáculo, pero en aquella nueva habitación había mucho ruido e interferencias. Fue **preciso,** entonces, **conseguir** una casa. **Prestando** aquí y allá, con ayuda de su familia, mi amigo pudo conseguir una casa solitaria y **retirada,** para poder comenzar su trabajo de la escritura. Al cabo de un tiempo me lo encontré en la calle muy deprimido y le pregunté qué le pasaba. «Ya tengo máquina de escribir, un cuarto y una casa —me dijo— sin embargo, no puedo hacerlo. Algo muy importante me hace falta para poder escribir; me hace falta una mujer. Necesito compañía». **Dicho y hecho,** mi amigo se puso en aquel **empeño** y **a la vuelta** de los días tenía una mujer cálida y buena que lo acompañaba, en su difícil trabajo de la escritura. Ahora solamente le faltaba ponerse a hacerlo, sin embargo no lo hizo pues si ya tenía máquina, cuarto, casa retirada y mujer, le hacía falta, **por añadidura lógica,** un auto. Se puso entonces en ese empeño consiguiendo un trabajo que le **devengaba** el dinero suficiente para mantener esa cadena de necesidades. La última vez que lo encontré le pregunté si estaba escribiendo.

«No —me contestó—. Si ya tengo máquina de escribir, cuarto, casa, mujer, carro y trabajo, para qué me voy a poner a escribir. Ahora estoy viendo cómo conseguir un betamax».

Finally
necesario
to find / Borrowing
distant
Said and done
endeavor / at the end of, after
after all
ganaba

¿Entendiste bien?

C. ¿En qué orden sucedieron los hechos? Ordena los siguientes eventos de la historia.

Estrategia de leer: ***Identifying Chronological Sequence***

___ Su amigo consiguió un auto.
___ Su amigo consiguió un trabajo.
___ Su amigo consiguió una esposa.
___ Su amigo consiguió una casa tranquila.
___ Su amigo consiguió una máquina de escribir.
___ Su amigo consiguió una habitación privada.

D. Para discutir. →← ¿Por qué creen Uds. que este hombre nunca pudo ser escritor?

Critical Thinking Skills: Inferring

Based on his actions, what can we infer about this man's character and personality?

E. Enfoque lingüístico. Clasifica el uso de los verbos de la lectura.

Pretérito (narración de eventos pasados)	Imperfecto (descripciones, acciones habituales en el pasado)

Recuerda

- The preterit tense is used to narrate completed past events.
- The imperfect tense is used to provide background descriptions and to talk about habitual or ongoing actions in the past.

F. Enfoque comunitario. Entrevisten a algún (alguna) artista o profesional de habla hispana acerca de qué obstáculos encontró mientras estaba estableciéndose en su arte o profesión. Pregúntenle cómo superó *(overcame)* esos obstáculos. Después, presenten una breve biografía de esta persona a la clase.

Temas CD-ROM

En tu próxima tarea, vas a ir a Venezuela, donde vas a crear un folleto para dar consejos *(to give advice)* a la gente que busca trabajo.

Vocabulario

Las tareas de la oficina	***Office duties***
archivar	*to file*
asistir a reuniones	*to attend meetings*
atender (ie) al público	*to deal with customers*
enviar/recibir un fax	*to send/to receive a fax*
hacer/recibir llamadas	*to make/to receive phone calls*
imprimir expedientes	*to print files*
preparar informes	*to prepare reports*

Secciones de una oficina

los archivos	*the file cabinets*
el cubículo	*the cubicle*
la oficina compartida	*the shared office*
la oficina de correspondencia	*the mail room*
la oficina particular	*the private office*
la recepción	*the reception desk*
la sala de reuniones	*the conference room*

La computadora personal

el botón	*button*
el CD	*CD-ROM*
el disco duro	*hard drive*
el disquete	*diskette*
la impresora	*printer*
el interruptor principal	*main switch*
el módem	*modem*
el monitor	*monitor*
el mouse pad/ el pad para el mouse	*mouse pad*
la pantalla	*screen*
los parlantes	*speakers*
el ratón/el mouse	*mouse*
el teclado	*keyboard*

Verbos

abrir/cerrar (ie) un programa	*to open/to close a program*
consultar un motor de búsqueda	*to use a search engine*
encender (ie)/apagar la computadora	*to turn on/off the computer*
enviar un mensaje electrónico	*to send an e-mail*
guardar un documento	*to save a document*
hacer clic/oprimir/ cliquear	*to click*
imprimir un documento	*to print a document*
insertar el disco	*to insert the CD*
instalar un programa	*to install a program*
navegar la (el) internet	*to surf the net*
revisar el buzón	*to check the mailbox*

Conversaciones telefónicas

Habla... .	*This is . . .*
¿Podría hablar con... ?	*May I speak to . . . ?*
¿De parte de quién?	*May I ask who is calling?*
...por la línea... .	*. . . is on line . . .*
Dígale que deje el mensaje, por favor.	*Tell him/her to leave a message, please.*
...se encuentra ocupado en este momento.	*. . . is busy at the moment.*
¿Desea dejar algún mensaje (recado)?	*Would you like to leave a message?*
¿Me podría dar su número telefónico?	*May I have your number?*
Le daré... su mensaje.	*I will give . . . your message.*
Con gusto.	*You are welcome (My pleasure).*
Por supuesto.	*Of course.*

Puesta en acción

SITUACIÓN: La empresa multinacional para la que trabajas te ha anunciado que tiene planes de transferirte a Caracas, Venezuela para abrir una nueva oficina regional.

MISIÓN: Coordinar la mudanza, organizar tu nuevo hogar y establecer la oficina regional de tu compañía en Venezuela

WORK SKILLS: Planning an international business trip, interviewing, writing a business letter, writing a business email

A. La mudanza

1. La mudanza a Venezuela. Lee el siguiente mensaje electrónico y luego contesta las preguntas.

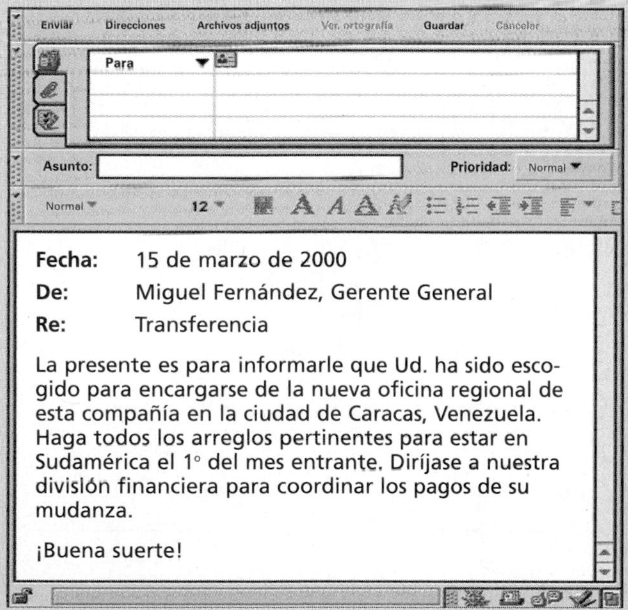

Fecha: 15 de marzo de 2000
De: Miguel Fernández, Gerente General
Re: Transferencia

La presente es para informarle que Ud. ha sido escogido para encargarse de la nueva oficina regional de esta compañía en la ciudad de Caracas, Venezuela. Haga todos los arreglos pertinentes para estar en Sudamérica el 1° del mes entrante. Diríjase a nuestra división financiera para coordinar los pagos de su mudanza.

¡Buena suerte!

- ¿Qué quiere el gerente general de la compañía?
- ¿Cuándo comienza la nueva asignación?
- ¿Quién va a pagar la mudanza?

2. ¿Qué tengo que hacer? →← Preparen una lista de los preparativos que necesitan hacer para el viaje.

 **Critical Thinking Skills: Prioritizing**

Determine essential elements for successful planning.

Llamar a	Ir a	Obtener

3. **En la agencia de viajes.** →← Preparen con su compañero(a) la siguiente situación.

Empleado(a) transferido(a)

Tu compañía te va a transferir a Caracas, Venezuela y necesitas hacer los preparativos. Llama a tu agente de viajes para hacer los arreglos del viaje.

- Compra los boletos de avión.
- Haz las reservaciones en un buen hotel de Caracas.
- Pide información general sobre Venezuela (qué ver, qué ropa llevar).

Agente de viajes

Uno(a) de tus clientes ha sido transferido(a) a Caracas. Ayúdale a hacer los arreglos correspondientes.

Tu cliente probablemente necesita:
- boletos de avión,
- reservaciones de hotel,
- información general sobre Venezuela.

4. **Dinero.** Ahora completa esta carta para concretar los aspectos financieros de tu transferencia.

Opciones: abrir, cajeros automáticos, cuenta corriente, tarjetas de crédito

Miami, 5 de marzo de 2000

Señores,
Banco Central de Venezuela

Voy a mudarme a Venezuela el mes entrante y necesito información acerca de los servicios que ofrece su banco. ¿Qué requisitos exigen para _____ una _____ ? ¿Ofrecen _____ a sus clientes? ¿Cuántos _____ tienen Uds. en la ciudad? Para mí es muy importante tener fácil acceso a mi dinero.

Les agradezco de antemano por su gentil colaboración.

Atentamente,

_____

5. **En busca de una casa.** Escribe ahora una carta a la inmobiliaria Sabana Grande en Caracas con una descripción de tu casa ideal. (Usa la carta anterior como guía.) Asegúrate de incluir la siguiente información.

- ubicación
- número de habitaciones
- tipo de vecindario
- precio

B. La organización de la nueva oficina regional

6. **El nuevo personal.** →← La nueva oficina debe tener un personal excelente con un buen balance entre empleados de profesiones tradicionales y empleados de profesiones del futuro. Preparen una lista de las personas que tienen que contratar *(hire)*.

Ocupaciones tradicionales	Ocupaciones del futuro

Al terminar, intercambien respuestas con un(a) compañero(a). ¿Están completas sus listas?

7. **Prioridades.** Lo primero que necesitas es un(a) asistente. Escribe el anuncio clasificado correspondiente. (Usa los anuncios clasificados del ejercicio de **Asimilación A, Tema 1,** p. 400 como guía.)

8. **Entrevista de trabajo.** →← Preparen esta conversación con un(a) compañero(a).

Jefe(a)

Éste(a) es uno(a) de los aspirantes. Por medio de preguntas, determina si es la persona adecuada para el puesto vacante.

Averigua:
- sus antecedentes académicos,
- sus antecedentes laborales,
- algunas de sus características personales más sobresalientes.

Aspirante

Tienes una gran oportunidad para ingresar a esta nueva compañía multinacional. Asegúrate de dar una buena impresión durante la entrevista.

Habla acerca de:
- los estudios que has hecho,
- las experiencias laborales que has tenido,
- tus cualidades personales y de trabajo más sobresalientes.

Atajo

Phrases/Functions: Requesting or ordering
Vocabulary: Working conditions
Grammar: Verbs: imperative **usted(es)**

9. **Instrucciones.**  Completen el siguiente mensaje electrónico con las tareas que debe hacer tu asistente el día de hoy.

Critical Thinking Skills: Prioritizing

List the most important tasks a manager's new assistant might have.

a. Discute con un(a) compañero(a) las tareas más importantes que debe cumplir este(a) asistente el primer día de trabajo.
b. Organiza las actividades en orden de prioridad.
c. Escribe los mandatos correspondientes.
d. Prepara un saludo y una despedida apropiadas para este tipo de comunicación electrónica.

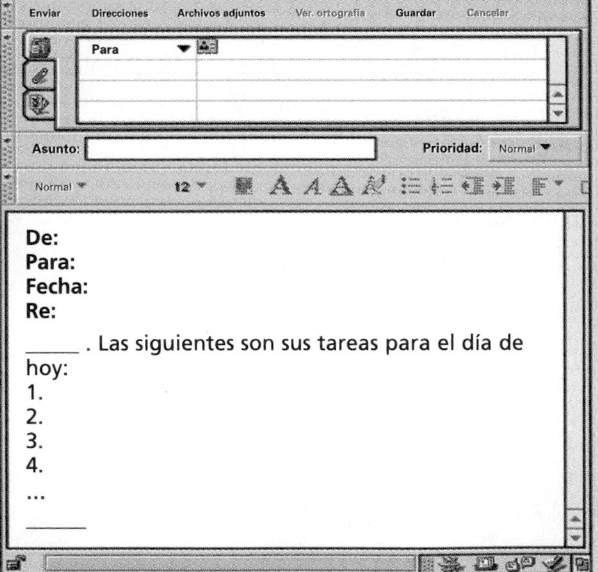

Correcciones

Intercambien este primer borrador con otro(a) estudiante y respondan a las siguientes preguntas.

Paso 1: Contenido. ¿Está toda la información necesaria? Si no es así, ¿qué falta?
Paso 2: Organización. ¿Están claras las tareas y las prioridades? ¿Hay aspectos o segmentos confusos o vagos? ¿Tiene un saludo y despedida?
Paso 3: Gramática. ¿Detectas algún problema con los mandatos formales?

Para hacer en casa:

Paso 4: Revisión. Revisa tu carta y entrégasela a tu profesor(a) la próxima clase.

UNIDAD 5

In this unit you will talk about relationships (friendship, love, and conflict), fitness, health, and leisure. Also, you will learn to make suggestions, express emotions, and talk about hypothetical situations. The readings will explore issues pertaining to relationships and leisure time activities. In turn, the videos will show you how Spanish people and Argentineans spend their free time. At the end of the unit, you will design a personal enrichment program for workers in a Spanish-speaking corporate setting.

Interacciones

Para comenzar

Foto 1

Foto 2

Foto 3

→← Clasifiquen las fotografías de acuerdo al período histórico al que pertenecen.

- Dominación árabe: La Alhambra
- Período romano: Acueducto de Segovia
- Expansión industrial: La Casa Mila («La Pedrera») de Antonio Gaudí, Barcelona

In this chapter you will learn. . .

- how to describe different types of personal relationships (friends, coworkers, spouses, etc.);
- how to make suggestions;
- how to express emotions;
- how to express doubt;
- how to talk about hypothetical situations;
- about the historical and cultural legacy of Spain.

CAPÍTULO > > > 9

Acuerdos y desacuerdos

	Tema 1 Las amistades	Tema 2 Relaciones laborales	Tema 3 Relaciones de pareja
Vocabulario	Un buen amigo	Los compañeros de trabajo Un buen jefe Conflictos	Amor, noviazgo y matrimonio
Funciones y estructuras	Giving advice and suggestions with the subjunctive	Expressing emotion and doubt with the subjunctive in nominal clauses	Talking about hypothetical situations with the subjunctive in adjective clauses
Pronunciación	Las consonantes **p, t** y **k**		
Lectura	Opcional: Amor y matrimonio (*Don Quijote*, fragmento, Miguel de Cervantes Saavedra)*	La timidez Opcional: El amor en la poesía («La casada infiel», Federico García Lorca)	Perspectivas: El matrimonio en la España actual El desamor *(La hija del caníbal,* fragmento, Rosa Montero)
Vídeo	¿Quieres ir al cine?		

* Text marked **Opcional** indicates selections contained in the Instructor's Resource Manual and not in the student textbook.

ENFOQUE

España

En el vídeo. Para cada período busquen el número correspondiente de un evento histórico importante que corresponda.

1. los orígenes
2. la Edad Media (Siglos III al XIV)
3. la Edad de Oro (Siglos XV al XVII)
4. los siglos XVIII y XIX
5. el siglo XX

a. dominación árabe
b. el retorno a la democracia y a la monarquía constitucional
c. Hispania se consolida como una de las regiones más prósperas del imperio romano.
d. la pérdida de las colonias de ultramar
e. el descubrimiento y conquista de América

para tu información

Si deseas aprender más acerca del legado cultural español, visita el siguiente sitio-web: **http://temas.heinle.com.**

El legado cultural de España...

Clásicos de las letras

Miguel de Cervantes Saavedra

De Cervantes a Unamuno, de Camilo José Cela a Federico García Lorca, el número y diversidad de los autores españoles no tiene paralelo.

Clásicos de la pintura

Grandes pintores españoles como Goya, Velázquez, Picasso y Miró han marcado la ruta de grandes movimientos artísticos en el mundo entero.

Clásicos de la música

Plácido Domingo

Además de los famosos tenores José Carreras y Plácido Domingo, España es la cuna de muchos grandes cantantes, compositores y músicos.

Las amistades

I. Vocabulario: Un buen amigo

Se preocupa por ti. Te **escucha** cuando tienes algún problema y te **da consejos** cuando los necesitas.
Comparte contigo los buenos y los malos momentos.
Es **leal.** Sabes que puedes contar con él, porque siempre está dispuesto a **apoyarte.**
Es **honesto.** Siempre te dice la verdad y hasta te **corrige** si estás errado.
Te **acepta** tal y como eres y te **quiere** incondicionalmente.

Vocabulario útil

Adjetivos

confiable	*trustworthy*
generoso	*generous*
honesto	*honest*
leal	*loyal*
paciente	*patient*

Verbos

aceptar	*to accept*
apoyar	*to support*
compartir	*to share*
contar (ue) con	*to count on*
corregir (i, i)	*to correct*
dar consejos	*to give advice*
estar dispuesto	*to be ready (eager)*
fallarle	*to fail (not be there)*
interrumpir	*to interrupt*
juzgar	*to judge*
preocuparse	*to worry about*
querer/amar	*to love*

Vocabulario personal:

Asimilación

A. ¿Eres un(a) buen(a) amigo(a)? →← Toma la prueba y determina si cumples con los criterios para ser un(a) buen(a) amigo(a). Compara tus respuestas con las de algunos de tus compañeros. ¿Quién obtuvo el mayor puntaje?

___ ¿Te preocupas mucho por tus amigos?
___ ¿Eres leal?
___ ¿Estás siempre dispuesto(a) a escuchar sus problemas?
___ ¿Los corriges si están cometiendo algún error?
___ ¿Los apoyas siempre en sus proyectos?
___ ¿Compartes con ellos los buenos y los malos momentos?
___ ¿Les das consejos cuando los necesitan?
___ ¿Tratas de nunca fallarles a tus amigos?
___ ¿Eres paciente con ellos?
___ ¿Los quieres incondicionalmente?

Tabulación:

Entre 8 y 10 respuestas afirmativas	Entre 5 y 7 respuestas afirmativas	Entre 0 y 4 respuestas afirmativas
¡Felicitaciones! Eres un(a) amigo(a) ideal.	Aunque a veces fallas, eres un(a) buen(a) amigo(a). Trata de corregir tus áreas débiles.	Tienes que hacer un gran esfuerzo por mejorar. Un buen amigo es un tesoro que debemos apreciar y cultivar.

 **B. Su mejor amigo(a):** Vas a escuchar un párrafo acerca de una persona importante en la vida del hablante. Toma nota de su nombre y de por lo menos **cuatro** razones por las que el hablante lo (la) considera su mejor amigo(a).

Estrategias para la comprensión: *Selective Listening*
Don't try to understand every word. Concentrate on recognizing familiar words and expressions related to the topic of conversation (in this case, friendship).

Nombre de su mejor amigo(a):

Razones: 1. ... 2. ... 3. ... 4. ...

Aplicaciones

C. ¿Quién es tu mejor amigo(a)? →← Prepara preguntas para averiguar quién es el mejor amigo(a) de uno(a) de tus compañeros y por qué. Realiza la entrevista, toma apuntes y al terminar, cuéntale a la clase lo que averiguaste.

Sugerencias
¿Cómo se llama tu mejor amigo(a)?
¿Por qué lo (la) consideras tu mejor amigo(a)?
Cuéntame alguna experiencia que haya consolidado la amistad entre ustedes.

D. ¿Cómo es? →← Cada uno(a) debe describir una de las siguientes características. El (La) compañero(a) debe escuchar con atención y adivinar de qué característica se trata. **¡Ojo!** Sólo tienen dos oportunidades para adivinar.

Opciones: confiable, generoso, honesto, leal, paciente, simpático

Modelo: —*Una persona que no se enoja fácilmente, que es tolerante...*
—*¿Paciente?*
—*¡Correcto!*

E. Todos podemos mejorar. Acabas de encontrar este artículo en una revista española. ¿Cuál de sus consejos te gustaría aplicar a tu vida? Escribe una lista de tus intenciones.

Modelo: *De ahora en adelante* (From now on), *voy a tratar de **sonreír** un poco más.*

¿CÓMO HACER AMIGOS?

1. Hable con las personas que le rodean. No hay nada más agradable que un saludo entusiasta.
2. Sonría. Se necesita mover 65 músculos para hacer mala cara y sólo 15 para sonreír.
3. Llame a las personas por su nombre. No hay música más dulce a los oídos que escuchar su propio nombre.

4. Sea amigable y cooperador. Para tener amigos, hay que ser un buen amigo.
5. Sea cordial. Hable y actúe como si cada cosa que hiciera le causara un gran placer.
6. Interésese genuinamente por los demás. Todos le pueden llegar a **caer bien...**, si se esfuerza.
7. Sea generoso en elogiar y **parco** en criticar.
8. **Tome muy en cuenta** los sentimientos de los demás. Le será grandemente reconocido.
9. Tome en cuenta las opiniones de los demás. Hay tres puntos de vista en cada controversia: el suyo, el del otro y... el correcto.
10. Esté atento a prestar un servicio. Lo que más cuenta en esta vida es lo que hacemos por los demás.

gustar
limitado
Preste mucha atención

Integración

¡A conversar!

F. **Cómo hacer amigos.** →← Prepara la siguiente conversación con otro(a) compañero(a).

Una persona muy popular

Tú eres una persona muy popular en esta universidad y tienes muchos amigos. Tu compañero(a), sin embargo, es nuevo(a) y no conoce a nadie. Contesta sus preguntas y ofrécele algunos consejos prácticos *(tips)*.

El (La) solitario(a)

Eres nuevo(a) en esta universidad y todavía no tienes muchos amigos. Tu compañero(a), por el contrario, es una persona muy popular y quiere darte algunos consejos de cómo hacer amigos aquí.

Pregúntale...
- qué debes y qué no debes hacer para hacer nuevos amigos es esta universidad.
- a qué lugares debes ir.
- qué actividades debes desarrollar para conocer más gente.

¡A escribir!

G. **¿Cómo hacer amigos en los Estados Unidos?** →← Imaginen que son consejeros de estudiantes extranjeros. Preparen un documento con sugerencias prácticas de cómo hacer amigos en este país.

1. Discutan sus ideas (¿Qué hacer? ¿Qué no hacer? ¿Adónde ir para hacer amigos en este país? etc.).
2. Preparen una lista de actividades y luego decidan en qué orden van a presentar la información.
3. Preparen el primer borrador de su lista de sugerencias. (Recuerden que pueden usar los mandatos formales para dar más énfasis a sus sugerencias.)
4. Traigan el primer borrador de su composición la próxima clase para hacer las revisiones necesarias.
5. Revisen su composición y entréguensela a su profesor(a) para que les sugiera más correcciones.

Atajo

Phrases/Functions: Expressing obligation; Asking and giving advice
Vocabulary: University; Leisure
Grammar: Verbs: imperative **usted(es)**

Correcciones

Intercambien composiciones y comenten los siguientes aspectos.

Paso 1: **Contenido.** ¿Tiene toda la información necesaria? ¿Qué falta? ¿Qué sobra? *(What is necessary?)*

Paso 2: **Organización.** ¿Está organizada la presentación de una manera lógica? ¿Qué cambios son necesarios?

Paso 3: **Gramática.** Subraya los mandatos formales y asegúrate de que estén correctamente conjugados.

II. Funciones y estructuras: *Giving advice and suggestions with the subjunctive*

DOÑA MATILDE: ¿Cómo te va en tu nuevo trabajo?
PATRICIA: No sé. Me siento un poco sola. No conozco a nadie.
DOÑA MATILDE: ¡No **seas** tímida, mujer! Tienes que hacer nuevos amigos... .
PATRICIA: Anda, que no es tan fácil.
DOÑA MATILDE: Qué sí... . Mira, te recomiendo que **charles** con tus compañeros y que los **invites** de vez en cuando a un café o a almorzar. Eso nunca falla.
PATRICIA: Sí. Tienes razón. Trataré de seguir tu consejo.

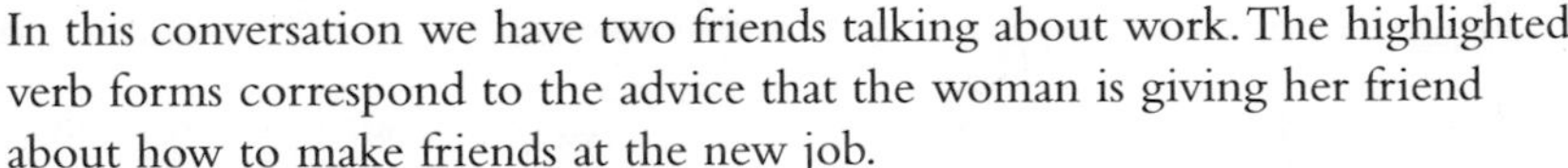

In this conversation we have two friends talking about work. The highlighted verb forms correspond to the advice that the woman is giving her friend about how to make friends at the new job.

- What is different about those verb forms?
- Have you seen those verb endings before?

Recuerda

To give formal commands, you drop the **-o** from the **yo** form of the present tense and add **-e / -en** for **-ar** verbs and **-a / -an** for **-er** and **-ir** verbs.

Modelo: **estudiar**

Estudie sus lecciones con frecuencia.
No **estudie** a último momento.

If you answered that those verb endings are the same as the ones studied in the previous chapter for formal commands, you are right! They are the same as those that are used to express the *subjunctive mode.*

Until now, all the tenses you have studied are in the indicative mode (the mode that refers to an *objective* perspective). The subjunctive mode, on the other hand, indicates the *subjective* perspective of one speaker in relation to the actions or states of another individual. Although remnants of the subjunctive still exist in English (in sentences such as "She wishes I *were* there", "*Be* that as it may", "God *bless* you", "Long *live* the king"), it is used much more frequently in Spanish.

This list illustrates the most common situations that require the use of the subjunctive.

- To express wishes, suggestions, and advice: **Te recomiendo que *charles* con tus compañeros.**
- In the subordinate clauses of sentences where verbs in the main clause express emotion, doubt, or denial: ***Me alegra* que *quieras* vencer tu timidez. *Dudo* que *tengas* problemas para hacer nuevos amigos.**
- After certain conjunctions: ***Después de que hagas* algunos amigos te vas a sentir más a gusto.**

Use the subjunctive . . .

1. when there are two different subjects (one in the main clause and another in the subordinate clause) and the verb in the main clause expresses doubt, possibility, emotion, negation, or desire.

   Me alegra que **tengas** un nuevo empleo. — ***I am glad*** *that you* ***have*** *a new job.*

2. after certain conjunctions: **cuando** *(when)* (if used in the future), **para que** *(in order that),* **antes de que** *(before),* **a menos que** *(unless).*

   Ana no va a estar a gusto en su nuevo empleo **a menos que consiga** amigos. — *Ana is not going to enjoy her new job* ***unless she finds*** *new friends.*

Sugerencias

For a more complete listing of conjunctions, consult **El subjuntivo en cláusulas adverbiales** *(The subjunctive in adverbial clauses)* in the next chapter.

Do not use the subjunctive . . .

1. when the verb in the main clause expresses certainty **(es seguro que, es claro que, es evidente que, es verdad que),** unless these expressions are in the negative.

   Es evidente que Ana **va a tener** que hacer un esfuerzo. — ***It is certain*** *that Ana* ***will have*** *to make an effort.*

   No es verdad que **sea** difícil hacer amigos. — ***It is not true*** *that it* ***is*** *difficult to find new friends.*

2. when the verb in the main clause is **pensar** or **creer** in the affirmative.

   Pienso que a Ana le **gusta** su nuevo empleo. — ***I think*** *that Ana* ***likes*** *her new job.*

Sugerencias

The subjunctive may be used in negative or interrogative sentences where **pensar** or **creer** is the main clause verb in order to convey the idea of doubt or uncertainty.

Use the infinitive . . .

when the subject of the main clause is the same as the subject of the subordinate clause.

Quiero hablar con Tía Ana hoy mismo para **saber** cómo van las cosas. — *I want to talk to Aunt Ana today* ***to find out*** *how things are going.*

A. Formation

The formation of the subjunctive is already familiar to you, since you learned formal commands in the previous chapter. To form the present subjunctive, drop the **-o** ending of the first person singular of the present tense, and add the present subjunctive endings.

	Subjunctive endings, **-ar** verbs	**hablar**	Subjunctive endings, **-er/-ir** verbs	**comer**	**escribir**
yo	**e**	habl**e**	**a**	com**a**	escrib**a**
tú	**es**	habl**es**	**as**	com**as**	escrib**as**
Ud., él, ella	**e**	habl**e**	**a**	com**a**	escrib**a**
nosotros	**emos**	habl**emos**	**amos**	com**amos**	escrib**amos**
vosotros	**éis**	habl**éis**	**áis**	com**áis**	escrib**áis**
Uds., ellos, ellas	**en**	habl**en**	**an**	com**an**	escrib**an**

B. Irregular verbs in the subjunctive

1. Stem-changing verbs

The changes in the present indicative of verbs with stressed **e** or **o** in their stems **(e → ie, o → ue)** occur as well in the present subjunctive.

	Present indicative	Present subjunctive
pensar	pienso, piensas, piensa, pensamos, pensáis, piensan	piense, pienses, piense, pensemos, penséis, piensen
entender	entiendo, entiendes, entiende, entendemos, entendéis, entienden	entienda, entiendas, entienda, entendamos, entendáis, entiendan

Stem-changing **-ir** verbs have an additional change from **e → i** or **o → u** in the **nosotros** and **vosotros** forms only.

sentir	sienta, sientas, sienta, sintamos, sintáis, sientan
pedir	pida, pidas, pida, pidamos, pidáis, pidan
dormir	duermo, duermas, duerma, durmamos, durmáis, duerman
morir	muera, mueras, muera, muramos, muráis, mueran

2. Verbs with orthographic changes

Verbs ending in **-car, -gar, -guar,** and **-zar** undergo spelling changes in order to preserve the original sound of the infinitive.

-car → -que	**buscar**	busque, busques, busque, busquemos, busquéis, busquen
-gar → -gue	**pagar**	pague, pagues, pague, paguemos, paguéis, paguen
-guar → -güe	**averiguar**	averigüe, averigües, averigüe, averigüemos, averigüéis, averigüen
-zar → -ce	**alcanzar**	alcance, alcances, alcance, alcancemos, alcancéis, alcancen

3. Irregular verbs

Verbs with irregular first person singular forms in the present indicative use this form as the basis for their present subjunctive conjugation in all forms.

conocer	**conozc**a, **conozc**as, **conozc**a, **conozc**amos, **conozc**áis, **conozc**an
decir	**dig**a, **dig**as, **dig**a, **dig**amos, **dig**áis, **dig**an
tener	**teng**a, **teng**as, **teng**a, **teng**amos, **teng**áis, **teng**an

The following verbs have irregular stems in the present subjunctive.

dar	dé, des, dé, demos, deis, den
estar	esté, estés, esté, estemos, estéis, estén
haber	haya, hayas, haya, hayamos, hayáis, hayan

ir	vaya, vayas, vaya, vayamos, vayáis, vayan
saber	sepa, sepas, sepa, sepamos, sepáis, sepan
ser	sea, seas, sea, seamos, seáis, sean

C. The use of the subjunctive for wishes, suggestions, and advice

The subjunctive is often used in the subordinate clause of sentences in which the main verb conveys a wish, suggestion, or advice.

Main clause	que	subordinate clause (verb in the subjunctive)
• Verb expressing a wish or advice (such as **esperar, sugerir, recomendar, pedir** or **decir**)		
Te sugiero	**que**	**encuentres nuevos amigos.**
• Impersonal expressions		
Es preciso	**que**	**hables con tus compañeros.**

The following are common verbs and impersonal expressions used in main clauses to express advice, to give suggestions, or to make requests.

Verbs		Impersonal expressions	
aconsejar	*to advise*	es importante	*it is important*
desear	*to want*	es justo	*it is fitting*
esperar	*to hope*	es mejor	*it is better*
insistir (en)	*to insist on*	es necesario	*it is necessary*
pedir (i, i)	*to ask, to request*	es preciso	*it is necessary*
permitir	*to allow, to permit*	es urgente	*it is urgent*
preferir (ie, i)	*to prefer*	ojalá	*I hope*
prohibir	*to forbid, to prohibit*		
querer (*irreg.*)	*to want*		
recomendar (ie)	*to recommend*		
rogar (ue)	*to beg*		
sugerir (ie, i)	*to suggest*		

Te recomendamos que **trates** de hacer amigos. — *We recommend that you* ***try*** *to make new friends.*

Es mejor que **hables** con tus compañeros. — *It's better for you to* ***talk*** *to your coworkers.*

No te recomiendo que **comas** siempre sola. — *I do not recommend that you always* ***eat*** *alone.*

Es urgente que **cambies** de actitud. — *It is urgent for you to* ***change*** *your attitude.*

Espero que todo **salga** bien. — *I hope everything* ***turns out*** *right.*

Ojalá que te **vaya** bien en tu nuevo trabajo. — *I hope things* ***go well*** *for you in your new job.*

Asimilación

A. Si quieres vencer la timidez... →← Indica cuáles de las siguientes sugerencias le puedes dar a una persona tímida. Luego compara tus respuestas con las de otro(a) compañero(a). ¿Están de acuerdo?

___ Te recomiendo que trates de ser más cordial.
___ Te sugiero que compres libros y cassettes de superación personal.
___ Es mejor que vayas a un siquiatra de inmediato.
___ Es preferible que no pases mucho tiempo solo(a).
___ Te aconsejo que frecuentes todos los bares y discotecas locales.
___ Es importante que sonrías de vez en cuando.
___ No te sugiero que seas falso o hipócrita.
___ Es preciso que hables con las personas que te rodean.
___ No es necesario que te vistas de una manera especial.

B. ¿Qué dicen sus profesores? Los profesores tratan siempre de darnos importantes consejos y recomendaciones. Indica todos los consejos que escuches a continuación.

Nos recomienda que...

___ hagamos las tareas.
___ repasemos con frecuencia el vocabulario.
___ nunca cometamos errores.
___ viajemos a un país hispano.
___ busquemos amigos hispanohablantes.
___ permanezcamos en silencio durante toda la clase.
___ vayamos al laboratorio de lenguas.
___ estudiemos solamente antes de cada examen.
___ seamos activos en clase.
___ no tengamos miedo de hablar.
___ practiquemos español lo más posible.

Aplicaciones

C. Para hacer amigos... Menciona tres cosas que le recomiendas y tres que **no** le recomiendas a un(a) estudiante nuevo(a) para hacer amigos. Puedes usar algunas de las ideas que marcaste en el **Ejercicio A** de la sección anterior.

Modelo: *Es importante que hables con tus compañeros de clase.*
No te recomiendo que estudies siempre solo.

D. Consejero. →← Imaginen que trabajan en la oficina de estudiantes extranjeros. Escriban recomendaciones para estudiantes con estas preocupaciones.

¡Ojo! Usen una variedad de expresiones (**Nosotros te sugerimos que..., Te recomendamos, Es mejor,** etc.).

Modelo: Me siento solo.
Nosotros te sugerimos que hables con tus compañeros de clase.

1. No entiendo bien el inglés.
2. Cometo muchos errores en mis trabajos escritos.
3. No tengo mucho dinero.
4. No conozco bien la ciudad.

5. Me aburro mucho.
6. Extraño a mi familia.
7. Quiero conocer bien los Estados Unidos.
8. Quiero llevarles algunos regalos típicos de esta región a mi familia.
9. No sé qué hacer durante las vacaciones de primavera.

E. Estrategias. →← Uno de sus amigos quiere iniciar una relación sentimental con una compañera de clase. Preparen por lo menos cinco recomendaciones para este amigo.

Modelo: *Es importante que averigües primero si esta chica ya tiene novio.*

Integración

¡A conversar!

F. Un(a) compañero(a) tímido(a). →← Prepara el siguiente diálogo con un(a) compañero(a).

Tímido(a)

Hay una persona en esta clase que te gusta mucho, pero tú eres tímido(a) y no sabes cómo acercártele. Busca el consejo de tu amigo(a), que es un(a) experto(a) en estas cosas del amor.

- Saluda a tu amigo(a) y dile que quieres pedirle un consejo.
- Descríbele a la persona que tanto te gusta.
- Pregúntale cómo hacer para romper el hielo *(break the ice)*.
- Pide sugerencias de cómo pasar de una simple amistad a un romance.
- Reacciona a sus sugerencias y dile lo que piensas hacer.

Sugerencias

Puedes usar las siguientes expresiones para pedir consejos.

¿Me puedes ayudar? *(Can you help me?)*
Necesito tu ayuda. *(I need your help.)*
¿Qué piensas? *(What do you think?)*
Me gustaría saber tu opinión respecto a... . *(I would like to know your opinion about . . . .)*

Experto(a)

Tú eres un(a) experto(a) en cosas del amor y quieres ayudar a este(a) amigo(a) en problemas.

- Saluda a tu amigo(a) y expresa interés en ayudarle.
- Averigua de qué se trata su problema.
- Determina qué cosas tienen en común y si es una buena idea explorar la posibilidad de una relación más personal entre ellos.
- Sugiérele cómo romper el hielo *(break the ice)*.
- Dale ideas de cómo avanzar de una simple amistad a un romance.
- Responde a sus preguntas y dale ánimo.

Sugerencias

Puedes usar las siguientes expresiones para animar a alguien.

¡Anda!	*Come on!*
¡No te preocupes!	*Don't worry!*
¡Ánimo!	*Cheer up!*
¡Que sí puedes!	*Of course you can!*
¡Todo va a salir bien!	*Everything is going to turn out fine!*

Atajo

Phrases/Functions: Asking and giving advice
Vocabulary: Traveling; Working conditions
Grammar: Verbs: subjunctive with **que**

¡A escribir!

G. Te sugiero que… . →← Acabas de recibir el siguiente mensaje por correo electrónico.

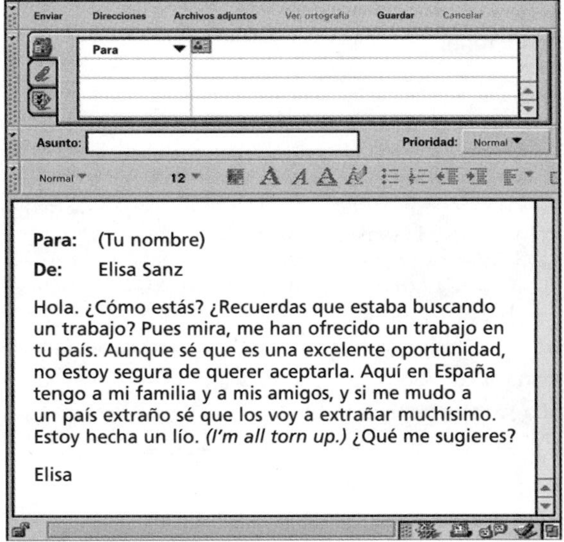

Para: (Tu nombre)
De: Elisa Sanz

Hola. ¿Cómo estás? ¿Recuerdas que estaba buscando un trabajo? Pues mira, me han ofrecido un trabajo en tu país. Aunque sé que es una excelente oportunidad, no estoy segura de querer aceptarla. Aquí en España tengo a mi familia y a mis amigos, y si me mudo a un país extraño sé que los voy a extrañar muchísimo. Estoy hecha un lío. *(I'm all torn up.)* ¿Qué me sugieres?

Elisa

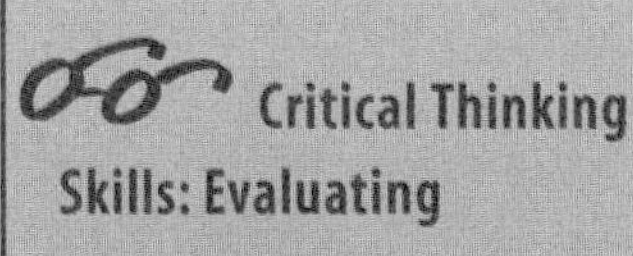

Critical Thinking Skills: Evaluating

Find a solution after examining the options.

1. Con un(a) compañero(a), comiencen a preparar su respuesta a la carta de Elisa, haciendo una lista de las posibles ventajas de cada una de sus opciones.

Ventajas de quedarse en España	Ventajas de venir a los Estados Unidos

2. Decidan cuál es la mejor opción para Elisa.
3. Preparen una serie de frases que reflejen sus ideas. Por ejemplo:

- No te aconsejo que vengas a los Estados Unidos.
- Te recomiendo que te quedes en casa.
- Es mejor que no dejes a tu familia.

III. Guía para la pronunciación

Las consonantes p, t, k. Unlike in English, the consonants **p, t,** and **k** are not aspirated (pronounced with a push of air). In Spanish, the pronunciation of **p** is similar to the double *p* in the English word *puppet*. The consonant **t** is pronounced like the *t* in the word *stop*. The consonant **c** (before the vowels

a, o, or **u**) is pronounced like the *k* in *poker.* As a test, put your hand palm forward in front of your mouth as you say the following sentences. You should not feel any puff of air before the consonants in bold.

Pa**p**á nun**c**a **c**onsul**t**a el ma**p**a.
¿Sabes cuál es la **c**arre**t**era que lleva a **T**orremolinos?
Te a**c**onsejo que **c**uentes bien las **c**ajas antes de **c**ontinuar.

Keep in mind that in Spanish the intervocalic position of the consonant **t** is *not* relaxed like the *t* in the English word *potter.* (The relaxed intervocalic *t* of English is in fact the Spanish **r**.)

mo**t**a / mo**r**a
pa**t**a / pa**r**a
ra**t**a / ra**r**a

IV. Vídeo: ¿Quieres ir al cine? 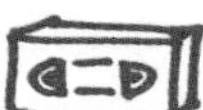

Preparación

A. Para discutir. →← Contesten las siguientes preguntas sobre el cine.

1. ¿Les gusta ir al cine? ¿Qué tipo de películas prefieren?
2. ¿Ven películas extranjeras de vez en cuando? (¿Qué película extranjera han visto recientemente?)
3. ¿Es fácil conseguir películas en español en tu comunidad? (Menciona algunos de los lugares o las maneras de conseguir películas en español en tu área.)

B. La comunicación no verbal. →← Observen las imágenes del vídeo sin sonido y traten de responder a las siguientes preguntas.

1. ¿Dónde están estas personas?
2. ¿Qué tienen en común?
3. ¿En qué se diferencian?

C. Expectativas. Estas personas están hablando acerca de sus preferencias en cuanto al cine.

1. ¿Cuáles de las siguientes palabras esperas escuchar en este vídeo?

___ director	___ entradas	___ tema
___ película	___ actor	___ actriz

2. →← Prepara una lista de otras palabras que esperas escuchar en este segmento. Luego, compárala con la de otro(a) compañero(a).

¿Entendiste bien?

D. ¿Qué película? Para cada persona indica la letra que corresponde a la película que vio (o va a ver).

1. Antonio	a. *Historia del Cronell*
2. Felipe	b. *Salto al vacío*
3. Marisa y Mirna	c. *Gas, Food, Lodging*

E. ¿Cierto o falso? Indica si las siguientes oraciones sobre el vídeo son ciertas o falsas.

1. A Antonio le gusta mucho el cine europeo.
2. A Antonio le disgusta la nueva violencia en el cine.
3. Alfredo Landa y Victoria Abril son los actores favoritos de Felipe.
4. Felipe admira mucho el trabajo de Luis Buñuel.
5. Marisa y Mirna se identifican más con los actores españoles.

F. ¿De quién se trata? Indica el nombre de la persona que dijo cada frase.

1. «Creo que el cine español tiene futuro porque está muy bien en cuanto a variedad, en cuanto a temas, abarca todos los temas. Hay comedias, hay de miedo, de todo».
2. «Para mí el cine tiene que ser más una fantasía. Alejarnos de la realidad y meternos en... Bagdad, en... en el mundo fantástico de la irrealidad».
3. «No veo demasiado cine español... . Pues, porque... . Si igual tengo un poco de prejuicio que siempre tratan los mismos temas anodinos *(insignificant),* ¿no?»

G. Enfoque lingüístico. Escucha de nuevo el vídeo y encuentra **cuatro** adjetivos o expresiones que usan los entrevistados para describir las películas.

H. Enfoque comunitario. Visita tu tienda de vídeos favorita e investiga qué películas españolas tienen disponibles. Trae una lista a la clase y si puedes, mira y comenta alguna de ellas.

para tu información

La tradición cinematográfica española

Además de la literatura, puedes encontrar interesantes perspectivas sobre el presente, pasado y futuro de las relaciones interpersonales en la prominente cinematografía española. Las siguientes son películas consideradas como clásicas del cine español:

Pedro Almodóvar

Título	Director	Fecha
Muerte de un ciclista	Juan Antonio Bardem	1955
La edad de la infidelidad	Juan Antonio Bardem	1956
Viridiana	Luis Buñuel	1961
Tristana	Luis Buñuel	1970
Elisa vida mía	Carlos Saura	1977

Título	Director	Fecha
Carmen	Carlos Saura	1983
Amor brujo	Carlos Saura	1986
¿Qué he hecho yo para merecer esto?	Pedro Almodóvar	1985
Mujeres al borde de un ataque de nervios	Pedro Almodóvar	1988
¡Ay, Carmela!	Carlos Saura	1990
Ardilla roja	Julio Medem	1993

Si deseas consultar una lista más completa de los mejores títulos del cine español, te recomendamos que visites el siguiente sitio-web, donde podrás encontrar reseñas sobre las diferentes películas, además de notas biográficas de los directores y actores más importantes: **http://temas.heinle.com.**

Vocabulario

La amistad — ***Friendship***

confiable — *trustworthy*
generoso — *generous*
honesto — *honest*
leal — *loyal*
paciente — *patient*

Verbos sobre la amistad

aceptar — *to accept*
amar — *to love*
apoyar — *to support*
compartir — *to share*
contar (ue) con — *to count on*
corregir (i, i) — *to correct*
dar consejos — *to give advice*
estar dispuesto — *to be ready (eager)*
fallarle — *to fail (not be there for someone)*
interrumpir — *to interrupt*
juzgar — *to judge*
preocuparse — *to worry*
querer — *to love*

Verbos para dar consejos

aconsejar — *to advise*
desear — *to want*
esperar — *to hope*
insistir (en) — *to insist on*
pedir (i, i) — *to ask, to request*
permitir — *to allow, to permit*
preferir (ie, i) — *to prefer*
prohibir — *to forbid, to prohibit*
querer — *to want*
recomendar (ie) — *to recommend*
rogar (ue) — *to beg*
sugerir (ie, i) — *to suggest*

Expresiones impersonales

es importante — *it is important*
es justo — *it is fitting*
es mejor — *it is better*
es necesario — *it is necessary*
es preciso — *it is necessary*
es urgente — *it is urgent*
ojalá — *I hope*

Relaciones laborales

I. Vocabulario: Los compañeros de trabajo

Díaz es el hombre más **cumplidor** que conozco.
Marta es una mujer **segura de sí misma.**
El nuevo empleado es bastante **tímido.**
González tiene un gran **sentido del humor.**

Vocabulario útil

agresivo	*aggressive*	respetuoso	*respectful*
ambicioso	*ambitious*	seguro de sí mismo	*confident*
compañerista	*good colleague*	tímido	*shy*
competente	*competent*	trabajador	*hard working*
cumplidor	*reliable, trustworthy*	el buen sentido del humor	*good sense of humor*
honesto	*honest*	el respeto mutuo	*mutual respect*
leal	*loyal*		
puntual	*punctual*		
responsable	*responsible*	**Vocabulario personal:**	

En nuestra oficina predomina el **buen sentido del humor** y el **respeto mutuo.**	*A **good sense of humor** and **mutual respect** predominate in our office.*
Los nuevos empleados deben demostrar que son **competentes** y **leales** a la empresa.	*New employees must demonstrate they are **competent** and **loyal** to the company.*

Asimilación

A. Comportamientos. Indica qué término describe mejor los siguientes comportamientos.

1. Un compañero que habla fuerte y que no tiene miedo de expresar sus ideas.
   a. tímido b. trabajador c. seguro de sí mismo
2. Un compañero que va a la oficina todos los días, aún los fines de semana.
   a. puntual b. trabajador c. seguro de sí mismo
3. Un compañero que siempre sonríe y que con frecuencia cuenta anécdotas divertidas.
   a. agresivo b. puntual c. compañerista

4. Un compañero que siempre quiere ser el número uno y que hace todo lo posible para lograrlo.
   a. ambicioso   b. honesto   c. respetuoso
5. Un compañero que nunca llega tarde a una reunión y que siempre entrega sus reportes a tiempo.
   a. agresivo   b. tímido   c. cumplidor

B. El nuevo asistente del (de la) profesor(a). Vas a escuchar una descripción de una asistente. Toma nota de las **cuatro** características que la hicieron merecedora *(deserving)* de esa posición.

Nombre del (de la) asistente:

Características:

Aplicaciones

C. Necesitamos... →← Imaginen que tienen que entrevistar a varios candidatos para diferentes trabajos. Indiquen las características que desean en cada caso. **¡Ojo!** ¡Sólo pueden escoger dos características para cada ocupación!

	Necesitamos un candidato que sea...
para cuidar a unos niños	*responsable.* *competente.*
para manejar una empresa	
para vender productos por teléfono	
para diseñar materiales de multimedia	
para organizar recepciones y fiestas	
para hacer investigaciones científicas	

D. Adivina. →← Tomen turnos describiendo una palabra del vocabulario. La otra persona debe adivinar la palabra o expresión en menos de dos intentos.

Modelo: —*Una persona que es muy simpática y que ayuda a sus compañeros.*
—*¿Compañerista?*
—*¡Correcto!*

E. ¿Buen(a) o mal(a) compañero(a)? →← Preparen cinco preguntas para determinar si alguien cumple los requisitos para tener los atributos indicados entre paréntesis. Después practiquen haciendo y respondiendo a las preguntas que han preparado.

Modelo: ser cumplidor
—*¿Entrega Ud. sus trabajos a tiempo?*
—*Desde luego. Yo soy muy cumplidor(a).*

1. tener buen sentido del humor
2. ser responsable
3. ser compañerista
4. ser seguro de sí mismo
5. ser honesto

Un paso más: Un buen jefe

Es muy **accesible.** Sabe escuchar. **Habla y deja hablar.**
Es **creativo** y **toma riesgos.**
Es **firme** pero sabe **delegar** parte del poder.
Ama su trabajo.
Promueve un **ambiente de trabajo** positivo.

Vocabulario útil

Adjetivos

accesible	*accessible*
creativo	*creative*
firme	*firm*

Verbos

amar el trabajo	*to love one's work*
asumir/tomar riesgos	*to take risks*
delegar parte del poder	*to delegate power*
hablar y dejar hablar	*to speak and let others speak*
promover (ue) un ambiente positivo de trabajo	*to promote a positive working environment*
respetar a los empleados	*to respect the employees*
saber escuchar	*to know how to listen*
ser creativo	*to be creative*

Vocabulario personal:

Asimilación

A. ¿Qué es más importante? →← Clasifica las siguientes características de un buen jefe en orden de importancia (1 = más importante, 6 = menos importante). Luego compara tus respuestas con las de un(a) compañero(a). ¿Están de acuerdo?

___ saber escuchar
___ saber delegar poder
___ ser firme
___ ser creativo
___ respetar a los empleados
___ amar el trabajo

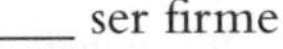

B. ¿Qué significa? Vas a escuchar varias definiciones. Para cada palabra indica el número de su definición. Al terminar, compara tus respuestas con las de un(a) compañero(a).

___ asumir riesgos
___ amar el trabajo
___ delegar poder
___ ser creativo
___ dejar hablar

Aplicaciones

C. ¿Buen o mal jefe? →← Preparen cinco preguntas para determinar si alguien cumple los requisitos para tener los atributos indicados. Después, practiquen haciendo y respondiendo a las preguntas que han preparado.

Modelo: saber delegar poder
—*¿Permite Ud. que otros tomen algunas decisiones en su empresa?*
—*Desde luego. Yo sé delegar poder.*

1. ser firme
2. respetar a los empleados
3. amar el trabajo
4. ser creativo
5. promover un ambiente positivo

D. Recomendaciones. Escribe consejos para un amigo gerente usando los siguientes elementos.

1. te sugiero / delegar poder
2. te recomiendo / aprender a hablar y dejar hablar
3. insisto en / ser más accesible
4. es importante / asumir algunos riesgos
5. es urgente / ser firme

E. Mis jefes. →← Discutan las siguientes preguntas y al terminar, hagan un resumen de su discusión y presenten las conclusiones al resto de la clase.

1. ¿Quién ha sido el (la) mejor jefe que han tenido? ¿Qué lo (la) hizo un(a) buen(a) jefe?
2. ¿Y el (la) peor? ¿Qué lo (la) hizo un(a) mal(a) jefe?
3. ¿Qué características creen que debe tener entonces el (la) jefe ideal?

Integración

¡A conversar!

F. En busca de un candidato ideal. Prepara la siguiente situación con un(a) compañero(a).

Entrevistador(a)

Estás buscando un nuevo asistente para tu oficina. Es fundamental que esta persona se lleve bien con los jefes y los otros empleados. Entrevista a este(a) aspirante y determina si es un(a) buen(a) candidato(a) para la posición.

- Salúdalo(la).
- Averigua sus antecedentes.
- Hazle preguntas para saber acerca de cómo se relaciona con otras personas.
- Cierra la conversación indicando cuándo vas a tomar tu decisión.

Candidato(a)

Necesitas un trabajo y esta compañía te ha dado una entrevista. Presenta tus antecedentes personales y demuestra que eres el (la) mejor candidato(a). **¡Ojo!** Esta empresa busca una persona que se lleve muy bien con sus jefes y compañeros.

- Saluda.
- Presenta tus antecedentes.
- Demuestra que te relacionas muy bien con otras personas.
- Averigua cuándo puedes saber la decisión.

¡A escribir!

G. Consejos. Tu amiga Alejandra tiene problemas en su trabajo y te ha mandado el siguiente mensaje electrónico. Respóndele con algunos consejos prácticos.

Atajo

Phrases/Functions: Giving and asking advice; Writing a letter (informal)
Vocabulary: Working conditions
Grammar: Verbs: subjunctive with **que**

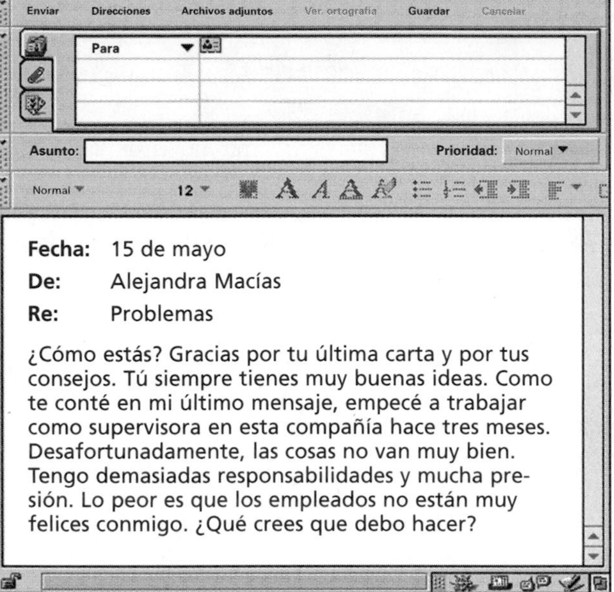

Enviar | Direcciones | Archivos adjuntos | Ver. ortografía | Guardar | Cancelar

Para

Asunto:

Prioridad: Normal

Fecha: 15 de mayo
De: Alejandra Macías
Re: Problemas

¿Cómo estás? Gracias por tu última carta y por tus consejos. Tú siempre tienes muy buenas ideas. Como te conté en mi último mensaje, empecé a trabajar como supervisora en esta compañía hace tres meses. Desafortunadamente, las cosas no van muy bien. Tengo demasiadas responsabilidades y mucha presión. Lo peor es que los empleados no están muy felices conmigo. ¿Qué crees que debo hacer?

II. Funciones y estructuras: *Expressing emotion, doubt, and denial with the subjunctive in nominal clauses*

MARÍA ESTELA: **Me alegra** mucho que **quieras** continuar con tu educación.

NUBIA: Ay, gracias. Yo también **estoy muy contenta de** que nos **permitan** combinar el trabajo y el estudio en esta empresa.

DORA ISABEL: Sí, eso es bueno, pero a mí me preocupan los salarios aquí. **No creo** que nos **aumenten** el sueldo este año.

JOSÉ MIGUEL: Pues, no sé... . Dolores me dijo que **es posible** que **recibamos** una bonificación en diciembre.

DIEGO: Bueno, a mí **me molesta** que **tengamos** que trabajar este sábado.

LUIS: Sí, a mí también. Mi esposa y yo ya teníamos planes para el fin de semana.

As you learned in the previous **Tema,** the subjunctive is used in the subordinate clause when the verb in the main clause expresses advice, a suggestion, a request, doubt, denial, or an emotion.

A. The use of the subjunctive to express emotion

The following are common verbs used in main clauses to express emotion:

alegrarse (de)	*to be glad*	parecer fantástico	*to deem, consider great*
doler (ue)	*to hurt*	parecer triste/ terrible	*to deem, consider sad/ terrible*
esperar	*to hope*	sentir (ie, i)	*to feel, lament*
estar furibundo	*to be furious*	temer	*to fear*
gustar	*to please*	tener miedo (de)	*to be afraid*
molestar	*to be bothered or unhappy*		

Me alegra que te **guste** tu nuevo jefe.	***I am happy*** *you* ***like*** *your new boss.*
Esperamos que **vengas** a visitarnos pronto.	***We hope*** *you* ***come*** *to visit us soon.*
Me molesta que no te **lleves** bien con tu asistente.	***It bothers me*** *that you don't* ***get along*** *with your assistant.*
El jefe **teme** que yo no **pueda** terminar el reporte a tiempo.	*The boss* ***is afraid*** *I won't* ***be able*** *to finish the report on time.*

B. The use of the subjunctive to express doubt or denial

The following are common verbs and expressions used in main clauses to express doubt or denial. The verb in the subordinate clause must be in the subjunctive.

dudar	*to doubt*
es dudoso	*it is doubtful*
es imposible	*it is impossible*
es improbable	*it is improbable, not likely*
es posible/factible	*it is possible*
es probable	*it is probable*
negar (ie)	*to deny*
no creer	*to not believe*
no pensar	*to not think*

When these verbs and expressions are in the negative, the subjunctive is required in the subordinate clause.

No creo que el documento **esté** listo todavía.	***I don't believe*** *that the document* ***is*** *ready yet.*
No es necesario que **vengas** a mi oficina.	***It is not necessary*** *for you* ***to come*** *to my office.*
No niego que el nuevo asistente **sea** muy eficiente.	***I don't deny*** *that the new assistant* ***is*** *very efficient.*

Nota

The subjunctive is required in both cases due to the presence of the negative, even though they express affirmation and certainty.

Asimilación

A. ¿Qué te agrada? ¿Qué te molesta? Indica tu opinión con respecto a los siguientes comportamientos de tus compañeros de estudio o trabajo.

Me agrada que mis compañeros...	Me molesta que mis compañeros...

- me celebren el cumpleaños
- no sean responsables
- me cuenten sus problemas
- me pidan dinero
- no sean honestos
- hablen mal de mí
- sean respetuosos
- me inviten a almorzar
- me ayuden de vez en cuando
- no confíen en mí
- sean cumplidores
- otro:

 **B. ¿Qué dijo?** El siguiente es un mensaje que una amiga te ha dejado en el contestador. Completa los tres puntos más importantes de su mensaje.

1. Tu amiga no cree que...
   a. pueda ir de compras hoy.
   b. pueda asistir a la reunión hoy.
   c. pueda asistir a tu fiesta hoy.
2. Ella duda que...
   a. su cita termine antes de la 5.
   b. su cita termine antes de la 8.
   c. su cita termine antes de la 3.
3. Es posible que Juan Esteban...
   a. llame de nuevo en la tarde.
   b. traiga los documentos a la oficina.
   c. envíe los documentos por fax.

Aplicaciones

C. El trabajo en grupo. →← Trabajar en grupo no es fácil. Mencionen tres cosas que les agradan y tres que les molestan del comportamiento de sus compañeros de grupo.

Modelo: *Me gusta que todos sean puntuales, pero me desagrada que no hagan su parte.*

D. Predicciones. →← ¿Cómo creen que va a cambiar su vida después de la graduación? Hagan una lista de las predicciones que pueden hacer en este momento acerca de cómo van a ser sus vidas después de terminar la escuela.

Modelo: *Es posible que busque un trabajo. No creo que pueda hacer una especialización inmediatamente... .*

E. Palabras de apoyo *(support)*. Imagina que vas a escribirle una tarjeta a alguien que pasa por un momento importante o difícil en su vida. Prepara dos frases para cada una de las siguientes situaciones.

Modelo: Un amigo tuvo un accidente y está en el hospital.

Palabras de apoyo: *Lamento mucho que te sientas mal.*
Espero que te mejores pronto.

1. Tu vecino acaba de ganar la lotería.
2. El perro de tu tío está enfermo.
3. Tu primo piensa casarse este verano.
4. A uno(a) de tus compañeros le va mal en varias clases y está a punto de perder su beca *(scholarship)*.
5. Tu mejor amigo(a) tiene problemas con su novio(a).

Integración

¡A conversar!

F. Conflicto en un dormitorio universitario. →← Practica la siguiente conversación con un(a) compañero(a).

Preocupado(a)

Acabas de tener un disgusto con tu compañero de cuarto (él/ella es muy desordenado(a), hace mucho ruido y tiene muchas visitas que no te permiten estudiar en tu habitación). Tú estas muy preocupado(a) por la situación y necesitas hablar con alguien. Cuéntale tus problemas a este compañero(a) y pídele su consejo.

- Cuéntale qué pasó.
- Dile cómo te sientes.
- Pídele consejos o sugerencias.

Sugerencias

Puedes usar las siguientes expresiones para pedir consejos.

¿Qué harías tú?	*What would you do?*
¿Qué crees que debo hacer?	*What do you think I should do?*
¿Qué me sugieres?	*What do you suggest?*

Buen(a) amigo(a)

Tu amigo(a) se ve muy preocupado(a). Evidentemente tiene un problema serio.

- Pregúntale qué le pasa.
- Ofrécele tu apoyo y solidaridad.
- Dale algunos consejos prácticos.

Sugerencias

Puedes usar las siguientes expresiones para preguntar qué pasa con un(a) amigo(a).

¿Qué te pasa?/ ¿Qué te sucede?	*What is going on?*
Te veo triste/ preocupado(a).	*I notice that you seem sad/worried.*
¿Todo bien?	*Is everything okay?*

¡A escribir!

G. La carta para Elisa. Continúa la preparación de la respuesta a la carta de tu amiga Elisa que comenzaste en el **Tema 1** (p. 464).

1. Revisa la lista de recomendaciones que preparaste. ¿Falta o sobra algo? Intercambia listas con otro(a) compañero(a) y comenten sus recomendaciones.
2. Determina el orden en que vas a presentar estas recomendaciones. ¿Con cuáles vas a empezar tu carta? ¿Con cuáles vas a terminar? etc.
3. Piensa en algunos comentarios personales que puedas agregar a tu carta usando expresiones como las siguientes.

Me alegra mucho que vengas a mi país.	*I am glad that you are coming to my country.*
Espero que nos podamos ver con más frecuencia.	*I hope that we will get to see each other more often.*
Si vienes durante el verano, es posible que te pueda ayudar con la mudanza.	*If you come during the summer months, it may be possible for me to help you with the move.*

Atajo

Phrases/Functions: Asking and giving advice
Vocabulary: Traveling; Working conditions
Grammar: Verbs: subjunctive with **que**

III. Vocabulario: Los conflictos

Me disgusta que mi jefe no me escuche y no **ceda.**

Me pongo tenso cuando discutimos en la empresa.

Me pongo triste cuando no **nos llevamos bien** en la oficina.

Me siento frustrado cuando no podemos **llegar a un acuerdo.**

Me **siento herido** cuando mi jefe desconfía **de mí.**

Vocabulario útil

Los conflictos

desconsiderado	*inconsiderate*
enojado/disgustado	*angry*
frustrado	*frustrated*
herido	*hurt*
inquieto/preocupado	*worried, preoccupied*
insensible	*insensitive*
el malentendido	*misunderstanding*
ofendido	*offended*
la pelea/la riña/el disgusto	*argument, fight*
sorprendido	*surprised*

Verbos

ceder	*to give in*
confiar (en)	*to trust (in)*
disgustar/molestar/enojar	*to bother*
funcionar	*to function properly, to work out*
llegar a un acuerdo	*to reach an agreement*
llevarse (bien/mal)	*to get along well/badly*
molestarse	*to get upset*
ofenderse	*to become offended*
ponerse tenso	*to get tense*
ponerse triste	*to get sad*
renunciar	*to quit*
reñir/pelear	*to fight*
sentirse (ie, i) frustrado	*to feel frustrated*
sorprenderse	*to feel surprise*
terminar/romperse	*to break up*

Vocabulario personal:

A veces es importante **ceder.**	*Sometimes it's important **to give in.***
¿No **confías** en mí?	*Don't you **trust** me?*
Necesitamos **llegar a un acuerdo.**	*We have **to reach an agreement.***
Últimamente **nos llevamos muy mal.**	*Lately, **we just don't get along.***
No me gusta **reñir/pelear** contigo.	*I don't like **to fight** with you.*
Las cosas **no funcionan.** Es mejor **terminar.**	*Things **are not working out.** We'd better **break up.***

para tu información

Los verbos **disgustar, molestar** *(to bother)* y **enojar** *(to bother, to anger)* se emplean como el verbo **gustar** para hablar de las cosas que no le gustan a una persona.

Me disgusta tu actitud.	*Your attitude **bothers me.***
A mi jefe **le molesta** el ruido.	*Noise **bothers** my boss.*
A mí **me enojan** tus respuestas.	*Your answers **bother me (make me angry).***

Asimilación

A. ¿Cómo te sientes? Completa las frases con información personal.

1. Me ofendo cuando _____ .
2. Me enojo cuando _____ .
3. Me siento triste cuando _____ .
4. Me siento herido(a) cuando _____ .
5. Usualmente me pongo muy tenso(a) cuando _____ .

B. Bueno, yo... →← Escucha las siguientes frases e indica cómo te sientes ante las diferentes situaciones. Al terminar, compara tus respuestas con las de otro(a) compañero(a). ¿Tienen mucho en común?

	a.	b.	c.
1.	a. Me disgusta.	b. Me siento herido(a).	c. otro: _____
2.	a. Me molesta.	b. Me pongo triste.	c. otro: _____
3.	a. Me pongo tenso(a).	b. Me siento herido(a).	c. otro: _____
4.	a. Me disgusta.	b. Me pongo triste.	c. otro: _____
5.	a. Me siento frustrado(a).	b. Me sorprendo.	c. otro: _____

Aplicaciones

C. ¿Qué debo hacer? Completa la siguiente carta con la palabra más apropiada de la lista.

Opciones: me siento, discutir, confiar, le disgusta, preocupado, enojado

Querido(a) _____ (Escribe aquí tu nombre.)

Te escribo porque estoy muy _____ y necesito tu consejo. Desde que me asignaron al hijo de mi jefe como asistente, las cosas van muy mal. Él es muy irresponsable, llega siempre tarde, hace las cosas a medias y _____ cuando le llamo la atención. Muchas veces termino haciendo todo yo mismo porque no puedo _____ en su trabajo. Lo peor es que le ha hablado muy mal a su padre de mí y ahora él está _____ conmigo. La situación es muy tensa y como te imaginas, no puedo _____ mi problema con nadie en la oficina. _____ muy frustrado.

¿Qué crees que debo hacer? ¿Me aconsejas que hable directamente con mi jefe o crees que es mejor que actúe como si no pasara nada? ¿Será mejor que renuncie?

Tú tienes mucha experiencia con estas cosas y sé que me vas a dar un buen consejo.

De antemano, gracias por tu apoyo y ayuda.

Francisco

D. Manejo de conflictos. →← Hagan la siguiente entrevista y presenten un informe de las respuestas del (de la) compañero(a) al resto de la clase.

1. ¿Qué tipo de cosas te molestan o te enojan?
2. ¿Qué haces cuando estás enojado(a)?
3. Cuando estás disgustado con alguien, ¿normalmente quién cede primero, tú o tu amigo(a)?
4. ¿Cuánto tiempo te duran *(do they last)* los disgustos? (¿Unos minutos, unas horas, unos días, unos años?)
5. ¿Has tenido algún disgusto recientemente? ¿Qué pasó? ¿Ya lo resolviste? ¿Cómo?

E. Las opciones de Francisco. →← Lean el siguiente artículo sobre los pasos que debemos seguir para resolver los conflictos. Al terminar, comenten sobre cada una de las alternativas que tiene Francisco para solucionar su problema del **Ejercicio C.**

CÓMO MANEJAR UN CONFLICTO

Primer paso: Buscar tiempo para conversar. Las personas necesitan comunicarse para manejar todas sus diferencias.

Segundo paso: Planificar el contexto. Un diálogo exitoso requiere un momento, un sitio y un ambiente apropiados.

Tercer paso: Dialogar.

La introducción
- Manifestar aprecio.
- Manifestar optimismo.
- Establecer las «reglas de juego».
- Plantear la cuestión o problema.

El diálogo
- Primera tarea: No apartarse del proceso esencial
- Segunda tarea: Apoyar los **gestos** conciliatorios

El *desarme*

Cuando las personas realizan estas tareas durante el diálogo, en un contexto apropiado, abren la posibilidad de cambiar una actitud de enfrentamiento por una de cooperación. Este cambio es una oportunidad para establecer un **convenio** que beneficie a ambas partes.

Cuarto paso: Establecer un convenio...
- equilibrado.
- específico.
- por escrito.

gestures
disarmament
agreement

Alternativas	Aspectos positivos	Aspectos negativos
Actuar como si no pasara nada:		
Hablar con el jefe:		
Renunciar *(To quit)* definitivamente:		

Critical Thinking Skills: Analyzing and Evaluating

Consider the options and their possible outcomes.

Integración

¡A conversar!

F. ¡Lo siento! →← Prepara la siguiente conversación con un(a) compañero(a).

Compañero(a) olvidadizo(a) *(forgetful)*

Uno(a) de tus compañeros(as) de trabajo está disgustado(a) contigo (¡Te olvidaste de invitarlo[la] a tu boda!). Trata de solucionar el conflicto y de restaurar tu amistad con él (ella).

Nota: No te olvides de aplicar los principios de cómo manejar un conflicto que acabas de leer.

Sugerencias

Para expresar arrepentimiento *(regret)*, puedes usar expresiones como las siguientes.

Discúlpame por favor.	*Please forgive me.*
Lamento mucho... .	*I very much regret . . . .*
¿Cómo podría restaurar tu fe en mí?	*How can I make it up to you?*

Amigo(a) ofendido(a)

Este(a) compañero(a) no te invitó a su boda. Tú estás muy herido(a) y no quieres continuar con esta amistad.

- Escucha sus explicaciones.
- Expresa tus sentimientos.
- Decide si vas a continuar o no con esa amistad.

Sugerencias

Para expresar duda, puedes usar expresiones como las siguientes.

Pues no sé... .	*Well, I don't know.*
Lo tengo que pensar.	*I'll have to think about it.*
No estoy seguro(a).	*I am not sure.*

¡A escribir!

G. Respuesta. Escribe una respuesta a la carta de Francisco que aparece en la página 477.

1. Escribe una reacción a sus ideas. (Usa tus respuestas al **Ejercicio C.**)
2. Presenta tus sugerencias para Francisco de acuerdo al artículo sobre cómo manejar un conflicto.
3. Incluye un saludo y una despedida apropiadas.

Atajo

Phrases/Functions: Giving and asking advice
Vocabulary: Family
Grammar: Verbs: subjunctive

Correcciones

Intercambien composiciones y comenten los siguientes aspectos.

Paso 1: Contenido. ¿Tiene toda la información necesaria? ¿Qué falta? ¿Qué sobra?
Paso 2: Organización. ¿Tiene un saludo y una despedida adecuadas esta carta? ¿Están las sugerencias claramente presentadas?
Paso 3: Gramática. Subraya los consejos y asegúrate de que el subjuntivo esté usado correctamente.

IV. Lectura: La timidez

Antes de leer

A. Para discutir. →← Responde a las preguntas y luego discute tus respuestas con otros compañeros.

1. ¿Qué situaciones te ponen nervioso(a)? (Indica todas las que correspondan.)

   ___ cuando estoy con gente que no conozco
   ___ cuando tengo que hablar en público
   ___ en una cita
   ___ en una entrevista de trabajo
   ___ otra(s) situación (situaciones):

2. ¿Qué haces cuando te pones nervioso(a)?

   ___ Me pongo rojo(a) y a veces sudo *(sweat).*
   ___ Trato de salir de la situación rápidamente.
   ___ otra(s) estrategia(s):

B. Vocabulario y conceptos. →← Para cada palabra a la izquierda indiquen la letra de su definición. Consulten su diccionario si es necesario.

1. superar	a. no tener el dominio de una situación
2. huir	b. hacer frente, manejar directamente
3. perder el control	c. escapar, evitar
4. seguridad en sí mismo	d. estrategia, procedimiento ingenioso
5. afrontar	e. confianza, no dudar de las capacidades personales
6. truco	f. vencer, terminar

A leer

Lee el siguiente artículo sobre estrategias para superar la timidez.

Cómo superar el miedo

Para superar cualquier tipo de ansiedad social debemos aprender lo que los expertos denominan «estrategias de exposición», que básicamente consisten en no huir a la primera de cambio de las situaciones que nos provocan **temor.** Los psicólogos recomiendan elaborar un plan de ataque para poner en práctica en cada una de las situaciones que nos hacen perder el control.

fear

Miedo a llamar la atención. Aprende a ser espontáneo. Para perder la rigidez, acostúmbrate a **transgredir** tus propias normas una vez a la semana. Por ejemplo, ponte ropa más **llamativa,** cambia el corte de pelo o ve al trabajo en bicicleta. Hacer pequeñas **locuras** te ayudará a sentir más seguridad en ti mismo y a perder el miedo a llamar la atención.

to break
attractive
silly things

Miedo al ridículo. Cuando la timidez **esconde** un grave problema de autoestima, conviene dejar a un lado los pensamientos negativos acerca de tus **supuestos** defectos físicos o psíquicos. Aprende a **reírte** de ti mismo.

Temor a sentir la soledad en lugares públicos. Acostúmbrate a salir solo una o dos veces por semana, así te obligarás a afrontar tú mismo cualquier situación que **surja,** sin **escudarte ni esconderte en acompañantes.** Actividades como ir al cine o a ver una exposición son una forma de entrenamiento para superar el miedo a enfrentarte a la gente. Una vez que hayas superado esto, puedes realizar otra serie de actividades como ir de compras, tomar café o ir a comer a un restaurante, en las que tendrás que hablar con **desconocidos** y que te ayudarán a ver las relaciones con **extraños** con más naturalidad.

Quedarse en blanco. Piensa que la mayoría de las conversaciones empiezan con temas más bien superficiales y que puedes iniciar la charla con una simple pregunta, de esta forma llamarás la atención de la otra persona y le demostrarás que también tienes interés por hablar y dar tu opinión.

Miedo a hablar en público. Se denomina «miedo escénico» y un truco efectivo para **vencerlo** es ser el primero en empezar una conversación.

Incomodidad con grupos. Lo ideal para recuperar la simpatía de tus colegas o para introducirse en un grupo del que estás excluido es empezar centrándote en una sola persona, que te ayudará a que los demás te vean con mejores ojos.

Eludir a los vecinos. Simplemente empieza mostrándoles una amable sonrisa o sosteniéndoles la puerta del ascensor en lugar de **cerrársela en las narices.** Después, limítate a responder a lo que ellos te pregunten.

hides
assumed
to laugh
surfaces, appears
to hide behind companions
unknown people / strangers
To blank out
to overcome it
to shut it in their faces

¿Entendiste bien?

C. Resumen. Completa el siguiente cuadro con tus propias palabras.

Estrategia de lectura: *Scanning*
Look for terms that refer to social behavior and social context.

Miedo a	Estrategia para superarlo
Los grupos	*Centrarse en una sola persona.*
Los vecinos	
	Hacer una pregunta simple.
La soledad en sitios públicos	
Hablar en público	
	Eliminar los pensamientos negativos.
Llamar la atención	

D. Enfoque lingüístico. Según el contexto, ¿qué crees que significan las siguientes expresiones?

> **Estrategia de lectura: *Guessing from Context***
> Keep in mind the theme of the text (overcoming shyness).

1. «Debemos aprender lo que los expertos denominan 'estrategias de exposición', que básicamente consisten en no huir **a la primera de cambio** de las situaciones que nos provocan temor».
   a. con dinero local
   b. rápidamente
   c. lo ideal, lo mejor
2. «Cuando la timidez esconde un grave problema de autoestima, conviene **dejar a un lado** los pensamientos negativos».
   a. abandonar, olvidar
   b. decir, explicar
   c. recordar, repetir
3. «Lo ideal... es empezar centrándote en una sola persona, que te ayudará a que los demás **te vean con mejores ojos**».
   a. poder ver bien
   b. aceptar, apreciar
   c. observar con atención

E. Actividad de extensión: Más estrategias. →← ¿Qué otras estrategias se pueden usar para superar estas situaciones de timidez? Presenten sus recomendaciones al resto de la clase.

Vocabulario

Compañeros de trabajo

agresivo	*aggressive*
ambicioso	*ambitious*
compañerista	*good colleague*
competente	*competent*
cumplidor	*reliable, trustworthy*
honesto	*honest*
leal	*loyal*
puntual	*punctual*
responsable	*responsible*
respetuoso	*respectful*
seguro de sí mismo	*confident*
tímido	*shy*
trabajador	*hard working*
el buen sentido del humor	*good sense of humor*
el respeto mutuo	*mutual respect*

Los jefes	***Bosses***
accesible	*accessible*
creativo	*creative*
firme	*firm*

Verbos

amar el trabajo	*to love one's work*
asumir/tomar riesgos	*to take risks*
delegar parte del poder	*to delegate power*
hablar y dejar hablar	*to speak and let others speak*
promover (ue) un ambiente positivo de trabajo	*to promote a positive working environment*
respetar a los empleados	*to respect the employees*
saber escuchar	*to know how to listen*
ser creativo	*to be creative*

Verbos para expresar emoción	
alegrarse (de)	*to be glad*
doler (ue)	*to hurt*
esperar	*to hope*
estar furibundo	*to be furious*
gustar	*to please*
molestar	*to be bothered or unhappy*
parecer fantástico	*to deem, consider great*
parecer triste/terrible	*to deem, consider sad (terrible)*
sentir (ie, i)	*to feel, to lament*
temer	*to fear*
tener miedo (de)	*to be afraid*
Verbos para expresar duda o negación	
dudar	*to doubt*
es dudoso	*it is doubtful*
es imposible	*it is impossible*
es improbable	*it is improbable (not likely)*
es posible/factible	*it is possible*
es probable	*it is probable*
negar (ie)	*to deny*
no creer	*to not believe*
Los conflictos	***Conflicts***
desconsiderado	*inconsiderate*
enojado/disgustado	*angry*
frustrado	*frustrated*
herido	*hurt*
inquieto/preocupado	*worried, preoccupied*
insensible	*insensitive*
el malentendido	*misunderstanding*
ofendido	*offended*
la pelea/la riña/el disgusto	*argument, fight*
sorprendido	*surprised*
Verbos	
ceder	*to give in*
confiar (en)	*to trust (in)*
disgustar/molestar/enojar	*to bother*
funcionar	*to function properly, to work out*
llegar a un acuerdo	*to reach an agreement*
llevarse bien/mal	*to get along (not to get along)*
molestarse	*to get upset*
ofenderse	*to become offended*
ponerse tenso	*to get tense*
ponerse triste	*to get sad*
renunciar	*to quit*
reñir/pelear	*to fight*
sentirse (ie, i) frustrado	*to feel frustrated*
sorprenderse	*to feel surprise*
terminar/romperse	*to break up*

Relaciones de pareja

I. Vocabulario: Amor, noviazgo y matrimonio

El señor y la señora González llevan 25 años de **casados.**

Juan y Marta se acaban de **separar** pero todavía son buenos amigos.

Augusto y Marta son **novios.**

Vocabulario útil

El estado civil	***Marital Status***
casado	*married*
comprometido	*engaged*
divorciado	*divorced*
soltero	*single*
viudo	*widow*

Verbos	
casarse (por la iglesia/ por lo civil)	*to get married (religious/ civil ceremony)*
divorciarse	*to get divorced*
enamorarse	*to fall in love*
estar comprometido	*to be engaged*
salir juntos	*to go out, to date*
separarse	*to get separated*
ser fiel/infiel	*to be faithful/unfaithful*
ser novios	*to be dating, going out*
vivir juntos	*to live together*

Vocabulario personal:

Juan y Ángela **son novios** desde hace más de un año.	*Juan and Ángela **have been dating** for over a year.*
La hermana de Juan **está comprometida** con un muchacho sevillano.	*Juan's sister **is engaged** to a guy from Seville.*
El sacerdote los **declaró** marido y mujer.	*The priest **declared** them husband and wife.*
Doña Matilde es **viuda** y su hermano David es **divorciado.**	*Doña Matilde is **a widow** and her brother David is **divorced.***

Asimilación

A. Primero... Organiza las siguientes etapas de las relaciones de pareja en un orden lógico.

___ comprometidos	___ novios
___ separados	___ divorciados
___ amigos	___ casados

B. Estado civil. Escucha la descripción de la familia de Ana María y anota el estado civil de las siguientes personas.

Pedro y Alicia: _____ Patricia y Fernando: _____
Juan: _____ Sus padres: _____
Estela: _____

Aplicaciones

C. Opiniones. Completa las frases con la palabra más apropiada. Al terminar, compara tus respuestas con las de otro(a) compañero(a). Puedes usar las palabras más de una vez.

Opciones: enamorarse, ser fiel, vivir juntos, se casan por lo civil, marido, amantes, matrimonio, separados, divorciarse, novios

1. Es imposible _____ a primera vista. El amor requiere tiempo.
2. Es mejor ser _____ por varios años antes de casarse.
3. Las parejas que _____ usualmente se separan muy pronto.
4. El _____ debe tener la última palabra en la casa.
5. Las parejas que no se comprenden deben _____ .
6. Las mujeres no deben tolerar que sus esposos tengan _____ .
7. _____ es inmoral e inaceptable. Las parejas deben contraer matrimonio antes de cohabitar.
8. Los _____ deben pensarlo muy bien antes de formalizar su relación.
9. El _____ es el momento más importante en la vida de una persona.
10. Los hijos de padres _____ siempre tienen muchos problemas psicológicos.

D. ¿Qué opinas tú? Reacciona de una manera crítica a las frases anteriores. Si no estás de acuerdo con alguna(s), reescríbela(s) para que reflejen mejor tu pensamiento.

Modelo: *No creo que las parejas que se casan por lo civil se separen pronto. Todo depende de las personas y de su compromiso.*

Recuerda

After using an expression of doubt or denial the subjunctive is required: ***No creo* que las parejas que se casan por lo civil se *separen* pronto.**

Critical Thinking Skills: Making Personal Value Judgments

Determine whether or not the statements in **Ejercicio C** agree with your own value system.

E. Entrevista. Hazle las siguientes preguntas a un(a) compañero(a) y presenta a la clase un resumen de sus respuestas.

1. ¿Estás saliendo con alguien en especial? Si no es así, ¿por qué? ¿Qué tipo de persona te gustaría tener como pareja *(a partner)*?
2. Si tienes pareja, ¿qué es lo que más de gusta de él (ella)?
3. ¿Qué crees que se necesita para tener éxito en una relación de pareja?

Integración

¡A conversar!

F. ¿Matrimonio? →← Prepara la siguiente situación con un(a) compañero(a).

> **¡Quiero casarme ya!**
>
> Tú estás muy enamorado(a) y quieres casarte de inmediato. Tu amigo(a) es muy inteligente y quiere darte buenos consejos.
>
> 1. Discute tu noviazgo. ¿Quién es el afortunado(a)? ¿Por qué estás tan enamorado(a)?
> 2. Habla de tus planes de matrimonio. (¿Cuándo? ¿Cómo? etc.)
> 3. Pídele su opinión.

> **¡Piénsalo!**
>
> Tu amigo(a) parece estar muy enamorado(a) y quiere casarse de inmediato. Tú sabes de los problemas que se pueden presentar cuando se toma este tipo de decisión a la ligera *(lightly)*.
>
> 1. Averigua más acerca de su noviazgo. ¿Quién es el afortunado(a)? ¿Por qué están tan enamorados, etc.?
> 2. Pregúntale acerca de sus planes de matrimonio. (¿Cuándo?, ¿Cómo?, etc.)
> 3. Dale tu opinión al respecto. (¿Es una buena idea, sí o no? ¿Qué crees que deben tener en cuenta antes de tomar esa decisión?, etc.)

¡A escribir!

G. Problemas de pareja. →← En los Estados Unidos hay una tasa *(rate)* de divorcio de aproximadamente el 50 por ciento. ¿A qué creen que se debe esto? Con otros compañeros, preparen una lista de factores que ponen en peligro los matrimonios en este país.

Ahora lee el siguiente artículo y prepara por escrito una reacción personal. Usa las siguientes preguntas como guía.

1. ¿Estás de acuerdo con las ideas presentadas en el artículo?
2. ¿Qué factores de riesgo tienes, o cuáles te preocupan más?
3. ¿Qué pueden hacer las parejas para evitar la influencia negativa de cada uno de estos factores?

Atajo

Phrases/Functions: Expressing an opinion
Grammar: Verbs: Subjunctive with **que**

Parejas en alto riesgo

Aunque en muchas ocasiones las parejas se rompen por **hechos puntuales,** algunos factores te pueden colocar en **el punto de mira** más fácilmente:

specific reasons
at risk

- *Vivir en una ciudad.* En la ciudad existe un mayor riesgo de separación que en las zonas rurales, ya que hay más oportunidades de conocer gente —especialmente cuando los dos trabajan—. Además la presión familiar y social es menor.
- *La juventud.* Los jóvenes tienen mayor predisposición a la ruptura, porque la mayoría de ellos no considera difícil volver a encontrar una nueva pareja.
- *Antecedentes familiares.* Los hijos de padres divorciados pueden tener más tendencia a la separación, porque la ven como un acontecimiento más normal.
- *Las personas arriesgadas.* Quien está acostumbrado a **asumir** riesgos en su vida siente menos miedo a **afrontar** lo que **acarreará** la ruptura.
- *La promiscuidad.* Cuando los miembros de la pareja han tenido muchas relaciones amorosas gratificantes antes de casarse, existe más posibilidad de que haya ruptura, porque ven como una liberación el poner fin a una relación infeliz.
- *Mujeres de mayor nivel cultural y profesional.* Aceptan con más facilidad el divorcio, mientras que las que no trabajan o no tienen ingresos suficientes tienden a **temerlo.** En cambio, algunos hombres que tienen estatus profesional alto **rehusan** el divorcio por temor a las consecuencias negativas que pueda tener en su imagen profesional.
- *Las parejas con hijos.* En contra de la creencia popular de que los hijos unen al matrimonio, la mayoría de los expertos, así como las estadísticas, confirman que los niños contribuyen a menudo a romper el equilibrio del hogar y la **convivencia.**

to take on
to face / will entail

to be afraid of it
refuse

life together

 **Critical Thinking Skills: Evaluating**

Consider important elements of a successful relationship when reacting to the article.

II. Perspectivas: El matrimonio en la España actual

Antes de leer

A. La situación en los Estados Unidos. Indica tus respuestas a las siguientes preguntas.

1. ¿Qué tan importante es el matrimonio para ti?

___ Muy importante.
___ Bastante importante.
___ Poco importante.
___ Muy poco importante.
___ No sé.

2. ¿Cuál de las siguientes formas de convivencia te parece mejor?

___ casarse por la iglesia
___ casarse por lo civil
___ vivir juntos y luego casarse por la Iglesia
___ vivir juntos y luego casarse por lo civil
___ vivir juntos sin estar casados
___ No sé.

A leer

B. La situación en España. Los siguientes son una parte de los resultados de una encuesta similar a la anterior hecha en España en 1997.

1. ¿Ud., en particular, cómo considera el matrimonio?

	%
Muy importante	46
Bastante importante	31
Poco importante	15
Muy poco importante	6
NS/NC	1

2. En su opinión, con independencia de su situación actual, para una pareja estable, ¿cuál de las siguientes formas de convivencia le parece mejor?

	%
Casarse por la Iglesia	50
Casarse por lo civil	10
Vivir juntos y luego casarse por la Iglesia	9
Vivir juntos y luego casarse por lo civil	9
Vivir juntos sin estar casados	14
NS/NC	10

para tu información

Aunque el número de divorcios ha aumentado en los últimos años, continúan siendo más las parejas que se separan que las que se divorcian. En 1996 se produjeron 51.317 separaciones y 32.571 divorcios en España.

¿Entendiste bien?

C. ¿Correcto o no? →← Indiquen si las siguientes frases son correctas o incorrectas. Si hay errores, corríjanlos.

1. Los españoles consideran que el matrimonio es muy importante.
2. Los españoles prefieren matrimonios religiosos.
3. El divorcio es más común en España que la separación.

D. Para discutir. →← ¿Son diferentes o similares las actitudes de los españoles y de los estudiantes de esta clase con respecto al matrimonio?

III. Funciones y estructuras: *Talking about hypothetical situations with the subjunctive in adjective clauses*

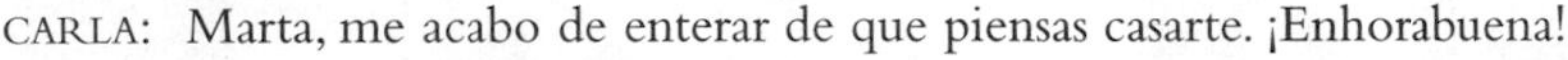

CARLA: Marta, me acabo de enterar de que piensas casarte. ¡Enhorabuena!
MARTA: Gracias, Carla... . Juan es un hombre excepcional. ¿Y cuándo es tu turno?
CARLA: No lo sé... . Todavía no he encontrado a la persona adecuada.
MARTA: ¿Y qué tienes en mente?
CARLA: Pues mira... . Busco una persona que **sea** honesta, considerada y que **tenga** unas metas bien definidas.

Notice that in **Busco una persona que *sea* honesta, considerada y que *tenga* unas metas bien definidas** the verbs that describe Carla's ideal man (**sea** and **tenga**) are in the subjunctive mode. Carla is not describing an existing person like Marta **(Juan es un hombre excepcional).** She is talking about a person who may or may not exist. The subjunctive is therefore required in the subordinate clause that describes a nonexistent (negative or hypothetical) situation or object.

No busco un marido que **sea** rico.	*I am not looking for a husband who **is** rich.*
Quiero una esposa que **sea** muy alegre y sencilla.	*I want a wife who **is** very cheerful and uncomplicated.*
Busco un(a) compañero(a) de cuarto que ni **fume** ni **tenga** muchos muebles.	*I am looking for a roommate who neither **smokes** nor **has** a lot of furniture.*
Necesito una niñera que me **cuide** a los niños mientras trabajo.	*I need a nanny that can **take care of** my children while I work.*

Asimilación

A. Profesores particulares. →← ¿Qué características deseas encontrar en un(a) profesor(a) particular de español? Indica las que correspondan y luego compara tus respuestas con las de otros compañeros. ¿Están todos de acuerdo?

Prefiero un(a) profesor(a) particular que...

___ tenga buena pronunciación.
___ conozca bien España.
___ hable con fluidez.
___ estudie español en esta universidad.
___ sepa mucha gramática.
___ tenga paciencia.
___ conozca a mis profesores.
___ no cobre mucho dinero.
___ sea atractivo(a).
___ viva cerca de mi casa.
___ hable bien inglés.
___ sea simpático(a).
___ otra característica:

B. ¿Cuál es la mejor candidata? Juan Esteban Salcedo está buscando su media naranja *(his better half)*. Escucha la descripción que hace de la mujer ideal. Luego observa las fotos, lee las descripciones y selecciona la candidata que consideres más apropiada para él.

1 Soy estudiante de ingeniería. Me gusta leer y jugar al tenis.

2 Soy abogada. Me encanta el deporte y practico ejercicios aeróbicos todos los días.

3 Soy estudiante de medicina. No tengo mucho tiempo libre, pero me agrada ir de vez en cuando a conciertos.

Modelo: *Pues, pienso que la mejor candidata es el número... porque... .*

Aplicaciones

C. Clasificados. →← Completa las siguientes oraciones con la forma verbal más apropiada. Al terminar, compara tus respuestas con las de otro(a) compañero(a).

1. Busco una secretaria que _____ (tener) por lo menos dos años de experiencia.
2. Necesito un mensajero que _____ (poseer) transporte propio.
3. Compramos libros escolares que _____ (estar) en buen estado.
4. Solicitamos enfermeras que _____ (poder) trabajar en horario nocturno.
5. Hacemos trámites legales para parejas que _____ (querer) contraer matrimonio.
6. Dictamos clases particulares a personas que _____ (desear) aprender inglés.
7. Ofrecemos cursos para aquellos que _____ (necesitar) presentar exámenes de ingreso.
8. Vendemos suplementos vitamínicos importados para personas que _____ (estar) en dieta.
9. Necesito una empleada doméstica que _____ (trabajar) por días.
10. Busco una niñera que _____ (tener) buenas referencias.

D. Mi compañero(a) ideal. →← Comparte con tu compañero(a) por lo menos diez características del tipo de la persona con quien quieres compartir el resto de tu vida. Si ya lo (la) encontraste, descríbelo(la).

Modelo #1: *Pues, mira, yo busco una persona que sea simpática, que no tenga malos hábitos (como fumar o beber) y sobre todo, quiero una persona que me quiera mucho, que me comprenda y me apoye.*

Modelo #2: *Yo ya encontré a mi compañero(a) ideal: Es simpático(a), no tiene malos hábitos y sobre todo me quiere mucho, me comprende y me apoya.*

E. Un trabajo ideal. →← Con un(a) compañero(a) hagan una lista de las características de un trabajo ideal.

Modelo: *Quiero un trabajo que sea interesante y en el que pueda usar mi talento.*

Integración

¡A conversar!

F. En busca de una niñera. →← Prepara la siguiente conversación con un(a) compañero(a).

Padre (Madre) preocupado(a)

Vas a empezar a trabajar y necesitas contratar a una niñera para que te ayude con tus niños. Ahora estás preparando el anuncio que piensas poner en el periódico. Habla con este amigo(a) y pídele su consejo.

- Explícale la situación.
- Dile los requisitos que tienes en mente.
- Pídele su consejo.

Amigo(a)

Este(a) amigo(a) necesita una niñera. Ayúdale a redactar el anuncio clasificado que debe poner en el periódico.

- Pregúntale qué requisitos tiene en mente.
- Aconséjale otros.
- Ayúdale a escribir el anuncio.

Sugerencias

Algunos requisitos son: **referencias, experiencia, conocimientos de psicología infantil, primeros auxilios** *(first aid, CPR).*

¡A escribir!

G. La carta para Elisa. En **Tema 2** empezaste a escribir la carta en respuesta a las preguntas de tu amiga Elisa (p. 475). Como aprendiste en esta sección a describir personas o condiciones hipotéticas o no existentes, complementa tu respuesta con algunos consejos acerca del tipo de ambiente laboral que debe buscar tu amiga.

Atajo

Phrases/Functions: Asking and giving advice
Vocabulary: Traveling; Working conditions
Grammar: Verbs: subjunctive with **que**

Por ejemplo:

Busca una compañía que tenga buenas perspectivas de crecimiento.	*Look for a company that has good growth potential.*
Necesitas un trabajo donde puedas usar tu español.	*You need a job where you can use your Spanish.*
Debes trabajar en la compañía que te ofrezca un buen salario y unas buenas prestaciones.	*You should work for the company that offers you a good salary and good benefits.*

Al terminar, intercambia composiciones con un(a) compañero(a) y hagan las revisiones pertinentes usando las siguientes preguntas como guía.

Correcciones

Paso 1: **Contenido.** ¿Está toda la información necesaria? Si no es así, ¿qué falta?

Paso 2: **Organización.** ¿Están claras las opiniones y los consejos? ¿Hay aspectos o segmentos confusos o vagos? ¿Tiene un saludo y una despedida?

Paso 3: **Gramática.** ¿Detectas algún problema con el uso del subjuntivo? ¿Hay concordancia entre verbo y sujeto en cada caso?

para tu información

Genios de la pintura española

Las siguientes pinturas presentan de manera magistral tres perspectivas diferentes acerca del amor, la violencia y la solidaridad de que somos capaces los seres humanos. Trata de aparear la descripción con la pintura correspondiente:

a.

b.

c.

1. *La sardana* (litografía, 1959). Esta obra de Pablo Ruiz y **Picasso** (1881–1973) es una representación abstracta de la muy famosa danza popular catalana, la cual se baila en círculo y con las manos cogidas *(holding hands).* Se trata pues de una litografía de gran contenido simbólico, en la que el autor exalta *(highlights)* sentimientos humanos tan nobles como la unidad, la fraternidad, la paz y la alegría. Esta obra se conserva en la sección de arte moderno del Museu de Montserrat en Cataluña.

2. *La adoración de los pastores* (lienzo, 1612). Esta obra de Domenikos Theotokopoulos **(El Greco)** (1541–1614) ilustra el momento en que los pastores le expresan su amor y devoción a Jesús en el portal de Belén. Es una pintura llena de espiritualidad y pasión religiosa. Las referencias al espacio real de la escena son mínimas. Por el contrario, a través del manejo de la luz, el artista centra la atención en el niño y lo enmarca con nubes para enfatizar el carácter místico del momento. Esta pintura es considerada un ejemplo clásico de la escuela manerista por las posiciones forzadas de los personajes, la deformación de sus proporciones anatómicas y por la ferviente pasión religiosa de su temática.

3. *Fusilamiento del 3 de mayo de 1808* (óleo sobre lienzo, 1814). Esta obra de Francisco José de **Goya** y Lucientes (1746–1826) fue elaborada como un comentario a las atrocidades de la guerra *(war)* de independencia contra los franceses (1808–1814). De una manera extraordinaria Goya logra capturar en este óleo la guerra en todo su horror y desde el punto de vista *(point of view)* de las víctimas. Todo cuanto hay de brutal en el ser humano (el odio, el terror, la degradación, el abuso, la violencia, etc.) están presentes en esta obra. La técnica y la temática de la obra de Francisco de Goya han tenido una importante influencia en el trabajo de los pintores españoles modernos.

¿Entendiste bien? Ahora, con un(a) compañero(a) discute las siguientes preguntas.

1. ¿Cuál de estas pinturas le gustaría tener en su casa?
2. ¿Por qué?

IV. Literatura: El desamor

Antes de leer

A. Discusión. →← ¿Por qué se aburren algunas personas en su matrimonio? Por grupos, preparen una lista de los factores que pueden acabar con el entusiasmo de una pareja respecto a su matrimonio.

B. Vocabulario y conceptos. Para cada palabra indica la letra correspondiente a su definición.

1. desconocer	a. tolerar, resistir, aceptar
2. rutina	b. costumbre, algo que hacemos de manera habitual
3. manera de ser	c. que no tiene solución
4. ausencia	d. no poder identificar o reconocer algo (o alguien)
5. soportar	e. personalidad
6. irritar	f. enojar, molestar
7. irremediable	g. que no está presente, que no sabemos dónde está

A leer

Estrategia de lectura: *Getting the Gist*
You do not have to understand every word. Concentrate on identifying the main points of the story and answering the comprehension questions that follow it.

La hija del caníbal (fragmento)

Rosa Montero

Rosa Montero es una de las más **sobresalientes** (*outstanding*) escritoras españolas contemporáneas. Nació en Madrid donde estudió periodismo y psicología y desde 1976 trabaja para el diario *El País*. En 1980 ganó el Premio Nacional de Periodismo y en 1997 el Premio Primavera de Novela por su obra *La hija del caníbal*. Entre sus novelas más **destacadas** (*prominent*) tenemos: *Crónicas del desamor, La función Delta, Te trataré como una reina* y *Bella oscura*.

outstanding
prominent

De manera que cogí un taxi y me fui a casa, y cuando comprobé lo que ya sabía, esto es, que Ramón tampoco estaba allí, me acerqué a la **comisaría** a presentar denuncia. Me hicieron multitud de preguntas, todas **desagradables:** que cómo nos llevábamos él y yo, que si Ramón tenía **amantes,** que si tenía enemigos, que si habíamos discutido, que si estaba nervioso, que si tomaba drogas, que si había cambiado últimamente de manera de ser. Y, aunque **fingí** una seguridad **ultrajada** al contestarles, el cuestionario me hizo advertir lo poco que me fijaba en mi marido, lo mal que conocía las respuestas, la inmensa ignorancia con que la rutina **cubre** al otro.

police station
unpleasant
lovers
I pretended / insulted
covers

Pero esa noche, en la cama, aturdida por lo incomprensible de las cosas, me sorprendió sentir un dolor que hacía tiempo que no experimentaba: el dolor de la ausencia de Ramón. A fin de cuentas llevábamos diez años viviendo juntos, durmiendo juntos, soportando nuestros **ronquidos** y nuestras **toses,** los calores de agosto, los pies tan congelados en invierno. No le amaba, incluso me irritaba, llevaba mucho tiempo **planteándome** la posibilidad de separarme, pero él era el único que me esperaba cuando yo volvía de viaje y yo era la única que sabía que él se **frotaba** monoxidil todas las mañanas en la **calva.** La **cotidianeidad** tiene estos **lazos,** el **entrañamiento** del aire que se respira a dos, del sudor que se mezcla, la ternura animal de lo irremediable. Así es que aquella noche, insomne y **desasosegada** en la cama **vacía,** comprendí que tenía que buscarlo y encontrarlo, que no podría descansar hasta saber qué le había ocurrido. Ramón era mi responsabilidad, no por ser mi hombre, sino mi costumbre.

snores / coughs
pondering
rubbed
bald spot / daily routine / ties / love, affection / uneasy / empty

Estrategia de lectura: *Scanning*

Keep in mind the context of marriage as you scan the text for the following information.

Critical Thinking Skills: Analyzing and Inferring

Consider the protagonist's statements in order to determine what her true feelings may be.

¿Entendiste bien?

C. Ideas principales. Responde a las siguientes preguntas.

1. ¿Cómo se llama el esposo de la narradora?
   a. Juan b. Ramón c. Pedro
2. ¿Cuánto tiempo llevan de casados?
   a. 1 año b. 5 años c. 10 años
3. ¿Adónde fue la narradora cuando descubrió que su esposo no estaba en casa?
   a. a su trabajo b. a la comisaría c. al aeropuerto
4. ¿Qué descubrió ella en este lugar?
   a. que no conocía muy bien a su marido
   b. que amaba mucho a su esposo
   c. que necesitaba unas vacaciones
   d. que su marido tenía una amante
5. ¿Ama la narradora a su esposo?
   a. sí b. no c. tal vez

6. Menciona por lo menos tres cosas que tiene la narradora en común con su marido en este momento.

D. Enfoque lingüístico. Con base en el contexto, ¿cuál es el significado de las siguientes palabras?

Estrategia de lectura: *Guessing from Context*
Consider the entire text as well as each sentence as you try to guess the meaning of the different phrases.

1. «De manera que cogí un taxi y me fui a casa, y cuando comprobé lo que ya sabía, esto es, que Ramón tampoco estaba allí, me acerqué a la comisaría a presentar **denuncia».**
   a. denounce b. denial c. report
2. «El cuestionario me hizo advertir lo poco que me **fijaba** en mi marido, lo mal que conocía las respuestas, la inmensa ignorancia con que la rutina cubre al otro».
   a. fight b. notice c. find
3. «Pero esa noche, en la cama, **aturdida** por lo incomprensible de las cosas, me sorprendió sentir un dolor que hacía tiempo que no experimentaba: el dolor de la ausencia de Ramón».
   a. confused b. helpless c. ashamed

E. Actividad de extensión. →← ¿Qué creen que debe hacer esta mujer para reanimar su matrimonio? Por grupos discutan las recomendaciones que le darían *(you would give)* a la protagonista, si tuvieran *(if you had)* la oportunidad de discutir con ella este tema.

Critical Thinking Skills: Making Associations and Creating
Consider the protagonist's circumstances as you think of recommendations.

Temas CD-ROM
En tu próxima tarea, vas a ir a España donde vas a trabajar para una agencia de contactos *(dating service).*

Vocabulario

El estado civil	***Marital Status***		
casado	*married*	divorciarse	*to get divorced*
comprometido	*engaged*	enamorarse	*to fall in love*
divorciado	*divorced*	estar comprometido	*to be engaged*
soltero	*single*	salir juntos	*to go out, to date*
viudo	*widow*	separarse	*to get separated*
		ser fiel/infiel	*to be faithful/unfaithful*
Verbos		ser novios	*to be dating, going out*
casarse (por la iglesia/ por lo civil)	*to get married (religious/ civil ceremony)*	vivir juntos	*to live together*

Las cataratas del Iguazú tienen una altura de más de 250 pies y son una maravilla natural que marca la frontera entre Argentina y Brasil.

La Avenida 9 de Julio y el Obelisco, en pleno centro de la ciudad de Buenos Aires

Para comenzar

Contesta las siguientes preguntas.

- ¿Qué actividades crees que se pueden hacer en cada una de estas regiones de Argentina?
- ¿Cuál de ellas te gustaría visitar?

Gauchos en una estancia de la vasta y productiva pampa argentina

El Glaciar Perito Moreno en la Patagonia es uno de más de 30 parques naturales en Argentina.

In this chapter you will learn. . .

- how to talk about different leisure-time activities;
- how to talk about health and fitness issues;
- how to give informal commands;
- how to talk about future events;
- about outdoor activities and cultural events in Argentina.

CAPÍTULO >>> 10

¿Qué quieres hacer?

	Tema 1 ¡A mantenernos en forma!	Tema 2 La diversión en la selva urbana	Tema 3 Panorama cultural
Vocabulario	La buena salud Los problemas médicos	Los deportes urbanos La televisión	Las artes plásticas
Funciones y estructuras	Giving instructions to friends and family using informal commands	Expressing purpose, stipulation or future time frame with the subjunctive in adverbial clauses	Talking about the future with the future tense
Pronunciación	Los diptongos		
Lectura	Opcional: Prevenir es mejor que curar*	Cambios en la televisión argentina Opcional: El deporte ideal*	Perspectivas: Interés por las actividades culturales *El túnel* (fragmento), Ernesto Sábato
Vídeo	En el gimnasio		

* Text marked **Opcional** indicates selections contained in the IRM and not in the student textbook.

ENFOQUE

Argentina

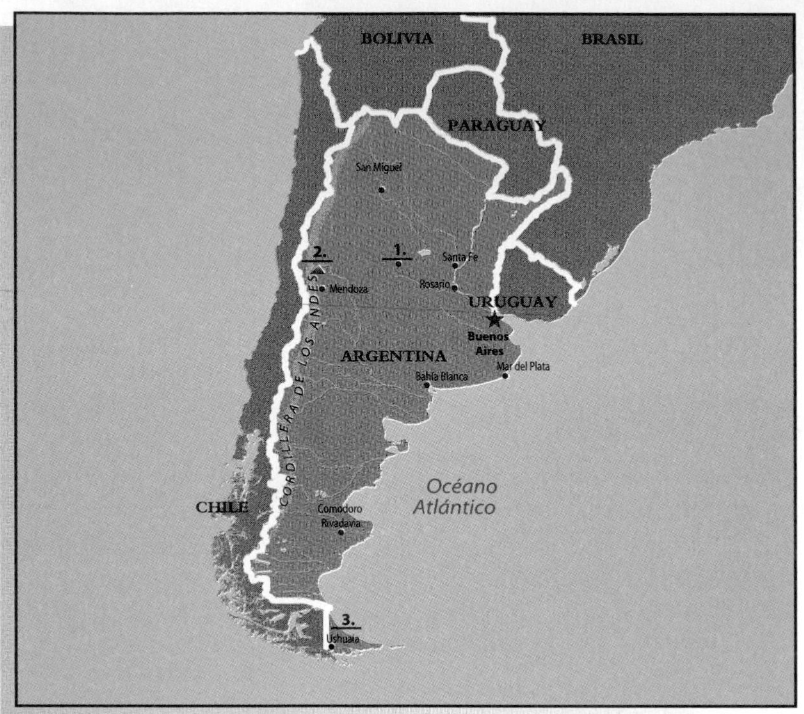

A. En el mapa. Mira el vídeo e indica el número en el mapa que corresponde con los lugares siguientes.

a. Mt. Aconcagua b. Tierra del Fuego c. Córdoba

B. En el vídeo. Ahora completa el siguiente cuadro.

Capital:	
Población:	
Ingreso per cápita:	
Moneda:	
Productos de exportación:	

C. Regiones. Menciona una característica de cada una de las siguientes regiones.

a. Buenos Aires
b. La Pampa
c. Los Andes
d. La Patagonia

D. Su historia. Organiza los siguientes eventos de la historia de Argentina. Empieza con el evento que ocurrió primero y termina con el que ocurrió más recientemente.

___ la presidencia de Perón
___ el gobierno de Rosas y la industrialización
___ el retorno a la democracia
___ la independencia de España
___ la dictadura militar

Los orgullos de Argentina...

Sus bellezas naturales

La extensa y diversa geografía argentina ofrece muchas oportunidades para los amantes *(lovers)* de la naturaleza y las actividades al aire libre.

Su gente

Jorge Luis Borges

La actividad cultural de Argentina es sobresaliente *(outstanding)*. Una buena muestra son los genios de la literatura que ha producido tales como Jorge Luis Borges, Julio Cortázar y Ernesto Sábato.

Su prosperidad económica

Argentina tiene una economía muy dinámica y cuenta con una mano de obra *(work force)* altamente calificada *(qualified)*.

Tema 1

¡A mantenernos en forma!

I. Vocabulario: La buena salud

Además de **distraer**, el ejercicio sirve para **mantener un buen estado de salud** y para **combatir el estrés.**

Las actividades aeróbicas son importantes para **mejorar** nuestra **elasticidad** y **resistencia.**

Para una buena **nutrición** es mejor evitar las **grasas animales** y los **productos refinados.**

Vocabulario útil

Ventajas del ejercicio físico	***Advantages of exercising***
aumentar nuestra fuerza	*to augment our strength*
bajar de/perder peso	*to lose weight*
distraer	*to entertain, to amuse*
evitar	*to avoid*
ganar/subir de peso	*to gain weight*
incrementar nuestra elasticidad y resistencia	*to increase our flexibility and resistance*
mantenerse en forma	*to keep fit*
mejorar nuestro estado general de salud	*to improve our overall health*
promover (ue) nuestro bienestar	*to promote our well being*
reducir/combatir el estrés	*to reduce/combat stress*

Es importante...	
dejar de fumar	*to quit, stop smoking*
hacer estiramiento	*to stretch*
hacer un poco de calentamiento	*to do some warm-up exercises*

Nutrición	
la fibra	*fiber*
las grasas animales	*animal fat*
los minerales	*minerals*
los productos refinados	*refined products*
la proteína	*protein*
las vitaminas	*vitamins*

Vocabulario personal:

Asimilación

A. ¿Bueno o malo? →← Indica si las siguientes actividades son buenas o malas para la salud. Al terminar, compara tus respuestas con las de otros compañeros. ¿Están todos de acuerdo?

1. hacer ejercicio aeróbico
2. llevar una vida sedentaria
3. consumir comidas ricas en grasas animales

4. escoger alimentos ricos en vitaminas y minerales
5. hacer ejercicios de calentamiento y estiramiento
6. dejar de fumar y de consumir alcohol
7. dormir cuatro horas o menos cada día

B. Identifícalos. →← Escucha las descripciones de tres individuos. ¿Puedes identificarlos? Indica el número de la descripción para el dibujo que corresponde. Al terminar, confirma tus respuestas con tu vecino(a).

La señora Jiménez

El señor Bertolini

Juanita Villegas

Aplicaciones

C. ¿Qué haces? →← Completa el cuadro con tu información personal. (Menciona por lo menos dos cosas por cada categoría.) Al terminar, compara tus respuestas con las de otros compañeros. ¿Tienen algo en común?

¿Qué haces para...	
mantenerte en forma?	
combatir el estrés?	
mejorar tu nutrición?	
aumentar tu energía?	
distraerte?	

D. ¿Qué recomiendan? →← Tomen turnos ofreciendo recomendaciones para cada una de las situaciones según el modelo.

Modelo: —*Tengo muchos exámenes esta semana y estoy nervioso(a).*
—*Pues, te recomiendo que estudies mucho y que hagas deporte para reducir el estrés.*

1. He ganado un poco de peso últimamente.
2. Fumo un paquete de cigarrillos todos los días.
3. En estos días he tenido que estudiar mucho y estoy muy cansado(a).
4. Me fascinan las hamburguesas y las papas fritas.
5. No me gusta hacer ejercicio.
6. Estoy aburrido(a) y no sé que hacer.

Recuerda

When giving advice, remember that the verb in the subordinate clause goes in the subjunctive.

Te sugiero que **estudies** mucho.
Te recomiendo que **hagas** deporte.

E. Entrevista. →← Hazle las siguientes preguntas a un(a) compañero(a) y prepara un breve informe para compartirlo con el resto de la clase.

1. ¿Qué haces para mantenerte en forma?
2. ¿Piensas que es fácil o difícil para un estudiante mantenerse en forma? ¿Por qué?
3. De las siguientes opciones, ¿a cuál te gustaría *(would like to)* dedicarle más tiempo? Indica todas las que correspondan y explica por qué.

___ mejorar tu nutrición
___ aumentar tu elasticidad y resistencia
___ reducir el estrés
___ otro:

Informe: *Para mantenerse en forma mi compañero(a)… .*

Integración

¡A conversar!

F. Para manejar el estrés… →← Prepara la siguiente conversación con un(a) compañero(a).

Estudiante A	**Estudiante B**
Éste ha sido un semestre muy difícil y estás muy estresado(a). Sin embargo, tu compañero(a) parece manejar muy bien las presiones de la universidad. Descríbele tu situación y pregúntale qué hace para reducir el estrés.	A pesar de *(In spite of)* los problemas y preocupaciones normales de un estudiante, tú te mantienes calmado(a) y optimista. Explícale a este(a) compañero(a) cómo manejas el estrés y dale algunas recomendaciones prácticas para tener éxito en la universidad.

Atajo

Phrases/Functions: Persuading; Expressing obligation
Vocabulary: Body; Medicine; Sickness
Grammar: Verbs: subjunctive; Verbs: imperative

¡A escribir!

G. Para mantenerse en forma… . →← Imaginen que están colaborando con una campaña de salud en su universidad. Preparen un folleto para los estudiantes de habla hispana con consejos prácticos de cómo mantenerse en forma.

II. Vocabulario: Los problemas médicos

Este hombre tiene **fiebre** y un poco de **tos.**
También **le duele la cabeza.**
Él tiene un **resfriado.**
Piensa tomarse unas **pastillas** o un **jarabe.**
Su médico dice que lo mejor para un resfriado es el **descanso.**

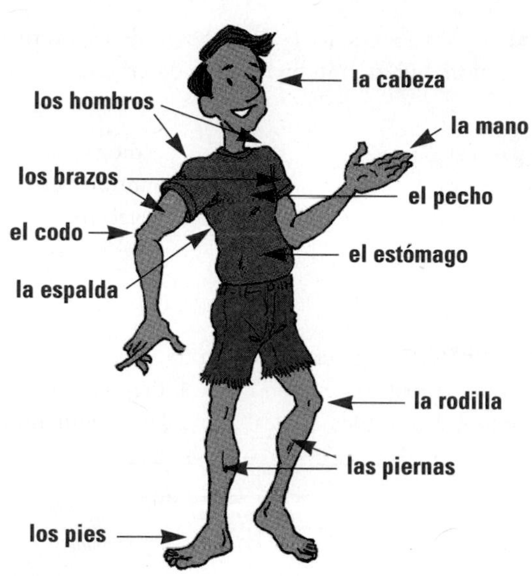

Recuerda

Profesionales de la salud

el enfermero *(nurse)*
el dentista *(dentist)*
el médico *(doctor)*
el psicólogo *(psychologist)*
el psiquiatra *(psychiatrist)*
el farmacéutico *(pharmacist)*

Vocabulario útil

Problemas médicos

la alergia	*allergy*
la gripe/la influenza	*flu*
los parásitos intestinales	*intestinal parasites*
el resfriado	*cold*

Verbos

doler (ue)	*to ache, to hurt*
enfermarse	*to get sick*
sentirse (ie) mal/mejor	*to feel ill/better*
tener tos	*to have a cough*

Síntomas

la congestión	*congestion*
el dolor de cabeza	*headache*
la fiebre	*fever*
el mareo	*dizziness*
la tos	*cough*

Remedios

el antibiótico	*antibiotic*
la aspirina	*aspirin*
el botiquín de primeros auxilios	*first-aid kit*
la curita	*band-aid*
el descanso	*rest*
la inyección	*shot, injection*
el jarabe	*cough syrup*
la pastilla	*pill*
la radiografía	*x-rays*
la receta	*prescription*
el yeso	*cast*

Vocabulario personal:

Asimilación

A. ¿Cuál es el remedio? →← Escribe delante de cada problema médico el tipo de remedio más apropiado. Luego compara tus respuestas con las de tu vecino(a). ¿Están de acuerdo?

1. Tengo tos.
2. Me caí y me duele mucho el brazo.
3. Me siento muy triste y deprimido.
4. Me duele la cabeza.

a. Toma una pastilla para aliviar el dolor.
b. Ve al hospital para que te tomen una radiografía.
c. Ve al psicólogo.
d. Toma un jarabe.

B. Identifícalo. Vas a escuchar la descripción de varios tipos de remedios. ¿Puedes identificarlos? Indica el número de la descripción para el remedio que corresponde.

___ unas pastillas
___ un jarabe
___ un yeso
___ una radiografía
___ unos antibióticos
___ una inyección

Aplicaciones

C. Síntomas. →← Imaginen que están de vacaciones en un país de habla hispana y que necesitan atención médica. Preparen una descripción por escrito de los síntomas asociados con cada una de las siguientes situaciones.

Parásitos intestinales	Una caída
Me duele el estómago.	*Me duele la espalda.*

para tu información

Se usa el verbo **doler** *(to hurt, to ache)* como el verbo **gustar.**

No puedo ir al cine contigo hoy. **Me duele** la cabeza.	*I can't go to the movies with you today. My head* ***aches.***
A Juan **le duelen** las rodillas después de hacer ejercicio.	*Juan's knees* ***ache*** *after his workouts.*

D. ¿Qué debe hacer? →← Indiquen el remedio más apropiado para cada individuo.

Modelo: un joven turista que tiene un problema de parásitos intestinales
Bueno, a este joven le recomendamos que tome unos antibióticos. También es importante que no coma comida por la calle y que tome solamente agua de botella.

1. una chica que se ha caído por las escaleras
2. una señora a quien le duele mucho la cabeza
3. un señor que se encuentra muy tenso y preocupado
4. unos niños que están resfriados
5. una mujer que sufre de alergias

E. Opiniones. →← Discutan las siguientes preguntas y preparen un breve informe para compartir con otros grupos.

1. ¿Qué haces cuando te enfermas? (¿Vas inmediatamente al médico, te haces remedios caseros *[home remedies]*, no haces nada...?)
2. ¿Qué opinión tienes de la medicina naturalista?
3. ¿Qué medicinas crees que debe llevar un turista en su maleta cuando sale de vacaciones?

para tu información

En los países hispanos, es común ir a una farmacia o droguería para obtener consejo y medicinas directamente del farmacéutico. Por lo general es fácil encontrar farmacias en los centros urbanos (casi siempre identificadas con una cruz verde iluminada). Sin embargo, durante emergencias nocturnas, es mejor consultar primero la sección de salud del directorio telefónico local para saber cuáles son los establecimientos de turno *(on duty)*.

Integración

¡A conversar!

F. En la farmacia. →← Preparen el siguiente diálogo.

Turista

Estás de vacaciones en Argentina y desde hace dos días tienes problemas digestivos. (Al parecer, la comida gaucha no te ha caído muy bien.) Ve a una farmacia y pídele ayuda a un(a) farmacéutico(a).

1. Salúdalo(la) formalmente.
2. Explícale tus síntomas.
3. Pídele un remedio.
4. Pregúntale cómo prevenir este tipo de problema en el futuro.

Farmacéutico(a)

Tú tienes una farmacia en el centro de Buenos Aires. Atiende a este(a) cliente norteamericano(a). (¡Pobre! Se ve muy enfermo[a].)

1. Salúdalo(la) formalmente.
2. Pregúntale qué le pasa.
3. Dile qué remedios debe tomar.
4. Explícale las maneras de prevenir estos problemas en el futuro.

Sugerencias

Para evitar *(To avoid)* los problemas digestivos en el extranjero, algunas sugerencias son:

- comer en lugares limpios *(clean)*
- tomar siempre agua embotellada *(bottled water)*
- no comer alimentos crudos *(raw)*
- evitar las frutas sin pelar *(not peeled)*
- pedir bebidas sin hielo *(without ice)*

¡A escribir!

G. Para mantenerse en forma. →← Preparen una campaña para motivar a otros estudiantes a mantenerse en forma. Den recomendaciones y consejos específicos.

Modelo: *Para mantenerse en forma es importante que Uds. presten atención a su dieta. También es preciso que hagan más ejercicio. Además, no fumen... .*

Sugerencias

En cambio/Por otra parte	*On the other hand*
Sin embargo	*However*
También	*Also*
De la misma manera	*By the same token*
Igualmente	*In the same way*

III. Guía para la pronunciación

Los diptongos. When two vowels come together, they are pronounced as one syllable called a diphthong.

> P**ie**nso ir al gimnas**io** con Ed**ua**rdo y Glor**ia** a las d**ie**z.
> V**oy** a pasar una med**ia** hora hac**ie**ndo ejercic**io.**
> ¿Qu**ie**res venir con nosotros?
> N**ue**stro entrenador es m**uy** b**ue**no.

IV. Funciones y estructuras: *Giving instructions to friends and family using informal commands*

¡Hombre! **Descansa.** **¡No vayas** a clase hoy! **Toma** alguna medicina. **Llámame** si necesitas algo.

When giving commands to those close to us (friends and family), an informal command is required.

A. Affirmative informal commands

Affirmative singular **tú** commands require the use of the **Ud.** form of the *present indicative* of the verb. All pronouns are also attached at the end of these conjugated forms.

Antes de practicar un deporte:

• **Consulta** con tu médico para asegurarte de que estás en buenas condiciones físicas. (**Dile** qué deporte quieres practicar y **pregúntale*** si hay algún riesgo.)	*Consult your physician to make sure you are in good physical condition. (**Tell** him/her what sport you intend to practice and **ask him/her** what are the risks involved.)*
• **Busca** toda la información posible sobre el deporte que has elegido. **Determina** qué equipo se necesita y **cómpralo*** en una tienda especializada.	***Look up** as much information as possible on your chosen sport. **Determine** what equipment is needed and **buy it** at a specialty store.*

* Notice that *a written accent mark is required* to show that the stress pattern of the command is not affected by the attachment of pronouns to the end of the conjugated verb.

- **Habla** con personas que practiquen este deporte para que te den consejos prácticos. — ***Talk to*** *people who practice that sport so that they can give you practical tips.*

Careful! These common verbs have irregular **tú** command forms in the affirmative. They are irregular in the sense that they do not coincide with the third-person singular forms of the present tense.

decir	**di**	salir	**sal**
hacer	**haz**	ser	**sé**
ir	**ve**	tener	**ten**
mantener	**mantén**	venir	**ven**
poner	**pon**		

Ve a una tienda reconocida. — ***Go*** *to a well-known store.*
Ten mucho cuidado. — ***Be*** *very careful.*
Ponte unas zapatillas apropiadas para la práctica de ese deporte. — ***Wear*** *shoes appropriate for that sport.*

B. Negative informal commands

To give negative commands use the **tú** form of the *present subjunctive* preceded by the negative word and by any of the pronouns involved.

No tomes riesgos innecesarios. — ***Do not take*** *unnecessary risks.*
Nunca practiques este deporte sin la supervisión apropiada. — ***Never practice*** *this sport without proper supervision.*
No les prestes atención a las personas que dicen que no son necesarias las precauciones. — ***Do not pay*** *attention to those who say that precautions are not necessary.*
Nunca hagas maniobras peligrosas. — ***Never perform*** *dangerous maneuvers.*

Asimilación

A. Programa de ejercicios. A continuación vas a encontrar una serie de instrucciones que corresponden a una secuencia de ejercicios de un programa de musculación *(bodybuilding/workout)*. Para cada dibujo, indica el número de las instrucciones que corresponden.

Imagen A ____

Imagen B ____

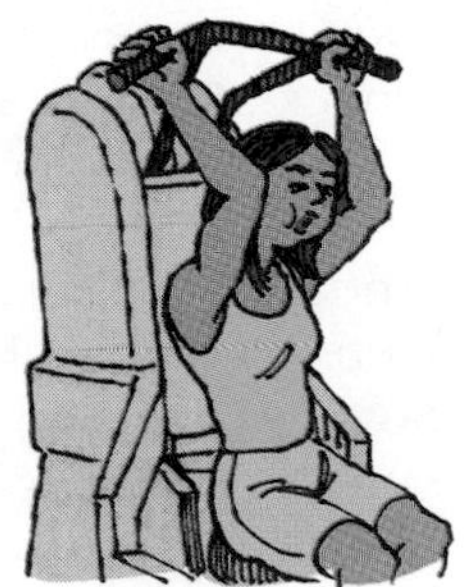

Imagen C ____

1. Siéntate sobre el banquillo. Jala *(Pull)* la barra hacia tu pecho. Deja que la resistencia del aparato jale tus brazos hacia arriba. No sueltes ni dejes caer el peso. ¡Contrólalo!
2. Acuéstate boca arriba y sube la barra por encima de tu pecho. Haz una pausa y luego baja la barra despacio. Repite el ejercicio diez veces.
3. Párate con los pies separados a la anchura de tus hombros y con las rodillas ligeramente flexionadas. Levanta las pesas hacia los hombros. Mantén la espalda recta y los codos paralelos al cuerpo.

B. ¿Qué dijo? Un amigo te ha dejado el siguiente mensaje en el contestador. Selecciona las alternativas más apropiadas a las siguientes oraciones.

Recuerda

The following are used to give directions.

doblar *(to turn)*
seguir derecho *(to go straight ahead)*
bajar *(to go down)*
subir *(to go up)*
cruzar *(to cross)*
a la derecha *(to the right)*
a la izquierda *(to the left)*

1. Tu amigo quiere ir contigo al...
   a. estadio.
   b. parque.
   c. gimnasio.
2. Tu amigo te pide que lo recojas a las...
   a. seis de la tarde.
   b. ocho de la noche.
   c. seis de la mañana.
3. Tu amigo quiere que lleves...
   a. unas zapatillas y una camiseta.
   b. unas pesas y una barra.
   c. una revista con un programa de ejercicios.
4. Si no puedes ir a esa hora...
   a. llámalo a su oficina.
   b. déjale un mensaje en su contestador.
   c. envíale un fax a su casa.

Aplicaciones

C. ¿Cómo llego a tu casa? Este fin de semana vas a dar una fiesta en tu casa. Como tu compañero(a) no sabe dónde vives, escríbele una nota con las instrucciones pertinentes. (Su punto de partida será el salón de clase.)

Mira, es muy fácil llegar a mi casa. Primero...

D. ¿Qué les llevo? Patrick es un estudiante que está pasando sus vacaciones en Argentina. En este momento, él discute con su amiga Sandra los regalos que debe llevarle a su familia en los Estados Unidos. Completa la conversación con los mandatos y los **pronombres** apropiados. **¡Ojo!** ¡No siempre vas a necesitar los pronombres!

PATRICK: Sandra, pronto voy a tener que regresar a los Estados Unidos y aún no sé qué llevarle a mi familia.
SANDRA: Bueno, _____ (llevar) a tu mamá una chaqueta de cuero.
PATRICK: Sí. Buena idea. Las confecciones en cuero de Argentina son muy bonitas. ¿Y a mi papá?
SANDRA: Bueno, a él _____ (comprar) un suéter de lana.
PATRICK: No, a él no le gustan los suéteres. Mejor le llevo un maletín.
SANDRA: No es mala idea... . ¿Y a tus hermanas?
PATRICK: ¡Es cierto! Tengo que llevarles algo a ellas también.
SANDRA: Pues, _____ (buscar) algo bonito en las tiendas de Galerías Pacífico.
PATRICK: ¿Galerías Pacífico? ¿No es más caro allí? _____ (recordar) que soy estudiante y no tengo mucho dinero.

Recuerda

Direct objects can be identified because they answer the question *what?*, while indirect objects answer the question *to whom?* or *for whom?*

- Direct object pronouns: **me, te, lo (la), nos, los (las)**
- Indirect object pronouns: **me, te, le (se), nos, os, les (se)**

SANDRA: Bueno, entonces _____ (regalar) a ellas unas artesanías. Este fin de semana hay una feria en Luján y allí puedes encontrar cosas típicas a precios bastante razonables.

PATRICK: De acuerdo. ¿Me acompañas a hacer las compras? Tú tienes muy buen gusto.

SANDRA: Pero, claro, Patrick. Con gusto.

E. ¿Qué tengo que hacer? →← Tomen turnos dándose instrucciones de cómo hacer las siguientes cosas.

1. cómo mantenerse en forma (**Verbos útiles:** ir, practicar, hacer, jugar)
2. cómo ganar algún dinero extra (**Verbos útiles:** buscar, trabajar, hacer, pedir)
3. cómo llegar al centro comercial (**Verbos útiles:** ir, tomar, salir, doblar)
4. cómo preparar unos espaguetis (**Verbos útiles:** hervir, colar *[to drain]*, poner, servir)
5. cómo obtener buenas notas en la clase de español (**Verbos útiles:** estudiar, practicar, repasar, prestar atención)
6. cómo divertirse un fin de semana en esta ciudad (**Verbos útiles:** ponerse, ir, bailar, charlar)

De otra manera

Subway is **el metro** in Spain but **el subte** in Argentina. Also, *city block* is **manzana** in Spain and **una cuadra** in many parts of Latin America.

—Alicia Ramos, CUNY Hunter College

Integración

¡A conversar!

F. Vacaciones. →← Prepara la siguiente conversación con un(a) compañero(a).

¡No sé qué hacer!

Se aproximan las vacaciones y quieres hacer algo diferente, pero no sabes qué. Discute la situación con un(a) compañero(a) y trata de obtener algunas ideas.

Restricciones:
- No tienes mucho dinero.
- No te gustan las actividades peligrosas.
- Prefieres las actividades al aire libre.

Sugerencias

Para responder de una forma negativa, puedes decir:

No sé.	*I don't know.*
Creo que no.	*I don't think so.*
tampoco	*(not) either*
¡Mucho menos!	*Much less!*

¡Tengo una idea!

Tu amigo(a) no sabe qué hacer estas vacaciones. Dale algunas ideas.
- Empieza por hablarle de viajes (lugares interesantes, cosas que puede ver, monumentos, etc.).
- Si eso no funciona, háblale de actividades culturales (conciertos, cursos, etc.).
- Finalmente trata algunas actividades recreativas (como deportes de aventura, actividades al aire libre, etc.).

Sugerencias

Para introducir una nueva idea, puedes decir:

Ya sé.	*I know!*
Ya lo tengo.	*I got it!*
pues, entonces	*then*

Atajo

Phrases/Functions: Asking and giving advice; Asserting and insisting
Vocabulary: Leisure; Sports; Traveling
Grammar: Verbs: imperative **(tú)**

¡A escribir!

G. Opciones. →← Acabas de recibir este mensaje electrónico de Diego, tu *email-pal* argentino. Con un(a) compañero(a), discute las opciones que tiene Diego. Al terminar, prepara una lista completa des sus ideas siguiendo el modelo.

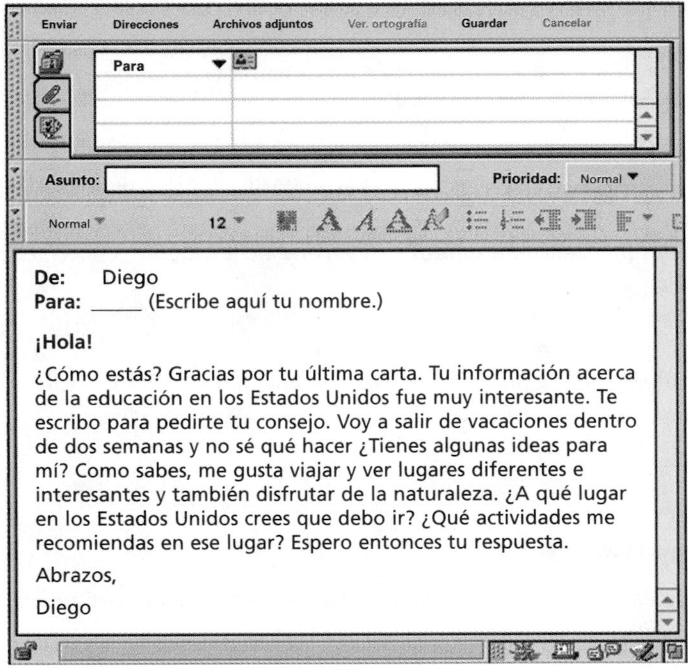

De: Diego
Para: _____ (Escribe aquí tu nombre.)

¡Hola!

¿Cómo estás? Gracias por tu última carta. Tu información acerca de la educación en los Estados Unidos fue muy interesante. Te escribo para pedirte tu consejo. Voy a salir de vacaciones dentro de dos semanas y no sé qué hacer ¿Tienes algunas ideas para mí? Como sabes, me gusta viajar y ver lugares diferentes e interesantes y también disfrutar de la naturaleza. ¿A qué lugar en los Estados Unidos crees que debo ir? ¿Qué actividades me recomiendas en ese lugar? Espero entonces tu respuesta.

Abrazos,

Diego

Nota

Keep these ideas on file. You will need them to compose your reply to Diego's email in the following two **Temas.**

Modelo: *Ve a una isla del Caribe como Puerto Rico.*
Haz tus reservaciones pronto porque hay mucha demanda.
No vayas a los hoteles grandes porque son más caros.

Asegúrate de incluir ideas acerca de lo siguiente.

- los mejores destinos
- los preparativos necesarios
- las actividades posibles

para tu información

Existen más de una docena de parques y zonas naturales en Argentina ideales para aquéllos a quienes les gusta el contacto con la naturaleza, los paisajes exóticos o los deportes de aventura. La siguiente es una breve descripción de los principales destinos.

1. **Parque Natural del Iguazú:** con más de 136.000 acres de selva subtropical y con una de las cataratas más hermosas del mundo
2. **Parque Provincial de Aconcagua:** El Aconcagua es la mayor elevación del hemisferio occidental y se encuentra sobre la cordillera de los Andes. Un lugar especial para montañistas.
3. **Parque Nacional Nahuel Huapí:** En la región de los lagos, es un lugar muy desarrollado con una buena infraestructura hotelera que es ideal para la pesca y las actividades al aire libre. A orillas del lago Nahuel Huapí está la ciudad de San Carlos de Bariloche y muy cerca la montaña Catedral, que es el área de esquí más famosa de Argentina.

4. **Parque Nacional de Tierra del Fuego:** excelente para observar la flora y la fauna subantártica
5. **Parque Nacional Los Glaciares:** un lugar declarado patrimonio de la humanidad por las Naciones Unidas

¿Entendiste bien?

→← Responde a las siguientes preguntas y luego discútelas con otros compañeros.

1. ¿Cuál de estos parques te gustaría conocer?
2. ¿Por qué?

Para más información te recomendamos que visites el siguiente sitio-web: **http://temas.heinle.com.**

V. Vídeo: En el gimnasio

Preparación

A. La comunicación no verbal. Mira el vídeo sin sonido y contesta las preguntas.

1. ¿Dónde están estas personas?
2. ¿De qué crees que están hablando?
3. ¿Cómo se ven (alegres, tristes, cansados, etc.)?

B. Expectativas. Contesta las siguientes preguntas antes de escuchar el vídeo.

1. ¿Cuáles de las siguientes palabras esperas escuchar en este vídeo? Marca todas las que correspondan.

___ músculos	___ cine
___ televisión	___ arte
___ aeróbicos	___ pesas
___ ejercicios	___ bíceps

2. →← Prepara una lista de otras palabras que esperas escuchar en este segmento. Luego, compárala con la de otro(a) compañero(a).

Estrategia de comprensión: *Anticipating*
Consider the context of a gym.

¿Entendiste bien?

C. A escuchar. Ahora escucha el vídeo y trata simplemente de identificar el tema general de la conversación y las características principales de cada entrevistado.

1. Estas personas están hablando de...
   a. su deporte favorito.
   b. su dieta.
   c. su rutina de ejercicio.
2. ¿Reconoces a las personas entrevistadas? Para cada nombre, indica la letra de la frase que mejor describe la persona.

Estrategia de comprensión: *Global Comprehension*
Listen to get an overall understanding of each person in this context.

1. Eugenia
2. Gustavo
3. Osvaldo
4. María Clara

a. mujer simpática y extrovertida cuya profesión es la óptica
b. joven de 16 años que es estudiante de último año de secundaria y que quiere estudiar medicina
c. joven universitario de 20 años que estudia ingeniería en automatización y control industrial
d. hombre de mediana edad a quien le gusta hacer deporte para sentirse bien y para participar en carreras

D. Programa de ejercicio. Escucha de nuevo la cinta y concéntrate en identificar los componentes de los programas de ejercicios de cada uno de los entrevistados. Marca tus respuestas en el siguiente cuadro. Si no hay información deja *(leave)* el espacio en blanco. (Algunos datos ya han sido marcados como guía.)

		Eugenia	Gustavo	Osvaldo	María Clara
Trabajo aeróbico	**Máquinas** (cinta, escalador, remo, etc.)				
	Clases (aeróbicos, step, latino, etc.)				√
	Actividades al aire libre (carreras, otros deportes, etc.)				
Sala de musculación	**Tren superior** (espalda, pecho, hombros, bíceps, tríceps, etc.)		√		
	Tren inferior (piernas, glúteos, etc.)				
	Abdominales				

E. ¿Quién lo dijo? Para cada nombre, indica la letra de las ideas que presentó cada una de las personas.

1. Eugenia
2. Gustavo
3. Osvaldo
4. María Clara

a. Escogí este gimnasio porque es bueno y porque una hermana que trabaja acá me lo recomendó. Mi objetivo es aumentar el volumen de mi cuerpo.
b. Vengo a este gimnasio porque es completo, tiene buenos profesores y porque me gusta el ambiente. Además estoy haciendo un curso para ser profesora de aeróbicos.
c. A una persona que quiera perder peso le recomiendo primero que se haga una evaluación y luego, que en función de la evaluación, diseñe su plan de entrenamiento.
d. Empecé a hacer ejercicio porque quería dejar de fumar. Ahora lo hago porque quiero sentirme bien y para participar en carreras de 5 o 10 kilómetros.

F. Enfoque comunitario. Investiga los servicios deportivos que ofrece tu universidad. Para incrementar el acceso de estudiantes extranjeros a estos servicios, prepara el anuncio sobre sus servicios en español. Incluye:

- servicios (clases de aeróbicos, máquinas, salas de musculación, etc.)
- requisitos (costos, identificación, evaluación, etc.)
- frases de exhortación y motivación (¿Por qué deben participar estas personas en los programas de deporte de la universidad?)

Vocabulario

Ventajas del ejercicio físico

aumentar nuestra fuerza — *to augment our strength*
bajar de/perder peso — *to lose weight*
distraer — *to entertain, to amuse*
evitar — *to avoid*
ganar/subir de peso — *to gain weight*
incrementar nuestra elasticidad y resistencia — *to increase our flexibility and resistance*
mantenerse en forma — *to keep fit*
mejorar nuestro estado general de la salud — *to improve our overall health*
promover (ue) nuestro bienestar — *to promote our well being*
reducir/combatir el estrés — *to reduce/combat stress*

Es importante...

dejar de fumar — *to quit, stop smoking*
hacer estiramiento — *to stretch*
hacer un poco de calentamiento — *to do some warm-up exercises*

Nutrición

la fibra — *fiber*
las grasas animales — *animal fat*
los minerales — *minerals*
los productos refinados — *refined products*
la proteína — *protein*
las vitaminas — *vitamins*

Problemas médicos

la alergia — *allergy*
la gripe/la influenza — *flu*
los parásitos intestinales — *intestinal parasites*
el resfriado — *cold*

Verbos

doler (ue) — *to ache, to hurt*
enfermarse — *to get sick*
sentirse (ie, i) mal/mejor — *to feel ill/better*
tener tos — *to have a cough*

Síntomas

la congestión — *congestion*
el dolor de cabeza — *headache*
la fiebre — *fever*
el mareo — *dizziness*
la tos — *cough*

Remedios

el antibiótico — *antibiotic*
la aspirina — *aspirin*
el botiquín de primeros auxilios — *first-aid kit*
la curita — *band-aid*
el descanso — *rest*
la inyección — *shot, injection*
el jarabe — *cough syrup*
la pastilla — *pill*
la radiografía — *x-ray*
la receta — *prescription*
el yeso — *cast*

Las partes del cuerpo

los brazos — *arms*
la cabeza — *head*
el codo — *elbow*
la espalda — *back*
el estómago — *stomach*
los hombros — *shoulders*
la mano — *hand*
el pecho — *chest*
las piernas — *legs*
los pies — *feet*
la rodilla — *knee*

Tema 2

La diversión en la selva urbana

I. Vocabulario: Los deportes urbanos

Patinaje en línea: Los patines tienen cuatro ruedas alineadas en una hilera única —cinco en las pruebas de velocidad—. Es el deporte de moda tanto en Estados Unidos como en Europa. Equipo: patines, coderas, rodilleras y casco.

Ciclismo: Es una manera muy divertida de mantenerse en forma. Las modalidades más importantes practicables en la ciudad son: ciclismo en carretera, «citybike» y BMX acrobático. Equipo: una bicicleta de carreras, de «mountainbike» o de «citybike» y un casco.

Squash: Se practica en una cancha cerrada o frontón, entre dos jugadores que usan raquetas para golpear una pelota antes de que toque dos veces el suelo. Equipo: una raqueta de squash, pelotas y unas gafas protectoras.

para tu información

La influencia de la cultura norteamericana en el mundo hispano es muy significativa y se refleja no sólo en la moda y las costumbres, sino también en la propia lengua. De hecho, un gran número de palabras inglesas se usan intactas o adaptadas para referirse a áreas tan diversas como la tecnología (mouse, módem, Internet, etc.), las comunicaciones (fax, bíper, etc.), el comercio (voucher, tiquete, etc.) y la diversión (fitness, jogging, squash, rafting, surfing, set, etc.).

Vocabulario útil

Deportes urbanos

los bolos	*bowling*
el ciclismo	*bike riding*
la escalada libre	*rock climbing*
el patinaje en línea	*in-line skating*

Equipo

al cubierto/bajo techo	*indoors*
el arnés	*harness*
la bicicleta	*bicycle*
la cancha	*court*
el casco	*helmet*
la codera	*elbow pad*
la cuerda	*rope*
las gafas protectoras	*goggles*
el juego/el set	*set*
la pelota/la bola	*ball*
la raqueta	*racket*
la rodillera	*knee pad*

Habilidades	***Skills***
escalar	*to climb*
golpear	*to hit*
jalar	*to pull*
pedalear	*to pedal*
tirar	*to throw*

Vocabulario personal:

Asimilación

A. Opiniones y preferencias. →← Clasifica los deportes urbanos de acuerdo a las siguientes categorías. Luego compara tus respuestas con las de otros compañeros. ¿En qué están todos de acuerdo?

Opciones: el squash, el patinaje en línea, la escalada libre, los bolos, el ciclismo

Difícil	Peligroso	Interesante	Costoso	Aburrido

B. Identifícalo. Vas a escuchar la descripción de tres deportes urbanos. ¿Puedes identificarlos? Indica el número de la descripción para el deporte que corresponde.

___ el squash ___ la escalada libre ___ el ciclismo
___ el patinaje en línea ___ los bolos

Aplicaciones

C. Adivina. →← Menciona un lugar o un objeto relacionado con un deporte urbano. Tu compañero(a) debe adivinar de qué deporte se trata. Luego cambien de papel. **¡Ojo!** ¡Sólo tienen dos oportunidades de adivinar!

Modelo: —*Casco.*
—*Patinaje en línea.*
—*Ése no, otro.*
—*¿Ciclismo?*
—*¡Correcto!*

D. ¿Qué deporte? →← Indiquen el deporte más apropiado para cada individuo y expliquen sus razones.

Modelo: una joven que está en forma, pero que está aburrida de sus clases de aeróbicos

Bueno, creemos que esta joven debe practicar la escalada libre porque es un deporte ideal para personas en buenas condiciones físicas.

1. una señora casada que tiene dos hijos pequeños
2. un joven a quien le encantan la velocidad y las emociones fuertes
3. una chica universitaria que quiere perder peso
4. un hombre de negocios muy competitivo
5. una pareja de recién casados

E. Entrevista. →← Hazle las siguientes preguntas a un(a) compañero(a) y comparte sus respuestas con el resto de la clase.

1. ¿Practicas algún deporte urbano?
2. ¿Cuáles de los deportes mencionados en este capítulo te gustaría aprender?
3. ¿Cuál(es) no te interesan? (¿Por qué?)
4. ¿Qué ventajas y qué inconvenientes tienen los deportes urbanos?

Integración

¡A conversar!

F. **Aburridos.** →← Preparen el siguiente diálogo.

El (La) amante de la naturaleza

Hoy no tienes nada que hacer y te encuentras aburrido(a). Llama a tu amigo(a) para ver qué se le ocurre hacer. Importante: Trata de convencer a tu amigo(a) de hacer alguna actividad al aire libre.

1. Saluda a tu amigo(a).
2. Pregúntale qué está haciendo.
3. Si está libre, invítalo(la) a hacer alguna actividad al aire libre.
4. Explícale las ventajas de las actividades al aire libre y los inconvenientes de los deportes urbanos.

El (La) deportista urbano(a)

Hoy no tienes nada que hacer y te encuentras aburrido(a). Tu amigo(a) te llama para ver qué quieres hacer. Importante: Trata de convencer a tu amigo(a) de acompañarte a practicar tu deporte urbano favorito.

1. Saluda a tu amigo(a).
2. Cuéntale que estás libre hoy.
3. Trata de convencerlo(la) de acompañarte a practicar tu deporte urbano favorito.
4. Explícale las ventajas de los deportes urbanos y los inconvenientes de las actividades al aire libre.

Sugerencias

Para persuadir a alguien a hacer algo diferente, puedes decir:

¿Sabes qué? En realidad no me gusta... .	*You know what? I don't really like to . . . .*
Mira, ¿por qué no... ?	*Look, why don't we . . . ?*
¿Qué te parece si... ?	*How about . . . ?*

¡A escribir!

G. **El deporte ideal para Ud. es...** →← Preparen un cuestionario para determinar el tipo de deporte que más le conviene *(is best for)* a una persona de acuerdo a sus preferencias y posibilidades. (Por ejemplo: ¿Cuánto tiempo libre tiene? ¿Le gustan las actividades al aire libre? ¿Tiene Ud. bicicleta?, etc.). Al terminar, háganle esas preguntas a otra pareja, analicen sus respuestas y presenten sus recomendaciones.

Modelo: *A John le recomendamos que practique... porque... . Por otra parte, a Jennifer le recomendamos... porque... .*

Sugerencias

Usa los siguientes conectores en tu informe.

por otra parte	*on the other hand*
sin embargo	*however*
en cambio	*on the other hand*
también	*also*
de la misma manera	*by the same token*
igualmente	*in the same way*

II. Vocabulario: La televisión

SRA. DUQUE: ¿Vas a trabajar hasta tarde el día de hoy?
SR. DUQUE: Sí, desafortunadamente.
SRA. DUQUE: ¿Quieres ir al cine con los chicos después de cenar?
SR. DUQUE: No sé. Estoy un poco cansado. ¿Por qué no alquilamos un vídeo?
SRA. DUQUE: ¿Tienes alguna película en mente?
SR. DUQUE: No. Simplemente busco algo que podamos ver todos. ¿Qué tal una película de dibujos animados?
SRA. DUQUE: Sí. O quizás una película de ciencia ficción.
SR. DUQUE: Listo. Hasta la noche.
SRA. DUQUE: Bueno. Espero que encuentres algo bueno.

Vocabulario útil

El cine y la televisión

apto	*suitable*
el cable	*cable*
el canal	*channel*
la cartelera de televisión	*TV guide*
el documental	*documentary*
el drama	*drama*
el musical	*musical*
las noticias	*the news*
la película de acción	*action movie*
de ciencia-ficción	*science fiction*
de dibujos animados	*cartoons*
de misterio	*mystery*
de suspenso	*suspense*
de terror	*horror*
el programa de concurso	*game show*
el programa de deportes	*sports*
el programa de variedades	*variety show*
las series	*series*
la telenovela	*soap opera*
el vídeo	*video*

Verbos

alquilar	*to rent*
presentar	*to present*

Vocabulario personal:

Hoy en día **presentan** una gran variedad de **películas** por los **canales** de **cable.** — *They **show** a great variety of **movies** on the **cable channels** these days.*

Para mí es fácil **rentar** películas porque hay tres tiendas de **vídeos** cerca de mi casa. — *For me it's easy **to rent** movies because there are three **video** stores near my house.*

Esta película no es **apta** para ti, Juanito. Tiene una **clasificación** para **mayores de 18 años.** — *This movie is not **appropriate** for you, Juanito. It is **rated R.***

para tu información

El sistema más común de clasificar películas en el mundo hispano se basa en la edad de los videntes.

Apta para todo público *(equivalent of the American PG rating)*
Apta sólo para mayores de 12 años *(suitable for ages 12 and over)*
Apta sólo para mayores de 18 años *(only adults over 18 years of age)*

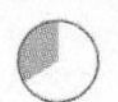

Asimilación

A. ¿Sí o no? Indica si las frases corresponden o no con la información en esta guía de televisión.

Recomendados - Cinecanal	
Space Jam Dibujos Animados, 1996, 87 m. A Sábado 9 A.M.	*Los Andes* Documental, 1995, 55 m. A Domingo 10 A.M.
Bull Durham Comedia, 1988, 108 m. C Sábado 7 P.M.	*Tiempo de matar* Drama, 1996, 150 m. C Domingo 8 P.M.
Depredador 3 Acción, 1987, 166 m. C Sábado 10 P.M.	*Anna Oz* Misterio, 1996, 93 m. C Domingo 10 P.M.

1. El domingo a las diez de la noche hay una película de misterio.
2. *Space Jam* es una película para todos los públicos.
3. En la guía no se recomienda ningún programa para el día domingo.
4. Según la guía, la película *Tiempo de matar* es apta para niños.
5. Hay un documental recomendado para día sábado por la mañana.
6. *Los Andes* y *Bull Durham* son dos comedias recomendadas esta semana.

B. ¿Qué tipo de películas le gustan? Escucha con atención y escoge las categorías apropiadas según lo que entiendes. Le gustan...

___ las películas de acción.
___ las películas de ciencia-ficción.
___ las comedias.
___ los dibujos animados.
___ los documentales.
___ los dramas.
___ las películas de misterio.
___ los musicales.
___ las películas de suspenso.
___ las películas de terror.

Aplicaciones

C. ¿Qué hay en la tele? →← Lean la siguiente cartelera de *Televisión Argentina* y encuentren por lo menos un ejemplo de cada uno de los siguientes programas. Al terminar comparen sus respuestas con las de otro grupo.

Tipo de programa	**Nombre**	**Horario**
Series		
Musicales		
Variedades		
De concurso		
Películas		

Programación día sábado
TV 13 - Argentina

00.00 40 Grados
01.00 Espacio comercial
02.00 Esto no es Hollywood
02.30 La peña de Carlos Giachetti
03.00 Argentina y su música
03.30 Esto no es Hollywood
04.00 Ruta rock
05.00 La peña de Carlos Giachetti
05.30 Déme 2
06.00 A mi estilo
06.55 Micro musical: Vat-Macri Hacen tangos
07.00 Esto no es Hollywood
07.30 Déme 2
08.00 La venganza será terrible
10.00 Déme 2
10.30 Jardinería
11.00 Videomanía
12.00 Ruta rock
13.00 La venganza será terrible
14.30 Jardinería
15.00 Show Up
15.30 Déme 2
16.00 Baywatch
17.30 Jardinería
18.00 Argentina y su música
18.30 La peña de Carlos Giachetti
19.00 Melrose Place
20.00 Ruta rock
21.00 La peña de Carlos Giachetti
22.00 La venganza será terrible
23.30 Jardinería
23.55 Micro musical: Vat-Macri

D. ¿Qué programa le recomiendas? →← Indica el programa de televisión (de los Estados Unidos) que le recomiendas a las siguientes personas y explica por qué. Al terminar compara notas con un(a) compañero(a). ¿Tienen ideas similares? ¿En qué programas están de acuerdo?

Modelo: tu hermano(a)
A mi hermano le recomiendo que vea los deportes porque a él le gusta mucho el fútbol.

1. unos niños pequeños (tus hijos, tus hermanos, etc.)
2. tu profesor(a)
3. tus compañeros
4. el presidente de los Estados Unidos
5. los estudiantes extranjeros

E. Entrevista. →← Tomen turnos haciéndose las siguientes preguntas. Al terminar, presenten un breve informe oral al resto de la clase acerca de las respuestas del (de la) compañero(a).

1. ¿Te gusta la televisión? Si no es así, ¿por qué?
2. Si te gusta la televisión, ¿qué programas te gusta ver?
3. ¿Sacas vídeos con alguna frecuencia? ¿Qué tipo de vídeo sueles *(do you usually)* ver?
4. ¿Cuál fue el último vídeo que alquilaste? (¿Se lo recomiendas al resto de la clase?)

Integración

¡A conversar!

F. Decisiones. →← Preparen la siguiente conversación.

Deportes

Hoy hay un partido importante por la tele. (¡Es el final del campeonato de tu deporte favorito!) Estás listo(a) para verlo. Sin embargo, tu amigo(a) quiere ver otra cosa. Lleguen a un acuerdo.

1. Cuéntale a tu amigo(a) lo que quieres ver.
2. Explícale por qué es importante ver ese programa.
3. Trata de convencerlo(a) de ver tu programa.

Documentales

Para la clase de historia te han asignado ver un documental sobre la Guerra Civil por la tele esta noche. Sin embargo, tu compañero(a) tiene el control remoto de la tele y quiere ver otro programa. Convéncelo(la) de ver el documental.

1. Cuéntale a tu amigo(a) lo que necesitas ver.
2. Explícale por qué es importante ver ese programa.
3. Trata de convencerlo(a) de ver tu programa.

Sugerencias

Para insistir, puedes decir:

¡Vamos!	*Come on!*	**¿Qué te cuesta?**	*What's the big deal?*
¡Anda!	*Come on!*	**No seas malo(a).**	*Be nice.*

¡A escribir!

G. ¿Qué película recomiendas? Visita la tienda de vídeos más cercana, escoge una película y prepara un breve comentario por escrito de la misma. (Usa la siguiente reseña como guía.) Además de tu opinión (excelente, buena, regular, mala, malísima), asegúrate de incluir la siguiente información:

1. título
2. año
3. director
4. actores principales
5. resumen de la idea o concepto principal de la trama *(story)*

MUCHO OJO

Regular

El hombre de la máscara de hierro... porque aunque tiene un **reparto de lujo:** Gerárd Depardieu, Jeremy Irons, John Malkovich y Gabriel Byrne —como Los Mosqueteros— y Leonardo DiCaprio como Luis XIV, la historia no **alcanza** una gran intensidad y apenas divierte.

Buena

En busca del destino... porque Robin Williams en su **papel** de psiquiatra no sólo convence a su paciente, un joven **superdotado**, para que **se desahogue,** sino que también logra que el público se ría, se divierta y llore.

Buena

El cuarto poder... porque además de poder ver a John Travolta en su mejor momento —junto a Dustin Hoffman— en una historia policíaca, esta cinta se convierte en una reflexión sobre el **afán** enfermizo de los medios por informar.

star-studded cast
achieve
role
extremely gifted
confides
zeal

para tu información

La industria cinematográfica argentina tiene una gran prominencia internacional. Entre sus directores más reconocidos están María Luisa Bemberg (*Camila*, 1984; *Miss Mary*, 1986), Luis Puenzo (*La historia oficial*, 1985), Eliseo Subiela (*Hombre mirando al sudeste*, 1986) y Héctor Babenco (*El beso de la mujer araña*, 1985). La mayoría de estas películas están disponibles en vídeo y las puedes alquilar en tu tienda de vídeos más cercana.

III. Funciones y estructuras: *Expressing purpose, stipulation or future time frame with the subjunctive in adverbial clauses*

Le voy a llevar un vídeo educativo a mi sobrino **para que aprenda** sobre los animales.
Podemos ver la película de acción esta noche, **a menos que prefieras** ver la película de misterio.
Pienso ver todas estas películas **en cuanto tenga** una semana de vacaciones.

The subjunctive mode is required in subordinate clauses after certain conjunctions.

A. Expressing purpose

These conjunctions introduce dependent clauses that express purpose or reason:

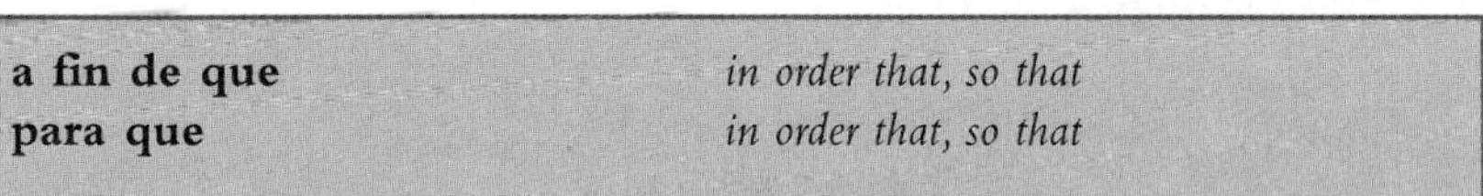

a fin de que	*in order that, so that*
para que	*in order that, so that*

Voy a pasar por tu casa a las siete **para que vayamos** al cine*. Pienso llegar temprano **a fin de que tengamos tiempo** para comer algo antes de salir*.	*I will stop by your house at seven* ***so that we can go*** *to the movies. I plan to arrive early* ***so that we have time*** *to eat something before leaving.*

* Note that the subjects of the dependent and independent clauses are different. If they were the same, an infinitive would be used instead: **Voy a salir a las siete *para ir* a la casa de mi amiga.** *(I am leaving at seven in order to go to my friend's house.)*

B. Expressing stipulation

These conjunctions introduce dependent clauses that express stipulation:

a menos que	*unless*
con tal de que	*provided that*
en caso (de) que	*in case, in the event that*

A menos que suceda algo inesperado, yo pienso pasar a recogerte a eso de las siete. Normalmente salgo a las cinco, pero es mejor que nos veamos un poco más tarde, **en caso de que** surja algo de último momento en la oficina.	***Unless*** *something unexpected happens, I plan to pick you up at around seven. I usually leave the office at five, but it's better for us to meet later,* ***in case*** *some last minute thing comes up at the office.*

C. Expressing future time frame

The following conjunctions introduce dependent clauses that express future time frame. The verbs in these dependent clauses are in the subjunctive when they refer to actions or states that will take place or occur in the future.

antes (de) que	*before*	**en cuanto**	*as soon as*
cuando	*when*	**hasta que**	*until*
después (de) que	*after*	**mientras (que)**	*while*

Llámame **en cuanto llegues** a casa. Voy a cambiarme **después de que salga** del trabajo. Espero que estés lista **cuando pase** por tu casa.

Call me as soon ***as you get*** *home. I will change* ***after I leave*** *work. I hope you will be ready* ***by the time I stop by*** *your house.*

Asimilación

A. ¿Para qué? →← Conecta las frases de una manera lógica. Luego compara tus respuestas con las de otro(a) compañero(a).

1. Voy a comprar una guía de televisión...
2. Voy a grabar algunos programas...
3. La profesora nos recomienda ver la televisión hispana...
4. No les permito a mis hijos ver mucha televisión...

a. para que mejoremos nuestro vocabulario y comprensión oral.
b. a fin de que le dediquen más tiempo a sus estudios.
c. para que mi familia tenga más información sobre los programas.
d. a fin de que mi esposa y yo podamos verlos este fin de semana.

B. ¿Sí o no? Indica si las frases corresponden con la información que vas a escuchar.

1. Va a ir a una reunión después de que salga de esta clase.
2. Va a pasar por el supermercado cuando termine la reunión.
3. Va a cenar en cuanto lleguen sus amigas.
4. Va a leer hasta que regresen sus hijos.

Aplicaciones

C. Mis estudios. Completa las frases de manera lógica.

1. Pienso graduarme pronto a menos que _____ .
2. Voy a tener un buen promedio (*GPA*) este semestre a menos que _____ .
3. Con tal de que _____ voy a salir bien en todas mis clases.
4. No pienso tomar muchas clases el próximo semestre en caso de que _____ .
5. Voy a ir de vacaciones a la Florida a menos que _____ .
6. En caso de que _____ voy a tomar menos clases el próximo semestre.
7. Al terminar mis estudios pienso hacer una maestría con tal de que _____ .
8. Este verano quiero tomar un trabajo de medio tiempo en caso de que _____ .

D. Tecnología. →← Imaginen que están comprando una computadora. Tomen turnos haciendo y respondiendo a las preguntas según el modelo.

Modelo: parlantes / escuchar
—¿Crees que debo comprar unos parlantes?
—Sí. Cómpralos para escuchar tus programas de multimedia.

1. un procesador de palabras / escribir
2. un disquete / guardar
3. una impresora / imprimir
4. un programa de navegación / explorar
5. un módem / comunicarse
6. unos juegos electrónicos / divertirse

E. Planes. →← ¿Qué piensas hacer este fin de semana? Tomen turnos respondiendo afirmativamente a las preguntas según el modelo.

Modelo: ¿Piensas visitar a tu familia este fin de semana? (en cuanto)
Sí. Pienso visitar a mi hermana en cuanto termine mi tarea de español.

1. ¿Piensas ir al cine este fin de semana? (después de que)
2. ¿Vas a ir al gimnasio este fin de semana? (en cuanto)
3. ¿Vas a ver la tele este fin de semana? (cuando)
4. ¿Piensas alquilar alguna película este fin de semana? (antes de que)
5. ¿Vas a estudiar este fin de semana? (después de que)
6. ¿Piensas dormir mucho este fin de semana? (hasta que)

Integración

¡A conversar!

F. Metas y perspectivas. →← Prepara la siguiente conversación con un(a) compañero(a).

Estudiantes A y B

Averigüen los planes que tiene cada uno(a) para el futuro. Pueden usar las siguientes preguntas.

- ¿Piensas hacer un postgrado? (Si es así, ¿cuándo?)
- ¿Piensas independizarte (abrir tu propia empresa)? (¿Por qué o para qué?)
- ¿Vas a perfeccionar tu español? (¿Cuándo y cómo?)
- ¿Piensas casarte? (¿Cuándo y con quién?)
- ¿Quieres tener hijos? (¿Cuándo y cuántos?)
- etc.

Atajo 

Phrases/Functions: Asking and giving advice; Asserting and insisting
Vocabulary: Leisure; Sports; Traveling
Grammar: Verbs: imperative **(tú)**

¡A escribir!

G. ¿Por qué? ¿Recuerdas el mensaje electrónico de Diego, tu *email-pal* argentino? (p. 510) Bueno, ahora vas a justificar cada uno de los consejos que preparaste en el tema anterior usando conjunciones como **para que, cuando, a menos que**, etc.

Observa el modelo.

Recomendación	Justificación
• Ve a una isla del Caribe como Puerto Rico...	***para que*** *tu familia disfrute del clima tropical.*
• Haz tus reservaciones...	***tan pronto como*** *sea posible.*
• No vayas a los hoteles grandes...	***a menos*** *que tengan planes económicos.*

Recuerda

Remember to keep your work on file. You will need it to finish composing your reply to Diego's email in the next **Tema.**

IV. Lectura: Cambios en la televisión argentina

Antes de leer

A. Para discutir. →← Contesten las siguientes preguntas sobre la televisión.

1. En su opinión, ¿cuál es el mejor programa de la televisión?
2. Describan brevemente a los personajes de este programa. (¿Son atractivos? ¿inteligentes? ¿justos?, etc.)

B. Vocabulario y conceptos. Para cada palabra indica la letra que corresponde a su definición.

1. gente sencilla	a. el tema de una obra, su intriga
2. hechos cotidianos	b. el personaje más importante
3. trama	c. la gente común
4. protagonista	d. lo que sucede normalmente
5. logro	e. éxito, algún hecho especial y/o meritorio

C. Aplicación. Completa las frases con las palabras que aprendiste en la actividad anterior.

1. La _____ de esta serie es Helen Hunt.
2. Pienso que la _____ de esta película es muy interesante.
3. Trabajar en Hollywood es un gran _____ para muchos actores.
4. Esta nueva serie de televisión va a mostrar la vida de la _____ .
5. A mi hermano menor no le gustan los programas que tratan sobre los _____ . Él prefiere la ciencia ficción.

para tu información

Las peculiaridades del español en Argentina

El uso del pronombre **vos** en lugar de **tú** y la pronunciación de la **ll** (caballo) y la **y** (mayo) como *zh* (tal como la *s* en la palabra inglesa *leisure*) son dos de las características más prominentes del español que se habla en la región argentina del Río de la Plata.

Escucha e imita las siguientes frases.

¿Querés que te traiga una silla?
Pero, no, ¡ché! Gracias. Yo ya me voy.
¿Y cuando volvés?
El 10 de mayo.

A leer

Estrategia de lectura: *Scanning*

As you scan the reading for the following information, keep in mind that the topic is that of a new kind of TV series in Argentina.

El barrio es la nueva geografía de la TV

«Como vos y yo», que comienza esta tarde por Canal 13, es el primer título de una serie de programas en preparación con historias de gente sencilla y héroes cotidianos, nacidas al calor del éxito de «Gasoleros».

El barrio y sus personajes ganaron esta temporada un lugar protagónico en la televisión. El éxito de «Gasoleros» dio luz verde a otros programas que dejan de lado los escenarios sofisticados y el tema de la corrupción para centrarse en los conflictos cotidianos que enfrenta una clase media que no se **resigna** a perder su status económico ni sus valores éticos.

A partir de hoy, a las 15, en la misma pantalla de Canal 13 donde «Gasoleros» **lidera** la **franja** de las 21, se va a poner en el aire «Como vos y yo», con Luisina Brando y Rodolfo Ranni. Buena parte de la trama se va a **desarrollar** en un mercadito de barrio y en una **remisería.**

Y en la tendencia de contar lo que le pasa a la gente común, Telefé y Canal 9 no quieren dejarle todo el terreno al 13. Por eso, en ambos canales se están preparando producciones que tienen como protagonistas a hombres y mujeres que hacen de la familia, los amigos y el trabajo el centro de sus vidas.

En el mayor de los secretos, Telefé **apuesta** a «Casablanca», que va a tener el estilo de Rodolfo Ledo y se va a desarrollar en un restaurante. Después de dos meses de grabación, la **tira** entró en una impasse, y parece que sólo va a estar en el aire el año próximo, **reemplazando** a «Verano del 98». Los protagonistas (Natalia Oreiro y Leonardo Sbaraglia) están muy lejos de ser «ricos y famosos». Ella es una joven **tucumana** que llega a la capital y consigue un puesto de **moza** en un restaurante donde Sbaraglia es el cocinero.

Para retomar la ficción, que siempre fue el fuerte de Canal 9, María José Campoamor, Inmaculada Ruiz Santana, Adriana Lorenzón y María Teresa Forero están escribiendo «Bandidos», que cuenta las **ilusiones** y **sinsabores** que **enfrentan** cinco jóvenes músicos que quieren tener su banda de música tropical. La producción corre por cuenta de Daniel Ditter.

Y con el renacimiento de este mundo en la **tevé,** se toman un descanso los teléfonos celulares, las escaleras de mármol y los vestuarios extravagantes, que en las novelas son sinónimo de riqueza. En cambio, se imponen los muebles y vestuarios sencillos, la referencia constante al dinero («que **no alcanza**») y a los pequeños logros (espirituales antes que económicos) que consiguen sus protagonistas.

acepta

leads
time slot
to develop, take place / store

bets

taping
replacing

from the city of Tucumán / waitress

hopes / hard times / face

TV

is not sufficient

¿Entendiste bien?

D. En resumen... →← Completen el siguiente cuadro con un resumen de la información del artículo.

	Canal 13	**Canal 9**	**Telefé**
Nombre del programa			
Artistas principales		No hay información.	
Tema del programa			

1. ¿Notas algo diferente acerca de estos nombres?
2. ¿Qué tienen en común?

para tu información

La abundancia de nombres de origen italiano en Argentina se debe a *(is due to)* un prominente flujo *(flow)* migratorio proveniente *(originating)* de ese país europeo a partir de la segunda mitad del siglo XIX. De hecho Argentina ha sido el destino migratorio favorito no sólo de italianos, sino también de ingleses, alemanes, franceses, ucranianos y recientemente japoneses.

E. Ideas principales. Escoge la respuesta más apropiada según el artículo.

1. ¿Cuáles de las siguientes características definen a los nuevos programas de la televisión argentina?
   a. Hay mucha violencia.
   b. Hay más programas educativos.
   c. Se presentan muchas series extranjeras.
   d. Predominan los temas relacionados con la vida de la gente común.
   e. ninguna de las anteriores
2. ¿Qué es «Gasoleros»?
   a. el nombre de una serie pionera de televisión
   b. el apellido de una de las actrices más famosas de la Argentina
   c. el nombre del barrio donde sucede la acción de «Como vos y yo»
   d. el nombre de una publicación especializada en temas de televisión y farándula *(show business)*
   e. todas las anteriores
3. Lo más importante para los nuevos personajes de la televisión argentina es...
   a. el dinero.
   b. la fama.
   c. la pasión.
   d. todas las anteriores.
   e. ninguna de las anteriores.

F. Aspectos lingüísticos. →← Indiquen cuál es el significado de las siguientes expresiones según el contexto.

1. « ‹Como vos y yo› es el primer título de una serie de programas en preparación con historias de gente sencilla y héroes cotidianos, **nacidas al calor del éxito** de ‹Gasoleros› ».

a. *following the success of «Gasoleros»*
b. *that have been successful like «Gasoleros»*
c. *surrounded by heated controversy like «Gasoleros»*

2. «El éxito de ‹Gasoleros› **dio luz verde** a otros programas que dejan de lado los escenarios sofisticados»
   a. *was preceded*
   b. *cleared the path*
   c. *gave birth*
3. «Telefé y Canal 9 no quieren **dejarle todo el terreno** al 13»
   a. *they don't want to share their success with Ch. 13*
   b. *they don't want to help Ch. 13*
   c. *they don't want to leave all the success to Ch. 13*
4. «La producción **corre por cuenta de** Daniel Ditter.»
   a. *is in charge of production*
   b. *is in charge of direction*
   c. *is in charge of sound*

G. Para discutir. →← Reúnanse por grupos y contesten las siguientes preguntas.

1. ¿Las series de televisión en los Estados Unidos reflejan más la vida de los ricos, de los pobres o de la clase media? (Justifiquen su respuesta con ejemplos concretos.)
2. ¿Qué series de la TV americana se parecen más a «Como vos y yo»?

Critical Thinking Skills: Inferring

What do U.S. TV programs reflect about American culture? How does this compare with the information provided in the reading?

H. Actividad de extensión. →← La TV estadounidense tiene gran popularidad en Latinoamérica y el mundo. Como vieron en la cartelera de TV (p. 519) los programas que más se ven en el extranjero no siempre presentan una imagen muy realista de la sociedad norteamericana. Con un(a) compañero(a), desarrollen el concepto para una nueva serie de TV que refleje más fielmente la cultura de este país.

Critical Thinking Skills: Creating and Imagining

Imagine how you would accurately represent U.S. culture in the context of Latin American television.

1. Indiquen el ambiente de esta nueva serie. (¿Dónde va a desarrollarse: en la ciudad, en el campo, en una universidad, etc.?)
2. Describan a los personajes (y si es posible, mencionen los artistas que quieren que desempeñen esos papeles).
3. Elaboren una síntesis del tema principal de la serie. (¿De qué se va a tratar?)

Vocabulario

Deportes urbanos

los bolos	*bowling*
el ciclismo	*bike riding*
la escalada libre	*rock climbing*
el patinaje en línea	*in-line skating*

Equipo

al cubierto/bajo techo	*indoors*
el arnés	*harness*
la bicicleta	*bicycle*
la cancha	*court*
el casco	*helmet*
la codera	*elbow pad*
la cuerda	*rope*
las gafas protectoras	*goggles*
el juego/el set	*set*
la pelota/la bola	*ball*
la raqueta	*racket*
la rodillera	*knee pad*

Habilidades	***Skills***
escalar	*to climb*
golpear	*to hit*
jalar	*to pull*
pedalear	*to pedal*
tirar	*to throw*

El cine y la televisión

apto	*suitable*
el cable	*cable*
el canal	*channel*
la cartelera de televisión	*TV guide*
el documental	*documentary*
el drama	*drama*
el musical	*musical*
las noticias	*the news*
películas de acción	*action movies*
de ciencia-ficción	*science fiction*
de dibujos animados	*cartoons*
de misterio	*mystery*
de suspenso	*suspense*
de terror	*horror*
el programa de concurso	*game show*
el programa de deportes	*sports*
el programa de variedades	*variety show*
las series	*series*
la telenovela	*soap opera*
el vídeo	*video*

Verbos

alquilar	*to rent*
presentar	*to present*

Conjunciones para usar con el subjunctivo

a fin de que	*in order that, so that*
a menos que	*unless*
antes (de) que	*before*
con tal de que	*provided that*
cuando	*when*
después (de) que	*after*
en caso (de) que	*in case, in the event that*
en cuanto	*as soon as*
hasta que	*until*
mientras (que)	*while*
para que	*in order that, so that*

Panorama cultural

I. Vocabulario: Las artes plásticas

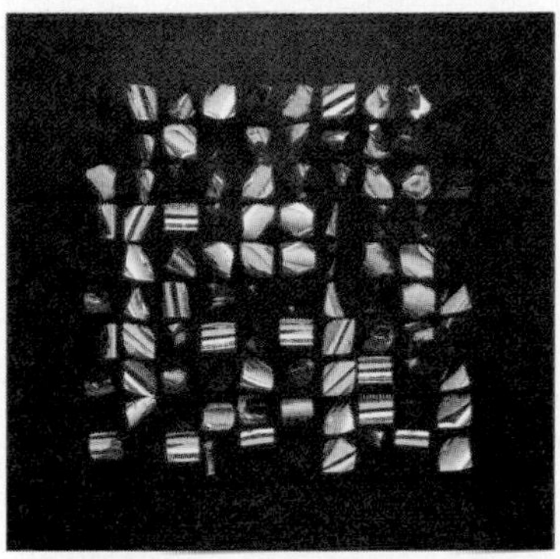

Esta muestra de la escultura de Julio Le Parc se llama «La instabilidad».

«Cuadernos de música», Emilio Pettorutti: En esta naturaleza muerta se ve las influencias del cubismo.

«Historia de los vampiros», Jorge de la Vega: Este cuadro es una combinación de pintura al óleo y collage.

Vocabulario útil

El arte

el artista	*artist*
la cultura masiva	*mass culture*
el dibujo	*drawing*
la escena	*scene*
el escultor	*sculptor*
la escultura	*sculpture*
la exposición	*exposition*
la fotografía	*photography*
la galería de arte	*art gallery*
la imagen	*image*
la luz	*light*
el movimiento	*movement/school*
la muestra	*sample, show*
la obra	*work*
la obra maestra	*masterpiece*
el paisaje	*landscape*
el pintor	*painter*
la pintura	*painting*
la proporción	*proportion*
la sala	*room*
la técnica	*technique*

Verbos

presentar	*to present*
producir	*to produce*
representar	*to represent*
usar	*to use*
utilizar	*to make use*

Vocabulario personal:

Los artistas de la escuela neoclásica producen obras donde predomina el orden y **la proporción.**	*Neoclassical artists* ***produce*** *works where order and* ***proportion*** *predominate.*
Los impresionistas juegan con los efectos de la **luz y la perspectiva.**	*The impressionists play with the effects of* ***light and perspective.***
Los cubistas **usan formas abstractas** para **representar** la realidad.	*Cubists* ***use abstract forms*** *to* ***represent*** *reality.*
Los artistas de la escuela Pop **utilizan imágenes de la cultura masiva.**	*Pop artists* ***make use of mass culture images.***
Los costumbristas presentan coloridas **escenas** de la vida cotidiana.	*Costumbrists present* ***scenes*** *of colorful daily life.*

para tu información

Manuel Cancel, Joaquín Molina y Rogelio Polesello son tres de los más destacados *(outstanding)* artistas argentinos contemporáneos. Manuel Cancel es un pintor que se caracteriza por sus paisajes y ovales. Joaquín Molina prefiere la escultura y su trabajo usa el laberinto *(labyrinth)* como centro. Rogelio Polesello pinta escenas abstractas y la crítica lo considera unos de los mejores artistas del momento.

Asimilación

A. Unas exposiciones de arte. Completa las frases a continuación con información de la guía cultural.

Guía cultural - Buenos Aires

En el **Museo Nacional de Buenos Aires (MNBA)** una muestra inolvidable, sin par, de un clásico atemporal: Henry Moore. Integrada por 53 esculturas y 72 dibujos. Organizó el British Council y la Fundación Henry Moore.

En el **Centro Cultural Recoleta (CCR)** expondrá **Manuel Cancel** sus típicos, apaisados paisajes y ovales, expuestos anteriormente en la Galería Art House.

En el CCR una muestra abarcativa desde el año 1983 a 1996 del gran artista **Miguel Barceló** cuya vida transcurre entre París, Mallorca, Mali, expone hasta el 14 de diciembre 50 trabajos sobresalientes que despiertan enorme interés en el público asistente.

En el CCR expone **Joaquín Molina** «Paraísos custodiados», 20 trabajos con el laberinto como eje.

En **Galería Benzacar** expuso sus recientes pinturas **Rogelio Polesello**. Después de la muestra «Brasil, nuevas propuestas».

En **Art House** se realizó una muestra fuera de serie, **«Calzar el arte»**, el zapato como un objeto de arte y como objeto de uso. Organización, selección de artistas, catálogo y montaje de Silvia de Ambrosini.

1. Hay una exposición de escultura en _____ .
2. _____ es un pintor argentino.
3. La muestra que se presenta en Art House se llama _____ y trata sobre _____ .

B. ¿De qué pintura se trata? Vas a escuchar la descripción de una pintura. Indica la imagen que corresponde a la descripción.

Pintura A ___

Pintura B ___

Pintura C ___

Aplicaciones

C. Las actividades del MNBA. →← Completa la siguiente reseña con las palabras más adecuadas. Al terminar compara tus respuestas con las de otro(a) compañero(a).

Opciones: artista, exposición, pinturas, muestra, salas

En el Museo Nacional de Buenos Aires se acaba de inaugurar una _____ excepcional. Se trata de una _____ de la pintura del famoso pintor Pablo Picasso. En cinco _____ se presentan más de 50 de sus obras del período 1930–1950. La mayoría de las _____ expuestas son de la escuela cubista. El museo presentó también un documental sobre la vida del _____ .

D. ¿A qué (o a quién) me refiero? →← Describe a un artista, una escuela de arte o una obra maestra. Tus compañeros deben adivinar de qué (o de quién) se trata. Observa el modelo.

Modelo: —*Fue un pintor y escultor italiano muy famoso. Pintó el techo de la Capilla Sixtina. Algunas de sus esculturas más conocidas son «David» y «Pietá».*
—*¿Miguel Ángel?*
—*¡Así es!*

Sugerencias

Los siguientes son algunas de las escuelas y artistas más famosos de la historia.

Renacimiento: Leonardo da Vinci, Rafael, Miguel Ángel
Barroco: Diego Velásquez, Peter Paul Rubens
Impresionismo: Edouard Manet, Edgar Degas, Claude Monet, Pierre Renoir, Paul Cezanne, Vincent van Gogh
Cubismo: Pablo Picasso, Georges Bracques
Surrealismo: Salvador Dalí, Joan Miró, René Magritte
Arte Pop: Andy Warhol

Si deseas obtener más información acerca de la historia del arte, puedes consultar el Internet usando un motor de búsqueda *(search engine)* tal como Alta Vista o Yahoo. Si necesitas información general, usa el término *Art history*. De lo contrario, usa el nombre del artista o el de la escuela que necesitas investigar.

E. Entrevista.  Hazle las siguientes preguntas a un(a) compañero(a) y presenta un resumen de sus respuestas.

1. ¿Te gusta tener cuadros en las paredes de tu casa o tu cuarto? ¿Por qué?
2. Sí es así, describe algunas de las pinturas que tienes. Específicamente, di qué tienen en común estas obras (temas, colores, estilos, artistas, ...) y dónde están expuestas en tu casa.
3. ¿Te gusta el trabajo de algún artista en particular? (Si es así, ¿quién es y que tipo de obras hace?)

Integración

¡A conversar!

F. Amantes del arte. Prepara la conversación con un(a) compañero(a).

Amante del arte

Estás en Buenos Aires y has convencido a un(a) amigo(a) de pasar por el Centro Cultural Recoleta. Desgraciadamente, a tu amigo(a) no le gusta mucho el arte y evidentemente está muy aburrido(a).

1. Háblale acerca de estos dos cuadros y ayúdale a apreciar su mérito artístico.
2. Trata de convencerlo(a) de quedarse en la galería para ver el resto de la exposición.

El arte no es mi fuerte.

Estás de visita en Buenos Aires y tu amigo(a) te ha convencido de entrar a una exposición de arte en el Centro Cultural Recoleta. A ti no te interesa mucho la pintura y estás un poco aburrido(a).

1. Explícale que en realidad no te gusta mucho el arte y que estás aburrido(a).
2. Trata de convencer a tu amigo(a) de ir a otra parte lo más pronto posible.

Sugerencias

Para indicar que estás aburrido y que quieres hacer otra cosa, puedes decir:

¿No crees que ya hemos visto suficientes cuadros?	*Don't you think we have seen enough paintings?*
¿Por qué no vamos a... ?	*Why don't we go to . . . ?*
Quiero irme ya de esta galería.	*I want to leave this gallery right now.*

«World», Alejandro Xul Solar

«Years of Fear», Roberto Matta

¡A escribir!

G. Actividades culturales. Investiga qué exposiciones hay en tu universidad o en tu ciudad en este momento. Visita la galería de arte que corresponde y trae a clase una breve reseña de la exposición que tuviste la oportunidad de ver.

Incluye la siguiente información:

- nombre del artista
- número de pinturas (o esculturas)
- técnicas o estilo utilizado
- temas o escenas típicas
- opinión personal (si te gusta o no, y por qué)

Atajo 

Phrases/Functions: Describing objects
Vocabulary: Arts
Grammar: Adjective agreement

II. Perspectivas: Interés por las actividades culturales

Antes de leer

A. Encuesta. →← Contesta la siguiente pregunta y luego compara tu respuesta con las del resto de la clase.

¿Con qué frecuencia asistes a espectáculos culturales (teatro, danza, conciertos de música clásica, exposiciones de arte, etc.)?

a. frecuentemente (una o más veces por semana)
b. de vez en cuando (una o dos veces al mes)
c. pocas veces (menos de diez veces al año)
d. nunca o casi nunca (menos de dos veces al año)

Tabulen las respuestas de todo el grupo y compárenlas con las que dieron a esa misma pregunta los habitantes de Buenos Aires.

A leer

¿Con qué frecuencia asiste Ud. a espectáculos culturales (teatro, danza, conciertos, exposiciones, etc.)?

	%
Frecuentemente	10
De vez en cuando	18
Pocas veces	20
Nunca o casi nunca	52

La actividad cultural de la ciudad de Buenos Aires es legendaria en toda Latinoamérica. Como lo muestran las estadísticas, casi la mitad de la población de esta ciudad asiste a espectáculos culturales con alguna frecuencia. Esto explica cómo casi un millón de personas asistieron en el Centro Cultural Recoleta a 1.200 actividades (entre conciertos, exposiciones y conferencias) y en el Teatro Colón a más de 190 funciones durante el año 1997.

¿Entendiste bien?

B. Para discutir. →← Respondan individualmente a las siguientes preguntas y por grupos comparen sus respuestas.

1. Según tu impresión, ¿hay más o menos interés por los eventos culturales en tu ciudad?
2. ¿Cómo explicas esta situación?

para tu información

El tango

El tango es quizás el más prominente símbolo de lo argentino. Este ritmo surgió *(came out of)* en los suburbios de la ciudad de Buenos Aires a fines del siglo pasado, a tiempo que la ciudad se transformaba en una inmensa ciudad a causa de la inmigración y el progreso económico. En sus comienzos las canciones eran solamente instrumentales, ejecutadas *(performed)* por tríos de guitarra, violín y flauta, y las parejas bailaban entrelazadas *(intertwined)*. Más tarde se incorporó un instrumento procedente de *(from)* Alemania llamado bandoneón, y luego las tristes letras *(lyrics)* que lo caracterizan. Entre los amantes de este ritmo, existe un verdadero culto a la memoria de Carlos Gardel, el pionero del tango quien murió trágicamente en 1935. Hoy en día Astor Piazzolla es el más reconocido exponente de este género *(genre)* musical a nivel internacional.

Si deseas saber más sobre este tema, te recomendamos que visites el siguiente sitio-web: **http://temas.heinle.com.**

III. Funciones y estructuras: *Talking about the future with the future tense*

The **ir a** + *infinitive* construction **(Capítulo 3)** is commonly used in everyday speech to refer to future plans; the future tense in Spanish is more frequent in written and formal speech.

El próximo mes de diciembre, **se presentará** en el Museo Nacional de Bellas Artes una muestra retrospectiva de la obra del renombrado pintor argentino Fernando Canovas. Los visitantes **podrán** admirar su famoso *Pájaro de acero* y también obras menos conocidas como *Libertad* y *Final del viaje*. La entrada **será** libre los días domingos y festivos.

In December ***there will be*** *a retrospective sample of the work of renowned Argentinean painter Fernando Canovas at the National Museum. Visitors* ***will be able*** *to admire his famous painting called* Steel bird *and also his less known* Liberty *and* End of the trip. *Admission* ***will be*** *free on Sundays and holidays.*

A. Formation

The future tense is formed by attaching identical endings for **-ar**, **-er,** and **-ir** verbs directly to the infinitive.

Future tense endings	**-ar** verbs	**-er** verbs	**-ir** verbs
é	compraré	comeré	escribiré
ás	comprarás	comerás	escribirás
á	comprará	comerá	escribirá
emos*	compraremos	comeremos	escribiremos
éis	compraréis	comeréis	escribiréis
án	comprarán	comerán	escribirán

*Notice that the only form without a written accent mark is the **nosotros** form, since this is the only form where the stress falls on the next-to-last, rather than the last, syllable.

Cuando vaya a la Argentina **visitaré** a mi amiga Sandra en Buenos Aires. — *When I go to Argentina, **I will visit** my friend Sandra in Buenos Aires.*

También **iré** a un parque natural en la Patagonia. — ***I will** also **go** to a Natural Park in Patagonia.*

Seguramente, **tomaré** muchas fotos. — *Most likely, **I will take** many pictures.*

B. Irregular Verbs

Some verbs undergo some changes in their infinitive forms when conjugated in the future tense.

1. The shortened-stem group

Infinitive	Future tense stem	Conjugation
decir	dir-	**diré**, **dirás**, **dirá**, **dir**emos, **diréis**, **dirán**
hacer	har-	**haré**, **harás**, **hará**, **har**emos, **haréis**, **harán**

La artista **hará** una presentación especial de su trabajo más reciente. — *The artist **will make** a special presentation of her most recent work.*

¿Qué crees que **dirán** los críticos? — *What do you think the critics **will say?***

2. The dropped *e* group

Infinitive	Future tense stem	Conjugation
caber	cabr-	**cabré**, **cabrás**, **cabrá**, **cabr**emos, **cabréis**, **cabrán**
haber	habr-	**habré**, **habrás**, **habrá**, **habr**emos, **habréis**, **habrán**
poder	podr-	**podré**, **podrás**, **podrá**, **podr**emos, **podréis**, **podrán**
querer	querr-	**querré**, **querrás**, **querrá**, **querr**emos, **querréis**, **querrán**
saber	sabr-	**sabré**, **sabrás**, **sabrá**, **sabr**emos, **sabréis**, **sabrán**

Cuando vaya a Buenos Aires, **podré** escuchar el verdadero tango. — *When I go to Buenos Aires, **I will be able** to listen to the true tango.*

¿Crees que **habrá** algún concierto este fin de semana? — *Do you think **there will be** a concert this weekend?*

3. The *-dr-* substitution group

Infinitive	Future tense stem	Conjugation
poner	pondr-	**pondr**é, **pondr**ás, **pondr**á, **pondr**emos, **pondr**éis, **pondr**án
salir	saldr-	**saldr**é, **saldr**ás, **saldr**á, **saldr**emos, **saldr**éis, **saldr**án
tener	tendr-	**tendr**é, **tendr**ás, **tendr**á, **tendr**emos, **tendr**éis, **tendr**án
valer	valdr-	**valdr**é, **valdr**ás, **valdr**á, **valdr**emos, **valdr**éis, **valdr**án
venir	vendr-	**vendr**é, **vendr**ás, **vendr**á, **vendr**emos, **vendr**éis, **vendr**án

¿Qué te **pondrás** para ir al teatro esta noche? — *What **will you wear** to the theater tonight?*

Saldré de casa a eso de las siete. — ***I will leave** home at around seven.*

¿Crees que tu hermano **vendrá** con nosotros? — *Do you think your brother **will come** with us?*

¿Entendiste bien?

1. Menciona dos ventajas de usar este tipo de teléfono celular.
2. Haz una lista de los verbos en tiempo futuro que encuentras en este anuncio y escribe enfrente su forma infinitiva.

Asimilación

A. Vacaciones. →← ¿Qué harás estas vacaciones? Indica todas las que correspondan y luego compara tus respuestas con las de un(a) compañero(a). ¿Tienen mucho o poco en común Uds.?

___ Trabajaré.
___ Estudiaré.
___ Descansaré.
___ Viajaré.
___ Practicaré un deporte.
___ Iré al cine.
___ Miraré televisión.
___ Iré a un concierto.
___ Iré a un espectáculo artístico.
___ Visitaré a familiares.
___ otro(s):

B. Este fin de semana... Escucha los siguientes planes y proyectos y luego indica todas las frases que correspondan.

___ Trabajará en su casa.
___ Leerá un libro.
___ Descansará un poco.
___ Viajará a un país hispano.
___ Irá a algún espectáculo artístico.
___ Visitará a sus familiares.
___ otra(s):

Aplicaciones

C. Chismes *(Gossip)*. Tomen turnos haciendo y respondiendo a las preguntas. Usen el verbo entre paréntesis para crear sus respuestas.

Modelo: el Dr. Gutiérrez (salir de viaje)
—¿Qué hará el Dr. Gutiérrez la próxima semana?
—La próxima semana, el Dr. Gutiérrez saldrá de viaje.

1. la esposa del Dr. Gutiérrez (quedarse en casa)
2. su hija menor (tomar clases de natación)
3. sus otros hijos (estudiar)
4. su vecina (hacer un asado)
5. su hermano (ser operado)
6. su sobrina (cortarse el pelo)
7. su mejor amigo (dar una fiesta)
8. su colega (trabajar)
9. sus primos (hacer ejercicio)
10. su cuñado (ir a un concierto)

D. Predicciones. ¿Cómo será la vida dentro de unos diez años? Escriban sus predicciones en las siguientes áreas.

Modelo: el transporte
Dentro de diez años todos los autos serán eléctricos.

1. la política
2. la economía
3. el entretenimiento
4. la ecología
5. la educación
6. el deporte
7. el arte
8. las comunicaciones

E. Entrevista. Hazle las siguientes preguntas a un(a) compañero(a), toma nota de sus respuestas y presenta un resumen de la información al resto de la clase.

1. ¿Qué harás después de terminar tus estudios?
2. ¿Dónde vivirás?
3. ¿Formarás una familia pronto?
4. ¿Cómo piensas que cambiará tu vida?
5. ¿Crees que el futuro será mejor o peor? ¿Por qué?

Integración

¡A conversar!

F. Línea psíquica. Preparen la siguiente conversación telefónica con un(a) compañero(a).

Preocupado(a)	**Psíquico(a)**
Te encuentras preocupado(a) por el futuro y quieres escuchar las predicciones de un(a) psíquico(a). Llama a su línea directa y averigua: • qué te espera en el área financiera, • cómo será lo romántico, • alguna pregunta específica que tengas acerca de un tema específico (estudios, negocios, etc.).	Te han contratado para trabajar en una línea psíquica. Responde a la llamada de este(a) cliente y hazle las predicciones pertinentes. • Averigua alguna información personal (fecha de nacimiento por ejemplo). • Hazle predicciones sobre el amor. • Háblale acerca de sus perspectivas financieras. • Responde a sus preguntas.

Atajo

Phrases/Functions: Planning a vacation
Vocabulary: Traveling; Leisure
Grammar: Verbs: future

¡A escribir!

G. La carta para Diego. Ahora vas a terminar de escribir la respuesta al mensaje electrónico de tu amigo Diego. En el **Tema 1** escribiste una serie de recomendaciones para su viaje a los Estados Unidos. En el **Tema 2,** justificaste algunas de esas recomendaciones. En este **Tema** vas a comunicarle tus planes y vas a completar la composición de tu mensaje.

Sugerencias

Paso 1: **Tus planes.** Haz una lista de las cosas que piensas hacer durante la visita de tu amigo. Por ejemplo:

Yo te recogeré en el aeropuerto.
Te acompañaré a esquiar en las montañas de Colorado.

Paso 2: **Saludo.** Empieza la carta con un saludo apropiado.
Paso 3: **Las recomendaciones y justificaciones.** Integra ahora los mandatos y justificaciones que escribiste en los otros dos **Temas.**
Paso 4: **Despedida.** Cierra el mensaje de una manera cordial.
Paso 5: **Revisión.** Lee ahora la carta completa. ¿Está toda la información que quieres incluir? ¿Está la carta organizada de una manera coherente? ¿Hace falta algún conector o palabra de transición entre las frases (por eso, por lo tanto, en conclusión, etc.)?

Correcciones

Al terminar de hacer estas revisiones, intercambien composiciones con un(a) compañero(a) y hagan las revisiones pertinentes usando las siguientes preguntas como guía.

Paso 1: **Contenido.** ¿Está toda la información necesaria? Si no es así, ¿qué falta?
Paso 2: **Organización.** ¿Están claras las opiniones y los consejos? ¿Hay aspectos confusos o vagos? ¿Tiene un saludo y despedida?
Paso 3: **Gramática.** ¿Detectas algún problema con el uso de los mandatos? ¿Con el uso del subjuntivo después de conjunciones? ¿Con el uso del futuro?

IV. Lectura: *El túnel*

Antes de leer

A. Para discutir. →← Responde a las siguientes preguntas y luego discute tus respuestas con otros compañeros.

1. ¿Crees que existe el amor a primera vista? ¿Por qué sí o por qué no?
2. ¿Cuál sería el lugar ideal para conocer a tu pareja ideal? Selecciona un lugar y explica por qué.

___ un estadio	___ por la calle
___ una fiesta	___ una galería de arte
___ un teatro	___ otro lugar:
___ un salón de clase	

B. Vocabulario y conceptos. Para cada palabra indiquen la letra que corresponde a su definición. (Consulten el diccionario si es necesario.)

1. la escena	a. subdivisión de una obra dramática, evento o espectáculo digno de atención
2. la soledad	b. lo más importante, algo indispensable
3. esencial	c. inquietud que resulta de un peligro real o imaginario
4. la ansiedad	d. sentirse lejano o separado del resto del mundo
5. vacilar	e. dudar, no saber qué hacer

C. Aplicación. →← Ahora, completen las siguientes frases con las palabras que acaban de identificar en la actividad anterior.

1. Para apreciar mejor esta exposición es _____ leer un poco sobre la historia del arte.
2. _____ en exponer mis pinturas porque tengo miedo de los críticos.
3. Muchos pintores prefieren la _____ para concentrarse más en sus creaciones.
4. La complejidad de esa pintura se debe a que no contiene una, sino varias _____ .
5. La _____ del personaje de esta pintura es evidente en su cara.

A leer

El túnel (fragmento)

Ernesto Sábato

Nació en la provincia de Buenos Aires en 1911. Hizo su doctorado en física y cursos de filosofía en la Universidad de la Plata, pero abandonó la ciencia en 1945 para dedicarse a la literatura. Su producción tiene un tono existencialista y ella trata el tema de la angustia *(anguish)* del hombre frente a la sociedad y la vida. Las novelas más famosas de este escritor son *El túnel* (1948), *Sobre héroes y tumbas* (1961) y *Abaddón, el exterminador* (1974). Su preocupación por la situación política y de derechos humanos en su país lo llevó a presidir la Comisión Nacional sobre la Desaparición de Personas *(National Commission on Disappeared Persons)* y a escribir el libro *Nunca más* sobre los efectos de la guerra sucia durante la dictadura militar en Argentina. En 1984 recibió el prestigioso Premio Cervantes de literatura.

intolerable
qualities
gossips / paintings

En el Salón de Primavera de 1946 presenté un cuadro llamado *Maternidad*. Era por el estilo de muchos otros anteriores: como dicen los críticos en su **insoportable** dialecto, era sólido, estaba bien arquitecturado. Tenía, en fin, los **atributos** que esos **charlatanes** encontraban siempre en mis **telas,** incluyendo «cierta cosa profundamente intelectual». Pero arriba, a la izquierda, a través de una ventanita, se veía una escena pequeña y remota: una playa solitaria y una mujer que miraba el mar. Era una mujer que miraba como esperando algo, quizá algún llamado **apagado** y distante. La escena **sugería,** en mi opinión, una soledad ansiosa y absoluta.

muffled
suggested
noticed / glanced over it

Nadie **se fijó en** esta escena: **pasaban la mirada por encima,** como por algo secundario, probablemente decorativo. Con excepción de una sola persona, nadie pareció comprender que esa escena constituía algo esencial. Fue el día de la inauguración. Una muchacha desconocida estuvo mucho tiempo **delante** de mi cuadro sin dar importancia, en apariencia, a la gran mujer **en primer plano,** la mujer que miraba jugar al niño. En cambio, miró **fijamente** la escena de la ventana y mientras lo hacía tuve la seguridad de que estaba **aislada** del mundo entero: no vio ni oyó a la gente que pasaba o se **detenía** frente a mi tela.

in front
foreground
attentively
isolated
stopped
crowd
hesitated

La observé todo el tiempo con ansiedad. Después desapareció en la **multitud,** mientras yo **vacilaba** entre un miedo invencible y un angustioso deseo de llamarla. ¿Miedo de qué? Quizá, algo así como miedo de jugar todo el dinero de que se dispone en la vida a un solo número. Sin embargo, cuando desapareció, me sentí irritado, infeliz, pensando que podría no verla más, perdida entre los millones de habitantes anónimos de Buenos Aires.

Esa noche volví a casa nervioso, descontento, triste.

closed / found myself
to turn up, show up

Hasta que **se clausuró** el salón, fui todos los días y **me colocaba** suficientemente cerca para reconocer a las personas que se detenían frente a mi cuadro. Pero no volvió a **aparecer.**

Durante los meses que siguieron, sólo pensé en ella, en la posibilidad de volver a verla. Y en cierto modo, solo pinté para ella. Fue como si la pequeña escena de la ventana empezara a crecer y a invadir toda la tela y toda mi obra.

¿Entendiste bien?

D. ¿Qué pasó? →← Organiza los siguientes eventos de acuerdo con la historia. Al terminar, compara tus respuestas con las de otro(a) compañero(a).

___ El artista regresó a su casa nervioso y triste.
___ Una muchacha observó con interés la escena de la ventanita.
___ La exposición fue clausurada.
___ El artista fue a la exposición todos los días en espera del regreso de la muchacha.
___ Se abrió la exposición del artista en la Sala de Primavera.
___ El artista empezó a trabajar con la obsesión ver a la muchacha.
___ La muchacha desapareció en la multitud.

E. Puntos claves. →← Realicen las siguientes actividades.

1. Hagan un dibujo de la obra *Maternidad* basado en la descripción que hace el narrador de la misma.
2. Expliquen por qué se obsesionó el artista con esa muchacha.

F. Los personajes. →← Aunque el narrador no nos da muchos detalles acerca de los personajes, nos deja ver a través de sus acciones, algunas de sus características más sobresalientes. Lean de nuevo el texto y traten de «leer entre líneas» *(read between the lines)* para concretar en palabras la imagen que nos quiere presentar el autor de estos personajes.

Critical Thinking Skills: Inferring and Classifying

What do the characters' actions tell us about their personalities?

	Características
Narrador	
La muchacha	

G. Enfoque lingüístico. →← Para narrar la historia, el autor usó las diferentes formas del pasado. Encuentren ejemplos de cada una de ellas.

	Ejemplos
Pretérito	
Imperfecto	

Recuerda

1. The preterit tense is used to refer to completed past events.
2. The imperfect tense is used to refer to:
   - habitual past actions (things one used to do);
   - ongoing states or conditions in the past;
   - the background of past events (time, weather, location, etc.);
   - physical or psychological characteristics of something or someone in the past;
   - actions in progress at a given point in the past.

H. Actividad de extensión. →← Con un(a) compañero(a) escriban el final de esta historia. (¿Creen Uds. que al fin se encontraron el artista y la muchacha algún día? ¿Piensan que se hicieron amigos? ¿Que se casaron? ¿O por el contrario, piensan que ellos nunca más se volvieron a ver?)

Critical Thinking Skills: Imagining

Imagine an ending or development given the circumstances already outlined by the author.

para tu información

Las madres de la Plaza de Mayo

Durante el período de la dictadura militar (1976–1983), más de 30.000 argentinos opuestos al régimen fueron sistemáticamente eliminados. Las madres de estos «desaparecidos» empezaron el 10 de abril de 1977 una campaña de protesta. Estas mujeres exigen, a través de sus marchas y de su presencia todos los jueves en la Plaza de Mayo de la ciudad de Buenos Aires, que se juzgue y condene a los implicados en las desaparición de sus familiares.

Si deseas saber más sobre este tema, te recomendamos que visites el siguiente sitio-web: **http://temas.heinle.com.**

Temas CD-ROM

En tu próxima tarea, vas a ir a Argentina donde trabajarás para una agencia de deportes de alto riesgo *(extreme sports).*

Vocabulario

El arte

el artista	*artist*
la cultura masiva	*mass culture*
el dibujo	*drawing*
el efecto	*effect*
la escena	*scene*
el escultor	*sculptor*
la escultura	*sculpture*
la exposición	*exposition*
la forma	*form*
la fotografía	*photography*
la galería de arte	*art gallery*
la luz	*light*
el movimiento	*movement (school)*
la muestra	*sample, show*
la obra	*work*
la obra maestra	*masterpiece*
el orden	*order*
el paisaje	*landscape*
la perspectiva	*perspective*
el pintor	*painter*
la pintura	*painting*
la proporción	*proportion*
la sala	*room*
la técnica	*technique*

Verbos

presentar	*to present*
producir	*to produce*
representar	*to represent*
usar	*to use*
utilizar	*to make use*

CAPÍTULOS 9/10

Puesta en acción

SITUACIÓN: La empresa multinacional en la que trabajas requiere un nuevo programa de desarrollo personal integral para todos sus trabajadores.

MISIÓN: Diseñar el programa de promoción personal integral para la empresa y preparar los mecanismos para su publicación entre los empleados de habla hispana

WORK SKILLS: Designing personal enrichment programs for employees in a corporate setting, designing promotional campaigns, informing employees about services available in the company

1. **La campaña** ***(campaign).*** Lee el siguiente mensaje electrónico.

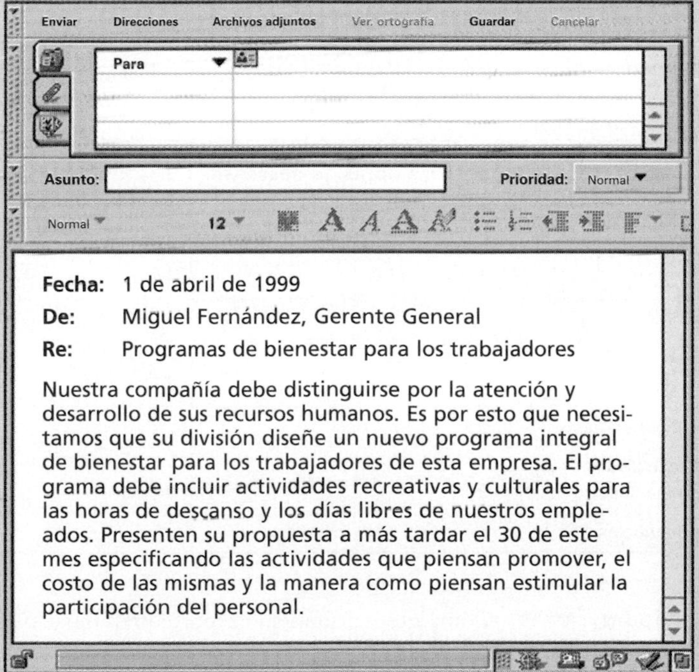

Fecha: 1 de abril de 1999
De: Miguel Fernández, Gerente General
Re: Programas de bienestar para los trabajadores

Nuestra compañía debe distinguirse por la atención y desarrollo de sus recursos humanos. Es por esto que necesitamos que su división diseñe un nuevo programa integral de bienestar para los trabajadores de esta empresa. El programa debe incluir actividades recreativas y culturales para las horas de descanso y los días libres de nuestros empleados. Presenten su propuesta a más tardar el 30 de este mes especificando las actividades que piensan promover, el costo de las mismas y la manera como piensan estimular la participación del personal.

2. **¿Entendiste bien?** Contesta las preguntas sobre el mensaje.

   a. ¿Qué quiere el gerente general de la compañía?
   b. ¿Para cuándo debe estar lista la campaña?
   c. ¿Qué características debe tener esta campaña?

3. **¿Qué actividades podemos organizar?** →← Con un(a) compañero(a), preparen una lista de posibles actividades deportivas, culturales y de crecimiento personal para los empleados de la empresa.

Posibles actividades deportivas (actividades físicas para mantenerse en forma o divertirse)	Posibles actividades culturales (actividades de recreación, información o capacitación)	Posibles actividades de crecimiento personal (actividades dirigidas al bienestar personal y familiar de los trabajadores)

4. La decisión. →← Reúnanse con otro grupo y discutan las ideas que generaron en la actividad anterior. Los objetivos son:

a. escoger **la mejor actividad** para cada una de las categorías,
b. determinar los requisitos y materiales necesarios para cada una de ellas.

 **Critical Thinking Skills: Prioritizing**

Choose the most effective and practical possibilities.

	Para las horas de descanso de los trabajadores	Para los fines de semana
Las mejores actividades deportivas	1.	1.
Requisitos y materiales		
Las mejores actividades culturales	2.	2.
Requisitos y materiales		
Las mejores actividades de superación personal	3.	3.
Requisitos y materiales		

5. Justificaciones. →← Completen el siguiente reporte preliminar para comunicar sus ideas a la administración.

Actividades deportivas:

a. Para los descansos recomendamos que los trabajadores _____ , para que _____ .
b. Para los fines de semana sugerimos que los trabajadores _____ , a fin de que _____ .

Actividades culturales:

c. Durante los descansos esperamos que los trabajadores _____ , para que _____ .
d. Para los fines de semana recomendamos que los trabajadores _____ , a fin de que _____ .

Actividades de crecimiento personal:

e. Para los descansos recomendamos que los trabajadores _____ , para que _____ .

f. Para los fines de semana sugerimos que los trabajadores _____ , a fin de que _____ .

6. **La evaluación.** →← Preparen las preguntas que le deben hacer a un(a) trabajador(a) para orientarlo(la) hacia el programa de bienestar que más le conviene.

> **Sugerencias**
> En una entrevista entre un sicólogo o consejero de la compañía y un(a) empleado(a), se usa **tú.**

Modelo: *¿Te gustan los deportes de aventura?*
¿Quieres aprender a tocar un instrumento musical?, etc.

7. **Inscripciones.** →← Ahora, piensen en los pasos o procedimientos *(processes)* que deben seguir los trabajadores para participar en los diferentes programas que han diseñado. ¿Necesitan una evaluación médica? ¿Tienen que tomar exámenes de aptitud? ¿Deben llenar algún formulario? Escriban la lista de los pasos a seguir.

Modelo: *Primero, hazte un examen médico,*
Segundo, toma un test de aptitud,
Tercero, llena este formulario, etc.

8. **Consejería.** →← Preparen con su compañero(a) la siguiente situación.

Empleado(a)

Has oído rumores acerca de los programas deportivos y culturales que piensa ofrecer la compañía y te gustaría tener más información al respecto.

- Saluda al (a la) administrador(a) de recursos humanos.
- Pregúntale acerca de los programas de bienestar.
- Averigüa los requisitos y materiales necesarios para cada uno de estos programas.

Administrador(a) de recursos humanos

Los trabajadores ya se han enterado de los programas que va a ofrecer tu compañía. Ayúdale a este(a) empleado(a) a escoger el programa que más le conviene.

- Dale la bienvenida.
- Determina el tipo de actividad que más le conviene.
- Infórmale acerca de los programas que se ofrecerán y sus requisitos.

9. **Campaña publicitaria.** →← Para informar a todos los empleados de la compañía acerca de los nuevos programas de bienestar, es necesario organizar una campaña publicitaria. Diseñen los volantes correspondientes, asegurándose de incluir lo siguiente.

- una lista de los datos del programa (actividades, fechas, horas, etc.)
- una breve explicación de la importancia de cada uno (con frases motivadoras)
- una lista de requisitos y/o materiales necesarios
- los pasos para la inscripción (instrucciones precisas de cómo participar en los programas)

Atajo

Phrases/Functions: Persuading; Expressing obligation
Vocabulary: Working conditions; Sports; Leisure
Grammar: Verbs: imperative **tú;** Subjunctive agreement; Subjunctive with a relative; Subjunctive with **que**

a. Discute con un(a) compañero(a) el diseño del volante y la manera en la que van a hacerlo más interesante y atractivo.
b. Organicen y distribuyan en la página el contenido del volante (dónde van a ir los títulos, los datos, las frases descriptivas, los requisitos, los gráficos, etc.).
c. Escriban cada una de las secciones (datos, instrucciones, motivación).
d. Incluyan el material visual necesario (imágenes, gráficos, etc.).

Correcciones

Intercambien el primer borrador de su volante con otra pareja y respondan a las siguientes preguntas.

Paso 1: Contenido. ¿Está toda la información necesaria? Si no es así, ¿qué falta?
Paso 2: Organización. ¿Están claros todos los programas, sus fechas, sus requisitos, etc.? ¿Hay aspectos o segmentos confusos o vagos? ¿Es atractivo visualmente?
Paso 3: Gramática. ¿Detectas algún problema con el uso del subjuntivo para mandatos y recomendaciones?

Para la casa

Paso 4: Correcciones. Revisen su volante y entréguenselo a su profesor(a) en la próxima clase.

UNIDAD 6

In this unit you will talk about your hopes for and concerns about the future. Also, you will learn how to make hypotheses and conjectures. The readings will examine the impact of technological developments on the Spanish-speaking world and, more specifically, the current dynamics of social change in Chile. At the end of the unit you will explore the history, present situation, and future perspectives of Hispanics in the U.S.

Expectativas

Para comenzar

Foto 1

Foto 2

Foto 3

Para cada foto indica la descripción que le corresponde.

- El árido desierto de Atacama se encuentra al norte del país entre la cordillera de los Andes y el Océano Pacífico. Es un área rica en nitratos y cobre.
- La Plaza de Armas es el corazón de la moderna capital chilena. Alrededor de esta plaza se encuentran el Museo Histórico Nacional, el Correo Central y la Catedral.
- El Parque Vicente Pérez Rosales es el primer parque nacional de Chile y cubre un área de más de 250.000 hectáreas en la región de los lagos, al sur del país.

In this chapter you will learn. . .

- how to make hypothetical statements;
- how to express conjecture;
- about the impact of technological development in the Spanish-speaking world;
- about social change in the Spanish-speaking world.

CAPÍTULO 11

Mirando hacia el futuro

	Tema 1 Proyectos personales	Tema 2 Un futuro tecnificado	Tema 3 Utopías
Vocabulario	Mis aspiraciones	Las comodidades de la era electrónica	Un mundo mejor
Funciones y estructuras	Expressing conjecture or probability with the conditional mode	The imperfect subjunctive	Referring to nonexistent or hypothetical conditions with the imperfect subjunctive in **si** clauses
Pronunciación		Encadenamiento de palabras	
Lectura	Para hacer los sueños realidad	El teletrabajo	Perspectivas: Cambio social *El albergue de las mujeres tristes* (fragmento), Marcela Serrano Opcional: «A callarse», Pablo Neruda*
Vídeo	Planes y sueños		

* Text marked **Opcional** indicates selections contained in the IRM and not in the student textbook.

ENFOQUE
Chile

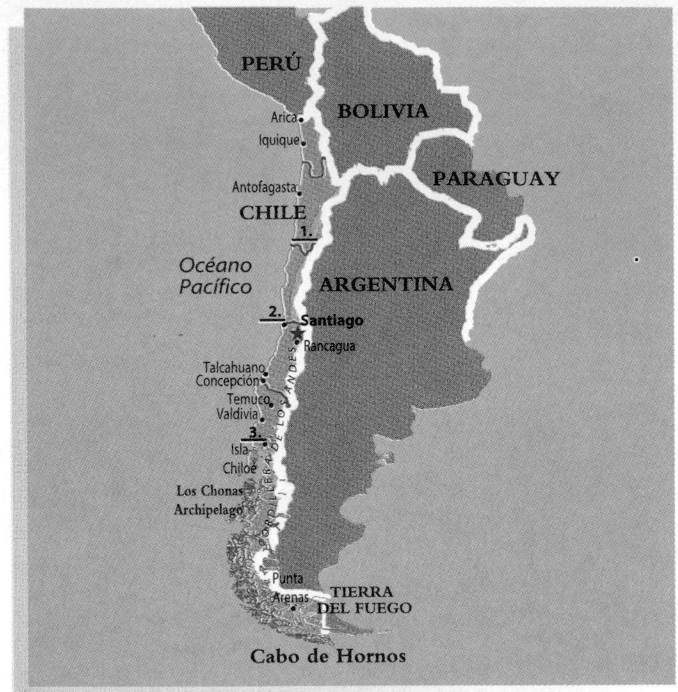

A. En el mapa. Observa el vídeo e indica el número en el mapa que corresponde con los lugares siguientes.

a. Valparaíso b. Desierto de Atacama c. Puerto Montt

B. En el vídeo. Ahora, completa el siguiente cuadro con la información del vídeo.

Capital:	
Población:	
Ingreso per cápita:	
Moneda:	
Productos de exportación:	

C. Su historia. Pon en orden los siguientes eventos en la historia de Chile.

___ dictadura militar de Augusto Pinochet
___ retorno a la democracia
___ expansión territorial
___ vinculación al Tratado de Libre Comercio para América del Norte (NAFTA)
___ independencia de España
___ gobierno socialista de Salvador Allende

para tu información

Si deseas aprender más acerca de Chile, debes visitar el sitio-web **http://temas.heinle.com.**

Los orgullos de Chile...

Sus riquezas naturales

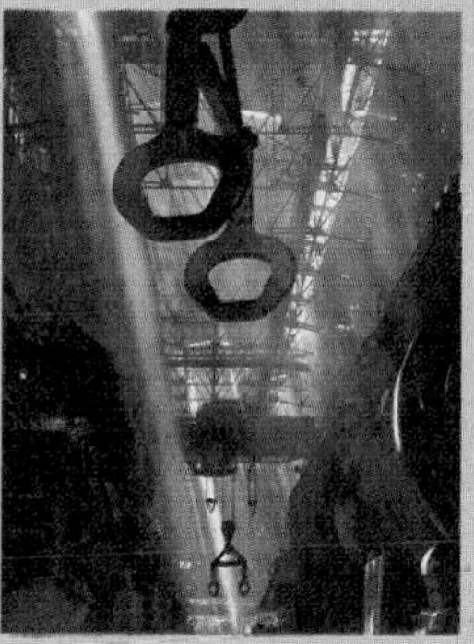

Chile es uno de los primeros productores de cobre *(copper)* en el mundo. También es rico en petróleo, gas natural, nitratos y otros minerales como el hierro *(iron)*, el carbón y el manganeso.

Su gente

Pablo Neruda

Chile ha producido dos premios Nobel de Literatura. (Ver **Tema 3, Para tu información,** p. 578.) Hoy en día continúa generando fenómenos literarios como Isabel Allende y Marcela Serrano.

Su prosperidad económica

Las exportaciones de Chile han crecido de una manera extraordinaria en los últimos años y en este momento, más de 3.600 productos chilenos llegan a unos 160 mercados alrededor del mundo.

Proyectos personales

I. Vocabulario: Mis aspiraciones

Mi **ilusión** es llegar a ser rico. Sé que voy a **hacer realidad** algún día mi **sueño** porque tengo mucha **constancia** y **disciplina.**

Lo que deseo es tener una familia unida y feliz. A pesar de los **retos,** sé que lo voy a **lograr.** Voy a **poner de mi parte** para **alcanzar** esta **meta.**

Vocabulario útil

la ilusión	*dream, illusion*	lograr	*to achieve*
la meta	*goal*	llegar a ser	*to become*
el reto/el desafío	*challenge*	tener constancia	*to be constant, to persist*
el sueño	*dream*	tener disciplina	*to be disciplined*
alcanzar	*to reach*	tener éxito	*to be successful*
aspirar a	*to aspire to*	tener paciencia	*to be patient*
enfrentar	*to face; to confront*	tener suerte	*to be lucky*
hacer realidad	*to make come true*	**Vocabulario personal:**	

Asimilación

A. Mis metas personales. Indica todas las metas que te correspondan. Luego compara tus respuestas con las de un(a) compañero(a). ¿Tienen algunos sueños en común?

___ Sueño con ser rico(a).
___ Aspiro a ser famoso(a).
___ Quiero viajar por todo el mundo.
___ Deseo tener una familia.
___ Mi ilusión es vivir en otro país.
___ Aspiro a conseguir un buen trabajo.
___ Mi sueño es tener un romance con... .
___ Otra(s) meta(s):

B. Aspiraciones. Toma nota de la información que vas a escuchar para completar la siguiente tabla.

Cuando era pequeño(a)...	Ahora...

Recuerda

The imperfect tense is used to talk about feelings and emotions in the past.

(continued on next page)

Aplicaciones

C. ¿Quién es? →← Toma turnos con un(a) compañero(a) hablando de las metas y aspiraciones de personajes históricos.

Modelo: —*Quería ser un cantante original. Su sueño era la paz y el amor.*
—*¿John Lennon?*
—*¡Correcto!*

Cuando *era* niño *quería* ser cantante.
When I was a child I wanted to be a singer.

Mi sueño *era* ayudar a las personas.
My dream was to help people.

D. ¿Qué tengo que hacer? →← Tomen turnos indicando lo que tiene que hacer la otra persona para alcanzar sus metas. Usen por lo menos uno de los siguientes verbos en todas sus respuestas.

Verbos útiles: tener constancia, tener disciplina, tener paciencia, hacer realidad, tener éxito

Modelo: —*¡Quiero graduarme pronto!*
—*Tienes que tener paciencia y aprobar todas tus asignaturas.*

1. ¡Quiero viajar por todo el mundo!
2. ¡Quiero ser millonario!
3. ¡Quiero ser muy famoso(a)!
4. ¡Quiero ser feliz!
5. ¡Quiero hablar español fluidamente!
6. ¡Quiero tener éxito en mi carrera!

Recuerda

The structure **tener + que +** *infinitive* is used to express obligation.

Tienes que trabajar.
You have to work.

Tenemos que salir pronto.
We have to leave soon.

E. Entrevista. →← Hazle las siguientes preguntas a un(a) compañero(a). Toma nota y presenta un informe de sus respuestas al resto de la clase.

1. ¿Qué tan importante es tu carrera para ti? (¿muy importante? ¿más o menos importante? ¿poco importante... ?)
2. ¿Qué metas concretas tienes respecto a tu carrera? (¿Quieres prepararte mejor para encontrar un trabajo, o quieres llegar a ser rico, famoso... ?)
3. ¿Qué estás haciendo para lograr tus objetivos personales? (¿estudiar? ¿trabajar? ¿practicar... ?)
4. ¿Cuáles son los mayores retos que enfrentas en este momento? (¿tiempo? ¿dinero? ¿paciencia... ?)

Modelo: *Para mi compañera su carrera es muy importante. Su meta es... .*

Integración

¡A conversar!

F. Las preocupaciones de los padres. →← Preparen la siguiente conversación con otro(a) compañero(a).

Padre (Madre) preocupado(a)	**Hijo(a) desmotivado(a)**
Tu hijo(a) ha llegado a casa con calificaciones *(grades)* muy deficientes. 1. Averigua qué pasó. 2. Discute con tu hijo(a) sus metas. 3. Háblale a tu hijo(a) acerca de la importancia de la educación para lograr esas metas.	Las cosas no van muy bien en la escuela. Es tiempo de llevar a casa tus calificaciones y de seguro vas a recibir un regaño *(reprimand)*. 1. Explícale a tu padre (madre) lo que pasó. 2. Discute tus metas para el futuro. 3. Responde a sus consejos.

para tu información

La Nueva Canción chilena

Uno de los fenómenos culturales chilenos más reconocidos *(well known)* en todo el mundo es el de la Nueva Canción. Este movimiento artístico popular tuvo sus orígenes a finales de los años 60 y se caracteriza por la combinación de canciones de letras poéticas y revolucionarias con los sonidos de instrumentos tradicionales de los Andes como el charango y el bombo. A pesar de *(Despite)* la persecución y represión de que fue objeto durante los años de la dictadura militar (1973–1989), la Nueva Canción sobrevivió *(survived)* y continúa siendo hoy en día un símbolo del pensamiento y los ideales del pueblo chileno. Después de la trágica desaparición de su figura más legendaria (Violeta Parra, 1917–1967), la Nueva Canción está siendo difundida *(widely known)* en el mundo entero por grupos como Inti-Illimani, Illapu y Quilapayún.

Gracias a la vida (fragmento)
Por Violeta Parra

Gracias a la vida
que me ha dado tanto
Me dio dos luceros, *(lights, eyes)*
que cuando los abro
Perfecto distingo *(I distinguish)*
lo negro del blanco
Y en el alto cielo
su fondo estrellado *(starry background)*
Y en las multitudes
al hombre que yo amo.

Gracias a la vida
que me ha dado tanto
Me ha dado la risa *(laughter)*
y me ha dado el llanto *(tears, crying)*
Así yo distingo
dicha de quebranto *(happiness from sorrow)*
Los dos materiales
que forman mi canto
Y el canto de ustedes
que es el mismo canto
Y el canto de todos
que es mi propio canto

Gracias a la vida que me ha dado tanto.

¿Entendiste bien? Muchas veces nos preocupamos demasiado por lo que nos falta y nos olvidamos de dar gracias por lo que tenemos. Contesta las siguientes preguntas sobre esta canción.

1. ¿Con cuáles versos de esta canción te identificas tú personalmente?
2. ¿Por qué otras cosas le darías gracias a la vida?
3. ¿Qué aspectos de esta canción consideras que son «revolucionarios» (o de un alto contenido social)?

Atajo

Phrases/Functions: Writing an essay; Expressing intention
Vocabulary: Working conditions; Studies; Family members
Grammar: Verbs: future with **ir**

¡A escribir!

G. ¿Cuáles son tus metas? Escribe un ensayo acerca de tus metas personales y lo que estás haciendo en este momento para alcanzarlas. También menciona lo que tienes que hacer en el futuro inmediato para asegurar el éxito de tus planes.

II. Funciones y estructuras: *Expressing conjecture or probability with the conditional mode*

The conditional is the equivalent of the *would* + verb construction in English and it is used to refer to what *would* happen if a certain condition(s) existed.

Me **gustaría** trabajar en una empresa multinacional, porque así **viajaría** mucho y **practicaría** mis conocimientos de lenguas extranjeras. También creo que **tendría** la oportunidad de avanzar mucho más en mi carrera.

*I **would like** to work for a multinational corporation, because it **would allow me to travel** and **practice** my foreign languages. I also believe that it **would give** me the opportunity to advance professionally.*

The conditional is used as well to express politeness when making a request or giving a suggestion.

¿**Podría** Ud. darme una carta de recomendación? — ***Could** you give me a letter of recommendation?*

¿**Querría** Ud. decirme dónde se encuentra la oficina del jefe de personal? — ***Would** you tell me where is the office of the personnel manager?*

Ud. **debería** llenar su solicitud de empleo inmediatamente. — *You **should** fill out your job application right away.*

Some helpful expressions often associated with the conditional are:

tal vez *(maybe)* / **quizás** *(maybe)* / **probablemente** *(probably)*

Si yo fuera* médico, **quizás** ganaría más dinero. — *If I were a doctor, **maybe** I would make more money.*

Si yo viviera* en una gran ciudad, **tal vez** necesitaría un sueldo más alto. — *If I lived in a big city, **maybe** I would need a larger salary.*

* You will learn this structure in **Temas 2** and **3** of this chapter.

A. Formation

As in the future tense, attach the endings directly to the infinitive to form the conditional. The endings are identical for all three verb forms.

-ar verbs **hablar** *(to speak)*	**-er** verbs **comer** *(to eat)*	**-ir** verbs **escribir** *(to write)*
habla**ría**	come**ría**	escribi**ría**
habla**rías**	come**rías**	escribi**rías**
habla**ría**	come**ría**	escribi**ría**
habla**ríamos**	come**ríamos**	escribi**ríamos**
habla**ríais**	come**ríais**	escribi**ríais**
habla**rían**	come**rían**	escribi**rían**

B. Irregular Verbs

The irregular verb stems you learned when you studied the future tense are also irregular in the conditional: **cabré/cabría, pondré/pondría, diré/diría,** etc.

¿Qué **harías** en esa situación? ¿Se lo **dirías** a tu jefe?	*What **would you do** in a situation like that? **Would you tell** your boss about it?*
En realidad, me gustaría mucho tener ese puesto. **Tendría** un mejor salario, más oportunidades y también **podría** realizar muchos proyectos interesantes.	*I would really love to get that job. **I would have** a better salary, more opportunities, and also **I could** carry out many interesting projects.*

The invariable form of **haber** in the conditional is **habría**.

—¿Por qué te gustaría un cambio de gerente?	*Why would you like a change in managers?*
—Pues, porque **habría** un mejor ambiente de trabajo.	*Well, because **there would be** a better working environment.*

Asimilación

A. Especulaciones. ¿Cómo crees que sería tu vida si no fueras *(if you weren't)* estudiante? Indica todas las que correspondan.

___ No viviría en esta ciudad.
___ Posiblemente viviría con mis padres.
___ Tal vez tendría un trabajo de tiempo completo.
___ Estaría casado(a).
___ Tendría más tiempo libre.
___ No tendría exámenes ni tareas.
___ Tendría menos amigos.
___ Estaría más contento(a).
___ Tendría más dinero en el banco.
___ Quizás tendría un negocio propio.
___ Probablemente no sería muy feliz.

B. Una carrera diferente. Completa las frases con la información que vas a escuchar.

Si no fuera profesor(a) de español, tal vez...

1. trabajaría en _____ .
2. viviría en _____ .
3. tendría _____ .
4. durante su tiempo libre _____ .

Aplicaciones

C. Sueños. →← Completa el párrafo con las formas apropiadas del condicional. Al terminar, compara tus respuestas con las de un(a) vecino(a).

A mi esposa y a mí nos _____ (gustar) poder tomar unas vacaciones con nuestros hijos. Como tenemos gustos muy diversos, pensamos que Chile _____ (ser) el lugar ideal. Yo _____ (poder) pescar en el Lago Llanquihue, mientras que mi hija ______ (practicar) esquí en el Volcán Villarrica. Por su parte, mi esposa y mi hijo ______ (poder) visitar los museos y los monumentos de Santiago. Claro que no ______ (estar) todo el tiempo separados... . Como a todos nos gusta la playa, ______ (pasar) unos días en Viña del Mar. ______ (pasear) juntos por la Plaza José Francisco Vergara y la Avenida Valparaíso, ______ (comer) en los excelentes restaurantes de la Avenida San Martín y, claro, ______ (ir) de compras también a la Quinta Vergara.

D. ¿Cómo sería... ? →← Tomen turnos haciendo y respondiendo a las siguientes preguntas. (Den por lo menos tres características en cada caso.)

Modelo: —*¿Cómo sería el clima perfecto?*
—*Bueno, no llovería mucho, haría bastante sol y la temperatura estaría siempre entre los 75 y los 85 grados.*

> **Sugerencias**
> Algunos verbos útiles son **ser, tener, hacer, poder, saber, estudiar, ir, ver, decir, ganar, perder, salir, llegar.**

1. ¿Cómo sería tu pareja ideal?
2. ¿Cómo sería la asignatura perfecta?
3. ¿Cómo serían las vacaciones ideales?
4. ¿Cómo sería tu amigo(a) perfecto(a)?
5. ¿Cómo sería la habitación (o la casa) perfecta?
6. ¿Cómo sería la fiesta ideal?

E. Entrevista. →← Tomen turnos haciéndose las siguientes preguntas. Tomen apuntes de las respuestas del (de la) compañero(a) y presenten un informe al resto de la clase.

1. ¿En qué otro país te gustaría vivir?
2. ¿Qué harías allí? (¿Trabajarías? ¿Estudiarías... ?)
3. ¿Te casarías con una persona de ese país? (Explica por qué sí o por qué no.)
4. ¿Qué extrañarías más de los Estados Unidos?
5. ¿Qué te gustaría aprender de esa experiencia?

Integración

¡A conversar!

F. Otra entrevista de trabajo. →← Preparen la siguiente conversación con un(a) compañero(a).

Entrevistador(a)	**Aspirante**
Necesitas contratar un(a) asistente urgentemente. Buscas una persona **trabajadora, puntual** y **honesta.** No quieres una persona **muy dependiente** o **inflexible**. Entrevista a este(a) candidato(a) y determina si es la persona adecuada.	Estás buscando un trabajo y el (la) entrevistador(a) quiere determinar si tienes las características personales que busca la compañía. Responde a sus preguntas honestamente.

Sugerencias

Para asegurarle *(to assure)* al (a la) entrevistador(a) puedes decir:

Pero desde luego.	*But, of course.*
Al instante.	*Instantly.*
Sin lugar a dudas.	*Without a doubt.*
No, definitivamente no.	*Definitely not.*
Imposible.	*Impossible.*
Jamás.	*Never.*

Atajo

Phrases/Functions: Hypothesizing
Vocabulary: Working conditions
Grammar: Verbs: conditional

Recuerda

Keep these ideas on file. You will need them to write a composition in **Tema 3.**

¡A escribir!

G. ¿Cómo sería el trabajo ideal? →← Imagina que estás buscando un trabajo y que uno de los requisitos es escribir un ensayo en español acerca de las características del puesto ideal. ¿Qué dirías?

1. Con un(a) compañero(a), discute algunas de tus ideas y luego prepara una lista siguiendo el modelo.

Modelo: *Trabajaría de manera independiente.*
Tendría un salario de 60.000 dólares.
Podría trabajar en casa.

2. Asegúrate *(Be sure)* de incluir la siguiente información.
   - la ubicación de este puesto ideal
   - los horarios de trabajo
   - las responsabilidades
   - los salarios y prestaciones

III. Lectura: Para hacer los sueños realidad

Antes de leer

A. Para discutir. →← Reúnanse en grupos de 3 o 4 estudiantes y respondan a las siguientes preguntas.

1. ¿Es bueno o malo soñar despierto *(to daydream)*? Expliquen por qué.
2. ¿Pueden los sueños convertirse en una realidad? ¿Cómo? Den ejemplos.

B. Vocabulario y conceptos. →← Las siguientes palabras son importantes para comprender el texto. Para cada palabra, busca la letra que corresponde a su definición. (Consulten el diccionario si es necesario.)

1. la clave	a. convertirse en una realidad
2. el fracaso	b. objetivo, que no se basa en ilusiones
3. realista	c. suerte
4. cumplir	d. idea importante
5. el azar	e. pronto, en un futuro cercano
6. a corto plazo	f. que tuvo malos resultados, que no tuvo éxito

C. Aplicación. →← Ahora, completen las frases con las palabras que acaban de aprender en la actividad anterior.

1. En un juego de lotería el factor más importante es el _____ .

2. Muchas personas le tienen miedo al _____ , pero en realidad puede ser algo positivo.
3. Las fantasías son buenas, pero es mejor tener metas _____ para no tener desilusiones.
4. Mi abuelo dice que la _____ para tener éxito en la vida es ser honesto.
5. En el futuro quiero ser médico, pero por ahora, una de mis metas _____ es salir bien en el examen de esta tarde.
6. Sé que voy a _____ todas mis metas porque tengo mucha disciplina.

A leer

Lee rápidamente el siguiente artículo y responde a las preguntas a continuación.

Las claves de *la ilusión*

dreaming

Aunque soñar despierto es muy positivo, lo cierto es que de la ilusión no se puede vivir. Por eso, todos los expertos **coinciden** en que si queremos convertir nuestros sueños en realidad, debemos **poner mucho de nuestra parte** y no olvidar una serie de puntos concretos.

agree
to make a big effort

Aceptar los fracasos. Muchos de los sueños que tenemos no se cumplen, pero esto no quiere decir que seamos unos fracasados. Es necesario aprender a mantener viva la ilusión, a aceptar que no hemos conseguido algo y a buscar siempre una salida positiva.

Planificar para conseguir los objetivos. Uno de los secretos para conseguir nuestras metas es planificar nuestra actuación. Y uno de los mejores **trucos,** según algunos psicólogos, es escribir estas metas.

tricks

Tener metas realistas. Es necesario soñar con cosas que no sean imposibles de conseguir. «Las personas que tienen expectativas demasiado desproporcionadas a la realidad terminan **cayendo** en una continua desilusión, porque es muy difícil que todos sus sueños se cumplan», explica el sociólogo Armando de Miguel.

falling

Saber adaptarse a los ***vaivenes.*** «La capacidad de adaptarse al **medio,** a lo que se tiene delante, es una **señal** de salud mental», comenta Héctor González. Es importante aceptar los **imprevistos** e ir variando los objetivos si la realidad nos dice que no podemos cumplirlos.

fluctuations / environment / sign
surprises

Fijarse *objetivos a corto plazo.* Aunque está muy bien tener expectativas **a largo plazo,** si queremos que se cumplan, es necesario que tengamos también objetivos a corto plazo, como **etapas** sucesivas hacia la **consecución** de esas metas finales. Por ejemplo, si lo que esperamos es aprobar una carrera debemos **plantearnos** aprobar primero asignatura por asignatura, luego curso por curso...

Set / long term
stages / obtaining
to consider

Tener objetivos personales. «Es importante ilusionarse con cosas que realmente signifiquen algo para nosotros, que no nos llamen la atención sólo **por el simple hecho** de que están de moda o son populares en nuestro **entorno** inmediato», explica el psicólogo Pedro Rodríguez.

just because
social group

¿Entendiste bien?

D. Ideas generales. →← Con un(a) compañero(a) respondan a las siguientes preguntas.

Estrategia de lectura: *Skimming, Scanning*
Scan to get an overall sense of the reading, keeping in mind the idea of dreams.

1. ¿Cuál es la idea principal del texto?
2. ¿Cuántos consejos presenta?
3. ¿Quiénes son los expertos citados como fuentes *(cited as sources)*?

E. ¿Sí o no? Ahora lee de nuevo el texto e indica si las siguientes frases corresponden con las ideas que presenta este artículo.

1. Debemos siempre tener una actitud positiva a pesar de *(in spite of)* los fracasos.
2. Para lograr nuestras metas debemos elaborar un plan de acción.
3. Para alcanzar nuestras metas tenemos que ser flexibles.
4. Todas nuestras metas deben ser a largo plazo.
5. Nuestras metas no deben ser originales.

Recuerda

El subjuntivo para recomendaciones (Capítulo 9)

The subjunctive is used to give recommendations. Follow the structure:

Expression + **que** + subjunctive

Es importante que *estudies* mucho.
Te recomiendo que te cases con una persona que *comparta* tus ideales.

F. Actividad de extensión. →← Después de leer el artículo, ¿qué le dirían a una persona que quiere tener mucho éxito en su profesión y también tener una familia unida y feliz? Escriban por lo menos cinco recomendaciones.

Para lograr tus metas, es importante que… .

IV. Vídeo: Planes y sueños

Preparación

A. Expectativas. →← En el vídeo varias personas hablan de sus planes e ilusiones para el futuro. Prepara una lista de seis de las palabras que esperas escuchar en este segmento. Luego, compáralas con la de otro(a) compañero(a).

B. Vocabulario importante. Las palabras en negrilla *(boldface)* van a ser usadas en el vídeo. Lee las frases y trata de dar tu propia definición de cada una de ellas.

1. Yo estudié en la Universidad Central y hace tres años **me recibí** de abogada.
   recibirse:
2. Mi **socio** y yo somos los dueños de esta compañía.
   socio:
3. Yo conozco muy bien la historia de mi país y además me gusta hablar y conocer gente de otras partes del mundo. Es por eso que trabajé como **guía** turística por dos años.
   guía:
4. La compañía tiene gran **sensibilidad social** porque se preocupa por los pobres y realiza mucho trabajo con la comunidad.
   sensibilidad social:

¿Entendiste bien?

C. Predicciones. Mira el vídeo y revisa tus respuestas al **Ejercicio B.** ¿Eran correctas?

D. Los planes de Fernando. Contesta las siguientes preguntas sobre los planes de Fernando.

1. ¿Cuándo decidió que quería trabajar en la televisión?
2. ¿Qué pasó con su amigo?
3. ¿Qué otra cosa le gustaría hacer? ¿Por qué?

E. Los planes de María. Contesta las siguientes preguntas sobre los planes de María.

1. Menciona dos de los planes que tiene María para el futuro.
2. ¿Piensa irse del Glaciar Perito Moreno? ¿Sí o no?

F. Enfoque lingüístico. Estas personas hablaron de sus planes y sus ilusiones. Escucha de nuevo la cinta y trata de encontrar ejemplos de los siguientes tiempos verbales.

Futuro perifrástico (**voy a..., pienso..., quiero...**)	**Condicional** (**me gustaría, sería,** etc.)

G. Enfoque comunitario. Entrevista a algún (alguna) estudiante extranjero(a) en esta universidad para averiguar sus planes y sueños para el futuro. Graba *(Tape)* tu conversación y trae la cinta a la clase. Asegúrate de incluir las siguientes preguntas en tu entrevista.

1. ¿Te gustaría quedarte a vivir en los Estados Unidos? ¿Por qué?
2. En cualquier caso *(In either case)*, ¿dónde te gustaría vivir y qué te gustaría hacer?

Vocabulario

la ilusión	*dream, illusion*	hacer realidad	*to make come true*
la meta	*goal*	lograr	*to achieve*
el reto/el desafío	*challenge*	llegar a ser	*to become*
el sueño	*dream*	tener constancia	*to be constant, to persist*
		tener disciplina	*to be disciplined*
alcanzar	*to reach*	tener éxito	*to be successful*
aspirar a	*to aspire to*	tener paciencia	*to be patient*
enfrentar	*to face; to confront*	tener suerte	*to be lucky*

Un futuro tecnificado

I. Vocabulario: Las comodidades de la era electrónica

¿Qué es esto? Busca en el dibujo cada uno de los artículos indicados.

alarma
antena parabólica
sistema de riego automático
aire acondicionado
puerta automática
calentador/caldera de agua caliente
lavadora
secadora
nevera/refrigerador
horno microondas
lavaplatos/lavavajillas
cafetera automática
televisor
vídeograbadora
equipo de sonido/estéreo
contestador
fax
computadora/ordenador

Vocabulario útil

apagado	*off*
encendido	*on*
No funciona.	*It doesn't work./It's broken.*
apagar	*to turn off*
conectar/enchufar	*to plug in*
desconectar/desenchufar	*to unplug*
digitar	*to key in*
halar/jalar	*to pull*
insertar	*to insert*
prender	*to turn on*
presionar/oprimir/pulsar	*to push, to hit*
programar	*to program*

Vocabulario personal:

Instrucciones de uso

Conecte la unidad y **préndala** con el control remoto.	***Plug in*** *the unit and* ***turn it on*** *with the remote control.*
Apague y **desconecte** el equipo después de cada uso.	***Turn off*** *and* ***unplug*** *the equipment after each use.*
Presione el botón de encendido y use el teclado de su control remoto para **programar** la máquina.	***Push*** *the "on" button and use the keyboard on your remote control to* ***program*** *the machine.*
Inserte el disco compacto en la ranura.	***Insert*** *the compact disk in the slot.*
Hale la perilla para activarla.	***Pull*** *the knob to activate it.*

Asimilación

A. ¿Lo tienes? Indica si tienes, quieres o no necesitas los siguientes aparatos. Luego compara tus respuestas con las de un(a) compañero(a). ¿Tienen mucho o poco en común?

Aparato	Lo tengo.	Me gustaría tenerlo.	No lo necesito.
una antena parabólica			
un sistema de aire acondicionado			
una lavadora			
una secadora			
un horno microondas			
un lavaplatos			
una cafetera automática			
una vídeograbadora			
un equipo de sonido			
un contestador			
una computadora			

B. ¿Qué aparato es? Escucha las siguientes instrucciones de uso. ¿A qué aparato se refiere cada una? Escoge la respuesta más apropiada.

1. lavadora, contestador, vídeograbadora
2. computadora, cafetera, alarma
3. calentador, aire acondicionado, antena parabólica
4. contestador, computadora, alarma
5. equipo de sonido, lavadora, aire acondicionado

Aplicaciones

C. Publicidad. Imaginen que tienen que vender los siguientes productos. Escriban los anuncios comerciales correspondientes.

a. vídeograbadora b. lavadora c. fax

1. ¿Qué características de los productos son enfatizadas en estos anuncios publicitarios? (¿aplicaciones? ¿calidad? ¿precio... ?)
2. ¿Cuál de los anuncios te parece más efectivo? ¿Por qué?

Recuerda

Mandatos formales (Capítulo 8)

To make formal commands, use the third-person singular of the present subjunctive.

***Oprima* el botón.**
***Añada* el detergente.**
***No abra* la puerta.**
***No sobrecargue* la lavadora.**

D. Manual de instrucciones.  Realicen las siguientes actividades.

1. Ordenen las siguientes instrucciones de cómo operar una máquina lavadora.

   ___ Prepare los artículos para el lavado.
   ___ Ponga la carga *(load)* de lavado en la lavadora.
   ___ Añada el detergente.
   ___ No sobrecargue *(overload)* la lavadora.
   ___ Presione la perilla para iniciar el ciclo.
   ___ Retire los artículos al terminar el ciclo.

2. Escojan otro aparato de uso doméstico y escriban las instrucciones de uso correspondientes.

Recuerda

El tiempo futuro (Capítulo 10)

The future tense is formed by adding the endings **(-é, -ás, -á, -emos, -éis, -án)** to the end of the infinitive.

Las casas en el año 3000 *serán* muy cómodas y *tendrán muchos sistemas automáticos. También... .**

* Careful with the irregulars!

E. ¿Cómo van a ser las casas en el año 3000? →← Con un(a) compañero(a) piensen acerca de las características de los hogares en el futuro y diseñen su versión de la casa típica del año 3000.

Integración

¡A conversar!

F. ¿Qué es lo más importante? →← Formen grupos de tres estudiantes. Cada uno(a) va a leer una de las siguientes noticias sobre avances tecnológicos y va a informar al resto del grupo acerca de sus ideas más importantes. Al terminar, decidan cuál es la información más importante y expliquen por qué.

 **Critical Thinking Skills: Prioritizing**

Which of the following news items takes precedence over the others?

para tu información

Noticias tecnológicas

«Hoy el comercio electrónico es residual en la red, sobre todo por las limitaciones en cuestión de seguridad, aunque en un futuro se impondrá ya que *(will become dominant since)* se está avanzando en este terreno», sostiene *(states)* Enrique García, de la UCE. Las ventajas pasan por la comodidad y por la reducción de precios ya que un «web» es más barato que un local *(place of business)*. Pero la principal desventaja es que no se ha conseguido que la seguridad en las transacciones económicas sea la adecuada, aunque se están desarrollando protocolos para encriptar los números de las tarjetas de crédito de los clientes.

¿La energía del siglo XXI?

La fusión nuclear es un proceso similar al que se produce en el núcleo del sol, el cual genera luz y calor. Ésta podría ser una de las principales fuentes *(sources)* de energía del futuro, ya que se trata de un proceso limpio que no produce gases contaminantes ni lluvia ácida. De hecho, todos los elementos químicos que se emplean son inocuos *(harmless)* para el ser humano y el medio ambiente. Hay reservas para mil años de litio *(lithium)*, metal necesario para producir el tritio, a su vez *(trithium, in turn)* esencial para la fusión.

¿Qué utilidad tendrá la estación «Alfa» para la humanidad?

La colaboración internacional ha sido la pieza clave *(the key piece)* para que la construcción de la nueva estación. En ella se podrán investigar nuevos medicamentos, observar los cambios climáticos y saber si el hombre podrá viajar algún día a Marte *(Mars)*. La estación internacional —la estructura más grande jamás *(ever)* construida en el espacio, con 110 metros de largo, pesará *(will weigh)* 405 toneladas *(tons)*, se desplazará *(will move)* a 29.000 km/h y dará una vuelta *(turn)* completa a la tierra cada noventa minutos. Tendrá seis módulos que servirán de laboratorio, dos que se destinarán *(will dedicate)* a viviendas —donde residirán hasta siete astronautas— y otros siete serán utilizados como almacén. Se prevé *(It is foreseen)* que esté operativa durante al menos diez años.

¡A escribir!

G. Discusión. →← Discutan las siguientes preguntas y presenten un informe escrito de sus conclusiones.

1. ¿Qué opinan de la tecnología? ¿Les parece algo positivo o negativo?
2. ¿Cuáles de los siguientes avances del siglo XX consideran que fue el más importante? ¿Por qué?
   a. el avión
   b. la penicilina
   c. la computadora
   d. los satélites artificiales
   e. los transbordadores espaciales *(space shuttles)*
   f. la clonación genética
   g. el Internet
3. Si pudieran diseñar un nuevo aparato para hacer la vida humana más cómoda, ¿qué aparato sería? (Describan las funciones y características que **tendría** este aparato.)

Sugerencias

Para dar un nombre a tu invento puedes usar uno de los siguientes modelos.

para lavar platos: un lavaplatos
para contestar las llamadas: un contestador

Algunos verbos útiles son **tener, poder, ser, resolver, ayudar, hacer, reemplazar, simplificar, preparar, decidir, curar.**

para tu información

La pujante *(strong)* economía chilena

Con un producto interno bruto (PIB) de más de $77 mil millones *(77 billion)* y una población de sólo 15 millones de habitantes, la economía chilena es considerada por muchos como la más estable y desarrollada de Sudamérica. Aunque buena parte de su comercio se realiza con otros países latinoamericanos (20%) y con los Estados Unidos (15%), en los últimos años Chile ha empezado a mirar más allá del continente, particularmente a la Comunidad Europea (25%) y Asia (34%).

Además del cobre, Chile exporta otros productos como las frutas, los vinos y las manufacturas.

¿Entendiste bien? ¿Cuál es la clave del éxito de la economía chilena?

II. Funciones y estructuras: *The imperfect subjunctive*

A. Usage

The imperfect subjunctive is the past-tense counterpart of the present subjunctive. It is required when . . .

- the verb in the main clause is in the preterit or the imperfect.

El jefe me **dijo** que **enviara** este fax inmediatamente.
*The boss **told** me **to send** this fax right away.*

- the subject of the main clause is different from the subject in the dependent clause.

A los empleados no les gustó que **la compañía** les redujera las prestaciones en un 10%.
***The employees** did not like that **the company** reduced their benefits by 10%.*

- the verb in the main clause or the conjunction that links the two clauses requires the use of the subjunctive (verbs of advice, request, doubt, denial, emotion, etc.).

El jefe dijo que **nos quedáramos** hasta que **termináramos** de revisar todos los datos.
*The boss told us **to stay** until **we finished** reviewing all the data.*

- it is the condition in a sentence introduced by **si** *(if)*.

Si tuviéramos un equipo más moderno, podríamos hacer nuestro trabajo más eficientemente.
***If we had** more modern equipment, we would be able to do our work more efficiently.*

The imperfect subjunctive in noun clauses

1. Advice, suggestions and requests

El supervisor nos **dijo*** que **revisáramos** todo esto. — *The supervisor **told** us **to go over** all this.*

*Notice that all the verbs in the main clause are in either the preterit or the imperfect tense.

2. Doubt and denial

Dudé* que todos los jefes regionales **pudieran** venir a la reunión. — ***I doubted** that all of the regional managers **would be able** to come to the meeting.*

3. Emotion

Me **alegré*** mucho de que **consiguieras** ese empleo. — ***I was very glad** to hear that **you got** that job.*

The imperfect subjunctive in adjective clauses

Buscaba* una secretaria que **supiera** usar bien la computadora y que **tuviera** varios años de experiencia. — ***I was looking for** a secretary who **knew how** to use the computer well and **had** several years of experience.*

The imperfect subjunctive in adverbial clauses

1. Purpose

El jefe me **dio*** un aumento para que **pudiera** comprar mi casa. — *The boss **gave** me a raise so **I could** buy my house.*

2. **Stipulation**

Los directivos de la compañía **sabían*** que no **podían*** abrir una sucursal en esa ciudad a menos que el consejo municipal les **diera** un incentivo fiscal.

*Company executives **knew** that they **could not** open a branch office in that city unless the city council **offered** them a tax incentive.*

3. **Future contingency**

Mi tío **quería*** trabajar hasta que **reuniera** suficiente dinero para independizarse, pero nunca lo logró.

*My uncle **wanted** to work until **he saved** enough money to open his own business, but he never made it.*

B. Formation

To form the imperfect subjunctive, take the third-person plural of the preterit tense, remove the **-ron** ending, and replace it with the imperfect subjunctive endings. They are the same for all three verb types.

Imperfect subjunctive endings	**-ar** verbs	**-er** verbs	**-ir** verbs
Infinitive	**hablar**	**comer**	**escribir**
Ellos form / preterit	habla**ron**	comie**ron**	escribie**ron**
-ra	habla**ra**	comie**ra**	escribie**ra**
-ras	habla**ras**	comie**ras**	escribie**ras**
-ra	habla**ra**	comie**ra**	escribie**ra**
-ramos	hablá**ramos***	comié**ramos***	escribié**ramos***
-rais	habla**rais**	comie**rais**	escribie**rais**
-ran	habla**ran**	comie**ran**	escribie**ran**

*Notice that a marked accent is needed in the **nosotros** form because it is the only form where the stress falls on the third-from-the-last syllable.

C. Irregular verbs

Since the preterit tense is the basis for the formation of the imperfect subjunctive, all the irregularities in the preterit occur as well in the imperfect subjunctive.

Stem-changing verbs

There are no stem changes for **-ar** or **-er** verbs in the imperfect subjunctive.

Infinitive	Preterit	Imperfect subjunctive
pensar (ie)	**pensaron**	**pensara, pensaras, pensara, pensáramos, pensarais, pensaran**
volver (ue)	**volvieron**	**volviera, volvieras, volviera, volviéramos, volvierais, volvieran**

The stem changes that affect **-ir** verbs in the preterit also affect them in their imperfect subjunctive conjugation.

Infinitive	Preterit	Imperfect subjunctive
competir (i)	**compitieron**	**compitiera, compitieras, compitiera, compitiéramos, compitierais, compitieran**
dormir (u)	**durmieron**	**durmiera, durmieras, durmiera, durmiéramos, durmierais, durmieran**

Orthographic-changing verbs

Infinitive	Preterit	Imperfect subjunctive
leer	**leyeron**	**leyera, leyeras, leyera, leyéramos, leyerais, leyeran**
caer	**cayeron**	**cayera, cayeras, cayera, cayéramos, cayerais, cayeran**
oír	**oyeron**	**oyera, oyeras, oyera, oyéramos, oyerais, oyeran**

Irregular verbs

Infinitive	Preterit	Imperfect subjunctive
estar	**estuvieron**	**estuviera, estuvieras, estuviera, estuviéramos, estuvierais, estuvieran**
hacer	**hicieron**	**hiciera, hicieras, hiciera, hiciéramos, hicierais, hicieran**
ir/ser	**fueron**	**fuera, fueras, fuera, fuéramos, fuerais, fueran**

In some countries an alternative and equivalent form for the imperfect subjunctive is commonly used.

Imperfect subjunctive endings	**-ar** verbs	**-er** verbs	**-ir** verbs
	hablar	**comer**	**escribir**
-se	habla**se**	comie**se**	escribie**se**
-ses	habla**ses**	comie**ses**	escribie**ses**
-se	habla**se**	comie**se**	escribie**se**
-semos	hablá**semos***	comié**semos***	escribié**semos***
-seis	habla**seis**	comie**seis**	escribie**seis**
-sen	habla**sen**	comie**sen**	escribie**sen**

* Notice that a marked accent is needed in the **nosotros** form because it is the only one in which the stressed syllable is the third-from-the-last syllable.

Irregular verbs (example)
decir: dije**se**, dije**ses**, dije**se**, dijé**semos***, dije**seis**, dije**sen**

Asimilación

A. ¿Qué te dijeron tus padres antes de venir tú a la universidad? →← Indica todas las oraciones que te correspondan. Compara tus respuestas con las de otro(a) compañero(a) e identifica las preocupaciones más comunes de los padres norteamericanos.

___ Me dijeron que trabajara duro.
___ Me aconsejaron que tuviera mucha paciencia.
___ Me sugirieron que fuera perseverante.
___ Me prohibieron que fuera a las fiestas.
___ Me pidieron que los llamara con frecuencia.
___ Me recomendaron que escogiera bien a mis amigos.
___ Me dijeron que fuera a la iglesia todos los domingos.
___ Me aconsejaron que tomara clases de lenguas extranjeras.

B. Padres. Completa el párrafo con la información que escuchas.

Cuando era niño, me gustaba mucho que mis padres nos _____ a mí y a mis hermanos a la casa de los abuelos para pasar las vacaciones de verano. Más tarde, prefería trabajar y que ellos me _____ hacer fiestas con mis amigos o que me _____ el coche. Lo único que no me gustaba era que _____ tan estrictos con la escuela, o que no me _____ ver televisión cuando iba mal en alguna asignatura. Pero, bueno, su disciplina me ayudó a obtener buenas calificaciones y a tener éxito en la vida.

Aplicaciones

C. Avances tecnológicos. →← El señor Bill Gates acaba de hacer una presentación en su universidad. Preparen un informe de sus ideas según el modelo.

Modelo: «Quiero que todos usen mis nuevos programas.»
El señor Gates dijo que ***quería*** *que todos* ***usáramos*** *sus nuevos programas.*

El señor Gates dijo:

1. «No dudo que mi plataforma sea la más rápida y efectiva del mercado.»
2. «Les recomiendo que no instalen ninguna otra aplicación en sus computadoras personales.»
3. «Es importante que sigan las instrucciones de instalación cuidadosamente.»
4. «No es necesario que le pongan más memoria a sus equipos.»
5. «Espero que se cambien a Windows 2000 muy pronto.»

D. Justificaciones. →← Tomen turnos haciendo y respondiendo a las preguntas de un jefe furioso por los gastos *(expenses)* de la oficina.

Modelo: —¿Para qué compró esos programas de estadística?
—*Bueno, los compré para que los empleados* ***pudieran*** *hacer sus informes más rápidamente.*

Verbos útiles: ahorrar, aumentar, guardar, sacar, hacer, escribir, dar, producir, tener, poder

Expresiones útiles: más rápidamente, más económicamente, más eficientemente, más seguramente

1. ¿Por qué compró dos impresoras?
2. ¿Para qué compró tanto papel?
3. ¿Para qué compró este contestador?
4. ¿Por qué compró esta fotocopiadora?
5. ¿Por qué compró tantos lápices?
6. ¿Para qué compró estos disquetes?
7. ¿Por qué compró esta cafetera automática?
8. ¿Para qué compró este refrigerador?

E. Nuestra universidad. →← ¿Cómo esperabas que fuera la vida en esta universidad? Piensa por un momento, toma nota de tus ideas y luego discútelas con un(a) compañero(a). ¿Quién tenía expectativas más realistas?

Modelo: *Esperaba que las clases **fueran** más fáciles, que **tuviera** más tiempo libre,… .*

Verbos útiles: ser, tener, trabajar, leer, comer, ver, dar, ir, dormir, estar, poder, saber

Integración

¡A conversar!

F. ¿Qué le dijo la doctora Sabelotodo? →← Lean la siguiente carta que envió una señora al periódico local. ¿Qué creen que recomendó a esta señora la Dra. Sabelotodo? Discutan sus ideas y preséntenlas a la clase.

> Doctora Sabelotodo:
>
> Tengo un problema muy grave. Mi esposo ha cambiado mucho en los últimos meses desde que compramos la computadora. Al principio mis hijos la usaban para jugar o para hacer sus tareas, pero después de un par de semanas, mi esposo organizó una especie de *(a type of)* oficina en el sótano e instaló allí la computadora. Desde entonces, él pasa todo su tiempo libre allí. Prácticamente no sale para nada. ¡Casi ni para dormir! Estoy muy preocupada porque creo que tal vez está teniendo una aventura amorosa por Internet. El problema es que yo soy muy torpe *(slow, stupid)* y no entiendo nada de computadoras. Me gustaría aprender un poco para saber qué es lo que le atrae *(attracts)* tanto a mi esposo de esa máquina, pero la verdad es que me da miedo. Seguramente que esas clases de computación están llenas de muchachitos que se van a burlar *(laugh, make fun of)* de mí. Estoy desesperada *(desperate)*… . ¿Qué hago?
>
> Viuda *(Widow)* Cibernética

Modelo: *Probablemente la doctora Sabelotodo le sugirió a la Viuda Cibernética que tomara un curso de computadoras. Seguramente le dijo que… .*

¡A escribir!

G. Decepciones *(Letdowns).* →← Con un(a) compañero(a) tomen turnos haciéndose las siguientes preguntas. Anoten las respuestas y luego preparen un informe escrito.

1. ¿Te han decepcionado alguna vez?
2. ¿Qué esperabas que hiciera esa otra persona?
3. ¿Y por qué crees que no lo hizo?
4. Si pudieras volver a vivir ese momento, ¿qué le dirías a esa persona?

Modelo: *Una vez su amiga no le prestó el dinero que necesitaba urgentemente. Mi compañero(a) esperaba que ella* ***fuera*** *generosa y que lo* ***ayudara*** *en ese momento difícil. Creo que no confiaba en él (ella) lo suficiente. Si la* ***viera*** *hoy le diría que le dolió su actitud y que le gustaría que* ***creyera*** *más en su amistad.*

III. Guía para la pronunciación

Encadenamiento de palabras. In Spanish, the boundaries between words are hard to determine in normal speech. To facilitate your comprehension and improve your pronunciation, keep in mind the following principles.

Recuerda

The consonant **h** is silent, except after **c.**

- Final consonants are linked with the initial vowel of the next word.

  Vario**s a**migos míos prefieren trabajar desde su**s ho**gares.

  Ellos dicen que trabaja**r e**n casa es bueno porque les da más flexibilida**d e**n su**s ho**rarios.

- Two identical vowels back-to-back are pronounced as one.

  En l**a a**ctualidad, la tecnologí**a ha**ce posible nuevas opciones laborales.

- Two identical consonants back-to-back are pronounced as a lengthened one.

  Mucha**s s**ecretaria**s s**ueñan co**n n**uevas oficinas virtuales.

IV. Lectura: El teletrabajo

Antes de leer

A. Para discutir. →← El teletrabajo es una nueva manera de trabajar que les permite a los empleados trabajar en su casa, gracias a los avances en la tecnología de las comunicaciones.

1. ¿Cuáles son algunas de las ventajas de esta forma de trabajo?
2. ¿Creen que tiene algunos inconvenientes?
3. ¿Qué profesiones consideran aptas *(suitable)* para este estilo de trabajo?

B. Vocabulario y conceptos. Las siguientes son palabras y conceptos claves para la comprensión del texto. Para cada palabra busca la letra que corresponde a su definición.

1.	por cuenta propia	a.	instrumentos con los que se realiza un trabajo
2.	herramientas	b.	soledad, separación, incomunicación
3.	reducir costes	c.	ahorrar, maximizar los recursos y las ganancias
4.	disperso	d.	individualmente, de manera personal e independiente
5.	aislamiento	e.	diseminado, que no está concentrado en un sólo lugar

C. Aplicación. →← Completen las frases con las palabras que aprendieron en la actividad anterior.

1. Prefiero trabajar en grupo porque no me gusta el _____ .
2. Cuadernos, libros y diccionarios son algunas de las _____ de los estudiantes.
3. Los salones de clase en esta universidad están _____ por todo el campus.
4. La profesora nos pidió que contestáramos estas preguntas _____ .
5. Para _____ he decidido mudarme a un apartamento más pequeño.

A leer

La oficina en casa

Una nueva clase laboral aparece con fuerza: los teletrabajadores. Sólo en España son unos 200.000, que se duplicarán dentro de tres años. Los **sindicatos** no los controlarán. Tampoco la ley, pues no existe legislación para este **ejército** de trabajadores a distancia, por cuenta propia o **ajena** cada vez más numeroso.

unions

army

employed by someone else

El teletrabajo, que se configura como una auténtica revolución del siglo XXI, surge del desarrollo de las redes telemáticas como Internet. Y tiene implicaciones en todos los órdenes de la vida.

Las herramientas para teletrabajar son simples: un ordenador conectado a Internet (red de transmisión de información). La actividad se puede realizar desde la casa —el lugar más común—, la oficina del cliente o desde cualquier lugar, si **se dispone** de un ordenador **portátil.**

is available

portable

El teletrabajo despierta expectativas importantes en **empresas** de todo tamaño, que ven en la implementación de este sistema una posibilidad real de reducir costes y optimizar los recursos tecnológicos y humanos.

companies

De hecho, cada vez son más las empresas y entidades que tienen empleados dispersos geográficamente, es decir, que trabajan **alejados** de la ubicación física de la compañía. Se trata de llevar el trabajo al trabajador en vez del trabajador al trabajo.

distant

De esta manera el Consejo Superior de Notariado francés subcontrata servicios jurídicos en Costa de Marfil; empresas de los Estados Unidos contratan a trabajadores en India a mejores precios; Siemens tiene miles de trabajadores en Filipinas en tareas de **telemantenimiento.** Y en España, IBM dispone de más de mil teletrabajadores.

telemaintenance

Los expertos estiman que durante los primeros años del siglo que viene, el 80 por ciento de las empresas tendrán al menos **un tercio** de sus empleados teletrabajando.

one third

Ventajas

Para el trabajador:
- Selección del tipo de trabajo y lugar para vivir
- Más tiempo libre
- Mayor presencia en la familia
- Gran flexibilidad de horario
- Disminución del estrés
- Valoración del trabajo en función de resultados
- Ausencia de control físico por parte del jefe
- Gran oportunidad para los **descapacitados** físicos que no pueden moverse a otro sitio fácilmente.

handicapped

Para la empresa:
- Disminución de los costos generales y de instalación
- Menor espacio para oficinas
- Posibilidad de instalarse fuera de la ciudad
- Aumento de la productividad (trabajo por resultados)
- Acceso al mercado global
- Menos dependencia de factores externos (clima, transporte)
- Dinamización de la planta de empleados

Para la sociedad:
- Disminución de la contaminación por la reducción de los **desplazamientos** en automóvil
- Ahorro energético
- Reducción del desempleo
- Abre posibilidades de desarrollo para las áreas rurales y poblaciones pequeñas y **apartadas.**

trips

distant

Inconvenientes

Para el trabajador:
- Inexistencia de legislación laboral
- Sensación de aislamiento
- Perturbación de la vida familiar si no se delimitan los espacios

Para la empresa:
- Menor control efectivo del trabajador
- Posible filtración de información
- Pérdida de exclusividad sobre los trabajadores

¿Entendiste bien?

D. Ideas y aspectos generales. →← Con un(a) compañero(a) respondan a las siguientes preguntas.

Estrategia de lectura: ***Using Context***
Keep in mind the theme of telecommunications and work.

1. ¿Cuál es la idea principal del texto?
2. Estructura: ¿Cómo está organizado el artículo? (¿Qué partes tiene?)
3. ¿Cuáles son las compañías que menciona el artículo como ejemplos del fenómeno del teletrabajo?

E. Detalles. →← Ahora lean de nuevo el texto y corrijan los errores que contienen las siguientes frases.

Critical Thinking Skills: Evaluating

Determine the accuracy of the following statements.

1. El fenómeno del teletrabajo está desapareciendo.
2. Para el teletrabajo solamente se necesita tener un(a) computador(a).
3. Las empresas pequeñas están en contra de la idea del teletrabajo.
4. Los empleados tienen menos flexibilidad con el teletrabajo.
5. El teletrabajo les cuesta mucho a las empresas.
6. El teletrabajo va a causar muchos problemas ambientales.
7. Los trabajadores se sienten más unidos a la empresa debido al teletrabajo.

F. Actividad de extensión. →← ¿Cómo podrían teletrabajar las siguientes personas? Describan las condiciones y las herramientas que harían posible esta alternativa de trabajo en cada caso. (No tengan miedo de usar la imaginación… . ¡Sean creativos!)

Critical Thinking Skills: Creating and Imagining

Consider the relationship between telecommunications and these professions.

1. un médico
2. un psicólogo
3. un arquitecto
4. un atleta
5. un policía

Modelo: *Para teletrabajar un médico necesitaría… .*

Vocabulario

Los aparatos electrónicos

apagado	*off*
encendido	*on*
No funciona.	*It doesn't work./It's broken.*

Verbos

apagar	*to turn off*
conectar/enchufar	*to plug in*
desconectar/desenchufar	*to unplug*
digitar	*to key in*
halar/jalar	*to pull*
insertar	*to insert*
prender	*to turn on*
presionar/oprimir/pulsar	*to push, to hit*
programar	*to program*

Tema 3
Utopías

I. Vocabulario: Un mundo mejor

—Me gustaría que hubiera menos violencia.
—Sí, deberíamos **respetar** más la vida y ser más tolerantes.

—Tenemos que hacer algo para **proteger** a las **especies en vías de extinción,** ¿no crees?
—De acuerdo. Es nuestra obligación **preservar** el **medio ambiente** para las próximas generaciones.

—¡Es terrible ver cuánta gente en el mundo sufre de **hambre** y vive en la más absoluta **miseria**!
—¿Qué te parece si **nos vinculamos** a algún grupo de **caridad** o **beneficencia**?

—Nadie debería conducir **embriagado.**
—Sí. El gobierno debería **invertir** más en campañas educativas para evitar estas tragedias.

Vocabulario útil

la caridad/ la beneficencia	*charity*
los derechos humanos	*human rights*
la discriminación	*discrimination*
las especies en vías de extinción	*endangered species*
la guerra	*war*
el hambre	*hunger*
la indiferencia	*indifference*
la investigación	*research*
el medio ambiente	*the environment*
la miseria	*extreme poverty*
el odio	*hate*
el respeto	*respect*
la solidaridad	*solidarity*
la violencia	*violence*
embriagado/borracho	*drunk*
tolerante	*tolerant*

Verbos

consumir	*to consume*
evitar	*to avoid*
invertir (ie, i)	*to invest*
pasar hambre	*to go hungry*
preservar	*to preserve*
proteger	*to protect*
respetar	*to respect*
salvar	*to save*
vincularse	*to get involved*

Vocabulario personal:

Asimilación

A. ¿Problema o solución? Usa la tabla para clasificar las palabras.

la contaminación, la investigación, la violencia, la solidaridad, la guerra, el hambre, la tolerancia, las enfermedades, el respeto, la justicia, la discriminación, la indiferencia

Problemas	Soluciones

B. Causa y efecto. Vas a escuchar una serie de situaciones y problemas que nos afectan hoy en día. Para cada una identifica su causa más posible.

___ No existe una distribución justa de la riqueza.
___ No somos tolerantes.
___ No respetamos la vida.
___ Algunas personas irresponsables conducen embriagadas.
___ Abusamos de los combustibles fósiles.

Aplicaciones

C. Adivina. →← Tomen turnos definiendo diferentes palabras del vocabulario. El (La) compañero(a) tiene sólo dos oportunidades para adivinar.

Modelo: —*Es un problema en muchas partes del mundo. Es cuando las personas no tienen qué comer. La gente que tiene este problema está muy delgada y enferma porque no tiene una adecuada nutrición.*
—*¿El hambre?*
—*¡Así es!*

D. ¿Qué podemos hacer? Completa las frases de una manera lógica usando el presente del subjuntivo.

1. Para erradicar la violencia, es necesario que _____ .
2. Para salvar a las especies en vías de extinción, es importante que _____ .
3. Para terminar con el narcotráfico, es urgente que _____ .
4. Para evitar la proliferación del crimen, es mejor que _____ .
5. Para reducir los efectos de la contaminación, es preciso que _____ .

E. Preocupaciones. →← Respondan a las siguientes preguntas y preparen un informe.

1. ¿Cuál de los siguientes problemas es el más grave en este momento?

___ el terrorismo
___ la guerra
___ el hambre
___ la corrupción
___ la contaminación del medio ambiente
___ otro:

2. ¿Qué podríamos hacer nosotros como estudiantes universitarios para ayudar a resolver ese problema? (Den algunos ejemplos concretos.)

Integración

¡A conversar!

F. Las noticias. →← Prepara la siguiente conversación con un(a) compañero(a).

Estudiante A

Acabas de ver las noticias y estás muy preocupado(a) por la proliferación de actos de violencia y terrorismo en todo el mundo. Comenta tus preocupaciones con tu amigo(a) y traten juntos de ver si es posible hacer algo para cambiar esta situación.

Estudiante B

Acabas de ver un reportaje del programa «60 Minutes» sobre la corrupción y estás muy preocupado(a) por la pérdida de valores morales en el mundo. Comenta tus preocupaciones con tu amigo(a) y traten juntos de ver si es posible hacer algo para cambiar esta situación.

¡A escribir!

G. Utopía. →← ¿Cómo serían las noticias si viviéramos en un mundo perfecto? Tomen el periódico local y reescriban los titulares de la primera página para que reflejen esa utopía.

para tu información

Los Premios Nobel chilenos

Chile tiene el gran orgullo de haber producido dos Premios Nobel de Literatura: Gabriela Mistral y Pablo Neruda.

Gabriela Mistral: Nació en Vicuña en 1889. Su verdadero nombre era Lucía Godoy de Alcayaga. Fue una prominente educadora y fue profesora visitante en Barnard y Middlebury College y la Universidad de Puerto Rico. El amor por los niños y por los que sufren fueron los principales temas de su poesía. Recibió el Premio Nobel de Literatura en 1945, convirtiéndose así en la primera persona latinoamericana en recibir esta distinción. Entre sus obras principales tenemos *Los sonetos de la muerte* (1914), *Lecturas para mujeres* (1923) y *Tala* (1938). Gabriela Mistral murió en Nueva York en 1957.

Pablo Neruda: Su verdadero nombre era Ricardo Eliécer Neftalí Reyes Basoalto. Nació en 1904 en Parral. Llamado a veces «el poeta de la humanidad esclavizada *(enslaved)*», Neruda escribió poemas en los que reclamaba reformas sociales. Fue un político activo y llegó a ser senador del Partido Comunista entre 1945 y 1948. En 1971, recibió el Premio Nobel de Literatura. Entre sus obras más importantes encontramos: *Veinte poemas de amor y una canción desesperada* (1924), *Residencia en la tierra* (1926), *España en el corazón* (1937) y *Canto general* (1950). Neruda murió en Santiago en 1973.

II. Perspectivas: Cambio social

Antes de leer

A. Encuesta. →← Respondan a la siguiente pregunta y tabulen las respuestas del grupo.

¿Crees que hay necesidad de hacer reformas en la sociedad norteamericana? Indica la respuesta que mejor corresponde.

Está bien tal como está.	
Puede mejorarse con pequeños cambios.	
Necesita reformas profundas.	
Debe cambiarse radicalmente.	

A leer

Las respuestas en la página 579 son las que los españoles dieron a esta pregunta en 1995.

¿Hay necesidad de hacer reformas en la sociedad española?

Está bien tal como está.	5%
Puede mejorarse con pequeños cambios.	32
Necesita reformas profundas.	47
Debe cambiarse radicalmente.	12
No sabe. No contestó.	4

¿Entendiste bien?

B. Contrastes. Compara estos datos con los que obtuviste en tu grupo. ¿Quienes parecen estar más conformes con su situación: los norteamericanos o los españoles?

C. Para discutir. →← Si pudieran cambiar esta sociedad, ¿qué mejoras o reformas harían? Mencionen las tres cosas más importantes que les gustaría cambiar.

III. Funciones y estructuras: *Referring to nonexistent or hypothetical conditions with the imperfect subjunctive in **si** clauses*

The imperfect subjunctive is also used in **si** clauses to refer to nonexistent, unlikely, or hypothetical conditions necessary for the actions or states in the dependent clause to occur. To create a situation that is nonexistent or unlikely, the verb following the **si** must be in the past subjunctive.

Si **ganara** la lotería, no tendría que trabajar más.	*If I **won** the lottery, I would not have to work anymore.*
Si la matrícula universitaria **fuera** más cara, no podría estudiar.	*If the tuition **were** more expensive, I would not be able to study.*

When the condition expressed in the main clause is considered as really existing or likely to be true in the present, use the present or future tense instead.

Si **mantengo** un promedio de 3.8, puedo/podré solicitar una beca.	*If I **maintain** a GPA of 3.8, I can apply for a scholarship.*

Asimilación

A. ¿Realidad o fantasía? →← Indica si el cambio o la situación es muy probable (MP) o si simplemente se trata de un sueño o una hipótesis (H). Luego confirma tus respuestas con un(a) vecino(a).

1. Si no tuviera hijos, me separaría.
2. Si termino mi carrera en dos años, voy a hacer una fiesta.
3. Si no tuviera coche, no se qué haría.
4. Si pudiera cambiar de especialidad, me gustaría estudiar biología.
5. Si no tuviera que trabajar, tendría más tiempo para estudiar.
6. Si a mi esposo le dan ese aumento, nos vamos de vacaciones.
7. Si me mudara a otra ciudad, extrañaría mucho a mis amigos.
8. Si encuentro otro trabajo mejor, renuncio inmediatamente.

B. Condiciones. Indica la respuesta según la información que escuchas.

1. Terminaría la clase más temprano...
   a. si estuviera un poco cansado(a).
   b. si hiciera buen día.
   c. si prometiéramos aprovechar bien el tiempo.
2. No nos dejará tarea...
   a. si demostramos que hemos aprendido bien el tema del día.
   b. si le traemos un regalo especial todos los días.
   c. si se encuentra de buen humor.
3. No tendrías que presentar un examen final...
   a. si mantuvieras un promedio de 80% en todo el semestre.
   b. si mantuvieras un promedio de 90% en todo el semestre.
   c. si mantuvieras un promedio de 100% en todo el semestre.
4. Te daría una recomendación para una beca para un programa de estudio en el extranjero...
   a. si fueras muy simpático(a).
   b. si le llevaras los libros y el maletín todos los días.
   c. si demostraras interés y mantuvieras un buen promedio.

Aplicaciones

C. Sueños. Completa las frases de manera lógica.

Modelo: Si tuviera más tiempo libre, *haría más ejercicio.*

1. Si (no) estuviera casado(a), _____ .
2. _____ , iría al médico.
3. Si pudiera irme de vacaciones, _____ .
4. _____ , buscaría un trabajo.
5. Si hablara español fluidamente, _____ .
6. _____ , no estudiaría en esta universidad.
7. Si fuera millonario(a), _____ .
8. _____ , sería más feliz.

D. Condiciones. →← ¿Bajo qué circunstancias harías lo siguiente? (Menciona por lo menos dos condiciones.) Compara tus respuestas con las de un(a) vecino(a). ¿Tienen mucho en común?

Modelo: ¿Bajo qué circunstancias te mudarías a otro país?
Me mudaría a otro país si consiguiera un buen empleo y hablara la lengua de ese lugar.

Verbos útiles: permitir, decidir, preferir, ser, estar, sentirse, tener, trabajar, ver, dar, ir, poder, saber

1. ¿Bajo qué circunstancias cambiarías de especialidad?
2. ¿Bajo qué circunstancias te casarías (o te divorciarías)?
3. ¿Bajo qué circunstancias dejarías *(would you leave)* la universidad?
4. ¿Bajo qué circunstancias buscarías un trabajo (o renunciarías al que tienes)?

E. ¿Arriesgado *(Risk-taker)* o prudente? →← Hazle las siguientes preguntas a un(a) compañero(a) para determinar cómo es su personalidad.

1. ¿Qué harías si te invitara a un safari? ¿Irías?
2. Y si te dijera que invirtieras todo tu dinero en una nueva empresa, ¿lo harías?
3. Si conocieras a una persona fabulosa hoy, ¿te casarías con él (ella) la próxima semana?
4. Y si tuvieras un examen la próxima semana, ¿esperarías hasta el fin de semana para empezar a estudiar?
5. Si estuvieras de viaje y te quedara poca gasolina, ¿llenarías el tanque inmediatamente o esperarías hasta la siguiente estación de servicio?

Conclusiones: *De acuerdo a las respuestas de mi compañero(a), creo que se trata/no se trata de una persona* ***arriesgada*** *porque… .*

Integración

¡A conversar!

F. Necesito un(a) compañero(a) de cuarto. →← Prepara la siguiente conversación con un(a) compañero(a).

Necesito un(a) compañero(a).

Estás buscando un(a) compañero(a) de cuarto para compartir los gastos de tu casa. Entrevista a este(a) candidato(a) para saber si es la persona apropiada. (Usa preguntas hipotéticas para saber qué haría en diferentes circunstancias.)

Tú buscas:
- una persona seria
- una persona calmada
- una persona ordenada

Necesito un lugar donde vivir.

Estás buscando un lugar donde vivir y esta persona tiene un espacio disponible. Determina si eres compatible con él (ella).

Usa preguntas hipotéticas para determinar si se trata de una persona...
- extrovertido(a).
- a quien le gustan las fiestas.
- no muy obsesiva con la limpieza.
- a quien no le molesta el ruido.

¡A escribir!

G. ¿Cómo sería el trabajo ideal? Ahora vas a terminar de escribir el ensayo acerca de tus expectativas laborales. En el **Tema 1** escribiste una serie de ideas acerca de cómo sería el trabajo ideal para ti. En este tema vas a explicar o justificar algunas de esas expectativas.

Por ejemplo, si una de tus expectativas fue «Trabajaría en casa», ahora puedes explicar mejor tu idea diciendo: «Si la compañía me permitiera ser un teletrabajador, trabajaría en casa». Si tu expectativa fue «Me gustaría recibir un salario alto», puedes justificarlo diciendo: «Si tuviera muchas responsabilidades, me gustaría un salario alto».

Atajo 

Phrases/Functions: Hypothesizing; Expressing intention; Making transitions; Linking ideas; Writing an essay; Writing an introduction
Vocabulary: Working conditions
Grammar: Verbs: if-clauses **(si)**

Sugerencias

Paso 1: Selección. Selecciona las expectativas que vas a explicar o justificar. (No tienen que ser todas, desde luego.)
Paso 2: Explicaciones y justificaciones. Convierte esas expectativas en oraciones con cláusulas condicionales.
Paso 3: Organización. Organiza tus expectativas en uno o dos párrafos coherentes.
Paso 4: Introducción y conclusión. Escribe una breve introducción y conclusión para tu ensayo.
Paso 5: Revisión. Lee ahora el ensayo completo. ¿Está toda la información que quieres incluir? ¿Está organizado de una manera coherente? ¿Hace falta algún conector o palabra de transición entre las frases (por eso, por lo tanto, en conclusión, etc.)?

Al hacer estas revisiones, intercambien composiciones con un(a) compañero(a) y hagan las revisiones usando las siguientes preguntas como guía.

Correcciones

Paso 1: Contenido. ¿Está toda la información necesaria? Si no es así, ¿qué falta?
Paso 2: Organización. ¿Están claras las expectativas y las condiciones? ¿Hay aspectos o segmentos confusos o vagos? ¿Tiene una buena introducción y conclusión?
Paso 3: Gramática. ¿Detectas algún problema con el uso del imperfecto del subjuntivo? ¿Con el uso del condicional?

IV. Literatura: ¿Cómo estamos respondiendo al cambio?

Antes de leer

A. Para discutir. →← Contesten las siguientes preguntas en grupo.

1. ¿Cómo han cambiado las relaciones entre los hombres y las mujeres en los últimos 50 años en este país? (Discutan temas como el poder, las oportunidades, la independencia, etc. Den algunos ejemplos concretos.)

Modelo: *Antes las mujeres no podían..., pero ahora sí pueden... .*

2. ¿Cómo creen que serán las relaciones entre los hombres y las mujeres en el futuro?

B. Vocabulario y conceptos. →← Las siguientes son palabras y conceptos claves para la comprensión del texto. Para cada una indiquen la letra que corresponde a su definición.

1. el albergue	a. enfermedad, dolencia, problema
2. el mal	b. que se siente en peligro
3. la autonomía	c. falta de afecto, alejamiento
4. amenazado	d. despreciar, excluir
5. rechazar	e. independencia
6. el desamor	f. un tipo de hotel económico, un refugio

C. Aplicación. →← Completen las frases con las palabras que aprendiste en la actividad anterior. (**¡Ojo!** ¡Asegúrense de conjugar los verbos cuando sea necesario!)

1. La gripe es un _____ frecuente durante los meses de invierno.
2. No me gusta esa medicina y por eso siempre la _____ .
3. Como no tengo mucho dinero, voy a pasar mis vacaciones en un _____ .
4. La señora Díaz es muy independiente y defiende mucho su _____ .
5. Siempre me siento un poco _____ cuando camino de noche por el centro.
6. El opuesto del amor es el _____ .

A leer

El albergue de las mujeres tristes (fragmento)

Marcela Serrano

Es una de las escritoras más leídas en este momento en Latinoamérica. Ella nació en Santiago de Chile y es licenciada en grabado *(engraving)* de la Universidad Católica. En 1991 publicó su primera novela *(Nosotras que nos queremos tanto)*, la cual recibió el Premio Sor Juana Inés de la Cruz a la mejor novela latinoamericana escrita por una mujer en 1994. Otras de sus populares obras son *Para que no me olvides* (1993), *Antigua vida mía* (1995) y *El albergue de las mujeres tristes* (1997).

—¿Y cómo se te ocurrió formar el Albergue? —pregunta Floreana mientras comienzan a escalar la **colina,** a la salida del pueblo.

—Mi padre era un hombre muy rico y construyó un hotel en esta isla por puro **capricho,** antes de que estuviera de moda, cuando no existía en este país un concepto del turismo como negocio. Lo recibí de **herencia** a su muerte. Mis hermanos decidieron que yo era la única **chiflada** de la familia que podía **sacarle algún provecho.**

—El lugar es estupendo y tiene una vista privilegiada. Si lo hubieras destinado a un hotel **común y corriente** habrías ganado mucha **plata.**

—No es tan cierto. Tendría clientes sólo en verano. ¿A quién se le ocurriría pasar aquí el invierno? Pero la verdad es que ni el **lucro** ni la hotelería me interesaban.

Floreana **constata** el buen estado físico de Elena a través de la fluidez con que habla, **a pesar del esfuerzo** que significa subir la colina.

—¿Cuándo te vino la idea del Albergue, entonces?

—Cuando detecté un nuevo mal: las mujeres ya no eran las mismas, pero no todos los resultados del cambio las **beneficiaban.**

—**¿O sea?**

—O sea que, alcanzada su autonomía, se quedaron a **medio camino** entre el amor romántico y la desprotección.

—¿Y eso es todo?

—**No deja de ser.** Los hombres se sienten **amenazados** por nuestra independencia, y esto da lugar al rechazo, a la impotencia... y así empieza un círculo vicioso bastante dramático.

—A este rechazo masculino siguen el **desconcierto** y el miedo femeninos; ¿es ésa la idea?

hill
whim
inheritance
crazy / get some benefit from it
average / silver (money)
profit
establishes
in spite of the effort
benefitted
In other words?
half way
It is plenty. / threatened
confusion

distance	—Es que las mujeres viven esta **lejanía** como agresión, lo que a su vez produce más distancia en ellos. ¿Te das cuenta del resultado? Las mujeres **se vuelcan** más hacia
turn	
one's own	adentro, se afirman en **lo propio...**
The moon's face catches on fire.	**—Se quema la cara de la luna.**

Elena la mira interrogante.

—¡Olvídalo! Es parte de la mitología del pueblo **yagán.** (*native group from Tierra del Fuego*)
—Bueno, el resultado es **lisa y llanamente** el desamor —dice Elena categórica. (*plain and simply*)
—Pero lo que no me has respondido es qué te trajo hasta aquí.
—A ver... Todo comenzó cuando partió Fernandina. Abandoné el trabajo político y fui desarrollando **a fondo** (*thoroughly*) mi profesión. Al trabajar a fondo con los problemas sicológicos y culturales de mis pacientes, fui descubriendo que para poder **sanarlas,** (*to heal them*) en este mundo tan complejo, no basta la actividad siquiátrica que yo podía **ejercer** (*to practice one's profession*) en la ciudad, era necesario darle un carácter más sistemático al proceso de recuperación de las mujeres.
—**¡Menuda tarea!** (*What a task!*) ¿Cómo se puede lograr?
—Mis objetivos son modestos. Algo se logra permitiéndoles «socializar» sus **penurias,** (*sadnesses*) contarse sus dramas individuales, los que créeme, siempre terminan siendo colectivos, y generando así una atmósfera de compañerismo.
—¿A condición de estar a más de mil kilómetros de Santiago?
—Ironías aparte, sí. El silencio es vital, Floreana. **Concebí** (*I came up with*) un lugar lejos del **mundanal ruido,** (*mundane noise*) donde las que necesitan recuperar la paz puedan hacerlo para luego **reinsertarse...** (*reintegrate*)
—**A fin de cuentas,** (*At the end*) Elena, ¿qué es el Albergue? ¿Una terapia, una **casa de reposo,** (*sanatorium*) un hotel entretenido, un resort ecológico? ¿Puedes definírmelo?
—El Albergue es lo que tú quieras que sea.

¿Entendiste bien?

D. Aspectos literarios generales. →← Contesten en parejas las siguientes preguntas sobre la lectura.

1. **Personajes:** Describan a cada uno de los personajes que participan en este diálogo. (¿Quiénes son, qué hacen, etc.?)

Critical Thinking Skills: Making Inferences

To make inferences, consider what the characters say and do.

Elena	
Floreana	

2. **Espacio:** ¿Dónde está el albergue? ¿Cómo es?
3. **Temas centrales:**
   a. ¿Quiénes van al Albergue? ¿Por qué?
   b. Completa el diagrama del círculo vicioso del desamor de que habla Elena.

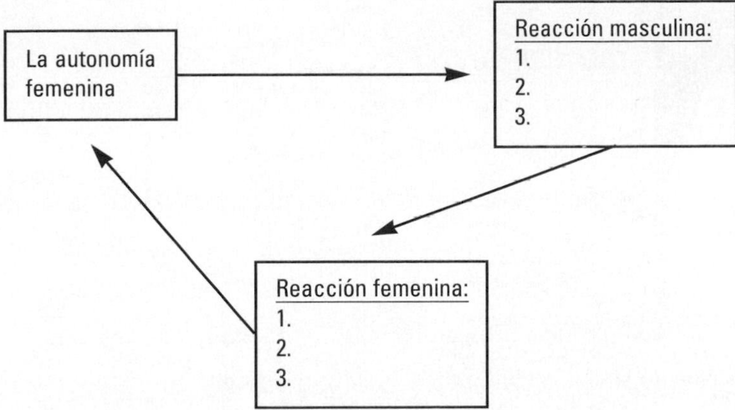

c. ¿Cómo es el tratamiento que ofrece Elena a las mujeres en su albergue?

E. Enfoque lingüístico. El condicional se usa para hacer hipótesis y conjeturas (**trabajaría, vendería, escribiría**, etc.). ¿Puedes encontrar algunos ejemplos del uso de este tiempo verbal en el fragmento de la obra de Serrano?

F. Actividad de extensión. →← Debate: ¿Existe en los Estados Unidos una situación de desamor similar a la que describe Elena? ¿Cómo podrían las mujeres latinoamericanas superar *(to overcome)* ese círculo vicioso?

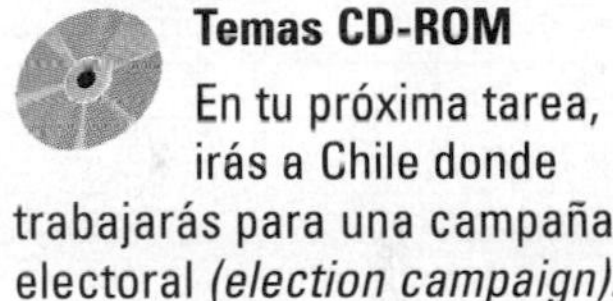

Temas CD-ROM
En tu próxima tarea, irás a Chile donde trabajarás para una campaña electoral *(election campaign).*

Critical Thinking Skills: Making Associations and Evaluating

Consider your observations of relationships in the U.S.

Vocabulario

Un mundo mejor	***A better world***
la caridad/ la beneficencia	*charity*
los derechos humanos	*human rights*
la discriminación	*discrimination*
las especies en vías de extinción	*endangered species*
la guerra	*war*
el hambre	*hunger*
la indiferencia	*indifference*
la investigación	*research*
el medio ambiente	*the environment*
la miseria	*extreme poverty*
el odio	*hate*
el respeto	*respect*
la solidaridad	*solidarity*
la violencia	*violence*
embriagado/ borracho	*drunk*
tolerante	*tolerant*

Verbos	
consumir	*to consume*
evitar	*to avoid*
invertir (ie, i)	*to invest*
pasar hambre	*to go hungry*
preservar	*to preserve*
proteger	*to protect*
respetar	*to respect*
salvar	*to save*
vincularse	*to get involved*

Miami

Los Ángeles

Nueva York

Para comenzar

- La «Pequeña Habana» es un barrio en Miami donde los cubanos se sienten como en su tierra.
- En Los Ángeles hay una gran concentración de personas de origen mexicano y centroamericano, quienes expresan con sus murales aspectos sobresalientes de su historia y de sus preocupaciones actuales.
- En la ciudad de Nueva York hay una comunidad hispana muy numerosa debido a su carácter cosmopolita y a las muchas oportunidades de trabajo que ofrece.

→← Contesten las siguientes preguntas.

- ¿En qué otras áreas de los Estados Unidos hay importantes concentraciones de hispanos?
- ¿Hay algún barrio hispano cerca de su universidad? ¿Lo han visitado?

In this chapter you will...

- review how to narrate and describe in the past;
- review how to give advice and directions;
- review how to make predictions and hypotheses;
- explore the history of Spanish-speaking peoples in the U.S. and learn about their present concerns and aspirations.

CAPÍTULO >>> 12

La herencia hispana

	Tema 1 Historia de la presencia hispana en los Estados Unidos	Tema 2 Abriendo caminos	Tema 3 Desafíos
Lectura	Los antecedentes (primera parte) Los antecedentes (segunda parte)	Cristina: Confidencias de una rubia Bill Richardson: Un hombre de paz	Una nación con la lengua trabada Perspectivas: La identidad «Entró y se sentó», Rosaura Sánchez
Pronunciación		La entonación	
Funciones y estructuras	Talking about the past with the preterit, imperfect, and present perfect (Review)	Giving advice, expressing opinions, and giving commands with the subjunctive (Review) Giving orders with formal commands (Review)	Indicating probability with the future tense and conditional (Review)
Vídeo	Latinos en los Estados Unidos		

ENFOQUE

Los Estados Unidos

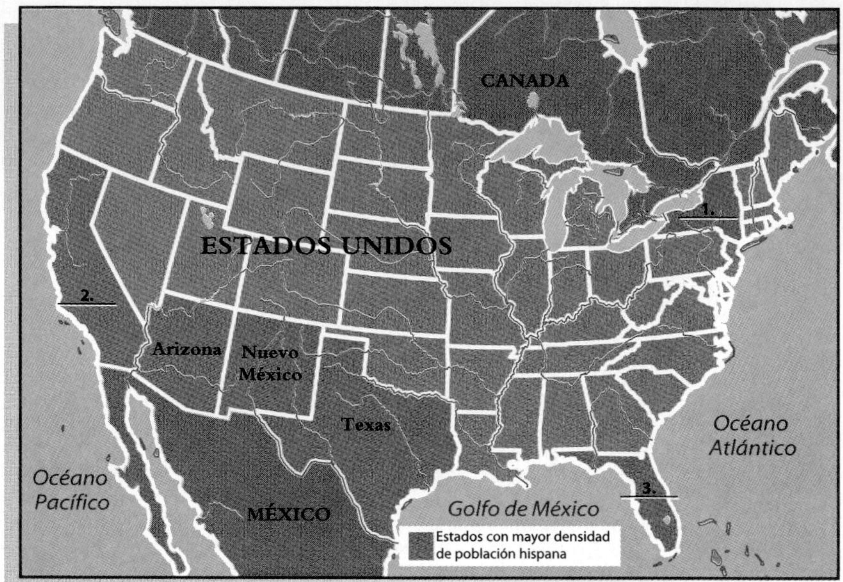

A. En el mapa. Observa el vídeo y luego para cada lugar indica el número que le corresponde en el mapa.

___ área con predominio de inmigrantes de origen **mexicano**
___ área con predominio de inmigrantes de origen **cubano**
___ área con predominio de inmigrantes de origen **puertorriqueño**

B. En el vídeo. Ahora, completa el siguiente cuadro con la información del vídeo.

Número total de hispanos en los Estados Unidos:	
Porcentaje del total de la población:	
Principales países de origen:	

C. Su historia. Pon en orden los siguientes eventos en la historia de los hispanos en los Estados Unidos.

___ anexión de Cuba y Puerto Rico luego de la guerra con España
___ fundación de San Agustín en la Florida
___ toma de Texas luego de la guerra con México
___ firma del Tratado de Libre Comercio para América del Norte con México
___ migración masiva de cubanos

para tu información

Si deseas información acerca de los hispanos en los Estados Unidos, puedes visitar el sitio-web: **http://temas.heinle.com.**

Los orgullos de los hispanos...

Su contribución a la economía del país

Dirigentes empresariales: Roberto Goizueta, Alto ejecutivo de Coca-Cola

Los hispanos han participado en el crecimiento y prosperidad económica de los Estados Unidos con su labor en todos los sectores de la economía.

Su contribución al manejo de los asuntos del estado

Lucille Roybal-Allard, Representante Demócrata a la Cámara por el Estado de California

Los hispanos también han participado en la política y han ocupado importantes cargos *(positions)* públicos.

Su contribución a las artes y los deportes

Gloria Estefan

Keith Hernández

Populares artistas y destacados deportistas a nivel nacional e internacional son de origen hispano.

Historia de la presencia hispana en los Estados Unidos

I. Lectura: Los antecedentes (primera parte)

Antes de leer

A. Para discutir. →← ¿Qué recuerdan de sus clases de historia? Traten de responder a las siguientes preguntas. (Más adelante van a tener la oportunidad de confirmar sus respuestas.)

1. ¿Cuándo llegaron los primeros hispanos a los Estados Unidos?
   a. en el Siglo XVI
   b. en el Siglo XIX
   c. en el Siglo XX
2. ¿Cuáles de las siguientes ciudades fueron fundadas por los españoles? Indica todas las que correspondan.
   a. Miami
   b. El Paso
   c. Santa Fe
   d. Los Ángeles
   e. Denver
   f. San Francisco
3. ¿Cómo se convirtió el estado de Texas en parte de los Estados Unidos?
   a. Fue comprado por los Estados Unidos después de la guerra con México.
   b. Fue ganado por los Estados Unidos a consecuencia de la guerra con México.
   c. Fue fundado por los Estados Unidos antes de la guerra con México.
4. ¿Qué otros territorios fueron anexados a los Estados Unidos después de 1836?
   a. California
   b. Nuevo México
   c. Colorado
   d. Arizona
   e. Utah
   f. Nevada
5. El fenómeno de la inmigración ilegal ha aumentado significativamente desde el año...
   a. 1902.
   b. 1929.
   c. 1965.
   d. 1975.

B. Vocabulario y conceptos. →← Para cada palabra indiquen la letra que corresponde a su definición. (Usen su diccionario si es necesario.)

1. fundar
2. despojar
3. tratado
4. la ciudadanía
5. los braceros

a. crear, establecer, iniciar
b. convenio o acuerdo escrito entre dos gobiernos
c. condición especial (con derechos y deberes) que tienen las personas de un país o nación
d. quitar, robar, tomar sin permiso o sin derecho
e. jornalero, trabajador agrícola no calificado que se emplea por días

C. Puesta en práctica. →← Ahora completen las frases con las palabras del ejercicio anterior. (**¡Ojo!** ¡Tienen que hacer las conjugaciones y/o las adaptaciones necesarias a estas palabras según el contexto!) Al terminar comparen sus respuestas con las de otro grupo.

1. Los españoles _____ la misión de San Diego en 1769.
2. Los conquistadores ______ de su oro a muchos indígenas.
3. Con el ______ Guadalupe-Hidalgo terminó la guerra entre México y los Estados Unidos.
4. En las granjas de California aún se emplean muchos _____ .
5. Los inmigrantes aspiran a obtener la _____ americana.

A leer

Los hispanos en los Estados Unidos

Los primeros hispanos

«El Alamo, escenario de la guerra entre Estados Unidos y México en 1836»

La presencia hispana en Norteamérica no es un fenómeno reciente. **De hecho,** los primeros **asentamientos** europeos en lo que es hoy Estados Unidos **fueron hechos** por los españoles. (El primero de ellos: San Agustín en la Florida, 1565.) De allí los conquistadores continuaron su labor de exploración y colonización hacia el oeste, fundando El Paso (Texas) en 1598, Santa Fe (Nuevo México) en 1609 y la misión de San Diego en 1769. Para el año de 1760, ya había más de 20.000 **colonos** españoles en Nuevo México y unos 25.000 en Texas.

In fact
settlements
were made
settlers

Los mexicanos

México declaró su independencia del control español en el año de 1821. Por esta fecha, muchos **pobladores** anglosajones empezaron a mudarse a lo que es hoy en día el estado de Texas. En 1836, los nuevos colonos proclamaron la independencia de su territorio y le dieron el nombre de República de Texas. En vista de la débil reacción mexicana, y **bajo el amparo** de la doctrina del *Destino Manifiesto,** los ejércitos norteamericanos invadieron México en 1846. La guerra entre los dos países **culminó** con la **firma** del tratado Guadalupe-Hidalgo, según el cual, México **se vio forzado a ceder** casi la mitad de su territorio a los Estados Unidos (incluyendo Texas, California, gran parte de Arizona y Nuevo México, partes de Colorado, Utah y

inhabitants
protected by
ended
signing / was forced to yield

* Expansionist doctrine that dominated U.S. foreign policy during the 19th century.

stipulated / *time limit* / *property* / *non-English speakers* / *in spite of the fact that* / *revolt* / *to flee* / *due to* / *decrease* / *wave / made up* / *coming from* / *western* / *includes*

Nevada). El tratado también **estipuló** que los habitantes de esos territorios tendrían **plazo** de un año para cambiar su nacionalidad. Así pues, en 1847, unos 75.000 mexicanos se convirtieron en ciudadanos de los Estados Unidos.

Aunque el tratado Guadalupe-Hidalgo conservaba los derechos de **propiedad** de los mexicanos, no decía nada acerca de su lengua o su cultura. Entre 1850 y 1900, se aprobaron múltiples leyes de exclusión lingüística que limitaron sistemáticamente el acceso de los **no angloparlantes** al voto, la justicia y la educación. Finalmente, en 1902 el Acta de Reclamación despojó a los hispanos de sus antiguas propiedades (excepto en Nuevo México). Ante condiciones tan adversas (y **a pesar de que** no existían todavía leyes de restricción migratoria), el flujo de mexicanos hacia los Estados Unidos durante la segunda mitad del siglo XIX fue muy limitado.

A principios del siglo XX en México, la dictadura de Porfirio Díaz (1877–1911) generó un gran descontento que terminó en una **revuelta** popular (La Revolución Mexicana, 1910–1917). Muchos mexicanos decidieron entonces **huir** de la difícil situación en su país para establecerse en los Estados Unidos. (Aproximadamente un 30% de la población mexicana emigró hacia los Estados Unidos entre 1910 y 1930.) Estos mexicanos fueron bienvenidos **debido a** la expansión económica y a las necesidades laborales de los Estados Unidos en ese momento. Aunque hubo un **descenso** migratorio durante los años de la depresión (1930–1940), la segunda guerra mundial trajo consigo una segunda **oleada** de inmigración mexicana **compuesta** básicamente de trabajadores agrarios temporales o braceros (unos 350.000 mexicanos por año entre 1951 y 1964).

El constante y voluminoso flujo migratorio de mexicanos hacia los Estados Unidos durante el período de la posguerra llegó a su fin en 1965 cuando este país impuso por primera vez un límite a la inmigración de personas **provenientes** del hemisferio **occidental.** Tales restricciones se tradujeron eventualmente en el preocupante fenómeno de la inmigración ilegal que **abarca** en este momento a unos 5 millones de personas.

¿Entendiste bien?

D. ¡Correcto o no? →← Revisen las respuestas que dieron al **Ejercicio A** de la sección **Antes de leer.**

E. Cronología. →← Completen el cuadro con los eventos principales presentados en el texto.

Los mexicanos

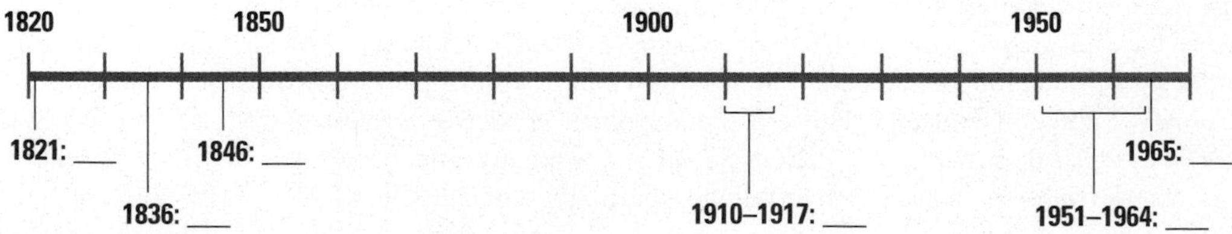

II. Funciones y estructuras: *Talking about the past with the preterit and imperfect (Repaso)*

Recuerda

You've learned about the preterit and imperfect in **Capítulo 5, Capítulo 6,** and **Capítulo 7.**

- The preterit tense is used to talk about completed past events. In these situations when the event occurred is often stated explicitly. **(Hablé con mi hermana hace dos semanas; Marta y yo fuimos al cine el sábado por la noche.)**
- The preterit endings for regular **-ar** verbs are **-é, -aste, -ó, -amos, -asteis, -aron. (Ayer llegaron mis padres.)** For regular **-er, -ir** verbs: **-í, -iste, -ió, -imos, -isteis, -ieron. (Pedro vivió primero en Houston y luego se mudó a Austin.)**
- Many common verbs are irregular in the preterit: **dar (di, diste, dio...), decir (dije, dijiste, dijo...), estar (estuve, estuviste, estuvo...), hacer (hice, hiciste, hizo...), ir** and **ser (fui, fuiste, fue...)**, etc.
- While the preterit is used for narration, the imperfect is used mainly to describe repeated or habitual actions **(Antes trabajaba en Nueva York.)**; physical, mental, or emotional states **(No me gustaba mi jefe porque era injusto.)**; or to talk about ongoing actions in the past **(Trabajaba y estudiaba al mismo tiempo.)**.
- The imperfect endings for regular **-ar** verbs are **-aba, -abas, -aba, -ábamos, -abais, -aban. (Antes estudiaba medicina.)** For regular **-er, -ir** verbs: **-ía, -ías, -ía, -íamos, -íais, -ían. (Yo tenía muchos amigos en esa escuela.)**
- There are only three irregular verbs in the imperfect: **ser (era, eras, era...), ir (iba, ibas, iba...)** and **ver (veía, veías, veía...)**.

A. Hablando del pasado. →← Encuentren en el artículo (pp. 591–592) por lo menos dos ejemplos del uso que hizo el autor del **pretérito** para hablar de acciones completas en el pasado y del **imperfecto** para hacer descripciones o para referirse a acciones habituales.

Acciones completas	Acciones habituales, descripciones
—En 1810 el padre Miguel Hidalgo y Castilla comandó en México una revuelta contra España.	*—El tratado Guadalupe-Hidalgo preservaba los derechos de propiedad de los hispanos.*

B. ¿Cómo era su vida antes de venir a los Estados Unidos? →← Identifiquen a una persona de origen extranjero (preferiblemente hispano) y háganle una entrevista para averiguar cómo era su vida antes de venir a este país. Usen el siguiente cuadro como guía.

su casa	**Modelo:** ***Vivía*** *en un pueblo cerca de la capital.*
su familia	
sus amigos	
su trabajo	
su vida en general	

C. ¿Cómo llegó a este país? →← Hagan un recuento del proceso de salida y llegada de este(a) inmigrante a los Estados Unidos.

Sugerencias

Recuerda que puedes usar conectores tales como: **primero, después, más tarde, luego, también, finalmente.**

Modelo: *Primero, **vendió** su casa, después... .*

D. ¿Cómo le fue en los Estados Unidos? →← Ahora completen la narración hablando sobre la vida de este(a) inmigrante después de su llegada a este país.

Sugerencias

Como guía para su composición, piensen en las siguientes preguntas.

¿Dónde se estableció este(a) inmigrante?
¿Qué trabajo obtuvo?
¿Se casó?
¿Tuvo hijos? etc.

Verbos útiles: comprar, establecerse, empezar, aprender, estar, hacer, poder, tener, obtener, ser.

Recuerda

Save your composition, since it will be expanded and revised in the next section.

III. Lectura: Los antecedentes (segunda parte)

Antes de leer

A. Para discutir. →← ¿Saben Uds. de dónde son las siguientes personalidades?

1. Desi Arnaz
2. Sally Jessy Raphael
3. Gloria Estefan
4. Andy García
5. Geraldo Rivera

B. Vocabulario y conceptos. →← Para cada palabra indiquen la letra que corresponde a su definición. (Usen su diccionario si es necesario.)

1. la conquista
2. otorgar
3. refugiado
4. un enclave
5. la represión

a. cuando se detiene un movimiento colectivo por medio de la violencia
b. persona que busca (o encuentra) asilo en otro país debido a una guerra o un problema político
c. proceso por el cual se gana o toma posesión de un territorio por medio de las armas
d. una región o territorio especial
e. dar, entregar

C. Puesta en práctica. →← Ahora completen las frases con las palabras del **Ejercicio B.** Al terminar comparen sus respuestas con las de otro grupo.

1. Muchos pobladores indígenas de América murieron durante el período de la _____ .
2. En países donde no se respetan los derechos humanos hay mucha _____ .
3. El barrio chino es un _____ de cultura asiática en la ciudad.
4. Los padres de mi amiga Liliana llegaron a este país como _____ .
5. A este inmigrante le van a _____ un préstamo especial para que compre su primera casa.

A leer

Los hispanos en los Estados Unidos

El grupo puertorriqueño

Los puertorriqueños, como los mexicanos, se convirtieron en ciudadanos americanos **en virtud de** conquistas militares. Después de la guerra entre España y los Estados Unidos en 1898, Puerto Rico se convirtió en una posesión de los Estados Unidos en virtud del Tratado de París. Aunque en un principio no se le dio ciudadanía a todos los habitantes de la isla, el Acta Jones de 1917 no sólo le otorgó la ciudadanía americana a todos los puertorriqueños, sino que también permitió el libre tránsito entre la isla y el continente. Ya para 1920 el número de puertorriqueños en ciudades como Nueva York era muy significativo.

by virtue of

Los cubanos

Al igual que Puerto Rico, Cuba se convirtió en posesión de los Estados Unidos (EEUU) en 1898 después del Tratado de París, dando fin a 387 años de control español. A diferencia de Puerto Rico, Cuba **se mantuvo** como territorio sólo por un corto tiempo, logrando su independencia en 1902. El gran **flujo** migratorio de cubanos hacia los EEUU **tuvo lugar** con la llegada de Fidel Castro al poder en 1959. Gran cantidad de profesionales y capitalistas buscaron refugio temporal en los Estados Unidos. La migración masiva fue detenida por Castro en 1973 y sólo hasta 1980 se le permitió la salida a 130.000 refugiados más hacia los EEUU (en la **controvertida** operación «Mariel», dada la inclusión en este grupo de un cierto porcentaje de **presidiarios** y enfermos mentales). Hoy en día hay más de un millón de cubanos en los EEUU, especialmente en la Florida, pero con enclaves importantes también en California, Illinois, Massachusetts, Nueva York y Nueva Jersey. Aunque muchos de los primeros refugiados pensaban volver a Cuba, la continuación del régimen socialista de Fidel Castro ha llevado a que muchos concluyan que no van a poder regresar, y a hacerse ciudadanos americanos. Hoy en día, el grupo cubano es quizás el grupo hispano que mejor se ha integrado y que más éxito ha tenido en los Estados Unidos.

remained
flow
took place
controversial
convicts

Otros grupos

En diferentes momentos de la historia, diferentes olas migratorias han llegado de otros países latinoamericanos como Nicaragua, Colombia, la República Dominicana, Guatemala, Honduras y el Salvador. Más de la mitad han llegado a los EEUU a partir de 1970 **debido a** la situación de violencia, guerra civil, pobreza y represión de sus países de origen.

due to

¿Entendiste bien?

D. Cronología. Completen el cuadro con los eventos principales presentados en el texto.

Los puertorriqueños y los cubanos

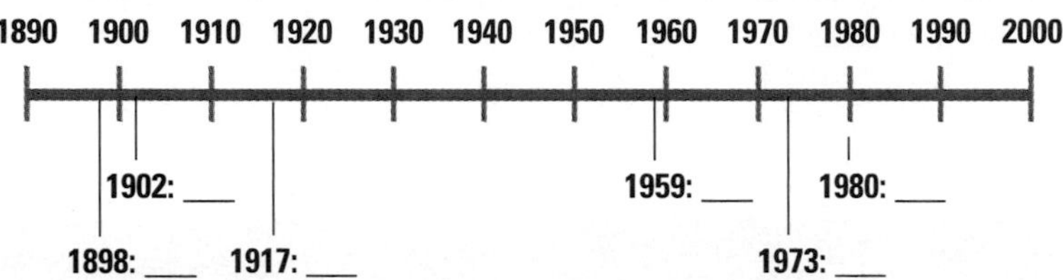

IV. Funciones y estructuras: *Talking about the past with the present perfect* ***(Repaso)***

Recuerda

You learned about the present perfect tense in **Capítulo 9.**

- The present perfect tense is used to refer to past events closely related to the present. **(Hemos vivido en este país por diez años, Esteban ha progresado mucho en los últimos años.)**
- The present perfect tense is formed with the present tense of the auxiliary verb **haber (he, has, ha, hemos, habéis, han)** and the past participle of the main verb **(-ado/-ido: cantado, bebido, dormido).**
- There are a number of common verbs with irregular past participle forms: **decir/dicho, escribir/escrito, hacer/hecho, poner/puesto, ver/visto**, etc.

A. Pasado y presente. Encuentren en el artículo (p. 595) por lo menos dos ejemplos del uso que hizo el autor del **presente perfecto** para hablar de acciones del pasado que tienen una proyección o impacto en el presente.

Acciones iniciadas en el pasado que continúan en el presente
*—La continuación del régimen socialista de Fidel Castro **ha llevado** a que muchos concluyan que no van a poder regresar.*

B. Los logros de los inmigrantes hispanos. Completen las siguientes frases con la forma apropiada del verbo entre paréntesis.

1. En este país, muchos hispanos han _____ (conseguir) buenos empleos.
2. Otros han _____ (abrir) sus propios negocios.
3. Bastantes han _____ (hacer) estudios superiores.
4. Desafortunadamente, algunos no han _____ (alcanzar) sus metas todavía.
5. Algunos han _____ (tener) que pasar muchas dificultades.
6. Otros han _____ (volver) a sus países de origen.
7. Sin embargo, todos han_____ (poner) todo de su parte para salir adelante.

C. ¿Qué ha hecho desde que llegó? Continúen la composición que empezaron en la sección anterior sobre las experiencias de un(a) inmigrante en los Estados Unidos. ¿Qué logros ha alcanzado esta persona desde su llegada a este país?

Modelo: *Ha logrado establecer muy bien un negocio en la Florida.*

Sugerencias
Puedes usar estos verbos en tu composición: **abrir, hacer, trabajar, ganar, establecer, aprender, criar, estudiar, disfrutar, prosperar.**

Ahora, revisen su trabajo con la ayuda de la siguiente guía.

Correcciones
Intercambien el primer borrador de su composición con otro grupo y respondan a las siguientes preguntas.

Paso 1: Contenido. ¿Está completa la información acerca de la vida del inmigrante? Si no es así, ¿qué falta?

Paso 2: Organización. ¿Está clara la secuencia de eventos? ¿Usaron los conectores adecuados? ¿Hay aspectos o segmentos confusos o vagos? ¿Cómo se podrían mejorar? (Presenta sugerencias concretas.)

Paso 3: Gramática. ¿Usaron el pretérito para la narración de los eventos en la historia? ¿Usaron el imperfecto para hacer descripciones, hablar de acciones habituales o de acciones en progreso? ¿Usaron el presente perfecto para referirse a acciones con impacto en el presente?

Revisen su composición y entréguensela a su profesor(a) en la próxima clase.

Atajo

Phrases/Functions: Talking about past events; Linking ideas; Describing the past
Vocabulary: Traveling; House; Working conditions
Grammar: Verbs: preterite; Verbs: imperfect; Verbs: past participle

D. Actividad de extensión. Investiga la biografía de un(a) inmigrante sobresaliente y preséntala oralmente en clase. Indica...

- de dónde vino
- qué hacía antes de llegar a este país
- qué logros ha alcanzado

Critical Thinking Skills: Researching
Investigate information about a Hispanic immigrant's true experience.

V. Vídeo: Latinos en los Estados Unidos 

Preparación

A. Expectativas. →← En este vídeo vas a encontrar información acerca de la vida de los hispanos en los Estados Unidos. ¿Qué palabras esperas escuchar? Prepara una lista con la ayuda de otros compañeros.

Estrategia de comprensión: *Anticipating*
What do you expect these people to talk about?

B. Vocabulario y conceptos. Busca en el diccionario el significado de las siguientes palabras y formen una frase con cada una de ellas para hablar de los hispanos en los Estados Unidos.

presencia	orgullo
influir	comunidad
raíces	apoyo

Ahora observa el vídeo. Concéntrate primero en comprender las ideas generales.

Estrategia de comprensión: *Anticipating*
Before playing the video, read the questions in **Ejercicios C** and **D** and concentrate only in locating that information during the first viewing.

¿Entendiste bien?

C. Ideas centrales. Completa las siguientes frases que resumen el tema del vídeo.

1. En este momento hay unos _____ de hispanos en los Estados Unidos.
2. Los hispanos han tenido influencia en los siguientes aspectos de la vida norteamericana (menciona por lo menos tres): _____ , _____ , _____ .
3. Los estados con mayor concentración de hispanos son _____ , _____ , _____ y _____ .
4. Los principales grupos hispanos son _____ , _____ y _____ .

D. Datos importantes. Observa de nuevo el vídeo. Concéntrate ahora en comprender algunos de los detalles más importantes.

1. San Antonio conserva sus raíces _____ .
2. _____ de la población de San Antonio es méxico-americana.
3. En 1836 México perdió _____ , en 1848 perdió _____ y en 1853 perdió _____ .
4. En Los Ángeles viven hoy casi _____ de hispanos.
5. La mayoría de los hispanos en Los Ángeles son de origen _____ y _____ .
6. Los Ángeles es considerada la _____ más grande del mundo.
7. Según algunos, Miami es _____ de América Latina.
8. La mayoría de los hispanos en Miami huyeron de Cuba en los años 60 por motivos _____ y _____ .
9. Casi _____ de latinos viven en Nueva York y muchos son de _____ .
10. Hacia el año 2000, un _____ por ciento de la población de los Estados Unidos será de origen latino.

E. Experiencias. Escoge uno(a) de los personajes entrevistados y escribe su biografía. (¿De dónde es originalmente? ¿Cuántos años tiene? ¿Qué hace? ¿Hace cuánto que vive en este país? ¿Cuáles son sus pasatiempos favoritos? ¿Qué aspiraciones tiene?, etc.)

Nombres de los entrevistados: Isidra Martínez, Alberto Patiño, Carmen Guerrero, Mónica Guzmán, Mauricio G. Bermúdez

Abriendo caminos

I. Lectura: Cristina Saralegui

Antes de leer

A. Para discutir. →← Preparen la lista de las mujeres más conocidas de este país y expliquen por qué las consideran tan prominentes. (¿Qué han hecho? ¿Cuáles han sido sus logros?, etc.)

Personaje	Logros y actividades

B. Vocabulario y conceptos. →← Para cada palabra indiquen la letra que corresponde a su definición. (Usen su diccionario si es necesario.)

1. la confidencia
2. el refugiado
3. asombroso
4. las barreras
5. el pionero
6. destacarse

a. una persona que a causa de una guerra o conflicto político tiene que buscar asilo en otro país
b. individuo que le abre el camino a otras personas
c. sobresalir, ser prominente
d. la revelación de algo que es secreto
e. sobresaliente, notable, excelente
f. impedimentos, obstáculos

C. Puesta en práctica. →← Ahora completen las frases con las palabras del **Ejercicio B.** Al terminar comparen sus respuestas con las de otro grupo.

1. Elizabeth C. Stanton, Susan B. Anthony y Lucrecia C. Mott fueron _____ de los derechos de la mujer en los Estados Unidos.
2. Oprah Winfrey _____ no sólo por su labor como presentadora, sino también por su labor social.
3. Para vencer *(overcome)* las _____ que se nos presentan en la vida debemos tener paciencia y optimismo.

A leer

¡Cristina!: Confidencias de una rubia

Cristina Saralegui

En su programa de televisión —el de mayor teleaudiencia en el mundo, que se trasmite cinco veces a la semana— Cristina **desnuda** no sólo las vidas de los famosos, sino también las de las personas **comunes y corrientes** que invita a su programa. Ahora, la cubana

uncovers

common, average

refugiada, que se destacó hasta llegar a ser una de las más brillantes y exitosas mujeres del mundo, nos cuenta su propia vida y lo hace a su manera, en una forma espontánea y totalmente inolvidable.

Conozca a Cristina, la ***superestrella*** — *superstar*

La nieta del primer Zar de los editores de Cuba... Levantó vuelo hacia los Estados Unidos después de la revolución de Fidel Castro, siendo **apenas** (*only*) una adolescente. Todavía muy joven, Cristina trabajó y logró ascender en una empresa de medios de comunicación en español con **sede** (*headquarters*) en los Estados Unidos, y eventualmente **tomó las riendas** (*took charge*) editoriales de *Cosmopolitan en español*. Bajo su dirección esta revista llegó a ser una fuerza determinante para la mujer que trabaja y logró establecerla como la segunda publicación en importancia en América Latina. Después de diez años como directora de *Cosmopolitan*, Cristina **dio un salto** (*jumped*) intrépido en su carrera, creando y siendo **anfitriona** (*hostess*) de su propio programa de televisión, «El Show de Cristina», el cual ha logrado desarrollar y convertir en un éxito fenomenal que hoy es visto por una teleaudiencia de cien millones de personas a **nivel** (*level*) mundial.

Amiga y confidente de celebridades, tanto dentro como fuera del mundo hispano, Cristina también es anfitriona de un programa radial que es escuchado en toda la América Latina. Además, Cristina es la directora de *Cristina La Revista*, la cual es leída **ávidamente** (*avidly, with great interest*) todos los meses por miles de **fieles** (*loyal*) fanáticos.

Conozca a Cristina, la mujer

Cristina emergió de un **fracaso matrimonial;** (*failed marriage*) no obstante, hoy cuenta a su ex-esposo entre sus amigos. Después se casó con un hombre once años más joven que ella, Marcos Ávila, uno de los miembros fundadores del conjunto musical Miami Sound Machine, **forjándose** (*building*) una nueva vida, vibrante y **plena.** (*full*) Hoy sigue siendo una mujer muy real y **se mantiene** (*stays, remains*) tan natural como cualquier otra persona.

Conozca a Cristina, el dínamo que inspira

Pionera, modelo y guía para todas las mujeres, particularmente para las latinas, Cristina ofrece consejos basados en experiencias de su propia vida y en la sabiduría que **ha adquirido** (*has acquired*) **a través** (*through*) del tiempo —sobre cómo **superar** (*to overcome*) las barreras de la discriminación racial y sexual, cómo criar y educar a los hijos, cómo lograr mantener un matrimonio feliz y **duradero** (*lasting*) y cómo avanzar en años con clase y dignidad.

Vibrante y seductora, íntima e inspiradora... Ésta es Cristina, **expuesta** (*exposed*) como solamente ella lo puede hacer.

«Siempre se nos dice que ‹Querer es poder›, pero nadie nos explica cómo y de qué forma es posible querer hasta poder. Yo quiero contarles cómo yo lo hice. Y si alguien quiere seguir el camino que ya yo he andado, ¡aquí está! No solamente está **lleno** (*full*) de gloria y de fama, de riqueza y de situaciones bellas. Está lleno de **baches,** (*potholes*) de **espinas** (*thorns*) y a veces hasta de **lodo.** (*mud*) ¡Está lleno de temores! Está lleno... de todo. Pero eso es la vida.» —Cristina Saralegui

Testimonios

«Por casi veinte años he tenido el privilegio de llamar a Cristina ‹mi amiga›. Ella es un testimonio viviente de lo que uno puede llevar a cabo con talento, persistencia y determinación. Estoy muy feliz que el mundo entero pueda conocer ahora lo que sus amigos y asociados ya conocíamos desde hace mucho; que Cristina es una **asombrosa** (*amazing*) mujer que a través de su ejemplo ha demostrado que las mujeres podemos ser capaces de hacerlo todo, o por lo menos todo lo que **propongamos** (*we intend*) hacer.» —Gloria Estefan

«¡Cristina! *Confidencias de una rubia* es una historia de éxito. Escrita con la valentía y honradez que la caracteriza... con sentido de humor y su gran amor a la vida.» —Carolina Herrera

«Cristina cuenta su vida con la misma gracia, honestidad e inteligencia con que conduce su popular programa de televisión. Este libro es tan entretenido como una conversación íntima con ella.» —Isabel Allende

¿Entendiste bien?

D. ¿Cierto o falso? →← Indiquen si las frases corresponden con la información en el artículo. Si hay errores, corríjanlos.

1. Cristina nació en Puerto Rico.
2. Cristina viene de una familia humilde.
3. Cristina está casada con un médico cubano.
4. El programa de televisión de Cristina se llama *Confidencias de una rubia.*
5. Cristina conduce también un programa de radio.
6. Cristina tiene además una revista.
7. La vida de Cristina siempre ha sido fácil.
8. En sus testimonios, los amigos de Cristina dicen que ella es simpática.

E. ¿En qué orden sucedieron los hechos? →← Organicen los siguientes eventos en la vida de Cristina.

___ Escribió el libro *Confidencias de una rubia.*
___ Se casó con Marcos Ávila.
___ Manejó a nivel editorial la revista *Cosmopolitan en español.*
___ Salió de Cuba.
___ Empezó su carrera en la televisión.

F. Para discutir. →← Escojan una de las siguientes preguntas y presenten un resumen de sus respuestas al resto de la clase.

1. ¿Cuál de las experiencias en la vida de Cristina les parece más importante o interesante? ¿Por qué?
2. ¿Por qué se dice que Cristina es un modelo para las mujeres latinas en los Estados Unidos? ¿Están de acuerdo? ¿Por qué?
3. ¿Les gustaría tener a Cristina como amiga? ¿Qué otras personalidades del mundo de la televisión les gustaría conocer? Expliquen por qué.
4. Si tuvieran la oportunidad, ¿qué temas le recomendarían a Cristina para su programa? Justifiquen sus respuestas.

G. Aspectos lingüísticos. →← Completen las siguientes actividades sobre el lenguaje de la lectura. Según el contexto, ¿qué significan las siguientes expresiones?

Estrategia de lectura: *Guessing from Context*
Keep in mind the context of telling about one's life.

1. Cristina **levantó vuelo** hacia los Estados Unidos después de la revolución de Fidel Castro.
   a. Emigró. b. Tomó un avión. c. Compró un boleto.
2. Cristina emergió de un fracaso matrimonial; no obstante, hoy **cuenta a su ex-esposo entre sus amigos.**
   a. Le dice todos sus problemas a él. c. No se lleva muy bien con él.
   b. Tiene una relación cordial con él.
3. Cristina ofrece consejos basados en experiencias de su propia vida y en la sabiduría que ha adquirido a través del tiempo —sobre... cómo **avanzar en años** con clase y dignidad.
   a. Progresar en los estudios. c. Envejecer, ser más viejo(a).
   b. Tener éxito en la vida.

II. Funciones y estructuras: *Giving advice and expressing opinions with the subjunctive (**Repaso**)*

For giving advice

Recuerda

You can review uses of the subjunctive in **Capítulo 9** and **Capítulo 10.**

- The subjunctive can be used to give advice: **Es mejor que prepares una hoja de vida, Te recomiendo que te prepares bien para la entrevista de trabajo.**
- The present subjunctive is formed by dropping the **-o** ending of the first-person singular of the present indicative and adding (for **-ar** verbs) the endings: **-e, -es, -e, -emos, éis, en**; and for **-er/-ir** verbs the endings: **-a, -as, -a, -amos, -áis, -an.**
- Some verbs have orthographical changes in the present subjunctive: **buscar/busque, llegar/llegue**, etc.
- The irregular verbs in the subjunctive are: **dar (dé, des, de...), estar (esté, estés, esté,...), ir (vaya, vayas, vaya,...), saber (sepa, sepas, sepa...), ser (sea, seas, sea...).**

Other uses of the subjunctive

The subjunctive is used to express emotion, doubt, and negation and to talk about nonexistent or hypothetical situations.

Al público le encanta que Cristina **haga** programas sobre temas de familia.
Dudo que Cristina **piense** separarse de su esposo.
No creo que Cristina **viva** en Nueva York.
Cristina está buscando un asistente que **sepa** hablar bien inglés y español.

The subjunctive in adverb clauses

The subjunctive is also used after conjunctions such as **a fin de que, para que, con tal de que, hasta que, cuando,** etc.

Cristina realiza sus programas para que el público hispano **tenga** más información.
Cristina piensa hacer una gira por Latinoamérica cuando **termine** su siguiente libro.

A. Consejos. →← ¿Qué creen que respondería Cristina a los siguientes problemas de los invitados a su programa?

1. No consiguen trabajo.
2. Sus hijos tienen problemas de adicción.
3. Sus esposos ya no son tan cariñosos.
4. Quieren encontrar al hombre (o la mujer) de sus sueños.
5. Sufren discriminación en su trabajo.

B. Reacciones. →← Completen las frases de una manera lógica.

Opciones: ayudar y promover el talento hispano, conocer los detalles íntimos de su vida, llevarse mal, ser mucho menor que ella, ser sinceros y leales, tener éxito por muchos años más, tratar de temas controvertibles

1. A Cristina no le molesta que la gente _____ .
2. Cristina niega que ella y su ex-esposo _____ .
3. A Cristina le gusta que sus programas _____ .
4. Cristina quiere tener una empresa que _____ .
5. A Cristina no le preocupa que su esposo _____ .
6. Cristina espera que su programa _____ .
7. Cristina siempre busca amigos que _____ .

C. Los planes de Cristina. →← Completen las frases con la forma apropiada del verbo entre paréntesis.

1. Cristina piensa trabajar hasta que _____ (tener) ochenta años.
2. Cristina usa lenguaje directo para que la gente _____ (comprender) bien su mensaje.
3. Cristina no va a participar en política a menos que su público se lo _____ (pedir).
4. Cristina va a escribir otro libro cuando _____ (terminar) su gira por Latinoamérica.
5. Cristina no piensa regresar a Cuba a menos que _____ (cambiar) el gobierno en la isla.

D. Más problemas y soluciones. →← Cada grupo va a preparar una carta para enviarla a *Cristina, La Revista* para pedir consejo sobre un problema real o imaginario. Al terminar, intercambien papeles con otro grupo y respondan a la carta como si fueran los asistentes de Cristina.

Critical Thinking Skills: Creating

Think of situations that would be appropriate for this context.

Modelo:

Querida Cristina,

Mi esposo y yo llevamos dos años de casados y aunque al principio él era muy cariñoso, hoy en día escasamente recuerda la fecha de mi cumpleaños. Cuando le pregunto, él me dice que me quiere, pero sus palabras no son suficientes para mí. Estoy muy triste y deprimida. ¿Qué me aconseja?

Estela C.,
Tegucigalpa, Honduras

Querida Estela,

Su esposo está pasando un período de apatía. Lo más importante en este tipo de casos es la comunicación. Le recomiendo que hable honestamente con él y que le explique sus necesidades y expectativas. Si esto no funciona, entonces le aconsejo que busque la ayuda de un profesional para que le ayude a superar esta crisis. Buena suerte.

Cristina

Critical Thinking Skills: Evaluating and Judging

Determine why this person's achievements are noteworthy.

E. Actividad de extensión. Identifica a una mujer destacada en tu comunidad. Presenta una breve biografía de esta persona y explica por qué es importante.

III. Guía para la pronunciación

La entonación. Intonation is the defining sound or "music" of a language and is the result of the rising or falling of the pitch and of the stress placed on different syllables and words.

In Spanish, stress is normally placed on the next-to-the-last syllable of a word ending in a vowel, *-n,* or *-s.* Infinitives and other words ending in a consonant are stressed on the last syllable. Articles, one-syllable words and exclamations are not stressed. Accent marks are used to indicate stress when a word doesn't follow these patterns.

Cris**ti**na comen**zó** a traba**jar** **de**sde muy **jo**ven.

Simply by raising the intonation at the end of a sentence you turn it into a yes/no question.

Cristina nació en Cuba. ¿Cristina nació en Cuba?

Cristina es una presentadora de televisión. ¿Cristina es una presentadora de televisión?

Remember that intonation falls when the question begins with an interrogative word.

¿Dónde vive Cristina? ¿Cómo se llama su libro?

IV. Lectura: Bill Richardson

Antes de leer

A. Para discutir. →← Contesten las siguientes preguntas en grupo.

1. ¿Qué diplomáticos sobresalientes conocen Uds.?
2. ¿Qué cualidades se necesitan para ser un(a) buen(a) diplomático(a)?

B. Vocabulario y conceptos. →← Para cada palabra indiquen la letra que corresponde a su definición. (Usen su diccionario si es necesario.)

1. afable
2. la paz
3. entrar en razón
4. la amenaza
5. la confianza

a. sentimiento de seguridad, esperanza
b. unión, concordia, armonía
c. empezar a actuar de manera menos emocional y más racional
d. actos o palabras que indican que queremos hacerle algún mal a alguien
e. simpático, amigable

C. Puesta en práctica. →← Ahora completen las frases con las palabras del **Ejercicio B.** Al terminar comparen sus respuestas con las de otro grupo.

1. La _____ no será posible sin la colaboración de todos.
2. A pesar de *(In spite of)* los esfuerzos, a veces es imposible hacer que las partes en conflicto _____ .

A leer

Bill Richardson: Un hombre de paz

Wanda Negrón Cruz

Como embajador de Estados Unidos en las Naciones Unidas, este hispano carismático y experto en diplomacia ha logrado liberar cientos de **rehenes,** hacer la paz donde había guerra y entrar en razón a **temibles** dictadores.

hostages
terrible

Su nombre es Bill Richardson, pero sus amigos y enemigos lo llaman con respeto el **trotamundos** porque ha andado hasta los **confines** del mundo para **evitar** la guerra y hacer la paz. En el pasado, lo hizo como **enviado especial** de **buena voluntad** del presidente de Estados Unidos, Bill Clinton, aún siendo representante demócrata en el Congreso por el estado de Nuevo México. Hoy*, este abogado de raíces mexicoamericanas que hizo la diplomacia su carrera, lo hace como embajador de los EEUU en la Organización de las Naciones Unidas (ONU), el primer hispano que **ostenta** el más alto **cargo** en el **gabinete** de un presidente en los Estados Unidos.

globetrotter / ends / to avoid / special envoy / good will
holds
job, position / cabinet

«Mi prioridad siempre ha sido la paz, la democracia, el respeto por las culturas y por los derechos humanos, el desarrollo de las naciones y el cuidado a la naturaleza», afirma Richardson, uno de los principales **asesores** de Clinton en política exterior.

advisors

Y claro que ha logrado sus **propósitos...** Su carismática personalidad y su eterna y afable sonrisa han **desarmado** al más cruel dictador. Nada lo ha intimidado. Ni las amenazas del líder iraquí Saddam Hussein cuando en 1995 negoció la liberación de dos rehenes norteamericanos, y menos, las del presidente cubano Fidel Castro cuando en 1997 le solicitó la libertad de tres **presos** políticos. También, asegura divertido, «el haber tenido que comer **carne de cabra cruda,** y con pelos, junto a un líder rebelde sudanés para ganarse su confianza».

goals
disarmed
prisoners
raw goat meat

«Hay que ser respetuoso, y escuchar y escuchar. Cuando se está negociando la paz, uno se tiene que poner en el lugar **del otro bando.** Y más importante, hay que demostrar respeto por las ideas de la otra persona, respeto por su cultura. Aun teniendo grandes diferencias, hay que tratar de hacer una conexión personal. No te tiene que simpatizar alguien para establecer confianza», afirma en perfecto español Richardson, casado y con 50 años de edad.

the other side

De hecho, los que lo conocen aseguran que es difícil verlo enojado y de mal humor. Por algo, ha sido nominado dos veces —en 1995 y 1997— al Premio Nobel de la Paz, y su nombre está en el *Libro de récords Guinness* por ser el político que más **saludos** ha dado en campaña al **estrechar la mano** 8,871 veces en un día.

greetings / to shake hands

Su respeto por otras culturas, Richardson lo aprendió de niño. Hijo de una ama de casa mexicana y de un banquero norteamericano, el embajador nació en Pasadena, California. Pero sus primeros once años de vida los vivió en ciudad de México, donde su padre trabajó como banquero y él aprendió a hablar español a la perfección. Más tarde su familia se estableció en Nuevo México, donde se crió en un ambiente multicultural, entre norteamericanos, hispanos e indios americanos. «Quería ser **pelotero,** y

baseball player

pitcher

led him without fail

to surround himself

de hecho lo fui, por muy poco tiempo. ¡Era buen **lanzador!**», cuenta Richardson con una sonrisa. Paralelo a su pasión, estudió derecho, política internacional y diplomacia en la Universidad de Tufts.

La política su destino

Aunque amaba el béisbol, también le fascinaba conocer y hablar con la gente. Dicen que desde pequeño tenía un increíble talento para llevarse bien con todo el mundo. Eso **lo llevó irremediablemente** a la política. Desde que se lanzó como candidato a representante por su estado en 1982, fue electo sucesivamente en ocho ocasiones hasta que en 1997, y después de una productiva carrera como autor de cientos de proyectos, Clinton lo nombró embajador. «Mi trabajo como legislador se concentró en áreas como la salud, la energía, el ambiente, la defensa de los indios americanos y de los hispanos», asegura el embajador, de quien se dice era el candidato favorito para ser compañero de campaña electoral de Clinton al puesto de vicepresidente.

Su patriotismo y su carácter humanitario en cada una de sus misiones le ha ganado el corazón no sólo de la gente sino también de la prensa mundial, y muy a pesar de los líderes mundiales que lo conocen. Cuando se le pregunta a Richardson por su fórmula para convencer a un dictador, se ríe. «Hay que ser un ser humano, no se puede ser arrogante ni tampoco condescendiente. Soy muy natural, amigable. Me gusta bromear con la gente, eso me ayuda a establecer conexión. Si se trata a cada persona con respeto, a cada nación con dignidad, se puede lograr más que si tratas de negociar a la fuerza», asegura el embajador.

Pero lo que más le gusta a Richardson es **rodearse** y hablar con su gente hispana. «Me siento orgulloso de mis raíces hispanas y mexicoamericanas y tengo la esperanza de que mi trabajo ayude a mejorar la imagen de los latinos».

* Actualmente, el señor Richardson desempeña el cargo de Secretario de Energía de los EEUU.

¿Entendiste bien?

D. No es así. →← Las siguientes frases contienen errores. Corríjanlos.

1. Bill Richardson nació en México.
2. Cuando era niño, Bill Richardson quería ser futbolista.
3. Bill Richardson estudió en la Universidad de Harvard.
4. Bill Richardson pertenece al partido republicano.
5. Bill Richardson ha representado al Estado de California en el Senado de los EEUU.
6. Bill Richardson ganó el Premio Nobel de la Paz en 1995 y 1997.

E. ¿Qué piensa Bill Richardson? →← Preparen un resumen de su pensamiento usando las siguientes preguntas como guía.

1. ¿Cuáles han sido las prioridades de Bill Richardson en su vida profesional?
2. ¿En qué problemas se concentró durante su período como legislador?
3. ¿Cómo se gana la confianza de los líderes mundiales con quienes tiene que negociar?
4. ¿Qué contribución quiere hacer Bill Richardson a su comunidad hispana?

F. Para discutir. →← Escojan una de las siguientes preguntas y presenten un resumen de sus respuestas al resto de la clase.

1. ¿Por qué decidió la autora del artículo titularlo «Bill Richardson: Un hombre de paz»?
2. ¿A qué se debe el éxito como diplomático de Richardson?
3. ¿Cómo influyeron las experiencias de Richardson en su habilidad como embajador de los EEUU?

Critical Thinking Skills: Synthesizing

Consider the reasons for Bill Richardson's overall success.

G. Aspectos lingüísticos. →← En el artículo se presenta la vida y los logros de un personaje contemporáneo. ¿Qué tiempos usa la autora? Encuentren dos o tres ejemplos de cada categoría para completar el siguiente cuadro.

Pretérito (acciones completas en el pasado)	**Imperfecto** (descripciones, acciones habituales en el pasado)	**Presente Perfecto** (acciones iniciadas en el pasado y que continúan en el presente)
En 1995 negoció la liberación de...	*Amaba el béisbol...*	*Ha logrado liberar a...*

H. Consejos. →← ¿Qué creen que diría Bill Richardson en las siguientes situaciones?

1. Un líder político está furioso y no quiere entrar en razón.
2. El Secretario General de la ONU quiere que Richardson organice una misión de paz al Medio Oriente.
3. El presidente quiere su opinión acerca de las relaciones con Rusia.
4. Su secretaria no encuentra los expedientes para una reunión importante.
5. Su esposa no está muy contenta porque Richardson va a estar de viaje durante su aniversario de bodas.

Sugerencias

Los siguientes son algunos verbos y expresiones útiles para realizar esta actividad: **Es mejor que, Es necesario que, No es necesario que, Dudo que, Pienso que, Es posible que, Es una lástima que.**

V. Funciones y estructuras: *Giving orders with formal commands (Repaso)*

Affirmative commands

Verb (third person singular of the subjunctive): ***Salga* inmediatamente para Egipto.**

Recuerda

Review formal commands in **Capítulo 8.**

Negative commands

Negative word (**No, Nunca, Jamás,** etc.) + verb (third person singular of the subjunctive): ***No comente* con nadie su misión.**

Pronouns

- Pronouns are attached to the end of the verb in the case of affirmative commands: **Entrégue*le* la carta al presidente personalmente.**
- Pronouns appear before the verb in the case of negative commands: **No *le* diga a nadie que va a viajar.**

A. Condiciones para el diálogo. →← Completen las siguientes frases con los mandatos que usaría un negociador como Bill Richardson para guiar a dos grupos en conflicto.

Modelo: (expresar) sus opiniones libremente
Expresen sus opiniones libremente.

1. (discutir) sus diferencias honestamente
2. (decir) exactamente lo que piensan
3. nunca (mentir)
4. (presentar) opciones razonables
5. jamás (usar) la violencia
6. (mantener) una disposición abierta

Critical Thinking Skills: Creating

Think of a realistic situation and brainstorm possible activities that could be associated with it.

B. Misión imposible. →← Imaginen que son los asesores del presidente para asuntos internacionales y que necesitan de un(a) diplomático(a) hábil y experimentado(a) para resolver una situación difícil (por ejemplo, un conflicto con Rusia, una guerra en Europa, la liberación de unos rehenes, etc.). Escríbanle una carta a Bill Richardson con las instrucciones de su misión secreta.

Atajo

Phrases/Functions: Persuading; Expressing compulsion; Writing a letter (formal)
Vocabulary: Working conditions; Leisure
Grammar: Verbs: imperative **usted(es)**

Sugerencias

Paso 1: Ideas. Discute con tu compañero(a) el tipo de misión que le van a encomendar a Bill Richardson y las diferentes actividades que tendrá que llevar a cabo.

Paso 2: Organización. Organicen las actividades. (¿Qué tendría que hacer primero, segundo, tercero, etc.?)

Paso 3: El borrador. Escriban cada una de las instrucciones pertinentes. (¡Ojo con el uso de los **mandatos!**)

Correcciones

Intercambien el primer borrador de su carta con otra pareja y respondan a las siguientes preguntas:

Paso 1: Contenido. ¿Está toda la información necesaria (encabezamiento, introducción, instrucciones, despedida, etc.)? Si no es así, ¿qué falta?

Paso 2: Organización. ¿Están claras todas las instrucciones? ¿Hay aspectos o segmentos confusos o vagos?

Paso 3: Gramática. ¿Detectas algún problema con el uso del subjuntivo para los mandatos?

Revisen su carta y entréguensela a su profesor(a) en la próxima clase.

Critical Thinking Skills: Evaluating, Determining Worth and Judging

Apply the values and conduct modeled by Bill Richardson to issues in your community.

C. Enfoque comunitario. ¿Qué temas dividen a tu comunidad? ¿Cómo los manejaría Bill Richardson? Prepara una lista de esos temas y menciona qué opciones de diálogo o conciliación existen.

Tema 3

Desafíos

I. Lectura: El bilingüismo

Antes de leer

A. Para discutir. →← Contesten las siguientes preguntas en grupo.

1. ¿Le gustaría a Ud. que sus hijos asistieran a una escuela bilingüe?
2. ¿Qué opinan de la idea de enseñarle una segunda lengua a los niños desde una temprana edad?
3. ¿Qué ventajas (o inconvenientes) creen Uds. que tiene el ser bilingüe?
4. ¿Creen que es bueno o malo para un país el tener más de una lengua oficial? (Discutan por ejemplo el caso de Canadá.)
5. ¿Qué desafíos *(challenges)* enfrentan las personas que solamente hablan una lengua?

B. Vocabulario y conceptos. →← Para cada palabra indiquen la letra que corresponde a su definición. (Usen su diccionario si es necesario.)

1. trabado	a. confuso, que no se entiende, que no es claro
2. la cruzada	b. ayudar, sostener
3. el argumento	c. algo bueno, favorable
4. apoyar	d. una campaña o misión muy intensa
5. la ventaja	e. razones o ideas para sustentar una tesis

C. Puesta en práctica. →← Ahora completen las frases con las palabras del **Ejercicio B.** Al terminar comparen sus respuestas con las de otro grupo.

1. Una _____ de hablar varios idiomas es que puedes comunicarte directamente con más personas, hacer amigos y también negocios.
2. En estas elecciones pienso _____ con mi voto a un candidato que se preocupe por la conservación del medio ambiente.
3. No entiendo lo que dice esa señora. Tiene la lengua *(tongue)* toda _____ .
4. Tengo una opinión muy diferente y por lo tanto no comparto esos _____ .
5. Es preciso organizar una _____ en contra del crimen.

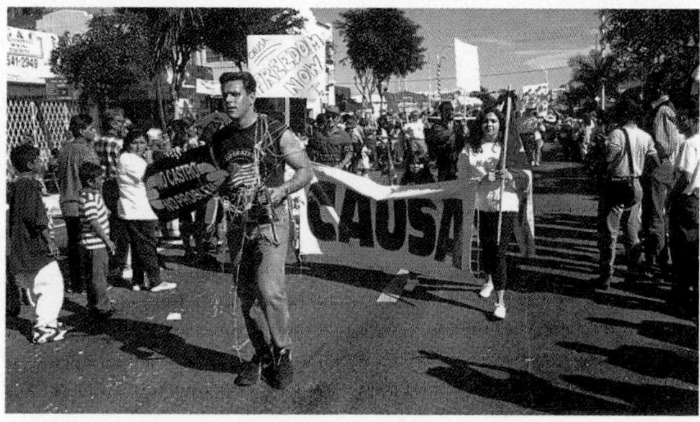

A leer

Una nación con la lengua trabada

Anthony M. Stevens Arroyo

Anthony M. Stevens Arroyo fue vice-presidente del Comité Estatal de Nueva York para la Comisión Federal sobre los Derechos Civiles y ahora es catedrático de Estudios Puertorriqueños y Latinos en Brooklyn College de la Universidad de la Cuidad de Nueva York (CUNY en inglés). También es director de la Oficina de Investigaciones para la Religión en la Sociedad y la Cultura (RISC en inglés).

14 de junio de 1998 — El éxito de la iniciativa electoral de California para poner fin a la educación bilingüe demuestra que Estados Unidos es una nación que tiene la lengua trabada.

Seis de cada diez residentes del estado más poblado del país decidieron **unirse** al millonario monolingüe Ron Unz en su cruzada para obligar a las escuelas públicas del estado a **pasar por alto** las necesidades de enseñanza de los estudiantes particulares y emplear «una talla sirve para todos» en los salones escolares.

El argumento fundamental de Unz se centró sobre la noción que el pueblo de este país sufre de una lengua trabada.

Una vez que se acepta la idea de que el inglés es el único idioma que debería hablarse en los Estados Unidos, el bilingüismo es **sospechoso.**

No sólo los conservadores, sino también muchos liberales aceptan este modo de pensar. Como resultado, los programas bilingües **han llegado a ser** estrategias temporales a ser empleadas solamente hasta que los niños aprendan inglés. La noción de que otro idioma debería ser conservado o enseñado es **ajena** al sistema.

Aunque el 67 por ciento de los electores anglosajones **respaldaron** la iniciativa, un **tercio** de los electores latinos la apoyaron también. Quizá ellos se dieron cuenta de que los programas bilingües tratan a sus hijos como si fueran estudiantes **retrasados.**

Al mismo tiempo que **resucitaba** su propia carrera política, Unz definió al asunto según estos principios de auto-**derrota,** negando una oportunidad de igualdad en la enseñanza a cientos de miles de niños.

Necesitamos **desafiar** está noción de un país con la lengua trabada. ¿Es el hablar solamente inglés una enseñanza adecuada con un milenio **a la vuelta de la esquina?** En una época en que la economía está llegando a ser cada vez más global, ¿deberíamos estar **alejándonos** del futuro?

¿Debería cualquier estudiante —latino o anglosajón— estar recibiendo una enseñanza sólo en un idioma, cuando el éxito depende cada vez más de las comunicaciones globales multilingüísticas?

Puede ser verdad que el inglés se está usando hoy en las computadoras a través de todo el mundo y en los aeropuertos. Pero éste es un uso del inglés como una *clave*, no como un idioma, en gran medida como las personas usan el francés para hablar de cocina: *à la carte, soupe de jour;* o el italiano para describir los términos de la música: *allegro, lento,* o *aria.*

Un **sinnúmero** de estudios nos muestran que el esperar hasta la escuela secundaria para enseñar un idioma extranjero es **insensato** desde el punto de vista pedagógico. Ya para esa edad, el cerebro ya no puede absorber las **sutilezas** del idioma.

unirse: to join
pasar por alto: to overlook
sospechoso: suspicious
han llegado a ser: have become
ajena: foreign
respaldaron: supported
tercio: one third
retrasados: retarded
resucitaba: brought back to life
derrota: defeat
desafiar: to challenge
a la vuelta de la esquina: around the corner
alejándonos: moving away
sinnúmero: large number
insensato: unwise
sutilezas: subtleties

Los europeos frecuentemente pueden hablar dos o tres idiomas cuando son adolescentes; los estudiantes adolescentes de los Estados Unidos apenas están comenzando la instrucción idiomática. ¿Cuántos adultos estadounidenses han estudiado español u otro idioma durante dos años en la escuela secundaria, pero han olvidado casi todas las palabras?

La mayoría de los niños latinos de los Estados Unidos tienen la ventaja de escuchar el español que se habla en sus casas. Ellos **disfrutan de** una ventaja inicial hacia una **enseñanza** global. Pero esto es precisamente lo que destruye la iniciativa de Unz. Al limitar la enseñanza de idiomas a la escuela secundaria, estamos siguiendo nuestro curso de acción **fracasado** del pasado.

enjoy
teaching
failed, defeated

Desearía que hubiera habido una actitud menos defensiva sobre esta **propuesta** por parte de nuestros **dirigentes** latinos. La enseñanza bilingüe no es solamente para los latinos, o para los asiáticos, ni para otras poblaciones bilingües.

proposal, initiative
leaders

La misma ofrece **enriquecimiento** para todos los estudiantes, al prepararlos para un mundo que cambia. En vez de limitar el acceso a la educación bilingüe a un año (y sólo para aquellos clasificados de habilidad limitada en el inglés), debería hacerse accesible para todos los estudiantes.

enrichment

¿No envían los ricos a sus hijos a las escuelas privadas de internado, en las que puedan aprender francés o japonés en los grados elementales? ¿Por qué debería **quitárseles** las ventajas de una enseñanza global a las escuelas públicas, a las que envían sus hijos la mayoría de las personas?

take away from them

Con la victoria de Unz, la estadidad para Puerto Rico, por ejemplo, tiene pocas probabilidades; los ataques contra la educación bilingüe en todo el país imitarán la estrategia de conservadores en California y tratarán de evitar un debate justo.

Los latinos y otros niños inmigrantes no serán los únicos **perdedores.** La victoria de Unz **condenará** a Estados Unidos a un papel inferior en la creciente economía global y mantendrán una nación con la lengua trabada.

losers
will condemn

¿Entendiste bien?

D. Estructura argumental. Completa el cuadro con las ideas centrales del artículo.

Argumento central	
Introducción (evento, protagonistas)	
Tesis # 1	*Una vez que se acepta la idea de que el inglés es el único idioma que debería hablarse en los Estados Unidos, el bilingüismo es sospechoso.*
Argumentos de apoyo de la tesis # 1	
Tesis # 2	*Hablar solamente inglés no es parte de una enseñanza adecuada con un milenio a la vuelta de la esquina.*
Argumentos de apoyo de la tesis # 2	
Conclusiones	

Recuerda

Review the future tense and the conditional in **Capítulo 10** and **Capítulo 11.**

II. Funciones y estructuras: *Indicating probability with the future tense and the conditional* ***(Repaso)***

- The *future* tense is used to make predictions: **En veinte años tendremos mejores fuentes de energía.**
- To form the future, simply add the following endings to the infinitive: **-é, -ás, -á, -emos, -éis, -án.**
- Several verbs have irregular future stems: **decir/diré, hacer/haré, poder/podré, poner/pondré, salir/saldré, tener/tendré, venir/vendré**, etc.
- The *conditional* is used to express wishes and hypotheses or to make conjectures: **Me gustaría visitar ese país.**
- To form the conditional add the following endings to the infinitive: **-ía, -ías, -ía, -íamos, -íais, -ían.**
- Verbs with irregular conditional stems: **decir/diría, hacer/haría, poder/podría, poner/pondría, salir/saldría, tener/tendría, venir/vendría,** etc.

A. Aspectos lingüísticos. Encuentra en el artículo (pp. 610–611) por lo menos dos ejemplos del uso que hizo el autor del condicional para hacer preguntas hipotéticas o para presentar sus conjeturas acerca del impacto de nuevas políticas en contra de la educación bilingüe. También, encuentra algunos ejemplos del uso que hace del tiempo futuro para hacer predicciones.

Preguntas hipotéticas	Deseos y conjeturas	Predicciones
—¿Deberíamos estar alejándonos del futuro?	*—[La educación bilingüe] debería hacerse accesible para todos los estudiantes.*	*—Los latinos y otros niños inmigrantes no serán los únicos perdedores.*

B. Un país de políglotas. →← ¿Qué pasaría si todos los estadounidenses hablaran dos o más lenguas? (Preparen una lista de por lo menos diez conjeturas.)

Modelo: ***Habría*** *mejor comunicación y menos conflictos.*

Verbos útiles: decir, comunicarse, hacer, llevarse, poder, tener, viajar

C. Las condiciones. ¿Cómo llegarían los norteamericanos a superar su monolinguismo? Presenta varias hipótesis.

Modelo: *Para superar el monolinguismo,* ***tendríamos*** *que fomentar el estudio de los idiomas.*

Verbos útiles: estudiar, participar, poder, salir, tener, venir, viajar

D. Justificaciones. ¿Cómo podrías convencer a un(a) legislador(a) local acerca de la importancia del estudio de otras lenguas? Menciona algunas de las características del mundo en el nuevo milenio que hacen imprescindible el conocimiento de otros idiomas.

Modelo: *La economía en el nuevo milenio* ***será*** *aun más global.*

Verbos útiles: convivir *(to co-exist),* hacer, interactuar, poder, salir, tener, trabajar, venir

E. Enfoque comunitario. Investiga la situación de la educación bilingüe en tu comunidad. (¿Hay escuelas bilingües? ¿Cuántas? ¿Quiénes van a ellas? ¿Tienen éxito?, etc.) y presenta un informe oral en clase.

Critical Thinking Skills: Researching and Evaluating

What information will you need to complete your report?

III. Perspectivas: La identidad

Antes de leer

A. Para discutir. →← Contesten la siguiente pregunta en grupo: ¿Es importante considerar la raza o el lugar de origen de una persona para comprender su identidad? (Expliquen su respuesta.)

¿Hispanic, Latino o Mexican?

Según el estudio de Actitudes Étnicas de los Latinos (LEAS) **adelantado** por el profesor Roy de la Universidad de Kansas, los títulos o **rótulos** de identidad de los latinos cambian sustancialmente de acuerdo al contexto socio-político **donde se suceden.** En general, los latinos pueden usar el término «mexicano», «chicano» o «pocho» dentro de su grupo social, pero cambian la manera como se auto-identifican en el trabajo y otros lugares a *Mexican American, Latin* o *Latin American.*

carried out
labels
where they take place

En los datos analizados, no existe un rótulo preferido universalmente. De los «rotulos generales» o genéricos, el más aceptado es el de «Latino». Lo que sí parece evidente es que el término «Hispanic» es **rechazado** por la mayoría. Ochenta y cinco por ciento de los encuestados prefiere que se les clasifique de acuerdo a su nacionalidad de origen y no a través de los anteriormente mencionados términos genéricos.

rejected

El estudio LEAS encontró también que hay un descenso en la importancia de la etnicidad en proporción directa al tiempo de residencia en los Estados Unidos. También, **a medida que** el nivel educativo y el ingreso del latino aumenta, disminuye el factor étnico como parte de su definición de identidad. Un análisis de las variables demográficas establece que 75% de los latinos de primera generación consideran la raza como un factor muy importante de su identidad, mientras que sólo un 40% de los de quinta generación están de acuerdo con esta afirmación.

to the extent that

Si te interesa conocer el texto completo de la investigación del profesor Roy, puedes consultar el siguiente sitio-web: **http://temas.heinle.com.**

¿Entendiste bien?

B. No es así. →← Las siguientes frases no expresan correctamente las ideas del profesor Roy respecto a la identidad de los latinos en los Estados Unidos. Identifiquen y corrijan los errores en cada afirmación.

1. Para autoidentificarse, los latinos en los Estados Unidos prefieren términos genéricos como *Hispanic* o *Latin*.
2. El término genérico más aceptado por los latinos es *Hispanic*.
3. La raza es un factor de identidad muy importante para los latinos de todas las generaciones.

C. Para discutir. →← ¿Por qué creen que la importancia de la etnicidad disminuye a medida que aumenta el nivel educativo y el de ingreso de los latinos?

IV. Literatura: «Entró y se sentó»

Antes de leer

A. Para discutir. →← Contesten las siguientes palabras en grupo.

1. ¿Qué puede hacer un universitario para ayudar a su comunidad? (Si es posible, den ejemplos de cómo los diferentes miembros del grupo colaboran con causas benéficas.)
2. ¿Cómo piensan servir a sus comunidades después de graduarse?

B. Vocabulario y conceptos. →← Para cada palabra indiquen la letra que corresponde a su definición. (Usen su diccionario si es necesario.)

1. ingrato	a. las personas que tienen el mismo origen étnico
2. la raza	b. dedicarse a algo
3. huelga	c. persona que nunca dice «gracias»
4. comprometerse	d. la manera como son las cosas, las instituciones, el establecimiento
5. el sistema	e. cuando los trabajadores paran de trabajar como protesta

C. Aplicaciones. →← Ahora completa las frases con las palabras del **Ejercicio B.** Al terminar compara tus respuestas con las de otro(a) compañero(a).

1. Si el _____ es injusto, hay que cambiarlo.
2. A nosotros nos preocupan mucho los problemas que enfrenta la _____ en este momento.
3. Los empleados están en _____ porque quieren mejores salarios.
4. Si quieres tener éxito en tu proyecto, tienes que _____ a trabajar con paciencia y dedicación.
5. Tienes que venir a visitarnos, no seas _____ .

para tu información

In the following reading you will find many examples of Spanish slang (words and expressions used by people in informal situations). Although slang is widely used, keep in mind that it is considered to be outside standard polite use.

A leer

«Entró y se sentó»

Rosaura Sánchez

Nació en San Angelo, Texas, una población pequeña a 160 millas de la frontera con México. Cursó estudios de literatura en la Universidad de Texas en Austin y hoy en día es profesora en la Universidad de California, San Diego. Rosaura Sánchez escribe en español no sólo porque es su lengua nativa, sino también porque quiere dar voz a la vida y las contradicciones de los chicanos. Ha escrito y editado libros de cuentos en español como *Requisa treinta y dos* y ha publicado varios de sus estudios socio-lingüísticos, entre ellos *Telling Identities: The California Testimonios* y *Chicano Discourse: Socio-Historic Perspectives.*

Entró y se sentó frente al enorme escritorio que le esperaba lleno de papeles y cartas. Estaba furioso. Los estudiantes **se habían portado** como unos ingratos.

—**Bola de infelices,** venir a gritarme a mí **en mis narices** que soy un «Poverty Pimp». **Bola de desgraciados.** Como si no lo hiciera todo por ellos, por la raza, pues.

Llamó a Mary Lou, la secretaria, y le pidió que le trajera un café y un pan dulce de **canela.**

—Y luego tienen el **descaro** de insultarme porque no me casé con una mexicana. Son bien cerrados, unos racistas de primera. Lo que pasa es que no se dan cuenta que yo acepté este puesto para ayudarlos, para animarlos a que continuaran su educación.

En ese momento sonó el teléfono. Era el Sr. White, el director universitario del departamento de educación. No, no habría más problemas. Él mismo hablaría con el principal Jones para resolver el problema. Era cosa de un **mal entendido** que pronto se resolvería.

Mary Lou llegó con el café cuando terminó de hablar. Después de un **sorbo** de café, se puso a hacer el informe de gastos para el mes. Gasolina. Gastos de comida con visitantes importantes. Vuelo a Los Ángeles para la reunión de educadores en pro de la educación bilingüe. Motel.

—Para ellos yo sólo estoy aquí porque el sueldo es bueno. Si bien es verdad que pagan bien y que las oportunidades son muchas, también es verdad que los dolores de cabeza son diarios. Yo podría haberme dedicado a mi trabajo universitario y no haberme acordado de mi gente.

Se le permitía 22 dólares de gastos diarios y como había estado cinco días podía pedir 110 dólares. A eso **se agregaban** los gastos de taxi. Ahora querían que los **apoyara** en su huelga estudiantil. Pero eso ya era demasiado. Lo estaban comprometiendo.

—Si supieran esos muchachos lo que he tenido que **sudar** yo para llegar aquí. Con esa **gritería** de que hay que cambiar el sistema no llegamos a ninguna parte. No se dan cuenta que lo que hay que hacer es estudiar para que el día de mañana puedan ser útiles a la sociedad.

De repente **se apagaron** las luces. Afuera comenzaba a **tronar** y la lluvia caía en torrentes. **Volteó** en su silla **rodante** y se acercó a la ventana. Primero vio los edificios grises universitarios que **se asemejaban** a los **recintos** de una prisión. Se oscureció más y más hasta que vio la **troca** perdida en la lluvia.

behaved

Wretched bunch (insult) / right in my face / Wretched bunch (insult) / cinnamon

nerve

misunderstanding

sip

they added / support

to sweat

loud protest

went out / to thunder

He turned / with wheels / resembled / compounds / truck (slang) downpour / edge / furrow / stops raining / He weighed / sack

hand picking
a lot

working very hard / don't come to me with stories / stupid (insult) / to deal with / (insult) / real (slang) / papá (slang) / to forget about an obligation / breast, source of nourishment (slang)
there was lightning

started / hood
stepped on
honked / slid
proud / inconvenience / in the middle of / soaked / had sworn / to pull / sunk / plowed / useless vehicles / effort / to auction off his hide / Supposedly (slang)

paperwork
adhere to
para (slang) / to be tough / you are doomed

—Con este **aguacero** tendremos que parar un rato, hijo. Llegando a la **orilla** del **surco,** nos metemos debajo de la troca hasta que **escampe** un poco. **Pesó** el algodón pero no vació el **costal** arriba porque con la lluvia le estaba dando frío.

—Mira, hijo, si te vas a la escuela no sé cómo le vamos a hacer. Con lo que ganas de busboy y lo que hacemos los sábados **pizcando,** nos ayudamos bastante. Ya sabes que en mi trabajo no me pagan **gran cosa.**

Sabía lo que era trabajar duro, de sol a sol, **sudando la gorda.** Entonces que **no me vengan a mí con cuentos** señores. ¿Qué se han creído esos **babosos?** Después de tanto trabajo, tener que **lidiar** con estos **huevones.** Porque lo que pasa es que no quieren ponerse a trabajar, a estudiar como los **meros** hombres.

—Mire, **apá,** le mandaré parte de mi préstamo federal cada mes. Verá que no me he de **desobligar** y ya estando en Austin, buscaré allá otro trabajito para poder ayudarles.

Éramos pocos los que estudiábamos entonces. Estos que tienen la **chiche** del gobierno no saben lo que es canela. Sólo sirven para quejarse de que no les den más.

—Yo ya estoy muy viejo, hijo. Cuida a tu mami y a tus hermanos.

Seguía lloviendo y la electricidad no volvía. Afuera **relampagueó.**

El carro se les había parado en la esquina. El semáforo ya se había puesto verde pero el carro no **arrancaba.** Su papá salió, levantó el **capacete** y quitó el filtro. Mientras su papá ponía y quitaba la mano del carburador, él **pisaba** el acelerador. Atrás los autos **pitaban** y pitaban. Por la izquierda y la derecha **se deslizaban** los Cadillacs y los Oldsmobiles de los rancheros **airados** con el **estorbo** en **plena** calle Chadbourne. Su papá estaba **empapado** por la lluvia cuando por fin arrancó el carro. Ese día los **había maldecido** a todos, a todos los gringos de la tierra que los hacían **arrastrar** los costales de algodón por los surcos mientras los zapatos se les **hundían** en la tierra **arada,** a los gringos que les pagaban tan poco que sólo podían comprar aquellas **garraletas** que nunca arrancaban. Años después se había casado con una gringa. Y ahora después de tanto **afán,** querían que **se rifara el pellejo. Qu'esque** por la causa. Como si fuera tan fácil cambiar el sistema. No señores, que no contaran con él. Volvió la electricidad y se puso a ver la correspondencia.

—Gracias a Dios que tengo mi oficina aquí en la Universidad, en el sexto piso de esta monstruosidad donde no tengo que ver a nadie. No más le digo a la secretaria que diga que no estoy, así puedo dedicarme al **papeleo** que siempre hay que atender. Estos estudiantes del Cuerpo de Maestros van a tener que **sujetarse** a las reglas o si no, **pa'** fuera. Tiene uno que **ponerse duro,** porque si no, **se lo lleva la chingada.** Alguna vez le contaré mi vida a esta gente... A ver... Bueno mañana no será. Tengo que ir a Washington a la reunión nacional de programas federales de educación para las minorías y luego... a ver... tengo que ir a San Antonio como consultante del programa bilingüe. Vale más llamar a Mary Lou para ver si me consiguió ya el pasaje de avión para mañana. Mary Lou... ah, si mmmhhhmmm, en el Hilton, del 8 al 10 de noviembre. Muy bien. Y ¿qué sabes del vuelo?... ¿Por Continental o American?...

Miró por la ventana y vio a su papá empapado en agua y lleno de grasa.

¿Entendiste bien?

D. La vida del profesor. →← Organicen los siguientes eventos del cuento de manera cronológica. Piensen en el orden real de los sucesos (no el orden en que se presentan en el cuento).

Estrategia de lectura: *Skimming*
Skim the text to establish the actual sequence of events.

___ El carro de su padre tuvo problemas mecánicos en la carretera.
___ Su padre le pidió que no se fuera a estudiar a la universidad.
___ Se graduó de la facultad de educación.
___ Tuvo una discusión con los estudiantes latinos.
___ Preparó un informe de gastos para su jefe.
___ Fue a una convención de educación bilingüe.

E. Estudio de personajes. →← Describan a los siguientes personajes de la historia. (Si es posible, indiquen cómo es su carácter, qué hacen y por qué son importantes en el cuento.)

Personaje	Descripción
el profesor	
los estudiantes	
el padre del profesor	
la secretaria	

F. Preguntas y respuestas. →← Lean de nuevo la historia y contesten las siguientes preguntas.

1. ¿Qué esperaban los estudiantes del profesor? ¿Por qué lo insultan?
2. ¿Qué recuerdos le trae la lluvia al profesor? ¿Cómo fue su infancia?
3. ¿Cómo piensa el profesor que está ayudando a su comunidad?
4. ¿Por qué es tan importante para el profesor la imagen de su padre bajo la lluvia?
5. ¿Por qué crees que se llama este cuento «Entró y se sentó»?

G. Enfoque comunitario. Averigua qué recursos hay en tu comunidad para la ayuda y orientación a los inmigrantes. Si es posible, entrevista a una de las personas que trabaja allí para averiguar lo siguiente.

- ¿Por qué lo hace?
- ¿Qué es lo que más le gusta de su trabajo?
- los problemas más graves que enfrenta
- anécdotas o experiencias significativas que haya tenido en su trabajo

Critical Thinking Skills: Making Associations

Try to gain further insight into the immigrant experience.

Temas CD-ROM
En esta última tarea volverás a la agencia de internos para preparar una carpeta *(folder)* de información para los internos futuros y escribirás un informe para orientar a los internos nuevos.

APÉNDICE A: El alfabeto español

The Spanish alphabet contains twenty-eight letters. The **rr** represents a single sound and is considered a single letter. The letters **k** and **w** occur only in words of foreign origin.

Letter	*Name*	*Examples: People and Places*		
a	a	Alonso	María	Panamá
b	be	Roberto	Bárbara	Bolivia
c	ce	Carlos	Carmen	Cuba
d	de	Diego	Amanda	El Salvador
e	e	Enrique	Ángela	Ecuador
f	efe	Francisco	Alfreda	Francia
g	ge	Gilberto	Gabriela	Argentina
h	hache	Humberto	Hortensia	Honduras
i	i	Panchito	Alicia	Italia
j	jota	Alejandro	Juanita	Japón
k	ka	Kris	Kati	Kenya
l	ele	Luis	Claudia	Guatemala
m	eme	Mario	Marta	Colombia
n	ene	Nicolás	Anita	Santo Domingo
ñ	eñe	Ñato	Begoña	España
o	o	Pedro	Carlota	Puerto Rico
p	pe	Pepe	Pepita	Paraguay
q	cu	Joaquín	Raquel	Quito
r	ere	Fernando	Gloria	Nicaragua
rr	erre	Ramón	Rosa	Monterrey
s	ese	José	Susana	Costa Rica
t	te	Tomás	Catalina	Toledo
u	u	Lucho	Luisa	Uruguay
v	ve	Vicente	Victoria	Venezuela
w	doble ve, doble u	Walter	Wendi	Washington
x	equis	Xavier	Máxima	México
y	y griega	Rey	Yolanda	Guayana
z	zeta	Fernández	Zelda	Zaragoza

Spelling Hints

1. The letters **b** and **v** are pronounced exactly alike in Spanish. To distinguish one letter from the other in spelling, one says **b grande** (big b) for ***b*** and **v chica** (little v) for ***v***. Also, some Spanish speakers say **b de burro** (**b** in **burro,** meaning **donkey**) and **v de vaca (v** in **vaca,** meaning **cow**).
2. When spelling a Spanish word containing an accent mark, one says the letter first, then **con acento.**

   Example: Perú **Pe - e - ere - u con acento.**

APÉNDICE B: Los verbos regulares

Infinitive	Present Indicative	Imperfect	Preterite	Future	Conditional	Present Subjunctive	Past Subjunctive	Commands
hablar	hablo	hablaba	hablé	hablaré	hablaría	hable	hablara	habla
to speak	hablas	hablabas	hablaste	hablarás	hablarías	hables	hablaras	(no hables)
	habla	hablaba	habló	hablará	hablaría	hable	hablara	hable
	hablamos	hablábamos	hablamos	hablaremos	hablaríamos	hablemos	habláramos	hablad
	habláis	hablabais	hablásteis	hablaréis	hablaríais	habléis	hablarais	(no habléis)
	hablan	hablaban	hablaron	hablarán	hablarían	hablen	hablaran	hablen
aprender	aprendo	aprendía	aprendí	aprenderé	aprendería	aprenda	aprendiera	aprende
to learn	aprendes	aprendías	aprendiste	aprenderás	aprenderías	aprendas	aprendieras	(no aprendas)
	aprende	aprendía	aprendió	aprenderá	aprendería	aprenda	aprendiera	aprenda
	aprendemos	aprendíamos	aprendimos	aprenderemos	aprenderíamos	aprendamos	aprendiéramos	aprended
	aprendéis	aprendíais	aprendisteis	aprenderéis	aprenderíais	aprendáis	aprendierais	(no aprendáis)
	aprenden	aprendían	aprendieron	aprenderán	aprenderían	aprendan	aprendieran	aprendan
vivir	vivo	vivía	viví	viviré	viviría	viva	viviera	vive
to live	vives	vivías	viviste	vivirás	vivirías	vivas	vivieras	(no vivas)
	vive	vivía	vivió	vivirá	viviría	viva	viviera	viva
	vivimos	vivíamos	vivimos	viviremos	viviríamos	vivamos	viviéramos	vivid
	vivís	vivíais	vivisteis	viviréis	viviríais	viváis	vivierais	(no viváis)
	viven	vivían	vivieron	vivirán	vivirían	vivan	vivieran	vivan

Compund tenses

Present progressive	estoy estás está	estamos estáis están	hablando	aprendiendo	viviendo
Present perfect indicative	he has ha	hemos habéis han	hablado	aprendido	vivido
Present perfect subjunctive	haya hayas haya	hayamos hayáis hayan	hablado	aprendido	vivido
Past perfect indicative	había habías había	habíamos habíais habían	hablado	aprendido	vivido

APÉNDICE C: Los verbos con cambios en la raíz

Infinitive Present Participle Past Participle	*Present Indicative*	*Imperfect*	*Preterite*	*Future*	*Conditional*	*Present Subjunctive*	*Past Subjunctive*	*Commands*
pensar	**pienso**	pensaba	pensé	pensaré	pensaría	**piense**	pensara	**piensa**
to think	**piensas**	pensabas	pensaste	pensarás	pensarías	**pienses**	pensaras	**(no pienses)**
e → ie	**piensa**	pensaba	pensó	pensará	pensaría	**piense**	pensara	**piense**
pensando	pensamos	pensábamos	pensamos	pensaremos	pensaríamos	pensamos	pensáramos	pensad
pensado	pensáis	pensabais	pensasteis	pensaréis	pensaríais	penséis	pensarais	**(no penséis)**
	piensan	pensaban	pensaron	pensarán	pensarían	**piensen**	pensaran	**piensen**
acostarse	me **acuesto**	me acostaba	me acosté	me acostaré	me acostaría	me **acueste**	me acostara	**acuéstate (no te**
to go to bed	te **acuestas**	te acostabas	te acostaste	te acostarás	te acostarías	te **acuestes**	te acostaras	**acuestes)**
o → ue	se **acuesta**	se acostaba	se acostó	se acostará	se acostaría	se **acueste**	se acostara	**acuéstese**
acostándose	nos acostamos	nos acostábamos	nos acostamos	nos acostaremos	nos acostaríamos	nos acostemos	nos acostáramos	**acostaos**
acostado	os acostáis	os acostabais	os acostasteis	os acostaréis	os acostaríais	os acostéis	os acostarais	**(no os acostéis)**
	se acuestan	se acostaban	se acostaron	se acostarán	se acostarían	se **acuesten**	se acostaran	**acuéstense**
sentir	**siento**	sentía	sentí	sentiré	sentiría	**sienta**	**sintiera**	**siente**
to feel	**sientes**	sentías	sentiste	sentirás	sentiríais	**sientas**	**sintieras**	**(no sientas)**
e → ie, i	**siente**	sentía	**sintió**	sentirá	sentiría	**sienta**	**sintiera**	**sienta**
sintiendo	sentimos	sentíamos	sentimos	sentiremos	sentiríamos	**sintamos**	**sintiéramos**	**sentaos**
sentido	sentís	sentíais	sentisteis	sentiréis	sentiríais	**sintáis**	**sintierais**	**(no sintáis)**
	sienten	sentían	**sintieron**	sentirán	sentirían	**sientan**	**sintieran**	**sientan**
pedir	**pido**	pedía	pedí	pediré	pediría	**pida**	**pidiera**	**pide**
to ask for	**pides**	pedías	pediste	pedirás	pedirías	**pidas**	**pidieras**	**(no pidas)**
e → i, i	**pide**	pedía	**pidió**	pedirá	pediría	**pida**	**pidiera**	**pida**
pidiendo	pedimos	pedíamos	pedimos	pediremos	pediríamos	**pidamos**	**pidiéramos**	**pedid**
pedido	pedís	pedíais	pedisteis	pediréis	pediríais	**pidáis**	**pidierais**	**(no pidáis)**
	piden	pedían	**pidieron**	pedirán	pedirían	**pidan**	**pidieran**	**pidan**
dormir	**duermo**	dormía	dormí	dormiré	dormiría	**duerma**	**durmiera**	**duerme**
to sleep	**duermes**	dormíais	dormiste	dormirás	dormirías	**duermas**	**durmieras**	**(no duermas)**
o → ue, u	**duerme**	dormía	**durmió**	dormirá	dormiría	**duerma**	**durmiera**	**duerma**
durmiendo	dormimos	dormíamos	dormimos	dormiremos	dormiríamos	**durmamos**	**durmiéramos**	**dormid**
dormido	dormís	dormíais	dormisteis	dormiréis	dormiríais	**durmáis**	**durmierais**	**(no durmáis)**
	duermen	dormían	**durmieron**	dormirán	dormirían	**duerman**	**durmieran**	**duerman**

APÉNDICE D: Los verbos con cambios de ortografía

Infinitive Present Participle Past Participle	***Present Indicative***	***Imperfect***	***Preterite***	***Future***	***Conditional***	***Present Subjunctive***	***Past Subjunctive***	***Commands***
comenzar	comienzo	comenzaba	**comencé**	comenzaré	comenzaría	**comience**	comenzara	comienza **(no**
(e → ie)	comienzas	comenzabas	comenzaste	comenzarás	comenzaríais	**comiences**	comenzaras	**comiences)**
to begin	comienza	comenzaba	comenzó	comenzará	comenzaría	**comience**	comenzara	**comience**
z → c	comenzamos	comenzábamos	comenzamos	comenzaremos	comenzaríamos	**comencemos**	comenzáramos	comenzad **(no**
before e	comenzáis	comenzabais	comenzasteis	comenzaréis	comenzaríais	**comencéis**	comenzarais	**comencéis)**
comenzando	comienzan	comenzaban	comenzaron	comenzarán	comenzarían	**comiencen**	comenzaran	**comiencen**
comenzado								
conocer	**conozco**	conocía	conocí	conoceré	conocería	**conozca**	conociera	conoce **(no**
to know	conoces	conocías	conociste	conocerás	conocerías	**conozcas**	conocieras	**conozcas)**
c → zc	conoce	conocía	conoció	conocerá	conocería	**conozca**	conociera	**conozca**
before a, o	conocemos	conocíamos	conocimos	conoceremos	conoceríamos	**conozcamos**	conociéramos	conoced **(no**
conociendo	conocéis	conocíais	conocisteis	conoceréis	conoceríais	**conozcáis**	conocierais	**conozcáis)**
conocido	conocen	conocían	conocieron	conocerán	conocerían	**conozcan**	conocieran	**conozcan**
construir	**construyo**	construía	construí	construiré	construiría	**construya**	**construyera**	**construye (no**
to build	**construyes**	construías	construiste	construirás	construirías	**construyas**	**construyeras**	**construyas)**
i → y,	**construye**	construía	**construyó**	construirá	construiría	**construya**	**construyera**	**construya**
y inserted	construimos	construíamos	construimos	construiremos	construiríamos	**construyamos**	**construyéramos**	construíd **(no**
before a, e, o	construís	construíais	construisteis	construiréis	construiríais	**construyáis**	**construyerais**	**construyáis)**
construyendo	**construyen**	construían	**construyeron**	construirán	construirían	**construyan**	**construyeran**	**construyan**
construido								
leer	leo	leía	leí	leeré	leería	lea	**leyera**	lee (no leas)
to read	lees	leías	leíste	leerás	leerías	leas	**leyeras**	lea
i → y;	lee	leía	**leyó**	leerá	leería	lea	**leyera**	leed (no leáis)
stressed	leemos	leíamos	leímos	leeremos	leeríamos	leamos	**leyéramos**	lean
i → í	leéis	leíais	leísteis	leeréis	leeríais	leáis	**leyerais**	
leyendo	leen	leían	**leyeron**	**leyeron**	leerían	lean	**leyeran**	
leído								

APÉNDICE D: Los verbos con cambios de ortografía

(continued)

Infinitive Present Participle Past Participle	*Present Indicative*	*Imperfect*	*Preterite*	*Future*	*Conditional*	*Present Subjunctive*	*Past Subjunctive*	*Commands*
pagar	pago	pagaba	**pagué**	pagaré	pagaría	**pague**	pagara	paga (**no pagues**)
to pay	pagas	pagabas	pagaste	pagarás	pagarías	**pagues**	pagaras	**pague**
g → gu	paga	pagaba	pagó	pagará	pagaría	**pague**	pagara	pagad (**no**
before e	pagamos	pagábamos	pagamos	pagaremos	pagaríamos	**paguemos**	pagáramos	**paguéis)**
pagando	pagáis	pagabais	pagasteis	pagaréis	pagaríais	**paguéis**	pagarais	**paguen**
pagado	pagan	pagaban	pagaron	pagarán	pagarían	**paguen**	pagaran	
seguir	**sigo**	seguía	seguí	seguiré	seguiría	**siga**	siguiera	sigue (**no sigas**)
(e → i, i)	sigues	seguías	seguiste	seguirás	seguirías	**sigas**	siguieras	**siga**
to follow	sigue	seguía	siguió	seguirá	seguiría	**siga**	siguiera	seguid (**no**
gu → g	seguimos	seguíamos	seguimos	seguiremos	seguiríamos	**sigamos**	siguiéramos	**sigáis)**
before a, o	seguís	seguíais	seguisteis	seguiréis	seguiríais	**sigáis**	siguierais	**sigan**
siguiendo	siguen	seguían	siguieron	seguirán	seguirían	**sigan**	siguieran	
seguido								
tocar	tocas	tocaba	**toqué**	tocaré	tocaría	**toque**	tocara	toca (**no toques**)
to play, to touch	toca	tocabas	tocaste	tocará	tocarías	**toques**	tocaras	**toque**
c → qu	tocamos	tocaba	tocó	tocarás	tocaría	**toque**	tocara	tocad (**no**
before e	tocáis	tocábamos	tocamos	tocaremos	tocaríamos	**toquemos**	tocáramos	**toquéis)**
tocando	tocan	tocabais	tocasteis	tocaréis	tocaríais	**toquéis**	tocarais	**toquen**
tocado		tocaban	tocaron	tocarán	tocarían	**toquen**	tocaran	
toco								

APÉNDICE E: Los verbos irregulares

Infinitive Present Participle Past Participle	*Present Indicative*	*Imperfect*	*Preterite*	*Future*	*Conditional*	*Present Subjunctive*	*Past Subjunctive*	*Commands*
andar	ando	andaba	**anduve**	andaré	andaría	ande	**anduviera**	anda (no andes)
to walk	andas	andabas	**anduviste**	andarás	andarías	andes	**anduvieras**	ande
andando	anda	andaba	**anduvo**	andará	andaría	ande	**anduviera**	andad
andado	andamos	andábamos	**anduvimos**	andaremos	andaríamos	andemos	**anduviéramos**	(no andéis)
	andáis	andabais	**anduvisteis**	andaréis	andaríais	andéis	**anduvierais**	anden
	andan	andaban	**anduvieron**	andarán	andarían	anden	**anduvieran**	
*caer	**caigo**	caía	caí	caeré	caería	**caiga**	**cayera**	cae (no caigas)
to fall	caes	caías	**caíste**	caerás	caerías	**caigas**	**cayeras**	**caiga**
cayendo	cae	caía	**cayó**	caerá	caería	**caiga**	**cayera**	caed **(no caigáis)**
caído	caemos	caíamos	**caímos**	caeremos	caeríamos	**caigamos**	**cayéramos**	**caigan**
	caéis	caíais	**caísteis**	caeréis	caeríais	**caigáis**	**cayerais**	
	caen	caían	**cayeron**	caerán	caerían	**caigan**	**cayeran**	
*dar	**doy**	daba	**di**	daré	daría	**dé**	**diera**	da (no des)
to give	das	dabas	**diste**	darás	darías	**des**	**dieras**	**dé**
dando	da	daba	**dio**	dará	daría	**dé**	**diera**	dad **(no deis)**
dado	damos	dábamos	**dimos**	daremos	daríamos	**demos**	**diéramos**	den
	dais	dabais	**disteis**	daréis	daríais	**deis**	**dierais**	
	dan	daban	**dieron**	darán	darían	**den**	**dieran**	
*decir	**digo**	decía	**dije**	**diré**	**diría**	**diga**	**dijera**	**di (no digas)**
to say, tell	**dices**	decías	**dijiste**	**dirás**	**dirías**	**digas**	**dijeras**	**diga**
diciendo	**dice**	decía	**dijo**	**dirá**	**diría**	**diga**	**dijera**	decid **(no digáis)**
dicho	decimos	decíamos	**dijimos**	**diremos**	**diríamos**	**digamos**	**dijéramos**	**digan**
	decís	decíais	**dijisteis**	**diréis**	**diríais**	**digáis**	**dijerais**	
	dicen	decían	**dijeron**	**dirán**	**dirían**	**digan**	**dijeran**	
*estar	**estoy**	estaba	**estuve**	estaré	estaría	**esté**	**estuviera**	**está (no estés)**
to be	**estás**	estabas	**estuviste**	estarás	estarías	**estés**	**estuvieras**	**esté**
estando	**está**	estaba	**estuvo**	estará	estaría	**esté**	**estuviera**	estad **(no estéis)**
estado	estamos	estábamos	**estuvimos**	estaremos	estaríamos	**estemos**	**estuviéramos**	**estén**
	estáis	estabais	**estuvisteis**	estaréis	estaríais	**estéis**	**estuvierais**	
	están	estaban	**estuvieron**	estarán	estarían	**estén**	**estuvieran**	

APÉNDICE E: Los verbos irregulares

(continued)

Infinitive Present Participle Past Participle	*Present Indicative*	*Imperfect*	*Preterite*	*Future*	*Conditional*	*Present Subjunctive*	*Past Subjunctive*	*Commands*
haber	**he**	había	**hube**	**habré**	**habría**	**haya**	**hubiera**	
to have	**has**	habías	**hubiste**	**habrás**	**habrías**	**hayas**	**hubieras**	
habiendo	**ha [hay]**	había	**hubo**	**habrá**	**habría**	**haya**	**hubieran**	
habido	**hemos**	habíamos	**hubimos**	**habremos**	**habríamos**	**hayamos**	**hubiéramos**	
	habéis	habíais	**hubisteis**	**habréis**	**habríais**	**hayáis**	**hubierais**	
	han	habían	**hubieron**	**habrán**	**habrían**	**hayan**	**hubieran**	
*hacer	**hago**	hacía	**hice**	**haré**	**haría**	**haga**	**hiciera**	**haz (no hagas)**
to make, do	haces	hacías	**hiciste**	**harás**	**harías**	**hagas**	**hicieras**	**haga**
haciendo	hace	hacía	**hizo**	**hará**	**haría**	**haga**	**hiciera**	haced **(no hagáis)**
hecho	hacemos	hacíamos	**hicimos**	**haremos**	**haríamos**	**hagamos**	**hiciéramos**	**hagan**
	hacéis	hacíais	**hicisteis**	**haréis**	**haríais**	**hagáis**	**hiciérais**	
	hacen	hacían	**hicieron**	**harán**	**harían**	**hagan**	**hicieran**	
ir	**voy**	**iba**	**fui**	iré	iría	**vaya**	**fuera**	**ve (no vayas)**
to go	**vas**	**ibas**	**fuiste**	irás	irías	**vayas**	**fueras**	**vaya**
yendo	**va**	**iba**	**fue**	irá	iría	**vaya**	**fuera**	id **(no vayáis)**
ido	**vamos**	**íbamos**	**fuimos**	iremos	iríamos	**vayamos**	**fuéramos**	**vayan**
	vais	**ibais**	**fuisteis**	iréis	iríais	**vayáis**	**fuerais**	
	van	**iban**	**fueron**	irán	irían	**vayan**	**fueran**	
*oír	**oigo**	oía	oí	oíré	oiría	**oiga**	**oyera**	**oye (no oigas)**
to hear	**oyes**	oías	**oíste**	oirás	oirías	**oigas**	**oyeras**	**oiga**
oyendo	**oye**	oía	**oyó**	oirá	oiría	**oiga**	**oyera**	oíd **(no oigáis)**
oído	**oímos**	oíamos	**oímos**	oiremos	oiríamos	**oigamos**	**oyéramos**	**oigan**
	oías	oíais	**oísteis**	oiréis	oiríais	**oigáis**	**oyerais**	
	oyen	oían	**oyeron**	oirán	oirían	**oigan**	**oyeran**	

APÉNDICE E: Los verbos irregulares

(continued)

Infinitive Present Participle Past Participle	***Present Indicative***	***Imperfect***	***Preterite***	***Future***	***Conditional***	***Present Subjunctive***	***Past Subjunctive***	***Commands***
poder (o → ue) *can, to be able* **pudiendo** podido	**puedo** **puedes** **puede** podemos podéis **pueden**	podía podías podía podíamos podiais podían	**pude** **pudiste** **pudo** **pudimos** **pudisteis** **pudieron**	**podré** **podrás** **podrá** **podremos** **podréis** **podrán**	**podría** **podrías** **podría** **podríamos** **podríais** **podrían**	**pueda** **puedas** **pueda** podamos podáis **puedan**	**pudiera** **pudieras** **pudiera** **pudiéramos** **pudierais** **pudieran**	
*poner *to place, put* poniendo **puesto**	**pongo** pones pone ponemos ponéis ponen	ponía ponías ponía poníamos poníais ponían	**puse** **pusiste** **puso** **pusimos** **pusisteis** **pusieron**	**pondré** **pondrás** **pondrá** **pondremos** **pondréis** **pondrán**	**pondría** **pondrías** **pondría** **pondríamos** **pondríais** **pondrían**	**ponga** **pongas** **ponga** **pongamos** **pongáis** **pongan**	**pusiera** **pusieras** **pusiera** **pusiéramos** **pusierais** **pusieran**	**pon (no pongas)** **ponga** poned **(no pongáis)** **pongan**
querer (e → ie) *to want, wish* queriendo querido	**quiero** **quieres** **quiere** queremos queréis **quieren**	quería querías quería queríamos queríais querían	**quise** **quisiste** **quiso** **quisimos** **quisisteis** **quisieron**	**querré** **querrás** **querrá** **querramos** **querréis** **querrán**	**querría** **querrías** **querría** **querríamos** **querríais** **querrían**	**quiera** **quieras** **quiera** querramos querráis **quieran**	**quisiera** **quisieras** **quisiera** **quisiéramos** **quisierais** **quisieran**	**quiere (no quieras)** **quiera** quered (no queráis) **quieran**
reír *to laugh* **riendo** **reído**	**río** **ríes** **ríe** **reímos** reís **ríen**	reía reías reía reíamos reíais reían	reí **reíste** **rió** **reímos** **reísteis** **rieron**	reiré reirás reirá reiremos reiréis reirán	reiría reirías reiría reiríamos reiríais reirían	**ría** **rías** **ría** **riamos** **riáis** **rían**	**riera** **rieras** **riera** **riéramos** **rierais** **rieran**	**ríe (no rías)** **ría** **reid (no riáis)** **rían**

APÉNDICE E: Los verbos irregulares
(continued)

Infinitive Present Participle Past Participle	*Present Indicative*	*Imperfect*	*Preterite*	*Future*	*Conditional*	*Present Subjunctive*	*Past Subjunctive*	*Commands*
*saber	**sé**	sabía	**supe**	**sabré**	**sabría**	**sepa**	**supiera**	sabe **(no sepas)**
to know	sabes	sabías	**supiste**	**sabrás**	**sabrías**	**sepas**	**supieras**	**sepa**
sabiendo	sabe	sabía	**supo**	**sabrá**	**sabría**	**sepa**	**supiera**	sabed **(no sepáis)**
sabido	sabemos	sabíamos	**supimos**	**sabremos**	**sabríamos**	**sepamos**	**supiéramos**	**sepan**
	sabéis	sabíais	**supisteis**	**sabréis**	**sabríais**	**sepáis**	**supierais**	
	saben	sabían	**supieron**	**sabrán**	**sabrían**	**sepan**	**supieran**	
*salir	**salgo**	salía	salí	**saldré**	**saldría**	**salga**	saliera	**sal (no salgas)**
to go out	sales	salías	saliste	**saldrás**	**saldrías**	**salgas**	salieras	**salga**
saliendo	sale	salía	salió	**saldrá**	**saldría**	**salga**	saliera	salid **(no salgáis)**
salido	salimos	salíamos	salimos	**saldremos**	**saldríamos**	**salgamos**	saliéramos	**salgan**
	salís	salíais	salisteis	**saldréis**	**saldríais**	**salgáis**	salierais	
	salen	salían	salieron	**saldrán**	**saldrían**	**salgan**	salieran	
ser	**soy**	**era**	**fui**	seré	sería	**sea**	**fuera**	**sé (no seas)**
to be	**eres**	**eras**	**fuiste**	serás	serías	**seas**	**fueras**	**sea**
siendo	**es**	**era**	**fue**	será	sería	**sea**	**fuera**	sed **(no seáis)**
sido	**somos**	**éramos**	**fuimos**	seremos	seríamos	**seamos**	**fuéramos**	**sean**
	sois	**erais**	**fuisteis**	seréis	seríais	**seáis**	**fuerais**	
	son	**eran**	**fueron**	serán	serían	**sean**	**fueran**	
*tener	**tengo**	tenía	**tuve**	**tendré**	**tendría**	**tenga**	**tuviera**	**ten (no tengas)**
to have	**tienes**	tenías	**tuviste**	**tendrás**	**tendrías**	**tengas**	**tuvieras**	**tenga**
teniendo	**tiene**	tenía	**tuvo**	**tendrá**	**tendría**	**tenga**	**tuviera**	tened **(no tengáis)**
tenido	tenemos	teníamos	**tuvimos**	**tendremos**	**tendríamos**	**tengamos**	**tuviéramos**	**tengan**
	tenéis	teníais	**tuvisteis**	**tendréis**	**tendríais**	**tengáis**	**tuvierais**	
	tienen	tenían	**tuvieron**	**tendrán**	**tendrían**	**tengan**	**tuvieran**	

APÉNDICE E: Los verbos irregulares

(continued)

Infinitive Present Participle Past Participle	*Present Indicative*	*Imperfect*	*Preterite*	*Future*	*Conditional*	*Present Subjunctive*	*Past Subjunctive*	*Commands*
traer	**traigo**	traía	**traje**	traeré	traería	**traiga**	**trajera**	trae (**no traigas**)
to bring	traes	traías	**trajiste**	traerás	traerías	**traigas**	**trajeras**	**traiga**
trayendo	trae	traía	**trajo**	traerá	traería	**traiga**	**trajera**	traed (**no traigáis**)
traído	traemos	traíamos	**trajimos**	traeremos	traeríamos	**traigamos**	**trajéramos**	**traigan**
	traéis	traíais	**trajisteis**	traeréis	traeríais	**traigáis**	**trajerais**	
	traen	traían	**trajeron**	traerán	traerían	**traigan**	**trajeran**	
*venir	**vengo**	venía	**vine**	**vendré**	**vendría**	**venga**	**viniera**	**ven (no vengas)**
to come	**vienes**	venías	**viniste**	**vendrás**	**vendrías**	**vengas**	**vinieras**	**venga**
viniendo	**viene**	venía	**vino**	**vendrá**	**vendría**	**venga**	**viniera**	venid (**no vengáis**)
venido	venimos	veníamos	**vinimos**	**vendremos**	**vendríamos**	**vengamos**	**viniéramos**	**vengan**
	venís	veníais	**vinisteis**	**vendréis**	**vendríais**	**vengáis**	**vinierais**	
	vienen	venían	**vinieron**	**vendrán**	**vendrían**	**vengan**	**vinieran**	
ver	**veo**	**veía**	**vi**	veré	vería	**vea**	viera	ve (**no veas**)
to see	ves	**veías**	**viste**	verás	verías	**veas**	vieras	**vea**
viendo	ve	**veía**	**vio**	verá	vería	**vea**	viera	ved (**no (veáis)**
visto	vemos	**veíamos**	**vimos**	veremos	veríamos	**veamos**	viéramos	**vean**
	veis	**veíais**	**visteis**	veréis	veríais	**veáis**	vierais	
	ven	**veían**	**vieron**	verán	verían	**vean**	vieran	

*Verbs with irregular *yo*-forms in the present indicative

A

a fin de que in order that, so that
a la hora on time
a menos que unless
a pesar de despite
¿A qué hora? (At) What time?
a veces sometimes
abogado(a) attorney
abrigo overcoat
abril April
abrir to open
abuelo(a) grandfather (grandmother)
aburrido *adj.* bored
acabar de + ***infinitive*** to have just (done something)
acampar to camp
accesible *adj.* accessible
acción *f.* action
aceite *m.* oil
aceptar to accept
acomodar to accommodate, to arrange
aconsejar to advise
acordarse (ue) de to remember
activo *adj.* active
actor *m.* actor
actriz *f.* actress
actuar to operate, to act
acuerdo agreement
adaptarse to adapt, to adjust
¡Adiós! Good-bye!
adjetivo adjective
¿Adónde? Where to?
administración de empresas business administration
administrador(a) manager
administrar to manage, to administer
adverbio adverb
aeróbicos aerobics
africano *adj.* African
afuera away, outside
agente de viajes *m., f.* travel agent
agosto August
agresivo *adj.* aggressive
agua water
ahora now
al cubierto indoors
al lado de next to
alcalde *m.* mayor
alcantarillado sewage
alcanzar (c) to reach
alegrarse (de) to be glad (about)
alegre happy
alegría happiness
alemán *adj.* German
alergia alergy
alfombra carpet
álgebra algebra
algo something
alguien somebody, someone, anyone
algún any, some
alimentar to feed
allí there
alojamiento lodging
alquilar to rent
alto *adj.* high
ama de casa housewife
amable *adj.* kind
amar to love
amarillo *adj.* yellow
americano *adj.* American
amigable *adj.* friendly
amigo(a) friend
amistad *f.* friendship
amistoso *adj.* friendly
amor *m.* love
anaranjado *adj.* orange
anoche last night
antes (de) que before
antibiótico antibiotic
antipático *adj.* unfriendly
antropología anthropology
añorar to long for
apagado *adj.* turned off
apagar to turn off
aparato appliance, apparatus
apartamento apartment
apellido last name
apoyar to support
apoyo mutuo mutual help, support
aprender to learn
apto *adj.* suitable
aquél/aquélla that one (over there)
aquéllos(as) those ones
aquí here
árbol *m.* tree
archivar to file
archivo file cabinet
arena sand
argentino *adj.* Argentinean
armario dresser
arnés *m.* harness
arquitecto architect
arreglar to fix, to arrange, to tidy up
arrojar basura to litter
arte *m.* art
artes *f.* **plásticas** fine arts
artista *m., f.* artist
ascenso promotion
asiático *adj.* Asian
asistir to attend
aspiración *f.* aspiration
aspirante *m., f.* candidate
aspirar to aspire, to want (a goal); to vacuum
aspirina aspirin
ático attic
atletismo track and field
aumentar to augment, to build up
aumento raise
australiano *adj.* Australian
autoempleo self-employment
avalúo price estimation
avión *m.* airplane
ayudar to help
azul *adj.* blue

B

bailar to dance
baile *m.* dance

bajar de peso to lose weight
bajo *adj.* low, short
baloncesto basketball
baño bathroom
barato *adj.* cheap
barrio neighborhood
basura garbage, trash
basurero garbage collector
beber to drink
béisbol *m.* baseball
beneficencia charity
biblioteca library
bicicleta bicycle
bien well, good, fine, okay
bienes raíces *m.* real estate
bienestar *m.* well-being
bienvenido *adj.* welcome
biología biology
bistec *m.* steak
blanco *adj.* white
blusa blouse
bodega warehouse
bola ball
bolígrafo pen
boliviano *adj.* Bolivian
bolos bowling
bombero firefighter
borracho *adj.* drunk
borrador *m.* eraser
bosque *m.* forest
bota boot
botiquín *m.* **de primeros auxilios** first-aid kit
botón *m.* button
brazo arm
bucear to snorkel
bueno *adj.* good, well
¡Buenos días! Good Morning! / Hello!

C

caballo horse
cabeza head
cable *m.* cable
cada each, every
café *m.* coffee
caja box
caja de cartón cardboard box
cajero electrónico automatic teller machine
cálculo calculus
calentamiento warm-up
calvo *adj.* bald
cama bed
caminar to walk
camión *m.* **de mudanzas** moving truck
camisa shirt
camiseta t-shirt
campesino farmer
campo countryside (field)
canal *m.* channel
cancha court
cansado *adj.* tired
cantante *m., f.* singer
cantar to sing
característica characteristic
cargar to charge, to load
caridad *f.* charity
carta de presentación cover letter
cartelera de televisión TV guide
casa house
casado *adj.* married
casarse to get married
casco helmet
casi nunca almost never
casi siempre almost always
catorce fourteen
CD *m.* CD-ROM
cebolla onion
ceder to give in
cenar to have dinner
centro downtown
centro comercial mall
cerca de near
cerdo pig
cero zero
cerrar to close
certificado de depósito a término (CDT) *m.* certificate of deposit (CD)
césped *m.* grass, lawn
chaqueta jacket
charlar to chat
¡Chau! 'bye!
chequera checkbook
chileno *adj.* Chilean
chino *adj.* Chinese
ciclismo cycling
cien one hundred
ciencia ficción science fiction
ciencias ambientales environmental sciences
ciencias naturales natural sciences
ciencias políticas political science
ciencias sociales social sciences
cinco five
cinquenta fifty
cine *m.* movies, movie theater
cinta tape (recording)
clase *f.* class
clave *f.* **secreta** pin number
cliquear to click
closet *m.* closet
cocina kitchen
cocinar to cook
cocinero(a) cook
codera elbow pad
codo elbow
colaborar to collaborate
colombiano *adj.* Colombian
combatir to combat
comedor *m.* dining room
comer to eat
cómico *adj.* funny
comida food, meal, lunch
como like, as
¿Cómo? How?, What?, Excuse me?
¿Cómo está Ud.? How are you? (formal)
¿Cómo estás? How are you? (informal)
¿Cómo se dice... ? How do you say . . . ?
compañerista *m., f.* good fellow
compañero de trabajo workmate
compartido *adj.* shared
compartir to share
competente *adj.* competent
comprar to buy
comprender to understand
comprometido *adj.* engaged
computadora computer
comunicación *f.* communication
comunicarse to communicate

con with
¡Con gusto! You are welcome!, With pleasure!
con tal de que provided that
conectar to plug in
conexión a internet *f.* internet connection
confiable *adj.* trustworthy
confiar (en) to trust (in)
conflicto conflict
congestión *f.* traffic congestion
conjunción *f.* conjugation
conocer (zc) to know, to meet
consejo advice
conservar conserve
consignación *f.* deposit
constancia perseverance
construir to build
consultar to consult
consumir to consume
contaminación *f.* pollution
contar (ue) con to count on
contenedor *m.* container
contento *adj.* happy
contestar to answer
contratar to contract
contrato contract
convenir (ie) to suit, to be suitable
conversación *f.* conversation
cooperación *f.* cooperation
corbata necktie
corregir (i, i) to correct
correr to run
cortar to cut
cortina curtain
corto *adj.* short
cosecha harvest
cosechar to harvest
costarricense *adj. m., f.* Costa Rican
costo de la vida cost of living
cotización *f.* price estimation
crear to create
creativo *adj.* creative
criar to raise
cuaderno notebook
cuaderno de ejercicios workbook
cuadro painting
¿Cuál? ¿Cuáles? Which? Which ones?
cualidad *f.* quality
cualquier any, whatever
¿Cuándo? When?
cuando when
¿Cuánto? How much?
¿Cuántos? How many?
cuarenta forty
cuatro four
cubano *adj.* Cuban
cubículo cubicle
cuenta corriente checking account
cuenta de ahorros savings account
cuerda rope
cuerpo body
cuidar to care for, to watch over, to look after
cultivar to cultivate
cultivo crop
cumplidor *adj.* reliable, trustworthy
cuota inicial down payment
curar to heal
curita Band-Aid

D

dar to give
dato fact, information
de maravilla great
¡De nada! You are welcome!
debajo de under
dedicado *adj.* dedicated
defender (ie) to defend
dejar to leave, to quit, to stop, to let (allow)
dejar de to quit, to stop (doing something)
delegar to delegate
delincuencia (juvenil) (youth) crime
deporte *m.* sport
depositar to deposit
deprimido *adj.* depressed
derecho law, right
derechos humanos human rights
desafío challenge
desarrollar to develop
desayunar to have breakfast
descansar to rest
descanso rest
desconectar to unplug
desconsiderado *adj.* inconsiderate
describir to describe
desde from, since
desear to want
desempacar to unpack
desempeño (job) performance
desierto desert
despacio slowly
despedida farewell
despedido *adj.* fired
despedir (i) to fire
desperdicio waste
despertador *m.* alarm clock
después (de) que after
detrás de behind
día *m.* day
dibujo drawing
dibujo animado cartoon
diciembre December
diecinueve nineteen
dieciocho eighteen
dieciséis sixteen
diecisiete seventeen
diez ten
difícil *adj.* difficult
digitar to key in
diligente *adj.* diligent
dinero money
dirección *f.* address
disciplina discipline
disco CD
disco duro hard drive
discriminación *f.* discrimination
diseñar to design
diseño design
disgustado *adj.* angry
disgustar to anger
disgusto argument, fight
disquete *m.* diskette
distraer to entertain (amuse)
dividir to divide
divorciado *adj.* divorced
divorciarse to get divorced
doce twelve
doctor(a) (Dr.) doctor
documental *m.* documentary

documento document
doler (ue) to hurt
dolor *m.* **de cabeza** headache
domingo Sunday
dominicano *adj.* Dominican
¿Dónde? Where?
¿Dónde está? Where is?
dormitorio bedroom
dos two
drama *m.* drama
duda doubt
dudar to doubt
dudoso: es dudoso it is doubtful
duro *adj.* hard, difficult

E

echar to throw, to fire
echar de menos to miss
ecología ecology
ecólogo ecologist
economía economy
ecosistema *m.* ecosystem
ecuatoriano *adj.* Ecuadorian
edificio building
educación *f.* education
educación física physical education
educar to educate
efecto effect
eficiente *adj.* efficient
egoísta *adj.* selfish
ejercicio físico exercise
él he
elasticidad *f.* flexibility
electricidad *f.* electricity
electrónico *adj.* electric, electronic
ella she
ellos(as) they
embalaje *m.* packing
embriagado *adj.* drunk
emoción *f.* emotion
empacadores *m.* packing staff
empacar to pack
empleado employee
empresas de servicios temporales temporary agencies
en on, in, at
en cambio instead
en caso (de) que in case, in the event that
en cuanto as soon as
enamorarse to fall in love
Encantado(a). Pleased to meet you.
encantar to love, to like something very much
encargarse de + ***verb*** to be responsible for doing something
encender (ie) to turn on
encendido turned on
encima de on, over, above
enero January
enfermarse to get sick
enfermero(a) nurse
enfermo *adj.* sick
enfrentar to face; to confront
enfrente de in front of
enojado *adj.* angry
enojar to anger
enseñar to teach
entre between
entretener (ie) to entertain
entrevista interview
entusiasta *adj.* enthusiastic
enviar to send
envolver (ue) to wrap
equipo equipment
escalada libre rock climbing
escalar to climb
escalera stairs
escena scene
escribir to write
escritorio desk
escuchar to listen to
escultor(a) sculptor
escultura sculpture
eso(a) that one
esos(as) those (ones)
espalda back
español *adj.* Spanish
especialidad *f.* specialty
especie *f.* species
especies en vía de extinción *f.* threatened species
espejo mirror
esperar to hope
esquí *m.* ski
esquiar to ski
esquiar en el agua to water-ski
estación *f.* season
estado state
estado civil marital status
estante *m.* bookcase
estar to be
estar dispuesto a to be ready (eager) to
éste(a) this one
estéreo stereo
estiramiento stretching
estómago stomach
éstos(as) these (ones)
estrés *m.* stress
estricto *adj.* strict
estudiante *m., f.* student
estudiar to study
estudios studies
estufa stove
estúpido *adj.* stupid
europeo *adj.* European
evitar to avoid
examinar to examine
exclamación exclamation
éxito success
expectativa expectation
expediente *m.* file
experiencia experience
exposición *f.* exposition
expresar to express
extinción *f.* extinction
extinguirse to become extinct
extracto bank statement
extrañar to miss
extrovertido *adj.* extroverted

F

fácil *adj.* easy
facilidad de expresión *f.* ease of expression, ability to speak
factible *adj.* possible
falda skirt
fallar to fail (not be there for someone)
faltar to lack, be missing
familia family
fantástico *adj.* fantastic
fascinar to love, to be fascinated (by something)
fauna fauna, wildlife
fax *m.* fax

febrero February
fecha date
fecha de nacimiento date of birth
feliz *adj.* happy
feo *adj.* ugly
fibra fiber
fiebre *f.* fever
fiel *adj.* faithful
fiesta party
filosofía philosophy
finca farm
firmar to sign
firme *adj.* firm
flexible *adj.* flexible
flora flora
forma form
formulario application form
fotografía photography
francés *adj.* French
frase *f.* sentence, phrase
frecuencia frequency
frijoles *m.* beans
frustrado *adj.* frustrated
fruta fruit
fuerte *adj.* strong
fuerza strength
fumar to smoke
funcionar to function, to work
funcionario público public official
fútbol *m.* soccer
fútbol americano football
futuro future

G

gafas protectoras goggles
galería de arte art gallery
gallina hen
ganado livestock
ganar to win
garaje *m.* garage
gas *m.* natural gas
gato cat
generoso *adj.* generous
geografía geography
geología geology
geometría geometry
gerente *m.* manager
gimnasia gymnasium
girar to turn
gobernar (ie) to govern
golpear to hit
gracias thank you
gracioso *adj.* funny
grado grade
grasas animales animal fats
griego *adj.* Greek
gripe *m.* flu
gris grey
grosero *adj.* rude
guardamuebles *m.* storage
guardaparques *m.* park ranger
guardar to save, to guard, to keep
guatemalteco *adj.* Guatamalan
guerra war
gustar to like, to please

H

habilidad *f.* ability
habitación *f.* bedroom
hablar to talk, to speak
hacer to do, to make
hacer clic to click
hacer ejercicio to work out, to exercise
hacer falta to need, to be lacking
hacer la cama to make the bed
hacer realidad to accomplish
hacer surf to surf
hacer un viaje to take a trip
hacer una llamada to make a phone call
hacer una maleta to pack a suitcase
hacer una pregunta to ask a question
hacer una visita to pay a visit
hacienda farm
halar to pull
hambre *m.* hunger
hasta (que) until
¡Hasta la vista! See you around!
Hasta luego. See you later.
¡Hasta pronto! See you soon!
helado ice cream
herido *adj.* hurt
hipoteca mortgage
historia history, story
hogar *m.* household, home
hoja de vida resumé
¡Hola! Hi!
hombro shoulder
hondureño *adj.* Honduran
honesto *adj.* honest
honrado *adj.* honest
horario schedule
horno microóndas microwave oven
huelga strike
humanidades *f.* humanities

I

iglesia church
ilusión *f.* dream, illusion
importar to matter
impresora printer
imprimir to print
incendio fire
incrementar to increase
indeciso *adj.* undecided
indiferencia indifference
infiel *adj.* unfaithful
influenza flu
informar to inform
informática computer science
informe *m.* report
ingeniería engineering
ingeniería multimedia multimedia engineering
ingeniero engineer
inglés *adj.* English
inmobiliaria real estate agency
inquieto *adj.* worried, preoccupied
insensible *adj.* insensitive
insertar to insert
insistir (en) to insist on
instalar to install
inteligente *adj.* intelligent
interesar to interest
interpretación *f.* interpretation
interrumpir to interrupt
interruptor *m.* **principal** main switch
inventar to invent
invertir (ie, i) to invest
investigación *f.* research
investigar to research, to investigate

invierno winter
inyección *f.* shot, injection
ir to go
irlandés *adj.* Irish
irse to leave
isla island
italiano *adj.* Italian

J

jalar to pull
jamón *m.* ham
japonés *adj.* Japanese
jarabe *m.* cough syrup
jardín *m.* garden
jefe(a) boss
jefe(a) de personal human resources manager
jornada completa full-time
joven *adj.* young
juego game, set
jueves *m.* Thursday
jugar (ue) to play
jugo juice
julio July
junio June
juntos together
justicia criminal criminal justice
juzgar to judge

L

lago lake
lámpara lamp
lápiz *m.* pencil
largo *adj.* long
lavar to wash
leal *adj.* loyal
leche *f.* milk
lechuga lettuce
leer to read
lejos de far
lengua language, tongue
levantamiento de pesas weight lifting
levantar pesas to lift weights
libro book
licencia profesional professional license
limón *m.* lemon
limpiar to clean
liso *adj.* straight
listo *adj.* smart, ready
literatura literature
llamada phone call
llegar to reach
llegar a ser to become
llenar to fill (out)
llevar a cabo to carry out
llevarse bien (mal) to get along (not to get along)
lograr to achieve
lucha libre wrestling
lunes *m.* Monday
luz *f.* light, electricity

M

malentendido misunderstanding
malo *adj.* bad, mean
manejar to operate, to handle, to drive, to manage
mano *f.* hand
manta blanket
mantener to maintain
mantenerse en forma to keep oneself fit
manzana apple
mar *m.* sea
maravilloso *adj.* wonderful
marcador *m.* marker
marcar to label
mareo dizziness
marrón *adj.* brown
martes *m.* Tuesday
marzo March
más more
más o menos so so
matemáticas mathematics
matrícula profesional professional license
mayo May
mayor *adj.* mature, older
me llamo my name is
media jornada part-time
medicina medicine
médico doctor
medio ambiente environment
medio tiempo part-time
mejor better
mejorar to improve
melancólico *adj.* melancholic
menaje *m.* household goods, belongings
mensaje *m.* message
mensaje electrónico *m.* email
mentir (ie, i) to lie
mercado market
mermelada jam
mes *m.* month
mesa table
mesa de centro (mesita) coffee table
mesa de noche (mesita) bedside table
meta goal
mexicano *adj.* Mexican
mientras que while, whereas
miércoles *m.* Wednesday
mil *m.* one thousand
millón *m.* one million
mineral *m.* mineral
mirar to see, to look at, to watch
miseria extreme poverty
misterio *adj.* mystery
mochila backpack
módem *m.* modem
molestar to bother, to cause discomfort
molestarse to get upset, to be bothered or unhappy
momento moment, minute
monitor *m.* monitor
montaña mountain
montar to ride, to load
montar a caballo to horseback ride
morado *adj.* purple
motor *m.* **de búsqueda** search engine
movimiento movement (school)
Muchas gracias. Many thanks.
mucho many, much
Mucho gusto. Pleased to meet you.
mudanza move
mudarse to move
muebles *m.* furniture
muestra sample, show
mundo world
museo museum
música music

musical *m.* musical
muy very

N

nacionalidad *f.* nationality
nada nothing
nadar to swim
nadie nobody
naranja orange
natación *f.* swimming
naturaleza nature
naturalista *m.* naturalist
navegar el Internet (la red) to surf the net
negación denial
negar (ie) to deny
negativo *adj.* negative
negro *adj.* black
nervioso *adj.* nervous
nevera refrigerator
ni... ni neither . . . nor
nombre *m.* name
noticias news
noventa ninety
noviembre November
novio(a) boyfriend, girlfriend, fiancé(e)
nueve nine
nunca never
nutrición *f.* nutrition

O

objeto object
obra work
obra maestra masterpiece
océano ocean
ochenta eighty
ocho eight
octubre October
ocupado *adj.* busy
odio hatred
ofenderse to become offended
ofendido *adj.* offended
oferta offer
oficina office
oficina de correspondencia mail room
ojalá I hope
ofrecer (zc) to offer
olvidarse (de) to forget (about)
once eleven
oprimir to push, to hit, to click
orden *m.* order
ordenador *m.* computer
ordenar to organize, to order
organizado *adj.* organized
organizar to organize, to manage
otoño fall

P

paciente *adj.* patient
pad *m.* **para el mouse (mouse pad)** mouse pad
página page
paisaje *m.* landscape
pájaro bird
palabra word
pan *m.* bread
panameño *adj.* Panamanian
pantalla screen
papa potato
papas fritas french fries
para que in order that, so that
paraguayo *adj.* Paraguayan
paramédico paramedic
parásitos intestinales parasites
parecer (zc) to deem, to consider, to seem, to appear
pared *f.* wall
parlante speaker
parque *m.* park
parte *f.* part
participar (en) to participate (in)
pasar tiempo libre to spend free time
pasatiempo pastime
pasear to take a short trip, to go for a walk
pastilla pill
patinaje (sobre hielo) *m.* skating (ice skating)
patinaje *m.* **en línea** in-line skating
pato duck
patria homeland
pavo turkey
PC *f.* PC (personal computer)
pecho chest
pedalear to pedal
pedir (i, i) to ask, request
pelea argument, fight
pelear to fight
película movie
pelo hair
pelota ball
perder (ie) to lose
perezoso *adj.* lazy
perfecto *adj.* perfect
periodismo journalism
periodista *m.,f.* journalist
permitir to allow, permit
pero but
perro dog
perseverar to persist
persistente *adj.* persistent
perspectiva perspective
pescado fish (caught)
pez *m.* fish (live)
picar to pick
pie foot
pierna leg
piloto pilot
pintar to paint
pintor(a) painter
pintura painting
pizarra blackboard, chalkboard
planos blueprints
planta plant
plantación *f.* plantation
plástico de burbujas bubblewrap
plato dish, plate
playa beach
poco: un poco some, a little
poder *m.* power
poder (ue) to be able, to succeed
polaco *adj.* Polish
policía police, policeman(woman)
policia vial (de tránsito) traffic police
ponerse tenso to get tense
ponerse triste to become sad
por for, on
por ciento percent
por cierto for certain
por ello because of that
por eso because of that
por esto because of this
por favor please
por fin finally
por la mañana in the morning

por la noche at night
por la tarde in the afternoon
¿por qué? why?
Por supuesto. Of course.
practicar to practice
preferir (ie, i) to prefer
pregunta question
prender to turn on
preocupado *adj.* worried, preoccupied
preocuparse to worry
preparar to prepare
preparativos preparations
presencia personal appearance
presentar to present, to introduce
presentarse to present oneself, to appear
preservar to preserve
presionar to push, to hit
prestaciones *f.* benefits
préstamo loan
presupuesto price estimation
primavera spring
primer piso first floor
problema *m.* problem
producir to produce
productos refinados refined products
profesión *f.* job
profesional *m.* professional
profesor(a) teacher
programa *m.* program
programa *m.* **de concurso** game show
programa *m.* **de deportes** sports show
programa *m.* **de variedades** variety show
programador(a) de computadoras computer programmer
programar to program
prohibir to forbid, to prohibit
promoción *f.* promotion
promover (ue) to promote
pronombre *m.* pronoun
propiedad *f.* property
proporción *f.* proportion
proteger to protect
proteína protein
proveer to provide
publicidad *f.* advertising
puerco pig, pork
puerta door
puertorriqueño *adj.* Puerto Rican
puntual *adj.* punctual

Q

¿Qué? What?
¿Qué significa... ? What does . . . mean?
quedar to remain, to be left
quehaceres *m.* chores
¿Quién?, ¿Quiénes? Who?
queso cheese
querer to want, to love
química chemistry
quince fifteen
quinientos five hundred

R

radiografía x-rays
raqueta racket
rasgo trait
ratón *m.* mouse
recámara bedroom
recepción *f.* reception desk
receta prescription
recibir to receive
recibo receipt
reciclaje *m.* recycling
reciclar to recycle
recoger to collect, to pick up
recomendar (ie) to recommend
recordar (ue) to remember
recuerdo memory
recursos naturales natural resources
reducir (zc) to reduce
referencia reference
reforestar to reforest
refrigerador *m.* refrigerator
refugio natural (silvestre) wildlife reserve
regresar to return
regular *adj.* regular, so so
relaciones públicas public relations
religión *f.* religion
remedio remedy
rentar to rent
renunciar to quit
reñir to fight
reparar to repair
repetir (i, i) to repeat
representar to represent
reserva biológica biological reserve
resfriado cold
resistencia resistance
respetar to respect
respeto mutuo mutual respect
respetuoso *adj.* respectful
responder to answer
responsable *adj.* responsible
retirar to withdraw
reto challenge
reunión *f.* meeting
revisar el buzón to check the mailbox
riesgo risk
riña argument, fight
río river
rizado *adj.* curly
rodilla knee
rodillera knee pad
rogar (ue) to beg
rojo *adj.* red
romper(se) to break (up)
ropa clothes, laundry
rotulador *m.* marker
rosado *adj.* pink
ruido noise
ruso *adj.* Russian

S

sábado Saturday
saber to know (how)
sacar to withdraw, to take out
sala (living) room
sala de reuniones conference room
salario salary
saldo account balance
salir (juntos) to go out, to exit, to leave, (to date)
salón *m.* **de clase** classroom
salud *f.* health
saludo greeting
salvadoreño *adj.* Salvadorian
salvar to save

sección *f.* section
segundo piso second floor
seguro de sí mismo *adj.* confident
seguros insurance
seis six
selva jungle
semana week
sembrar (ie) to sow
sentido del humor sense of humor
sentir (ie, i) to feel, lament
Señor (Sr.) Sir, Mr.
Señora (Sra.) Madam, Mrs.
Señorita (Srta.) Miss
separar to separate
separarse to get separated
septiembre September
ser to be
serie *f.* series
serio *adj.* serious
servicios para la tercera edad services for seniors
servicios públicos utilities
servicios sociales social services
sesenta sixty
set *m.* set
setenta seventy
sicología psychology
siempre always
siete seven
silla chair
sillón *m.* armchair
simpático *adj.* nice
sincero *adj.* sincere
síntoma *m.* symptom
situación *f.* situation
sobre on, over, above
sofá *m.* sofa
soldado soldier
solicitar to request
solicitar trabajo to apply for a job
solicitud *f.* application
solidaridad *f.* solidarity
soltero *adj.* single
sopa soup
sorprenderse to feel surprise
sorprendido *adj.* surprised
sótano basement
subir de peso to gain weight
sucursal *f.* branch office
sueldo salary
suelo soil
sueño dream
sugerir (ie, i) to suggest
suspenso *adj.* suspense

T

talentoso *adj.* talented
también also
tampoco neither, either
tarea homework, duty
tarjeta de crédito credit card
té *m.* tea
teatro theater
techo roof
teclado keyboard
técnica technique
técnico *m., f.* technician
telecomunicaciones *f.* telecommunications
teléfono telephone, phone number
telenovela soap opera
televisión *f.* television
televisor *m.* television set
temer to fear
tener to have
tener calor to be hot
tener éxito to be successful
tener frío to be cold
tener ganas de to want, to have the desire (to do something)
tener hambre to be hungry
tener miedo (de) to be afraid (of)
tener paciencia to be patient
tener prisa to be in a hurry
tener sed to be thirsty
tener sueño to be sleepy
tener suerte to be lucky
tenis *m.* tennis
teñido *adj.* colored
terapia física physical therapy
terminar to finish, to break up
términos de financiamiento credit terms
terrible *adj.* terrible
tiempo time
tiempo completo full-time
tierra land, earth, homeland
tijeras scissors
tímido *adj.* shy
tirar to throw
tirar basura to litter
tiza chalk
tocar to play (an instrument), to touch
tocarse to be one's turn
todos los días every day
tolerante *adj.* tolerant
tomar to take, to drink
tomate *m.* tomato
tonto *adj.* foolish
toro bull
tos *f.* cough
trabajador *adj.* hard working
trabajador(a) worker
trabajador no calificado unqualified worker
trabajar to work
trabajo work
trabajo social social work
traducción *f.* translation
tráfico traffic
transacciones bancarias *f.* bank transactions
transporte *m.* transportation
trasladarse to relocate
traslado relocation, transfer
trasteo move
tratar de to try
trece thirteen
treinta thirty
tres three
triste *adj.* sad

U

ubicación *f.* location
unidad *f.* **residencial** residential complex
uno one
urbano *adj.* urban
urgente *adj.* urgent
uruguayo *adj.* Uruguayan
usar to use
útil *adj.* useful
utilizar (c) to make use

V

vaca cow
vacante *f.* vacancy, opening
valle *m.* valley
valor *m.* value
variedad *f.* variety
veinte twenty
vender to sell
venezolano *adj.* Venezuelan
venta sale
ventaja advantage
ventana window
ver to see, to look
verano summer
verbo verb
verde *adj.* green
verduras vegetables
vestido dress
veterinario *adj.* veterinary
viajar to travel
vida life
vídeo video
viernes *m.* Friday
vincularse to get involved
vino wine
violencia violence
violeta *adj.* violet
vitamina vitamin
viuda widow
vivir to live
vocabulario vocabulary
volcán *m.* volcano
voleibol *m.* volleyball
voluble *adj.* fickle
volver (ue) to return

Y

y and
yeso cast

Z

zanahoria carrot
zapato shoe

A

a little un poco
ability habilidad *f.*
above sobre, encima de
accept aceptar
accessible accesible *adj.*
accommodate acomodar
accomplish hacer realidad
account balance saldo
achieve lograr
act actuar
action acción *f.*
active activo *adj.*
actor actor *m.*
actress actriz *f.*
adapt adaptarse
address dirección *f.*
adjective adjetivo
adjust adaptarse
administer administrar
advantage ventaja
adverb adverbio
advertising publicidad *f.*
advice consejo
advise aconsejar
aerobics aeróbicos
African africano *adj.*
after después (de) que
aggressive agresivo *adj.*
agreement acuerdo
airplane avión *m.*
alarm clock despertador *m.*
alergy alergia
algebra álgebra
allow permitir
almost always casi siempre
almost never casi nunca
also también
always siempre
American americano *adj.*
and y
anger disgustar, enojar
angry disgustado, enojado *adj.*
animal fats grasas animales
answer contestar, responder
anthropology antropología
antibiotic antibiótico
any algún, cualquier
anyone alguien
aparatus aparato
apartment apartamento
appear parecer (zc), presentarse
apple manzana
appliance aparato
application solicitud *f.*
application form formulario
apply for a job solicitar trabajo
April abril
architect arquitecto
Argentinean argentino *adj.*
argument pelea, riña, disgusto
arm brazo
armchair sillón *m.*
arrange acomodar, arreglar
art arte *m.*
art gallery galería de arte
artist artista *m., f.*
as como
as soon as en cuanto
Asian asiático *adj.*
ask pedir (i, i)
ask a question hacer una pregunta
aspiration aspiración *f.*
aspire to aspirar a
aspirin aspirina
at en
at night por la noche
attend asistir
attic ático
attorney abogado(a)
augment aumentar
August agosto
Australian australiano *adj.*
automatic teller machine cajero electrónico
avoid evitar
away afuera

B

back espalda
backpack mochila
bad malo *adj.*
bald calvo *adj.*
ball bola, pelota
Band-Aid curita
bank statement extracto
bank transactions transacciones bancarias *f.*
baseball béisbol *m.*
basement sótano
basketball baloncesto
bathroom baño
be ser; estar
be able poder
be afraid (of) tener miedo (de)
be bothered molestarse
be cold tener frío
be fascinated (by something) fascinar
be glad (about) alegrarse (de)
be hot tener calor
be hungry tener hambre
be in a hurry tener prisa
be lucky tener suerte
be one's turn tocarse
be patient tener paciencia
be ready (eager) to estar dispuesto a
be responsible for (doing something) encargarse de + verb
be sleepy tener sueño
be successful tener éxito
be suitable convenir (ie)
be thirsty tener sed
beach playa
beans frijoles
because of that por ello, por eso
because of this por esto
become llegar a ser
become extinct extinguirse
become offended ofenderse

bed cama
bedroom dormitorio, habitación *f.*, recámara
bedside table mesa de noche (mesita)
before antes (de) que
beg rogar (ue)
behind detrás de
belongings menaje *m.*
benefits prestaciones *f.*
better mejor
between entre
bicycle bicicleta
biological reserve reserva biológica
biology biología
bird pájaro
black negro *adj.*
blanket manta
blouse blusa
blue azul *adj.*
blueprints planos
body cuerpo
Bolivian boliviano *adj.*
book libro
bookcase estante *m.*
boot bota
bored aburrido *adj.*
boss jefe(a)
bother molestar
bowling bolos
box caja
boyfriend novio
branch office sucursal *f.*
bread pan *m.*
break (up) romper(se), terminar
brown marrón *adj.*
bubblewrap plástico de burbujas
build construir
build up aumentar
building edificio
bull toro
business administration administración de empresas
busy ocupado *adj.*
but pero
button botón *m.*
buy comprar
'bye! ¡Chau!

C

cable cable *m.*
calculus cálculo
camp acampar
candidate aspirante *m.*, *f.*
cardboard box caja de cartón
care for cuidar
carpet alfombra
carrot zanahoria
carry out llevar a cabo
cartoon dibujo animado
cast yeso
cat gato
cause discomfort molestar
CD disco
CD-ROM CD *m.*
certificate of deposit (CD) certificado *m.* de depósito a término (CDT)
chair silla
chalk tiza
chalkboard pizarra
challenge desafío, reto
channel canal *m.*
characteristic característica
charge cargar
charity beneficencia, caridad *f.*
chat charlar
cheap barato *adj.*
check the mailbox revisar el buzón
checkbook chequera
checking account cuenta corriente
cheese queso
chemistry química
chest pecho
Chilean chileno *adj.*
Chinese chino *adj.*
chores quehaceres
church iglesia
class clase *f.*
classroom salón *m.* de clase
clean limpiar
click cliquear, hacer clic, oprimir
climb escalar
close cerrar
closet closet *m.*
clothes ropa
coffee table mesa de centro (mesita)
coffee café *m.*
cold resfriado
collaborate colaborar
collect recoger
Colombian colombiano *adj.*
colored teñido *adj.*
combat combatir
communicate comunicarse
communication comunicación *f.*
competent competente *adj.*
computer programmer programador(a) de computadoras
computer science informática
computer computadora, ordenador *m.*
conference room sala de reuniones
confident seguro de sí mismo *adj.*
conflict conflicto
confront enfrentar
conjugation conjunción *f.*
conserve conservar
consider parecer (zc)
consult consultar
consume consumir
container contenedor *m.*
contract contratar
contract contrato
conversation conversación *f.*
cook cocinar
cook cocinero(a)
cooperation cooperación *f.*
correct corregir (i, i)
cost of living costo de la vida
Costa Rican costarricense *adj.* *m.*, *f.*
cough syrup jarabe *m.*
cough tos *f.*
count on contar con (ue)
countryside campo
court cancha
cover letter carta de presentación
cow vaca
create crear
creative creativo *adj.*
credit card tarjeta de crédito
credit terms términos de financiamiento

crime (youth) delincuencia (juvenil)
criminal justice justicia criminal
crop cultivo
Cuban cubano *adj.*
cubicle cubículo
cultivate cultivar
curly rizado *adj.*
curtain cortina
cut cortar
cycling ciclismo

D

dance bailar
dance baile *m.*
date of birth fecha de nacimiento
date fecha
date salir (juntos)
day día *m.*
December diciembre
dedicated dedicado *adj.*
defend defender (ie)
delegate delegar
denial negación
deny negar (ie)
deposit consignación *f.*
deposit depositar
depressed deprimido *adj.*
describe describir
desert desierto
design diseño
design diseñar
desk escritorio
despite a pesar de
develop desarrollar
difficult duro, difícil *adj.*
diligent diligente *adj.*
dining room comedor *m.*
discipline disciplina
discrimination discriminación *f.*
dish plato
diskette disquete *m.*
divide dividir
divorced divorciado *adj.*
dizziness mareo
do hacer
doctor doctor(a) (Dr.), médico(a)
document documento
documentary documental *m.*
dog perro
Dominican dominicano *adj.*
door puerta
doubt duda
doubt dudar
down payment cuota inicial
downtown centro
drama drama *m.*
drawing dibujo
dream ilusión *f.*, sueño
dress vestido
dresser armario
drink tomar, beber
drive manejar
drunk borracho, embriagado *adj.*
duck pato
duty tarea

E

each cada
earth tierra
ease of expression facilidad *f.* de expresión
easy fácil *adj.*
eat comer
ecologist ecólogo
ecology ecología
economy economía
ecosystem ecosistema *m.*
Ecuadorian ecuatoriano *adj.*
educate educar
education educación *f.*
effect efecto
efficient eficiente *adj.*
eight ocho
eighteen dieciocho
eighty ochenta
either tampoco
elbow codo
elbow pad codera
electric electrónico
electricity electricidad *f.*, luz *f.*
electronic electrónico *adj.*
eleven once
e-mail mensaje *m.* electrónico
emotion emoción *f.*
employee empleado
engaged comprometido *adj.*
engineer ingeniero
engineering ingeniería
English inglés *adj.*
entertain distraer, entretener (ie)
enthusiastic entusiasta *adj.*
environment medio ambiente
environmental sciences ciencias ambientales
equipment equipo
eraser borrador *m.*
European europeo *adj.*
every cada
every day todos los días
examine examinar
exclamation exclamación
Excuse me? ¿Cómo?
exercise hacer ejercicio
exercise ejercicio físico
exit salir
expectation expectativa
experience experiencia
exposition exposición *f.*
express expresar
extinction extinción *f.*
extroverted extrovertido *adj.*

F

face enfrentar
fact dato
fail (not be there for someone) fallar
faithful fiel *adj.*
fall otoño
fall in love enamorarse
family familia
fantastic fantástico *adj.*
far lejos de
farewell despedida
farm finca, hacienda
farmer campesino
fauna fauna
fax fax *m.*
fear temer
February febrero
feed alimentar
feel sentir (ie, i)
feel surprise sorprenderse
fever fiebre *f.*
fiancé novio
fiancée novia
fiber fibra
fickle voluble *adj.*
field campo

fifteen quince
fifty cinquenta
fight disgusto, pelea, riña
fight pelear, reñir
file archivar
file expediente *m.*
file cabinet archivo
fill (out) llenar
finally por fin
fine arts artes *f.* plásticas
fine bien
finish terminar
fire despedir (i, i), echar
fire incendio
fired despedido *adj.*
firefighter bombero(a)
firm firme *adj.*
first floor primer piso
first-aid kit botiquín *m.* de primeros auxilios
fish (caught) pescado
fish (live) pez *m.*
five hundred quinientos
five cinco
fix arreglar
flexibility elasticidad *f.*
flexible flexible *adj.*
flora flora
flu gripe *m.*, influenza
food comida
foolish tonto *adj.*
foot pie *m.*
football fútbol *m.* americano
for por
forbid prohibir
forest bosque *m.*
forget olvidar
forget (about) olvidarse (de)
form forma
forty cuarenta
four cuatro
fourteen catorce
French francés *adj.*
french fries papas fritas
frequency frecuencia
Friday viernes *m.*
friend amigo(a)
friendly amistoso, amigable *adj.*
friendship amistad *f.*
from desde
fruit fruta
frustrated frustrado *adj.*
full-time tiempo completo, jornada completa
function funcionar
funny cómico, gracioso *adj.*
furniture muebles *m.*
future futuro

G

gain weight subir de peso
game show programa *m.* de concurso
game juego
garage garaje *m.*
garbage basura
garbage collector basurero
garden jardín *m.*
generous generoso *adj.*
geography geografía
geology geología
geometry geometría
German alemán *adj.*
get along (not to get along) llevarse bien (mal)
get divorced divorciarse
get involved vincularse
get married casarse
get separated separarse
get sick enfermarse
get tense ponerse tenso
get upset molestarse
girlfriend novia
give dar
give in ceder
go ir
go for a walk pasear
go out salir
goal meta
goggles gafas protectoras
good bueno *adj.*
good fellow compañerista *m., f.*
Good Morning! ¡Buenos días!
Good-bye! ¡Adiós!
govern gobernar (ie)
grade grado
grandfather abuelo
grandmother abuela
grass césped *m.*
great de maravilla
Greek griego *adj.*
green verde *adj.*
greeting saludo
grey gris *adj.*
guard guardar
Guatemalan guatemalteco *adj.*
gymnasium gimnasia

H

hair pelo
ham jamón *m.*
hand mano *f.*
happiness alegría
happy alegre, feliz, contento *adj.*
hard duro *adj.*
hard drive disco duro
hard working trabajador(a) *adj.*
harness arnés *m.*
harvest cosecha
harvest cosechar
hatred odio
have breakfast desayunar
have dinner cenar
have just (done something) acabar de + infinitive
he él
head cabeza
headache dolor de cabeza *m.*
heal curar
health salud *f.*
helmet casco
help ayudar
hen gallina
here aquí
Hi! ¡Hola!
high alto *adj.*
history historia
hit golpear
home hogar *m.*
homeland patria, tierra
homework tarea
Honduran hondureño *adj.*
honest honrado, honesto *adj.*
hope esperar
horror *m.* horror
horse caballo
house casa
household hogar *m.*
household goods menaje *m.*
housewife ama de casa

How? ¿Cómo?
How are you? (formal) ¿Cómo está Ud.?
How are you? (informal) ¿Cómo estás?
How do you say . . . ? ¿Cómo se dice... ?
How many? ¿Cuántos?
How much? ¿Cuánto?
human resources manager jefe(a) de personal
human rights derechos humanos
humanities humanidades *f.*
hunger hambre *m.*
hurt doler (ue)
hurt herido *adj.*

I

I hope ojalá
ice cream helado
illusion ilusión *f.*
improve mejorar
in en
in case en caso (de) que
in front of enfrente de
in order that a fin de que, para que
in the afternoon por la tarde
in the event that en caso (de) que
in the morning por la mañana
inconsiderate desconsiderado *adj.*
increase incrementar
indifference indiferencia
indoors al cubierto
inform informar
information dato
in-line skating patinaje en línea *m.*
insensitive insensible *adj.*
insert insertar
insist on insistir (en)
install instalar
instead en cambio
insurance seguros
intelligent inteligente *adj.*
interest interesar
Internet connection conexión *f.* a Internet
interpretation interpretación *f.*
interrupt interrumpir
interview entrevista
introduce presentar
invent inventar
invest invertir (ie)
investigate investigar
Irish irlandés *adj.*
island isla
it doesn't work no funciona
it is better es mejor
it is doubtful es dudoso
it is fitting es justo
it is important es importante
it is impossible es imposible
it is improbable (not likely) es improbable
it is necessary es necesario, es preciso
it is possible es posible
it is probable es probable
it is urgent es urgente
it's broken no funciona
Italian italiano *adj.*

J

jacket chaqueta
jam mermelada
January enero
Japanese japonés *adj.*
job profesión *f.*
journalism periodismo
journalist periodista *m., f.*
judge juzgar
juice jugo
July julio
June junio
jungle selva

K

keep guardar
keep oneself fit mantenerse en forma
key in digitar
keyboard teclado
kind amable *adj.*
kitchen cocina
knee rodilla
knee pad rodillera
know conocer
know (how) saber

L

label marcar
lack faltar
lake lago
lamp lámpara
land tierra
landscape paisaje *m.*
language lengua
last name apellido
last night anoche
laundry ropa
law derecho
lawn césped *m.*
lazy perezoso *adj.*
learn aprender
leave salir, dejar, irse
leg pierna
lemon limón *m.*
let (allow) dejar
lettuce lechuga
library biblioteca
lie mentir (ie)
life vida
lift weights levantar pesas
light luz *f.*
like como
like gustar
like something very much encantar
listen to escuchar
literature literatura
litter arrojar basura, tirar basura
live vivir
livestock ganado
living room sala
load cargar, montar
loan préstamo
location ubicación *f.*
lodging alojamiento
long largo *adj.*
long for añorar
look ver
look after cuidar
look at mirar
lose perder (ie)
lose weight bajar de peso
love amor *m.*
love (someone) amar, querer
love (something) encantar, fascinar

low bajo *adj.*
loyal leal *adj.*
lunch almuerzo, comida

M

mail room oficina de correspondencia
main switch interruptor principal *m.*
maintain mantener
make hacer
make a phone call hacer una llamada
make the bed hacer la cama
make use utilizar (c)
mall centro comercial
manage administrar, organizar, manejar
manager administrador(a), gerente *m.*
many mucho
Many thanks. Muchas gracias.
March marzo
marital status estado civil
marker marcador *m.*, rotulador *m.*
market mercado
married casado *adj.*
masterpiece obra maestra
mathematics matemáticas
matter importar
mature mayor *adj.*
May mayo
mayor alcalde *m.*
meal comida
mean malo *adj.*
medicine medicina
meet conocer
meeting reunión *f.*
melancholic melancólico *adj.*
memory recuerdo
message mensaje *m.*
Mexican mexicano *adj.*
microwave oven horno microóndas
milk leche *f.*
mineral mineral *m.*
minute momento
mirror espejo
miss echar de menos, extrañar
Miss Señorita (Srta.)
misunderstanding malentendido
modem módem *m.*
moment momento
Monday lunes *m.*
money dinero
monitor monitor *m.*
month mes *m.*
more más
mortgage hipoteca
mountain montaña
mouse ratón (mouse) *m.*
mouse pad pad para el mouse (mouse pad) *m.*
move mudanza, trasteo
move mudarse
movement movimiento
movie theater cine *m.*
movie película
movies cine *m*
moving truck camión de mudanzas *m.*
Mr., Sir Señor (Sr.)
Mrs., Madam Señora (Sra.)
much mucho
multimedia engineering ingeniería multimedia
museum museo
music música
musical musical *m.*
mutual respect respeto mutuo
my name is me llamo
mystery misterio *adj.*

N

name nombre *m.*
nationality nacionalidad *f.*
natural gas gas *m.*
natural resources recursos naturales
natural sciences ciencias naturales
naturalist naturalista *m.*
nature naturaleza
near cerca de
necktie corbata
need hacer falta
negative negativo *adj.*
neighborhood barrio
neither tampoco
neither . . . nor ni... ni
nervous nervioso *adj.*
never nunca
news noticias
next to al lado de
nice simpático *adj.*
nine nueve
nineteen diecinueve
ninety noventa
nobody nadie
noise ruido
notebook cuaderno
nothing nada
November noviembre
now ahora
nurse enfermero(a)
nutrition nutrición *f.*

O

objects objetos
ocean océano
October octubre
Of course. Por supuesto.
offended ofendido *adj.*
offer oferta
offer ofrecer
office oficina
oil aceite *m.*
older mayor *adj.*
on en, encima de, sobre
on time a la hora
one uno
one hundred cien
one million millón *m.*
one thousand mil *m.*
onion cebolla
open abrir
opening vacante *f.*
operate actuar, manejar
orange anaranjado *adj.*
orange naranja
order orden *m.*
organize ordenar, organizar
organized organizado *adj.*
outside afuera
over sobre, encima de
overcoat abrigo

P

pack empacar
pack a suitcase hacer una maleta
packing embalaje *m.*

packing staff empacadores *m.*
page página
paint pintar
painter pintor(a)
painting cuadro, pintura
Panamanian panameño *adj.*
Paraguayan paraguayo *adj.*
paramedic paramédico
parasites parásitos intestinales
park ranger guardaparques *m.*
park parque *m.*
part parte *f.*
participate (in) participar (en)
part-time media jornada, medio tiempo
party fiesta
pastime pasatiempo
patient paciente *adj.*
pay a visit hacer una visita
PC (personal computer) PC *f.*
pedal pedalear
pen bolígrapho
pencil lápiz *m.*
percent por ciento
perfect perfecto *adj.*
performance (job) desempeño
permit permitir
persist perseverar
perseverance constancia
persistent persistente *adj.*
personal appearance presencia
perspective perspectiva
philosophy filosofía
phone call llamada
phone number teléfono
photography fotografía
phrase frase *f.*
physical education educación física *f.*
physical therapy terapia física
pick picar
pick up recoger
pig cerdo, puerco
pill pastilla
pilot piloto *m., f.*
pin number clave *f.* secreta
pink rosado *adj.*
plant planta
plantation plantación *f.*
plate plato
play (an instrument) tocar
play jugar (ue)
please gustar
please por favor
Pleased to meet you. Encantado(a), Mucho gusto.
plug in conectar
police policía
policeman(woman) policía
Polish polaco *adj.*
political science ciencias políticas
pollution contaminación *f.*
pork puerco
possible factible *adj.*
potato papa
power poder *m.*
practice practicar
prefer preferir (ie, i)
preoccupied inquieto *adj.*, preocupado *adj.*
preparations preparativos
prepare preparar
prescription receta
present (oneself) presentar(se)
preserve preservar
price estimation avalúo, presupuesto, cotización *f.*
print imprimir
printer impresora
problem problema *m.*
produce producir
professional profesional *m.*
professional license licencia profesional, matrícula profesional
program programa *m.*
program programar
prohibit prohibir
promote promover (ue)
promotion ascenso, promoción *f.*
pronoun pronombre *m.*
property propiedad *f.*
proportion proporción *f.*
protect proteger
protein proteína
provide proveer
provided that con tal de que
psychology sicología
public official funcionario público
public relations (p.r.) relaciones públicas
Puerto Rican puertorriqueño *adj.*
pull halar, jalar
punctual puntual *adj.*
purple morado *adj.*
push presionar, oprimir

Q

quality cualidad *f.*
question pregunta
quit renunciar, dejar de

R

racket raqueta
raise aumento
raise criar
reach alcanzar (c), llegar
read leer
ready listo *adj.*
real estate bienes raíces *m.*
real estate agency inmobiliaria
receipt recibo
receive recibir
reception desk recepción *f.*
recommend recomendar (ie)
recording cinta
recycle reciclar
recycling reciclaje *m.*
red rojo *adj.*
reduce reducir
reference referencia
refined products productos refinados
reforest reforestar
refrigerator nevera, refrigerador *m.*
regular regular *adj.*
reliable cumplidor *adj.*
religion religión *f.*
relocate trasladarse
relocation traslado
remain quedar
remedy remedio
remember acordarse de, recordar (ue)
rent alquilar, rentar
repair reparar
repeat repetir (i, i)

report informe *m.*
represent representar
request pedir (i, i), solicitar
research investigación *f.*
research investigar
residential complex unidad residencial *f.*
resistance resistencia
respect respetar
respect respeto
respectful respetuoso *adj.*
responsible responsable *adj.*
rest descansar
rest descanso
resumé hoja de vida
return regresar, volver (ue)
ride montar
right derecho
risk riesgo
river río
rock climbing escalada libre
roof techo
rope cuerda
rude grosero *adj.*
run correr
Russian ruso *adj.*

S

sad triste *adj.*
salary salario, sueldo
sale venta
Salvadorian salvadoreño *adj.*
sample muestra
sand arena
Saturday sábado
save salvar
savings account cuenta de ahorros
scene escena
schedule horario
science fiction ciencia-ficción
scissors tijeras
screen pantalla
sculptor escultor(a)
sculpture escultura
sea mar *m.*
search engine motor de búsqueda *m.*
season estación *f.*
second floor segundo piso
section sección *f.*
see mirar, ver
See you around! ¡Hasta la vista!
See you later. Hasta luego.
See you soon! ¡Hasta pronto!
seem parecer (zc)
selfish egoísta *adj.*
sell vender
send enviar
sense of humor sentido del humor
sentence frase *f.*
separate separar
September septiembre
series serie *f.*
serious serio *adj.*
services for seniors servicios para la tercera edad
set set *m.*, juego
seven siete
seventeen diecisiete
seventy setenta
sewage alcantarillado
share compartir
shared compartido *adj.*
she ella
shirt camisa
shoe zapato
short corto *adj.*, bajo *adj.*
shot inyección *f.*
shoulder hombro
shy tímido *adj.*
sick enfermo *adj.*
sign firmar
since desde
sincere sincero *adj.*
sing cantar
singer cantante *m.*, *f.*
single soltero *adj.*
situation situación *f.*
six seis
sixteen dieciséis
sixty sesenta
skating (ice skating) patinaje (sobre hielo) *m.*
ski esquí *m.*
ski esquiar
skirt falda
slowly despacio
smart listo *adj.*
smoke fumar
snorkel bucear
so so más o menos, regular *adj.*
so that a fin de que, para que
soap opera telenovela
soccer fútbol *m.*
social services servicios sociales
social sciences ciencias sociales
social work trabajo social
sofa sofá *m.*
soil suelo
soldier soldado
solidarity solidaridad *f.*
some un poco, algún
somebody alguien
someone alguien
something algo
sometimes a veces
soup sopa
sow sembrar (ie)
Spanish español *adj.*
speak hablar
speaker parlante
specialty especialidad *f.*
species especies *f.*
spend free time pasar tiempo libre
spend time estar
sport deporte *m.*
sports show programa de deportes *m.*
spring primavera
stairs escalera
state estado
steak bistec *m.*
stereo estéreo
stomach estómago
stop (doing something) dejar de
storage guardamuebles *m.*
story historia
stove estufa
straight liso *adj.*
strength fuerza
stress estrés *m.*
stretching estiramiento
strict estricto *adj.*
strike huelga
strong fuerte *adj.*
student estudiante *m.*, *f.*
studies estudios

study estudiar
stupid estúpido *adj.*
succeed poder
success éxito
suggest sugerir (ie, i)
suitable apto *adj.*
summer verano
Sunday domingo
support apoyar
support apoyo mutuo
surf hacer surf
surf the net navegar el Internet (la red)
surprised sorprendido *adj.*
suspense suspenso *adj.*
swim nadar
swimming natación *f.*
symptom síntoma *m.*

T

table mesa
take tomar
take a short trip pasear
take a trip hacer un viaje
take out sacar
talented talentoso *adj.*
talk hablar
tall alto *adj.*
tape cinta
tea té *m.*
teach enseñar
teacher profesor(a)
technician técnico *m., f.*
technique técnica
t-shirt camiseta
telecommunications telecomunicaciones *f.*
telephone teléfono
television televisión *f.*
television set televisor *m.*
temporary agencies empresas de servicios temporales
ten diez
tennis tenis *m.*
terrible terrible *adj.*
thank you gracias
that one (over there) aquél (aquélla)
that one eso
theater teatro
there allí
these (ones) éstos(as)
they ellos(as)
thirteen trece
thirty treinta
this one éste
those ésos(as)
those (over there) aquéllos
threatened species especies en vía de extinción
three tres
throw echar, tirar
Thursday jueves *m.*
tidy up arreglar
time tiempo
tired cansado *adj.*
together juntos
tolerant tolerante *adj.*
tomato tomate *m.*
tongue lengua
touch tocar
track and field atletismo
traffic tráfico
traffic congestion congestión *f.*
traffic police policia vial (de tránsito)
trait rasgo
transfer traslado
translation traducción *f.*
transportation transporte *m., f.*
trash basura
travel agent agente de viajes *m., f.*
travel viajar
tree árbol *m.*
trust (in) confiar (en)
trustworthy confiable *adj.*, cumplidor(a) *adj.*
try querer, tratar de
Tuesday martes *m.*
turkey pavo
turn girar
turn off apagar
turn on encender (ie), prender
turned off apagado *adj.*
turned on encendido
TV guide cartelera de televisión
twelve doce
twenty veinte
two dos

U

ugly feo *adj.*
undecided indeciso *adj.*
under debajo de
understand comprender
unfaithful infiel *adj.*
unfriendly antipático *adj.*
unless a menos que
unpack desempacar
unplug desconectar
unqualified worker trabajador(a) no calificado
until hasta (que)
urban urbano *adj.*
Uruguayan uruguayo *adj.*
use usar
useful útil *adj.*
utilities servicios públicos

V

vacancy vacante *f.*
vacuum aspirar
valley valle *m.*
value valor *m.*
variety variedad *f.*
variety show programa *m.* de variedades
vegetables verduras
Venezuelan venezolano *adj.*
verb verbo
very muy
veterinary veterinario *adj.*
video vídeo
violence violencia
violet violeta *adj.*
vitamin vitamina
vocabulary vocabulario
volcano volcán *m.*
volleyball voleibol *m.*

W

walk caminar
wall pared *f.*
want aspirar, desear
want (to do something) tener ganas de
want querer
war guerra
warehouse bodega
warm up calentamiento

wash lavar
waste desperdicio
watch mirar
watch over cuidar
water agua
water-ski esquiar en el agua
Wednesday miércoles *m.*
week semana
weight lifting levantamiento de pesas
welcome bienvenido *adj.*
well-being bienestar *m.*
well bien
What? ¿Cómo?, ¿Qué?
What does it mean? ¿Qué significa?
(At) What time? ¿A qué hora?
whatever cualquier
when cuando
When? ¿Cuándo?
Where? ¿Dónde?
Where is? ¿Dónde está?
Where to? ¿Adónde?
whereas mientras que
Which? ¿Cuál?
Which ones? ¿Cuáles?
while mientras (que)
white blanco *adj.*
Who? ¿Quién?, ¿Quiénes?
Why? ¿Por qué?
widow viuda
wildlife reserve refugio natural (silvestre)
wildlife fauna
win ganar
window ventana
wine vino
winter invierno
with con
With pleasure! ¡Con gusto!
withdraw sacar, retirar
wonderful maravilloso *adj.*
word palabra
work funcionar, trabajar
work obra; trabajo
work out hacer ejercicio
workbook cuaderno de ejercicios
worker trabajador(a)
workmate compañero de trabajo
world mundo
worried preocupado, inquieto *adj.*
worry preocuparse
wrap envolver (ue)
wrestling lucha libre
write escribir

X

x-ray radiografía

Y

yellow amarillo *adj.*
You are welcome! ¡De nada!, ¡Con gusto!
young joven *adj.*

Z

zero cero

Capítulo 1, 69: *Boletín del Centro de Investigaciones Sociológicas*, Madrid, España, No. 10, abril de 1997. **107:** *Boletín del Centro de Investigaciones Sociológicas*, No. 8. **Capítulo 2, 109:** From COMO AGUA PARA CHOCOLATE by Laura Esquival. Copyright © 1989 by Laura Esquival. Used by permission of *Doubleday, a division of Random House, Inc.* **122:** *Boletín del Centro de Investigaciones Sociológicas*, Madrid, España, No. 11. **129:** From LA CASA EN MANGO STREET. Copyright © 1984 by Sandra Cisneros. Published by *Vintage Español, a division of Random House Inc.* Translation copyright © 1994 by Elena Poniatowska. Reprinted by permission of *Susan Bergholz Literary Services*, New York. All rights reserved. **Capítulo 3, 172:** *Officina del Gobernador de Puerto Rico*, © 1998. **190:** "Ausencia" por José Gautier Benítez. **Capítulo 4, 223:** Top Tips Barcelona, www.barcelona_on_line.es. **250:** Gomaespuma, *Ediciones de Hoy, S.A.* **Capítulo 5, 284:** "El turno es de ellas," *Expreso*, www.expreso.com.pe, 25 de abril 1999, *Editora Nacional S.A.* **294:** "Que leen los colombianos?" *Semana*, pp. 88–89, diciembre 29, 1997. **298:** "Lima en Jazz," *Somos*, pp. 32–35, octubre 24, 1998. **Capítulo 6, 311:** "Gobierno delimita desarollo urbano," www.nacion.com.cr, *La Nación*, 8 de julio 1997. **323:** "Costa Rica, Su Mejor Destino," *Swiss Travel Service.* **332:** "La leyenda del Zurquí," *La Nación*, martes 20 de enero de 1981, p4.c. **335:** "Costa Rica, Su Mejor Destino," *Swiss Travel Service.* **342:** Encuesta sobre el medio ambiente, *Centro de Investigaciones Sociógicas*, Madrid, España, No. 6. **346:** "Sello ambiental para Costa Rica," *La Nación*, 10 de mayo 1997. **Capítulo 7, 357:** *Cultivo una rosa blanca* por José Martí. **379:** "Dirección: El sur de la Florida," Latin Trade, diciembre 1997. **382:** *"Key Bisayne,"* Latin Trade, diciembre 1997. **384: Interamerican Bank,** www.interamericanbank.com. **394:** *Soñar en cubano*, Cristina Garcia, *Ballantine Publishing Group*, a division of *Random House Inc.* **Capítulo 8, 409:** "Encontrar trabajo vía cibernética," *El Universal Digital*, 14 de julio 1997. **424:** "Digitalice sus ideas," Sony Corp. 1999. **424:** "Ahorre tiempo y aproveche su viaje," OAG Worldwide. **430:** "MTV dice...," *Radar*, www.radar.eud.com, No.25, a division of *El Universal.* **441:** "El fuego de la acidez..." (Maalox), *Revista Semana*, No.833. **441:** "Gáneselo" (BMW), *Revista Semana*, No.805. **444:** *Mi amigo*, Germán Cuervo, Ediciones de la Universidad del Valle. **Capítulo 9, 456:** "Los diez mandamientos de las relaciones humanas," Luis Dávalos, www.geocities.com/Athens/Parthenon/8852/MTROOP07. **480:** "Superar el miedo," *Revista Quo*, No.30, marzo 1998. **486:** "Parejas de alto riesgo," *Quo.* **494:** *La hija del canibal,* Rosa Montero, Agencia Literaria Carmen Balcells, Barcelona, España. **Capítulo 10, 507:** "No dejes que la fiebre... ," Salud Coomeva, No. 22, septiembre 1997. **520:** "Mucho Ojo," Cromos, Abril 27, 1999, p. 61. **525:** "El barrio es la nueva geografía de la TV," *La Nación*, www.lanacion.com.ar, julio,1998. **530:** Fond Art, *Arte al dia Magazine*, Año 19, No. 71. **540:** *El Túnel,* © Ernesto Sabato. **Capítulo 11, 559:** "Las claves de la ilusión," *Quo*, No. 28, febrero, 1998. **583:** *El albergue de las mujeres tristes*, © Marcela Serrano. **Capítulo 12, 599:** *¡Cristina!: Confidencias de una rubia*, Cristina Saralegui, Warner Books. **605:** "Bill Richardson: un hombre de paz," Wanda N. Cruz, *Cristina*, Año 8, No. 5, pp.30–32. **610:** "Una nación con la lengua trabada," Anthony M. Stevens-Arroyo, Copyright 1999, Hispanic Link News Service. Reprinted by permission. **615:** "Entró y se sentó" by Rosaura Sánchez is reprinted with permission from the publisher of *A Decade of Hispanic Literature: An Anniversary Anthology* (Houston: Arte Publico Press—University of Houston, 1982).

Photos from Corbis Images

21 View of pyramids in Mexico; **79** Close-up of Mexican art; **85** View of Mexican pyramids; **195** Don Quijote de la mancha en la Plaza de España, Madrid; **496** Perito Moreno Glacier; **548** Vicente Perez Rosales park in Chile; MY004175 Statue of Pedro de Valdivia, DH003849 Petrohue Falls; **139** BE024131 Raúl Juliá; **195** RE006412 El Alcazar illuminated at night; **275** TP0011379 Soccer team from Argentina; **284** FT0013340 Female soccer players; **291** ZEJ12159570 Gloria Estefan dancing at concert; **302** AF002429 Aerial view of San Jose; **354** KE001169 The city of La Havana; **357** BE064045 José Martí; **357** ZB001105 Celia Cruz; **366** IH058355 Children in street; **389** YS001029 Immigrant; **499** U2056924 Jorge Luis Borges; **551** OR003193 Chuquicatamata Copper Mine; **551** IH014337 Pablo Neruda; **589** PN005567 Keith Hernandez; **605** WL007450 Bill Richardson being sworn in

Photos from other sources:

79 (top right): © Paul Howell/The Liaison Agency; **79** (bottom right): © Swersey/The Liaison Agency; **85:** © Marjory Dressler/The Liaison Agency; 109: © The Kobal Collection; **305** (bottom left): © Milton C. Toby/DDB Stock Photo; **178:** © Robert Frerck/Odyssey/Chicago; **388:** © Steve Azzara/Sygma; **398** (top left): © Michael Moody/DDB Stock Photo; **529** (left): "Instabilidad," Julio Le Parc, 1963, wood, plastic and aluminum mobile, 31-3/8 × 31-3/8 × 3-7/8 inches; © Hirshhorn Museum and Sculpture Garden, Smithsonian Institution, Gift of Joseph H. Hirshhorn, 1966; **529** (center): "Cuadernos de música," 1919, Emilio Pettorutti, Argentina. 1891–1971), ink on paper, 7-1/2" × 9-1/2", © Inter-American Development Bank Art Collection, Washington, D.C.; reproduced by permission of the IDB; **529** (right): "Historia de los Vampiros," Jorge de la Vega, 1963, oil and collage on canvas, 64" × 51-1/4", © Museum of Art, Rhode Island School of Design, Nancy Sayles Day Fund for Modern Latin American Art, photo by Cathy Carver; **532** (left): "Mundo," Alejando Xul Solar, 1925, watercolor and ink on paper, 11" x 14-5/8" (27.8 × 37.0 cm), courtesy of Mary-Anne Martin/Fine Art New York; **532** (right): Roberto Matta, "Years of Fear," 1941, oil on canvas, 44" × 56" (111.8 × 142.2 cms), Solomon R. Guggenheim Museum, New York; photograph by David Heald © The Solomon R. Guggenheim Foundation, New York; **586** (bottom): © Lauren Goodsmith/The Image Works; **599:** courtesy of Cristina Saralegui Enterprises

All the other photos were taken by Jonathan Stark, for the Heinle & Heinle Image Resource Bank.